[제 4 판]

전자상거래법

정 완 용 저

법 영 사

The Law of Electronic Commerce

Fourth Edition

by

Dr. CHUNG, Wan - Yong
Professor of Law,
Kyung Hee University

BUBYOUNGSA
Seoul, 2016

제 4 판 머리말

전자상거래법 제3판을 발간한 이후 7년여 만에 제4판을 내게 되었다. 본서의 개정이 늦어진 이유는 저자의 학문적인 게으름이 가장 큰 이유이지만, 이에 더하여 오랜 기간 동안의 학교 보직 업무로 인하여 본서의 개정을 위한 연구시간의 확보가 어려웠던 것이 사실이다. 그렇지만, 그 간에도 이 분야에 대한 연구의 끈을 놓지 않고 지속적인 관심을 갖고 일정부분 활동을 하고 있었던 터에 본서의 개정판 출간이 가능하게 되었다고 생각된다.

그 동안 전자상거래법 분야에서는 정보통신기술의 발전에 따라 모바일 환경변화와 사물인터넷, 인공지능 등 많은 변화가 있었고, 법제도 측면에서도 전자거래기본법이 전자문서 및 전자거래기본법으로 확대 개정되는 큰 변화가 있었다. 또한 전자서명법의 개정, 개인정보보호법의 제정, 전자상거래 등에 있어서의 소비자보호에 관한 법률이 큰 폭으로 개정되었다. 나아가 국제적으로도 우리나라와 미국을 비롯한 유럽연합, 중국 등 주요국과 자유무역협정(FTA)을 체결하여 시행하게 되었고, 여기에는 전자상거래분야에 관련된 협정내용이 포함되어 있어서 전자상거래의 글로벌화가 빠르게 진행되고 있다. 특히 유럽연합(EU)은 2014년 유럽연합 전자인증규정(eIDAS, 2014)을 채택하여 금년(2016년) 7월 1일부터 시행하고 있는데, 여기에는 유럽연합 회원국내 디지털 단일시장을 구축할 목적으로 디지털 신원확인제도와 전자서명을 포함한 신뢰서비스제도 등이 포괄적으로 규정되어 있다. eIDAS는 앞으로 유럽의 디지털 단일시장 구축에 매우 큰 역할과 기능을 할 뿐 아니라 유럽연합 회원국과 교류 하는 우리나라를 포함한 전 세계 주요 국가들의 신뢰서비스제도와 전자서명 인증제도에 많은 영향을 미칠 것으로 예상된다. 이번 제4판에서는 제한된 범위 내에서 위와 같이 지난 몇 년 동안 진행되어 온 전자상거래관련 법제의 변경된 내용과 판례 등을 반영하도록 하였고, 나아가 관련 최신 판례도 가능한 다루었다.

본서 제4판을 내는 데는 저자의 2015년 2학기 경희대학교 대학원「전자상거래법 연구」과목을 수강하고 좋은 자료집으로 정리한 대학원생들의 공동연구가 많은 자극과 도움이 되었음을 밝혀둔다. 또한 디지털법과 지적재산권 분야를 꾸준히 연구하고 있는 김윤명 박사의 본서에 대한 세밀한 조언이 많은 도움이 되었기에 이 자리를 통하여 특별히 감사를 표하고자 한다. 아울러 전자상거래법과 개인정보보호법의 권위자이신 동료 박휜일 교수님의 조언과 도움에도 감사드린다.

끝으로 본서의 편집과 출판에 애써주신 법영사 고호균 사장님을 비롯한 편집부 관계자 모든 분들에게도 감사드린다.

2016년 8월 8일

경희대학교 고황산 연구실에서

정 완 용 씀

제 3 판 머리말

필자는 2006년 3월부터 2009년 1월 중순까지 약 3년간 필자가 봉직하고 있는 학교 보직(입학관리처장)을 수행하느라고 전자상거래법의 개정작업을 진행하지 못하였다. 이제 보직을 마치게 되어 홀가분한 마음으로 전자상거래법 제3판 개정작업을 진행하게 되었으나 시간적 제약으로 인하여 만족스러운 개정작업을 하지 못하였다. 2005년에 전자상거래법 개정판이 나온 이후 「전자거래기본법」과 「전자서명법」을 비롯한 다수의 전자거래 관련 법률과 하위 법령이 개정되었거나 개정이 진행되고 있고, 이와 관련된 새로운 판례도 많이 나왔다. 제3판에서는 가능한 이러한 개정 법령과 새 판례를 담아내고자 노력하였고 오·탈자도 바로잡았다. 앞으로 좀 더 충실하고 풍부한 내용을 담은 전자상거래법 저서로 이 책을 가꾸어 나가고자 한다. 독자 여러분의 배전의 관심과 성원을 부탁드리며 개정작업을 맡아주신 법영사 고준영 사장님과 관계자 여러분의 노고에 감사한다.

2009년 3월 5일

저자 씀

개정판 머리말

전자상거래법 초판을 발간한 이후에 전자거래 관련법 분야에 상당한 개정이 있었다. 특히, 전자거래기본법이 2005년 3월 31일 법률 제7440호로 개정되어, 전자문서이용활성화 규정과 공인전자문서보관소제도가 도입되었다. 또한 전자상거래 등에서의 소비자보호에 관한 법률이 2005년 3월 31일 법률 제7487호로 개정되어, 결제대금예치제도(소위 에스크로제도)가 도입되었고, 소비자피해보상보험의 범위가 확대되었다. 뿐만 아니라 정보통신망이용촉진 및 정보보호 등에 관한 법률, 저작권법 등이 개정되었고, 인터넷주소자원관리법이 새로 제정되었다. 이러한 법률의 제정 및 개정에 따라 관련 하위법령의 개정과 전자상거래소비자보호지침 등 각종 지침 및 전자상거래표준약관의 개정도 이루어졌다.

본 개정판에서는 이와 같이 최근 몇 년 사이에 있었던 전자거래관련 법제의 최신 변경 사항을 모두 반영하도록 하였다. 또한 개정판에서는 그 동안 전자상거래법과 관련된 각종 판례와 분쟁해결 사례도 가능한 한 수록하도록 하였다. 본서에서는 전자상거래 관련법과 지침 등을 찾는 수고를 덜고 비법학도들도 이를 쉽게 참조할 수 있도록 각종 전자상거래관련 법규를 부록으로 실었다.

IT기술의 눈부신 발달에 따라서 이를 규율하는 IT법제도 매우 빠른 속도로 변화하고 있다. 저자는 앞으로 전자상거래분야의 관련법제가 바뀌는 경우 이를 가능한 신속하게 반영하도록 하고 아울러 보다 쉽고 정확하게 전자상거래법의 내용을 이해할 수 있도록 본서의 내용을 계속 보완해 나갈 것을 다짐한다.

끝으로 자식을 위하여 늘 기도를 쉬지 않으시는 어머님께 감사의 말씀을 드리며, 또한 밤늦게 까지 연구실에 있는 남편을 묵묵히 내조해주고 이해해준 사랑하는 아내 류금주와 딸 경은, 아들 구상에게 고마움을 전하며 이 개정판 출간의 기쁨을 함께 하고자 한다. 아울러 본 개정판을 출간할 수 있도록 배려해 주신 법영사 고준영 사장님과 편집부 및 영업부 직원 여러분께 감사드리며 머리말에 가름한다.

2005년 8월 30일

고황산 기슭 연구실에서

정 완 용 씀

머 리 말

저자가 전자상거래법 분야에 처음으로 관심을 갖게 된 계기는 1996년 11월에 한국전산원이 「전자거래 및 EDI 관련 법제도 정비방향」이라는 주제를 가지고 마련한 전자거래의 활성화를 위한 워크샵에서 "EDI 및 전자거래에 관한 해외의 법제동향과 입법례"를 발표하면서부터였다. 1996년 말의 우리 나라 인터넷 이용자수는 73만 명 정도였으며, 당시만 하더라도 인터넷의 이용이 지금처럼 대중화되지 않았던 때라서 우리 나라에서의 전자상거래법에 관한 연구도 겨우 시작 단계에 있었다. 그런데 그 때로부터 5~6년이 흐른 지금 우리 나라의 월 평균 1회 이상 인터넷을 이용하는 인구는 전 인구의 56%인 2,400만 명에 이르고 있으며, 전세계 인터넷 이용자 수는 약 5억 명으로 추정되고 있다. 우리 나라를 비롯한 전세계의 인터넷 사용인구가 급격하게 증가하고, 정보통신기술이 눈부시게 발달함에 따라서 인터넷 전자상거래로 인하여 산업계의 패러다임이 변화하고 있으며 새로운 직종과 산업분야가 계속적으로 발달되고 있기 때문에 그 만큼 전자상거래에 대한 많은 사람들의 관심이 갈수록 커지고 있다. 이제 전자상거래는 마치 슈퍼마켓에 가서 물건을 사는 것처럼 우리의 일상 생활의 일부분이 되었다. 인터넷 전자상거래의 증가와 더불어 인터넷 전자상거래에 관련된 법적 문제를 연구하는 연구자와 연구저작물도 그야말로 비약적으로 증가하고 있다.

인터넷 전자상거래는 인터넷과 정보통신기술을 이용한 거래이며, 비대면 거래로써 국제적인 특징을 가지고 있는데 기존의 법제도로 해결하기 어려운 새로운 법적 문제점을 제기하게 되었다. 이에 따라 유엔국제상거래법위원회(UNCITRAL)를 중심으로 하여 국제 전자상거래법제에 대하여 논의가 진행되었고, 그 결과 1996년에 전자상거래모델법, 2001년에 전자서명모델법이 제정되었다. 우리 나라를 포함한 세계 각국에서도 인터넷 전자상거래법제를 정비하고 있으며 전자상거래법과 전자서명법 등을 제정하거나 개정하고 있다. 우리 나라는 1999년 전자거래기본법을 제정하였고, 이 법은 2002년 1월 19일 법률 제6614호로 개정되어 2002년 7월 1일부터 시행된다. 또한 전자서명법도 1999년 제정되어 같은 해 7월부터 시행되어 오다가, 2001년 12월 31일 법률 제6585호로 개정되어 2002년 4월 1일부터 시행된다. 이들 두 법률 이외에도 정보통신 및 전자상거래와 관련된 많은 법률들이 제정되거나 개정되고 있는 실정이다.

전자상거래를 규율하는 전자상거래법 분야는 컴퓨터와 인터넷 등 정보통신기술의 발달과 더불어 새롭게 등장한 법 영역이라고 할 수 있다. 전자상거래에 따르는 여러 가지 법률문제를 기존의 법 원칙과 법 제도에 의하여 해결할 수 있는 부분은 그에 따라서 해결할 수 있지만, 기존 법제에 의하여서는 해결할 수 없는 전자상거래에 특유한 법 현상에 대하여는 기존의 법 원칙을 수정한다든가 혹은 새로운 법의 제정이 필요하다고 할 것이다. 더구나 전자상거래법 분야는 인터넷과 같은 정보통신기술을 거래의 기술적인 기반으로 삼고 있는데, 이러한 정보통신기술이 매우 빠르게 변화하고 있기 때문에 이를 규율하는 전자상거래법제도 매우 신속하게 변화하면서 이에 대응하여야 한다. 아울러 전자상거래법제는 가능한 한 기술중립주의적인 원칙에 따라서 전자상거래를 규율하여야 할 것이다.

이 책은 저자가 지난 수년동안 전자상거래법에 대하여 관심을 갖고 연구발표하여 온 글들을 토대로 하여 집필한 것으로써, 전자상거래와 관련된 법적 문제점을 다룬 전자상거래법의 개론서라고 할 수 있다. 저자가 이 책을 집필함에 있어서는 가능한 한 전자상거래법에 대한 최근의 연구동향을 반영할 수 있도록 하였다. 다만 전자상거래법 분야가 형성된 지 얼마 되지 않았고, 관련된 판례가 집적된 것도 매우 적기 때문에 전자상거래법의 개별 영역에 대한 구체적인 적용사례와 판례가 향후 집적됨에 따라서 이 분야의 연구가 더욱 깊이 있게 진행될 수 있을 것으로 예상된다. 아무쪼록 이 책이 전자상거래 분야의 실무가와 연구자 및 이를 공부하는 학생들에게 전자상거래법을 이해하고 활용하는 데 도움이 되며, 전자상거래법의 발전에 작은 디딤돌이 되기를 바란다. 아울러 이 책의 내용상의 미비한 부분에 대하여는 독자 여러분들의 아낌없는 조언을 바란다.

이 책이 나오기까지는 이 분야에 대하여 지속적인 연구사업을 진행하고 후원해 주신 법무부, 산업자원부 및 정보통신부 등의 정부부처와 연구기관 및 단체 그리고 많은 연구자들의 연구가 도움이 되었음을 밝힌다. 특히 한국전산원, 한국전자거래진흥원, 한국정보통신정책연구원, 한국정보보호진흥원, 한국법제연구원의 관계자 여러분들께 감사드린다.

그리고 이 책의 집필을 격려해 주신 동료교수이신 최승환 교수님과 법과대학의 여러 교수님들께 감사드리고 아울러 오랜 기간동안 본서의 출간을 기다려주시고 좋은 책으로 만들어주신 법영사의 高晙英 사장님과 관계 직원 여러분들께도 감사의 말씀을 드린다.

2002년 2월

고황산 연구실에서

정 완 용 씀

차 례

제1부 전자상거래법 총론

제1장 서 론

제2장 전자상거래법제의 국제적 동향

제 3 장 전자상거래와 개인정보보호

제 4 장 전자상거래와 전자지급결제

제 5 장 전자상거래와 전자무역

제 3 부 국제 전자상거래법

제 1 장 유엔국제상거래법위원회(UNCITRAL)의 전자상거래모델법(1996)

참고문헌

[국내서]

김민중, 인터넷법학, 전북대학교 출판문화원, 2015

김성천, 전자상거래법, 한국소비자원, 2008

김홍석, 알기쉬운 전자상거래 및 통신판매 소비자보호법 해설, 동방문화사, 2014

배대헌, 전자서명·인터넷법, 세창출판사, 2000

백윤철 외, 인터넷과 전자상거래법, 한국학술정보, 2012

이시윤, 신민사소송법 제6증보판, 박영사, 2012

이창범, 개인정보보호법, 법문사, 2012

사법연수원, 전자거래법연구, 2012

손진화, 전자상거래법 제3판, 신조사, 2016

______, 전자금융거래법, 법문사, 2008

정경영, 전자금융거래와 법, 박영사, 2007

정완용 외, 개정전자서명법해설서, 정보통신부, 2002

정 완, 인터넷법, 법원사, 2015

최경진, 전자상거래와 전자상거래법, 현실과 미래, 2000

[외국서]

Chissick. Michael and Kelman, Alistair. *Electronic Commerce* 2nd. ed., London: Sweet& Maxwell, 2000

Mann, Ronald J. Jane K. Winn, *Electronic Commerce*, Second Edition, Aspen, 2005

Pete Loshin·Paul Murphy, *Electronic Commerce : Online Ordering and Digital Money*, 2nd.ed., Charles River Media Inc., 1997

Rosenoer, Jonarthan. *Cyber Law : the Law of the Internet*, New York : springer, 1996

Smedinghoff, Thomas. J. *Online Law*, Addison-Wesley Developers Press, 1996

Stuckey, K.D. *Internet and Online Law*, Law journal Seminars Press, 1996

Wright, B. *The Law of Electronic Commerce*, Little, Brown and Company, 1994

York, Stephen and Chia, Kenneth. *E-Commerce*, London : Butterworths, 1999

內田晴康외 1人,「インタ-ネット法」商事法務研究會, 1999

제 1 부

전자상거래법 총론

제1부 요 약

제1부에서는 인터넷의 발달에 따른 전자상거래의 발전을 알아보고, 전자상거래의 의의, 유형, 국제적 동향 등을 살펴봄으로써 전자상거래법의 전체적인 흐름을 고찰한다. 이와 함께 전자상거래의 성립에 관하여 청약과 승낙, 그리고 청약의 유인에 관하여 살펴보고 전자상거래의 성립에 관한 법률문제를 검토한다. 전자상거래가 성립된 이후에는 전자상거래의 결제와 이행에 관한 법률문제를 고찰한다.

전자상거래법 총론부분에서는 전자상거래의 발전과정과 개념을 이해하고 구체적인 전자상거래의 성립과 결제 및 이행을 중심으로 한 법적인 문제와 그 해결방법을 이해하는 것이 중요하다.

제 1 장
서　　론

－차　례－

1.1 인터넷의 등장과 정보통신기술의 발전

인터넷(Internet)은 전 세계의 컴퓨터를 연결하는 컴퓨터 통신망을 나타내는 것으로써 Inter Net-Work에서 나온 이름이다.

인터넷은 1969년 미국이 구 소련의 핵미사일 공격으로부터 컴퓨터를 안전하게 운영하기 위하여 컴퓨터 네트워크인 '알파통신망(Advanced Research Project Agency Network : ARPANET)'을 구축한 것으로부터 기원한다. '알파통신망'은 미 국방성이 ARPA프로젝트에서 개발한 것으로써 여기에는 약 60,000여 개의 중·대형 컴퓨터가 연결되어 있어서 미국 군납업체와 관련 연구기관 간에 정보공유를 할 수 있도록 연결시킨 하나의 통신망이며 현재의 인터넷의 모체가 된다. 인터넷에 연결된 컴퓨터를 '호스트'라고 부르며 TCP/IP(Transmission Control Protocol/Internet Protocol)라는 통신규약이 사용됨으로써 컴퓨터의 기종에 상관없이 정보교환이 가능하게 된다. 인터넷에서 제공되는 서비스도 전자우편(E-mail), 텔넷, 고퍼, IRC, 월드와이드웹(World Wide Web : WWW), FTP 등 다양하게 발전하였다.

많은 나라들이 인터넷에 연결되면서 인터넷은 군사목적 외에도 교육, 학술, 상거래, 관광, 광고 등 다양한 분야에서 사용되기 시작하면서 오늘날에는 소위 '인터넷 혁명'이라고 할 정도로 우리의 일상생활에 무한한 변화와 발전 가능성을 제시하고 있다. 인터넷의 사용자 수는 날로 증가추세에 있으며, 전 세계적으로 경제활동인구의 대부분이 인터넷을 이용하고 있다고 할 수 있다. 최근에는 인터넷 이용인구가 늘어나는 것과 함께 유무선 통합과 유비쿼터스 등 시스템의 융합현상이 확대되고 있다.

한편 다양한 종류의 컴퓨터 하드웨어와 소프트웨어가 개발되면서 정보통신기술도 눈부시게 발전하고 있다. 오늘날에는 유선인터넷 뿐만 아니라, 이동 통신을 이용한 무선 인터넷과 모바일 이용환경으로 변화하고 있으며 디지털 기술과 위성을 이용한 전 세계 네트워크가 구축되어 가고 있는 것이다.

1.2 인터넷 전자상거래의 발전

컴퓨터 통신망이 상호 연결되어 인터넷이 사용되면서 인터넷상의 가상공간(Cyber Space)이 형성되었고, 이러한 인터넷을 통하여 사람들이 재화와 용역을 서로 거래하기 시작하면서 인터넷 전자상거래가 발전하게 되었다. 전자상거래는 기존의 실물거래에 첨가된 또 다른 유형의 상거래라고 하기 보다는 기존의 상거래가 인터넷을 통하여 이루어짐으로써 종전에는 볼 수 없었던 다양한 유형의 상거래가 발달하고, 상거래방식에 있어서도 새로운 형태가 등장하게 된 것이다(이를 '비즈니스모델'이라고 부른다). 인터넷 사이버 쇼핑몰을 이용한 일반적인 전자상거래 외에도 사이버경매, 사이버광고, 사이버증권거래, 사이버금융 그리고 언론(온라인 신문, 디지털 방송), 이러닝(e-learning), 사이버관광 등 매우 다양한 형태로 인터넷의 이용이 확산되어 가고 있으며, 장차 어떠한 새로운 거래유형이 등장할 지는 아무도 예측할 수 없을 정도이다. 이러한 인터넷의 응용은 '인터넷 혁명' 또는 '디지털 혁명'이라고 불리며 오늘날의 산업구조 자체를 바꾸어 놓고, 새로운 직업과 새로운 직종을 탄생시키고 있는 것이다. 전자상거래는 이러한 디지털 혁명의 중요한 부분을 이루고 있다. 또한 전자상거래는 소셜 커머스 형태로도 이루어지고 있다.

인터넷 전자상거래는 전통적인 상거래에 비하여 많은 특색을 가지고 있는데 다음과 같은 장점과 단점을 들 수 있다.

	장 점	단 점
소비자	1. 시간적·공간적 제약 극복(구매의 편리성) 2. 소비자가 풍부한 구매정보를 활용할 수 있음. 이는 상대적으로 사업자에 비하여 소비자의 선택권과 구매력을 증가시키게 됨 3. 전통적인 거래보다 저렴한 가격에 구매할 수 있음	1. 실물 상품 대비 제한적 정보 습득 (예: 의류, 구두 등의 경우 개인이 실제 사이즈반영 곤란) 2. 개인정보 및 신용정보의 누출우려 3. 인터넷 사기 가능성 4. 전자상거래사업자에 대한 신뢰성 부족(비대면거래의 특성)
전자상거래 사업자	1. 상대적으로 저렴한 비용으로 상품을 전시하고 비용을 절감할 수 있음 2. 광고비용을 줄일 수 있음 3. 시간과 공간의 제약 없이 판매할 수 있음 4. 고객의 구매형태 분석이 용이함 5. 낮은 진입장벽	1. 사이버몰 관리자의 경영마인드 부족 2. 상품규격의 표준화 부족 3. 물류 및 배달체계의 의존성이 크며 이의 효율적 구축이 요구됨 4. 안전하고도 신뢰할 수 있는 결제시스템과 보안시스템 구축에 따른 비용 부담

1.3 전자상거래법의 체계

전자상거래법은 인터넷을 통하여 이루어지는 상거래의 법률관계를 규율하는 법영역이라고 할 수 있다. 종래의 상거래가 인터넷망을 통하여 컴퓨터와 같은 정보처리시스템을 사용하여 이루어지게 되면서 기존에는 발생하지 않았던 새로운 법률문제가 발생하고, 전통적인 법률이 인터넷 전자상거래의 걸림돌이 될 수도 있는 것이다.

이에 따라 전자상거래를 규율하기 위하여 기존의 법제를 수정하고 새로운 법제를 제정하거나 기존 법률을 개정하게 되었다.

전자상거래법의 체계는 우선 전자상거래법 총론부분(제1부)에서 전자상거래의 의의와 유형, 전자상거래의 성립, 전자상거래의 이행 등과 관련한 총론적인 내용을 고찰한다.

전자상거래법 각론(제2부) 부분에서는 전자상거래의 주요 법률문제를 다룬다. 즉 전자서명과 인증, 전자상거래와 소비자 보호, 전자상거래와 개인정보보호, 전자지급과 결제(전자화폐의 법률문제), 전자상거래와 국제전자무역법, 전자상거래와 지적재산권, 전자상거래 분쟁해결제도 등을 차례로 고찰한다.

국제 전자상거래법제(제3부)에서는 국제 전자상거래 관련 협약과 관련 법제의 내용을 고찰한다.

[인터넷의 발전과 월드와이드웹(WWW)]

인터넷의 발전과정에서 중요한 단계는 1986년 미국 국립과학재단(NSF)이 슈퍼컴퓨터 연결망을 구축하고 이를 대학의 컴퓨터 망과 연결할 수 있도록 지원하고 또한 전자메일, 파일전송 프로토콜(FTP), 뉴스그룹과 같이 사람들 사이의 정보공유를 도와주는 응용기술을 개발한 일이다.

인터넷이 학술 및 공공 연구기관의 외부에서까지 광범위하게 이용될 수 있게 된 것은 1989년 스위스의 유럽입자연구센터(European Center for Particle Research : CERN)의 '팀 버너스 리(Tim Berners Lee)'가 '월드와이드웹(WWW)'을 개발함으로써 그래픽을 이용한 웹브라우저가 등장한 덕택이다. 월드와이드웹 프로토콜은 인터넷을 통하여 하이퍼텍스트(Hypertext:문서간의 연결을 가능하도록 하는 프로토콜)를 전송하기 위하여 개발되었다.

World Wide Web(WWW):

인터넷에서 제공하는 정보검색서비스로써 텍스트만 제공했던 기존의 정보서비스와 달리 그림, 동화상, 소리 등도 모두 지원한다. 또 하이퍼 텍스트 개념을 도입하여 쉽게 원하는 정보와 관련된 정보를 찾아볼 수 있는 특징을 갖고 있다. 웹의 개발은 오늘날 인터넷이 급부상하게 된 배경의 하나라고 할 수 있다.

전자상거래법의 체계를 도표로 나타내면 아래와 같다.

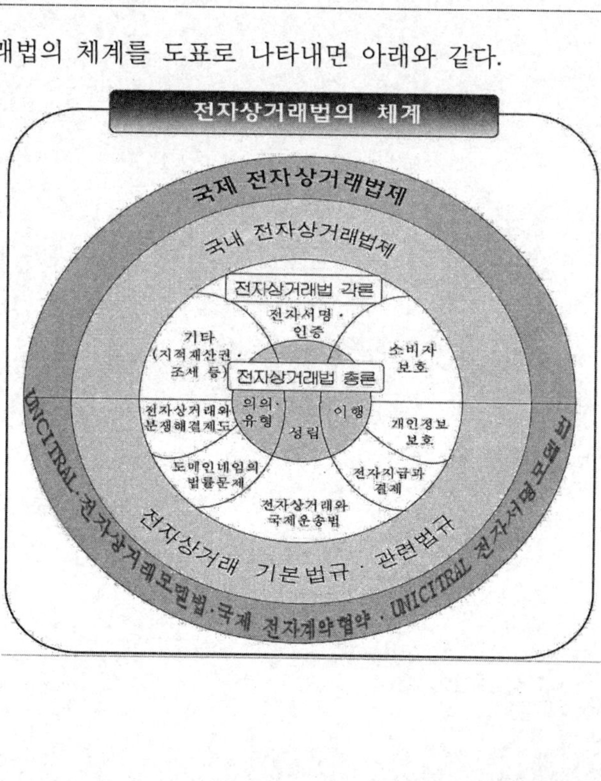

제 2 장

전자상거래법제의 국제적 동향

– 차 례 –

2.1 국제기구의 법제 동향

2.1.1 경제협력개발기구(OECD)

OECD(Organization for Economic Cooperation and Development)는 전자상거래의 개별 주제에 대하여 1980년부터 산하의 각종위원회에서 포괄적인 논의를 계속하여 왔다. 현재까지 4개의 지침과 1개의 선언문을 채택한 바 있다.

즉 ㉮ 사생활 보호지침(Guideline on the protection of privacy and transborder flows of personal data : 약칭 Privacy Guideline, 1980), ㉯ 국경을 초월한 정보이동에 관한 선언(Declaration on transborder data flows : 1985), ㉰ 보안지침(Guideline for the security information system : 약칭 Security Guideline, 1992), ㉱ 암호화정책 지침(Guideline for Cryptography policy : 1997), ㉲ 소비자보호지침(Guideline for consumer policy, 1999) 등이다. 이와 같이 OECD는 전자상거래의 국제적인 확산을 위하여 필요한 원칙을 마련하고 전자상거래의 장애를 제거하는데 노력을 기울이고 있다.

OECD는 1997년 11월 19일부터 동년 11월 21일까지 핀란드 투르크에서 전자상거래 회의를 개최하였다. 이 회의에서는 정보통신기반, 이용자 신뢰, 소비자 보호, 법제도 환경, 전자결제 등에 대한 장애물 제거 방안 등이 중점적으로 논의되었다. 이 회의에서 OECD의 업계자문위원회(Business and Industry Advisory Committee : BIAC)는 정부규제최소화 등 전자상거래 확산을 위한 10대 원칙을 제시하였다.

1998년 10월 7일에서 9일까지 캐나다의 수도 오타와에서 개최된 OECD 전자상거래각료회의(Ministerial-Level Conference)에서는 "범세계 전자상거래의 가능성실현－하나의 국경 없는 세계(A Borderless World－Realising the potential of Global Electronic Commerce)"라는 주제 하에 범세계적인 전자상거래 활성화를 위한 일반적 합의와 주요 지침을 채택하고 이의 실행계획을 구체화하였다. 특히 개인정보보호 및 사생활 보호, 조세에 관한 원칙, 소비자의 권리 및 의무, 전자인증을 통한 전자상거래 촉진 등에 대한 정책적 가이드라인 제정에 중점을 두었다. 회의에서는 OECD산하 각 위원회별로 만든 전자상거래에 대한 지침 및 선언 등을 검토하고 이를 승인하는 형식을 취하였다.

1999년 10월에는 프랑스 파리에서 실무자회의를 개최하였는데, 오타와 각료회의에서 채택된 각료선언 및 실행계획의 점검과 향후 과제를 논의하였다.

OECD가 최근에 채택하거나 개정한 전자상거래관련 지침은 다음과 같다.

1. 1999년 전자상거래 소비자보호지침(Guidelines for Consumer Protection in the context of Electronic Commerce, 9 Dec. 1999)과 정보통신기술의 발전으로 인한 새로운 거래, 구매 형태의 출현을 반영하기 위하여 이 지침을 개정한 '전자상거래에서의 소비자보호에 관한 권고(Recommendation of the Council on Consumer Protection in E-Commerce, 24 March, 2016)'

2. 2002년 개정 정보시스템과 통신망의 보안지침(Guidelines for the Security of Information systems and Networks: Towards a Culture of Security, 25 July, 2002)

3. 2003년 국경 간 사기적 상행위로부터 소비자보호를 위한 지침(Guidelines for Protecting Consumers from fraudulent and Deceptive commercial practices across borders, 11 June 2003)

4. 2007년 소비자 분쟁해결 및 피해보상에 관한 권고(Recommendation of the Council on Consumer Dispute Resolution and Redress, 12 July 2007)

2.1.2 유엔국제상거래법위원회(UNCITRAL)

유엔은 1966년에 세계 각국의 국제거래(무역)관련법이 달라서 원활한 무역거래에 장애가 발생한다고 보고 이 장애를 제거하기 위하여 "유엔국제상거래법위원회(United Nations Commission on International Trade Law : UNCITRAL)"를 창설하였다. UNCITRAL은 GATT, WTO 등이 각국의 통상규제를 제거하여 세계자유무역을 실현하고자 하는 것임에 반하여 순수한 세계무역거래관련 법률을 통일함으로써 무역거래를 활성화하고 거래당사자들에게 법적 안정성과 예측가능성을 주고자 하는데 목적이 있다.

전자문서방식에 의한 국제거래가 점차 보편화됨에 따라서 UNCITRAL 사무국이 1984년 "자동문서처리의 법적 측면(Legal aspects of automatic data processing)"이라는 보고서를 작성하여 이를 1985년에 개최된 UNCITRAL 제18차 회의에 제출하였고, 여기서 "컴퓨터기록의 법적 가치에 대한 검토 권고안"이 채택되었다. 이 권고안의 채택을 시작으로 하여 유엔국제상거래법위원회내에 "EDI 및 관련 통신수단의 법적 측면에 관한 모델법 초안(Draft Model Law on Legal Aspects of Electronic Data Interchange

(EDI) and Related Means of Communication : 이하 '모델법 초안'이라 한다)"의 작성을 위한 전자상거래작업부(Working Group)가 구성되어 여러 차례의 회의를 거쳐 1995년 제28차 유엔국제상거래법위원회 작업부 회의에서 모델법초안이 마련되었다. 이 초안을 가지고 1996년 5월 28일부터 6월 14일까지 미국 뉴욕에서 유엔국제상거래법위원회 제29차 위원회가 개최되어 EDI 모델법초안을 심의한 끝에 "전자상거래에 관한 UNCITRAL 모델법(UNCITRAL Model Law on Electronic Commerce : 이하 "전자상거래모델법"이라 한다)"이 최종 채택되었다.[1)]

UNCITRAL은 전자상거래모델법을 채택한 이래 그 후속작업을 진행하여 2001년 7월 "전자서명모델법(Model Law on Electronic Signatures)"을 제정하였다. UNCITRAL 전자상거래작업부는 국제거래에서 전자문서이용에 따른 법적 장애를 제거하기 위하여 국제전자계약협약을 제정하는 작업을 2001년부터 진행한 결과 2005년 7월 제38차 본회의(Commission)에서 국제전자계약협약안(Draft Convention in the use of Electronic Communication for International Contract)을 채택하였고, 이는 제60차 UN총회(2005.9)에서 정식 협약으로 채택되었다.[2)]

한편 최근 UNCITRAL에서는 다음과 같은 주제가 논의되고 있다.

1. 전자양도성 기록에 관한 모델법(Draft Model Law on Electronic Transferable Records)

전자양도성기록이란 채권을 내용으로 하며 그 권리의 이전을 위한 전자적인 정보로써 기존의 유가증권의 전자화형태에 해당한다.[3)] 우리나라에서 유가증권의 전자화형태는 전자어음법, 전자금융거래법, 상법상 주식의 전자등록, 사채의 전자등록, 전자단기사채법 등을 들 수 있다. 일본의 경우 전자기록채권법(2007년 제정, 2008년 12월 시행)이 있다.

2. 온라인분쟁해결제도에 관한 규정작업

온라인분쟁해결(Online Dispute Resolution; ODR)의 규정화를 위한 작업이다.

3. 클라우드 컴퓨터 및 신원확인관리제도(Cloud Computing and Identity Management)에 관한 검토 작업 등이다.[4)]

---

1) UNCITRAL Model Law on Electronic Commerce with Guide to Enactment, 1996.

2) 법무부, 전자계약의 현안과 과제－UN 전자계약협약을 중심으로, 2008.

3) 정경영, "유가증권의 전자화 관련 최근 국제적 논의에 관한 연구," 성균관법학 제27권 제3호(2015.09), 191~228면 참조.

4) 2015 UNCITRAL Asia Pacific Incheon Spring Conferences(4-5 June 2015)에서도 이들 주제에 관하여 발표가 있었다.

2.1.3 세계무역기구(WTO)

WTO(World Trade Organization) 일반이사회에서 미국은 전자상거래 무관세화에 대한 국제협약의 체결(규범화)을 제안하였으며(1998년 2월), WTO 무역개발위원회에서도 전자상거래가 의제로 채택되어 전자상거래에 대한 본격적인 논의를 진행하였다. WTO 사무국은 "전자상거래와 세계무역기구의 역할(Electronic Commerce and the Role of the WTO)"이라는 연구보고서를 발간한 바 있다(1998년 3월). WTO는 현재의 법제가 전자상거래에 관하여 매우 제한적으로 적용되기 때문에 관련된 문제점을 상품무역이사회, 서비스무역이사회, 지적재산권무역이사회, 무역개발위원회 등 각 위원회별로 검토하고 있다. WTO는 국제거래법규를 전자상거래에 적용하는 것과 관련하여 다음의 두 가지로 검토하였다.

첫째, 인터넷에 의하여 상품, 카탈로그, TV 등 재화가 거래되는 경우에 WTO는 이러한 거래에 대한 법적 규율을 하게 된다. 예컨대 일반인들이 아마존(amazon.com)을 통하여 책을 구입하게 되면 이러한 거래는 WTO 법제의 적용을 받게 된다.

둘째, 전자상거래를 통하여 디지털 전송물(디지털 정보)을 거래하는 경우이다. 전자무역시스템, 금융시스템, 통신 등은 디지털 혁명을 초래하게 되었는데, 이러한 디지털 전송물거래 분야가 OECD 회원국 GDP의 30% 정도를 점하게 되었고 이 비중은 점차로 증가추세에 있다. 디지털 전송물을 상품으로 분류할 것인지, 서비스로 분류할 것인지 혹은 제3의 유형(이른바 혼성물)으로 인정할 것인지 여부가 문제된다.

이와 관련하여 WTO에서는 다음과 같은 문제를 검토하였다. 즉,

1) 모든 거래는 서비스 혹은 상품이나 디지털 전송물과 관련되어 있다. 상품의 전자적 인도가 거래의 범주에 포함되기 때문에 WTO체제하에서 무엇이 서비스이고 무엇이 상품인지 그리고 지적재산권에 대한 안전한 보호지침은 무엇인지를 구별하는 데 검토의 초점을 맞추고 있다.

2) 개발도상국에서는 수입관세가 중요한 재원이 되기 때문에 디지털 전송물(콘텐츠)에 대한 비트세의 도입문제가 논의되고 있다. 미국을 중심으로 디지털 전송물에 대한 무관세 관행의 연장 및 영구적 제도화가 추진되고 있다. 전자상거래의 디지털 전송물에 관세를 부과하면 이는 전자상거래의 발달을 저해할 수 있고, 과세근거를 확보하는 것도 어렵다는 점에 근거를 두고 있다.

우리나라는 미국과 전자상거래 공동선언문(1997)을 채택하고 "양국 정부는 전자상거래에 관하여 관세의무를 부과하지 않는 현행 관행과 그 규범화를 지지한다"(동 선언문 제3조 제1항)고 발표한 바 있다.

2.1.4 국제상업회의소(ICC)

ICC(International Chamber of Commerce)의 전자상거래 프로젝트에 의하여 정보보안 실무작업반(Information Security Working Party)은 1997년에 "디지털로 보장되는 국제 전자상거래의 일반관례(General Usage for International Digitally Ensured Commerce : GUIDEC)"를 제정하였다. 이 전자상거래 프로젝트는 전 세계적으로 대두되고 있는 전자상거래에 대한 국제적이고 다방면에 걸친 연구와 활성화를 목표로 한다. 여기에서는 은행, 항공회사, 육상 및 해상운송, 컴퓨터, 장거리 통신 및 정보정책, 상거래 관행, 금융서비스 및 보험 등 전자상거래의 시행과 관련된 포괄적인 사항을 연구한다.

ICC는 기업의 전자계약체결에 통일적 규범을 사용할 수 있도록 전자계약에 관한 일종의 표준적인 약관이라고 할 수 있는 E-Terms 2004를 제정하였다. 그 내용은 주로 전자적 의사표시의 법적 효력을 인정하고, 아울러 전자적 의사표시의 송신, 수신 시기 및 장소에 관한 규정으로 구성되어 있다.

2.1.5 아태경제협력기구(APEC)

APEC(Asia-Pacific Economic Cooperation)은 1997년 미국이 "범세계적 전자상거래 기본원칙"을 발표한 이래 산하기관인 '전기통신작업부'가 정보통신 분야의 자유화 및 발전을 위하여 국제적인 협력방안을 논의하여 왔다. 여기에는 전자상거래에 대한 검토도 포함되어 있다. 1998년 2월에는 '전자상거래 작업부'를 설치하였고, 전자상거래에 대한 주요 문제에 대하여 다음과 같이 검토를 진행하고 있다. 첫째, 정보시스템 및 전자상거래의 안전성, 신뢰성 확보방안, 둘째, 정보통신 표준 및 하부구조 문제, 셋째, 조세, 관세, 내용물, 무역규범 등에 관한 규제문제, 넷째, 정부와 민간의 협력 및 역할분담에 의하여 전자상거래를 발전시키고 장애를 제거하는 문제 등이다.

2.1.6 기타 관련 국제기구

전자상거래와 관련된 제반 문제를 논의하거나 검토하고 있는 기타 국제기구를 살펴보면 다음과 같다.

① 세계지적재산권기구(World Intellectual Property Organization : WIPO)

② 세계지적재산권기구 정보망센터(WIPONET)

③ 유엔무역개발회의(United Nations Conference on Trade and Development : UNCTAD)

④ 국제통신연맹(International Telecommunication Union : ITU)

⑤ 국제표준화기구(International Organization for Standardization : ISO)

⑥ 국제무역센터(International Trade Centre)

⑦ 인터넷주소관리기구(Internet Coorporation for Assigned Names and Numbers : ICANN)

⑧ 유엔전자상거래센터(UN/CEFACT) 등이다.

2.1.7 자유무역협정(FTA)과 전자상거래 조항

우리나라는 미국과 중국을 비롯하여 유럽연합(EU), 인도, 싱가포르 등 세계 여러 나라와 자유무역협정을 체결하고 있다.[5] 이러한 자유무역협정문의 내용 가운데에는 전자상거래관련 규정이 포함되어 있어서 FTA가 시행되면 전자상거래분야도 함께 적용되기 때문에 중요성을 갖는다.

예컨대 한·미 자유무역협정은 2007년 체결되었고 2010년 추가협상을 거쳐서 2012년 3월 15일 발효되었다. 이 협정문 제15장에서 전자상거래를 규정하고 있다. 동 협정문은 디지털 제품의 정의, 디지털 제품에 대한 비차별대우, 전자인증 및 전자서명, 온라인 소비자보호, 전자무역 행정문서의 이용, 망 중립성규정 등을 담고 있다.[6]

---

5) FTA 공식 홈페이지: http://www.fta.go.kr 참조.

6) 권현호, 한미 FTA 전자상거래 협상에서의 통상법적 쟁점, 통상법률 제75호, 2007, 104면 이하; 권순국, 한미 FTA 전자상거래 협정문의 주요쟁점과 디지털콘텐츠 산업의 활성화 과제,

또한 한·중 자유무역협정(2015.6.1. 협정체결, 2015.12. 20 발효)의 경우, 동 협정문 제13장은 다음과 같이 전자상거래를 규정하고 있다. 즉, 관세부분에서는 세계무역기구의 전자적 전송물에 대한 관세 미부과 관행을 유지한다(13.3조). 전자인증 및 전자서명에 관하여는 전자서명의 법적효력을 인정하고, 전자상거래의 당사자는 자율적으로 전자인증수단 선택이 가능함이 원칙이며 다만, 특정분야(전자금융거래, 전자처방전 등)의 거래에 대해서는 관련법령에 따라 특정 전자인증수단의 요구가 가능하다는 것과 양국은 디지털 인증서 및 전자 서명의 상호인정을 위해 노력하며, 사업 영역에서 디지털 인증서의 사용을 장려한다는 것을 규정한다(13.4조 3항, 4항). 이 협정은 또한 전자상거래의 개인정보보호와 관련하여 양국은 전자상거래 이용자의 개인정보보호를 위한 조치를 채택 유지하고 이와 관련한 경험 및 정보를 공유하며(13.5조), 전자무역(종이 없는 무역)과 관련하여 일반인이 무역행정문서를 전자적으로 이용할 수 있도록 노력한다는 것(13.6조), 전자상거래에 관한 협력(제 13.7조) 등을 정하고 있다.[7]

2.2 주요 외국의 법제동향

2.2.1 미 국

미국은 1997년 7월 "범세계 전자상거래 기본원칙(A Framework for Global Electronic Commerce)"을 발표하고 인터넷 거래의 자유무역지대화를 선언하였다. 미국 무역대표부는 향후 인터넷을 통한 거래에 관한 세계적 협정 체결을 제안하고 인터넷을 정부의 규제가 없는 시장에 의하여 운영되는 세계적인 자유교역지대로 만들기를 바라고 있다. 이 기본 계획에서 미국은 전자상거래와 관련된 다음과 같은 5개 원칙을 발표하였다. 첫째, 민간 부문이 전자상거래를 주도해야 한다는 것, 둘째, 정부의 불필요한 규제를 금지한다는 것, 셋째, 정부의 개입은 일관된 법적 환경을 구현하는데 한정한다는 것, 넷째, 인터넷의 특성을 고려하며 전자상거래 환경에 맞는 법과 제도를 정비한다는 것, 다섯째, 범세계적 차원의 전자상거래활성화를 추진한다

Juornal of Digital Convergence 2015 may; 13(5) pp.21~29.

7) http://www.fta.go.kr/ "한 중 FTA 상세설명자료"(2015.6) 참조.

는 것 등이다. 미국은 통일주법전국위원회(National Conference of Commissioners on Uniform State Laws : NCCUSL)와 미국법협회(The American Law Institute)의 노력으로 미국 통일상법전(Uniform Commercial Code : UCC) 제2장과 제2장 B의 일부 규정을 개정하여 전자상거래를 규율하고 있다. 또한 통일주법전국위원회는 1997년 4월에 "계약거래에 있어서의 전자통신에 관한 통일법(Uniform Electronic Communication in Contractual Transactions Act)"초안을 제정하였다.

한편 미국 변호사협회(ABA)가 제정한 "디지털 서명 가이드라인(Digital Signature Guidelines; 1995년 제정, 1996년 개정)"을 기초로 유타주를 비롯하여 51개 주에서 전자서명법제를 마련하고 있다. 또한 미국 통일주법전국위원회의(NCCUSL)에서는 1999년 7월에 "통일전자거래법(Uniform Electronic Transaction Act : UETA)"과 2000년에 "통일컴퓨터정보거래법(Uniform Computer Information Transaction Act : UCITA)"을 제정하였다. 그리고 2000년 6월에는 미국 "연방 전자서명법(Electronic Signatures in Global and National Commerce Act)"을 제정하였다. 한편 미국 연방금융기관 검사협의회(Federal Financial Institutions Examination Council, FFIEC)는 "인터넷 뱅킹 환경의 인증 가이드라인(Authentication in an Internet Banking Environment)"(2001년 제정)을 시행하고 있다. 이 가이드라인은 2011년 개정되어 사용자 인증 및 인식 교육 개선방안과 주기적인 위험평가, 고객인증 강화, 계층형 보안 등을 반영하고 있다.

2.2.2 유럽연합

유럽국가들은 EU를 중심으로 국제적인 차원에서 미국 주도의 전자상거래 논의에 대응하고 있다. EU는 1997년 4월 "유럽 전자상거래전략"을 채택하고 동년 7월에는 본(Bonn)에서 "세계정보네트워크"에 대한 EU각료회의를 개최하고, 본 선언문(Bonn Declaration)을 채택하였다. EU는 인터넷으로 전송되는 제품에 대한 무관세에 동의하지만, 내국세 문제에 있어서는 과세가 투명하고 추가적인 부담이 없어야 한다는 기본원칙을 유지하며, 조세회피나 탈세가능성이 크므로 정부의 과세수입확보를 위한 장치가 필요하다는 입장이다. 소비자 피해구제와 관련하여서는 소비자 거주지국의 법률절차에 따라야 한다는 정책을 취하고 있다.

유럽연합은 "전자상거래지침(Directive on Electronic Commerce, 2000)"과 "전자서명지침(Directive on Electronic Signatures, 1999)"을 제정하였고 많은 유럽연합 회원국가들이 이들 지침을 수용하여 자국 법률을 제정하고 있다. 예컨대 아일랜드는 2000년

"전자상거래법(Electronic Commerce Act, 2000)"을 제정하여 시행하고 있고, 영국도 "전자통신법(Electronic Communications Act, 2000)"을 제정하여 시행하고 있다.

유럽연합 국가 중 특히 독일은 1997년 8월 "디지털 서명법"을 제정하여 시행하고 있다. 독일은 2000년에 디지털 서명법을 개정하여 "전자서명법"으로 명칭을 변경하였다. 독일 이외에 이탈리아(1998년), 말레이지아(1997년), 싱가포르(1998), 오스트리아(2000) 등도 전자서명법을 제정하였다. 유럽연합은 소속 회원국 간의 전자 신원확인 및 인증수단에 관하여 신뢰를 향상시킴으로써 디지털 단일시장을 형성하고 이에 관한 법적 확실성과 회원국 간의 상호인증을 도모할 목적으로 '유럽연합 전자인증규정'(eIDAS, 2014)[8]을 제정하여 시행하고 있다.

2.2.3 일 본

일본은 우정성을 중심으로 사이버 비즈니스 협의회, 전자우편협의회와 공동으로 전자상거래 공통 플랫폼 개발 프로젝트인 INGECEP(Integrated Next Generation Electronic Commerce Environment Project)를 추진하고 있으며, 통산성에서는 일본 전자상거래추진위원회(Electronic Commerce Promotion Council of Japan : ECOM)을 결성하고 전자상거래 프로젝트를 추진하고 있다. 일본은 2000년에 "전자서명 및 인증업무에 관한 법률(약칭 전자서명법)"을 제정하여 2001년부터 시행하고 있다.

이 외에도 일본은 개인정보보호법 및 e-문서법(민간사업자등이 행하는 서면보존등에 있어서 정보통신기술의 이용에 관한 법률: 2004.12. 1 법률 제정, 2005년 4월 1일 시행)제정, 시행되고 있다.

---

8) Regulation(EU) No 910/2014 of the European Parliament and of the Council of 23 July 2014 on electronic identification and trust services for electronic transactions in the internal market and repealing Directive 1999/93/EC, eIDAS). 이 전자인증규정은 2016년 7월 1일부터 시행되며 이로써 종래 EU 전자서명지침(1999)은 폐지되었다. 전자인증규정은 유럽연합회원국의 국내법과 동일한 효력을 가지고 발효와 함께 각 회원국에서 시행된다는 특징이 있다.

2.3 우리나라의 전자상거래 관련법제

전자상거래의 법률관계에 민법과 상법 등 기본법이 적용되는 것은 일반 법률관계와 같지만, 전자상거래의 경우 전자문서에 의하여 거래가 이루어지는 관계로 전자문서 및 전자거래기본법, 전자서명법, 전자상거래등에서의 소비자보호에 관한 법률 등이 주요 법률로 적용 된다.

그 외에 전자상거래에 적용되는 전자금융거래법, 약관규제법 등 다양한 법률들이 있다. 이하에서 차례로 간략히 살펴본다.

2.3.1 전자문서 및 전자거래기본법

우리나라는 UNCITRAL 전자상거래모델법을 수용하여 1999년 2월 전자거래기본법(법률 제5834호)을 제정하였다. 전자거래기본법은 2002년 1월 19일 법률 제6614호로 개정되었다. 전자거래기본법은 전자문서의 개별 법률상 문서효력을 명확히 하기 위하여 28개의 법률 56개 조항에 따른 문서행위를 전자문서로 하더라도 문서로서의 효력이 부인되지 않도록 하는 규정(제4조 및 별표)과 공인전자문서보관소제도(제5장의2, 제31조의2 내지 제31조의14)를 도입하는 개정이 이루어졌다(2005년 3월 31일 법률 제7440호로 개정, 2005년 10월 1일 시행). 이 법은 공공기관과 민간기관간, 개인과 민간기관간의 전자문서유통에 관한 일반적인 사항을 규정하고 있다는 점을 반영하여 2012년 개정에서 법명을 '전자문서 및 전자거래기본법(이하 '전자문서법'으로 약칭한다)[9]으로 변경하고 대부분의 조문에서 '전자거래'를 '전자문서 및 전자거래'로 일률적으로 변경하였다(2012.6.1. 법률 제11461호). 아울러 공인전자주소제도의 도입, 정보통신산업진흥원의 전자문서유통증명서 발급, 공인전자문서센터, 공인전자문서중계자제도 등을 신설하였다.

---

9) '전자문서 및 전자거래기본법'을 '전자문서법'으로 약칭하는 것은 법원의 종합법률정보에서 대법원, 국회, 헌법재판소, 법학계 및 관련학계의 협의를 거쳐 마련되어 제공되고 있는 것이므로 그에 따르기로 한다.

2.3.2 전자서명법

전자서명법(1999.2.5. 법률 제5792호)은 전자문서의 안전성과 신뢰성을 확보하고 그 이용을 활성화하기 위하여 전자서명에 관한 기본적 사항을 정할 목적으로 제정되었고, 1999년 7월 1일부터 시행되고 있다.[10)]

2.3.3 전자상거래 등에서의 소비자보호에 관한 법률

종래 방문판매법을 개정 보완하여 전자상거래등에서의 소비자 보호에 관한 법률(2002.3.30. 법률 제6687호)(이하 '전자상거래소비자보호법'이라 한다)이 제정되었고, 이 법은 전자상거래 및 통신판매 등에 의한 재화 또는 용역의 공정한 거래에 관한 사항을 규정함으로써 소비자의 권익보호와 시장의 신뢰도를 높이는 것을 목적으로 한다.[11)]

2.3.4 전자금융거래법

전자금융거래법은 2006.4.28. 법률 제7929호로 제정되었다.

전자금융거래법은 전자금융거래의 법률관계를 명확히 하여 전자금융거래의 안전성과 신뢰성을 확보함과 아울러 전자금융업의 건전한 발전을 위한 기반조성을 함으로서 국민의 금융편의를 위한 법이다.

2.3.5 전자어음의 발행 및 유통에 관한 법률

전자어음의 발행 및 유통에 관한 법률(이하 '전자어음법'이라 한다)은 2004.3.22.

---

10) 전자서명법에 관한 상세한 내용은 전자서명과 인증 부분 참조.

11) 이 법에 관한 상세한 내용은 전자상거래와 소비자보호 부분 참조.

법률 제7197호로 제정되었고, 전자적 방식으로 약속어음을 발행 유통하고 어음상의 권리를 행사할 수 있도록 하기 위한 법이다. 전자어음법은 현재 약속어음의 형태로만 발행할 수 있다.

2.3.6 정보통신망이용촉진 및 정보보호등에 관한 법률

정보통신망이용촉진 및 정보보호등에 관한 법률(1986.5.12. 법률 제3848호로 제정, 2001년 1월 16일 법률 제6360호로 개정, 2001년 7월 1일 시행)(이하 '정보통신망법'이라 한다)은 정보통신망의 이용을 촉진하고 정보통신서비스를 이용하는 자의 개인정보를 보호함과 아울러 정보통신망을 건전하고 안전하게 이용할 수 있는 환경조성을 하기 위하여 제정된 법이다. 이 법은 주로 공공기관의 개인정보보호에 적용되는 법으로써 기능을 한다.

2.3.7. 개인정보보호법

개인정보보호법은 2011.3.29. 법률 제10465로 제정되었다. 이 법은 개인정보의 수집·유출·오용·남용으로부터 사생활의 비밀 등을 보호하고 국민의 권리와 이익의 증진과 개인의 존엄과 가치를 구현하기 위하여 개인정보처리에 관한 사항을 규정하기 위한 법이다. 이 법은 정보사회의 고도화에 따른 개인정보의 수집과 이용이 보편화됨에 따라 개인정보침해 사례가 지속적으로 발생함으로써 개인의 프라이버시 침해 등 피해를 초래하고 있어서 정보통신망법과 별도로 공공부문과 민간부문을 망라하는 개인정보처리원칙을 규정하기 위하여 제정된 것이다.

2.3.8 약관의 규제에 관한 법률

약관의 규제에 관한 법률(이하 '약관규제법'이라 한다)은 사업자가 그 거래상의 지위를 남용하여 불공정한 내용의 약관을 작성하여 거래에 사용하는 것을 방지하고 불공정한 내용의 약관을 규제함으로써 건전한 거래질서를 확립하고 소비자를 보호하기 위한 법이다.

다양한 전자상거래 유형에서 사용되는 약관을 소위 전자약관이라고 하며 전자약관에 대하여도 이 법이 적용된다. 그 결과, 사업자의 약관의 작성 및 설명의무(제3조), 불공정약관 조항(제2장), 약관의 규제(제3장)와 표준약관제도(제19조의 3) 등 약관규제법의 내용이 전자약관의 경우에도 적용된다.

2.3.9 인터넷주소자원에 관한 법률

인터넷주소자원에 관한 법률(2004.1.29. 법률 제7142호로 제정, 2016.3.22. 법률 제14080호로 개정)은 인터넷 프로토콜(protocol)주소, 도메인(domain)이름 등 인터넷주소자원의 개발·이용을 촉진하고 인터넷주소자원의 안정적인 관리체계를 구축하기 위하여 만든 법이다.

2.3.10 전자무역 촉진에 관한 법률

전자무역 촉진에 관한 법률(1991.12.31. 법률 제4479호로 제정, 2015.2.3. 법률 제13155로 개정)은 전자문서로 이루어지는 무역 즉, 전자무역의 기반을 조성하고 그 활용을 촉진하여 무역절차의 간소화와 무역정보의 신속한 유통을 실현하고 무역업무의 처리시간 및 비용을 줄이기 위하여 제정된 법이다.

2.3.11 기타 고시 및 표준약관

이상의 전자상거래 관련 법률의 구체적인 시행을 위한 '고시'와 '표준약관'이 제정되어 있는데, 그 예로는 전자거래소비자보호지침, 개인정보보호지침, 인터넷 사이버몰 이용표준약관 등이 있다.

제 3 장
전자상거래의 의의와 유형

- 차 례 -

3.1 전자상거래의 의의

3.1.1 전자상거래의 개념

전자상거래(Electronic Commerce)의 개념은 아직 명확하게 정립되어 있지 않고 또한 어느 범위까지를 전자상거래에 포함시킬 것인가에 대하여도 여러 가지 견해가 있다. 전자상거래의 개념은 이를 어떻게 정하는가에 따라서 전자상거래의 범위와 적용 법률이 달라지기 때문에 매우 중요한 의미를 갖는다. 유엔국제상거래법위원회(UNCITRAL)의 '전자상거래모델법(1996)'에서는 전자문서(Data Message)란 "전자문서교환(EDI), 전자메일, 텔레그램, 텔렉스, 텔레카피 등을 포함하여 다양한 방식으로 생성·송신·수신 또는 저장된 정보"이며, "이러한 전자문서에 의한 상업적 활동에 대하여 전자상거래모델법이 적용된다(동법 제1조, 제2조)"고 규정하고 있다. 즉 전자상거래모델법은 전자상거래를 직접적으로 정의하지 않고 전자문서에 의한 상업적 활동에 대하여 동 법이 적용된다고 함으로써 전자상거래의 개념을 간접적으로 정하고 있다.

우리나라 전자문서 및 전자거래기본법(약칭 전자문서법)은 전자거래라 함은 "재화나 용역의 거래에 있어서 그 전부 또는 일부가 전자문서에 의하여 처리되는 거래"(동법 제2조 5호)라고 정의하고 있다. 전자문서법상 전자거래에는 전자문서에 의한 상거래 외에도 민사거래까지 포괄하는 넓은 개념이라고 할 수 있다. 전자문서법상의 전자거래에 해당하는 개념을 전자상거래라는 용어로 사용하고자 한다. 여기에서는 전자거래를 전자상거래와 같은 의미로 사용한다.

요컨대 전자상거래란 컴퓨터 등의 정보처리시스템을 이용한 전자문서에 의하여 재화나 용역의 거래에 있어서 그 전부 또는 일부가 처리되는 거래라고 할 수 있고, 여기에는 그에 부수적인 활동을 포함한다고 본다.

이러한 개념정의는 다음과 같은 구성요소를 갖는다.

첫째, 전자상거래는 컴퓨터 등의 정보처리시스템을 이용한 전자문서에 의하여 이루어지는 거래이다. 그러므로 컴퓨터 정보처리시스템과 인터넷 사이버몰을 이용한 재화나 용역 거래가 여기에 포함되지만, 전화나 TV를 이용한 홈쇼핑, 카탈로그

판매와 같은 통신판매 및 전자식 자판기를 통한 판매행위는 제외된다고 본다.

둘째, 재화나 용역의 소유권이나 사용권의 이전 기타 이에 부수하는 거래이다.

재화나 용역거래에 수반되는 전자우편에 의한 확인통지행위 및 전자결제거래는 전자상거래의 범위에 포함되지만, 그렇지 않은 단순한 전자자금이체거래(전자금융거래)는 전자상거래의 개념에 포함되지 않는다.

셋째, 거래의 전부 또는 일부가 전자문서에 의하여 이루어지는 거래이다.

그러므로 온라인을 통하여 거래계약을 체결하고 오프라인으로 이행하는 경우 및 전화나 팩스 등을 통하여 오프라인으로 거래계약을 체결하고 온라인으로 이행하는 경우(예 : 디지털 상품의 이행) 모두 전자상거래의 범위에 포함된다. 다만, 일반적인 전자상거래는 방문판매법 상의 통신판매규정이 적용될 것이지만 이 통신판매 규정은 전기통신설비를 이용하여 계약이 체결되는 경우에 적용되도록 규정하고 있으므로(동법 제2조 6호), 후자와 같은 오프라인에 의한 계약체결과 온라인 이행의 경우는 방문판매법이 적용되지 않을 것이다. 이에 관한 입법의 보완이 필요하다고 본다.

전자상거래의 범위에 관하여 요약해 보면 어떤 소비자가 인터넷 서점에서 책을 구입하는 행위, 인터넷 경매에서 물품을 구입하는 행위, 인터넷을 통하여 관광상품을 구입하거나 호텔을 예약하는 행위, 재화나 용역거래와 관련된 인터넷 뱅킹 등이 모두 전자상거래의 범위에 해당하게 된다.

다만, 인터넷을 통하여 재화나 용역의 거래와 관계없는 단순한 의사의 통지(각종의 최고, 거절)나 관념의 통지(사원총회 소집통지, 채무승인, 채권양도의 통지와 승낙 등)행위 등은 전자상거래의 범위에 포함시키기 어려울 것이다.

예컨대, 전자우편(E-mail)에 의한 주주총회 소집통지(개정 상법 제363조 1항), 인터넷에 의한 민원서류 발급신청행위 등은 전자상거래에 해당되지 않을 것이다.

[전자거래의 정의]

- OECD
  - 광의 : 컴퓨터 매체를 통하여 네트워크 상에서 수행되는 상품 및 서비스의 판매 혹은 구매행위
  - 협의 : 인터넷을 통하여 수행되는 상품 혹은 서비스의 판매 및 구매 행위
- 미국 상무성(센서스국) : 컴퓨터 등 네트워크를 이용하여 재화(상품) 또는 용역(서비스)의 소유권이나 사용권이 이전되는 거래

(산업자원부·한국전자거래진흥원, 「전자거래 시장규모측정방안연구」, 2001. 8면)

3.1.2 EDI에서 EC/CALS로의 변화

전자상거래(EC)는 처음에 전자문서교환(Electronic Data Interchange : EDI)의 발달에서 비롯되었다. EDI는 1960년대에 국제운송회사들이 운송서류를 신속히 전달할 목적으로 컴퓨터망을 통하여 표준화된 전자문서를 주고받은 것이 시초이다. EDI는 기업거래에서 표준화된 전자형식으로 컴퓨터와 컴퓨터간의 상호 정보처리절차라고 정의할 수 있다.

EDI는 본래 기업간 거래에 있어서 종이서류에 의하여 발생되는 오류를 감소하고, 처리비용을 절감하기 위하여 탄생된 것으로서 신속성과 비용절감효과가 그 장점으로 부각된다. 그러나 EDI는 전자상거래(EC)에 적용되면서 그 한계를 갖게 된다. 전자상거래(EC)는 EDI를 포함하여 기업간의 효율적인 활동을 도와줄 수 있는 공통의 데이타 베이스를 공유하면서 사람과 사람간의 상호통신교류 및 자금의 이전을 가능하게 하는 전자적 거래인 것이다. 즉 EDI가 회사간의 컴퓨터와 컴퓨터간에 전자문서를 주고받기 위하여 기술적으로 사용될 목적으로 단일한 기술을 사용하도록 고안된 것인 반면, 전자상거래는 기업 대 기업(B2B)은 물론이고 사람과 사람(C2C)간의 관계에서 이용되는 것이며, 전자상거래를 유지하는 기술적 구성요소도 전자적으로 사람들 사이의 통신을 가상하여 이루어지는 것이다. 따라서 전자상거래는 정보통신기술을 이용하여 거래 상대방사이의 관계성과 계약이행을 강화하는데 그 목표를 두게 된다.[1] 이러한 점에서 전자상거래(EC)는 EDI거래와 다르며 EDI거래를 포괄하는 개념인 것이다. 그리하여 오늘날에 있어서는 인터넷과 정보통신기술이 발전함에 따라서 종래의 EDI체제가 이를 포함하는 EC/CALS[2]로 이행되어 가고 있다고 말할 수 있다.[3] 이와 함께 인터넷 기술을 기반으로 하여 기업간에 인터넷 서비스사업자의 인터넷 EDI 서버를 이용하는 '인터넷 EDI'가 등장하여 이용되고 있다.

---

1) Bob Gaffney, "EDI moves to Electronic Commerce" EDI Forum vol. 8, no.1, pp.9-10.

2) CALS란 상품의 설계, 개발, 생산, 판매, 유지보수, 폐기 등 상품의 전주기에 걸친 기업활동 전반을 전자화하는 것이며 궁극적으로는 국내외 전체 산업활동을 전자화하는 것이다. CALS라는 개념이 처음 사용된 것은 1985년 미국 국방성의 무기매뉴얼디지털화(Computer Aided Logistic Support)에서 시작되었으며, 이후 이 개념이 계속 발전하여 1994년에는 위와 같이 초고속 경영통합정보시스템(Commerce At Light Speed)의 형태로 변하였다.

3) 오늘날 대부분의 경우 인터넷에 의한 E-mail이 종래의 EDI 텍스트에 의한 메시지 교환보다 더 선호되며 점차 확산되어 가고 있다.

[도표 1-1] EDI에서 EC/CALS로의 변화[4]

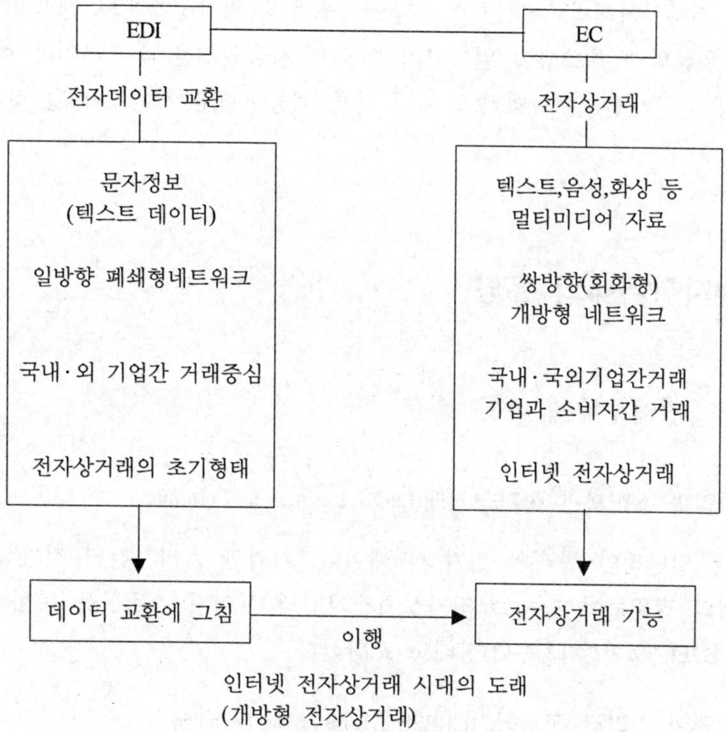

3.1.3 관계자의 역할

첫째, 전자상거래가 활성화되기 위하여서는 여기에 참여하는 기업이 안전한 전자상거래가 이루어 질 수 있도록 인프라(하부구조)의 정비를 위하여 노력하여야 한다.

둘째, 통신서비스제공자(컴퓨터 네트워크 서비스제공회사)는 결함 없는 안전한 통신환경을 제공하도록 노력하여야 한다. 만약 결함 있는 데이터 메시지를 제공하였을 때에는 그에 따르는 법적인 책임을 져야 할 것이다.

셋째, 국가적으로는 전자상거래의 장애를 제거하고 분쟁위험을 최소화할 수 있도록 전자상거래의 활성화를 위한 법적·제도적인 정비를 위한 노력을 하여야 한다. 아울러 정보통신기술의 발달과 정보화가 진행되는 결과 개인의 신용정보가 유출되거나 악용됨으로써 개인의 프라이버시를 침해할 수 있기 때문에 이를 방지

4) 八木 勳,「電子商去來(EC)入門」(東京 : 中經出版, 1996), 21면.

하기 위하여 법제의 정비가 이루어져야 한다.

넷째, 전자상거래의 고객인 이용자(소비자)들은 전자상거래의 안전과 활성화를 위하여 사용상의 오류발생이 일어나지 않도록 사용환경을 숙지하여야 한다. 또한 전자상거래의 특성을 잘 파악하고 이에 따른 적응노력을 기울여야 할 것이다.

3.2 전자상거래의 유형

3.2.1 거래주체에 따른 분류

① 기업과 소비자간 전자상거래(B2C : Business to Customer)

B2C는 일반적인 형태의 전자상거래이다. 기업과 소비자간의 전자상거래에는 특정 기업의 직원들이 단체로 전자상거래기업의 사이버 쇼핑몰을 통하여 물품을 구입하는 B2E(기업직원단체구매)형태도 포함한다.

② 기업과 기업간 전자상거래(B2B : Business to Business)

기업과 기업간 전자상거래는 그 규모 면에서 기업과 소비자간 전자상거래를 훨씬 능가하여 큰 규모로 성장하고 있다. 이러한 전자상거래형태에는 소위 전자상거래중개인에 해당하는 E-Marketplace[5])가 널리 이용되고 있다.

③ 기업과 정부간 전자상거래(B2G: Business to Government)

정부의 전자조달분야가 이에 해당한다.

④ 소비자와 소비자간의 전자상거래(C2C: Customer to Customer)

인터넷 경매와 벼룩시장을 운영하는 사이버 쇼핑몰이 이러한 형태에 해당한다.

---

5) E-Marketplace에는 다시 수평적 형태의 E-Marketplace(Horizontal E-Marketplace)와 수직적 형태의 E-Marketplace(Vertical E-Marketplace)가 있다. 전자는 다양한 산업이 포함되어 있는 구매자와 판매자가 공동으로 홍보, 경매 및 조달 등의 업무를 수행하는 형태로써 다양한 고객을 확보하기 쉽다. 반면에 후자는 석유, 화학, 의료 등 특정산업에 포함되어 있는 구매자와 판매자가 공동으로 경매, 조달 등의 업무를 수행하는 전문성이 요구되는 거래 형태로써 고정고객의 확보가 용이하다.

최근에는 개인간의 지급거래에 이용되는 이 메일 지급거래가 있고, 한편 최근 개인간의 정보공유서비스인 P2P서비스를 이용한 전자상거래형태가 등장하고 있다. '스타크래프트'라는 전술게임으로 유명한 Battle.net은 P2P 방식에 의한 게임네트워크를 운영하고 있다. 이 경우 게임네트워크를 운영하는 회사는 일종의 인터넷 중개업체에 해당할 것이다. 커뮤니케이션 사업모델로써는 인터넷 메신저가 있다.

[P2P(Peer to Peer)와 '냅스터(Napster)']

P2P 서비스는 인터넷에서 중간에 서버컴퓨터를 거치지 않고 정보를 찾는 사람과 정보를 가지고 있는 사람의 PC를 직접 연결시켜서 정보를 공유할 수 있게 해주는 기술과 이를 응용한 서비스이다.

대표적인 사례로서 19세의 미국인 숀 패닝이 음악듣기를 좋아하는 친구를 위해 만든 개인간 MP3 파일 교환 네트워크인 '냅스터(Napster)'가 있다. 냅스터는 전세계 7000만명 이상의 네티즌이 애용하고 있고 2001년 2월 한달 동안 냅스터를 통해 교환된 노래만 무려 27억 곡에 달한다고 한다. 미국음반협회에 의하여 저작권법위반혐의로 제소되어 샌프란시스코 연방지법에서 저작권위반이라는 판결을 받은 바 있다.

우리나라 '소리바다'의 경우에도 관계자에 대한 법률위반문제가 제기된 바 있다.*

이를 도표화하면 다음과 같다.

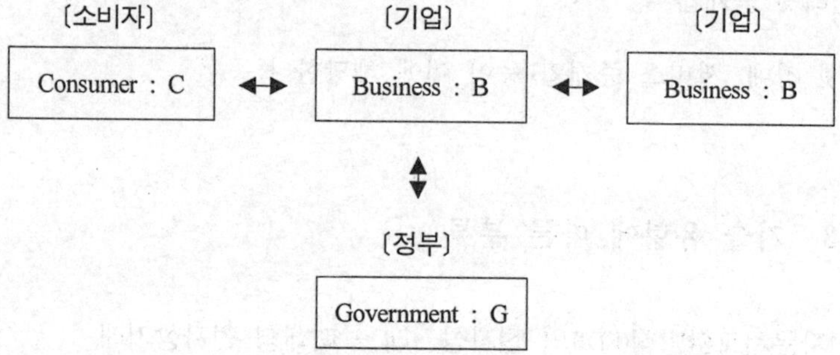

3.2.2 거래 유형에 따른 분류

① 인터넷 포털 서비스업

인터넷 활용산업의 유형에 따른 분류로서 인터넷 포털(Portal) 서비스업이 있

* 소리바다사건의 내용은 제2부 제6장 전자상거래와 지적재산권 부분에서 상세히 언급한다.

다. 이는 인터넷 검색기반 포털 서비스업과 인터넷 커뮤니티 기반 포털 서비스업으로 나눌 수 있다. 전자에 해당하는 것으로는 구글(Google), 야후(Yahoo), 라이코스(Lycos) 등이 있고, 후자에 해당하는 것으로는 네이버(Naver), 아메리칸 온라인(AOL), 마이크로 소프트 네트워크(MSN), 다음(Daum) 등이 있다.

포털서비스는 또한 정보제공범위에 따라서 야후와 같은 종합포털과 특정정보(예, 오디오, 비디오, 영화, 지역문화 등에 대한 정보 검색과 디렉토리 서비스)만을 제공하는 전문포털이 있다.

② 인터넷 콘텐츠 서비스업

인터넷 미디어, 오락, 게임, 이 러닝, 전문 정보서비스 등을 제공하는 인터넷 전자상거래 산업이다.7)

③ 인터넷 전자상거래업

인터넷을 통하여 상품 또는 용역을 거래하는 전자상거래유형으로써 전자상거래 사업자가 운용하는 사이버몰의 형태에 따라서 단일몰, 전문몰 및 중개몰 등으로 나눌 수 있다.

④ 인터넷 중개업

인터넷 경매, 서비스 중개업 등이 이에 해당한다.

3.2.3 기술 유형에 따른 분류

① 전자문서교환방식(EDI)의 전자상거래 – 폐쇄형 전자상거래

전자문서교환방식(Electronic Data Interchange : EDI)을 이용한 기업과 기업간의 전자상거래 유형이다. 이는 1960년대 말 국제운송회사들이 컴퓨터를 이용한 전자문서를 표준화하여 전자문서형식의 운송서류를 주고받기 시작하면서 발달한 초기형태의 전자상거래로써 폐쇄형 전자상거래라고 할 수 있다. 이는 초기형태의 전자

7) 이러닝산업의 발전에 필요한 사항을 정함으로써 이러닝을 활성화하기 위하여 2004년 이러닝(전자학습)산업발전법이 제정되었다. 또한 콘텐츠산업의 진흥에 필요한 사항을 정하고 콘텐츠산업의 기반을 조성하기 위하여 2010년 콘텐츠산업 진흥법이 제정되었다.

상거래인데 오늘날에 있어서도 그 보안성 때문에 기업간의 전자상거래 방식으로 여전히 많이 이용되고 있다.

② 인터넷(Internet) 전자상거래 – 개방형 전자상거래

인터넷을 이용한 전자상거래로서 상품을 거래하는 유형과 서비스를 제공하는 유형이 있다. 이는 개방형 전자상거래라고 할 수 있다.

제 4 장
전자문서

– 차 례 –

4.1 전자문서

4.1.1 전자문서 및 전자거래기본법의 제정

정보통신기술의 발전과 인터넷 활용이 증가하고 이로 인하여 전자거래[1]가 확대됨에 따라서 기존의 법제로는 해결할 수 없는 새로운 문제점들이 발생하였기 때문에 전자거래의 활성화를 위한 장애를 제거하고 전자거래에 대한 전통적인 상행위와 동일한 수준의 법률적인 효력을 부여할 필요가 생기게 되었다. 그리하여 전자거래 이용자가 신뢰하고 안전하게 전자거래를 활용할 수 있도록 하고, 민간자율적인 전자거래의 촉진을 위하여 전자거래기본법을 제정하게 되었다. 이를 위하여 전자거래기본법(1999년 1월 법률 제5834호로 제정됨. 이하 기본법 또는 법이라 한다)과 동법 시행령이 제정되어 각각 1999년 7월 1일부터 시행되었다. 그런데 전자거래기본법이 제정된 이후 전자거래의 확산과 전자거래 기술과 환경이 급속하게 변화하였기 때문에 이를 반영할 필요성이 제기되었다. 이에 따라 전자거래기본법은 2002년 1월 19일 법률 제6614호로 개정되었다(2002년 7월 1일 시행). 그 후 전자문서의 개별법상의 문서효력을 명확히 하고 공인전자문서보관소제도를 신설하는 개정이 이루어졌다(2005년 3월 31일 법률 제7440호로 개정, 2005년 10월 1일 시행). 이 법은 2012년 개정을 통하여 법 명칭을 '전자문서 및 전자거래기본법(이하 '전자문서법'이라 한다)'으로 변경하고 '전자거래'를 '전자문서 및 전자거래'로 용어를 수정하였다.

전자거래에서 전자문서는 의사표시의 수단으로 사용되는 일종의 매체이므로 유엔국제상거래법위원회의 국제전자계약협약에서는 '전자문서(Data Message)'라는 용어대신에 '전자적 의사표시'(Electronic Communication)라는 용어를 사용하고 있다.

전자상거래의 수단으로서 전자문서가 중요한 기본요소가 되기 때문에 이 장에서는 전자문서법상의 전자문서규정을 중심으로 내용을 검토한다.

---

1) 전자거래에는 전자민사거래와 전자상사거래로 구분되는데 후자인 전자상거래가 전자거래의 대부분을 차지하고 있으며 전자상거래라는 말이 거래계의 관행으로 오래 사용되어 오고 있다는 점에서 본서에서는 전자거래를 전자상거래라는 용어의 의미로 혼용한다.

4.1.2 전자문서와 전자거래

① 전자문서의 의의

전자문서라 함은 정보처리시스템에 의하여 전자적 형태로 작성되어, 송신·수신 또는 저장된 정보를 말한다(제2조 1호).

가. 전자문서의 개념

전자문서의 개념은 다음과 같이 정리할 수 있다.

1) 정보처리시스템에 의한 전자적 정보

전자문서는 컴퓨터 등 정보처리능력을 가진 장치 즉 정보처리시스템에 의하여 송·수신 또는 저장되는 정보이다. 컴퓨터 등 정보처리시스템이라 함은 현재의 컴퓨터 시스템뿐만 아니라 장래 발전될 통신기술까지도 포함하는 개념이다(이를 매체중립의 원칙 : Media Neutral Rules이라 한다).[2] 결국 전자문서란 "정보처리시스템에 의하여 전자적 형태로 작성되어, 송·수신 또는 저장되는 정보"이며, 전자적 형태 또는 수단에는 컴퓨터 외에 광학적 수단 또는 이와 유사한 수단까지 포함된다고 해석된다. 정보처리시스템은 컴퓨터와 같은 연산작용을 하는 정보처리장치를 말하는 것이라고 보아야 하며, 따라서 전화, 전신, 팩스 등의 기존의 전자매체를 이용한 정보는 전자문서법상 전자문서의 범위에 포함되지 않는다고 본다. 이와 같은 기존의 전자적 매체는 정보전달기능이나 정보변환기능을 수행할 수는 있지만 자체적으로 입력된 정보에 대한 처리능력을 갖고 있지는 않기 때문이다.

전자거래에서 사용되는 디지털 메시지(Digital Message)는 종래의 일반상거래에서 사용되고 있는 종이문서와는 달리 컴퓨터 등의 정보처리장치에 의하여 디지털화된 문서이고 전자문서법은 이를 전자문서로 정의하고 있다. 우리나라의 개별 특별법은 컴퓨터 환경에서 사용되는 전자문서에 대하여 각각 정의규정을 두고 있다(예, 물류정책기본법 제32조, 정보통신망이용촉진등에관한 법률 제2조 5호 등). 다만 인터

---

2) 유엔국제상거래법위원회(UNCITRAL) 전자상거래모델법(1996) 제2조 a호는 "전자문서(data message)란 EDI, 전자메일, 텔레그램, 텔렉스, 텔레카피를 포함하되 이에 한정하지 않고, 전자적, 광학적 또는 이와 유사한 수단에 의하여 생성, 송신, 수신 또는 저장된 정보를 말한다." 고 정의함으로써 매체중립의 원칙을 표명하고 있다. 따라서 전자상거래모델법을 수용한 전자문서법의 해석에 있어서도 같은 취지로 해석하여야 할 것이다.

넷(Internet)과 같은 개방형 통신망에서 사용되는 전자문서와 폐쇄적인 EDI(Electronic Data Interchange : 전자문서교환)환경에서 사용되는 표준화된 전자문서가 모두 전자문서법상의 전자문서에 포함된다. 오늘날에는 기술의 발달로 인터넷상에서 표준화된 전자문서를 사용하는 경우가 늘고 있다. 위의 개별 법규상에서 정의하고 있는 전자문서의 개념은 주로 무역업무를 전자적으로 처리함에 있어서 필요한 EDI를 통한 표준화된 전자문서를 말한다.

이러한 전자적 정보는 전자매체에 기록되어서 사람이 읽을 수 있어야 한다고 본다(전자기록 매체성과 가독성).

2) 전자적 형태로 송·수신 또는 저장된 정보

전자문서는 정보처리시스템에 의하여 "전자적 형태로 작성되어, 송·수신 또는 저장되는 정보"이다. 전자문서는 컴퓨터 등을 이용하여 생성된 디지털 메시지라고 할 수 있다. 컴퓨터를 이용한 정보처리시스템으로 처리되는 정보는 기본적으로 전압의 변화, 자성의 교류변환을 이용하여 물리적 및 전기적 에너지를 디지털 비트(이진법 숫자)로 표시한 것이다. 실제로 이렇게 표시된 이진수(비트)는 정보처리시스템이 이를 문자, 숫자, 구두점 및 문단형식으로 표현하지 않으면 사람이 이를 인식하고 읽을 수 없게 된다. 정보처리시스템 즉 정보처리장치는 디지털 메시지 형식을 사람이 읽을 수 있는 형식으로 변환하게 된다. 그러나 이것이 정확한 번역이나, 동일한 형식으로의 변환이 되었음을 보장할 수 있는 것은 아니다.

전자문서가 기술적으로 신뢰할 수 있는 정보처리시스템으로 처리되어 무결성에 대한 신뢰할 만한 증명이 있어야만 원본성이 인정될 수 있다(UNCITRAL 전자상거래모델법 제8조 제1항). 이러한 무결성 증명에 사용되는 기술이 전자서명이다. 그러므로 전자서명 되지 않은 전자문서는 디지털 메시지 형식이 사람이 읽을 수 있는 표현형식으로 컴퓨터 시스템에 의하여 전환되었다고 해서 정확하게 변환되었다거나, 처음의 디지털 메시지 형식과 동일한 것임을 보장할 수 있는 것은 아니다.

또한 전자적 형태로 작성된 정보라 함은 정보처리장치에 의하여 전자적 형태로 생성된 기록(Record)을 의미하는 것으로 해석한다.

3) 전자문서의 문서성

문서란 문자 또는 이에 갈음하는 기호로서 일정한 의미를 표현하는 유체물이며, 종이 외에 금속, 가죽 등을 기록매체로 사용할 수 있으나, 오늘날 대표적인 기록매체가 종이이므로 일반적인 용어로 종이문서를 일컫는다. 전자문서는 종이문서와 같이 컴퓨터기록매체를 이용하여 비트라는 전자적 부호형태로 일정한 내용을 기록한 것으로서 컴퓨터 등의 정보처리장치에 의하여 읽을 수 있는 것이면 문서성을 갖는다고 할 것이다.

기존의 종이문서는 여러 가지 기능을 갖고 있다. 예컨대 모든 사람들이 그 문서를 읽을 수 있도록 하는 기능(문서의 가독성), 시간이 흐른 뒤에도 문서가 변함없이 존재할 수 있는 기능(문서의 보존성), 문서를 재발급하여 각 당사자가 동일한 문서자료를 한 부씩 보관할 수 있는 기능(복사가능성), 서명으로 자료의 진정성을 인정할 수 있는 기능(원본성), 공공기관 및 법원에서 받아들일 수 있는 형식으로 문서가 존재하는 기능(증명적 기능) 등이다. 이상과 같은 종이문서의 기능을 전자문서가 충족하면 전자문서는 종이문서에 대응하는 동일한 수준의 법적 효력을 갖게 되는 것이다(이를 기능상 동가치성의 원칙 : Functional-equivalent approach이라 하며, 전자상거래모델법이 채택한 원칙이기도 하다). 종이문서에 대응하는 기능이 전자문서에 인정되면 전자문서는 종이문서와 같은 효력을 가질 수 있고, 이는 전통적인 종이문서를 전제로 하는 법률요건이 현대적인 통신수단의 발달에 장애가 되는 요소를 극복할 수 있도록 해준다.

전자문서법상 전자문서는 종이문서와 같은 기능을 수행할 수 있는 가에 대하여 살펴본다. 전자문서는 기능적 측면에서 종이문서와 같이 정보적 기능, 보존적 기능, 증명적 기능 등을 수행할 수 있다. 첫째, 정보적 기능은 전자문서가 데이터 메시지 형식으로 생성된 정보이기 때문에 어떠한 사실에 대한 정보를 담고 있고, 이러한 정보를 상대방에게 전달할 수 있는 기능이다. 둘째, 전자문서는 일종의 전자적 형태의 기록으로서 일정 기간 동안 필요에 따라서 보존할 수 있다. 이를 보존적 기능이라고 부를 수 있다. 전자문서법 제5조는 전자문서의 내용을 열람하거나, 재현될 수 있는 형태로 전자문서가 보존되어 있는 경우, 그 전자문서의 보관으로 관계법령이 정하는 문서의 보관에 갈음할 수 있도록 하였다. 셋째, 전자문서의 증명적 기능이다. 이러한 증명적 기능은 전자문서가 생성 또는 송·수신되고 보존되어 필요에 의하여 나중에 재현하거나 열람할 수 있는 전자적 기록이라는 의미이다.[3)]

나. 전자문서의 작성자 및 수신자

1) 전자문서의 작성자

전자문서의 작성자라 함은 전자문서를 작성하여 송신하는 자를 말한다(제2조 3

---

3) 전자문서법 제2조 1호의 전자문서의 정의 규정에는 전자문서의 증명적 기능에 대한 내용이 포함되어 있지 않으나, 전자문서법 제5조 전자문서의 보관 규정이 이를 보완하는 규정이라고 할 수 있다.

호). UNCITRAL 전자상거래모델법은 "데이터 메시지의 작성자(Originator of a Data Message)란 데이터 메시지를 송신하거나 또는 그것을 저장하기 전에 생성시킨 자를 말한다"고 규정하고 있다(제2조 c호). 전자문서법에서 말하는 전자문서의 작성자라고 함은 전자문서의 생성자라고 할 수 있으며, 자신이 직접 전자문서를 생성하여 이를 전송하거나 또는 대리인을 통하여 전자문서를 생성하여 전송하는 자이다. 이 경우 대리인을 통하여 전자문서를 생성하는 경우에는 권리주체인 인간을 대리인으로 선임한 경우뿐 아니라, 민법상 대리법리를 확장 적용하여 권리주체(자연인 및 법인)의 직접적인 개입 없이 그 권리주체를 대신하여 컴퓨터에 의하여 자동적으로 생성된 전자문서의 경우에도, 그 권리주체가 작성한 전자문서로 보아야 한다.

전자상거래모델법상 작성자의 개념정의에는 전자문서가 생성되고 통신되는 상황만이 아니라, 그러한 정보가 통신됨이 없이 생성되고 저장되는 경우도 포함한다. 이 점에서 우리 나라 전자문서법상의 작성자의 개념과 차이가 있다.

2) 전자문서의 수신자

전자문서의 수신자라 함은 작성자가 전자문서를 송신하는 상대방을 말한다(제2조 4호). 즉 수신자란 전자문서의 작성자가 전자문서를 수신할 것으로 의도한 자이다.

전자문서의 작성자와 수신자가 동일인 일수도 있는가? 예컨대 전자문서가 그 생성자(작성자)에 의하여 송신되어 저장되는 경우이다. 이 경우에는 작성자와 수신자가 동일인 일수도 있다. 그러나 한 사람이 작성자의 지위에서 생성하여 전송한 전자문서를 동일인이 수신인으로서 저장하는 경우, 수신인은 그 자체로서는 "작성자"의 개념에 포함되는 것이 아니라고 해석된다. 즉, "작성자"의 개념정의에는 단순히 전자문서를 저장하는 수령인이 작성자로서 간주되는 것은 아니다.

다. 전자문서의 중개인(Intermediary)

중개인이란 특정한 데이터 메시지에 관하여 다른 사람을 대신하여 그 데이터 메시지를 송·수신 또는 저장하거나 그 데이터 메시지에 관한 그 밖의 다른 서비스를 제공하는 자를 말한다. 예컨대 데이터 메시지를 포맷팅하거나, 전송, 기록, 인증, 확인 및 보관하고, 전자거래의 보안서비스를 제공하는 네트워크 운영자 및 다른 중개인 등 정보통신서비스사업자가 이에 해당한다. 전자문서법에서는 이러한 중개인의 개념을 정의하고 있지 않으나, 오늘날 인터넷을 사용하여 전자거래를 함에 있어서는 인터넷 서비스제공 사업자와 같은 중개인의 역할과 그의 법적 책임

문제가 매우 중요하다.

전자상거래모델법과 달리 우리 나라 전자문서법은 중개인의 개념정의규정을 두고 있지 않다(전자상거래모델법 제2조 (e)호).

② 전자문서법상 전자거래의 의의

가. 전자거래의 개념

전자거래란 재화나 용역을 거래함에 있어서 그 거래의 전부 또는 일부가 전자문서에 의하여 처리되는 거래를 말한다(기본법 제2조 5호). 즉 전자거래라고 함은 재화나 용역의 매매나 도급 또는 이와 관련된 결제 등 부수적인 행위가 컴퓨터 등의 정보처리장치에 의한 전자문서로써 이루어지는 것이라고 할 수 있다. 어떤 거래의 일부가 전자문서에 의하여 처리되는 경우에도 전자거래에 해당하므로, 반드시 전자문서에 의하여서만 모든 거래가 성립되거나 계약이 체결될 되어야 하는 것은 아니고, 거래의 한 과정에서 컴퓨터 등 정보처리조직에 의한 전자문서가 이용되는 경우는 전자거래에 포함된다고 본다. 예컨대 전화나 팩스 등을 이용하여 컴퓨터 소프트웨어프로그램이나 디지털 음악을 주문하는 계약을 체결하고 인터넷망을 통하여 프로그램을 전송 받는 경우도 전자거래의 범위에 포함된다. 또한 전자거래가 인터넷 통신망을 이용하여 이루어지는 것이 보통이지만, 인터넷 통신망이 아닌 폐쇄형 EDI 컴퓨터 네트워크를 통하여 이루어지는 거래의 경우도 전자거래에 해당한다고 할 것이다.[4)]

한편 재화나 용역의 거래는 일반적으로 매매나 도급을 말하며 물리적인 형태뿐 아니라, 컴퓨터 소프트웨어나 정보서비스 등 온라인 형태로 이루어지는 디지털상품과 서비스도 여기에 포함된다. 또한 전자문서에 의한 재화나 용역의 매매와 도급에 수반되는 결제, 서류송달 등도 전자거래에 포함된다고 본다. 즉 전자거래는 정보의 교환, 전송 가능한 제품 자체의 전송, 정보의 수집, 협상, 계약, 주문, 대금청구 및 결제 등을 포함한다. 다만 전자문서에 의한 특허출원행위나 무역통관행위, 행정절차에서의 신청 등 공적인 행위 그 자체는 재화나 용역의 거래라고 볼 수 없기 때문에 전자거래라고는 할 수 없지만, 전자조달과 같이 국가나 지방자치

---

4) OECD 정보통신컴퓨터위원회(2000. 6.)에서는 전자상거래의 개념을 광의와 협의의 두 가지로 정의하고 있다. 즉 광의로는 컴퓨터 네트워크를 통하여 가계, 기업, 정부 기타 영리, 비영리 기관간에 수행된 상품이나 서비스의 판매, 주문 등을 말하고, 이러한 거래가 인터넷 네트워크를 통하여 이루어지는 경우를 협의의 전자상거래라고 정의하고 있다. 따라서 광의의 전자상거래 개념에는 인터넷 네트워크뿐 아니라 기존의 EDI거래까지 포함한다.

단체가 사경제의 주체로서 당사자가 되는 경우에는 그 적용이 있다고 해석한다.[5)]

미국 통일상법전(UCC)의 사기방지법(the Statute of Frauds)에 의하여 계약내용에 대하여 당사자간에 분쟁이 발생하여 그 계약의 강제이행을 구하는 소송이 제기되는 경우에 사기와 위증가능성을 배제하기 위하여 일정한 계약(500달러 이상의 물품 판매계약)은 반드시 서명된 서면으로 하도록 정하고 있다.[6)] 이처럼 영미법계에 있어서는 전자거래에 있어서 문서성과 서명성이 매우 중요하다. 우리 나라의 경우는 계약자유의 원칙에 의하여 계약체결의 방식을 반드시 서면으로 하거나 또는 서명을 요구하고 있는 것은 아니다. 그렇지만 특정한 경우에는 법률행위에 있어서 서면성과 서명 또는 기명날인이 법률요건이 되기 때문에 이러한 경우에는 전자문서의 문서로서의 효력과 전자서명이 전자거래에 있어서 중요한 의미를 갖게 된다(이에 관하여는 전자서명법에서 후술함).

나. 전자문서법의 적용범위

전자문서법은 다른 법률에 특별한 규정이 있는 경우를 제외하고 모든 전자문서 및 전자거래에 적용된다(제3조). 종래 '모든 전자거래'에 적용되던 법의 적용범위가 2012년 개정법에서 '모든 전자문서 및 전자거래'에 적용되는 것으로 확대되었다. 이는 법 명칭의 변경과 함께 이 법이 전자거래의 기본법일 뿐만 아니라 전자문서에 관한 기본법으로서의 성격을 가진다는 것을 나타낸다고 볼 수 있다.

이 법의 적용범위에 관하여는 원칙적으로 민간부분과 공공부분에서 전자문서에 의하여 이루어지는 모든 전자거래에 대하여 적용된다. 즉, 민간부분에서의 민·상사거래와 공공부분에서의 전자문서에 의한 전자거래의 모든 분야에 적용된다.

③ 전자거래와 인증기관, 전자서명

인증기관이란 신청에 따라 전자서명 사용자의 신원확인 기타 관련 업무를 취급하는 자를 말한다. 이러한 인증기관에는 전자서명법에 의하여 지정을 받은 공인인증기관과 지정을 받지 않은 비공인인증기관이 있다.

디지털 형태의 전자문서는 종이문서의 위조와 변조를 방지하기 위하여 종래 사용되어 오고 있는 인장이나 자필 서명을 그대로 사용할 수 없기 때문에 작성자의 신원확인과 전자문서의 진정성을 보장하기 위하여 전자서명을 사용하게 된다.

---

5) 노태악, "전자거래에 있어 계약의 성립을 둘러싼 몇 가지 문제", 법조 1999. 9, 49면.

6) UCC § 2-201.

전자문서법은 전자거래를 함에 있어서 전자서명에 관한 사항은 전자서명법이 정하는 바에 따른다고 정하고 있다(제11조).

④ 전자거래 당사자 자치원칙

가. 임의법규와 강행법규

전자문서법 제6조(송신·수신의 시기 및 장소) 내지 제9조(수신확인) 규정은 다른 법령에 특별한 규정이 있는 경우를 제외하고는 작성자와 수신자간의 약정에 의하여 변경할 수 있다(제10조).

전자문서법은 제6조(송신·수신 시기 및 장소), 제7조(작성자가 송신한 것으로 보는 경우), 제8조(수신한 전자문서의 독립성) 및 제9조(수신확인)의 규정은 당사자가 약정에 의하여 변경할 수 있는 것으로 규정하고 있다(이를 당사자 자치 원칙이라 한다). 즉 기본법은 이러한 규정을 임의법규로 규정하고 있고, 그 외의 규정에 대하여는 강행법규로 정하여 당사자가 약정에 의하여 변경할 수 없도록 하였다.

동법 제10조의 규정은 UNCITRAL 전자상거래모델법 제4조(약정에 의한 변경)를 수용한 것인데, 전자상거래모델법은 당사자 간의 약정에 의하여 동법 제3장(데이터 메시지의 통신)의 규정, 즉 데이터 메시지에 의한 계약의 성립과 유효성(제11조), 당사자에 의한 데이터 메시지의 승인(제12조), 데이터 메시지의 귀속(제13조), 데이터 메시지의 수신확인(제14조), 데이터 메시지의 송·수신 장소와 시간(제15조)을 변경할 수 있도록 정하고 있다.

제6조 내지 제9조의 규정들은 전자거래 당사자가 거래협정(즉 계약)을 체결함에 있어서 그 계약의 기본 법률관계에 적용할 수 있고, 또한 당사자의 계약조항에 흠결이나 모순이 있는 경우에 당해 계약조건의 해석을 보충하는데 사용될 수도 있다.

이와 같이 전자문서법이 제6조 내지 제9조의 규정을 임의규정으로 정한 이유는 현대적 통신수단을 사용함으로써 발생되는 대부분의 법적인 문제점들은 당사자 간의 계약으로 해결할 수 있다는 것을 전제로 하고 있기 때문이다. 한편 이러한 임의규정 외에 기본법의 다른 조항은 강행법규로 인정되는데 이러한 강행법규는 현대적인 통신기술을 이용함에 있어서 초래되는 장애와 불확실성을 제거하기 위하여 당사자간의 계약조항에 의하여서는 해결할 수 없는 문제를 해결할 수 있게 한다.

(1) 전자문서 효력과 송신·수신

① 전자문서의 법적 효력

가. 전자문서의 문서로서의 효력

전자문서는 다른 법률에 특별한 규정이 있는 경우를 제외하고는 전자적 형태로 되어 있다는 이유로 문서로서의 효력이 부인되지 않는다(제4조).

기존의 일반 법률은 종이문서를 전제로 하여 그 법적 효력을 인정하고 있으므로, 종이문서 대신 전자문서를 사용하는 경우 그 법적 효력에 의문이 있을 수 있다. 개별법에서는 당해 법의 목적을 달성하기 위하여 전자문서의 법적 효력을 종이문서와 똑같이 인정하고 있는 것을 볼 수 있다. 전자문서법은 이러한 개별법이 산발적으로 규정하고 있던 전자문서의 효력에 대한 일반적인 규정을 두고 있다는 점에 의의가 있다.

전자문서법 제4조는 "전자문서는 다른 법률에 특별한 규정이 있는 경우를 제외하고는 전자적 형태로 되어 있다는 이유로 문서로서의 효력이 부인되지 않는다(제1항)"고 함으로써 특별히 다른 법률에서 전자문서의 효력을 부인하는 규정을 두고 있지 않는 한 원칙적으로 전자문서는 문서로서의 효력이 있음을 규정하고 있다. 이는 전자문서의 효력이 인정되지 않는 예외적인 법 규정이 있을 수 있다는 것을 주의적으로 규정한 것이라고 본다. 이에 대하여 미국 일리노이즈주의 전자상거래안전법에서 처럼 전자문서를 문서로서 인정할 수 없는 경우를 추상적인 방법으로라도 규정함이 필요하다는 견해가 제기되고 있다.[7]

전자문서법 제4조의 규정에 의하여 전자거래에 사용되는 전자문서는 일반 종이문서와 동일한 법적 효력이 인정된다. 즉 전자문서는 종이문서가 갖는 정보적 기능과 증명적 기능, 상징적 기능 등을 수행할 수 있을 뿐 아니라, 전자서명 된 전자문서는 전자문서작성자의 신원확인과 전자문서의 진정성을 보장하는 기능을 한다. 그러므로 서면에 의한 증여의 의사표시를 규정한 민법 규정(제555조)은 전자

---

7) 김진환, "전자거래에 있어서의 문서성과 서명성에 관한 고찰" 법조, 1999. 9, 146면.
일리노이주 전자상거래안전법에 의하면 "1. 입법자가 전자문서의 적용을 부적합한 것으로 의도하였거나 법문상 전자문서를 사용하는 것이 모순될 경우, 2. 유언, 신탁 등의 경우, 3. 단일한 존재로서 생성, 저장, 송수신되고, 서명자의 신원을 확인할 수 있으며, 원본이 수정되지 아니한 전자문서가 오직 한 사람에 의하여 보관되고 사본의 형태로만 복사될 수 있는 것이 아닌 한, 권리·의무를 표창하는 유일하고도 이전적인 효력을 지닌 문서로 인정할 수 없다(제115조)"고 규정하고 있다.

문서에 의하여 그 서면요건을 충족할 수 있다고 본다. 또한 전자서명의 확정일자 부여 기능을 이용하면, 민법상의 확정일자 있는 증서(민법 제450조 제2항)를 전자문서로 발행할 수 있다.

나. 전자문서의 증거능력

개정전 전자문서법은 전자문서의 증거능력에 관하여 "전자문서는 재판 기타의 법적 절차에서 전자적 형태로 되어 있다는 이유로 증거능력이 부인되지 아니한다(제7조)"고 규정하였다. 개정 전자문서법에서는 다음과 같은 이유로 이 규정을 삭제하였다.

즉 영미법상으로는 구술증거원칙이 적용되어 구술증거가 배제되기 때문에 전자문서에 증거능력을 부여하는 규정이 필요한데 비하여, 우리나라의 경우 민사소송법상 자유심증주의 원칙(제187조)에 따라서 민사소송에서 증거능력이 문제될 경우가 없으므로 이 규정을 삭제하게 된 것이다.

다만 전자문서가 증거법적으로 문제될 경우에는 전자문서의 훼손 또는 변경 여부의 확인(무결성), 전자문서 작성자의 신원확인(동일성) 등 제반 사정을 참작하여야 할 것인데, 전자서명법상 공인전자서명이 첨부된 전자문서는 문서의 진정성립이 추정되므로(전자서명법 제3조 제2항), 이 경우에는 민사소송법 제315조의 사문서의 진정성립 추정규정이 적용될 수 있다.

다. 전자문서로 한 개별 법률 상 문서행위의 효력

개별 법률에는 문서의 보관, 작성, 통지 등을 규율하고 있으면서도 이들 행위를 전자문서로 하는 경우의 효력에 관하여 규정을 두고 있지 않기 때문에 전자문서에 의한 행위는 기본적으로 전자문서법에 의하여 문서로서의 효력을 가질 수 있지만, 이를 명확히 할 필요가 있다. 이에 따라 2005년 개정법에서는 전자문서로 할 수 있는 사인(私人)의 문서행위에 관련하여 문서의 기록, 보고, 보관, 비치 또는 작성 등을 규정하고 있는 개별 법률 조항(예, 건강기능식품에 관한 법률 제21조 제1항의 규정에 의한 검사기록의 보존 등 61개)에 따른 문서행위를 전자문서로 하더라도 문서로서의 효력이 부인되지 않는 다는 것을 규정하고 있다(제4조 제3항). 이 규정의 법적 성격이 무엇인지에 관하여 3조에서 전자문서법의 적용범위를 모든 전자문서로 확대적용하고 있고, 제4조 1항에서 다른 법률에 달리 규정하지 않는 한 전자문서는 문서로서의 효력이 있음을 규정하고 있는 점 또한 종래 서면 대신에 서면과 동일한 목적과 효력을 달성하기 위하여 널리 전자문서를 사용하고 있는 일반 국민의 보편적인 인식 등에 비추어 볼때 이 규정은 개별 법령상의 문서행위가 전자문서로 이루어질 때 그 법적 효력이 있다는 것을 명확히 하기 위하여 예시적으로 규정한 것으로 해석함이 타당하다고 할 것이다. 따라서 전자문서법 별표에서 규정하고 있지 않은 개별 법령상의 서면행위를 전자문서로 하였다고 하더라도 전자문서법의 규정취지상 문서로서의 법적효력이 인정될 수 있다고 본다. 입법론으로는 민법과 같은 일반법에 전자문서의 법적효력을 인정하는 규정을 두는 것이 바람직하다고 할 것이다.

이와 관련하여 판례는 관리단 집회 결의사항을 전자문서 또는 전자투표에 의하여 합의한 경우라도 명문의 규정이 없는 이상 이를 집합건물의 소유 및 관리에 관한 법률 제41조 제1항의 서면에 전자문서가 포함된다고 해석할 수 없으므로 그러한 결의는 적법한 서면합의로 볼 수 없다고 판시하였다.[8)]

그러나 그 후 판례는 사용자가 근로자를 해고하려면 해고사유 등을 서면으로 통지하도록 정한 근로기준법 제27조의 규정과 관련하여 이메일(e-mail)과 같은 전자문서에 의한 해고통지도 근로기준법의 입법취지를 해하지 않는 한 서면에 의한 해고통지로서 유효하다고 본다고 함으로써 개별법상 행위에 전자문서에 의한다는 규정이 없더라도 서면행위를 전자문서로 하였을 경우 그 법적 효력을 인정하였다. 이로써 판례도 전자문서법 제4조 제3항의 취지를 예시적 열거로 보는 것으로 해석된다.[9)]

---

8) 대판 2012.3.29. 2009다45320. 이 판결 이후 집합건물의 소유 및 관리에 관한 법률 제41조 1항이 개정되어 서면 또는 전자적 방법에 의한 결의가 가능하도록 되었다. 아울러 동 법률 제38조에서 전자적 방법에 의한 의결이 가능하도록 개정됨으로써 동법 상으로 전자투표제도가 도입되었다(2012.12.28 개정).

9) 대판 2015.9.10. 2015두41401(근로기준법 제27조는 사용자가 근로자를 해고하려면 해고사유와 해고시기를 '서면'으로 통지하여야 효력이 있다고 규정하고 있는데, 이는 해고사유 등을 서면으로 통지하도록 함으로써 사용자가 해고 여부를 더 신중하게 결정하도록 하고, 해고의 존부 및 시기와 사유를 명확히 하여 사후에 이를 둘러싼 분쟁이 적정하고 용이하게 해결되고 근로자도 해고에 적절히 대응할 수 있게 하기 위한 취지이다.
여기서 '서면'이란 일정한 내용을 적은 문서를 의미하고 이메일 등 전자문서와는 구별되지만, 전자문서 및 전자거래 기본법 제3조는 "이 법은 다른 법률에 특별한 규정이 있는 경우를 제외하고 모든 전자문서 및 전자거래에 적용한다."고 규정하고 있고, 같은법 제4조 제1항 은 "전자문서는 다른 법률에 특별한 규정이 있는 경우를 제외하고는 전자적 형태로 되어 있다는 이유로 문서로서의 효력이 부인되지 아니한다."고 규정하고 있는 점, 출력이 즉시 가능한 상태의 전자문서는 사실상 종이 형태의 서면과 다를 바 없고 저장과 보관에서 지속성이나 정확성이 더 보장될 수도 있는 점, 이메일(e-mail)의 형식과 작성 경위 등에 비추어 사용자의 해고 의사를 명확하게 확인할 수 있고,이메일에 해고사유와 해고시기에 관한 내용이 구체적으로 기재되어 있으며, 해고에 적절히 대응하는 데 아무런 지장이 없는 등 서면에 의한 해고통지의 역할과 기능을 충분히 수행하고 있다면, 단지 이메일 등 전자문서에 의한 통지라는 한편 전자문서에 의한 보증과 관련하여 보증인이 자기의 영업 또는 사업으로 작성한 보증의 의사가 표시된 전자문서는 민법 제428조의2 1항 단서에도 불구하고 같은 항 본문에 따른 서면으로 본다는 규정이 전자문서법 본조에 신설되었다(제2항). 이는 보증제도에 관한 민법의 개정(2016.2.4.)을 통하여 보증인 보호와 거래의 명확성을 위하여 '보증의사의 서면주의'를 규정하고, 전자문서에 의한 경솔한 의사표시방지와 법률관계의 명확화를 위해 보증의사를 전자문서 등으로 표시한 경우 보증의 효력이 없도록 하였는 바, 신용보증기금, 건설공제조합 등 보증계약을 전문적으로 체결하는 기관보증의 경우 대부분 전자적 방식으로 보증계약을 체결하고 있으므로 이와 같이 보증인이 자기의 영업 또는 사업으로 하는 기관보증의 경우 전자적 방식의 보증도 효력이 인정되도록 위와 같이 특례를 규정한 조항이다.

라. 전자문서 및 전자화문서의 보관

1) 전자문서의 보관

전자문서가 다음 각 호의 요건을 갖춘 경우에는 그 전자문서의 보관으로 관계 법령이 정하는 문서의 보관에 갈음할 수 있다(제5조 제1항).

◇ 1호 전자문서의 내용을 열람할 수 있을 것.

◇ 2호 전자문서가 작성 및 송·수신된 때의 형태 또는 그와 같이 재현될 수 있는 형태로 보존되어 있을 것.

◇ 3호 전자문서의 작성자, 수신자 및 송·수신일시에 관한 사항이 포함되어 있는 경우에는 그 부분이 보존되어 있을 것.

전자문서의 송신 또는 수신만을 위하여 필요한 부분에 관하여는 제1항의 규정을 적용함에 있어서 이를 전자문서로 보지 아니할 수 있다(동조 제2항).

제5조가 정하고 있는 전자문서의 보관 규정은 전자상거래모델법 제10조의 규정을 수용한 것이다. 전자거래에 관하여 당사자간에 분쟁이 발생하거나, 후에 전자거래를 입증하거나 혹은 전자거래의 법률관계를 감독할 목적으로 사용하기 위하여 전자문서의 보관이 필요하다. 종이문서 환경에서와는 달리 전자문서환경에서는 전자문서의 보관에 있어서 그 매체선택과 보존의 수준이 고려되어야 한다. 본

이유만으로 서면에 의한 통지가 아니라고 볼 것은 아닌 점 등을 고려하면, 근로자가 이메일을 수신하는 등으로 내용을 알고 있는 이상, 이메일에 의한 해고통지도 해고사유 등을 서면통지하도록 규정한 근로기준법 제27조의 입법 취지를 해치지 아니하는 범위 내에서 구체적 사안에 따라 서면에 의한 해고통지로서 유효하다고 보아야 할 경우가 있다).

조는 전자문서가 종이문서의 보관에 갈음할 수 있는 보관요건을 세 가지로 규정하고 있다.

즉, 첫째 전자문서의 내용을 사후에 열람할 수 있어야 한다(사후 열람가능성 혹은 재현 가능성). 둘째, 전자문서가 작성 및 송·수신된 때의 형태로 보존되어 있을 것(형태보존요건). 셋째, 전자문서의 작성자, 수신자 및 송·수신일시에 관한 사항이 보존될 것(작성자 및 송·수신일시의 기록요건) 등이다.

'전자무역촉진에 관한 법률'은 전자무역기반사업자는 전자무역문서 및 데이터베이스를 3년 동안 보관하도록 규정하였고, 이를 위반한 경우 5년 이하의 징역 또는 5천만원 이하의 벌금에 처하도록 하였다(동법 제20조 제5항, 제31조). 전자문서법상으로는 전자문서의 별도의 보존기간을 정하고 있지 않은데, 이는 전자문서의 문서성을 인정한 기본법 제4조와 관련하여 볼 때, 전자무역촉진법과 같이 개별법에서 전자문서의 보존기간을 정한 경우를 제외하고는 전자문서의 보존기간은 일반 종이문서의 보존기간과 똑같이 해석하면 될 것이다. 예컨대 상법 제33조는 영업에 관한 중요서류와 상업장부의 보존기간을 10년으로 정하고 있는데 이러한 상업장부를 전자문서로 작성한 경우에는 10년간 보존하여야 할 것이다.

2) 전자화문서의 보관

전자문서법이 공인전자문서보관소제도를 도입하면서 종이문서를 스캐닝한 문서를 소위 전자화문서라고 하여 이의 보관요건을 다음과 같이 규정하고 있다.[10)]

1. 전자화문서가 전자화대상문서와 그 내용 및 형태가 동일할 것(동일성 요건)
2. 제5조 제1항 각호의 요건(전자문서의 보관요건)을 모두 충족할 것 등이다(제5조 제2항).

이러한 요건을 모두 갖춘 경우에는 그 전자화문서를 보관하는 것으로 관계 법령으로 정하는 문서의 보관에 갈음할 수 있다. 위의 동일성 요건, 전자화문서의 작성방법 및 절차 그 밖에 필요한 사항은 지식경제부장관이 정하여 고시하도록 하였다(동조 제3항). 이에 따라 '전자화문서의 작성 절차 및 방법에 관한 규정'이 고시되었다(2007. 7. 16. 산업자원부 고시 제2007-85호).

10) 전자문서법은 '전자화문서'를 종이문서 그 밖에 전자적 형태로 작성되지 아니한 문서(전자화대상문서)를 정보처리시스템이 처리할 수 있는 형태로 변환한 문서라고 규정하고 있다(동법 제5조 제2항 전단).

② 전자문서의 송·수신시기 및 장소 등

가. 전자문서의 송·수신 시기 및 장소

전자문서(전자화문서를 포함한다. 이하 같다)는 수신자 또는 그 대리인이 당해 전자문서를 수신할 수 있는 정보처리시스템에 입력한 때에 송신된 것으로 본다(제6조 제1항).

전자문서는 다음 각 호의 1에 해당하는 때에 수신된 것으로 본다(동조 제2항).

◇ 1호 수신자가 전자문서를 수신할 정보처리시스템을 지정한 경우에는 지정된 정보처리시스템에 입력된 때. 다만, 전자문서가 지정된 정보처리시스템이 아닌 정보처리시스템에 입력된 경우에는 수신자가 이를 출력한 때를 말한다.

◇ 2호 수신자가 전자문서를 수신할 정보처리시스템을 지정하지 아니한 경우에는 수신자가 관리하는 정보처리시스템에 입력된 때

전자문서는 작성자 또는 수신자의 영업소 소재지에서 각각 송신 또는 수신된 것으로 본다. 이 경우 영업소가 둘 이상인 경우에는 해당 전자문서를 주로 관리하는 영업소 소재지에서 송신·수신된 것으로 본다. 다만, 작성자 또는 수신자가 영업소를 가지고 있지 아니한 경우에는 그의 상거소(常居所)에서 송신·수신된 것으로 본다(제3항).

전자거래에서 전자문서의 송신 또는 수신 시기와 장소가 논란이 될 수 있는데, 본 규정은 이에 관한 해석원칙을 정한 것이다. 즉 본 조는 전자거래에서 전자문서의 수령시점과 장소를 확정하는 것이 중요하기 때문에 규정된 조항이다. 정보통신기술을 이용하여 전자문서를 송신하거나 수신하는 경우 송·수신시기와 장소를 확정하는 것이 용이하지 않다. 한 나라에서 다른 나라로 통신을 이용하여 전자거래를 하는 사람들은 통신이 실시되는 정보시스템이 어디 있는지 모르는 경우가 많다. 더구나 특정 정보시스템의 위치가 거래 당사자도 모르는 사이에 변경될 수도 있다. 그러므로 전자거래에 있어서 정보시스템의 위치가 어디 인가하는 것은 문제되지 않고, 보다 객관적인 표준으로써 소위 당사자의 영업소 소재지를 전자문서의 송·수신장소로 본다는 규정을 두고 있는 것이다.

전자문서의 도달시기 및 장소는 전자문서의 효력 발생과 전자거래당사자의 이해관계에 있어서 매우 중요하다.

본 조의 규정은 전자상거래모델법 제15조를 수용한 것이며, 국제사법적인 원

칙을 정하는 규정은 아니다.[11)]

1) 전자문서의 송신시기

전자문서는 수신자 또는 그 대리인이 당해 전자문서를 수신할 수 있는 정보처리시스템에 입력된 때에 송신된 것으로 본다(제6조 제1항).

송신 혹은 발송의 개념은 전자문서의 전자적 전송의 개시를 뜻한다. "전자문서가 수신자 또는 그 대리인이 당해 전자문서를 수신할 수 있는 정보처리시스템에 입력된 때"라 함은 전자문서가 작성자의 지배를 벗어나서 수신자측의 정보처리시스템 즉 수신자 측의 서버 혹은 컴퓨터에 입력된 때를 의미한다.

만약 송신이 수신자의 정보시스템에 도달한 때에 일어난다면, 전자문서가 수신자가 지정한 컴퓨터가 아닌 컴퓨터에 입력된 경우(즉 제6조 제2항 1호 단서의 경우, 이 경우에는 수신자가 이를 출력한 때에 수신이 있기 때문이다)를 제외하고는 1항에서의 송신과 2항에서의 수신은 동시에 일어난다.

2) 전자문서의 수신시기

전자문서의 수신시기는 수신자가 수신할 정보처리시스템을 지정한 경우와 지정하지 않은 두 가지의 경우로 나누어볼 수 있다. 즉 첫째, 수신자가 일방적으로 전자문서의 수신을 위한 특정 정보처리시스템을 지정한 경우(제6조 제2항 1호; 이 경우에 지정된 시스템은 수신자의 시스템일수도 있고, 그렇지 않을 수도 있다), 둘째, 수신자가 전자문서를 수신할 정보처리시스템을 지정하지 아니한 경우(제6조 제2항 2호)이다.

첫째, 수신자가 전자문서를 수신할 정보처리시스템을 "지정한 경우"에는 지정된 정보치리시스템에 입력된 때에 전자문서가 수신된 것으로 본다(제6조 제2항 1호). 예를 들면, 수신자가 계약의 청약을 함에 있어서 명시적으로 승낙이 발송되어야할 전자우편주소를 정하고 있는 경우에는 "그 지정된 전자우편주소를 가진 서버나 지정한 컴퓨터 등에 전자문서가 입력된 때" 전자문서가 수신된 것으로 본다.

---

11) EDI나 인터넷을 이용한 전자거래에 있어서 거래당사자약정이나 교환약정에서 계약의 준거법 및 재판관할에 관하여 정하는 것이 보통이다(예컨대, 인터넷 사이버몰이용 표준약관 제22조(재판관할 및 준거법규정)는 "사이버몰"과 이용자간에 발생한 전자거래 분쟁에 관한 소송은 민사소송법상의 관할법원에 제기합니다(1항), "사이버몰"과 이용자간에 제기된 전자거래 소송에는 한국법을 적용합니다(2항)라고 정하고 있다. 이러한 약정내용에 재판관할과 준거법에 관한 사항을 포함시키지 않는 경우에는 그 준거법 등을 정하기 위하여 계약의 성립장소를 결정하여야 할 문제가 생긴다. 이에 대하여는 통상 승낙의 효력발생지인 승낙의 의사표시의 도달장소를 계약성립지로 본다.

이 경우 단순히 전자우편 또는 텔레카피 등의 문두에 부동문자로 미리 적혀 있는 주소(소위 문두주소)만으로는 명시적인 주소의 지정이라고 보기 어려울 것이다.

다만, 이 경우 수신자가 지정한 정보처리시스템이 아닌 정보처리시스템에 전자문서가 입력된 때에는 수신자가 이를 출력한 때(즉 전자문서가 수신자에 의하여 회수된 때)를 수신시점으로 본다(제6조 제2항 1호 단서).

둘째, 수신자가 전자문서를 수신할 정보처리시스템을 지정하지 아니한 경우에는 수신자가 관리하는 정보처리시스템에 입력된 때를 수신시점으로 본다(제6조 제2항 2호).

전자문서의 송신시점과 수신시점을 정함에 있어서 전자문서가 정보처리시스템(컴퓨터)에 "입력된 때"라는 말은 어느 전자문서가 컴퓨터 내에서 처리를 위하여 이용 가능하게 된 때를 뜻한다. 즉, 정보처리시스템에 들어간 전자문서를 수신자가 이해할 수 있는지 여부 또는 사용할 수 있는지 여부는 묻지 않는다. 그러므로 전자문서를 수신자가 이해하지 못하거나 이해할 수 없는 경우라 하더라도 그 전자문서는 컴퓨터에 도달한 때 수신된 것으로 간주되는 것이다(예컨대, 암호화된 전자문서가 지적재산권 보호차원에서 단순히 보관목적으로 보관소에 전송된 경우를 들 수 있다).

또한 전자문서가 수신자의 정보처리시스템에 들어가는데 실패하고, 단순히 수신자의 정보처리시스템에 도착한 것이라면, 그것은 전자문서의 송신이나 수신이라고 간주될 수 없는 것이다. 즉, 수신자의 정보처리시스템이 전혀 작동하지 않거나, 부적절하게 작동하거나, 적절하게 작동하는 중이라도 전자문서가 입력될 수 없는 상황이었다면(예컨대, 수신자의 정보시스템이 다른 용도로 사용되고 있는 경우), 전자문서의 송신이나 수신은 일어나지 않은 것이다. 이는 수신자는 일방적으로 그의 정보시스템을 항상 작동하도록 유지할 의무가 없다고 보기 때문이다.

3) 전자문서의 수신장소

전자거래의 특성상 전자문서를 수신하거나 취득하는 수신자의 정보처리시스템은 종종 수신자가 위치한 곳이 아닌 다른 재판관할권내에 있는 경우가 많다. 따라서 전자문서의 수신장소를 명확히 할 필요가 있는 것이다.

기본법은 전자문서는 각각 작성자(송신자) 또는 수신자의 영업소 소재지에서 송신 또는 수신된 것으로 보며, 영업소가 둘 이상인 경우에는 해당 전자문서를 주로 관리하는 영업소 소재지에서 송신·수신된 것으로 본다. 다만, 작성자 또는 수신자가 영업소를 가지고 있지 아니한 경우에는 그의 상거소(常居所)에서 송신·수신된 것으로 본다(제6조 제3항)고 정하고 있다. 따라서 어떤 정보처리시스템의 위치는 전자거래 당사자 간에 중요한 요소가 아니며, 이 규정에 의하여 전자문서의 수신자와 수신장소로 간주되는 수신자의 영업소 소재지 사이에는 합리적인 연결관계를 갖게 된다. 그러므로 전자문서의 수신장소를 수신자의 영업소 소재지로 간주함으로써 전자문서의 작성자가 그 장소를 쉽게 확인할 수 있게 된다.[12] 상거소의 개념은 국제사법에서 준거법 및 재판관할 등의 결정을 위하여 사용되는 용어로써 전자거래의 국제화 추세에 대응하여 사용한 개념이다.

또한 원칙적으로 전자문서 작성자의 영업소 소재지가 송신지로, 수신자의 영업소 소재지가 수신지로 간주되기 때문에, 만약 수신지로 간주되는 장소(즉 수신자의 영업소 소재지)와 다른 장소에 전자문서가 도달하였다 하더라도(즉, 제6조 2항의 경우), 수신지에는 변함이 없는 것이다.

나. 전자문서(에 의한 의사표시)의 귀속

작성자의 대리인 또는 자동으로 전자문서를 송신·수신하도록 구성된 컴퓨터 프로그램 그 밖의 전자적 수단에 의하여 송신된 전자문서에 포함된 의사표시는 작성자가 송신한 것으로 본다(제7조 제1항).

전자문서의 수신자는 다음 각 호의 1에 해당하는 경우에는 전자문서에 포함된 의사표시를 작성자의 것으로 보아 행위할 수 있다.

- ◇ 1호 전자문서가 작성자의 것이었는지를 확인하기 위하여 수신자가 미리 작성자와 합의한 절차를 따른 경우.
- ◇ 2호 수신된 전자문서가 작성자 또는 그 대리인과의 관계에 의하여 수신자가 그것이 작성자 또는 그 대리인의 의사에 기한 것이라고 믿을 만한 정당한 이유가 있는 자에 의하여 송신된 경우(제7조 제2항).

제2항의 규정은 다음 각호의 1에 해당하는 경우에는 이를 적용하지 아니한다.

- ◇ 1호 수신자가 작성자로부터 전자문서가 작성자의 것이 아님을 통지 받고 그에 따라 필요한 조치를 취할 상당한 시간이 있었던 경우.
- ◇ 2호 제2항 제2호의 경우에 전자문서가 작성자의 것이 아님을 수신자가 알았던 경우 또는 상당한 주의를 하였거나 작성자와 합의된 절차를 따랐으면 알 수 있었을 경우(제7조 제3항).

본 조는 전자상거래모델법 제13조(데이터 메시지의 귀속)를 수용한 규정이다.

---

12) 전자상거래모델법상 사용하고 있는 "영업장 소재지", "주된 영업장 소재지", "거주지"라는 용어는 국제동산물품매매계약에 관한 유엔협약 제10조에서 채택한 용어이다.

전자문서가 실제로 작성자로 표시된 자에 의하여 송신되었는가 여부에 관하여 의문이 있는 경우에 본 조의 규정이 적용된다. 전자적 환경 하에서는 종이문서 환경 하에서 작성명의인의 서명위조와 같은 문제, 즉 코드에 의한 인증 및 암호의 사용에 의하여 전자문서 자체가 정확한 경우라 할지라도 무권한자에 의하여 전자문서가 작성되어 송신될 수 있기 때문에 일정한 경우에는 전자문서의 작성자에 의하여 당해 전자문서가 송신된 것으로 간주하는 "전자문서의 귀속"에 관한 규정이 필요하다.

그런데 제7조에서 규정하고 있는 것은 실제로 전자문서 그 자체라기 보다는 전자문서에 포함된 의사표시의 귀속관계이기 때문에 법문에서는 위와 같이 '전자문서의 의사표시'의 귀속관계를 규정한 것이다. 즉, 무권한자가 타인을 사칭하여 전자문서에 의한 의사표시를 한 경우에 그 의사표시를 누구에게 귀속시킬 것인가에 관하여 규정한 것이다.

전자거래의 특성상 전자문서의 작성자의 대리인 또는 작성자를 대신하여 자동으로 전자문서를 송·수신하도록 구성된 컴퓨터 프로그램 기타 전자적 수단에 의하여 전자문서가 송신되는 경우에 송신된 전자문서에 포함된 의사표시는 그 작성자가 송신한 것으로 본다(제7조 제1항). 작성자를 대신하여 자동으로 전자문서를 송·수신하도록 구성된 컴퓨터 프로그램 기타의 전자적 수단이란 이른바 전자적 대행수단으로서 전자문서의 송·수신을 위하여 사용되는 광범위한 기술적 수단을 포함한다.

제7조 제2항은 전자상거래모델법 제13조 제3항을 수용한 것이다. 즉 전자문서의 수신자는 다음의 두 가지 경우에는 전자문서에 포함된 의사표시를 작성자의 것으로 보고 행위할 수 있다. 첫째, 전자문서가 작성자의 것이었는지를 확인하기 위하여 수신자가 미리 작성자와 합의한 절차를 따른 경우, 둘째 수신된 전자문서가 작성자 또는 그 대리인과의 관계에 의하여 수신자가 그것이 작성자 또는 그 대리인의 의사에 기한 것이라고 믿을 만한 정당한 이유가 있는 자에 의하여 송신된 경우이다.

여기서 '작성자의 것으로 보아 행위할 수 있다'는 말은 위의 전자문서의 수신자는 두 가지 경우에 해당하면 그 전자문서에 포함된 의사표시가 작성자의 것이라고 신뢰하고 그에 관련된 행위를 할 수 있다는 의미이다. 따라서 예컨대 전자문서 작성자의 청약에 대하여 수신자가 이를 작성자의 것으로 믿고 승낙의 의사표시를 한다든지 혹은 전자문서 작성자가 전자문서로 한 물건주문에 대하여 수신자가 해당 물건을 우송하는 행위, 작성자의 전자지급결제의사표시를 신뢰하고 쇼핑몰에 대하여 전자거래대금의 지급결제행위를 한 전자지급결제대행기관(PG; Payment Gateway)의 행위 등이 이에 해당한다. 이러한 경우 수신자가 작성자의 전자문서에 의한 의사표시를 신뢰하고 한 행위(위의 예에서 수신자의 승낙의 의사표시 혹은 물건 송부행위, 전자지급결제행위 등)에 대하여 전자문서 작성자는 반대의 주장을 할 수 없게 된다.[13)]

제7조 제3항은 제2항이 적용되지 않는 예외의 경우를 정하고 있다. 즉 수신자가 작성자로부터 전자문서가 작성자의 것이 아님을 통지 받고 그에 따라 필요한 조치를 취할 상당한 시간이 있었던 경우(1호), 또는 전자문서가 작성자의 것이라고 믿을 만한 정당한 이유가 있는 자에 의하여 송신된 경우(제2항 2호의 경우)에 전자문서가 작성자의 것이 아님을 수신자가 알았던 경우 또는 상당한 주의를 하였거나 작성자와 합의된 절차를 따랐으면 알 수 있었을 경우(2호)에는 수신자는 전자문서에 포함된 의사표시가 작성자의 것으로 신뢰해서는 안되는 것이다.

1호의 '필요한 조치를 취할 상당한 시간'이라 함은 수신자가 작성자로부터 전자문서가 작성자의 것이 아님을 통지 받고 그에 따라 수신자가 작성자에게 응답할 수 있는 충분한 시간을 주는 것으로 해석된다. 작성자가 그의 의사에 반하여 전자문서가 송신되었음을 수신자에게 통지한 경우라도(1호), 그러한 통지를 수신자가 수령하였다고 하여 원본 전자문서가 소급적으로 무효로 되는 것은 아니다. 또한 작성자는 그러한 통지를 함으로써 그 통지 이후에는 전자문서의 구속력으로부터 면제되는 것이다.

2호에서 수신자는 전자문서가 작성자의 것이 아니라는 통지를 작성자로부터 받을 때까지 또는 그 전자문서가 작성자의 의사에 반하여 송신되었다는 것을 소정의 확인절차(예, 합의된 인증절차)에 따르거나, 상당한 주의로써 알 수 있을 때까지는 그 전자문서가 작성자의 것이라고 간주하고 행위할 수 있다.

수신자가 소정의 확인절차에 따른다는 것은 수신자와 작성자(송신자)간에 사전에 합의된 어떤 인증절차를 적용하는 것을 말하고, 그 인증절차의 적용결과 전자문서의 작성자가 진정한 것임을 검증할 수 있다면 그 전자문서는 작성자의 것으로 간주된다. 이러한 인증절차는 작성자와 수신자간에 합의된 경우뿐만 아니라, 작성자 혼자서 또는 중개인과 합의에 의하여 인증절차를 취하는 경우(즉 인증기관에 가입하는 것 등)도 포함된다.

---

13) 이를 우리 법상 소위 '대항하지 못 한다'는 의미로 해석할 수 있다; 이철송, "전자거래기본법의 개정방향," 인터넷법률 2001년 3월/5호, 21면.

다. 수신한 전자문서의 독립성

수신한 전자문서는 각 문서마다 독립된 것으로 본다. 다만, 수신자가 작성자와 합의된 확인절차를 따르거나 상당한 주의를 하였더라면 동일한 전자문서가 반복되어 송신된 것임을 알 수 있었을 경우에는 그러하지 아니하다(제8조).

본 조는 전자문서의 잘못된 복제에 관한 것이다. 이 규정은 수신자가 잘못된 전자문서의 복제본과 별개의 분리된 전자문서를 구별할 수 있는 취급기준을 정하고 있다. 전자문서는 컴퓨터기술의 특성상 종이문서에 비하여 복제가능성이 매우 높을 뿐 아니라, 단순한 조작으로도 동일한 내용의 전자문서를 반복적으로 전송할 수 있다. 또한 원본과 복제본의 구별이 매우 어렵다. 따라서 동일한 전자문서가 반복적으로 전송된 경우에는 수신자는 그 전자문서를 각각 독립된 것으로 취급하여 행동할 수 있다. 다만, 수신자가 작성자와 합의된 확인절차에 따르거나 상당한 주의를 함으로써 동일한 전자문서가 반복되어 송신된 것임을 알 수 있었을 경우에는 그렇지 않다. 예컨대, 어느 전자문서에 전자서명이 첨부되어 수신자에게 송신된 경우에는 그 전자서명자의 전자서명검증키를 사용함으로써 작성된 전자문서의 원본성(즉 진정성)을 확인할 수 있기 때문에 그러한 경우에는 전자문서가 원본인지 혹은 복제본 인지를 수신자는 쉽게 구별할 수 있을 것이다.

③ 전자문서의 수신확인

작성자가 수신확인을 조건으로 하여 전자문서를 송신한 경우 작성자가 수신확인통지를 받기 전까지는 그 전자문서는 송신되지 아니한 것으로 본다. 이 경우 민법 제534조의 규정은 적용하지 아니한다(제9조 제1항).

작성자가 수신확인을 조건으로 명시하지 아니하고 수신확인통지를 요구한 경우 상당한 기간(작성자가 지정한 기간 또는 작성자와 수신자간에 약정한 기간이 있는 경우에는 그 기간을 말한다)내에 작성자가 수신확인통지를 받지 못한 때에는 작성자는 그 전자문서의 송신을 철회할 수 있다(제9조 제2항).

수신확인기능을 이용할지 여부는 전자거래 당사자가 결정할 사항이지만, 통상적인 전자상거래에 있어서 수신확인이 광범위하게 사용되고 있고, 그러한 수신확인의 상업적 가치를 고려하여 기본법은 수신확인절차의 이용 시 발생될 법적 문제점을 규정하고 있다. 본 조는 전자상거래모델법 제14조를 수용한 것이다.

"수신확인"의 개념은 다양한 절차를 포함하는데 단순히 불특정 데이터 메시지의 수령을 확인하는 것에서부터, 특정한 데이터 메시지의 내용에 대한 동의표시를 포함한 수신확인절차가 있다. 본조는 기본적으로 수신확인절차는 전자문서의 작성자의 자유재량으로 이용되는 것이라는 전제에 서 있다. 그러므로 특별한 수신확인 통지방법이 작성자에 의하여 지정되지 않은 경우에는 수신자가 정하는 수신확인통지방법을 사용하되 작성자가 충분히 알 수 있도록 하면 된다. 또한 본 조에서 말하는 수신확인은 단순히 전자문서가 수신되었다는 것만을 증명하는 것이고, 전자문서의 수신이 이루어지는 것과는 별도로 수신확인을 보내는 것에 의한 법적인 효과까지 규정하는 것은 아니다. 예컨대, 전자문서의 작성자가 전자문서에 의하여 계약의 청약을 하면서 수신자에게 수신확인을 요구한 경우에는, 그 수신확인은 단순히 계약의 청약이 수신되었다는 것만을 증명하는 것일 뿐이고, 그 수신확인이 청약을 받아들이는 것인지의 여부는 기본법에서 정하는 것이 아니라, 민법상의 계약규정에 의해서 다루어질 문제인 것이다.

가. 수신확인통지 방법

작성자와 수신자간에 수신확인통지에 대한 어떤 특별한 합의가 없는 경우에는 수신자는 작성자가 충분히 알 수 있는 방법으로 수신사실을 통지하면 된다. 즉 수신확인통지에 대한 특별한 형식의 합의가 없는 경우에는 수신자는 작성자가 충분히 알 수 있는 방법이면 어떠한 통신수단 또는 행위에 의하더라도 수신확인통지를 유효하게 할 수 있는 것이다.

예컨대, 작성자가 전자문서로 보낸 구매요구서에 대하여 수신자가 수신확인으로서 물품을 선적하고 이 사실을 통지함으로써 수신확인통지를 할 수 있는 것이다.

1) 수신확인을 송신의 조건으로 한 경우

작성자가 수신확인을 조건으로 하여 전자문서를 송신한 경우에는 수신확인통지가 작성자에게 도달하기 전까지는 그 전자문서는 송신되지 아니한 것으로 봄으로써 전자문서의 송신의 효력을 명확히 하였다(제1항). 이 경우 작성자가 수신확인통지가 본인에게 도달해야 할 특정시간을 명시한 경우와 그렇지 않은 경우로 나누어 보아야 할 것이다. 작성자가 특정시간을 명시한 경우에는 그 시간 안에 수신확인통지가 작성자에게 도달하여야 하고 그렇지 않은 경우에는 작성자가 송신한 전자문서는 송신으로서의 효력을 상실할 것이다. 작성자가 수신확인통지가 도달해야 할 특정시기를 명시하지 않은 경우에는 전자거래의 종류에 따라서 상당한 기간 내에 그러한 수신확인통지가 작성자에게 도달하여야 할 것이고, 그렇지 못한 경우에는 송신의 효력이 상실될 것이다. 즉 이러한 경우에는 송신의 법적 효력이 부인된다.

전자거래의 승낙자가 전자문서를 청약자에게 송신하면서 수신확인을 요구하는 경우에는 승낙의 효력발생은 수신확인도달시가 되는 것이고(제9조 제1항), 수신확인을 요구하는 것이 조건을 붙인 것으로 해석되어서는 안되므로(이렇게 해석되면, 그것이 민법 제534조의 조건을 붙인 승낙에 해당하고, 이는 새로운 청약이 되어 당초의 청약자가 그 새로운 청약에 대하여 승낙함으로써 계약이 성립하게 된다), 제1항 단서에서 민법 제534조의 규정이 적용되지 않는다는 것을 명시하였다.

2) 수신확인을 송신의 조건으로 명시하지 않은 경우

작성자가 수신확인을 조건으로 명시하지 아니하고 수신확인통지를 요구한 경우에는 상당한 기간 즉 작성자가 지정한 기간 또는 당사자가 약정한 기간이 있는 경우에는 그 기간 내에 작성자가 수신확인통지를 받지 못한 때에는 작성자는 그 전자문서의 송신을 철회할 수 있다(제2항). 수신확인을 송신의 조건으로 명시하지 않은 경우에 전자문서의 작성자가 수신확인통지를 상당한 기간 내에 받지 못하였다면, 송신의 법적 효력이 부인되는 것이 아니라, 그 전자문서는 송신된 것으로 보지만, 작성자가 수신확인통지를 받을 때까지는 당해 전자문서의 송신을 철회할 수 있다.

따라서 전자문서의 작성자가 전자문서에 의하여 수신자에게 계약의 청약을 하는 경우 계약청약자인 작성자가 상당한 기간 내에 수신자로부터 수신확인통지를 받지 못한 때에는, 전자문서의 작성자로서는 그 청약을 철회하고 다른 당사자에게 다시 청약을 할 수 있는 시점을 명확히 알 수 있게 된다.

한편 전자상거래모델법은 수신확인통지가 상당한 기간 내에 작성자에게 도달하지 않은 경우에는 작성자는 수신확인통지가 도착하지 않았다는 것과, 수신확인이 도착되어야 할 상당한 시간을 다시 특정하여 수신자에게 통지할 수 있고, 위와 같은 시간 내에 수신확인이 도착되지 않은 경우에는 작성자는 전자문서가 송신되지 않은 것으로 할 수 있다고 규정하고 있다(모델법 제14조 제4항). 따라서 이러한 규정에 의하여 수신자는 수신확인을 받지 못한 작성자가 자동적으로 그 전자문서를 수신자에게 더 이상의 통지 없이 전송되지 않았던 것으로 처리할 수 없기 때문에 그 만큼 보호된다고 할 것이다. 이러한 규정이 없는 우리나라 전자문서법에서는 수신자가 그와 같은 보호를 받을 수 없다.

④ 전자서명에 관한 사항

개정전 전자문서법과는 달리 개정 전자문서법에서는 전자서명의 법적 효력(구법 제6조)이라든지 공인인증기관의 규정(구법 제16조) 등을 삭제하고, 전자거래를 함에 있어서 전자서명에 관한 사항은 전자서명법이 정하는 바에 따른다고 규정하고 있다(법 제11조). 이는 개정전 전자문서법이 전자서명에 관하여 규정하고 있는 내용(특히 효력 부분)이 전자서명법상의 규정과 불일치한다는 점이 지적되었음을 고려할 때 타당한 입법이라고 본다.

(2) 공인전자주소제도

① 공인전자주소의 개념과 특징

공인전자주소란 전자문서를 송신하거나 수신하는 자를 식별하기 위하여 문자·숫자 등으로 구성되는 정보로써 법 제18조의4에 따라 등록된 주소를 말한다(법 제2조 8호). 이러한 공인전자주소의 체계는 쉽게 기억하고 사용할 수 있도록 한글, 영문, 숫자 등의 조합으로 구성된다(관련 웹사이트 : www.npost.kr).

예컨대, 정보통신산업진흥원의 한글공인전자주소는 "전자문서팀#정보통신산업진흥원"이고, 영문 공인전자주소는 "e-document#nipa.or.kr(사용자계정+구분기호(#)+등록명칭.특성값)"와 같이 표시된다.[14)]

전자문서 유통수단인 전자우편(e-mail)은 송신과 수신 사실을 당사자가 입증하여야 하고, 위조·변조 및 보안성에 취약하여 전자문서유통의 안전성과 확실성을 보장하기 어렵다. 반면에 #메일은 전자우편의 이와 같은 문제점을 보완할 수 있도록 ① 발신자 및 수신자 본인확인, ② 수신확인, ③ 열람확인, ④ 유통증명서발급에 의한 법적 추정력, ⑤ 불필요한 상업상 정보 및 스팸메일의 차단관리 기능 등이 있다는 점에서 전자우편과 차이가 있다.

이와 같은 공인전자주소를 이용하여 전자문서를 송신하거나 수신하려는 경우에는 정보통신산업진흥원에 등록을 하고 진흥원은 공인전자주소를 통하여 전자문서가 송신 또는 수신되거나 열람된 경우 송신 또는 수신 일시 등에 관한 정보를 공인전자문서센터에 보관하도록 하며, 전자문서를 송신하거나 수신한 자는 공인전

14) 이와 같이 공인전자주소는 샵(#), 영문, 한글, 숫자, 하이픈[−], 밑줄(_), 마침표(.)의 조합으로 구성되며 구분기호가 샵(#)이어서 일명 '샵 메일'이라고도 불린다. 등록 명칭은 기업, 개인 등의 실명 또는 가명을 사용하여 할 수 있다.

자문서센터에 유통증명서의 발급을 신청할 수 있다(법 제18조의4, 제18조의5). 이 제도를 통하여 전자문서의 이용활성화에 기여할 수 있을 것으로 본다.

② 공인전자주소의 법적 효력

전담기관은 공인전자주소를 통하여 전자문서가 송·수신되거나 열람된 경우에는 1. 전자문서의 송신 및 수신일시, 2. 전자문서의 송신자 및 수신자, 3. 그 밖에 전자문서의 송신 및 수신에 관한 사항으로서 대통령령으로 정하는 사항 등이 포함된 유통정보를 생성·보관한다(제18조의 5 제1항). 전자문서의 작성자 및 송신자는 유통정보를 보관하고 있는 전담기관으로부터 유통증명서를 발급받을 수 있으며, 전담기관이 유통증명서를 대통령령으로 정하는 방법과 절차에 따라 발급한 경우에 그 유통증명서는 진정한 것으로 추정된다(제18조의5 제2항, 제3항). 유통증명서가 가지는 이러한 진정 성립의 추정력은 법률에 의하여 인정되는 효력이며 유통증명서의 진정 성립을 부정하는 자가 유통증명서의 내용이 사실과 다르다는 것을 입증하여야 할 것이다. 이 경우 법적 추정력이 인정되는 범위는 유통증명서에 기재된 전자문서의 명칭, 송·수신자의 인적정보, 공인전자주소, 전자문서의 송·수신 및 열람일시에 관한 사항을 의미하며, 유통된 전자문서의 내용의 진실성여부를 의미하지 않는다.

③ 공인전자주소의 수집 및 광고 금지

전자문서법은 누구든지 자동으로 공인전자주소를 수집하는 프로그램이나 기술적 장치를 이용하여 공인전자주소를 수집해서는 아니 되며, 또한 이에 위반하여 공인전자주소를 판매하거나 제공해서는 아니 된다고 규정하고 있다(제18조의6).

또한 동법은 누구든지 수신자의 공인전자주소에 영리 또는 홍보를 목적으로 광고를 송신할 수 없도록 금지하고 있다(제18조의7). 이러한 각각의 규정에 위반하여 공인전자주소를 수집하거나 홍보성 광고를 한 자에 대하여는 3천만 원이하의 과태료를 부과하도록 되어있다(제46조).

이러한 공인전자주소의 수집 및 광고 금지를 규정한 취지는 일반 전자우편과는 달리 공인전자주소는 공공목적으로 발급되는 것이고, 신뢰할 수 있는 전자문서유통을 위하여서는 공인전자주소 체계를 통한 스팸성 광고메일의 유통을 방지할 필요가 있기 때문에 수신자의 동의여부에 관계없이 이를 금지하고자 하는 규정이다.

(3) 공인전자문서중계자 제도

"공인전자문서중계자"란 타인을 위하여 전자문서의 송신·수신 또는 중계(이하 전자문서유통이라 한다)를 하는 자로서 일정한 절차와 요건을 갖추어 미래창조과학부장관으로부터 지정을 받은 자를 말한다(제2조 10호, 제31조의18, 제31조의20, 제31조의21).

공인전자문서의 유통을 활성화하기 위해서는 전자문서 보관 및 공인전자문서 유통 업무를 수행하는 공인전자문서센터 외에 공인전자문서 유통 업무를 전담하는 기관을 지정할 필요가 있고 이러한 지정을 받은 기관이 공인전자문서중계자이다. 공인전자문서중계자의 역할을 통하여 전자문서 유통의 안전성과 편의성이 높아지고 활성화가 이루어질 수 있을 것이다.

(4) 공인전자문서센터

① 공인전자문서센터의 의의와 기능

종래 공인전자문서보관소를 개정 전자문서법에서는 공인전자문서센터로 명칭을 변경하여 전자문서의 보관 외에 전자문서 증명기능을 확대하고 공인전자문서센터는 공인전자문서중계자로 추가적인 지정을 받아서 전자문서의 유통업무를 수행할 수 있도록 하였다(제31조의2). 공인전자문서센터에 전자문서를 보관하는 경우 부여되는 법적효력은 첫째, 공인전자문서센터가 전자문서를 보관하는 경우에는 전자문서법의 규정(제5조 제1항 또는 제2항)에 의한 전자문서의 보관이 행하여진 것으로 간주되는 효력이 있다(제31조의 6). 둘째, 공인전자문서센터에 보관된 전자문서는 보관기간 중에는 그 내용이 변경되지 아니한 것으로 추정한다(제31조의7 제1항). 또한 공인전자문서센터에 보관된 전자문서의 보관사실, 작성자, 수신자 및 송신·수신일시 등의 사항에 대한 증명서를 대통령령으로 정하는 방법 및 절차[15]에 따라 발급한 경우에 그 증명서에 기재된 사항은 진정한 것으로 추정되는 효력을 갖

---

15) 전자문서 및 전자거래기본법 시행령 제15조의9에서는 공인전자문서센터가 법 제31조의7 제2항에 따른 증명서를 발급하는 방법 및 절차로써 첫째, 증명서를 전자문서로 발급하는 경우에는 해당 공인전자문서센터의 공인전자서명을 하여야 하며, 둘째, 신청인의 신원과 정당한 발급신청자격이 있는지를 확인하여야 하며, 셋째, 증명서에는 발급신청인의 성명, 주민등록번호, 증명서의 일련번호, 신청일 및 발급일시, 유효기간, 증명서의 사용용도, 공인전자문서센터의 명칭 등을 포함하도록 정하고 있다.

는다(제31조의7 제2항).

공인전자문서센터는 특히 기업거래의 e-비즈니스화에 의하여 기업들이 개별 종이문서의 전자화에 따른 전자문서를 보관해야 하는 부담을 줄이고, 신뢰할 수 있는 제3자 기관에 전자문서를 안전하게 보관하고 전자문서의 원본성과 무결성 및 송·수신시점을 증명할 수 있는 기관으로서 역할을 한다.

② 전자문서보관요건과 공인전자문서센터제도

기업활동 과정에서 발생하는 문서를 보관하는 데는 기업의 임의의 필요에 따른 보관과 법에서 정하는 의무에 따라 보관하는 경우가 있을 수 있다. 후자는 물론이고 전자의 경우에도 종이문서를 보관하는 대신 문서를 전자화하여 보관하는 경우에는 전자문서에 의한 보관이 종이문서로 보관하는 것과 동일한 법적 효과가 주어져야 만이 가능하게 될 것이다. 그리하여 전자문서법 제5조는 관계법령이 정하는 문서의 보관에 갈음하기 위한 전자문서보관 요건으로 ① 전자문서의 열람가능성, ② 재현가능성, ③ 작성자·수신자 및 송신·수신일시에 관한 사항의 보존에 관하여 규정하고 있다. 그런데 이러한 전자문서보관 요건 외에도 종이문서 대신 전자문서의 보관으로 갈음하기 위하여서는 전자문서의 원본성 요건이 충족되어야 할 것이다.

전자문서의 변경용이성, 복제의 수월성 및 원본 확인의 어려움 등으로 인하여 전자문서로 보관한 경우 당사자 사이에 후일 분쟁의 소지가 있게 된다. 이를 방지하기 위하여 전자문서법에서는 먼저 전자문서보관요건으로 위의 3가지를 규정하고 있다. 입법론으로는 전자상거래모델법(제8조)을 참조하여 전자문서의 원본성 요건을 신설할 필요가 있을 것이다.

[원본성 관련 참고 입법례]

전자상거래모델법 제8조(원본성)

"1. 적용법이 자료가 원본의 형태로 제공되거나 보관될 것을 규정하는 경우, 그러한 규정은 다음과 같은 경우 데이터 메시지에 의하여도 충족될 수 있다.

ⓐ 데이터 메시지 또는 그 밖의 다른 최종적인 형태로 처음 생성된 때로부터 자료의 무결성에 대한 신뢰할 만한 증명이 있는 경우

ⓑ 자료가 제출되도록 규정된 경우 그러한 자료는 제출되어야 할 사람에게 모니터상으로 현출되며, 제시될 것이 요구되고 있는 경우

2. 1항은 법의 규정이 의무의 형태로 규정되어 있거나, 단순히 자료가 원본형태로 제출 보관되지 않은 경우의 결과에 대해서 규정하고 있거나에 관계없이 적용된다.

3. 1항 ⓐ호의 목적을 위하여

ⓐ 자료의 무결성 판단기준은 자료가 어떤 배서의 추가 및 통상의 통신, 저장, 현출의 과정에서 변경없이 완전하게 보존되어 있는가에 의한다.

ⓑ 요구되는 신뢰성의 기준은 자료가 생성된 때의 목적의 측면과 관련된 제반 상황 하에서 평가되어야 한다.

4. 본조의 규정은 다음의 경우에는 적용되지 않는다.[......]"

유엔국제상거래법위원회(UNCITRAL)의 전자계약협약에서도 전자적 의사표시(계약)의 원본성 요건을 다음과 같이 규정하고 있다.

제9조 제4항

법률이 전자적 의사표시 또는 계약이 다른 전자적 의사표시가 원본의 형태로 제출되거나 보존되어야 할 것을 정한 경우에, 또는 원본흠결의 효과를 규정한 경우에, 그러한 요건은 다음과 같은 경우에 전자적 의사표시와 관련하여 충족된다.

(a) 정보가 전자적 의사표시 또는 다른 것으로, 그것이 최종적인 형태로 처음 생성된 때부터 포함하고 있는 정보의 무결성에 관하여 신뢰할 수 있는 담보(보장)가 존재하는 경우; 및

(b) 전자적 의사표시가 포함하고 있는 정보가 이용될 수 있고, 그러한 정보가 이용되어야 할 사람에게 현출될 수 있을 것이 요구되는 경우.

제5항 제4항 (a)호의 목적을 위하여;

(a) 무결성 판단 기준은 통상적인 의사표시, 저장 및 현출절차에서 발생하는 어떠한 승인 및 변경의 추가와는 별개로 그 정보가 완전하고 변조되지 않은 상태로 남아 있는지 여부이다.

(b) 표준적인 신뢰성 요건은 그 정보가 생성된 목적 및 관련 상황에 비추어서 평가되어야 한다.

현행법이 정하고 있는 전자문서보관 요건을 충족할 수 있기 위하여서는 법에 의하여 엄격하게 관리되는 신뢰할 수 있는 제3자 기관으로서 공인전자문서센터를 통하여 전자문서를 보관함으로써 전자문서의 불변경성과 전자문서의 송·수신 등에 대한 보관증명서의 진정성에 대한 법적 추정력을 부여함으로써 기업과 사인들이 전자문서의 직접보관의 부담을 덜고 나아가 법률상 일정한 증명적 효력을 인정받을 수 있게 된다. 이는 전자문서의 이용활성화에도 크게 기여할 수 있는 것이다.

종이 없는 전자문서환경으로 변화하기 위하여서는 원본이 종이에서 전자문서로 이동하는 것이 필요하고 이것이 전자문서의 원본성 문제라고 할 수 있다. 원본이 종이인 이상 물리적인 종이가 계속 사용될 것이기 때문에 전자문서이용의 활성화는 그만큼 지연되게 될 것이다.

일본의 경우 1998년에 총무청에 발족한 '공통과제연구회'에서 전자문서의 원본성 확보요건을 연구한 결과를 다음과 같이 세 가지로 제시하고 있다.

즉, 첫째, 완전성, 둘째, 보안성, 셋째, 가독성이다.

첫째, 완전성요건이란 전자문서가 작성된 이후 매체의 노후화 등에 의한 소실과 변화를 방지하고, 변경사실이 검증될 수 있는 상태로 보존하는 요건이다.

둘째, 보안성요건이란, 전자문서의 접근을 제한하고 그 도난, 누출 등을 방지하는 형태로 보존·관리하여야 한다는 요건이다.

셋째, 가독성요건이란 전자문서의 내용이 필요에 따라 컴퓨터, 그 밖의 기구를 이용하여 바로 현출할 수 있어야 한다는 요건이다.[16)]

③ 공인전자문서센터 지정제도

가. 지정제도의 법적 의의

전자문서법은 공인전자문서센터로 지정받을 수 있는 자를 "법인 또는 대통령령으로 정하는 국가기관[17)] 등"으로 한정하고 있으며, 공인전자문서센터로 지정을 받고자 하는 자는 전자문서보관 등에 필요한 인력·기술능력, 재정능력과 제31조의9 제6항에 따른 인적·물적 측면에서 독립성[18)] 및 그 밖의 시설·장비 등을 갖추어 미래창조과학부장관에게 지정 신청을 하도록 하였다(제31조의2 제2항, 제3항). 지정신청을 받은 미래창조과학부장관은 전자문서 보관 등의 안전성 및 정확성을 확보하기 위하여 전자문서보관 등에 관하여 전문성 있는 자를 공인전자문서센터로 "지정"하여 전자문서보관 등을 하게 할 수 있다(제31조의2 제1항).

이러한 것은 전자문서의 위·변조를 방지하고, 전자문서보관 업무를 안전하고 신뢰성 있게 수행할 수 있는 인적, 기술적 능력과 재정능력 및 시설과 장비능력의 구비여부를 정부가 심사하여, 이러한 능력을 갖춘 자를 공인전자문서센터로 지정하여 전자문서 보관 업무를 하도록 함으로써 전자문서의 취약점인 변경의 용이성을 극복할 수 있도록 한 것이다.

전자문서 보관 업무는 정부로부터 지정받지 않은 자도 영위할 수 있는 것이지만 전자문서법상의 요건을 충족하여 정부로부터 지정받은 전자문서보관소를 '공인전자문서센터'로 하여 그 보관증명에 일정한 법적인 효력을 부여함으로써 이용

---

16) NTT 데이터 경영연구소, 電子文書證明, 2001, 44면.

17) 대통령령으로 정하는 국가기관 등이란 '우정사업 운영에 관한 특례법' 제2조 제2호에 따른 우정사업조직[전자문서가 우편법 제1조의2 제2호에 따른 서신 등 의사전달물인 경우만 해당한다]을 말한다(전자문서 및 전자거래기본법 시행령 제15조의2).

18) 이는 공인전자문서센터를 대기업의 계열사가 지정받아서 운영하는 경우에는 공인전자문서센터로 지정받은 법인이 그 대기업의 모회사로부터 인적·물적 측면에서 독립적으로 운영될 필요성이 있기 때문에 신설된 내용이다.

자들이 전자문서를 안전하고 믿을 수 있는 기관에 맡겨서 보관할 수 있게 된다. 이러한 점에서 공인전자문서센터의 '지정'제도는 일정한 행위를 일반적으로 금지하고 요건을 갖춘 경우에 한하여 제한적으로 그러한 금지행위를 풀어주는 '허가'와는 차이가 있다. 즉, 공인전자문서센터의 지정제도는 기본적으로 강제적인 허가제도가 아니라 일정한 능력과 요건을 갖춘 자에게 지정이라는 행정행위를 통하여 자격을 인정해주는 제도로서의 취지를 갖는다고 본다.[19] 이는 전자서명법상의 공인인증기관 지정제도와 유사한 것이다. 전자서명법상의 일반(비공인)인증기관의 인증역무에 대하여서는 당사자들 간의 신뢰에 맡겨서 인증역무를 이용할 수 있지만, 일정한 전자서명법상의 요건을 갖춘 자를 정부가 지정하여 공인인증기관으로 함으로써 인증역무를 이용하는 일반국민들에게 신뢰할 수 있는 기관임을 공시하는 기능을 하고 가입자와 이용자 등이 안정되고 신뢰성 있는 전자거래를 하도록 한다.[20] 이와 마찬가지로 전자문서보관의 경우에도 정부로부터 지정받은 공인전자문서센터는 전자문서보관 증명업무에 대한 법적인 증명적 효력이 부여될 뿐 아니라, 공인전자문서센터 이용자들에게 전자문서보관의 안전성과 신뢰성을 확보해 준다는 의미가 있다.

나. 지정요건과 결격사유

1) 지정요건

전자문서법은 공인전자문서센터의 인력·기술능력·재정능력 그 밖의 시설·장비 등의 지정기준과 지정방법 및 지정절차에 관하여 필요한 사항을 대통령령으로 정하도록 위임하고 있다(제31조의2 제4항).

전자문서법 시행령에서 규정하는 공인전자문서센터의 지정기준을 항목별로 살펴본다(제15조의4).

㉠ 인력 및 기술능력

전자문서보관·증명 또는 그 밖에 전자문서 관련 업무를 하는데 필요한 시설 및 장비의 운영인력으로 정보통신기사·정보처리기사 등 이와 동등 이상의 자격이 있는 자 12인 이상을 확보하여야 한다.

㉡ 재정능력

공인전자문서센터가 되기 위한 재정요건으로는 자본금 80억 원 이상(비영리법

---

19) 동지 : 이해완, "공인전자문서보관소에 관한 입법방향," 산업자원부·한국전자거래진흥원, 전자거래기본법 개정 및 전자문서이용촉진법 제정을 위한 공청회 자료, 2003.5. 66면.

20) 강경근·정완용·류재철, 전자서명법 해설, 한국정보보호센터, 1999, 89면.

인인 경우 기본재산 또는 자본총계 20억 원 이상, 우정사업조직인 경우 전자문서보관등의 사업과 관련된 국유재산 80억 원 이상)으로 한다.

㉢ 시설 및 장비요건

시설 및 장비요건으로는 기본적으로 전자문서보관설비(백업센터 포함), 보관된 전자문서의 일자 시간을 기록·관리하는 설비, 시설 및 장비를 안전하게 운영하기 위한 보호설비, 전자문서의 증명서 발급을 위한 설비 등이 요구된다.

2) 지정 결격사유

공인전자문서센터 지정의 결격사유로서 임원 및 전자문서보관 등을 직접 수행하는 자가 다음의 어느 하나에 해당하는 경우에는 공인전자문서센터로 지정받을 수 없다(제31조의3). 즉 피성년후견인 또는 피한정후견인, 파산선고를 받고 복권되지 아니한 자, 금고 이상의 실형을 선고받고 그 집행이 종료되거나 집행이 면제된 날로부터 2년이 경과되지 아니한 자, 형의 유예기간 중에 있는 자, 자격상실 또는 정지된 자, 공인전자문서센터 또는 공인전자문서중계자 지정이 취소된 경우 해당 법인의 임원 등이었던 사람으로서 그 지정이 취소된 날로부터 2년이 지나지 아니한 사람[21])이 있는 경우(1호) 또는 거짓이나 부정한 방법 등으로 지정을 받아서(제31조의5 제1항 및 제31조의22) 그 지정이 취소된 후 2년이 지나지 아니한 자(법인)(2호)는 공인전자문서센터로 지정을 받을 수 없다. 전자문서의 보관 및 증명업무는 고도의 안전성과 신뢰성을 확보할 수 있어야 되므로, 공인전자문서센터 내부의 범죄행위나 사고를 방지하는 것이 매우 중요한 요소가 되기 때문에 위와 같은 보관소지정 결격사유를 법에서 정하고 있는 취지로 해석된다.

④ 공인전자문서센터에 대한 제재규정(시정명령, 업무정지, 지정취소 및 과징금제도)

전자문서법은 공인전자문서센터가 지정기준에 적합하지 아니하게 된 때, 결격사유가 발생한 때, 전자문서보관등 업무준칙의 신고를 하지 아니한 때, 업무준칙의 변경신고를 하지 아니한 때, 정당한 사유 없이 전자문서보관등의 서비스 제공을 거부한 때, 이용자를 부당하게 차별한 때, 보관된 전자문서의 내용이 훼손되거나 변경되지 아니하도록 필요한 조치를 취하지 아니한 때, 업무수행의 방법 또는 절차가 부적절하여 전자문서 보관의 안전성이나 증명의 정확성을 저해할 우려가

---

21) 임원이 피성년후견인 또는 피한정후견인이나 파산선고를 받고 복권되지 아니하였다는 사유로 공인전자문서센터가 취소된 경우에는 직업선택의 자유를 보장한다는 취지에서 예외적으로 그러한 사유가 해소되면 2년의 경과를 기다리지 않아도 해소 후 바로 센터지정을 받을 수 있다(제31조의3 1호 바목).

있는 때에는 6월 이내의 기간을 정하여 미래창조과학부장관이 그 시정을 명할 수 있도록 하였다(제31조의4). 이러한 시정명령을 정하여진 기간 이내에 이행하지 아니한 경우에는 미래창조과학부장관은 공인전자문서센터의 지정을 취소하거나 그 업무의 정지를 명할 수 있다(제31조의5 제1항 제4호). 만약 업무정지를 명하거나 지정을 취소한 때에는 미래창조과학부령이 정하는 바에 따라서 이를 고시하여야 한다(시행령 제15조의6).

또한 전자문서법은 공인전자문서센터로 지정받은 자가 부정한 방법으로 지정을 받거나, 업무정지기간 중에 업무를 수행한 때, 1년 이상 계속하여 전자문서보관 등의 업무를 하지 아니한 때 등의 경우에는 지정취소 또는 업무정지를 명할 수 있도록 하였다(제31조의5 제1항). 한편, 미래창조과학부장관은 공인전자문서센터로 지정을 받은 자가 1년 이상 업무를 하지 않음으로써 이용자에게 심한 불편을 주거나 공익을 해할 염려가 있는 경우에는 업무정지에 갈음하여 1억 원 이하의 과징금을 부과할 수 있다(제31조의5 제2항).

이러한 공인전자문서센터에 대한 시정명령제도와 업무정지 및 지정취소제도, 과징금제도는 공인전자문서센터 업무의 안전성과 신뢰성을 확보하는데 필요한 제도라고 할 수 있다.

⑤ 공인전자문서센터의 손해배상책임제도

공인전자문서센터가 전자문서보관 등의 업무수행과 관련하여 법의 규정을 위반한 행위로 이용자에게 손해를 입힌 때에는 그 손해를 배상하여야 한다. 다만, 공인전자문서센터가 고의 또는 과실이 없음을 증명한 경우에는 배상책임을 지지 않는다(제31조의16).

이 규정은 손해배상에 관한 과실책임주의의 원칙을 반영한 것이다. 다만, 공인전자문서센터가 자신의 무과실을 입증한 경우에는 배상책임을 면하도록 함으로써 무과실의 입증책임을 공인전자문서센터에게 부담시켜서 입증책임을 전환하고 있다. 이러한 입증책임의 전환은 공인인증기관의 손해배상책임과 같다(전자서명법 제26조). 즉, 공인전자문서센터의 이용자는 일반적으로 전자정보처리시스템의 전문적이고 기술적인 사항에 관하여 문외한인 경우가 대부분이므로 이용자에게 손해가 발생한 경우에 그 손해발생의 원인으로 공인전자문서센터의 고의 또는 과실을 입증하도록 하는 것은 가혹하기 때문이다. 따라서 무과실의 입증책임을 공인전자문서센터에 전환함으로써 이용자를 보호한다는 측면이 있다.

다만, 공인전자문서센터의 과실로 이용자가 손해를 입었을 때, 경우에 따라서는 보관된 전자문서가 특허발명과 같은 지적재산권 관련 문서라든지, 이용자에게 매우 중요한 계약서 등으로써 공인전자문서센터의 잘못으로 이들 문서가 훼손되거나 누출되어 이용자에게 거액의 손해가 발생할 경우도 있을 수 있는 것이다. 이러한 상황에 대비하기 위하여 공인전자문서센터의 손해배상책임에 관하여 다음과 같은 사항을 고려할 수 있다.

첫째, 공인전자문서센터업무준칙에 전자문서보관업무의 내용별로 배상책임한도를 정해 놓는 방법이다. 이 업무준칙은 당사자인 공인전자문서센터와 이용자 간에는 일종의 약관으로서의 효력도 가지기 때문에 배상책임한도설정은 당사자 간에는 하나의 손해배상의 예정이라고 해석될 수 있다.

둘째, 공인전자문서센터의 손해배상책임을 담보하기 위한 보험을 부보하는 방안이다. 현재 공인인증기관의 경우에는 대부분 손해보험 혹은 인증서비스보험에 가입하고 있다.[22)]

2007년 개정법에서는 공인전자문서센터가 손해배상책임을 담보하기 위하여 보험에 가입하도록 의무규정을 신설하였다(동 제31조의16 제2항). 이에 따라 동법 시행령에서는 공인전자문서센터는 지정받은 날 부터 1개월 이내에 연간 보상한도액이 20억 원 이상인 보험에 가입하고, 보험가입을 증명하는 서류의 사본을 미래창조과학부장관에게 제출하도록 하였다(제15조의11 제1항). 또한 공인전자문서센터는 제1항에 따른 보상한도의 잔여액을 10억 원 이상으로 유지하여야 하고, 잔여보상한도액이 10억 원 미만이 된 경우에는 그 사유가 발생한 날부터 1개월 이내에 10억 원 이상이 되도록 하여야 한다(동 제15조의11 제2항). 공인전자문서센터가 제1항에 따라 가입한 보험이 기간 만료 등의 사유로 끝나게 될 경우에는 종료일 전까지 다시 보험에 가입하고, 보험 가입을 증명하는 서류의 사본을 미래창조과학부장관에게 제출하여야 한다(동 제15조의11 제3항).

⑥ 공인전자문서센터의 보관업무준칙의 신고 및 변경명령제도

공인전자문서센터는 업무 개시 전에 전자문서보관 등에 관한 전자문서보관등 업무준칙을 미래창조과학부령이 정하는 바에 따라 작성하여 미래창조과학부장관에게 신고하여야 한다. 이 경우 업무준칙에는 업무의 종류, 업무의 수행방법 및 수행

---

22) 한국정보인증의 경우 e-biz 손해보험(인증서비스보험)에 가입하였고, 사고 건당 5억원, 연간 10억의 보험보상을 받을 수 있도록 하였다(RA 기관의 사고에 대하여도 부보함). 한국증권전산의 경우에도 e-biz 보험에 가입하였고, 1년 단위로 연 2억원 최대 25억원의 배상책임을 담보할 수 있도록 하였다. 금융결제원의 경우 연간 20억 한도로 부보하였고, 한국전산원의 경우 5억원 배상한도로 정한 것으로 알려져 있다.

절차, 전자문서보관 등의 서비스의 이용조건 및 이용요금, 그 밖의 업무수행에 관하여 필요한 것으로서 미래창조과학부령이 정하는 사항을 포함하여야 한다(법 제31조의8 제1항). 이러한 업무준칙을 변경하는 경우에도 그 내용을 미래창조과학부장관에게 신고하여야 한다(동조 제2항). 만약 신고된 업무준칙의 내용이 전자문서보관 등의 업무의 안전성 및 정확성의 확보에 지장을 초래하거나 전자문서보관 등의 서비스를 이용하는 자의 이익을 저해할 우려가 있다고 인정하는 경우에는 미래창조과학부장관은 상당한 기간을 정하여 당해 공인전자문서센터에게 업무준칙의 변경을 명할 수 있다(동조 제3항). 이러한 업무준칙의 신고의무나 변경명령을 준수하지 않은 경우에는 시정명령의 대상이 되거나 과태료의 제재를 받게 된다(법 제31조의4 3호, 4호, 제46조 제2항1호, 2호).

⑦ 공인전자문서센터의 양도, 양수 및 영업폐지

공인전자문서센터가 그 영업의 양도 또는 영업폐지(반납)를 하는 경우에는 이용자에게 매우 중대한 이해관계를 발생시킬 수 있다. 즉, 공인전자문서센터가 전자문서보관등 업무의 양도 혹은 영업폐지를 하고자 하는 경우에는 양도 등을 하고자 하는 날의 60일 전까지 미래창조과학부령으로 정하는 바에 따라 이를 이용자에게 통지하고 그 사실을 미래창조과학부장관에게 신고하여야 한다(법 제31조의14, 제31조의 15). 아울러 영업폐지의 경우에는 그 공인전자문서센터가 보관하고 있는 전자문서와 그 밖에 전자문서보관등에 관한 기록을 다른 공인전자문서센터에 인계하여야 한다. 만약 인수를 거부하거나 부득이한 사유로 인계할 수 없는 경우에는 그 사실을 미래창조과학부장관에게 신고하여야 한다. 이러한 신고가 있는 경우, 공인전자문서센터의 지정취소가 있는 경우 및 그 밖에 공인전자문서센터가 전자문서보관등의 업무를 수행하지 못할 부득이한 사유가 발생한 경우에 미래창조과학부장관은 전자문서보관등 업무의 계속성과 안전성을 보장하기 위하여 긴급한 조치가 필요하다고 인정하는 때에는 전담기관으로 하여금 해당 보관문서등을 인수하게 하거나 그 밖에 필요한 조치를 명할 수 있다(법 제31조의15 제3항). 이는 공인전자문서센터의 영업의 연속성을 확보하고 이용자의 공인전자문서센터에 대한 신뢰성을 유지하기 위하여 필요한 규정이다.

⑧ 기타 사항

1) 공인전자문서센터의 준수사항 및 독립성 유지의무

공인전자문서센터의 안전성과 신뢰성 확보를 위하여 공인전자문서센터는 보관된 전자문서의 내용이 훼손 또는 변경되지 않도록 필요한 조치를 취하여야 한다(법 제31조의9 제3항). 공인전자문서센터는 전자문서의 내용이 훼손 또는 변경되지 아니하도록 다음과 같은 방지조치를 취하여야 한다. 즉, 공인전자문서센터는 1. 전자적 침해행위로부터의 보호조치, 2. 외부인의 출입통제 등의 방호조치, 3. 화재·수재 등 재해대비조치, 4. 그 밖의 전자문서보관 등에 관한 시설의 안정성 확보를 위한 관리적인 조치를 취하여야 한다(시행령 제15조의9).

또한 공인전자문서센터는 전자문서보관등을 안전하고 신뢰성 있게 수행하기 위하여 이용자와의 관계에서 인적·물적 측면에서 독립성을 유지하여야 한다(제31조의9 제5항).

전자문서법상 공인전자문서센터는 '타인'을 위하여 전자문서를 보관 또는 증명하거나 그 밖에 전자문서와 관련된 업무를 수행하는 법인이다(법 제2조 제9호). 여기서 '타인'의 의미와 관련하여 대규모기업집단의 계열사가 공인전자문서센터로 지정받은 후 모회사 또는 계열사들의 전자문서를 보관하는 경우 당해 공인전자문서센터가 신뢰할 수 있는 제3자 기관(TTP)으로서의 독립성과 신뢰성이 있는지 여부의 문제가 있을 수 있다.

이와 관련하여 전자문서법은 공인전자문서센터 업무의 독립성 확보규정을 두고 있다. 이 규정은 공인전자문서센터업무의 독립성에 관한 일반적이고 상징적인 조항으로서의 의미를 갖는다. 따라서 대규모기업집단 내의 계열사에서 전자문서보관 업무를 수행하는 것은 가능하되, 모기업과의 관계에서 경영상·회계상의 분리 등 독립성을 확보하여야 할 것이다. 시행령에서는 공인전자문서센터의 인적·물적 독립성 기준으로 1. 공인전자문서센터의 임원과 공인전자문서센터를 이용하는 법인의 임원을 겸임하는 사람이 공인전자문서센터 임원의 4분의1 이상을 넘지 아니할 것, 2. 공인전자문서센터를 이용하는 법인이 공인전자문서센터의 시설·장비를 소유하거나 임차하지 아니할 것을 정하고 있다(제15조의11).

독립성과 관련하여 예컨대 은행 스캐닝센터의 담당자가 공인전자문서센터의 직원의 지위를 겸하는 것은 독립성규정에 위반된다고 할 것이다.[23]

2) 공인전자문서센터의 정기점검

공인전자문서센터가 전자문서를 안전하게 보관하기 위하여서는 기술발전 속도등을 감안하여 보유하고 있는 시설 및 장비에 대한 정기점검을 실시할 필요가

---

23) 정완용·이해완, 공인전자문서보관소(센터) 제도의 고도화를 위한 법·제도연구, 한국전자거래진흥원, 2006, 16면.

있다. 전자문서법에서는 정기점검제도를 두어 공인전자문서센터가 기술발전 속도에 따라서 그에 합당한 적정한 시설과 장비를 운영하여 전자문서보관 업무를 적절하게 시행하고 있는지 여부를 미래창조과학부장관은 전담기관(정보통신산업진흥원)으로 하여금 정기적으로 점검하게 하도록 하였다(정기점검)(제31조의10 제1항, 시행규칙 제13조의3, 시행령 제22조의2 3호). 또한 미래창조과학부장관은 시설 및 장비의 변경신고가 있거나 공인전자문서센터의 승계신고가 있는 때에도 전담기관으로 하여금 점검을 할 수 있도록 규정하였다(수시점검)(제31조의10 제2항). 이러한 정기점검은 매년 공인전자문서센터로 지정받은 날부터 3개월 이내에 실시하며, 수시점검은 변경신고 또는 승계신고일 이후부터 45일 이내에 실시한다(동법 시행규칙 제13조의3). 전담기관이 정기점검과 수시점검을 실시한 경우 점검일 15일 전에 해당 공인전자문서센터에 그 사실을 알려야 하고, 점검을 실시한 후 그 점검 결과를 미래창조과학부장관에게 보고하여야 한다(동법 시행규칙 제13조의3 제2항).

3) 전자문서 등 관련 정보의 보안규정

전자문서법은 공인전자문서센터에 보관된 전자문서 그 밖의 관련 정보를 위조 또는 변조하는 행위, 부정한 명령을 입력하여 거짓으로 증명서를 발급하는 행위, 전자문서 관련정보를 멸실·훼손하거나 그 비밀을 침해하는 행위, 센터 직원의 직무상 알게 된 전자문서관련 내용의 누설행위 등을 금지하고 있다(법 제31조의12). 이를 위반한 자에 대하여는 그 행위에 따라 10년 혹은 5년 이하의 징역 또는 1억 원 혹은 5천만 원 이하의 벌금에 처하도록 하였다(법 제43조, 제44조). 이러한 규정은 전자문서보관 업무를 안전하고 신뢰할 수 있게 수행하도록 하기 위한 것이다.

4) 이용자의 정보보호규정

전자문서법은 공인전자문서센터가 전자문서보관 등의 수행과 관련하여 취득한 개인정보를 보호할 의무가 있음을 규정하고, 이 경우 개인정보보호에 관하여는 관계 법령(예, 「개인정보보호법」,「정보통신망 이용촉진 및 정보보호 등에 관한 법률」등)에서 정하는 바에 따라 이용자의 개인정보보호를 하도록 정하였다(법 제31조의13).

(5) 전자거래의 안전성 확보 및 소비자 보호

전자거래는 정보통신기술을 이용하는 기술적인 특성상 서로 모르는 당사자 간에 비대면적으로 이루어질 뿐 아니라, 일방 당사자에 의한 개인정보의 유출, 프라이버시의 침해, 제3자에 의한 해킹 및 사기적인 사이버 몰의 운영에 의한 피해 등이 발생할 수 있다. 특히 인터넷 전자거래에 있어서는 인터넷의 개방적인 구조로 인하여 위와 같은 피해가 속출할 우려가 있는 것이다. 그리하여 전자문서법은 전자거래의 안전성을 확보하고 소비자 보호를 위하여 중요한 다음과 같은 몇 가지 사항에 대하여 규정을 두고 있다.

① 개인정보보호

정부는 전자거래의 안전성 및 신뢰성 확보를 위하여 전자거래이용자의 개인정보보를 위한 시책을 수립하여야 한다(제12조 제1항). 전자거래사업자는 전자거래이용자의 개인정보를 수집·이용·제공 및 관리함에 있어서 「정보통신망이용촉진 및 정보보호 등에 관한 법률」 등 관련규정을 준수하여야 한다(제12조 제2항).

② 영업비밀보호

정부는 전자거래의 안전성과 신뢰성을 확보하기 위하여 전자거래이용자의 영업비밀을 보호하기 위한 시책을 수립·시행하여야 하며(제13조 제1항), 전자거래사업자는 전자거래이용자의 영업비밀을 보호하기 위한 조치를 강구하여야 한다(동 제2항). 전자거래사업자는 전자거래이용자의 동의를 얻지 아니하고는 당해 이용자의 영업비밀을 타인에게 제공하거나 누설하여서는 아니 된다(동 제3항). 이는 기업 간 전자상거래가 급증함에 따라서 전자거래에 참여하는 기업의 영업비밀을 보호하기 위하여 신설한 규정이다(예컨대 E-Market Place를 이용한 기업 간 전자거래 시 전자거래에 참여하는 거래기업의 영업비밀 보호를 들 수 있다).

③ 암호제품의 사용문제

전자거래사업자는 전자거래의 안전성 및 신뢰성을 확보하기 위하여 암호제품을 사용할 수 있다(제14조 제1항). 정부는 국가안전보장 등을 위하여 필요하다고 인정하는 경우에는 암호제품의 사용을 제한할 수 있으며, 암호화된 정보의 원문 또는 암호기술에의 접근에 필요한 조치를 할 수 있다(동조 제2항).

본 조는 암호제품의 사용에 대한 기준을 제시함으로써 민간업체의 암호제품 개발촉진을 통한 전자거래의 활성화를 도모하고자 둔 규정이다.

한편 국가 및 공공기관의 암호제품의 사용은 "보안업무규정(국가정보원)"에 의하여 인가 받은 제품만 사용할 수 있도록 되어 있고,[24] 민간부분의 암호제품사용

24) 보안업무규정(대통령령 제21214호, 2008.12.31시행)은 통신보안을 위하여 통신문의 내용을 보호할 목적으로 문자·숫자·기호 등의 암호로 만들어진 문서나 기구를 '암호자재'로 정의하

에 대하여는 실정법규가 없기 때문에 민간부분의 암호제품 개발 및 사용에 대한 법규가 필요하다. 본 조는 전자거래의 확대에 따라서 전자결제 및 전자서명의 사용에 필수적인 암호기술과 암호제품에 대하여 국가의 정책을 규정한 것이다. 「OECD 암호정책 가이드라인」에 따라서 국가에 의한 합법적인 접근권을 보장함으로써 부정자금의 이동, 범죄행위의 방지 등 국가안전보장을 위하여 필요하다고 인정한 경우에는 정부는 암호제품의 사용을 제한할 수 있으며, 암호화된 정보의 원문 또는 암호기술에의 접근에 필요한 조치를 할 수 있다. 이는 국가이익 또는 국가안전보장차원에서 정부가 암호화된 정보의 원문 또는 암호키에 접근하는 것을 허용하는 이른바 키복구제도를 규정한 것이다.

④ 전자거래사업자의 손해배상책임

전자상거래사업자(사이버몰)는 실제로 사이버몰 약관에 개인정보보호규정을 두고 있지 않은 경우가 많고, 약관에 개인정보보호규정이 있는 경우에도 개인정보의 분실, 도난, 유출, 변조 등에 의한 책임은 개인정보관리자나 해당 담당자만이 부담하도록 규정하는 경우가 많다. 이러한 규정은 개인정보의 분실, 도난 등의 사고시에 그에 대한 귀책사유를 묻지 않고 해당 담당자만이 책임을 지게 하고 사업자가 피용자의 고의 또는 과실로 인한 사용자책임(민법 제756조)을 배제하는 것이 되어 타당하지 않다. 따라서 인터넷 사이버몰 이용 표준약관에서 규정하고 있는 바와 같이 전자상거래 사업자는 약관제정 시에 개인정보보호규정을 두고(표준약관 제15조 6항), 아울러 정보관리자나 종업원 등이 개인정보를 유출하거나 분실, 도난당함으로써 이용자가 손해를 입은 경우 이를 배상할 책임을 진다는 내용을 약관에 명시하여야 할 것이다. 현재 전자거래사업자가 주문받은 물품을 소비자에게 배송하지 못함으로 인하여 소비자가 입은 피해를 보상하는 보험으로 전자거래 쇼핑몰 보험이 개발되어 판매되고 있다(서울 보증보험에서 판매하는 쇼핑몰 보험).

⑤ 소비자보호를 위한 정부의 기본책무

전자문서법 제15조와 제16조에서는 전자거래에 있어서 소비자보호를 위한 정부의 기본 책무를 다음과 같이 네 가지로 규정하고 있다.

고 있다(동 제2조 3호). 이러한 암호자재는 국가정보원장이 제작하여 필요한 기관에 공급하며, 국가정보원장이 필요하다고 인정한 때에는 암호자재의 사용기관으로 하여금 국가정보원장이 인가하는 암호체계의 범위 안에서 암호자재를 제작할 수 있도록 하였다(동 제5조 제1항). 한편 「정보화촉진기본법」에서는 정부가 암호기술의 개발, 이용의 촉진과 암호기술을 이용한 정보통신서비스의 안전도모를 위한 조치를 강구하도록 하였다(동 제14조).

즉, 첫째 전자거래 소비자의 기본권익 보호와 신뢰성 확보를 위한 소비자보호 시책 마련(제15조 제1항)

둘째, 전자거래사업자 및 사업자단체의 자율규제 권장(제15조 제2항)

셋째, 전자거래 소비자에 대한 정보제공과 교육의 확대 등 시책수립·시행(제16조 제1항)

넷째, 전자거래 소비자 불만과 피해를 신속하고 공정하게 처리할 수 있도록 조치를 마련할 의무(제16조 제2항) 등이다.

⑥ 소비자보호를 위한 전자거래사업자의 기본책무

전자문서법 제17조는 전자거래소비자 보호를 위한 전자거래사업자의 기본책무를 다음과 같은 여섯 가지의 일반적 준수사항으로 정하고 있다.

첫째, 상호 기타 자신에 관한 정보와 재화·용역·계약조건 등에 관한 정확한 정보의 제공

둘째, 소비자가 쉽게 접근·인지할 수 있도록 약관의 제공 및 보존

셋째, 소비자가 자신의 주문을 취소 또는 변경할 수 있는 절차의 마련

넷째, 청약의 철회, 교환 및 반품을 쉽게 할 수 있는 절차의 마련

다섯째, 소비자의 불만과 요구사항을 신속하고 공정하게 처리하기 위한 절차의 마련

여섯째, 거래의 증명 등에 필요한 거래기록의 일정기간 보존 등이다.

⑦ 전자거래사업자에 대한 인증사업 지원

정부는 소비자를 보호하고 전자거래사업자의 건전한 발전을 위하여 우수한 전자거래사업자에 대한 인증사업을 지원할 수 있다(제18조).

소비자가 믿고 거래할 수 있는 전자거래사업자를 선정하여 신뢰성을 인정하고 인증마크를 부여하는 사업을 정부가 지원할 수 있도록 한 규정이다. 미국의 TRUST e 마크, BBB 온라인 마크 등이 시행되면서 전자거래사업자 인증제도가 널리 이용되기 시작하였다. 우리나라의 경우 전자거래사업자 인증제도로 eTrust 마크, i-Safe 마크 등이 있다.[25)]

---

25) 강성진, "전자거래소비자보호," 전자거래기본법개정을 위한 공청회 자료집, 2001, 46면.

(6) 전자문서·전자거래기본정책의 수립 및 추진체계

① 전자문서·전자거래기본정책의 추진체계

정부의 전자문서·전자거래기본정책은 다음과 같은 몇 가지 원칙에 따라 수립되고 시행된다. 즉 민간주도, 규제의 최소화, 전자거래의 안전성·신뢰성확보, 국제협력의 강화 등의 원칙이다(제20조).

② 전자문서·전자거래 진흥 전담기관

미래창조과학부장관은 전자문서 이용 및 전자거래의 촉진을 위한 사업을 효율적·체계적으로 추진하기 위하여 전담기관을 지정할 수 있다(제22조).[26]

(7) 전자거래 촉진 및 기반조성

① 전자문서의 이용촉진

정부는 전자문서의 이용을 촉진하기 위하여 각종 법령의 정비 등 필요한 시책을 수립·시행하여야 한다(제23조 제1항).

② 전자화문서 작성 시설·장비에 대한 인증제도

미래창조과학부장관은 전자화문서의 신뢰성을 확보하기 위하여 전자화문서의 작성에 사용되는 시설 또는 장비에 대하여 인증을 부여할 수 있다(제23조 제3항, 시행규칙 제1조의7). 이러한 인증제도를 활용함으로써 법 제5조 제2항의 전자화문서의 보관요건에 부합하는 전자화문서의 작성이 널리 행해질 수 있으며 전자화문서의 보관에 대한 법적 안정성을 높이는데 기여하게 된다.

전자화문서의 작성을 위한 시설 및 장비에 대한 인증과 관련하여 인증대상·기준·절차 및 관리방법 그 밖에 필요한 사항은 미래창조과학부령(전자문서법 시행규칙 제1조의7)으로 정한다(제23조 제4항). 인증의 대상이 되는 스캐닝 시스템과 같은 전자화문서의 작성 시설 및 장비는 기술의 발달에 따라서 진보하고 변화해 가기 때문에 전자문서법 시행규칙과 같은 하위법령에서 규정하는 것이 인증제도를 탄력적으로 운용하기에 적합한 방법이 된다.

---

26) 전자문서에 관한 업무는 한국인터넷진흥원(KISA)에서 담당한다.

첫째, 인증대상

1. 전자화문서를 작성하는 작업공간(전자화작업장), 2. 전자화문서를 작성하는 데에 사용되는 정보시스템, 3. 스캐너 등 전자화문서를 작성하는 데에 사용되는 화상입력장치가 인증대상이 된다(시행규칙 제1조의7 제1항).

둘째, 인증기준

제1항에 따른 항목별 상세한 인증기준은 전자문서법 시행규칙 별표1로 규정하고 있다(동 시행규칙 제1조의7 제2항). 이와 함께 전자화문서의 작성을 위한 시설 및 장비에 대한 상세한 인증기준에 관하여서는 「전자화문서 작성 시설 또는 장비 인증기준의 세부사항에 관한 규정」(지식경제부고시 제2008-151호, 2008. 10. 29)에서 정하고 있다.

셋째, 인증절차

인증을 받고자 하는 자는 전자문서법 시행규칙 별지 제1호 서식의 인증신청서에 시설 또는 장비의 목록, 설계도면, 주요기기별 명세서, 인증기준에 적합함을 증명하는 서류 등을 첨부하여 미래창조과학부장관에게 제출하여야 한다(동 시행규칙 제1조의7 제3항). 미래창조과학부장관은 인증신청이 인증기준에 적합한 경우에는 인증서를 신청인에게 발급하여야 한다(동 제4항). 아울러 미래창조과학부장관은 시설 또는 장비의 운영실태와 사후관리상태의 조사를 연1회 이상 실시하여야 한다(동 제5항). 그런데 거짓 그 밖의 부정한 방법으로 인증을 받은 때, 인증을 부여받은 시설 또는 장비가 운영실태와 사후관리상태의 조사결과 인증기준에 현저히 미달하여 전자화문서의 신뢰성을 훼손할 우려가 있는 때, 사후관리상태의 조사에 따른 시정명령을 이행하지 아니한 때에는 미래창조과학부장관은 인증을 취소한다(제23조 제6항).

③ 전자문서 및 전자거래의 표준화와 기술개발의 추진(제24조, 제25조)

정부는 전자거래의 효율적 운용과 관련기술의 호환성을 확보하기 위하여 관계 법령에 따라 1. 전자문서 및 전자거래와 관련된 표준의 제정·개정·폐지 및 보급, 2. 전자문서 및 전자거래와 관련된 표준의 조사·연구·개발, 3. 그 밖에 전자문서 및 전자거래와 관련된 표준화에 관하여 필요한 사항을 추진하여야 한다(제24조 제1항).

정부는 제1항 각 호의 사업을 효율적으로 추진하기 위하여 필요한 경우에는 관련 기관 및 민간단체로 하여금 이를 대행하게 할 수 있다. 이 경우 대통령령으로 정하는 바에 따라 대행에 드는 비용을 지원할 수 있다(동조 제2항).

정부는 전자문서 이용 및 전자거래의 촉진에 필요한 기술의 개발과 기술수준의 향상을 위하여 1. 전자문서 및 전자거래에 관한 기술수준의 조사, 기술의 연구개발, 개발된 기술의 실용화에 관한 사항, 2. 전자문서 및 전자거래에 관한 기술협력·기술지도 및 기술이전에 관한 사항, 3. 전자문서 및 전자거래에 관한 기술정보의 원활한 유통 및 산학연협력에 관한 사항, 4. 그 밖에 전자문서 및 전자거래에 관한 기술개발과 관련하여 필요한 사항을 추진하여야 한다(제25조).

④ 전자문서 및 전자거래 전문인력 양성(제26조)

정부는 전자문서 이용 및 전자거래의 인프라에 해당하는 인력양성을 위한 정부의 시책을 효율적으로 지원할 수 있도록 하는 근거규정을 두었다.

이에 따라 정부는 연구소·대학·민간교육기관 그 밖의 관련 기관에 대하여 사업수행에 필요한 경비를 지원함으로써 전자문서 및 전자거래 기술을 운용하는 인적기반을 조성하게 된다.

⑤ 공공부분의 전자거래 추진(제27조)

국가·지방자치단체 등은 그 기관의 운영에 필요한 재화 또는 용역의 조달이나 기관의 사업을 전자거래로 수행하기 위한 계획을 수립하여 추진하여야 한다. 이로써 전자거래를 통한 정부조달 등 공공부문이 전자거래의 선도적인 역할을 수행하게 된다.

⑥ 전자문서 및 전자거래 통계 등 실태조사(제28조)

미래창조과학부장관이 전자문서·전자거래촉진정책의 효과적인 수립과 시행을 위하여 전자거래통계 등 실태조사를 실시할 수 있도록 하고, 이를 위하여 필요한 경우에는 국가기관, 전자거래사업자 또는 전자거래 관련 법인, 단체 등에 대하여 자료의 제출이나 의견의 진술을 요구할 수 있다.

전자상거래 시장이 매년 급속하게 성장하고 있기 때문에 시장규모, 거래 형태 등에 관한 정기적인 조사나 통계작성이 전자상거래 정책 수립에 있어서 반드시 필요하기 때문이다.

⑦ 전자문서 및 전자거래의 국제화, 전자상거래지원센터 등

정부는 전자거래에 관한 국제협력을 촉진하기 위하여 전자거래에 관한 정보·

기술·인력의 교류, 공동조사·연구 및 기술협력, 국제표준화 등의 사업을 지원할 수 있다(법 제29조 제1항). 아울러 정부는 전자문서 관련 사업자 및 전자거래사업자의 해외시장 진출을 위하여 필요한 시책을 실시하여야 한다(동조 제2항).

정부는 중소기업의 전자거래 촉진을 위하여 필요한 시책을 추진하여야 한다(제30조 제1항). 그리고 미래창조과학부장관은 중소기업의 전자거래를 촉진하기 위하여 전자거래와 관련한 교육훈련, 기술지도, 경영자문, 정보제공 등을 지원하는 사업을 수행하는 기관을 전자상거래지원센터로 지정할 수 있다(제30조 제2항). 정부는 지원센터에 대하여 전자거래에 관한 사업에 소요되는 경비의 전부 또는 일부를 예산의 범위 안에서 지원할 수 있다. 지원센터의 지정 및 지정취소의 기준, 경비지원 등에 관하여 필요한 사항은 대통령령으로 정한다(제30조 제3항).

국가 또는 지방자치단체는 전자문서 이용 및 전자거래의 촉진을 위하여 조세감면 등 세제상의 지원과 금융상의 지원을 할 수 있다(제31조 제1항). 정부는 전자문서 및 전자거래와 관련된 법인 또는 단체가 전자문서 · 전자거래촉진계획에서 정하는 사업을 실시하는 경우 예산의 범위 안에서 당해 사업비의 일부 또는 전부를 지원할 수 있다(제31조 제2항).

(8) 전자문서·전자거래분쟁조정위원회

전자문서법에서는 전자문서·전자거래분쟁조정위원회의 설치, 구성 및 분쟁조정에 관한 내용을 상세하게 정하고 있다(제32조 내지 제37조의2조). 이에 관한 상세는 ‘전자상거래분쟁과 해결’ 부분에서 살펴본다.

제 5 장

전자상거래의 성립

- 차 례 -

5.1 일반 전자상거래

5.1.1 전자상거래의 주체에 따른 유형

전자상거래의 당사자인 전자상거래의 주체는 전자상거래의 유형에 따라서 다음과 같이 나누어 볼 수 있다.

(1) 기업과 소비자(B2C)

이 유형의 전자상거래에 있어서는 전자상거래의 주체는 기업과 소비자이다. 기업과 소비자가 거래당사자로서 인터넷을 통하여 상품 또는 용역에 대한 매매계약을 체결하는 계약당사자가 된다. 기업과 소비자 간의 전자상거래에서는 소비자에 대한 기업의 우월적 지위가 남용되기 쉽기 때문에 소비자보호, 개인정보보호, 사이버몰 약관의 내용 등이 특히 문제된다.

(2) 기업과 기업(B2B)

이 유형에 있어서는 기업과 기업 간에 상품이나 용역의 거래가 이루어지기 때문에 기업자체가 거래당사자가 되며, 기업이 상품과 용역에 대한 매매계약당사자가 된다.

(3) 기업과 정부(B2G)

정부가 기업으로부터 전자상거래를 통하여 물자를 조달하는 형태의 전자상거래로써 정부가 사경제의 주체가 된다. 따라서 정부와 기업이 전자상거래 당사자이다.

(4) 소비자 개인(C2C)

소비자 개인 간의 전자상거래가 여기에 해당한다. 소비자 간의 1대1거래가 이루어지기 때문에 소비자들이 전자상거래의 당사자가 된다. 인터넷 경매, 중고품을 사고파는 벼룩시장 등의 거래형태에서 개인 간의 전자상거래 이루어진다.

5.1.2 전자상거래의 성립에 관한 법률문제

전자상거래도 상품이나 용역의 매매형태를 취하기 때문에 당사자 간의 전자문서에 의한 청약과 승낙의 의사표시가 합치함으로써 전자계약이 체결되어야 한다. 이는 B2C, B2B 및 B2G 거래에 모두 전자계약의 체결로 거래가 성립한다.

다만 C2C 거래에 있어서는 소위 인터넷 경매 혹은 벼룩시장과 같은 인터넷 중개업의 형태이기 때문에 다른 유형의 전자상거래와 그 구조가 다르다. 따라서 일반적인 유형의 전자계약과 인터넷 중개업형태로 나누어서 살펴본다. 한편 전자결제거래의 경우에는 전자결제에 관한 부분에서 별도로 살펴본다.

(1) 일반적인 전자상거래계약의 체결

일반적으로 계약은 청약과 그에 대한 승낙의 의사표시의 합치로 성립한다. 이러한 계약체결의 의사표시는 구두나 문서에 의하여 이루어진다.

전자상거래의 경우 컴퓨터 통신망을 이용하여 전자문서(데이터 메시지)에 의하여 청약과 승낙의 의사표시가 이루어지고, 이러한 전자문서는 일반 서면문서와 같은 효력이 인정되므로(전자문서법 제5조) 전자적인 방법으로 계약의 체결이 이루어질 수 있는 것이다. 인터넷 사이버몰을 이용한 전자상거래의 경우에 전자상거래의 성립은 소비자의 물품구매청약과 그에 대한 사이버몰(전자거래 사업자)의 승낙에 의하여 성립한다. 전자상거래의 성립과정을 표시하면 다음과 같다.

1) 청 약

① 구매신청자는 웹 상의 사이버몰(홈페이지)에 접속한다.

② 구매신청자는 사이버몰에 표시된 상품에 대한 가격, 거래조건을 확인하고 선택한다.

③ 사이버몰상의 입력 난에 필요사항을 입력하고, 주문확인 버튼을 클릭함으로써 청약의 의사표시를 한다.

2) 승 낙

④ 전자거래사업자(사이버몰운영자)는 주문확인 메시지 또는 수신확인 메일을 구매신청자에게 송신한다.[1)]

3) 전자계약의 결제와 이행

⑤ 대금의 결제는 전자거래사업자의 지정구좌에 입금하거나, 지로 혹은 신용카드번호를 입력함으로써 결제한다.

⑥ 상품의 인도방법은 상품의 종류에 따라 다르다. 물건의 경우에는 우송이나 택배 등의 방법으로 인도가 이루어진다. 소프트웨어와 같은 디지털 상품의 경우에는 인터넷상으로 다운로드 받음으로써 인도가 이루어진다.

(2) 자동화 거래의 전자적 의사표시

전자상거래에 있어서 컴퓨터가 인간의 의사표시를 위한 도구로 이용되는 경우와 컴퓨터가 인간의 의사결정영역에 개입하는 경우로 나누어서 후자를 전자적 의사표시 또는 자동화된 의사표시라고 부른다. 자동화 거래의 전자적 의사표시는 컴퓨터에 내장된 소프트웨어 프로그램에 의하여 자동적으로 의사표시를 보내는 경우이다. 최근 국제상거래법위원회(UNCITRAL)의 「전자계약협약」에서는 종래의 전자문서에 해당하는 개념으로 '전자적 의사표시(electronic communication)'라는 용어를 사용하고 있는 것을 유의하여야 한다. 미국의 통일전자거래법(UETA)에서는 제14조 자동화거래 규정에서 전자적 대리인(Electronic Agent)에 의하여 전자서명이 유효하게 작성되고 계약이 유효하게 성립할 수 있다고 정하고 있다.[2)]

---

1) "인터넷 사이버몰 이용표준약관"(2000년 1월 28자 공정거래위원회 고시)은 "몰의 승낙이 동약관 제12조 제1항의 수신확인통지형태로 이용자에게 도달한 시점에 계약이 성립한 것으로 본다"(동 표준약관 제10조 2항)고 규정함으로써 사이버몰에서의 계약의 성립시점은 몰의 승낙이 수신확인통지형태로 소비자인 이용자에게 도달한 시점이라는 것을 명확하게 정하고 있다. 이 경우 구체적인 도달 시점에 관하여는 이용자의 컴퓨터 파일에 승낙 메시지가 도달한 때인가(아울러 이용자가 이 메시지를 구체적으로 了知한 때인가) 혹은 이용자측의 인터넷 컴퓨터 서버에 도달한 때인가에 대하여 의문이 있을 수 있는 바, 영미 학자들의 경우에는 인터넷 네트워크의 이용폭주 및 메시지의 전송장해 시에 인터넷상의 메시지전달이 지연될 수 있기 때문에 "몰"의 승낙 메시지가 이용자측의 인터넷 컴퓨터 서버에 수령된 때에 승낙이 효력을 발생하여 계약이 성립한다고 보고 있다; Legal Issues and Internet, Guideline & Reference Book, Central Computer and Telecommunications Agency, 1996, p.108. 다만 최근에는 서버에 바이러스 감염 등의 이유로 메일을 수신자가 검색하여 보기 전에 삭제하는 경우가 있기 때문에 수신자의 정보처리시스템(컴퓨터)에 메일이 도착한 때를 도달시점으로 보아야 한다는 견해도 있다.

2) 미국 통일전자거래법(Uniform Electronic Transaction Act : UETA)은 통일주법제정위원회(National Conference of Commissioners on Uniform State Laws : NCCUSL)에 의하여 1997년 7월 최종 승인되었으며 캘리포니아주를 비롯하여 아이다호주, 펜실베니아주, 유타주, 사우스다코타주 등 22개 주에서 채택하고 있다. 통일전자거래법에 관한 상세한 내용은 정경영, "미국 통일전자거래법(Uniform Electronic Transaction Act: UETA)에 관한 연구" 상사법연구 제19권 제2호(2000), 253-289면 참조.

(3) 청약의 유인과 청약

가. 청약의 유인

사이버몰 상에서 이루어지는 전자상거래의 경우에 청약의 유인과 청약 및 승낙을 구별하는 것이 매우 중요하다.

어떤 거래에 있어서 판매자가 상품의 전시회를 개최하여 상품의 광고 및 선전을 하거나 상품목록 및 견본을 교부하는 경우가 있는데, 이러한 행위는 상대방에게 청약을 하도록 유도하는 것이 목적이고 청약 그 자체는 아니므로 이를 청약의 유인이라고 부른다. 따라서 이러한 청약의 유인에 대하여 승낙의 의사표시를 하더라도 직접적으로 계약이 성립되는 것은 아니다. 청약의 유인자에 대하여 하는 의사표시가 청약이고 이에 대하여 청약유인자가 승낙함으로써 비로소 계약이 성립한다. 여기서 승낙여부는 청약유인자의 자유로운 판단에 의하여 이루어진다.

사이버몰 상에 어떤 제품의 가격이 잘못 광고되었고, 그 잘못된 광고표시가 정정되기 전에 소비자들이 많은 수량의 구매신청을 하게 되는 경우와 관련된 다음 사례를 통하여 청약의 유인과 청약을 구별할 수가 있다.

[사례연구-1] 아고스(Argos)사건[3)]

1999년 9월에 영국의 유명한 할인판매점인 아고스(Argos)가 한대당 299파운드인 21인치 텔레비젼을 2파운드 99센트로 웹사이트에 잘못 광고하였는데, 이를 보고 거의 1백만 파운드의 구매신청이 쇄도하였고, 심지어 어느 구매신청자는 혼자 170대의 TV세트를 주문하였다. 이에 대하여 아고스측은 그러한 주문신청의 이행을 거절한 사건이다. 아고스가 구매신청에 대한 이행을 거절할 수 있는 권리가 있는 가의 여부는 웹사이트상에 표시된 가격이 청약의 유인인가 여부에 의하여 좌우된다. 웹사이트에 가격을 표시한 것이 청약의 유인인 경우, 소비자들의 구매신청은 청약이 되고, 이에 대하여 아고스는 승낙을 하지 않고 이를 거절할 수 있게 된다. 그러나 웹사이트의 가격표시가 청약이라면, 소비자들은 계약체결을 위하여 구매신청을 함으로써 승낙을 할 수 있기 때문에 아고스는 그 계약을 이행하여야 하는 것이다.

슈퍼마켓에서 상품을 진열하여 놓는 것은 하나의 청약의 유인이고, 구매자가 그 상품을 선택하여 계산대에서 제시하는 것이 청약이라고 볼 때, 전자상거래의 경우에도 웹사이트 상에 상품을 진열하여 놓은 것은 단순한 청약의 유인이라고 보아야 한다. 즉 사이버몰이 상품을 전시한 웹사이트는 청약이라기 보다는 오히려 청약의 유인이라고 본다. 그러므로 사이버몰 이용자가 사이버몰 상에서 구매신청을 하는 경우 이 구매신청이 청약에 해당한다.

---

3) Stephen York · Ken Chia, *E-Commerce*, Butterworths, 1999, pp.45-46.

[사례연구-2] 전자거래분쟁조정위원회 분쟁조정 사례[4)]

① 제 목 : 스포츠용품 판매 사이버몰에서 원가 300만원인 골프채를 80만원으로 잘못 등재하였고 이에 대하여 주문한 사례

② 사례 요지 : 스포츠 용품 판매 사이버몰에서 가격이 잘못 입력된 골프채를 주문하였으나 사이버몰의 시스템 사정으로 주문 및 카드결제가 승인되지 않았으므로 전자상거래 계약이 성립된 것으로는 볼 수 없다고 판단되어 가격 착오 등재와 시스템 관리 문제로 발생한 분쟁

③ 사건개요

신청인은 피신청인의 쇼핑몰에서 2000년 11월 19일 80만원으로 표시된 골프클럽을 주문하고 신용카드로 결제 처리하였다. 그러나, 당 쇼핑몰의 시스템 사정으로 주문 확인 메시지가 나타나지 않았음. 즉 주문 완료시 자동으로 판매자와 주문자에게 발송되는 주문확인 메일이 발송되지 않았음.

신청인은 11월 21일 오전에 구매상품 배송일자를 확인하기 위하여 피신청인 매장 담당자에게 배송여부를 확인하였으나 담당자가 전산확인을 못하였다 하여 신청인은 주문 후 화면 복사한 내용을 피신청인에게 팩스로 보냄.

피신청인 측은 인터넷 쇼핑몰에 주문품의 가격이 잘못 입력되어 있고, 페이게이트 확인결과 카드 결제가 이루어지지 않았으므로 배송할 수 없다고 주장함.

④ 양당사자 주장

◇ 신청인 주장

신청인은 쇼핑몰에서 정상적으로 구매행위를 하였으므로 주문한 상품이 배송되어야 한다고 주장.

◇ 피신청인의 주장

첫째, 시스템 사정상 쇼핑몰 자체의 운영에 무리함이 있음을 알고 사이트 전면 개편의 과정 중에서 장기간 쇼핑몰을 닫아놓고 있을 수 없다는 판단으로 기존의 쇼핑몰을 운영하고 있던 중에 본 분쟁이 발생하였음.

둘째, 해당 상품은 원가가 300만원이며 80만원으로 오 등재되어 있기 때문에 본 상품을 배송할 수 없고, 해당 상품 대신 다른 제품을 원가에 구매 가능하도록 하겠다고 의견 제시.

⑤ 조정안

신청인이 본 건에 대한 법률적 해석에 대해 이해하고, 가격 오등록과 시스템 관리 문제로 발생한 분쟁에 대하여 피신청인이 신청인에게 사과문을 전달

⑥ 조정안 이유

첫째, 전자상거래 계약이 성립하기 위해서는 주문에 대한 확인메일이 사이버몰 측에서 발송되어야 하나 본 건의 경우 주문 확인에 대한 통보가 없었으므로 전자상거래 계약이 성립되었다고 볼 수 없음.

둘째, 그러나 사이버몰 운영자는 시스템 관리의 책임이 있고, 가격을 잘못 입력한 것에 대한 도의적 책임으로 정신적 손해배상 또는 사과문을 신청인에게 제공할 필요가 있다고 판단됨.

⑦ 조정안 권고 결과

양 당사자 조정안 수락

나. 청약의 효력

청약의 효력에 관하여 살펴보면 다음과 같다.

민법이나 상법에서는 대화자간의 청약과 격지자간의 청약을 구별하여 규정을 두고 있다. 이는 주요한 통신수단이 서신이며, 거래상대방에게 서신에 의한 의사표시의 도달에 일정한 시간이 필요하기 때문에 이렇게 구별한 것이다. 오늘날 통신수단의 발달에 의하여 실시간에 정보전달이 이루어지고 있기 때문에 현행 민·상법의 구별기준에 대하여는 재검토를 요한다고 할 것이다.

아무튼 전자상거래에 있어서 사이버몰 이용자가 사이버몰 상에서 주문확인버튼을 클릭함으로써 그 시점에 청약이 이루어졌다고 볼 것인가가 문제이다.

이용자의 청약의 전자메시지가 전자상거래사업자의 지배 하에 있는 서버에 입력되는 순간, 주문으로써 처리되고, 이와 동시에 전자상거래사업자가 이용자(청약자)에게 수신확인 전자메일을 송신하는 사이버몰 시스템의 경우(이른바 CGI시스템)를 생각해보면 이는 대화자간의 청약과 마찬가지로 볼 수 있는 것이다. 다만 인터넷 경매와 같은 경우에는 청약(입찰)과 승낙(낙찰)에 상당한 시간이 소요되는 것이 보통이므로 격지자간의 거래로 보아야 한다는 견해도 있을 수 있다.

(4) 전자거래사업자의 약관 명시·설명의무

가. 전자상거래(인터넷사이버몰)표준약관

인터넷사이버몰은 약관을 두고 각각 다른 용어를 사용하고 있으며 약관 자체에 관하여도 약관이라는 용어 이외에 규약 등으로 다르게 사용하기도 한다. 또한 사이버몰 운영자는 자신의 사이버몰 이름을 그대로 사용하거나 또는 회사라고 칭하면서 사이버몰 운영자의 상대방에 대하여도 회원, 고객, 이용자 등으로 다양하게 규정하고 있다. 공정거래위원회의 조사에 따르면 우리나라 전자상거래업체 중 절반 이상이 고객과의 거래 계약 내용을 정한 약관을 마련하지 않고 영업 중인 것으로 나타났으며, 약관을 운용하고 있는 업체들도 고객들에게 일방적으로 불리한 조항을 많이 포함하고 있는 것으로 파악되었다. 아울러 전자상거래와 관련한 여러 가지 소비자피해사례가 발생하고 있음을 볼 수 있다. 이러한 문제점을 시정하기 위하여 공정거래위원회는 "전자상거래(인터넷사이버몰) 표준약관(2003.10.10 개

4) 한국전자거래진흥원 전자거래분쟁조정위원회, 「2000년 전자거래 분쟁조정사례집」, 85-86면.

정승인, 표준약관 제10023호)"을 고시하였다.

전자상거래표준약관(제3조)은 약관의 명시와 설명에 관하여 다음과 같이 규정한다.

전자상거래사업자(몰)는 약관의 내용과 상호, 영업소 소재지주소, 대표자의 성명, 사업자등록번호, 연락처 등을 이용자가 알 수 있도록 사이버몰의 초기 서비스화면(전면)에 게시하여야 한다. 다만, 약관의 내용은 이용자가 연결화면을 통하여 볼 수 있도록 할 수 있다.

"몰"은 이용자가 약관에 동의하기에 앞서 약관에 정하여져 있는 내용 중 청약철회·배송책임·환불조건 등과 같은 중요한 내용을 이용자가 이해할 수 있도록 별도의 연결화면 또는 팝업화면 등을 제공하여 이용자의 확인을 구하여야 한다.

나. 약관규제법상의 약관 명시·설명의무

1) 약관규제법의 내용

전자상거래의 경우에 소비자는 사이버몰 상에 있는 상품 및 서비스의 내용만을 보고 거래를 하기 때문에 전자상거래사업자는 일반소비자가 인식할 수 있도록 설명 및 표시를 하여야 한다. 아울러 전자상거래사업자도 약관규제법에 의하여 약관에 대한 명시·설명의무를 부담한다고 할 것인데 이에 대하여는 다음과 같이 살펴볼 수 있다.

즉, 약관규제법 제3조는 약관이 계약의 내용으로 편입되기 위한 요건으로 사업자에게 약관의 작성 및 설명의무 등을 부과하고 있다. 즉 "사업자는 고객이 약관의 내용을 쉽게 알 수 있도록 한글로 작성하고, 표준화·체계화된 용어를 사용하며, 약관의 중요한 내용을 부호·문자·색체·굵고 큰 문자 등으로 명확하게 표시하여 알아보기 쉽게 약관을 작성하여야 한다(제1항 알아보기 쉬운 약관의 작성의무). 또한 사업자는 계약을 체결할 때에는 고객에게 약관의 내용을 계약의 종류에 따라 일반적으로 예상되는 방법으로 분명하게 밝히고, 고객이 요구할 경우 그 약관의 사본을 고객에게 내주어 고객이 약관의 내용을 알 수 있게 하여야 한다. 다만 1. 여객운송업, 2. 전기 가스 및 수도사업, 3. 우편업, 4. 공중전화서비스 제공 통신업의 어느 하나에 해당하는 업종의 약관에 대하여는 그러하지 아니하다. 아울러 사업자는 약관에 정하여져 있는 중요한 내용을 고객이 이해할 수 있도록 설명하여야 한다. 다만, 계약의 성질상 설명하는 것이 현저하게 곤란한 경우에는 그러하지 아니하다(제2항, 제3항 약관의 명시·설명의무).

사업자가 제2항 및 제3항의 규정에 위반하여 계약을 체결한 때에는 당해 약

관을 계약의 내용으로 주장할 수 없다(제3항).[5]

2) 약관의 명시의무

전자상거래사업자의 약관의 명시의무는 전자약관의 존재를 고객에게 알려주는 것이다. 약관을 명시하는 것은 약관의 내용을 고객이 알 수 있도록 기회를 주도록 한 것이다. 즉 고객에게 약관의 내용에 대한 인지가능성을 부여한다는 데 의미가 있다. 약관규제법은 명시의 가장 대표적인 방법으로 약관의 교부를 규정하고 있다. 즉 고객이 요구할 때에는 사업자는 당해 약관의 사본을 고객에게 교부하는 것이다. 교부 외에도 계약체결 시에 계약서에 약관을 인쇄해 놓거나 약관이 기재된 별도의 서면을 계약서에 첨부하는 경우도 있다. 구두에 의한 계약체결의 경우에는 계약체결 전이나 계약체결 직후에 약관이 기재된 서면을 고객에게 교부하거나 송부하여야 할 것이다. 또한 사업자의 영업소에서 계약을 체결하는 경우에는 거래의 관행에 따라서 약관의 규정이 쉽게 눈에 띄는 장소에 비치하는 것도 가능하다.[6]

전자상거래시 약관을 사용하는 경우 이러한 약관의 명시의무를 어떻게 이행할 것인지가 문제로 된다. 상당히 많은 사이버몰의 경우 고객이 일단 회원에 가입한 뒤에야 사이버몰에 들어갈 수 있다. 또한 고객이 약관의 내용을 열람하여 내용을 파악할 수 있도록 되어 있고, 사이버몰에 들어갔다 하더라도 약관이 어디에 있는지 발견하기가 어려운 경우도 많이 있기 때문에 전자상거래사업자의 약관의 명시의무가 더욱 문제로 되는 것이다. 이에 대하여는 단지 사이버몰의 초기화면에 약관을 링크시켜 놓는 것만으로 명시의무를 다하였다고 보기 어렵다는 견해가 있다. 즉 각각의 고객을 상대하는 개별적인 행위에 약관이 내포되지 않고 사이버몰에 단순히 약관을 게시하는 것으로는 약관에 대한 편입의 효력이 발생하지 않는다는 견해가 있다.[7] 그리고 약관의 내용을 살펴볼 수 있는 링크만을 설정하여 둔 것은 현실적으로 이용자에게 그 내용을 제시하였다고 보기에는 미흡하여 현실적인 약관의 제시를 통하여 획득할 수 있는 인지가능성과 동일한 정도의 인지가능성을 부여하였다고 보기 어렵다는 견해도 있다.[8]

생각건대 사이버몰의 회원에 가입할 때에 약관이 게시되고 고객은 이를 읽은 후 동의함을 클릭한 경우에 회원에 가입절차가 완료되는 경우가 대부분인데 이러

---

5) 전자금융거래법 제24조, 제25조도 이와 유사한 규정을 두고 있다.

6) 김동훈, "전자상거래와 관련한 약관규제법의 정비방안," 한국법제연구원, 「전자상거래 관련 법제정비방안」 디지털경제법제⑤ 2001, 58면; 이은영, 약관규제법, 117면.

7) 정진명, "인터넷을 통한 거래의 계약법적 문제," 비교사법 제6권 1호, 1999년 6월호, 321면.

8) 김진환, "약관의 계약편입과 전자약관," 법조 2001. 6. 116-117면.

한 경우 고객은 약관의 내용을 알 수 있는 상황에 있으므로 사이버몰 사업자는 약관의 명시의무를 이행한 것으로 볼 수 있을 것이다.

미국 UCITA의 경우에 있어서도, ① 이용조건이 운영자의 웹사이트에 게시되어야 하며, ② 이용자는 '동의함' 또는 '동의하지 않음' 버튼을 클릭하여 이용조건의 수용이나 거절의 선택권을 가져야 하고, ③ 이용자가 동의표명 없이는 웹사이트의 콘텐츠나 서비스를 이용할 수 없을 것, ④ '동의함' 버튼의 클릭이 이용조건을 계약에 포함시키는 것이라는 설명이 이용조건에 포함될 것 등을 요건으로 클릭형 계약의 유효성을 인정하고 있고 판례에서도 승인되고 있다.

3) 약관의 설명의무

전자상거래사업자의 약관의 설명의무는 전자약관의 중요한 내용을 고객이 이해할 수 있도록 설명해주는 것이다. 약관 설명의무는 넓은 의미에서 약관 명시의무의 일부를 구성하는데, 고객이 상세한 약관조항을 전부 읽고 계약서에 서명하는 것이 실제로 어려울 뿐 아니라 고객은 무엇이 당해 계약과 관련하여 중요한 사항인지를 알지 못하는 경우가 대부분이므로 사업자에게 고객의 이해에 중대한 영향을 미치는 사항을 설명하도록 함으로써 실질적인 명시의 효과를 달성하고자 한 것이다.[9] 그러면 전자상거래 약관에서는 사업자는 이러한 설명의무를 어떻게 이행할 수 있을 것인가?

전자상거래약관에 있어서는 비대면성 및 기술적 특성상 고객에게 직접 설명하기란 불가능한 일이다. 약관규제법 제3조 제3항 단서에 의하여 계약의 성질상 설명이 현저히 곤란한 경우에는 약관의 설명의무가 면제되는 바, 위와 같은 전자상거래의 특성을 고려할 때 사이버몰을 통한 비대면거래로 이루어지는 전자상거래에서는 약관설명의무는 면제된다고 해석하는 견해도 있다.[10]

전자상거래사업자의 약관 설명의무는 전자상거래 사업자가 고객의 주의를 끌기에 충분한 일정한 시각적 효과를 사용함으로써 약관의 중요내용을 고객이 이해할 수 있도록 하는 등의 방법을 통하여 그 의무를 이행할 수 있을 것이다.

예컨대, ① 전자약관의 제시단계에서 그 중요한 내용에 대하여 다른 조항들과 구별하기 위하여 다른 색상이나 폰트, 밑줄 등을 사용하는 것.

② 새창 띄우기, 애니메이션 등을 혼합하여 청각적인 효과를 내는 것.

---

9) 김동훈, 전게논문, 60-61면; 이은영, 전게서, 118면.

10) 동지 : 張敬煥, "인터넷 사이버몰이용 표준약관의 검토," 상사법연구 제19권 제2호(2000), 37면; 왕상한, 전자상거래와 국제규범, 161면.

③ 질문, 답변 형식과 선택형식을 이용하여 사업자와 고객의 상호작용효과를 얻는 것.

④ 설명과정이 회원등록 절차의 일부분이 되도록 구성하는 것 등이다.[11)]

참고로 전자금융감독규정에서는 전자약관의 설명의무와 관련하여 금융기관이나 전자금융업자는 이용자와 전자금융거래의 계약을 체결함에 있어서 이용자가 약관의 내용에 대한 설명을 요청하는 경우 1. 약관의 중요내용을 이용자에게 직접 설명하거나, 2. 약관의 중요내용에 대한 설명을 전자적 장치를 통하여 이용자가 알기 쉽게 표시하고 이용자로부터 해당 내용을 충분히 인지하였다는 의사표시를 전자적 장치를 통하여 수령하는 방법으로 설명하도록 하고 있다(제11조 제3항).

[사례연구-3] 약관 설명의무와 관련한 분쟁사례(전자상거래분쟁조정 사례집)

① PC통신사의 서비스 유료전환 미고지에 따른 계약해지[12)]

J는 인터넷 사이트를 통하여 PC통신 회사인 U사에 회원으로 가입하여 1개월 무료사용 자격을 받았으나 무료사용기간이 끝나고 U사가 통보 없이 유료전환을 하여 무료기간 만료 시부터 현재까지의 사용료(회원가입비)를 청구하였음. U사는 유료전환시점 3일전에 메일을 통하여 전 회원들에게 유료전환 안내 공지메일을 발송하고 있었는데 J의 경우 한번도 본사의 서비스를 사용하지 않은 관계로 U사가 발송한 유료전환 안내 공지메일을 회람하지 못하였다고 주장함. 이에 대하여 J는 무료사용기간 만료 후에 유료화에 대한 통지가 없었으며, 인터넷사이트를 통하여 U사에 회원으로 가입하였을 때 회원가입동의를 문서가 아닌 구두확인으로 하여 정확한 해지절차와 약관에 대하여 설명을 하지 아니하였다고 주장함.

조정위원회의 권고에 따라 U사는 J와 처의 ID를 해지하고 J에 대한 비용청구를 취소하였음.

◇ 평 석

이 사례에서 PC통신회사인 U사에 무료회원으로 가입하여 무료사용기간이 만료한 후 유료로 전환하는 것은 회원의 이해관계에 매우 중요한 사항이므로 단순한 유료전환 안내 공지메일 발송으로는 충분하지 않고 정확한 해지절차와 약관에 대한 설명이 있어야만 약관설명의무를 이행한 것으로 볼 수 있을 것이다.

---

11) 김진환, 전게 논문, 134-135면.

12) 2000년 전자상거래분쟁 조정사례집 53면.

[사례연구-4] 닷컴 도메인 등록신청 후 해지 및 환불청구[13)]

O는 도메인네임 등록대행업체인 G사를 통하여 도메인 www.ooo.com을 등록하고 신용카드로 결제를 마쳤다. 그러나 3일 후에 도메인 네임의 등록을 해지하기로 결정하고 G사에 도메인 해지와 환불을 요청하였으나 G사에서는 닷컴(.com)도메인은 한번 등록하면 해지가 불가능하므로 환불해 줄 수 없다고 이를 거절하였다.

O는 약관에는 해지 및 환불 불가에 대한 조항이 포함되어 있지 않으며, KR 도메인의 경우 등록신청 후 7일 이내에 해지 및 환불이 가능한데, 등록 신청 후 3일 이내에 해지신청을 하였으므로 도메인에 대한 해지 환불을 청구할 수 있다고 함. 이에 대하여 G사는 약관에는 포함되어 있지 않으나 등록신청화면에는 결제 시에 등록 후 해지 및 환불이 불가능하다는 표시가 되어 있다고 주장하였다.

조정안은 비록 약관상에는 환불불가조항이 없었더라도 등록신청화면 중 결제절차에 표시되어 있었고, O가 이를 인지하였다는 것을 자인하였으므로 약관에 환불 불가조항이 포함되어 있지 않다는 것을 이유로 환불을 요구할 수는 없다고 함.

다만 향후 환불 불가 조항의 해석을 둘러 싼 분쟁을 피하기 위하여 당해 조항을 약관에 포함시키고 클릭과 같은 확인 수단을 통하여 도메인 등록 신청인이 그 조항을 인지하였음을 확인할 수 있는 제도적 장치를 갖추도록 하고, 신청인이 장차 당해 도메인을 양도·양수하면서 피신청인에게 그 양도 등록절차를 위임할 경우 피신청인이 받을 수수료의 40%를 감액하기로 함.

◇ 평 석

환불불가조항이 약관에는 포함되어 있지 않지만 신청인이 인지할 수 있도록 결제 시에 등록 후 해지 및 환불이 불가능하다는 표시가 되어 있고 이를 신청인이 인지하였다면 계약조건의 명시가 있었다고 볼 수 있으나 향후 이에 관한 분쟁을 예방하는 차원에서 환불불가조항을 약관에 포함시킴은 물론 환불불가조항에 대한 동의클릭절차를 마련하여야 한다고 본다.

4) 약관의 변경

전자상거래약관이 계약의 내용으로 편입된 후에는 전자상거래사업자가 이를 일방적으로 변경할 수 없다(약관의 일방적 변경금지원칙). 사업자가 약관을 변경하는 경우에는 이용자와 사이에 약관변경에 대한 합의가 필요하며, 변경된 약관을 명시하고 그 중요 내용을 설명하여야 할 것이다. 약관변경에 대하여 이용자는 동의를 거부하고 종전 약관에 따른 계약내용을 주장하거나 계약해지를 할 수 있는 선택권을 가질 수 있어야 하며, 약관의 변경은 장래에 대하여만 계약내용을 형성하는 효과를 가져와야 한다(소급효 금지의 원칙).[14)] 전자상거래 표준약관은 약관을 개정할 경우 적용일자 및 개정사유를 명시하여 그 적용일자 7일 이전부터 공지하도록 하되, 이용자에게 불리하게 약관내용을 변경하는 경우에는 최소한 30일 이상 유예

13) 2000년 전자상거래 분쟁 조정사례집 72-73면.

14) 이은영, 약관규제법, 123면.

기간을 두고 공지하도록 하고 있다(제3조 제4항).

(5) 청약의 철회

전자상거래의 청약은 실시간에 사이버몰의 서버에 도달하기 때문에 일단 발신한 청약을 철회(취소)하거나 변경할 수 있는 것인지가 문제된다. 청약은 그 의사표시가 상대방에게 도달한 이후에는 청약자가 이를 마음대로 철회하지 못하는 것이 원칙이다(민법 제527조, 청약의 구속력).

민법은 승낙기간을 정한 청약은 그 기간 내에 취소할 수 있고, 승낙기간을 정하지 않고 격지자에 대하여 한 청약은 상당한 기간 내에는 취소할 수 없도록 정하고 있다. 그러므로 상당한 기간을 경과 한 때에는 취소할 수 있고 이는 대화자간의 경우에도 마찬가지이다. 다만 청약의 취소는 승낙의 의사표시의 발신 전에 도착하지 않으면 취소의 효과가 발생하지 않는다. 따라서 전자상거래사업자(상대방)의 사이버몰이 수신확인 시스템을 채용하고 있는 경우에는 소비자로부터 청약이 있고, 사이버몰이 수신확인통지(메일)를 소비자에게 송신함과 동시에 계약의 이행을 한 경우에는 청약의 취소를 할 수 없는 것이 원칙이다.

이에 대하여 전자상거래소비자보호법은 소비자보호를 위하여 청약의 철회권을 인정하고 있다.

청약철회권제도란 소비자에게 계약체결 후에도 일정한 기간 내에 구매의사변화를 이유로 하여 구입의사(청약)를 철회할 수 있는 권리를 주고 만약 소비자가 그 일정한 기간(재고기간 또는 냉각기간 : cooling off)내에 청약을 철회하면 계약이 처음부터 없었던 것과 같은 상태로 되는 것을 말한다(이는 엄밀히 말하면 법률의 규정에 의하여 소비자가 이미 성립한 계약을 취소할 수 있는 권리에 해당한다고 할 수 있다). 전자상거래는 소비자가 불충분하거나 제한된 제품정보에 기하여 물품을 구매하거나, 비대면거래의 특성상 실제 배달된 상품과 처음에 소비자가 생각하였던 상품이 성능이나 디자인, 색상 등에서 많은 차이가 있을 수 있고, 또한 잘못된 판단과 주문을 할 가능성이 농후하다.

만약 소비자가 착오, 사기 등을 이유로 계약을 취소하거나 의사표시의 하자를 다툰다고 하더라도 그러한 사실을 입증하는 것이 쉽지 않고 피해구제가 어려운 경우가 많다.

따라서 전자상거래에 있어서는 소비자에게 일정한 기간 내에는 제품에 이상이 없거나 사업자 측에게 아무런 잘못이 없는 경우에도 단지 구매의사의 변화를 이유로 하여 자유롭게 청약을 철회할 수 있는 철회권을 인정할 필요가 있는 것이다.

방문판매법은 방문판매 또는 전화권유판매의 방법으로 재화 등의 구매계약을 체결한 소비자는 계약서를 받은 날부터 14일 이내에 그 계약에 관한 청약철회를 할 수 있도록 하였다(동 제8조 제1항).

전자상거래소비자보호법은 청약철회권을 다음과 같이 규정하고 있다. 즉, 소비자는 사업자로부터 계약내용에 관한 서면을 교부받은 날부터 7일 이내에 당해 계약에 관한 청약철회 및 계약의 해제를 할 수 있다. 다만, 그 서면을 교부받은 때 보다 재화 등의 공급이 늦게 이루어진 경우에는 재화 등의 공급을 받거나 공급이 개시된 날부터 7일 이내에 할 수 있다(법 제17조 제1항 제1호). 그리고 계약 내용에 관한 서면을 교부받지 않은 경우, 통신판매업자의 주소 등이 기재되지 아니한 서면을 교부받은 경우 또는 통신판매업자의 주소 변경 등의 사유로 제1호의 기간 이내에 청약철회 등을 할 수 없는 경우에는 그 주소를 안 날 또는 알 수 있었던 날부터 7일 이내에 할 수 있다. 또한 재화 등의 내용이 표시광고 내용과 다르거나 계약내용과 다르게 이행된 경우에는 당해 재화 등을 공급받은 날부터 3월 이내, 그 사실을 안 날 또는 알 수 있었던 날부터 30일 이내에 청약철회 등을 할 수 있다(동조 제3항).

유럽연합 "원격지 매매지침(Distance Selling Directive)"은 일반적인 계약철회(취소)권에 관하여 규정을 두고 있는데(동 제6조), 이 규정은 지침의 가장 중요한 사항이라고 할 수 있다. 이미 대부분의 소비자는 기존 법률(영국의 경우 1974년 소비자신용법[15])에 의하여 이러한 권리가 인정된다.

그런데 유럽연합 지침은 원격지 매매에 있어서 소비자의 철회권을 다음과 같이 구체적으로 정하고 있다는 점에서 특징이 있다.

즉, 원격지 매매의 당사자인 모든 소비자는 적어도 7 거래일(working days) 이내(유럽의 경우 주 5일을 근무하기 때문에 이 기간은 일년중 대부분의 경우에는 10일 내지 12일의 통상일(ordinary days)이고, 크리스마스기간에는 2주간이 된다.)에 아무런 조건 없이 계약을 철회할 수 있다(이 경우 철회란 취소의 의미로 사용함). 소비자가 조건 없이 계약을 철회하는 경우에도 아무런 제재가 없고 완전한 환불을 받을 수 있다. 이러한 환불은 30일 이내에 이루어져야 한다. 다만, 이러한 철회제도에는 예외가 인정되는데, 위의 철회기간("Cooling Off" Period)은 게임이나 복권 서비스 및 여행서비스의 경우에는 적용되지 않는다. 또한 개봉되지 않은 오디오, 비디오 제품, 레코드 또는 컴퓨터 소프트웨어 및 CD-Roms 등에도 이 기간은 적용되지 않는다. 나아가서 신문, 잡지 및 저널 기타 이와 유사한 제품의 경우에도 적용되지 않는다. 그러나 정기간행물이 아닌 책의 경우에는 이 기간이 적용된다고 본다.[16]

---

15) Consumer Credit Act, 1974.

우리나라의 경우 전자상거래소비자보호법상 청약의 철회 등을 서면으로 하는 경우에는 그 의사표시가 기재된 서면을 발송한 날에 그 효력이 발생한다(법 제17조 제4항).

전자상거래의 대상이 소프트웨어나 음악파일처럼 디지털 상품이어서 온라인으로 다운로드 받은 상품인 경우에는 청약의 철회와 반품을 어떻게 할 것인지가 문제이다. 콘텐츠산업 진흥법은 전자상거래소비자보호법 제17조 제2항에 따라 청약철회가 불가능한 콘텐츠의 경우에는 그 사실을 콘텐츠 또는 그 포장에 표시하거나 시용상품을 제공하거나 콘텐츠의 한시적 또는 일부 이용이 가능하도록 하는 등의 방법으로 청약철회 및 계약의 해제권 행사가 방해받지 않도록 조치하여야하며, 콘텐츠제작자가 이러한 조치를 하지 아니한 경우에는 이용자의 청약철회 및 계약의 해제는 제한되지 아니한다고 규정하고 있다(콘텐츠산업 진흥법 제27조).[17]

(6) 승낙과 전자계약의 성립시기

청약에 대하여 승낙이 있어야 계약이 성립한다. 우리 민법상 의사표시는 그 통지가 상대방에게 도달한 때로부터 효력이 생긴다(도달주의; 민법 제111조).

민법은 대화자간의 계약의 성립시기에 관하여 특별한 규정을 두고 있지 않으나, 의사표시의 도달주의원칙에 의하여 승낙의 의사표시가 상대방에게 도달한 때에 계약이 성립한다고 본다(도달주의). 격지자간의 거래의 경우에는 승낙의 의사표시를 발신한 때에 계약이 성립한다(발신주의)(민법 제531조).

컴퓨터 통신망에 의한 인터넷 전자상거래에 대하여는 이를 어떻게 볼 것인가에 대하여 다음과 같은 세 가지 경우로 나누어 볼 수 있다. 첫째, 대화자간의 거래라고 보는 경우, 둘째, 격지자간의 거래라고 보는 경우, 셋째, 원칙적으로 대화자간의 거래라고 보되 특정한 경우에는 격지자간의 거래라고 보는 경우가 그것이다.

민법은 대화자간의 거래의 경우 계약성립시기에 관한 특별한 규정을 두고 있지 않으므로 의사표시의 일반원칙에 따라 승낙의 의사표시가 상대방에게 도달하였을 때에 계약이 성립한다(도달주의)(민법 제111조 제1항). 반면에 격지자간의 거래의 경우 승낙의 통지(의사표시)를 발송하였을 때에 계약이 성립한다(발신주의)(민법

---

16) 따라서 극단적인 경우에는 인터넷 북숍을 통하여 크리스마스 기간에 소설책을 구입한 소비자는 책을 주문하여 이것을 다 읽은 후에 크리스마스를 보내고 난 다음 해(신년)에 책이 마음에 들지 않으면 책을 반환하고 환불을 요구할 수도 있게 되는 것이다 : Chissick M·Kelman A, *Electronic Commerce : Law and Practice,* second edtion, London, Sweet & Maxwell (2000), p.35.

17) 한편 콘텐츠이용자 보호지침 제12조는 이용자의 청약철회에 관한 상세규정을 두고 있다.

제531조). 전자상거래에 있어서 전자문서에 의한 의사표시는 정보통신시스템을 이용하여 여러 단계를 거쳐서 통신이 이루어지고, 그로 인하여 의사표시의 도달여부가 중요하기 때문에 전자문서법에서는 전자문서의 송신 수신의 시기를 명확히 규정하고 있고(제6조), 또한 전자문서의 작성자가 수신확인을 조건으로 전자문서를 송신한 경우를 따로 규정하고 있으며 청약의 구속력이 인정된다는 점에서도 전자상거래는 격지자간의 거래로 보는 것이 타당할 것이다.

전자상거래를 이와 같이 격지자간의 거래로 본다 하더라도 전자거래의 특수성을 반영한 전자문서법의 위와 같은 규정취지와 계약 성립에서의 도달주의의 타당성[18]을 고려할 때 전자계약의 성립에 민법 제531조를 그대로 적용하는 것은 곤란하고, 전자계약의 성립은 승낙의 의사표시가 이용자에게 도달한 때(도달주의)에 성립한다고 본다.

전자상거래(사이버몰 이용)표준약관도 계약의 성립에 관하여 이용자의 구매신청에 대한 사이버몰의 승낙이 수신확인통지형태(표준약관 제12조 제1항)로 이용자에게 도달한 시점에 계약이 성립한 것으로 정하고 있다(표준약관 제10조 제2항 계약의 성립). 이 경우 사이버몰의 승낙의 의사표시에는 이용자의 구매 신청에 대한확인 및 판매가능 여부, 구매신청의 정정 취소등에 관한 정보등을 포함하도록 하였다(표준약관 제10조 제3항).

따라서 전자상거래 사이버몰 운영자는 이용자의 청약에 대하여 수신확인통지의 형태로 승낙의 의사표시를 하고, 이 승낙의 의사표시가 이용자에게 도달한 때에 계약이 성립한다. 승낙의 의사표시가 사이버몰 이용자에게 도달한 때라 함은 이용자의 정보처리장치에 입력되는 순간 도달이 있었다고 본다.

이 경우 승낙기간을 정한 경우에는 그 기간 내에 승낙의 의사표시가 도달되어야 하고, 연착된 승낙은 새로운 청약으로 본다(민법 제530조). 승낙기간을 정하지 않은 경우에는 즉시 승낙이 없는 한 청약은 효력을 잃게 된다. 전자계약이 성립한 후에도 전자상거래사업자가 착오로 가격표시를 잘못한 경우에는 전자계약을 취소할 수 있다고 할 것이다.

---

18) 국제물품매매계약에 관한 비엔나협약에서도 승낙의 도달시기에 계약이 성립한다고 규정하고 있고(제23조), UNCITRAL 전자상거래모델법에서도 도달주의가 당연함을 전제로 별도의 규정을 두지 않은 것이다. 참고로 발신주의를 규정하고 있는 민법 제531조는 '격지자간의 계약은 승낙의 통지가 도달한 때에 성립한다'고 하는 도달주의로 수정하는 민법개정안이 마련되어 있다(민법 재산편 개정자료집, 법무부, 2004. 754~758면). 한편 2010년 상법개정으로 상법 제52조를 삭제하여 격지자간의 청약에 승낙기간이 있는 경우와 없는 경우 모두 민법상 도달주의가 적용되도록 하여 청약의 효력발생시기를 민법(제528조 제1항, 제529조)과 일치시켰다.

입법론으로 전자상거래소비자보호법에 전자계약성립에 관한 도달주의의 원칙을 명시하는 것 바람직하다고 본다.

[사례연구-5] "1원"으로 가격이 잘못 등재된 컴퓨터 서버의 주문에 따른 전자상거래 계약에 대하여 착오를 이유로 취소를 인정한 사례[19)]

◇ 사건개요

용산의 컴퓨터 판매 대리점인 G사는 전자상가 조합방침에 따라 사이버몰을 지난 5월 1일에 개설하고 사이버몰 샘플링 작업 중 반출가 300만원 상당의 컴퓨터 서버를 1원으로 등록하였다. 5월 22일 샘플링 작업 후 삭제되어야 할 부분이 착오로 등록되어 있는 상태에서 G사의 사이버몰을 검색하던 부산에 거주하는 신청인 J는 1원으로 등록된 컴퓨터 서버를 신청인 이름으로 2대, 신청인 아내 이름으로 컴퓨터 서버를 2대 주문하고 주문 신청내용이 확인되지 않아 주문내용을 프린터로 출력해 놓고 다음날 J는 물품 대금으로 배송료를 포함하여 4만 4원을 쇼핑몰에 게시된 은행 계좌로 입금하였다.

1주일이 경과한 후 신청인은 구매사실 확인을 위해 업체에 전화연락을 하였으나 G사 측에서는 신청인의 전화 연락 전에는 구매사실을 파악하지 못하여 처음에는 이를 부인하였으나 주문사실을 확인한 후 전자상거래 담당자가 부산으로 신청인을 방문하여 착오에 대한 사과를 하였으나 받아들여지지 않았고, 신청인은 약 3일이 경과한 후 불성실한 전자상거래 행위에 대한 사과 및 물품인도 요구서를 피신청인에게 팩스로 송부하였다.

이에 G사는 5월 31일 "제품가격 1원은 당사의 의도가 아니며 직원의 전적인 실수이므로 물품 구매에 대한 주문을 인정할 수 없다"는 내용의 서신을 우편으로 신청인에게 발송하였고, 이에 대하여 J는 분쟁조정을 신청한 사건이다.

◇ 당사자의 주장

G사는 "1원"이라는 서버 가격의 표시는 실수로 입력된 것으로 착오에 따른 가격의 오·등록이므로 계약을 취소할 수 있다고 주장함.

이에 대하여 J는 "1원"의 가격 표시를 실수로 주장하여 일방적으로 전자상거래 계약을 취소하는 것은 인정할 수 없으므로 계약대로 물품을 인도할 것을 주장함.

◇ 조정안

본 건 전자상거래 계약은 성립한 것으로 판단되며, 일부 경매사이트 같은 경우에 이러한 가격을 미끼 상품으로 사용하는 경우는 있지만 본 건은 그에 해당하는 것은 아니므로 "1원"이라는 가격 표시는 실수로 볼 수 있어 착오를 이유로 계약을 취소할 수 있다. 또한 착오에 대하여 신청인의 신뢰이익이 있다고 볼 수는 없으므로 계약의 취소에 따른 손해배상은 불가능하다고 본다. 다만, 지금까지 J가 입은 고통을 감안하여 G사는 J에게 일금 십만원의 위자료를 지급하고, 입금한 4만 4원은 반환하는 것으로 한다.

양당사자가 조정안을 수락하여 타결됨.

---

19) 2000년 전자상거래분쟁조정 사례집, 74-76면.

5.2 인터넷 중개업 형태의 전자상거래

5.2.1 중개업의 의의와 유형

중개업(Brokerage)이란 타인 사이의 상거래에 있어서 의뢰를 받고 그 계약체결을 용이하게 하는 준비사무를 하는 것이다. 중개업은 시장의 형세, 상대방의 신용상태, 상품의 감정, 보험료의 고저 등에 관한 전문적 자료를 준비하여 의뢰자에게 적당한 조언을 해 준다든지, 혹은 당사자에게 상대방을 알리지 않은 채 당사자의 투기를 조장할 수 있다는 기능을 가진다. 가장 현저한 중개업 분야는 상품 기타의 매매, 보험, 해상보험, 금융 등에 관한 것이다. 이러한 중개업에는 상법상의 중개(상사중개)와 민사중개의 두 가지로 나눌 수 있다. 전자는 양당사자의 일방이 상인인 경우이며, 후자는 양당사자가 모두 상인이 아닌 민사거래의 당사자인 민사중개의 경우이다.

인터넷을 이용한 전자상거래의 경우 오늘날 인터넷 중개업의 형태가 다양하게 발달되고 있다. 이러한 인터넷 중개업의 예로서는 인터넷 여행사, 사이버증권업, 인터넷 경매 등을 들 수 있다. 인터넷 중개거래에서는 중개회사가 다른 업체의 거래를 중개함으로써 거래중개수수료(Transaction fees)를 수입으로 얻게 된다.[20] 인터넷 중개업 형태의 전자상거래는 주로 B2C 혹은 C2C 거래 유형에 해당한다. 또한 B2B 거래 유형에 해당하는 것으로는 인터넷상에서 가상시장을 개설하여 기업간의 상거래를 중개시켜주는 형태가 있는데 이를 E-MarketPlace라고도 부른다.[21] E-마켓플레이스는 기존의 도매업자나 중개브로커가 인터넷을 도입하는 과정에서 업무를 연장하거나 전환하면서 설립된 경우도 있고, 새롭게 중개업에 뛰어든 인터

---

20) 예컨대 신문사의 사이트에 들어가면 CD판매, 서적판매, 주식거래 등과 관련된 사이트가 연결되어 있는데, 주인 사이트인 신문사는 제품 판매업체에게 사이트의 일부 공간을 빌려줌으로써 일종의 임대료를 받게된다.

21) 대외무역법은 무역의 전부 또는 일부가 컴퓨터 등 정보처리능력을 가진 장치와 정보통신망을 이용하여 이루어지는 거래를 '전자무역'이라고 규정하고 있다(동법 제2조 6호). 대외무역법에서 말하는 '전자무역'(이를 '사이버무역'이라고도 부른다)은 이른바 국제적인 기업간 전자상거래(Global B2B)에 해당한다. 이러한 형태의 기업간 전자상거래에서 E-Marketplace 형태의 인터넷 중개업이 많이 이용되고 있다.

넷 경매업체(Cybermediaries)에 의하여 설립되는 경우도 있다.

한편 인터넷 중개업의 유형을 인터넷 머천트(상인)와 인터넷 브로커(중개인)로 구분할 수도 있다. 전자는 판매자로부터 재화나 서비스를 자신이 직접 구매하여 다시 구매자에게 판매하는 형태로써 중개인 자신이 구매자인 동시에 판매자이다. 도·소매업자가 전형적인 인터넷 머천트에 해당한다. 후자는 판매자와 구매자간의 거래만 중개해 주고, 그 중개수수료를 수입으로 하는 유형이다. 인터넷 경매업, 인터넷 부동산 중개업자, B2B E-마켓플레이스 등이 여기에 해당한다. 이러한 두 가지 유형가운데 전자는 엄격한 의미에서 보면 중개인이 아니고 상법상의 매매업을 하는 상인에 해당한다.

5.2.2 인터넷 경매

인터넷 경매(Internet Auction)는 인터넷 중개업의 핵심적인 거래유형에 해당하는데, 여기에는 '순수한 형태의 경매'와 '역 경매'의 유형이 있다.[22] 인터넷 경매란 하나의 상품을 놓고 여러 구매자가 인터넷에 접속하여 가격을 제시하고 정해진 시간 안에 최고의 가격을 제시하는 사람이 물건을 사는 방식이다. 기존의 경매방식을 인터넷을 이용하여 그 대상자를 넓힌 것이라고 할 수 있다. 인터넷 경매의 성장은 주로 미국에서 항공권 경매에서부터 빠른 속도로 발달하여 왔다. 인터넷 경매의 장점은 첫째로 구매자가 경매현장에 가지 않고서도 경매에 참가할 수 있어서 시간과 경비를 줄일 수 있다. 둘째로, 경매인의 자격을 제한하는 기존의 경매방식과 달리 인터넷 접속으로 경매에 참여할 수 있어서 판매자와 판매대상을 넓힐 수 있다. 셋째, 기존의 경매방식과는 달리 여러 곳에서 동시에 경매에 참가할 수 있다는 점이다. 한편 '인터넷 역 경매 방식'은 물건의 구매를 원하는 자가 자신이 필요로 하는 상품과 가격을 인터넷 사이트에 올리면 판매를 원하는 기업이 거기에 알맞은 상품을 제공하는 형태이다.

또한 인터넷 경매는 그 주체에 따라서 기업과 소비자간 거래(B2C) 형태와 소비자간 거래(C2C) 형태로 나눌 수 있다.

이와 같은 인터넷 경매는 구매자가 입찰을 하면 일정기간 내에 최고가 입찰이 있거나, 미리 정해진 가격이 있는 경우 그 가격에 입찰이 있으면, 거래 종료 후 인

---

22) 인터넷 경매는 전형적인 민사소송법상의 경매와는 다른 유형이라고 할 수 있다.

터넷 중개업체가 판매자에게 낙찰에 관한 E-mail 통지를 하거나 이를 낙찰 리스트에 올리면 낙찰이 성립된다. 낙찰이 성립되면 낙찰자(구매자)와 판매자간의 거래가 성립되고 당사자간에 정하는 방식에 따라서 물건의 인도와 대금결제를 하게 된다.

5.2.3 인터넷 증권거래서비스

인터넷 경매와 더불어 인터넷 중개업으로 급성장하고 있는 분야가 인터넷 증권거래서비스(이를 '사이버 증권거래'라고도 한다)이다. 현재 우리나라에서 활성화되고 있는 인터넷 증권거래는 증권회사의 인터넷 홈페이지를 통하여 고객의 매매주문을 접수하여 증권회사가 이를 증권거래소에서 매매계약을 체결시키고 그 결과를 고객에게 통보하는 홈트레이딩(Home Trading)방식과 기존의 홈트레이딩 시스템을 인터넷폰용으로 재구성하여 주식매매 체결정보·시황속보·투자정보 등을 언제 어디서나 이용할 수 있도록 하는 모바일 트레이딩(Mobile Trading)방식이 있다.[23)]

인터넷 증권거래는 실물 매장을 통한 거래보다 수수료가 매우 낮기 때문에 이를 이용하는 사용자가 급증하고 있다. 인터넷 증권거래의 경우 매매 주문부터 금융상품, 인터넷 방송까지 경제 및 금융 전반에 걸친 서비스를 제공하고 있다.[24)]

인터넷 증권거래는 주로 위탁매매업무, 유가증권 매매의 중개업무, 대리업무 등으로 구성되어 있으나 이 가운데 주된 업무는 증권위탁매매업무이다. 위탁매매업은 고객으로부터 증권의 매매 주문을 받아서 증권거래소에서 매매를 집행하는 거래원으로써 위탁수수료를 받는 영업을 수행하는 행위이다. 이 경우 매매거래는 위탁자인 고객의 계산으로 하지만 사이버 증권회사의 명의로 이루어진다. 인터넷 증권거래의 주된 업무인 증권위탁매매업무에 대하여는 증권거래법과 상법상의 위탁매매업에 관한 규정이 적용될 수 있다(상법 제101조 내지 제112조).

인터넷 증권거래의 법률관계에서 문제되는 몇 가지를 다음과 같이 나누어 볼 수 있다.

---

23) 정찬모외 5인, 인터넷 증권거래의 법제도적 기반에 관한 연구, 정보통신정책연구원, 정책연구 99-04(1999), 33-34면.

24) 예로써 대우증권의 베이스이지닷컴(www.bestez.com), 삼성증권의 삼성에프닷컴(www.samsungfn.com) 등을 들 수 있다.

(1) 인터넷을 통한 증권발행의 경우

인터넷을 통하여 증권발행을 하는 경우로써 인터넷 공모의 문제가 있다. 우리나라에서는 일반공모절차와 병행하여 인터넷을 통한 공모절차를 성공시킨 사례가 있다.[25] 인터넷 공모의 특징은 첫째, 주식발행회사가 증권회사(인수인)를 배제함으로써 인수수수료를 절약할 수 있다는 점, 둘째, 소규모의 투자와 소규모의 자금조달에 적합하다는 점, 셋째, 투자자에게 친숙한 상품이나 서비스를 공급하는 업체에게 유리하다는 것 등이다.

(2) 인터넷 주식거래에 따른 투자자 보호의 필요성

인터넷 증권거래가 거래 규모면에서 팽창함에 따라서 증권거래사기가 급증하고 있는 양상이다. 인터넷 증권사기를 방지하기 위한 감시활동의 강화나, 투자자 계도활동의 강화와 사안에 따른 개별적인 규제가 필요할 것이다.

5.2.4 인터넷 중개자에 의한 기업간 전자상거래

인터넷 중개자에 의한 기업간 전자상거래를 B2B 인터넷 브로커라고도 부른다. B2B 인터넷 브로커는 인터넷상에서 가상시장을 개설하고 기업과 기업간의 거래를 중개해 주는 형태를 말하며, E-허브 또는 E-마켓플레이스라고도 부른다. 기업간 전자상거래가 개개 회사에 의하여 중개자 없이 직접 수요회사에 물품을 판매하는 방식으로 행해져 왔으나, 최근 들어서 B2B 인터넷 브로커가 활성화되면서 이러한 인터넷 중개자에 의한 기업간 전자상거래가 활성화되고 있다.

인터넷 중개자에 의한 기업간 전자상거래는 거래 방식에 따라서 카탈로그(Catalog)형, 경매(Auction)형 및 거래소(Exchange)형으로 구분할 수 있다.

첫째, 카탈로그형은 판매회사가 자신의 상품의 가격, 특징 등 정보를 웹 상에 올려놓고 구매자가 이를 웹 상에서 검색하여 바로 구매하는 방식이다. 이 형태는 가격이 사전에 정해져 있기 때문에 고정적인 성격을 지닌다. 이 유형에서는 동종업체의 기업이 개별적으로 독자적인 사이버몰을 구축하는 대신에 동조업체가 전

25) 1998년 4월 골드뱅크커뮤니케이션스사와 1998년 9월 하나로통신의 주식공모사례가 이에 해당한다.

략적으로 제휴하여 공동으로 E-마켓플레이스를 구축하여 거래를 한다. 카탈로그형은 대개 다수의 판매자가 다수의 구매자를 확보하는데 유리하다. 이 유형을 집합형(Aggregation)이라고도 부른다.

둘째, 경매형이다. 경매형은 기업들이 온라인 입찰 및 경매를 이용하여 재고, 과잉상품에 대한 부담을 덜어주는 방식으로 기업간 전자상거래에서 많이 이용된다.

셋째, 거래소형이다. 거래소형은 전통적인 주식시장의 거래방식과 같은 방식을 취한다. 즉 이 방식은 구매자와 판매자에게 동시에 자신의 가격을 물어보아 연결시키는 방식으로 보통 다수의 판매자와 다수의 구매자가 가상 공간에서 거래를 할 수 있다. 이 유형은 제3의 중개자에 의하여 매우 중립적인 시장 형태로 거래가 이루어지며 최근 이러한 유형의 기업간 전자상거래가 급속하게 증가하고 있다.

5.3 전자상거래와 행위능력

5.3.1 행위무능력자의 법률문제

전자상거래는 비대면 거래의 특성을 갖고 있기 때문에 거래 상대방이 행위무능력자인지 여부를 파악하기가 어렵다. 예컨대 청소년보호법 상 미성년자에게는 술, 담배 등 청소년 유해상품을 판매하지 못하도록 되어있는데, 전자상거래사업자가 사이버몰 상에서 이러한 상품을 주문한 구매신청자가 과연 미성년자인지 아닌지를 구별하기 어렵다. 미성년자와 같은 행위무능력자의 경우 법정대리인 또는 후견인의 동의가 있어야 법률행위를 할 수 있고, 법정대리인의 동의 없이 한 법률행위는 취소할 수 있다(민법 제52조, 제13조). 따라서 전자상거래의 경우에 미성년자인지의 여부를 식별할 수 있는 확인 시스템을 갖추어야 할 것이지만, 이러한 확인 시스템을 갖추었다 하더라도 미성년자가 성년자인 것처럼 속여서 거래를 하는 경우가 발생할 여지가 있는 것이다. 미성년자가 자신이 미성년자임을 속이고 거래한 경우에는 그 거래를 취소할 수 없다.

미성년자가 사이버몰 상에서 거래를 하는 경우에 다음과 같은 문제를 검토해 볼 수 있다.

(1) 미성년자가 법정대리인의 동의를 얻어서 거래를 한 경우에는 문제가 생기지 않는다. 다만 그러한 경우에도 미성년자에게 청소년보호법이 금지하는 물건을

판매해서는 안 된다.

법정대리인의 동의를 얻지 않고 미성년자가 사이버몰 상에서 인터넷으로 구매신청을 한 경우에는, 나중에 법정대리인은 그 계약을 취소할 수 있고, 이 경우 계약은 처음부터 무효로 된다. 전자상거래사업자는 대금을 반환하여야 하며, 미성년자는 현존하는 이익의 한도 내에서 반환하면 된다.

(2) 미성년자가 법정대리인으로부터 영업의 허락을 얻은 경우에는 허락을 얻은 영업의 범위 내에서 성년자와 마찬가지의 행위능력을 갖는다. 다만, 허락된 영업의 범위를 초과한 데 대하여는 행위능력을 갖지 않고, 법정대리인이 이를 취소할 수 있다. 미성년자의 영업에 대하여는, 그러한 취지가 등기되어 있기 때문에, 상대방은 미성년자등기부에서 그러한 사항을 확인할 필요가 있다.

(3) 미성년자가 부모로부터 받은 용돈을 모아 큰 금액이 되었을 때 고가의 상품을 사이버몰에서 구입하는 경우 법정대리인이 이를 취소할 수 있는가에 대하여는, 이는 용도를 정하여 처분을 허락한 재산에 해당하므로 법정대리인은 이를 취소할 수 없다고 할 것이다.

인터넷 사이버몰이용 표준약관과 전자상거래소비자보호지침에서도 청소년보호를 위한 특별규정을 두고 있다.

5.3.2 전자계약과 의사표시의 흠결

(1) 의사표시의 불일치

가. 전자상거래에 있어서 거래 당사자의 내면의 효과의사와 외부에 표시된 의사가 불일치하는 경우가 있을 수 있다. 즉 사이버몰 이용자가 진정으로 물품을 구입할 의사가 없으면서도 구매신청을 한 경우라든지, 착오로 구매신청을 하였다든지, 또는 입력 실수로 잘못된 구매신청을 전자상거래사업자에게 한 경우가 있을 수 있다. 민법에서는 이 중에서 특히 표의자의 효과의사와 표시된 의사가 불일치하는 경우를 심리유보(비진의 의사표시), 통정허위표시, 착오에 의한 의사표시, 사기·강박에 의한 의사표시로 나누어서 규정하고 있다.

나. 심리유보(비진의 의사표시)

사이버몰이용자가 의식적으로 자신의 진정한 의사와 다른 의사를 표시한 경우가 비진의 의사표시이다. 즉 사이버몰 이용자가 내심의 효과의사와는 달리 상품을 구입할 의사가 없음에도 불구하고, 허위로 사이버몰 상에서 상품을 구매 신청한 경우가 이에 해당한다. 이러한 구매신청은 상대방인 전자상거래 사업자가 이용자의 진의를 알았거나(악의), 알 수 있었을 경우(과실 있는 선의)에는 무효이지만, 그 외에는 유효가 된다(민법 제107조). 이 때 전자상거래사업자의 과실여부 판단을 함에 있어서는 이용자의 의사표시가 행하여짐에 있어서 전자상거래사업자가 이용자의 진의를 조사할 의무가 없다고 할 것이므로 특별한 사정이 없는 한 전자상거래 사업자에게 과실이 없다고 해석하여야 할 것이다. 따라서 전자상거래 사업자의 명백한 악의가 입증되지 않는 한 비진의 의사표시에 의하여 이용자가 구매신청을 한 경우에도 그 청약은 유효한 것이다.

다. 통정허위표시

상대방과 통정하여서 한 허위의 의사표시는 무효이다(민법 제108조 1항). 이 경우 선의의 제3자에게는 그 무효로써 대항하지 못한다. 즉 통정사실을 알지 못하는 선의의 제3자에게는 그 무효를 주장하지 못하는 것이다. 전자계약의 경우에도 이러한 통정허위표시에 관한 민법의 규정이 적용될 것이다. 다만 전자상거래에서 이러한 통정허위표시가 행해지는 일은 극히 드물 것이다.

라. 착오에 의한 의사표시

착오라 함은 내심의 의사와 표시된 내용이 불일치함을 표시자 자신이 알지 못하는 것을 말하며, 법률행위의 중요부분에 착오가 있는 경우에는 이를 취소할 수 있는 것이다(민법 제109조).

컴퓨터를 이용한 전자상거래의 경우에 여러 유형의 착오가 있을 수 있는데 대체로 잘못된 자료를 입력하거나, 컴퓨터 프로그램 자체에 결함이 있는 경우 및 기계자체나 설비이용에 잘못이 있는 경우 등이 있다. 전자상거래는 비교적 당사자의 개성이 중시되지 않는 거래이고, 목적물에 관한 착오가 주로 문제된다. 목적물에 관한 착오로서는 첫째, 목적물의 동일성에 관한 착오이다. 이는 주문한 상품과 배송된 상품이 전혀 다른 경우이다. 또한 물건의 수량과 가격에 관하여 착오가 있는 경우 즉 사회통념을 초월하여 물건의 수량 및 가격과 실제상에 현저한 차이가 있는 경우이다. 이와 같이 법률행위의 중요부분에 착오가 있는 경우에는 그 의사표시는 무효로 된다. 다만 착오에 대하여 표의자에게 중대한 과실이 있는 경우에는 표의자 자신은 착오의 무효를 주장할 수 없다. 중대한 과실이라 함은 표의자의 입장에서 통상인이라면 당연히 기울였을 주의를 현저히 결한 경우이다.

이처럼 전자상거래상의 착오의 경우에도 일반 사법상의 착오에 관한 규정이 그대로 적용된다고 본다. 다만, 전자상거래의 신속성과 특수성을 고려하여 전자적 의사표시는 원칙적으로 취소될 수 없고, 예외적으로 전자상거래사업자 등 상대방이 몰 이용자의 전자적 의사표시에 착오가 있었다는 사실을 알았거나 중과실로 알지 못한 경우 또는 고의적으로 사이버몰 이용자의 착오를 유발한 경우에는 의사표시의 취소가 가능하다고 할 것이다.

마. 사기·강박에 의한 의사표시

사기와 강박에 의한 의사표시에 관한 민법의 규정(제110조)은 전자상거래의 경우에도 그대로 적용될 수 있다.

사기에 의한 의사표시란, 기망자의 기망에 의하여 표의자가 착오에 빠져서 의사표시를 하는 경우이다. 기망이라 함은 다른 사람에게 잘못된 판단과 인식을 하도록 하는 행위이다. 예를 들면, 전자상거래 사업자가 처음부터 매매대금을 편취할 목적으로 인터넷 사이버몰을 개설하여 광고를 하고, 사이버몰 이용자인 소비자에게 물건 대금을 보내도록 한 뒤 상품을 우송하지 않은 경우를 들 수 있다. 소비자는 이 경우에 의사표시를 취소할 수 있다. 의사표시가 취소되면, 의사표시는 계약체결시로 소급하여 무효가 된다. 제3자에 의한 기망의 경우에도 마찬가지이다. 다만, 사기에 의한 의사표시의 취소는 그 효과를 선의의 제3자에게는 대항할 수 없다(민법 제110조 제2항).

강박에 의한 의사표시는 상대방으로부터 협박을 받아서, 표의자가 공포상태에서 한 의사표시이다. 표의자는 이 경우 의사표시를 취소할 수 있다. 취소의 효과는 사기에 의한 의사표시와 같다. 다만 선의의 제3자에 대한 대항력의 제한을 받는 점도 같다.

(2) 전자상거래와 무권한 거래

전자상거래에 있어서 권한 없는 자가 다른 사람의 명의로 거래를 하거나 패스워드 등을 도용하여 거래를 하는 경우가 발생할 수 있다. 이를 포괄적으로 전자상거래의 무권한 거래라고 할 수 있는 데 이 경우 그 명의를 신뢰한 수신자를 어디까지 보호할 것인가의 문제가 있다.

첫째, 타인이 본인을 가장하여 본인의 패스워드를 입수하여 본인인 것처럼 행세하여 거래를 한 경우에는 본인의 의사표시(행위)가 없기 때문에 기본적으로는 아무런 법률관계가 발생하지 않고, 따라서 본인이 책임을 부담하지 않는 것이 사법의 일반 원칙이다. 다만 미성년자가 부모 몰래 국제전화를 사용함으로써 발생한 전화요금을 누가 부담하여야 할 것인가의 문제에 대하여 일본의 판례는 거래의 내용 및 이용자의 범위에 정형성이 있기 때문에 미성년자의 전화사용에 대하여 전화국과 전화사용계약을 한 계약자인 부모의 승인이 있다고 보는 것이 일반적이므로 계약자인 부모가 책임을 져야 한다고 보고 있다(오오사카 지법판결, 1997. 1. 28, 판례타임스 944호 270면). 따라서 그렇지 않은 경우에는 사법의 일반원칙에 의하여 해결되어야 할 것이다.

둘째, 표현대리가 성립하는 경우이다.

대리권이 없음에도 불구하고 대리인으로 행세하여 대리행위를 한 경우에는 이를 무권대리라고 하며, 무권대리인에 의한 계약은 그 효력이 본인에게 귀속되지 않고, 본인이 계약에 대하여 책임을 지지 않는다. 다만 본인이 무권대리행위의 성립 후에 무권대리인의 대리권을 인정하거나 추인한 경우에는 예외적으로 처음부터 유권대리로 취급되어 본인이 책임을 부담한다.

무권대리인이 본인의 대리인으로 행세하여 전자상거래를 한 경우, 본인과 그 무권대리인과의 사이에 어떠한 특별한 관계가 있다고 볼 수 있는 경우에는 표현대리가 성립한다.

표현대리는 외형을 신뢰한 자를 보호한다는 점에서 선의취득과 동일한 원리에 입각한 제도이며, 다음의 세 가지 경우에 성립한다.

1) 대리권수여의 표시에 의한 표현대리. 수권행위가 없는데도 본인이 어떤 자(표현대리인)에게 대리권을 수여했다는 뜻을 제3자에게 표시하여, 표현대리인이 표시된 대리권의 범위 내에서 제3자와 법률행위를 했을 때에는 본인에게 책임이 있다.
2) 권한을 넘는 표현대리. 대리인이 권한 외의 행위를 했을 때(민법 제126조), 제3자가 권한이 있다고 믿을 만한 정당한 사유가 있을 때에는 본인에게 책임이 있다.
3) 대리권 소멸 후의 표현대리. 대리인이 대리권 소멸 후에 대리행위를 했을 때에도 선의의 제3자에게 대항하지 못한다(민법 제127조, 제128조).

그러므로 아들이 부모의 명의로 인터넷서비스제공업자에게 가입하고, 부모가 이를 승낙한 경우 또는 부모가 자식에게 패스워드를 알려주고 인터넷 이용을 허락한 경우 등에는 표시에 의한 표현대리가 성립할 수 있다.

제 6 장

전자상거래의 결제와 급부의 이행

－ 차 례 －

6.1 전자상거래의 지급결제

인터넷 전자상거래가 성립되면 구매자는 판매자에게 대금을 지급하고 결제하여야 하는 것이다.

일반적인 전자상거래(B2B, B2C 등)에 있어서는 구매자가 판매자에게 대금을 지급하는 결제단계가 있다.[1] 반면에 인터넷 중개업의 경우에는 위탁자가 중개인 또는 수탁자에게 중개수수료 또는 위탁수수료를 지급함으로써 결제가 이루어진다.

통상적으로 결제금액의 많고 적음에 따라서 고액결제와 소액결제로 구분할 경우에 결제수단은 아래와 같다.

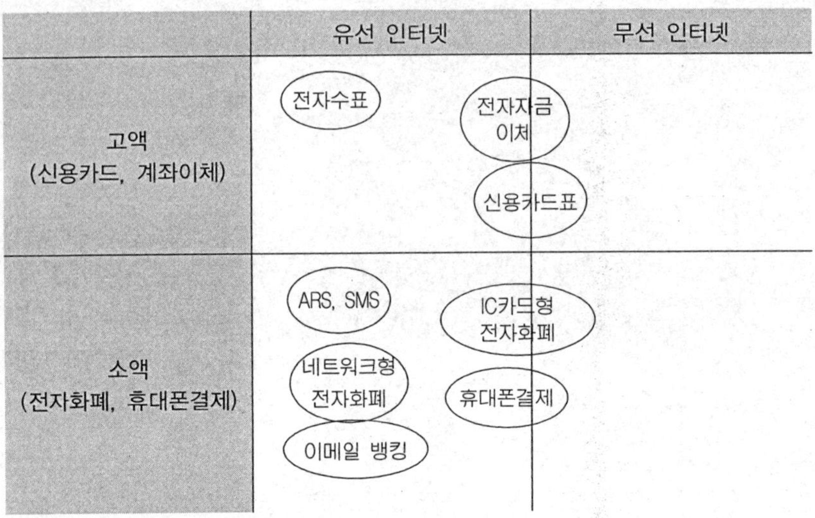

※ 출전: 이재규 외, 전자상거래원론 제3판, 법영사(2002), 576면.

---

1) 기업간 전자상거래(B2B) 지급결제에는 전자외상매출, 온라인 송금, 구매전용카드 및 기업구매자금대출 등의 방식이 이용된다. 이에 관한 상세한 내용은 전자지급과 결제부분에서 설명한다.

6.2 급부의 이행

6.2.1 일반 전자상거래계약의 이행

일반적인 유형의 전자상거래에 의한 계약이 성립된 경우에는 그 이행 방법과 관련하여 다음과 같은 몇 가지 내용을 살펴볼 수 있다.

첫째, 전통적인 상품 배달 방법에 의하여 계약을 이행하는 형태(상품 발송형)이다. 이를 오프 라인(Off-Line)거래라고 한다. 이 경우에는 그 본질이 기존의 통신판매와 다르지 않다.

둘째, 네트워크 상으로 전자정보를 소비자나 거래 상대방에게 전송하는 방식이다. 이를 정보제공형 또는 온라인(On-Line)형 이라고 할 수 있다. 즉 사진, 영화, 비디오, 소프트웨어 등을 네트워크를 통하여 상대방에게 전달하는 것이다.[2)]

이 경우 제공되는 내용물에 하자가 있으면 매도인이 상대방 매수인에 대하여 하자담보책임(민법 제574조)을 지며, 경매로 인하여 물건을 취득한 경락인도 매도인에 대하여 하자담보책임을 물을 수 있다. 하자담보책임의 내용은 매수인이 매도인에게 완전물 인도청구권 및 보완청구권, 하자로 인한 손해배상청구권과 계약해제권을 갖는다.

6.2.2 인터넷 중개거래의 이행

인터넷 중개업의 경우에는 다음과 같은 몇 가지로 나누어 볼 수 있다.

---

2) 세계무역기구(WTO)는 디지털 제품을 상품으로 분류할 것인가 혹은 서비스로 분류할 것인가 아니면 일종의 새로운 혼합물로 분류할 것인가에 대하여 논의하고 있다. 유럽연합(EU)은 모든 전자적 전송은 서비스에 속한다는 주장을 하고 있는데 이에 반하여 미국을 포함한 일부 국가는 인터넷을 통하여 배달된 디지털 제품은 서비스에 해당하지만, 예컨대 전자서적 등과 같은 디지털 제품은 상품에 가깝다거나 상품과 서비스의 혼합물이라고 주장하고 있다. 따라서 이 문제는 세계무역기구에서의 논의와 향후의 전자상거래 발전과정을 좀 더 지켜보아야 한다는 것이다; 윤창인, “WTO의 전자상거래 논의현황과 우리의 과제,” 법무부, 통상법률 통권 제38호, 2001년 4월호, 132면.

첫째, 인터넷 중개인에 의한 기업 간 전자상거래(B2B)에 있어서는 인터넷 중개인이 소위 상법상의 중개인(Broker)에 해당하므로 이에 대하여는 민법상 위임에 관한 규정(민법 제680조)이 적용된다. 따라서 중개인은 중개 계약의 구체적 내용에 따라서 선량한 관리자의 주의로써 중개하여야 하는 외에 상법 규정의 적용을 받는다(상법 제95조 견품보관의무, 상법 제96조 결약서 교부의무, 상법 제97조 장부에 관한 의무, 상법 제98조 성명·상호 묵비의무, 상법 제99조 개입의무 등). 아울러 중개인의 권리로서 보수청구권(상법 제61조)이 인정된다. 다만 당사자 간에 특별한 약정이 있으면 그에 따르게 된다.

둘째, 인터넷 증권거래(사이버 증권거래)의 경우 위탁자와 수탁 사이버 증권회사는 위탁매매계약관계에 있기 때문에 이는 민법상 위임계약으로서의 성질을 갖는 외에 당사자 간의 법률관계는 당사자 간의 약정에 따르되 그러한 약정이 없는 경우 상법상의 위탁매매에 관한 규정(상법 제101조 이하)이 적용된다. 위탁매매인은 당사자 간의 약정과 증권거래법 및 상법상의 관련 규정에 의하여 위탁매매업을 수행하여야 한다.

6.2.3 전자거래의 이행과 제조물책임과의 관계

제조물책임법이 2001년 1월 12일 법률 제6109호로 제정되어 2002년 7월 1일부터 시행되고 있다. 이 법에 의하면 제조업자는 제조물의 결함으로 인하여 생명·신체 또는 재산에 손해(당해 제조물에 대해서만 발생한 손해를 제외한다)를 입은 자에게 그 손해를 배상하여야 한다(동법 제3조 제1항). 제조자의 책임은 일종의 무과실책임이다. 제조물책임법론의 출발점은 제품의 결함으로 인한 피해자인 최종 소비자가 자신과 직접적인 계약관계가 없는 제조자에 대하여 손해배상을 청구할 수 있는 법적인 근거를 제시하는데 있다.

먼저 제조물책임법의 적용대상이 되는 제조물의 개념은 "다른 동산이나 부동산의 일부를 구성하는 경우를 포함한 제조 또는 가공된 동산을 말한다"(동법 제2조 1호)고 규정되어 있다. 이러한 의미에서 제조물은 주로 공업제품이나 상품이 해당할 것이다. 그런데 컴퓨터 프로그램과 같은 소프트웨어가 제조물에 포함되는가에 관하여는 긍정하는 견해와 부정하는 견해가 대립되고 있다. 생각건대, 디지털화된 정보자체가 CD 등의 물리적인 장치에 들어 있는 경우와 그렇지 않고 네트워크상으로 전송되는 경우로 나누어 볼 수 있는 바, 전자의 경우에는 제조물성을 인정하는데 문제가 없을 것이다. 후자의 경우에도 제조물성을 부정하는 견해가 있지만, 인터넷 망을 통한 전자상거래의 규모가 커지고 있고, 전자상거래의 신속성, 간편성 및 최근의 많은 전자제품류들이 소프트웨어의 하자로 인하여 제품사고가 발생할 수 있다는 점을 고려할 때 소프트웨어가 물리적인 장치에 들어 있지 않다는 이유로 제조물임을 부정하는 것은 곤란하다고 할 것이다. 참고로 EC 지침(제2조)이나 독일 제조물책임법(제2조) 등에서는 전기와 같은 에너지를 제조물의 범위에 포함시키고 있다.

한편 전자상거래를 통하여 공급된 제조물에 결함이 있을 경우에 소비자는 전자상거래사업자에게 계약상의 책임(하자담보책임과 불완전이행책임)은 별도로 하고 제조물책임을 물을 수 있는가 하는 점이다. 인터넷 쇼핑몰을 통하여 제품을 구입한 소비자가 제품의 결함으로 인하여 생명·신체 또는 재산상의 손해를 입은 경우에는 쇼핑몰 운영자인 전자상거래사업자는 제조물책임법상 제조물책임의 주체인 제조업자가 아니기 때문에 당해 제품의 제조업자 또는 공급한 자를 피해자 또는 법정대리인에게 고지함으로써 손해배상책임을 면할 수 있게 된다(동법 제3조 제2항). 따라서 전자상거래사업자는 피해자에게 그러한 고지를 하지 않은 경우에 한하여 제조물책임법상의 손해배상책임을 진다고 할 것이다. 그리고 쇼핑몰이 자체 기획하여 주문한 상품에 자신을 제조자로 표시한 경우, 자신을 제조자로 표시한 제품을 영업전략을 위한 수단으로 무상 공급한 경우에도 쇼핑몰 운영자인 사업자는 제조물책임을 부담한다고 할 것이다.

또한 인터넷 쇼핑몰이 중개자의 지위에 있는 경우 매매계약은 제조업자와 소비자 간에 직접 체결되는 것이므로, 이 경우 인터넷 쇼핑몰은 통신판매중개자에 해당한다(전자상거래소비자보호법 제20조 제1항). 전자상거래소비자보호법에 의하면 통신판매중개자가 통신판매업자(여기에서는 전자상거래사업자)의 고의 또는 과실로 소비자에게 발생한 손해에 대하여 책임이 없다는 사실을 소비자와 약정하거나 소비자에게 미리 고지하지 아니하고 중개를 한 경우에는 통신판매중개자와 통신판매업자(중개의뢰자)는 연대손해배상책임을 진다(동법 제20조 제1항).

제 2 부

전자상거래법 각론

제2부 요 약

전자상거래는 여러 가지 다양한 법률문제와 관련되어 있다. 그 중에서도 제2부에서는 다음과 같은 몇 가지 중요한 법률문제를 중심으로 살펴본다. 즉, 전자서명과 인증문제, 전자상거래와 소비자보호, 개인정보보호, 인터넷 도메인 네임의 법률문제, 전자지급 결제제도, 전자상거래와 국제운송법상의 문제 그리고 전자상거래 분쟁해결제도 등이다. 이 외에도 전자상거래와 지적재산권, 조세문제 등이 관련된다. 이상의 전자상거래에 관련된 개별 법률 문제들은 전자상거래가 이루어짐에 따라 발생되거나 관련되는 사항으로써 대부분 전자상거래의 안전·신뢰성을 확보하고 나아가 전자상거래의 활성화를 위하여 반드시 고려하여야 할 사항이라고 할 수 있다.

제 1 장

전자서명과 인증

– 차 례 –

1.1 서 설

전자문서는 컴퓨터 등과 같은 정보처리장치에 의하여 생성되어 저장되거나 전달되는 전자적 형태의 정보이므로 종이문서와는 달리 쉽게 위조 또는 변조될 수 있고, 이를 확인하기가 쉽지 않다. 따라서 종이문서의 작성자가 기명날인 또는 서명을 하는 경우에 본인확인 및 위·변조 확인 기능을 할 수 있는 전자적 수단으로서 전자서명이 이용된다.

최근 전자서명기술이 발달함에 따라서 종래부터 널리 사용되어 오고 있는 공개키 기반구조의 디지털 서명 외에도 지문인식기술, 홍체인식기술, 수기서명방식의 전자서명 등 다양한 전자서명기술이 개발되어 사용되고 있다. 이에 따라서 독일을 비롯한 세계 여러 나라들은 자국의 전자서명법을 개정하여 기술중립적인 원칙하에서 다양한 전자서명기술을 전자서명법에 포함하는 입법을 하거나 이를 추진함으로써 전자서명의 개념을 확대하고 있다. 또한 UNCITRAL 전자서명모델법(2001)에서도 이와 같은 전자서명의 개념을 확대하여 규정하고 있다. 한편 1999년 2월에 제정된 우리나라 전자서명법의 그 동안의 시행과정에서 제기된 문제점을 보완함으로써 보다 안전하고 신뢰할 수 있는 전자서명을 사용할 수 있도록 법제를 정비할 필요성이 제기되었다. 이에 따라 2001년 12월 전자서명법을 개정하여 다양한 전자서명기술을 반영하고 있는 외국의 입법동향을 수용함으로써 국가 간 상호인증에도 대비할 수 있게 되었다.

1.2 서명요건-수기서명과 전자서명

"UNCITRAL 전자상거래모델법(1996)(이하 '전자상거래모델법'이라 한다)"은 수기서명의 기능을 전제로 하여 다음과 같은 서명요건을 규정하고 있다(동법 제7조). 즉 수기서명은 전통적으로 다음의 기능을 갖는다. 첫째 서명자의 신원확인 기능, 둘째 서명자가 서명한 내용을 확인(승인)하는 기능, 셋째 서명한 내용이 서명자에게 속한 것임을 나타내는 기능을 한다. 이외에도 서명자가 서명한 계약문서의 내용에 구속을 받는다는 의사가 표시되는 기능 등 서명된 문서의 내용에 따라서 다양한 기능을 한다. "전자서명모델법(2001)"은 "전자상거래모델법" 제7조의 서명요건을 전자서명과 관련하여 보다 구체화한 것이라고 할 수 있고, "전자서명모델법"상의 여러 규정은 "전자상거래모델법"상의 서명요건과 조화를 이루도록 규정되어 있다. 현재 가장 안전한 전자서명으로 널리 이용되는 '디지털 서명' 이외에도 다양한 전자서명기술이 개발되어 이용되고 있다. 이러한 전자서명기술은 첫째 수기서명, 둘째 종이문서환경 하에서 이용되는 다른 종류의 인증수단(예컨대 인장 또는 스탬프)과 기능적인 동가치성을 제공할 수 있다.

요컨대, 전자서명은 전자적인 형태의 정보로써 전자적인 정보의 암호화 기술 내지 식별기술을 이용하여 수기서명의 기능(본인확인, 내용승인 등)을 할 수 있는 경우 즉 기능적으로 수기서명과 동가치성을 인정할 수 있는 경우에 당해 전자서명에 서명성이 인정될 수 있는 것이다.

1.3 전자서명에 관한 국제 입법례

1.3.1 유엔국제상거래법위원회(UNCITRAL)

UNCITRAL은 전자상거래모델법(1996)에서 채택한 기술중립성의 원칙에 따라서 디지털 서명과 다른 전자서명기술의 이용을 억제하거나 제한하지 않는다는 기본입장에서 2001년 6월 '전자서명모델법(Model Law on Electronic Signatures)'을 채택하였다. 이 전자서명모델법은 전자상거래모델법 제7조에서 규정하고 있는 "서명요건"[1]에서

---

1) 전자상거래모델법 제7조 서명
(1) 법률이 특정인의 서명을 요구하는 경우에, 다음의 요건을 갖춘 데이터 메시지는 그 요건을 충족한 것으로 본다.
(a) 특정인을 확인하고, 데이터 메시지에 포함된 정보의 내용을 그 특정인이 승인하였다는 것을 표시하는 방법이 사용되고,
(b) 그러한 방법은 관련된 약정을 포함한 모든 상황에서 데이터 메시지의 생성·통신 목적에 적합한 것으로 신뢰할 수 있을 것.
(2) 제1항의 규정은 그러한 법규정이 의무의 형식으로 규정되어 있거나, 단순히 서명이 없는 경우의 효과에 대해서 규정하고 있거나에 관계없이 적용된다.

정한 유연한 기준에 따른 운영의 확실성을 기하기 위하여, 전자서명이 수기서명의 기능적인 등가물로서 인정되기 위한 신뢰할 수 있는 기준을 제시하고 있다는 점이 특징이다.[2] UNCITRAL은 위의 두 모델법을 제정함으로써 전자상거래에서 두 가지 핵심적인 전자문서와 전자서명에 대한 법적 통일의 기초를 놓았다고 평가되며, 향후 세계 각국의 입법이 위 모델법에 따라 이루어질 것으로 예상된다.[3]

전자서명모델법은 총 12개 조문으로 구성되어 있고, 전자상거래모델법에 따라서 기술중립주의의 원칙(Principle of media-neutrality)과 기능적 등가물(functional equivalents)방식에 입각하여 규정을 두고 있다.[4] 그러므로 전자서명모델법은 특정한 전자서명기술에 한정하지 않고 있으며, 개방 환경에서 즉, 당사자가 사전 합의 없이 전자적으로 통신하는 경우 최소한의 기준으로 사용될 수 있으며, 당사자가 전자적 수단으로 통신할 때 따라야 하는 사전의 계약 및 절차에 구속되는 폐쇄적 환경의 경우 모델법이 '참조할 수 있는 계약규정(모델 계약규정)' 혹은 '임의규정'으로 사용되는 것을 목적으로 하고 있다.[5]

전자서명모델법은 전자서명의 개념과 전자서명의 신뢰성 요건에 관하여 다음과 같이 규정하고 있다.

(1) 전자서명의 개념정의

전자서명(Electronic Signature)이라 함은 데이터 메시지와 관련하여 서명자를 확인하고 당해 데이터 메시지에 포함된 정보에 대한 서명자의 승인을 나타내는 데 이용될 수 있는, 데이터 메시지에 포함·첨부 혹은 논리적으로 결합된 전자적 형태의 데이터를 말한다(제2조 (a)).

(2) 서명요건의 준수

① 법이 당사자의 서명을 요구하는 경우에 관련 합의를 포함하여 모든 상황에 비추어 보아 데이터 메시지가 생성 혹은 송·수신된 목적에 알맞다고 믿을 수

---

(3) 이 조의 규정은 다음의 경우에는 적용되지 않는다.

2) Draft Guide to Enactment of the UNCITRAL Model Law on Electronic Signatures, 30 January 2001. A/CN.9/WG.Ⅳ/WP.88, para. 71, p.27(이하 Draft Guide to Enactment로 인용한다).

3) 위 모델법의 전문번역으로써는 박영우, "UNCITRAL 전자서명모델법" 인터넷 법률, 2000년 3호, 법무부. 167면-173면 참조.

4) Draft Guide to Enactment, para., 67.

5) *Ibid.*, para., 67.

있는 전자서명이 사용된 때에는 당해 데이터 메시지와 관련하여 이 요건이 충족된 것으로 본다.

② 제1항의 규정은 법에서 규정하는 요건이 의무의 형식을 취하거나 또는 법이 단순히 서명의 흠결에 대한 효과만을 규정하는지에 관계없이 적용한다.

③ 전자서명이 다음 각 호에 해당하는 경우에는 제1항에서 정하는 요건충족과 관련하여 신뢰할 수 있는 것으로 추정한다.

(a) 서명생성데이터가 그것이 사용되는 관계 내에서 서명자에게만 연결되고 다른 사람에게 연결되지 않을 것

(b) 서명생성데이터가 서명 당시 서명자의 지배하에 있고 다른 사람의 지배하에 있지 않을 것

(c) 서명이 있은 후에 이루어진 전자서명에 대한 변경을 확인할 수 있을 것

(d) 서명에 대한 법률요건의 목적이 서명이 관련되는 정보의 무결성을 보장하기 위한 것인 경우에 서명이 있은 후에 당해 정보에 대해 이루어진 변경을 확인할 수 있을 것(제6조).

(3) 서명요건 충족

① 입법국이 정하는 담당 공·사의 개인, 기관 혹은 기구가 어떠한 전자서명이 제6조의 규정을 충족하는지를 결정할 수 있다.

② 제1항의 규정에 의하여 행하여진 결정은 국제적으로 승인된 기준에 합치하여야 한다.

③ 이 조의 규정은 국제사법 규칙의 적용에 영향을 미치지 아니한다(제7조).

1.3.2 경제협력개발기구(OECD)

1998년 10월 오타와 OECD 전자상거래 각료회의에서는 “전자상거래 인증선언”을 채택하고 “기술중립주의”를 기본원칙으로 선언하였다. 이에 따라서 주요국의 입법례를 보면 전자서명기술의 발달에 따른 다양한 전자서명기술을 수용할 수 있도록 전자서명의 개념을 확대하는 추세이다.

1.3.3 유럽연합(EU)

유럽연합(EU) "전자서명지침"[6]은 "전자서명이란 인증을 위하여 사용되는 다른 전자문서에 첨부되거나 논리적으로 결합된 전자적 형태의 데이터(정보)"(동 지침 제2조 제1호)라고 정의함으로써 기술중립주의에 따라서 다양한 형태의 전자서명기술을 수용하고 있다.

유럽연합은 소속 회원국 간의 전자신원확인 및 인증수단에 관하여 신뢰를 향상시킴으로써 디지털 단일 시장을 형성하고, 이에 관한 법적 확실성과 회원국 간의 상호인증을 도모할 목적으로 '전자거래에서 전자신원확인 및 신뢰서비스에 관한 유럽연합규정'(eIDAS, 2014, 이하 'EU 전자인증규정'이라 한다)[7]을 제정하여 2016년 7월 1일부터 시행하고 있다. EU 전자인증규정의 발효로 종래의 전자서명지침은 폐지되었고 따라서 전자인증규정이 회원국들에 대하여 바로 법률로서 적용되는 효력을 가진다(제50조). 이 전자인증규정은 전자인증수단 및 신뢰서비스의 적절한 보안등급을 확립함으로써 역내시장에서 효율적인 기능을 수행할 수 있도록 하는데 제정목적이 있다. 이를 위하여 첫째, 회원국들이 다른 회원국에 통지한 전자인증수단을 인정할 수 있도록 조건을 규정하고, 둘째, 인증서비스 특히 전자거래를 위한 규정을 두며, 셋째, 전자서명, 전자씰(전자봉인), 전자타임스탬프, 전자등록배달서비스 및 웹사이트 인증 등 신뢰서비스를 위한 법률적 틀을 수립하는데 있다.

전자인증규정은 전자서명을 1) 일반 전자서명, 2) 고급전자서명, 3) 적격(공인)전자서명의 세 가지로 구분하여 규정하고 있고 이중에서 적격전자서명만이 수기서명과 등등한 법적 효력을 갖는 것으로 규정한다(제25조).

---

6) 정식명칭은 "Directive 1999/93/EG of the European Parliament and of the council of 13 December 1999 on a community framework for Electronic Signatures"이다. 이 지침은 2000년 1월 19일 발효되었으며, 유럽연합 회원국들은 발효일로부터 18개월 이내, 즉 2001년 7월 19일 까지 이 지침의 내용을 자국법으로 이행하여야 한다고 규정하고 있다.

7) Regulation(EU) No 910/2014 of the European Parliament and of the Council of 23 July 2014 on electronic identification and trust services for electronic transactions in the internal market and repealing directive 1999/93/EC. 이를 일명 eIDAS 2014로 약칭한다.

1.3.4 독 일

독일의 경우에도 종래 "디지털 서명법"(1997)을 개정하여 전자서명의 개념을 광의로 정하고 있고, 이러한 전자서명 중에서 일정한 조건을 충족하는 것을 "고급 전자서명"으로 하고, 다시 "고급 전자서명"중에서 일정한 조건을 충족하는 것을 "공인전자서명"으로 정하고 있다(독일 개정전자서명법 제2조 : 2001년 5월 21일 개정).[8]

독일 개정전자서명법은 전자서명의 개념을 다음과 같이 규정하고 있다.

① "전자서명"이라 함은 다른 전자 데이터에 첨부되거나 이와 논리적으로 결합되어 출처를 확인하는 역할을 하는 전자적 형태의 데이터를 말한다.

② "고급 전자서명"이라 함은 다음 요건을 갖춘 제1호의 전자서명을 말한다.

(a) 서명키 소유자에게만 귀속될 것.

(b) 서명키 소유자의 신분 확인을 가능하게 할 것.

(c) 서명키 소유자만이 배타적으로 지배할 수 있는 방법으로 만들어질 것.

(d) 데이터의 사후변경이 있을 경우 이를 알 수 있도록 대상으로 하는 데이터와 결합될 것.

③ "공인 전자서명"이라 함은 다음 요건을 갖춘 제2호의 전자서명을 말한다.

(e) 생성 시점에 유효한 공인 인증서를 기반으로 할 것.

(f) 안전한 서명생성단위로 만들어질 것(동법 제2조).

독일 전자서명법은 위의 유럽연합 전자인증규정(eIDAS, 2014)의 시행으로 폐지되고, 대신 2016년 7월 1일부터 유럽연합 전자인증규정이 바로 법률로서 적용되게 되었다. 다만 전자인증규정의 시행규정들이 향후 더 구체화되어야 하며 이에 따라 독일 내의 민사소송법을 비롯한 전자서명관련 규정의 정비가 이루어질 것으로 예상된다.

또한 독일을 비롯한 유럽연합 회원국들은 다른 회원국의 모든 신원확인서비스를 인정하는 것뿐만 아니라 해당 신원확인시스템의 상호운용이 이루어져야 한다.

8) 독일 개정전자서명법은 발효된 유럽연합 전자서명지침을 이행하고 기존의 디지털 서명법에 관한 평가보고서의 내용을 수용하는 차원에서 이루어진 개정이다.

1.3.5 일 본

일본은 "전자서명 및 인증업무에 관한 법률"(2000년)을 제정하여 2001년 4월부터 시행하고 있다. 일본은 인증업무 수행과 관련한 허가제 등과 같은 규제는 두고 있지 않으나, 특정인증업무를 수행하고자 하는 자는 주무대신의 "인정"을 받을 수 있도록 하는 "특정인증업무 인정제도"를 두고 있다.

일본전자서명법은 다음과 같이 규정하고 있다.

전자서명이란 전자적 기록에 기록될 수 있는 정보로써 다음의 요건에 해당하는 것을 말한다.

① 전자서명을 한 자가 당해 디지털 정보의 작성자가 자신이라는 것을 나타낼 수 있을 것.

② 당해 디지털 정보가 전자서명 된 후 내용이 변경되었는지 여부를 확인할 수 있을 것(일본 전자서명법 제2조 1항).

특정인증사업이란 전자서명 중에서 그 방식에 응하여 본인만이 할 수 있는 것으로 주무성령에서 정한 기준에 적합한 것에 대해서 하는 인증업무를 말한다(동조 3항).

전자서명의 법적 효력에 관하여 일본 전자서명법은 전자적 기록이며 정보를 나타내기 위하여 작성된 것(공무원이 직무상 작성한 것을 제외한다)은 당해 전자적 기록에 기록된 정보에 대해서 본인에 의한 전자서명(이것을 행하기 위해 필요한 부호 및 물건을 적정하게 관리함으로써, 본인만이 행할 수 있는 것으로 되는 것에 한 한다)이 행하여져 있는 때에는 진정하게 성립한 것으로 추정한다(제3조)고 규정함으로써, 전자서명이 행해진 경우의 법적 효력을 인정하고 있다. 이는 전자서명의 경우에 수기서명이나 날인과 같은 효력을 부여하기 위하여 둔 규정이라고 할 수 있다.

1.3.6 중 국

중국은 2004년 8월 28일 중화인민공화국 전자서명법(이하 전자서명법이라 한다)을 제정하고 2005년 4월 1일부터 시행하고 있다. 중국 전자서명법은 전자서명의

의의(제2조 1항), 전자서명의 일반적 효력으로 전자서명의 추정력과 부인방지효력 및 전자문서의 진실성원칙에 관한 규정(제3조, 제8조, 제9조)등을 두고 있다.

중국 전자서명법은 전자서명의 효력이 미치는 범위를 민상사 거래분야 뿐만 아니라 국가의 행정행위로 인한 정무분야도 포함된다(제35조).

1.3.7 미 국

미국은 미국변호사협회(ABA)의 '전자서명가이드라인'과 유타주 디지털 서명법의 제정을 시작으로 하여 대부분의 주에서 전자서명법을 제정하였고, 2000년 6월에 미국 연방차원에서 "국제 및 국내 전자상거래에서의 전자서명법(Electronic signatures in Global and National Commerce Act : 통칭 미국연방 전자서명법)"[9])을 제정하였다.

연방 전자서명법에서는 인증기관의 허가·감독에 관하여 규정하지 않고, 각 주의 전자서명법에서 이에 관하여 규정하고 있다.[10]) 미국 연방 전자서명법은 상사거래에 있어서 전자문서(기록)와 전자서명의 유효성요건(동법 제1편 제101조), 예외규정(동법 제102조, 제103조) 등에 관한 규정을 두고 있다.[11])

미국 연방 전자서명법은 이외에도 '양도가능한 전자문서(동법 제2편 제201조)', '국제전자상거래의 홍보(동법 제3편 제301조)', '온라인 어린이 보호위원회(동법 제4편 제401조)' 등에 관한 규정을 두고 있다. 이 법은 2000년 10월 1일부터 시행되고 있다.

한편 미국 통일주법전국대위원회의(The National Conference of Commissioners of

---

9) Public Law No : 106-229. 이 법에 대한 번역소개는 이호용, "미연방 전자서명법" 인터넷 법률, 2000년 11월, 3호, 법무부, 174면-184면 참조.

10) 미국의 유타주, 워싱턴주, 네바다주, 캘리포니아주 및 텍사스주 등은 인증기관의 허가제도를 시행하고 있으나 플로리다주와 기타 주에서는 등록제를 시행하고 있다. 미국의 많은 주는 미국의 법제도적 특징이 정부의 규제보다는 민간의 자율에 맡기는 경향에 따라서 인증기관에 관하여도 정부의 허가보다는 인증기관이 자유롭게 인증서비스를 제공하도록 하고 있으며, 다만 정부의 조달 등 정부와의 거래에서 필요한 한도에서 인증허가를 받는 경향이다. 공인인증기관으로써 인증업무를 수행하는 기관으로는 Verisign(http://www.verisign.com), Arcanvs (http://www.arcanvs.com), Digital Signature Trust Company(http://www.digsigtrust.com), Baltimore Technologies(http://www.baltimore.com), ID Certify사(http://www.idcertify.com) 등이 있다.

11) UETA에 관한 상세한 소개는 손태우, "미국의 통일전자거래법(Uniform Electronic Transactions Act)최종안의 내용과 의의" 인터넷 법률 2000년 3호, 법무부, 69면-88면 참조. 이 외에도 오병철, "통일전자거래법(UETA)에 관한 고찰－1999년 3월 19일자 초안을 중심으로", 국제거래법연구, 제8집, 1999; 정병석, "전자상거래에 관한 최근의 입법동향－미국의 입법활동을 중심으로," 기업법연구 제4집, 1999 등이 있다.

Uniform State Laws : NCCUSL)가 1999년 7월에 최종 승인한 "미국 통일 전자거래법(Uniform Electronic Transaction Act : 이하 UETA)"은 전자상거래에 관한 주법의 모델법으로써 2000년 말 기준으로 미국의 18개 주에서 이 법을 채택하였고, 10여개 주의회에 상정되어 있다. "UETA (총 21개조로 구성됨)"는 "UNCITRAL 전자상거래모델법(1996)"과 "미국 통일상법전(UCC)"의 관련 조항을 적절하게 조화시켜서 만든 입법이라고 할 수 있는데, 주된 내용은 전자기록(문서)의 서면으로서의 효력과 전자서명의 서명으로서의 효력을 인정하고 있는 점이다. 그러므로 상거래에 있어서 전자기록과 전자서명에 관한 규정을 두고 있는 "연방 전자서명법"과 "UETA"의 관계가 문제로 되는데, "연방 전자서명법"은 각 주에서 UETA를 채택한 경우에는 연방전자서명법 제101조의 조항(상사거래에 있어서 전자기록 및 전자서명의 유효성에 관한 일반 규칙을 정한 규정)을 개정, 제한 또는 대체할 수 있다고 규정(동법 제102조 a) (1))함으로써 UETA가 연방 전자서명법 보다 우선한다는 것을 명시하고 있다.

연방 전자서명법은 "전자서명이란 계약 또는 기타 기록에 첨부되거나 그와 논리적으로 연관되고, 그 기록에 서명을 하려는 의도를 갖는 사람에 의해 실행 또는 채택된 전자적 소리, 기호 또는 과정을 말한다(동법 제106조 (5)항)"고 규정하고 있다.[12)]

전자서명의 효력에 관하여서는 "거래와 관련된 서명이 전자적 형태로 되어 있다는 이유만으로 그 법적 효력을 부인할 수 없다(동법 제101조 (a)(1))"고 하여 소극적인 방법으로 전자서명의 서명으로서의 법적 효력을 인정하고 있다.

미국은 신원확인 관리정책을 수립하기 위하여 2010. 6. "사이버공간에서 신뢰할 수 있는 신원확인을 위한 국가전략(National Strategy for Trusted Identities in Cyberspace : NSTIC)"안을 마련하여 2011년 4월부터 이를 확정하여 시행하고 있다. 이는 개인과 기관이 온라인 서비스를 이용함에 있어서 안전하고 효율적인 상호운용성을 가진 국가차원의 신원확인체계를 구축하는 것이다.

---

12) UETA도 이와 유사하게 "전자서명이란 전자기록에 첨부되거나 논리적으로 연계된 전자적 음향, 심볼 또는 절차(Process)로 기록에 서명할 의사를 가진 자에 의해 집행되거나 채택된 것을 말한다"(제2조 (8)항)고 규정하고 있다. 미국 연방전자서명법과 UETA 모두 특정 전자서명기술을 전제로 하지 않는 기술중립주의를 취하고 있다.

1.4 전자서명의 의의

1.4.1 전자서명의 개념

① 전자서명의 개념

인터넷과 같은 개방형 정보통신망을 이용하여 전자정보를 주고받는 경우에 정보의 누출과 변조를 방지해야 할 필요성이 제기될 뿐만 아니라, 가상공간에서 이루어지는 거래의 상대방이 누구인지, 현실적으로 존재하는 자인지, 거래권한이 있는 자인지를 확인할 필요가 있다. 이러한 문제를 해결하기 위하여 전자서명과 인증제도가 이용된다.

일반적으로 전자서명(Electronic Signature)은 광의의 개념과 협의의 개념으로 나눌 수 있다. 광의로는 모든 전자적 형태의 전자서명을 포함하며, 여기에는 수기서명을 스캔닝한 이미지, 키보드를 이용한 서명, 접근제어를 위한 비밀번호(password) 등의 기술, 생체측정학적 기술 또는 이와 유사한 절차[13]가 전자서명을 위하여 사용될 수 있다. 협의의 전자서명은 공개키 암호화기법(비대칭암호화체계 : Asymmetric Cryptosystem)에 의한 디지털 서명을 말한다.

전자서명법은 일반 전자서명과 공인전자서명의 두 가지를 규정하고 있다(동법 제2조 2호, 3호). 일반적인 '전자서명'은 서명자를 확인하고 서명자가 당해 전자문서에 서명을 하였음을 나타내는데 이용하기 위하여 당해 전자문서에 첨부되거나 논리적으로 결합된 전자적 형태의 정보이다. '공인전자서명'은 공인인증서에 기초한 전자서명으로써 다음의 요건을 갖춘 전자서명을 말한다. 즉 가. 전자서명생성정보가 가입자에게 유일하게 속할 것, 나. 서명당시 가입자가 전자서명생성정보를 지배·관리하고 있을 것, 다. 전자서명이 있은 후에 당해 전자서명에 대한 변경여부

13) 예컨대 사람이 손으로 컴퓨터 마우스 패드에 특수펜으로 자신의 서명을 쓰면 컴퓨터기술로 서명자의 고유한 필적을 측정하여 인식한 후 암호화 기법을 이용하여 이를 전자문서에 그대로 나타냄으로써 마치 종이문서에 서명하는 것과 똑같은 효과를 얻을 수 있는 전자서명 방식을 말한다. 이는 공개키 암호화방법에 의한 디지털 서명은 아니지만 현재 기술적으로 사용가능한 전자서명 방법이며 칼리포니아주 전자서명법에서 수용 가능한 전자서명기술로 인정하고 있다(동법 제2조).

를 확인할 수 있을 것, 라. 전자서명이 있은 후에 당해 전자문서의 변경여부를 확인할 수 있을 것 등이다.

공인전자서명으로 사용되는 “디지털 서명”은 전자문서에 해쉬함수(Hash Function)를 사용하여 메시지 요약(Message digest)을 만든 후에 비대칭 암호화체계를 이용하여 서명자의 비밀키로 전자문서(데이터 메시지)를 암호화한 정보를 말한다. 비대칭 암호화 체계란 공개키 암호화 시스템이라고도 불리는데, 비밀키와 그에 상응하는 공개키라는 암호화키 한 쌍을 이용하는 일련의 알고리즘을 사용하는 정보시스템이다. 이 한 쌍의 키는 1. 공개키로는 비밀키로 만들어진 전자서명을 확인할 수 있지만, 2. 공개키로부터는 컴퓨터를 이용해도 비밀키를 발견하는 것이 불가능하다는 특성을 갖고 있다. 그러므로 비밀키를 노출함이 없이 공개키를 신뢰할 수 있는 제3기관인 인증기관에 등록하여 공개할 수 있게 된다. 이 때 비밀키를 전자서명생성정보라고 하고, 공개키를 전자서명검증정보라고 한다.

전자문서 작성자가 전자문서에 전자서명을 하기 위하여서는 미리 자신의 전자서명생성정보(비밀키)와 전자서명검증정보(공개키) 한 쌍을 생성하여 보관하고 있어야 한다.

전자서명이 전자문서와 견련성을 유지하는 한, 전자서명이 전자문서 안에 있는지, 전자문서의 앞 또는 뒤에 붙는지, 또는 별개의 전자파일이나 정보시스템에서 유지되는지 여부는 중요하지 않다. 전자서명생성정보는 그 크기가 일반적으로 1,024비트 정도로써 사용자가 기억하고 있기 어렵기 때문에 컴퓨터 하드디스크나 디스켓에 암호화하여 저장하거나 스마트카드(IC카드)에 보관한다. 최근 공인인증서 암호체계 고도화 정책[14]에 따라 전자서명키 길이의 상향조정과 해쉬 알고리즘이 교체되었다.

[그림 2-1] 대칭형 암호시스템

[그림 2-2] 비대칭형 암호시스템(공개키 암호화방식)

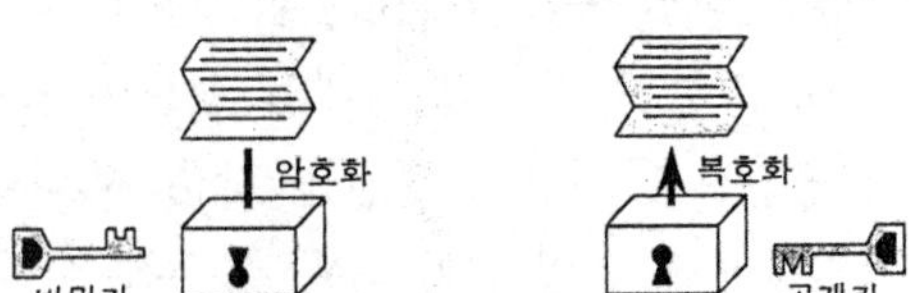

<자료원 : 전자서명법 시행령·시행규칙 제정공청회(정보통신부) 자료집(1999), 11면>

14) 미국 국립표준기술연구원(NIST)의 권고(Recommendation for Transitioning the use of Cryptographic Algorithms and key, 2011.1.13.)를 고려하여 우리나라 가입자 공인인증서의 전자서명키 길이가 1,024비트에서 2,048비트로 상향조정되었고, 공인인증서 발급 및 전자서명 수행시 사용되는 해쉬알고리즘도 160비트 해쉬(SHA-1)에서 256비트 해쉬(SHA-256)로 교체되었다(2012.1).

디지털 전자서명을 예로 들면 전자서명의 생성절차와 검증절차는 다음과 같다.

가. 전자서명 생성절차

1) 전자문서를 작성한다.
2) 전자문서를 일정한 크기(256 비트 해쉬)로 축소(전자문서 전체를 암호화하는 데는 상당한 시간이 소요되므로 이를 줄이기 위함)하는 해수함수를 이용하여 전자문서의 해쉬값을 구한다. 이를 메시지 다이제스트(Message Digest)라 부른다.
   해쉬함수는 단방향이기 때문에 주어진 정보로부터 해쉬값을 만들어 낼 수는 있어도, 이 해쉬값으로 부터 원래의 정보를 복구해 낼 수는 없다.
3) 서명자의 전자서명생성정보를 이용하여 해쉬값을 암호화한다. 이 암호화된 전자정보를 전자문서의 전자서명이라고 부른다. 이 전자서명은 서명자의 전자서명검증정보(공개키)를 사용해야만 복호화된다.
4) 해쉬값을 암호화한 결과인 전자서명과 전자문서 원본을 함께 첨부하여 하나의 데이터 메시지로 작성한다. 이것이 전자서명된 전자문서이다.

나. 전자서명 검증절차

1) 전자문서 작성자 즉 서명자의 인증서를 취득한다. 이러한 인증서는 서명자가 전자문서와 함께 수신자에게 송신하거나, 수신자가 인증기관의 저장소(디렉토리)로부터 가져올 수 있다.
2) 인증서에 첨부된 서명자의 전자서명검증정보(공개키)를 추출한다. 이때 수신자는 인증서의 유효기간, 정지 및 폐지 여부를 확인한다.
3) 수신한 문서로부터 전자문서원본과 전자서명을 분리한다.
4) 전자서명을 서명자의 전자서명검증정보를 이용하여 복호화한다. 그 결과 수신자는 서명자가 생성한 전자문서의 해쉬값을 얻는다.
5) 전자문서원본에 대하여 서명자가 사용한 해쉬함수를 이용하여 수신자가 해쉬값을 생성한다.
6) 전자서명검증정보를 이용하여 얻은 해쉬값(4)에서 얻은 해쉬값)과 전자문서원본에서 얻은 해쉬값(5)에서 얻은 해쉬값)을 비교한다. 두 해쉬값이 동일한 경우에는 전자서명의 검증이 완료되며, 전자문서 작성자의 신원의 동일성과, 전자문서가 송신도중에 위조, 변조되지 않았음을 신뢰할 수 있다. 만약에 두 해쉬값이 다른 경우에는 수신된 전자문서에 위·변조의 가능성이 있게 된다.

이를 그림으로 표시하면 아래와 같다.

[그림 2-3] 전자서명 생성·검증 과정

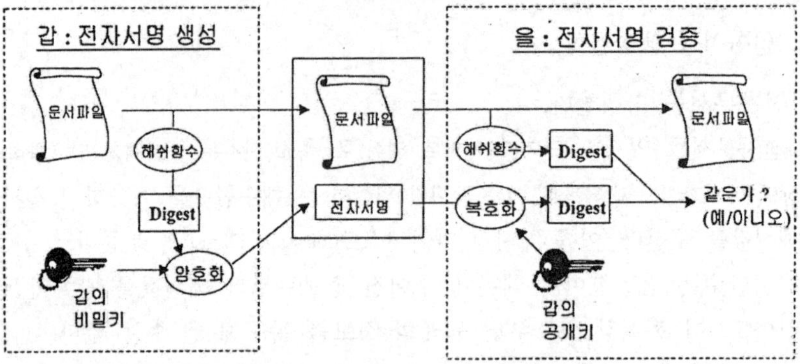

※ 정보통신부 전자서명법 시행령·시행규칙 공청회 자료집, 12면.

② 전자서명의 활용영역

전자서명의 일종인 디지털 서명은 전자상거래에 있어서 이용될 수 있을 뿐 아니라, 국가 또는 지방자치단체와 같은 공공기관간의 전자적 문서교환 등 소위 전자정부의 제도적 기술적 기반구조를 형성하는 데 많은 부분이 이용될 수 있을 것이다. 따라서 국가가 당사자로 되는 법률관계나, 기존의 종이문서에 행하여졌던 인감인(印鑑印)에 의한 서명 날인의 방식이 디지털서명방식에 의하여 수행됨으로써 서명자의 신원확인과, 문서의 무결성을 보장할 수 있게 된다. 아울러 그 디지털 서명에 대한 인증업무를 신뢰성을 공인받은 제3자가 담당하도록 함으로써 전자서명이 첨부된 전자거래의 법적 효과를 명확히 할 수 있는 것이다.

③ 전자서명과 인증기관(Certification Authority : CA)의 인증

전자서명은 인증기관이 발행한 인증서에 의하여 인증을 받음으로써 기능을 발휘하게 된다. 인증기관의 인증행위는 다음과 같이 이루어진다.

첫째, 인증기관에 가입한 자는 인증기관에 인증신청을 한다. 둘째, 인증기관은 가입자의 신원을 확인하여 인증서를 발행한다. 셋째, 인증기관은 인증서를 보관장소에 공개한다. 넷째, 가입자는 전자서명(디지털 서명)을 한 전자문서를 상대방에게 전송한다. 다섯째, 상대방이 인증기관에 대하여 가입자의 인증서 확인을 요청한다. 여섯째, 인증기관(저장소)은 가입자의 인증서가 유효하다는 내용을 거래의 상대방에게 확인하여 준다. 일곱째, 상대방은 인증서에 포함된 가입자의 공개키를 사용하여 가입자의 전자문서를 복호화함으로써 가입자의 신원확인과 전자문서의 무결성을 확인한다.

[그림 2-4] 인증서를 이용한 전자서명 체계도

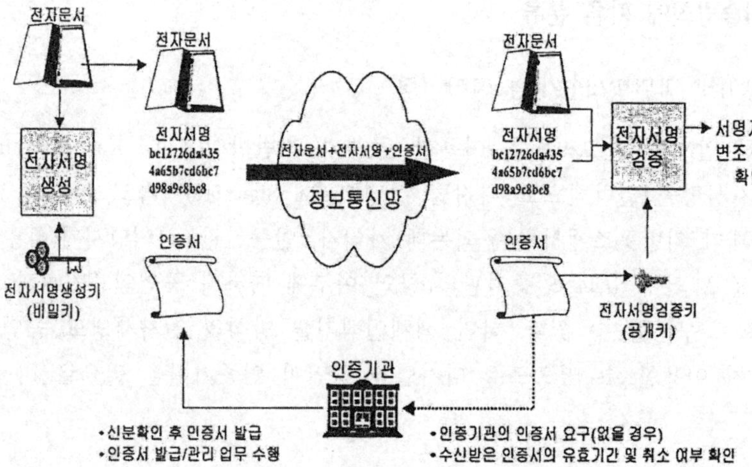

※ 정보통신부 전자서명법 시행령·시행규칙 공청회 자료집, 13면.

1.4.2 전자서명의 종류

전자서명의 종류를 다음과 같이 나누어 볼 수 있다.

(1) 보안절차 내지 기술 수준에 따른 분류 - 일반전자서명과 고급전자서명

전자적으로 수기서명의 기능을 대체할 수 있는 것이면 어떠한 기술을 사용한 것인지를 묻지 않고 전자서명으로 인정할 수 있다. 다만 일정한 수준의 기술요건 내지 보안절차를 정하고 이를 갖추지 못한 전자서명을 일반 전자서명이라 하고 이러한 일정 수준의 보안절차를 갖춘 전자서명을 일반적인 전자서명과 비교하여 고급전자서명(Enhanced Electronic Signature) 또는 안전한 전자서명(Secured Electronic Signature)이라고 부를 수 있다.15)

---

15) UNCITRAL 전자상거래작업부는 1996년 전자상거래모델법을 마련한 후에 이어서 전자서명통일규칙을 제정하기 위하여 1997년(동 제31차 회의)부터 전자서명통일규칙초안 작성을 위한 작업을 시작하였다. 1998년 개최된 제33차 전자상거래작업부회의에서 마련된 초안을 보면 제2장 전자서명부분에서 제1절 전자서명일반, 제2절 고급전자서명(여기에는 서명의 추정, 귀속의 추정, 무결성의 추정, 고급전자서명의 사전적 결정, 고급전자서명에 대한 책임 규정으로 구성되어 있다)을 규정하고 있다. 이러한 전자서명통일규칙은 최종단계에서 그 명칭이 전자상거래모델법과 쌍을 이루는 모델법이라는 의미에서 "전자서명모델법"으로 변경되었고, 고급

(2) 기술방식에 따른 분류

가. 공개키 기반방식(PKI)의 전자서명

비대칭 암호화 알고리즘을 이용한 공개키 기반방식(Public Key Infrastructure : PKI)의 전자서명을 일반적으로 디지털 서명(Digital Signature)이라고 부른다. 디지털 서명은 공개키 기반구조에서 이용되는데 가입자, 인증기관, 신뢰당사자(이용자)의 3당사자 구조로 되어 있고, 인증기관의 공인 여부에 따라서 공인인증기관과 비공인 인증기관으로 구분할 수 있다. 다만 생체인식기술 방식의 전자서명도 공인인증기관을 통하여 이용할 수 있으므로 디지털 서명만이 인증기관을 필요로 하는 것은 아니다.

나. 생체인식기술방식(Signature Dynamics)의 전자서명

생체인식기술 방식은 전자펜 혹은 터치 스크린을 이용한 수기서명에 기초한 생체인식 기술을 사용하는 전자서명방식이다. 이 방식은 PKI의 단점인 사용자 인식부족, 패스워드 혹은 핀(PIN) 번호의 취약성에 대한 적절한 대안으로 부각되고 있으나 본인 여부의 인식률, 입력장치비용, 전자서명 검증과정 등에 대한 안전·신뢰성 여부에 대한 검증이 필요하다.16)

이러한 전자서명기술의 예로서는 수기서명에 근거한 생체측정학적 서명장치(Biometric Device)를 이용한 인증서비스가 있다. 이러한 전자서명을 하기 위하여는 서명자는 특수펜을 이용하여 디지털 패드나 컴퓨터 스크린 상에 수기로 서명을 하면 된다. 수기서명은 컴퓨터에 의하여 분석된 후 디지털 신호로 저장되고 전자문서에 첨부되어 서명자의 인증을 위하여 현출됨으로써 서명자의 신원을 확인할 수 있는 것이다. 이외에도 개인식별번호(PINs), 수기서명의 디지털 버전 및 OK 박스에

전자서명에 관한 규정은 전자서명모델법 제6조에서 전자서명의 신뢰성 요건으로 규정되었다. 그 후 제37차 전자상거래작업부 회의(2000년 9월 18일에서 29일 사이에 오스트리아 비엔나에서 개최됨)에서 "UNCITRAL 전자상거래모델법 초안(Draft UNCITRAL Model Law on Electronic Signatures)"을 마련하였고, 이 모델법 초안이 2001년 6월말 개최된 UNCITRAL 총회에서 채택됨으로써 "UNCITRAL 전자상거래모델법"이 성립된 것이다.

제33차 전자상거래작업부에서 마련된 "전자서명통일규칙초안"의 자세한 내용에 관하여는 정완용, "전자상거래에 관한 국제기구의 활동 현황 및 내용에 관한 고찰" 경희법학 제33권 1호(1998), 125-142면 참조.

16) 생체인식기술방식의 전자서명의 예로서는 다음 웹사이트를 참고할 것. http://www.penop.com

클릭하는 방식, 지문인식, 홍체인식 등에 의한 다양한 전자서명기술이 있다.[17]

1.4.3 전자서명의 효력

전자서명법은 공인전자서명의 효력에 대하여 다음과 같은 두 가지를 규정하고 있다(법 제3조 제1항, 제2항). 비공인전자서명의 효력은 당사자 간의 약정에 따른 서명, 또는 기명날인으로서의 효력을 갖는다(법 제3조 제3항).

① 법률상 서명(署名) 또는 기명날인으로서의 효력

공인인증기관이 발급한 공인인증서에 포함된 전자서명검증정보에 합치하는 전자서명생성정보로 생성한 공인전자서명은 법령이 정한 서명 또는 기명날인의 요건을 충족한 것으로 본다(제3조 제1항).

공인인증기관의 공인전자서명만이 이러한 효력을 가지며, 비공인인증기관의 전자서명은 이러한 효력을 갖지 못한다. 비공인전자서명은 당사자 간의 약정에 따른 서명 또는 인장에 의한 기명날인과 동일한 효력을 갖는다.

공인인증기관의 전자서명이 있으면 이를 법령이 정한 서명 또는 기명날인으로 간주한다는 의미는 개별 법령에서 문서에 서명 또는 기명날인을 요구하는 경우 전자서명이 그러한 법적 요건을 충족할 수 있다는 의미이다. 우리나라에서 법률행위의 방식은 원칙적으로 자유이기 때문에 계약체결을 특별히 문서로 해야 한다는 방식을 요구하지 않고 있다. 또한 모든 법률행위가 서명 또는 기명날인을 요건으로 하는 것은 아니다. 그렇지만, 당사자의 확인이 중요한 경우, 책임소재를 명확히 할 필요가 있는 경우 또는 거래의 원활을 위한 경우 등에는 문서에 의한 서명이나 기명날인을 요구하고 있다(서명이나 기명날인은 똑같은 법적 효력을 갖는다).

예컨대, 민법상 증여계약(민법 제555조), 부동산소유권 이전등기 신청 시 서면계약(부동산등기특별조치법 제3조 제1항), 건설공사의 도급계약체결 시 서면계약(건축업법 제21조) 등과 같이 특별한 계약의 경우에는 서면성을 요구하고 있고 법률 자체에서 문서작성자의 서명이나 기명날인을 요구하고 있지는 않다. 다만 대개의 경우에는 이러한 서면계약의 책임소재를 명확히 하고 증거로서 보존하기 위하여 계

17) 다만 이러한 생체인식기술은 원래 전자서명을 위하여 개발된 것이 아니라 특정 정보처리 시스템에 대한 접근제어를 위하여 개발된 것으로써 이를 전자서명기술에 응용한 것이라는 점에서 특징이 있다.

약당사자의 서명 또는 기명날인이 행하여진다. 그러므로 이러한 서면계약에 서명을 할 경우에는 공인인증기관에 의한 전자서명으로 하든지 비공인인증기관의 전자서명에 의하든지 상관이 없다.

그러나 법률에서 기명날인 또는 서명을 요건으로 하는 경우에는 전자서명법상의 공인인증기관에 의한 공인전자서명을 사용하여야만 당해 법률이 요구하는 서명 또는 기명날인으로서의 법적 효력을 인정받을 수 있다. 예컨대 민법상 기명날인 또는 서명을 요구하는 경우로서 법인 설립시의 정관작성(민법 제40조, 제43조), 지시채권의 배서 시 배서인의 기명날인 또는 서명(민법 제510조) 등이 있고, 부동산등기 신청서의 신청인의 기명날인(부동산 등기법 제41조 1항), 민사소송법상의 변론조서 등의 기명날인(민사소송법 제153조) 등이 있다. 또한 상법에서도 기명날인 또는 서명을 요구하는 규정이 다수 있다.[18] 이처럼 개별 법률에서 어느 법률행위에 서명 또는 기명날인을 요건으로 정하고 있는 경우에는 전자서명법상의 공인인증기관에 의한 공인전자서명을 하여야만 법률이 요구하는 서명 또는 기명날인으로서의 효력을 갖는다.

② 추정적 효력

전자서명법에서 정하고 있는 공인전자서명의 추정적 효력은 첫째, 서명자의 신원의 동일성 확인과, 둘째, 전자문서의 위조 및 변조가 없었다는 사실 즉 전자문서의 무결성을 추정하는 효력이다. 즉 전자서명법상의 전자서명이 있으면, 그 전자서명은 당해 전자문서의 명의자의 서명 또는 기명날인이라는 사실이 추정된다. 또한 당해 전자문서가 전자서명된 후 그 내용이 변경되지 아니하였다고 추정된다(법 제3조 제2항).

전자서명법은 공인인증기관에 의한 공인전자서명에 대하여서만 이러한 추정

18) 대차대조표의 작성시 작성자의 기명날인 또는 서명(상법 제30조), 중개인계약서(상법 제96조), 운송장에 송하인의 기명날인 또는 서명(상법 제126조), 화물상환증에 운송인의 기명날인 또는 서명(상법 제179조), 창고증권(상법 제156조), 회사의 정관(합명회사의 총사원의 기명날인 또는 서명, 상법 제289조; 합자회사의 경우 : 상법 제270조, 주식회사 발기인 전원의 기명날인 또는 서명 : 상법 제289조; 유한회사의 경우 : 상법 제543조), 전환주식의 전환청구(상법 제349조 제2항), 주식회사의 총회 의사록에 의장과 출석한 이사의 기명날인 또는 서명(상법 제373조), 이사회 의사록에 출석이사 및 감사의 기명날인 또는 서명(상법 제391조의 3), 감사록에 감사의 기명날인 또는 서명(상법 제413조의2 2항), 신주인수권증서에 이사의 기명날인 또는 서명(상법 제420조의2 2항), 사채청약서에 청약자의 기명날인 또는 서명(상법 제474조 제1항), 사채권자집회 의사록(상법 제510조 제1항, 제373조), 전환사채의 전환청구서에 청구자의 기명날인 또는 서명(상법 제515조), 보험증권에 보험자의 기명날인 또는 서명(상법 제666조), 선하증권에 운송인의 기명날인 또는 서명(상법 제814조). 이외에 어음법과 수표법에서도 어음, 수표행위자의 기명날인 또는 서명을 요건으로 하고 있다.

적 효력을 규정하고 있으나(법 제3조 제2항), 전자서명이 본래 신원확인 기능, 무결성, 부인봉쇄 등의 기능을 갖고 있는 것이기 때문에 비공인인증기관에 의한 전자서명도 이러한 신원확인적 효력, 무결성 보장적 효력, 부인봉쇄의 효력을 갖는 것이다. 다만 공인전자서명의 경우에는 법률에 의하여 위와 같은 추정적 효력이 부여되어 있다는 점에서 차이가 있다. 따라서 전자거래 당사자는 비공인인증기관의 전자서명을 사용하여서도 전자서명의 위와 같은 기능을 이용하여 목적을 달성할 수 있는 것이다. 다만 비공인인증기관의 전자서명이 공인인증기관의 전자서명에 비하여 어느 정도의 효력을 갖게 될 것인지는 구체적인 사건에서 법관의 자유재량(자유심증)에 따라 판단될 것이다.

가. 신원의 동일성 확인(진정성 : Authenticity)[19)]

기존의 서면거래는 거래의 양당사자가 직접 계약을 체결함으로써 상대방의 신원확인이 특별히 필요하지 않다. 기존 거래에서는 상대방의 신원확인 수단으로서 인감증명, 주민등록증확인 및 기명날인 또는 서명 등의 방법이 사용된다. 그러나 비대면 거래인 인터넷 전자거래에 있어서는 이러한 방법으로 거래상대방의 신원을 확인할 수 없기 때문에 공인전자서명의 신원확인기능을 이용하여 상대방의 신원의 동일성을 확인 할 수 있다.

즉 전자문서의 작성자는 자신의 전자서명생성정보(개인키)로 전자문서에 전자서명을 하여 이를 수신자에 보내고, 수신자는 그것을 서명자의 전자서명검증정보(공개키)로 복호화한 후 그 내용을 확인해 보아서 맞으면, 수신자는 그 전자문서를 보낸 사람(즉 서명자)을 확인할 수 있는 것이다. 왜냐하면 전자서명된 전자문서(즉, 비밀키에 의하여 암호화된 전자문서)를 복호화하였을 때, 그 내용이 되도록 암호화를 할 수 있는 사람은 공개키의 짝이 되는 개인키를 갖고 있는 그 사람(서명자) 뿐이기 때문이다.

이와 같이 함으로써 수신자는 전자서명자가 그의 공개키에 합치하는 비밀키를 사용하여 전자문서를 서명하였는지를 판단할 수 있다. 공개키와 비밀키는 인증기관의 인증서에 의하여 신원증명이 된 서명자와 결합되어 있고, 각 서명자에게 유일한 것이며, 그 전자서명정보는 서명자와 전자문서를 유효하게 결합시키게 되기 때문이다. 따라서 디지털 서명은 발신인의 공개키를 사용하여 복호화함으로써 공개키에 대응하는 비밀키로 생성되었다는 추정이 되며, 발신인이 자신의 신원을

---

19) 이를 인증(Authentication)이라고도 부른다.

확인할 의도로써 서명하였다는 추정을 할 수 있는 것이다.

나. 전자문서의 무결성(Integrity)

전자서명이 전자문서에 이루어진 이후에 원래의 전자문서가 위·변조되지 않았다는 사실을 전자문서의 무결성이라고 한다. 즉 무결성은 전자문서가 전송도중 변조되지 않았음을 보장하는 것이다. 전자문서의 수신인은 전자문서의 전송 중에 그 문서가 변경되지 않은 것이고 원래의 전자문서와 동일한 것이라는 것을 신뢰할 수 있어야 한다. 전자서명은 원래의 전자문서(원본)가 유통과 보관과정에서 위조 내지 변조되지 않았다는 것을 밝혀주는 수단이 되기 때문에 이를 전자문서의 무결성 보장이라 한다.

다. 부인 방지(Non-repudiation)

전자서명에는 전자서명법상 규정된 위와 같은 효력이외에 부인방지(봉쇄)의 효력이 있다. 이는 전자문서의 발신자가 전자문서를 발신하였다는 것과 그 전자문서가 수신인에게 도달한 내용과 다르다는 것을 차후에 임의로 부인할 수 없다는 효력이다. 이러한 부인방지는 전자문서의 발신인을 구속함은 물론 수신인도 전자문서를 수신하였음을 부인하는 것이 배척된다. 전자서명에 의하여 전자문서의 진정성과 무결성이 확인된 겨우, 발신인은 전자문서의 내용과 그 문서를 전송하였다는 것을 부인하는 것이 배척된다. 전자문서는 발신인이 비밀키를 상실하지 않는 한 위조될 수 없고, 수신인도 그 문서를 위조할 수 없기 때문이다.

1.4.4 공인인증서를 이용한 본인확인

법 제18조의2는 다른 법률에서 공인인증서를 이용하여 본인임을 확인하는 것을 제한 또는 배제하고 있지 아니한 경우에는 이 법의 규정에 따라 공인인증기관이 발급한 공인인증서에 의하여 본인임을 확인할 수 있다고 규정하여, 공인인증서를 이용하여 본인확인을 할 수 있음을 명시하고 있다.

공인인증기관은 공인인증서 발급 시 대면확인을 통하여 가입자 본인의 신원을 확인한다(법 제15조 제1항, 시행규칙 제13조의2 제2항). 그러므로 공인인증기관이 발급한 공인인증서를 가지고 개인의 실지명의를 확인하는 수단으로 사용할 때, 금융기관에서 행하고 있는 실지명의를 확인하는 방법과 동일한 효과를 얻을 수 있다.

전자서명법상의 공인인증서를 통한 본인확인 규정에 따라 다수의 개별법령에서는 본인확인수단의 하나로 공인인증서를 규정하고 있다. 예컨대 전자정부법 제10조(민원인 등의 본인확인), 청소년보호법 제16조 및 동법시행령 제17조(나이 및 본인 여부 확인방법)[20] 등에서는 전자서명법 제2조 제8호의 공인인증서로 본인의 신원확인을 할 수 있도록 하였다. 이와 같이 본인확인은 전자서명의 주요한 한 요소라고 할 수 있으나 오늘날 다양한 전자인증수단(예컨대, 사용자 ID, I-Pin, 휴대전화, 스마트카드, 지문, 홍채 등)을 사용할 수 있으므로 공인인증서에 대한 지나친 의존보다는 이러한 인증수단을 적절하게 이용할 수 있도록 하는 것이 바람직하다고 본다.

이와 관련하여 본인확인을 위하여 개별법에서 공인인증서, 아이핀(I-PIN)등을 통한 인증방법을 정하고 있는 것이 개인의 알 권리 및 개인정보자기결정권의 침해에 해당하는지 여부가 문제될 수 있다. 이에 대하여 인터넷상에서는 대면 접촉을 통한 신분증 확인이 사실상 불가능하므로 공인인증기관이나 본인확인정보를 가지고 있는 제3자 등을 통해 본인인증을 거치도록 하는 것은 입법목적 달성을 위한 적절한 수단이므로, 본인확인 조항이 정하고 있는 공인인증서나 아이핀, 휴대전화를 통한 본인인증방법은 신뢰할 수 있는 기관을 통하여 본인인증을 하도록 하여 정확한 본인확인이 이루어질 수 있도록 하면서도 개인정보의 제공이나 보유를 최소화하기 위하여 고안된 방안으로써 이러한 본인확인조항은 과잉금지원칙에 반하여 개인의 알 권리 및 개인정보자기결정권을 침해하지 않는다고 보고 있다.[21]

---

20) 청소년보호법 시행령 제17조 법 제16조 제1항에 따라 청소년유해매체물을 판매등에 제공하는 경우에는 다음 각 호의 어느 하나에 해당하는 수단이나 방법으로 그 상대방의 나이 및 본인 여부를 확인하여야 한다.

1. 대면을 통한 신분증 확인이나 팩스 또는 우편으로 수신한 신분증 사본확인
2. 전자서명법 제2조 제8호에 따른 공인인증서
3. 정보통신망 이용촉진 및 정보보호 등에 관한 법률 제23조의2 제2항에 따른 주민등록번호를 사용하지 아니하고 본인을 확인하는 방법
4. 개인정보보호법 제24조 제2항에 따라 주민등록번호를 사용하지 아니하고 회원으로 가입할 수 있는 방법
5. 신용카드를 통한 인증
6. 휴대전화를 통한 인증, 이 경우 휴대전화를 통한 문자전송, 음성 자동응답 등의 방법을 추가하여 나이 및 본인 여부를 확인하여야 한다.

21) 헌법재판소 2015. 3. 26. 자 2013헌마354 결정.

1.5 인증제도와 인증기관

1.5.1 전자서명과 인증기관

수기서명의 경우에는 서명자가 자신을 표시하기 위하여 자신을 나타내는 표지 내지 기호를 사용하여 서명을 함으로써 서명과 서명자와의 관계가 명백하게 되지만, 전자서명의 경우에는 서명자와 전자서명(엄밀히 말하면 전자서명생성정보)과의 관계가 네트워크상으로 전자서명 된 전자문서를 수신하는 상대방에게 명확하게 나타나지 않는다. 이러한 문제점을 해결하기 위하여 전자문서의 송신자와 수신자 모두에 의하여 신뢰받는 제3자로 하여금 전자서명생성정보(키)와 그 키를 소유한 사람의 신원을 입증하게 함으로써 서명자와 서명간의 관계를 명백하게 할 수 있는 것이다.

그러므로 유효한 전자서명을 하기 위하여서는 전자서명생성정보(키)와 전자서명검증정보(키) 쌍과 그 정보(키)를 소유한 사람이 일치하여야 하는데, 이러한 기능을 수행하는 신뢰받는 제3자 기관을 "인증기관(Certification Authority : CA)"이라고 한다.

[그림 2-5] 국내인증체계

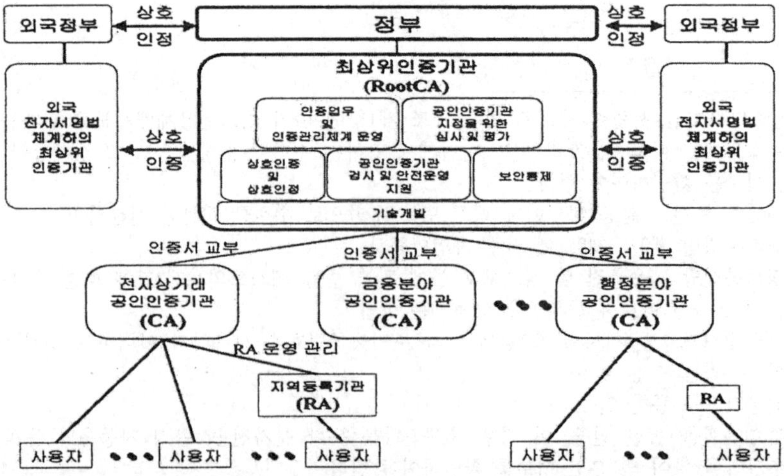

※ 전자서명법 시행령·시행규칙 제정 공청회 자료집(정보통신부, 1999), 31면.

인증기관은 가입자의 신원과 가입자가 소지하는 전자서명생성정보와의 관계를 인증하는 기관이며, 인증업무준칙(CPS)과 가입계약에서 정한 방식에 따라서 인증서 발급과 인증절차가 이루어진다.

1.5.2 인증관리체계와 공인인증기관

인증기관은 상호 인증관리체계를 갖게 된다. 우리나라 전자서명법은 한국인터넷진흥원(KISA)을 최상위 인증기관(Root CA)으로 하여 미래창조과학부장관의 지정에 의한 공인인증기관제도를 규정하고 있다. 현재 최상위인증기관 아래 각 업무영역별로 5개의 공인인증기관이 지정되어 있다.[22] 따라서 각 공인인증기관은 최상위인증기관의 인증을 받아서 가입자들에게 인증서비스를 제공하게 된다. 공인인증기관으로 지정되지 않은 인증기관을 비공인인증기관이라고 할 수 있는데 우리나라의 상당수 쇼핑몰업체가 미국 Verisign사의 인증서를 사용하고 있는 실정이다.

[그림 2-6] 전자서명 인증체계

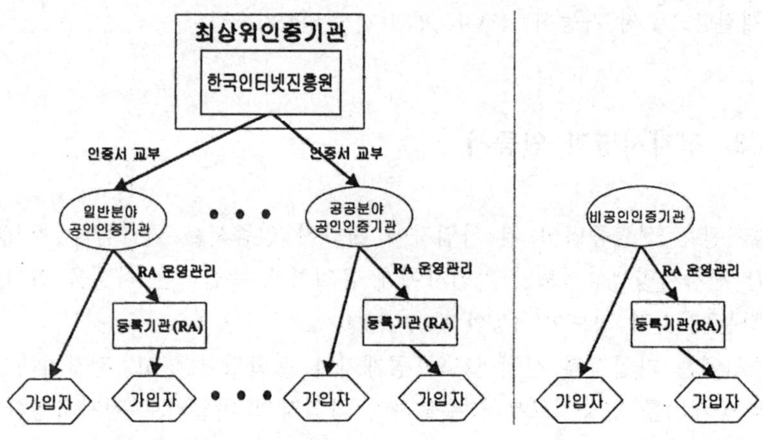

※ 전자서명법 시행령·시행규칙 제청 공청회 자료집(정보통신부, 1999), 18면.

---

22) 공인인증기관은 다음의 6개가 지정되어 운영되고 있다.
① 한국정보인증 : http://www.signgate.com(지정일,2000.02.10.)
② 한국증권전산; (주) 코스콤 공인인증센터 : http://www.signkorea.com(지정일, 2000.02.10)
③ 금융결제원 : http://www.yessign.com(지정일, 2000.04.12)
④ 한국전자인증 : http://www.crosscert.com(지정일, 2001.11.24)
⑤ 한국무역정보통신 : http://www.tradesign.net(지정일, 2002.03.11.)

[그림 2-7] 전자서명 인증 개념도

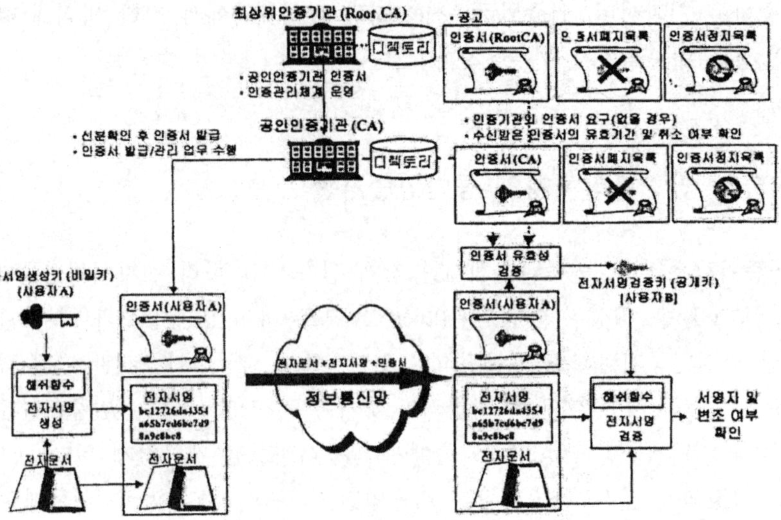

※ 전자서명법 시행령·시행규칙공청회 자료집(정보통신부). 41면.

외국 인증기관의 국내법상의 인정여부는 외국정부와 전자서명의 상호인정을 위한 협약을 체결함으로써 가능하다(전자서명법 제27조의 2).

1.5.3 전자서명과 인증서

인증기관은 신원증명이 된 가입자에 대하여 인증서를 발급한다. "인증서(Certificate)"란 전자서명생성정보가 가입자에게 유일하게 속한다는 사실을 확인하고 이를 증명하는 전자적 정보이다(동법 제2조 7호).

인증서에는 가입자의 신원정보와 공개키가 포함되어 있고, 전자거래상대방은 가입자의 공개키를 인증서로부터 추출하여 가입자의 비밀키로 전자서명한 전자문서를 복호화함으로써 가입자, 즉 전자문서 작성자의 신원과 전자문서의 무결성을 확인할 수 있게 된다.

공인인증기관은 인증서를 발급받고자 하는 자에게 인증서의 이용범위 및 용도 등을 고려하여 그 신원을 확인하고 인증서를 발급하는데(제15조 제1항), 이러한 인증서에 포함될 사항은 다음과 같다(동조 제2항). 1) 가입자의 이름, 2) 가입자의 전자서명검증키, 3) 가입자와 공인인증기관이 이용하는 전자서명방식, 4) 인증서의 일련번호, 5) 인증서의 유효기간, 6) 공인인증기관의 명칭, 7) 인증서의 이용범위 또는 용도를 제한하는 경우 이에 관한 사항, 8) 가입자가 제3자를 위한 대리권을 갖는 경우 또는 직업상 자격 등의 표시를 요청한 경우 이에 관한 사항, 9) 공인인증서임을 나타내는 표시 등이다.

공인인증기관은 가입자의 신청이 있는 경우에는 인증서의 이용범위 또는 용도를 제한하는 인증서를 발급할 수 있고, 이 경우 인증기관은 인증서의 이용범위 및 용도, 이용된 기술의 안전과 신뢰성 등을 고려하여 인증서의 유효기간을 적정하게 정하여야 한다(법 제15조).

또한 전자서명법은 공인인증서의 효력 소멸(법 제16조), 공인인증서의 효력정지(법 제17조), 공인인증서의 폐지(법 제18조) 등을 두고 있다.

[그림 2-8] 일반적인 인증서 형태

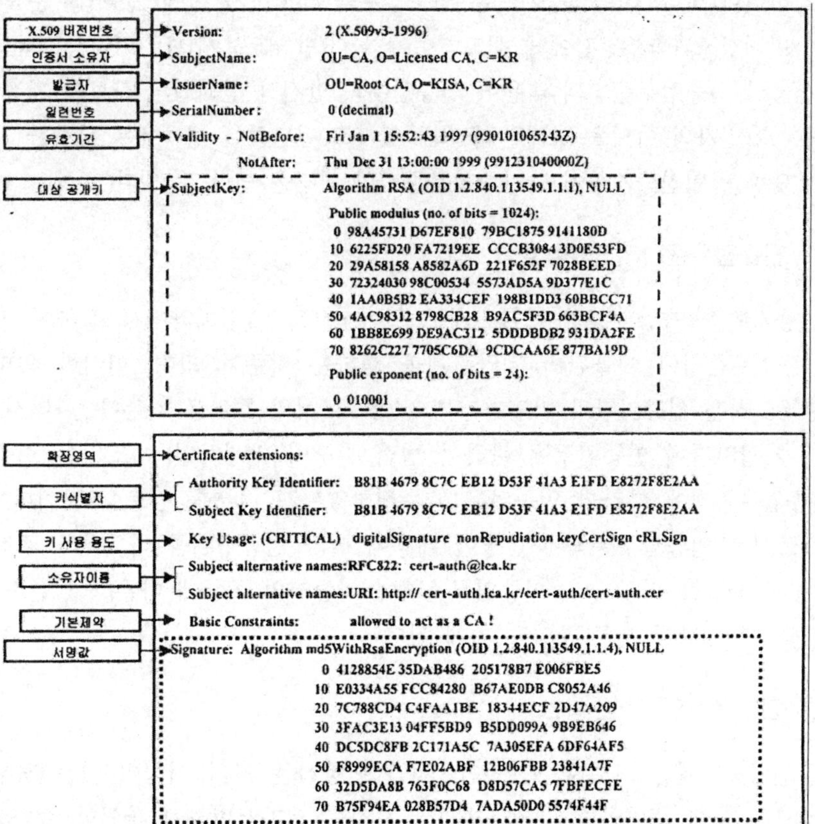

※ 전자서명법 시행령·시행규칙 제정공청회 자료집(정보통신부, 1999), 54면.

1.5.4 인증업무의 안전성 및 신뢰성 확보

① 인증업무준칙의 의의

인증업무준칙(Certification Practice Statement : CPS)이란 인증기관이 인증업무를 수행함에 있어서 준수하여야 할 사항을 정한 인증기관의 내부규칙이다. 인증업무준칙은 가입자 및 인증서 신뢰자 등 제3자에게 인증기관의 안전성과 신뢰성을 판단할 수 있는 기준을 제공한다.

공인인증기관은 인증업무준칙에서 인증업무의 종류, 인증업무의 수행방법 및 절차, 인증역무의 이용조건 및 이용요금 기타 인증업무의 수행에 관하여 필요한 사항을 정하여야 한다. 공인인증기관은 인증업무를 개시하기 전에 인증업무준칙을 작성하여 미래창조과학부장관에게 신고하여야 한다(법 제6조 제1항). 미래창조과학부장관은 신고한 인증업무준칙의 내용이 인증업무의 안전과 신뢰성의 확보에 지장을 초래하거나 가입자의 이익을 저해할 우려가 있다고 판단하는 경우에는 상당한 기간을 정하여 당해 공인인증기관에게 인증업무준칙의 변경을 명할 수 있다(법 제6조 제3항).

② 인증업무준칙의 법적 효력

인증기관과 가입자간의 법률관계는 일반적으로 가입계약에서 정하여 지겠지만, 인증업무준칙이 이들간의 계약관계를 정하는 기준이 되며, 이러한 의미에서 인증업무준칙은 인증기관과 가입자간에 계약으로서의 효력을 갖는다. 따라서 인증기관과 가입자간에 인증업무에 관하여 법적 분쟁이 발생하면, 가입자는 인증기관이 인증업무준칙에 따라서 인증업무를 수행하였는지 여부를 검토할 것이며, 인증기관으로서는 인증업무준칙에서 정한 내용에 따라 인증행위를 하였다고 주장함으로써 법적 책임을 면하거나, 인증업무준칙에 인증서의 종류에 따른 책임한도를 정하는 경우에는 그에 따른 책임을 지게 된다.

③ 전자문서의 시점 확인

공인인증기관은 가입자 또는 인증서를 이용하는 자의 신청이 있는 경우에는 전자문서가 당해 공인인증기관에 제시된 시점을 전자서명하여 확인할 수 있다(법 제20조).

전자문서의 작성시기는 기간의 계산과 관련하여 매우 중요한데, 디지털 서명은 생성된 시기를 표시하지 않기 때문에 작성시기를 확정하기 곤란하다. 따라서 전자서명 인증기관의 확정일부(Time Stamping)서비스가 이용될 수 있다. 이는 전자문서 또는 인증서에 날짜와 시간을 나타내기 위하여 인증기관이 전자서명을 함으로써 이루어진다.

④ 공인인증기관의 안전성 확보

공인인증기관은 인증업무에 관한 시설의 안전성확보를 위하여 정보통신부령이 정하는 보호조치를 취하여야 한다(법 제18조의 3). 이러한 보호조치에는 접근권한 없는 자의 통제 및 감시를 위한 기술적 보호조치, 화재·지진·수해 등의 각종 재해로부터 인증업무에 관한 시설의 지속적·안정적 운영을 확보하기 위한 환경적 보호조치 등을 들 수 있다.

⑤ 공인인증업무에 관한 안전한 설비운영과 정기 점검

공인인증기관은 자신이 발급한 공인인증서가 유효한지 여부를 누구든지 항상 확인할 수 있도록 인증업무에 관한 시설 및 장비를 안전하게 운영하여야 한다(법 제19조 제1항).

그리고 이러한 시설 및 장비의 안전운영 여부를 정보보호진흥원으로부터 정기적으로 점검받아야 한다(동조 제2항).

또한 시설 및 장비를 변경하는 경우에는 지체없이 미래창조과학부장관에게 이를 신고하여야 한다(동조 제3항).

⑥ 전자서명생성정보의 보호를 위한 금지행위

누구든지 타인의 전자서명생성정보를 도용 또는 누설하여서는 안되며, 타인의 명의로 공인인증서를 발급받거나 발급받을 수 있도록 하여서도 안 된다(법 제23조 제1항, 제2항). 여기서 타인의 명의로 공인인증서를 발급받는다는 것은 타인 명의의 공인인증서를 마치 자신의 것처럼 임의로 발급받는 경우로 해석하여야 하며, 이와 관련하여 판례는 공인인증서 가입자의 승낙 또는 위임을 받아서 그 명의로 공인인증서의 발급갱신을 하게 한 것은 가입자의 승낙 하에 이루어진 것이며 가입자가 공인인증서를 관리, 통제하고 있었으므로 법 제23조 제2항에서 말하는 타인명의로 공인인증서를 발급받거나 받을 수 있도록 하는 행위에 해당하지 않는다고 하였다.[23)]

23) 대판 2009.5.14. 2008도11361; 전자서명법 제23조 제2항은 "누구든지 타인의 명의로 공인인

또한 공인인증서가 아닌 인증서 등을 공인인증서로 혼동하게 하거나 혼동할 우려가 있는 유사한 표시를 사용하거나 허위로 공인인증서의 사용을 표시하는 행위, 공인인증서를 이용범위 또는 용도에서 벗어나 부정하게 사용하는 행위 및 행사하게 할 목적으로 다른 사람에게 공인인증서를 양도 또는 대여하거나 행사할 목적으로 다른 사람의 공인인증서를 양도 또는 대여 받는 행위도 금지된다(동조 제3항 내지 제5항).[24] 만약 위와 같은 규정에 위반된 행위를 한 자에 대하여서는 징역 또는 벌금이나 과태료에 처하는 제재가 있다(법 제31조 이하).

⑦ 이용자의 준수사항

이용자는 공인전자서명의 진위여부를 확인하기 위하여 가) 공인인증서의 유효여부의 확인, 나) 공인인증서의 정지 또는 폐지여부의 확인, 다) 공인인증서의 이용범위 및 용도제한 사항과 가입자가 제3자를 위한 대리권을 갖는 경우 또는 직업상 자격 등의 표시를 요청한 경우 이에 관한 사항의 확인 조치를 취하여야 한다(법 제25조의 2).

1.5.5 인증기관의 손해배상책임

① 규정의 취지

공인인증기관은 인증업무수행과 관련하여 가입자 및 공인인증서 신뢰자(이용자)에게 손해를 입힌 때에는 그 손해를 배상하여야 한다. 다만, 공인인증기관이 과실 없음을 입증한 경우에는 그 배상책임이 면제된다(법 제26조 제1항). 또한 공인인증기

증서를 발급받거나 발급받을 수 있도록 하여서는 아니 된다"고 규정하고 있는 바, 이 조항의 입법취지 및 조문체계, 전자서명법 제23조 제1항 내지 제5항에서 금지하고 있는 각 행위의 유형 및 그 위반에 대한 처벌의 정도 등에 비추어보면, 이 조항에서 '타인의 명의로 공인인증서를 발급받거나 받을 수 있도록 하는 행위'라 함은 타인의 전자서명생성정보에 대한 지배·관리권을 배제하여 그 전자서명생성정보와 공인인증서 발급에 필요한 자료를 취득한 다음 그 타인의 명의로 공인인증서를 발급받는 행위 또는 이와 같이 공인인증서를 발급받을 수 있도록 하는 행위를 의미한다. 따라서 전자서명생성정보에 대한 지배·관리권을 계속하여 유지하고 있는 타인의 승낙 또는 위임을 받아 그 명의로 공인인증서를 발급받은 경우에는 전자서명법 제31조 제3호, 제23조 제2항을 적용하여 처벌할 수 없다.

24) 전자입찰과 관련하여 공인인증서를 타인으로 하여금 전적으로 사용하게 하는 행위가 전자서명법상 대여행위(제23조 제5항)에 해당하여 형사처벌의 대상이 된다고 본 사례; 대판 2008. 11.27. 2008도4963.

관은 위 규정에 의한 손해를 배상하기 위한 보험에 가입하여야 한다(동조 제2항).

인증기관의 인증업무수행과 관련하여 인증서비스가 정상적으로 수행되지 않았을 경우에 가입자와 인증서를 신뢰한 이용자가 손해를 입게 되고, 이 경우 인증기관은 이들에 대하여 손해배상책임을 부담하게 된다. 인증기관은 이러한 손해배상책임이행을 위하여 배상책임보험에 가입하여야 한다.

② 인증기관의 고의·과실요건(과실책임주의)

가. 인증기관의 고의·과실

인증기관의 손해배상책임과 관련하여 비공인인증기관의 손해배상책임의 경우에는 전자서명법의 규정이 적용되지 않으므로 민법상의 손해배상책임에 관한 일반법리(과실책임법리)에 따라야 할 것이다. 또한 무과실책임의 경우에는 개개의 특별법에서 명시적인 규정을 통하여 과실책임원칙의 예외를 인정하고 있다.

공인인증기관은 전자서명법이 정하는 엄격한 지정요건을 충족하고 사고발생의 방지를 위한 여러 가지 강력한 조치를 취하도록 되어 있다는 점을 고려할 때, 공인인증기관의 손해배상책임을 무과실책임으로 인정하게 되면 비공인인증기관의 손해배상책임을 과실책임으로 인정한 것과 맞지 않는 모순이 생기게 된다. 따라서 이러한 점을 고려할 때 공인인증기관의 손해배상책임도 과실책임원칙이 적용된다고 할 것이다. 즉 공인인증기관이 고의 또는 과실로 가입자 등에게 손해를 입힌 경우에 한하여 손해배상책임을 지게 된다.[25] 다만 개정 전자서명법에서는 공인인증기관의 무과실의 경우라도 불가항력에 의하여 손해가 발생한 경우에는 공인인증기관의 배상책임이 경감되는 것으로 규정하고 있다. 따라서 과실을 두 경우로 나누어 공인인증기관의 과실이 있는 경우에는 배상책임이 있고, 그렇지 않고 이용자의 과실로 인한 경우 즉 공인인증기관은 무과실인 경우에는 공인인증기관이 자신의 무과실을 입증하면 책임이 면제될 수 있다.

나. 귀책사유

공인인증기관의 구체적인 귀책사유로는 가입자와 인증서 이용자에 대한 관계

25) 동지 : 배대헌, 『전자상거래 도입에 따른 디지털서명의 법리와 인증기관의 민사책임에 관한 연구』 정보통신학술연구과제-계명대학교, 1999. 3, 92면. 다만 이에 대하여 서명법 제26조에 공인인증기관의 '고의나 과실에 의한 위법행위'라는 문구가 없다는 점과 이 규정은 공인인증기관의 신뢰성을 보호하기 위하여 민법의 규정과는 다른 특칙을 인정한 것이라는 점을 근거로 공인인증기관의 책임을 무과실책임으로 보는 견해도 있다(강경근, "공인인증기관과 법률문제" 36면).

에 따라서 달라질 것이다. 예컨대, 잘못된 인증서의 발급, 인증업무준칙에 위반된 잘못된 인증업무의 수행, 전자서명키의 복제, 인증기관의 비밀키의 해킹 등을 들 수 있다. 가입자의 전자서명생성키에 대하여는 가입자 자신이 이를 제대로 관리하여야 하고, 그렇지 않은 경우에는 불이익을 입게 된다(서명법 제21조 제3항, 제34조 제1항 7호). 판례는 위조된 신분증표(운전면허증)를 믿고 공인인증서를 발급해 준 공인인증기관의 이용자(신뢰자)에 대한 손해배상책임을 인정하였다([사례연구])

[사례연구] 위조된 신분증표(운전면허증)을 믿고 공인인증서를 발급한 공인인증기관의 손해배상책임을 인정한 사례

(서울지법 2003.12.23.선고 2002가합66798판결)[26)]

<사실관계>

甲(삼성생명보험회사)은 인터넷을 통하여 고객들을 상대로 금융업무를 수행하기 위하여 공인인증기관인 乙(금융결제원)과 서버인증서 이용계약 및 본인확인 서비스 이용계약을 체결하였다. 그 후 신원미상자가 甲의 고객들인 A, B, C 등의 명의로 위조된 여러 개의 운전면허증(신원미상자가 각각 자신의 사진과 A,B,C 등의 주소, 주민등록번호, 이름을 합성하여 위조하였음)을 乙의 등록기관(Registration Authority: RA)[27)]인 丙(농업협동조합)의 산하 지부 여러 군데에서 각각 제시하고 A, B, C 등의 명의로 여러 개의 공인인증서를 발급받은 후, 이를 이용하여 甲의 인터넷 사이트를 통하여 약관대출 및 신용대출로 총 21회에 걸쳐 전체 합계 약 1억 4천만원을 대출 받아 가로챈 사건이다. 이에 甲(원고)이 乙(피고)을 상대로 손해배상청구의 소를 제기한 사건이다(한편, 乙은 이 사건발생 전에 丁(손해보험회사)에 전자상거래배상책임보험에 가입한 상태이다).

〈판결 요지〉

공인인증기관으로서 위조된 신분증표를 믿고 공인인증서를 발급함으로서 이를 신뢰하고 거래한 이용자(본건의 경우 금융기관)의 손해에 대하여 피고의 책임이 면제되기 위하여서는 성명불상자가 제시한 운전면허증이 금융기관에 종사하는 자에게 통상적으로 요구되는 주의의무를 기울여도 육안으로 그 위조 여부를 밝힐 수 없을 정도로 정교하게 위조되었다는 점이 인정되어야 할 것인데, 이 사건의 경우 제반 사정과 제시된 증거만으로는 위 성명불상자가 제시한 운전면허증이 위조여부를 밝힐 수 없을 정도로 정교하게 위조되었다고 인정하기에 부족하고, 달리 이를 인정할 만한 증거가 없다. 따라서 피고에게 과실이 없으므로

26) 이 사건에 대한 항소심인 서울고법 2004.10.27.선고 2004나7509판결도 원심과 같은 취지이다. 이 사건은 항소심판결로 종결되었다.

27) 등록기관은 공인인증기관으로부터 인증서 발급신청의 접수, 처리 등의 등록업무를 위탁받은 기관으로서 일종의 공인인증기관의 이행보조자의 지위에 있고, 따라서 등록기관의 잘못에 대하여는 공인인증기관이 책임을 지고 내부적으로 등록기관에 대하여 구상하는 관계에 있다.

피고의 손해배상책임이 면제된다는 주장은 이유 없다. 한편 원고의 경우 공인인증서를 통한 확인절차만을 거친 후 다른 추가 확인 조치 없이 고객 명의로 사전에 등록된 계좌가 아닌 새로 개설한 계좌로의 대출금 입금까지 허용한 점, 약관대출이 수시로 대출이 가능하다는 점을 감안하더라도 원고가 위와 같이 통상적으로 볼 수 없는 대출 행태(동일인 명의로 단기간 내에 4회 내지 8회의 대출을 받으면서 같은 날 1분 내지 7분의 간격으로 2내지 3회 연속하여 대출을 받음)를 만연히 보아 넘기고, 해당 고객에게 전화를 통한 확인 등을 하는 최소한의 확인조치도 취하지 않은 점은 인터넷 대출서비스를 시행하는 금융기관들에게 통상적으로 요구되는 본인 확인의무나, 대출사고 예방의무를 충실히 이행하지 못한 것이라 할 것이고, 이러한 원고의 과실이 이 사건 사고의 발생이나 손해확대에 기여하였다고 보이므로, 이를 피고가 배상하여야 할 손해액을 산정함에 있어서 원고의 과실비율을 30%로 인정하였다.

<검 토>

이 사건은 공인인증기관이 발급한 공인인증서를 신뢰하고 거래한 이용자(금융기관)의 손해에 대하여 전자서명법 제26조에 따라서 공인인증기관의 과실책임을 인정한 사례이다. 따라서 '공인인증기관등의신원확인업무에관한지침(신원확인업무지침; 정보통신부 2001.8.1 고시)' 제4조 제1항에서는 신원확인증표로서 주민등록증, 운전면허증 등을 규정하고 있는데, 공인인증기관인 피고가 사안에서 문제된 운전면허증의 위조여부를 육안으로 식별하기가 불가능한 것이었는데도, 판례가 단순히 신원확인의 주의의무를 다하지 못하였다고 본 것은 향후 공인인증기관에게 신원확인을 하기 위하여서는 운전면허증을 제시하는 경우 이 신원확인증표를 육안으로 확인하는 외에 발행기관에 조회하거나 별도의 본인확인을 할 수 있는 인감서류 등을 요구하는 결과가 되어 위의 신원확인업무지침이 무의미하게 될 우려가 있고, 또한 전자서명 인증제도를 운용함에 있어서 신원확인 방법에 대한 재검토가 필요하게 되었다고 본다.

다. 계약체결상의 문제

가입자가 인증기관의 인증서비스를 받기 위하여는 인증기관에 직접 출두하여 신원확인절차를 거치거나 등록기관(Registration Authority : RA)을 통하여 신원확인절차를 거쳐서 인증서비스 계약을 체결할 수 있다. 이 경우 가입자와 인증기관이 직접대면 절차를 거치지 않고도 신원확인이 온라인 상으로 이루어 질 수 있는 경우에는 가입자와 인증기관이 체결한 계약의 유효성이 인정될 수도 있다.

③ 손해배상의 유형과 범위

가. 인증기관의 가입자에 대한 손해배상책임

인증기관의 가입자에 대한 관계는 계약관계이므로 인증기관은 그 계약상의 채무불이행을 한 경우 그로 인한 손해배상책임을 부담한다(채무불이행책임). 이 때

계약의 내용은 인증실무준칙이 약관의 기능을 하게 되므로, 이에 따라서 정해질 수 있다. 인증실무준칙에서 정하지 않은 사항에 대하여는 사법상의 채무불이행에 관한 일반원칙(민법 제390조)에 따라서 손해배상책임을 진다. 이 경우 손해배상의 범위는 통상손해를 그 한도로 하지만, 특별한 사정으로 인한 손해는 채무자가 그 사정을 알았거나 알 수 있었을 때에 한하여 배상책임이 있다(민법 제393조).

나. 인증기관의 인증서 이용자에 대한 손해배상책임

인증기관과 인증서 이용자간에는 원칙적으로 아무런 계약관계가 없으므로 불법행위책임(민법 제750조)의 문제로 해결할 수 있을 것이다. 다만, 인증서의 유형에 따라서 다음과 같은 점을 검토할 수 있다.

첫째, 인증서의 이용범위에 제한을 두지 않은 경우

이 경우에는 인증기관과 인증서 이용자는 직접적인 계약관계가 없기 때문에 인증기관은 불법행위책임을 부담하게 된다. 다만, 가입자와 인증기관이 인증서 이용자를 위하여 제3자를 위한 계약(민법 제539조)을 체결한 것으로 볼 수 있는 경우에는 인증서 이용자는 인증기관에 대하여 채무불이행책임을 물을 수 있다고 본다(예컨대 인증서비스가 제3자를 위한 것으로 인정될 경우).[28]

둘째, 인증서의 이용범위에 제한을 둔 경우

이 경우에는 인증서 이용자가 인증서의 이용범위를 벗어나서 이용한 경우, 인증서의 이용범위의 제한 내에서 사용한 결과 이용자의 손해가 발생한 경우로 나누어 볼 수 있다.

1) 인증서 이용자가 인증서의 이용범위를 벗어나서 이용한 경우

인증서 이용자는 인증서의 이용범위를 벗어나서 사용할 권리가 없음에도 이 제한범위를 벗어나서 사용한 것이므로 인증기관과 인증서 이용자간의 손해배상책임문제는 원칙으로 인증서의 약정내용이 적용될 것이나, 그 약정내용이 현저하게 불공정한 경우에는 약관규제법에 의하여 무효의 문제가 생길 수 있다. 인증기관의 귀책사유가 있으면 이 때에는 민법상의 불법행위법리(민법 제750조)가 적용될 수 있다.

2) 인증서의 이용범위의 제한내에서 사용한 결과 이용자의 손해가 발생한 경우

이 경우는 원칙적으로 불법행위법리가 적용될 것이나, 전술한 바와 같이 민법상의 제3자를 위한 계약의 법리가 적용될 수 있는 경우에는 인증서 이용자는 인

28) 배대헌, 전게서, 87면.

증기관에 대하여 채무불이행으로 인한 손해배상책임을 물을 수 있을 것이다.

1.5.6 전자서명의 상호연동 및 인증서의 상호인정

① 전자서명의 상호연동

개정 전자서명법은 행정안전부장관이 전자서명의 원활한 상호연동을 위하여 국내외 표준의 조사연구 및 개발, 상호연동과 관련한 표준의 제정, 상호연동을 위한 전자서명 및 인증정책의 조정, 기타 상호연동과 관련한 사항을 추진하도록 하였다(동법 제26조의 3).

② 인증서의 상호인정

전자서명이 인터넷을 이용한 국제적인 전자상거래에서 사용되는 경우 그 원활한 사용을 위해서는 특정 국가의 인증기관이 인증한 전자서명은 다른 국가에서도 그 법적 효력이 인정될 수 있어야 한다. 유엔국제상거래법위원회(UNCITRAL)가 전자서명모델법을 제정하였으나, 현재 전자서명에 관한 국제적인 협약이 마련되어 있지 않은 상황에서는 국가간의 협약에 의한 전자서명의 상호인정이 필요하다. 국제협약이 마련된 후에는 이 협약에 가입함으로써 국제적으로 통일적인 전자서명의 효력을 인정할 수 있게 되기 때문에 국가 간의 상호인정은 불필요할 것이다.

전자서명법에서는 우리나라 전자서명 인증제도에 의한 전자서명이 국제적으로 원활하게 이용될 수 있도록 우리나라 정부는 전자서명의 상호인정을 위하여 외국정부와 협정을 체결할 수 있도록 하였다. 이러한 협정을 체결하는 경우에는 외국의 인증기관 또는 외국의 인증기관이 발급한 인증서에 대하여 전자서명법에 의한 공인인증기관 또는 공인인증기관이 발급한 인증서와 동일한 법적 지위 또는 법적 효력을 부여할 수 있다. 외국정부와 전자서명의 상호인정에 관한 협정을 체결한 경우에는 행정안전부장관이 그 내용을 고시하여야 한다(법 제27조).

1.5.7 전자서명인증정책의 추진

정부는 전자서명인증제도의 발전을 위하여 시책을 수립·시행하여야 하고(법

제26조의 2), 전자서명 기술개발 및 인력양성을 위하여 필요한 사항을 추진한다(법 제26조의 4). 아울러 전자서명의 이용확산을 위하여 전자서명 시범사업을 추진하고 전자서명이용촉진을 위한 금융지원과 수수료감면 등의 시책을 수립·시행할 수 있다(법 제26조의 6).

제 2 장

전자상거래와 소비자보호

– 차 례 –

2.1 전자상거래와 소비자보호의 의의

2.1.1 소비자보호의 필요성

전자상거래의 발달과 함께 기업활동의 방식이 변하고 소비습관이 혁신적으로 변하고 있다. 그 이유로는 인터넷 전자상거래에 따른 세계화와 국제거래장벽의 제거, 스마트 카드의 보급, 인터넷 및 세계 언어로서의 영어의 사용 등을 들 수 있다. 전자상거래는 정보유통비용을 제거함으로써 과거 철도운송의 발달로 인한 산업혁명의 과정을 21세기에 다시 재현하고 있는 것이다(이를 소위 인터넷 혁명이라고도 부른다).[1)]

한편 전자상거래의 발달과 더불어 종래에는 예상하지 못하였던 새로운 소비자문제를 야기하고 있다. 즉 전자상거래의 특성(비대면성, 국제적 특성, 기술적 특성 등)으로 인하여 전자거래사업자의 사기·기만 거래의 가능성, 온라인 주문과 결제 과정에서 개인정보의 유출에 따른 피해 가능성, 유해한 인터넷 거래로부터 청소년을 보호할 필요성, 소비자와 사업자간의 분쟁이 발생하였을 때에 이를 신속하고 효율적으로 해결하여야 할 필요성 등이 제기된다.

본서에서는 전자상거래 소비자 보호에 관한 국내외 입법동향을 살펴본 후, 우리나라의 관련 법규와 전자상거래 소비자 보호를 위한 법적 문제점을 고찰하기로 한다. 다만 전자상거래 소비자보호와 관련하여서는 전자상거래 분쟁해결제도가 매우 중요한 내용의 하나이지만 이 문제는 전자상거래분쟁해결제도와 관련하여 별도로 고찰하기로 하고, 이곳에서는 그 외의 전자상거래에 있어서의 소비자보호문제에 관하여 다루고자 한다.

---

1) Chissick M·Kelman A, *Electronic Commerce* : Law and Practice, London : Sweet& Maxwell, 2000, pp.1-2.

2.1.2 소비자보호의 기본방향

전자상거래에 있어서 소비자보호를 위한 기본방향을 다음과 같이 생각할 수 있다.

첫째, 소비자 보호를 위한 정부와 민간 부분의 공동 노력이 필요하다.

둘째, 전자상거래의 자율성과 안전성 확보가 요구된다.

셋째, 전자상거래와 소비자 피해구제의 효율성 및 신속성이 요구된다.

넷째, 전자상거래의 국제적 특성상 국제적인 차원에서 소비자 보호를 위한 공동 노력이 필요하다.

다섯째, OECD 전자상거래 소비자보호 가이드라인(이에 관하여는 후술)을 준수하여야 한다.

여섯째, 개별 소비자 보호 관련 법제간의 조화가 필요하다.

2.2 전자상거래 소비자보호에 관한 국내·외 입법례

2.2.1 국제적 동향

(1) OECD 전자상거래 소비자보호 가이드라인

OECD 소비자정책위원회에서는 1997년부터 전자상거래에 있어서 소비자보호 문제를 중요한 의제의 하나로 다루어 왔다. 즉 OECD는 1997년 3월에 "소비자와 전자상거래"를 주제로 포럼을 개최하여 전자상거래에 따른 소비자보호문제를 다루었는데, 여기서 논의된 주요 내용은 다음과 같다. 첫째, 범세계적인 전자상거래로부터 소비자들이 얻을 수 있는 편익, 둘째, 전자화폐와 암호기술 등을 소비자가 사용하는 방법, 셋째, 소비자의 프라이버시 보호방안, 넷째, 사기거래로부터 소비자를 보호하는 방법, 다섯째 소비자보호에 효과적으로 대응하기 위한 정부, 업계 및 소비자단체의 협력방안 등이었다.[2] 이 포럼이 끝난 후 전자상거래에 있어서의 소비자보호문제는 국제적인 문제이므로 모든 회원국에게 공통적으로 적용되는 전자상거래 소비자보호 가이드라인을 제정하기로 하고 1998년 4월부터 본격적인 가이드라인 제정작업이 시작되었다. 그 후 약 2년 간의 논의를 거쳐서 1999년 12월 9일 OECD 이사회는 "전자상거래 소비자보호 가이드라인(Recommendation of the OECD Council Concerning for Consumer Protection in the Context of Electronic Commerce)"을 채택하였다. 이 가이드라인은 다음과 같은 네 개의 장으로 구성되어 있다.

즉, 제1장 가이드라인의 적용범위, 제2장 전자상거래에 있어서 소비자보호를 위한 일반원칙, 제3장 각 회원국이 이행하여야 할 사항, 제4장 회원국들의 범세계적인 협력사항 등이다.

이 가운데 제2장 소비자보호를 위한 일반원칙이 가장 중요한 데, 그 내용은 다음과 같다.

① 투명하고 효과적인 소비자보호
② 공정한 영업, 광고 및 마케팅 관행
③ 온라인 정보제공의 강화
④ 거래 확인절차의 구축과 운영
⑤ 안전한 대금지급 체계
⑥ 분쟁해결 및 피해구제의 강화
⑦ 프라이버시의 보호
⑧ 소비자교육의 강화 등이다.

OECD는 정보통신기술의 발전으로 인한 새로운 거래와 구매형태의 출현과 각국의 경험을 반영하여 1999년 지침(가이드라인)을 대폭 개정하여 '전자상거래에서의 소비자보호에 관한 권고'(2016. 3. 30.)[3]를 채택 발표하였다.

이 소비자보호 권고는 전자상거래에서의 소비자보호를 위한 기업과 정부의 역할을 다음과 같이 구체적으로 명시하였다. 사업자의 역할로는 첫째, 표시·광고 관련하여 사업자는 허위, 과장, 기만적인 표시 광고행위를 해서는 안 된다(제12조 내지 제14조). 둘째, 정보 제공과 관련하여 사업자는 소비자가 합리적인 구매결정을 할 수 있도록 신원·상품(디지털 콘텐츠 포함) 거래 등에 대한 충분한 정보를 제공해야 한다(제25조). 신원 정보에는 상호, 연락처(전자우편주소, 전화번호), 주소, 분쟁해결절

2) 강성진, 「OECD 전자상거래 소비자보호 가이드라인의 내용과 과제」, 한국소비자보호원, 1999년 12월, 4면 각주 6) 참조.

3) Recommendation of the Council on Consumer Protection in E-Commerce(2016).

차, 사업자번호 등(제29조)이 있다. 사업자는 계약체결 전에 소비자가 가격, 배송조건 등 거래내용을 확인하고 오류를 수정할 수 있도록 해야 하며(제37조), 거래 이후 소비자 요청 시 완전한 거래기록을 제공해야 한다(제39조). 사업자는 전자적 대금결제 시 사기적 거래로부터 소비자를 보호하기 위하여 결제대금 예치서비스(escrow service)를 제공하는 것이 바람직하다(제41조). 넷째, 소비자는 전자상거래에서의 분쟁을 해결하고 피해를 구제받을 수 있는 수단에 쉽게 접근할 수 있어야 한다(동 제43조). 사업자는 소비자 불만을 해결하기 위한 절차를 마련하고(제44조), 소비자가 대체적 분쟁해결(ADR)절차를 이용할 수 있어야 한다(제45조). 사업자는 상품의 하자 등으로 인한 소비자 피해를 배상하고(제46조), 각 국은 실효적인 소비자 피해 구제가 이루어질 수 있도록 소비자보호기관에 합당한 권한을 부여해야 한다(제47조).

정부의 역할은 첫째, 전자상거래에서의 소비자 보호를 위한 법률을 제정 시행하고, 기만적 거래로부터 소비자를 보호하기 위한 조사 시정권한을 갖춘 기관을 운영해야 한다(제53조).[4] 둘째, 정부는 국제 전자상거래에서의 효과적인 소비자 보호를 위해 국제기구를 활용, 다지 양자협상 등을 통해 적극적으로 협력해야 한다(제54조).

(2) 유럽연합(EU)의 소비자보호제도

유럽 집행위원회(European Commission)는 유럽연합 차원의 소비자정책을 총괄추진하며, 소비자보호를 위한 기본적인 원칙을 제시함으로서 회원국들의 개별 소비자보호 법령들과의 조화를 모색하고 있다.

유럽연합은 1997년 4월에 “유럽전자상거래전략(European Initiative in Electronic Commerce)”을 채택하였고 동년 7월 전자상거래에 관한 “본(Bonn) 선언문”을 발표하였다. 1998년 10월에는 전자상거래의 촉진과 소비자보호를 위하여 관련 법률을 정비하고 온라인계약과 광고물을 규제하는 내용의 전자상거래지침안을 마련하였고 유럽연합회원국간의 의견을 수렴하여 1999년 12월 유럽연합 각료이사회와 유럽의회에서는 소비자보호를 강화하는 내용을 보완하여 “전자상거래지침[5]”을 승인하였

4) 우리나라는 전자상거래소비자보호법을 제정(2002년)하여 운영해 왔으며, 최근 이 법을 개정(2016년 3월 29일)하여 사기 사이트에 대한 임시중지명령제를 도입하고, 전자게시판서비스 제공자의 의무사항을 신설하는 등 소비자보호 규정을 강화하였다.

5) Directive 2000/31/EC of the European parliament and of the Council of 8 June 2000 on certain legal aspects of information society services, in particular electronic commerce, in the Internal Market.

다. 이 지침은 여러 가지 유형의 온라인 거래와 온라인 사업자에 대한 영업과 감독의 주체, 규제범위, 소비자보호 및 분쟁해결절차 등을 규정하고 있다.

유럽위원회와 유럽의회는 1997년 5월 "원격지 매매 지침(Distance Selling Directive)"[6]을 채택하였고, 이 지침은 2000년 4월부터 시행되고 있다. 이 지침은 유럽연합 회원국 소비자들에게 상품 및 재화를 인터넷을 통하여 판매하는 경우에 원격지 매매에 따른 위험으로부터 소비자를 보호하기 위하여 제정된 것이다. 이 지침은 다음과 같은 다섯 부분으로 구성되어 있다. 첫째, 계약과 거래조건에 관한 정보에 대한 규정(제4조 및 제5조), 둘째, 철회권(제6조), 셋째, 공급자의 이행의무에 관한 규정(제7조), 넷째, 카드에 의한 지급 규정(제8조), 다섯째, 강매규정(Inertia selling[7] : 제9조) 등이다.[8]

이 원격지 매매지침과 방문판매지침[9]은 2011년 제정된 소비자권리지침[10]에 의하여 흡수 폐지되었다. 이 소비자권리지침은 원거리 통신을 이용하여 소비자와 상인 간에 체결되는 원거리 계약(distance contract) 등에 관한 회원국의 법제를 유사한 수준으로 일치시킴으로써 역내시장에서 높은 수준의 소비자보호를 달성하고자 제정되었다(제1조). 이 지침은 원거리 계약에서 상인의 정보제공요건(제5조, 제6조), 철회권의 행사와 효과(제9조 내지 제16조), 배송(제18조) 등을 규정하고 있다.[11]

---

6) Directive 97/7/EC. 이와 함께 유럽연합은 소비자보호법제 2000(The Consumer Protection Regulations 2000)을 발표하였는데 이 법제는 원격통신수단을 이용하여 체결되는 계약에 있어서 소비자보호를 위한 규정을 담고 있다 : Chissick M·Kelman A, *op. cit.*, p.31 각주 18.
참고로 유럽연합 규정(regulation)은 국내법 제정절차 없이 바로 국내법과 동일한 직접적인 효력을 가진다는 점에 비하여 지침(directive)은 각 회원국들의 정책목표를 제시하고 직접적 규제가 아닌 회원국의 국내법을 통하여 효력을 발생시킨다는 점에 차이가 있다. 그 외에 권고(recommendation) 및 고시(notice) 등과 같은 하위규범이 있다.

7) 강매(Inertia Selling)란 떠맡기기 식 판매인데, 예컨대 멋대로 상품을 보내놓고 반품하지 않으면 대금을 청구하는 방식의 판매를 말한다. 이는 주로 영국을 중심으로 한 유럽에서 많이 문제가 된 판매방식이다. 원격지 매매 지침은 유럽연합 회원국이 재화 및 용역을 소비자가 주문하기 전에는 사업자가 이를 소비자에게 공급해서는 안 된다는 것을 각국이 국내법에서 규정하도록 정하고 있다. 영국에 있어서는 1971년의 "불필요한 재화 및 용역에 관한 법률(Unsolicited Goods and Service Act, 1971)"이 위와 같은 강매행위를 금지하고 있으나, 이 법률은 단지 소비자가 원치 않는 재화에 대하여만 적용되므로 유럽연합 지침에서처럼 용역에 대하여서도 적용될 수 있도록 금지할 필요가 있다(Chissick M·Kelman A, *op. cit.*, p.37).
최근에 우리나라에서도 통신판매에 있어서 이러한 방식의 판매가 행해지고 있는 실정이다.

8) Chissick M·Kelman A, *op. cit.*, p.31.

9) Council Directive 85/577/ECC

10) Directive 2011/83/EU of the European Parliament and of the Council of 25 October 2011 on consumer rights, amending Council directive 93/13/ECC and Directive 1999/44/EC of the European Parliament and of the Council and repealing Council Directive 85/577/ECC and Directive 97/7/EC of the European Parliament and of the Council

유럽 집행위원회는 2014년부터 2020년까지의 소비자 보호프로그램(Consumer Programme 2014-2020)을 마련하고 소비자권익 강화를 위한 국가 간 협력 업무를 담당할 전담기관의 설립과 온라인 계약분쟁에 대한 새로운 접근방식을 마련하고, 재판 외 대안적 분쟁해결(ADR)을 위한 기관과 온라인분쟁해결(ODR)제도 마련을 추진하고 있다.

(3) 영 국

영국의 경우 소비자보호법(Consumer Protection Act, 1987), 거래상표법(Trade-marks Act, 1994), 소비자신용법(Consumer Credit Act, 1974) 등을 통하여 소비자를 보호하고 있고 이들 법은 전자상거래에 있어서도 소비자보호를 위하여 적용될 수 있다. 또한 인터넷을 이용하여 전자거래기업들이 쇼핑몰을 통하여 광고행위를 할 때 이를 규율하는 광고법(Advertising Code, 1995)과 판매촉진법(Sales Promotion, 1995) 등을 통하여 광고 전반에 대한 규제와 소비자보호를 하고 있다.

(4) 독 일

독일은 1997년 정보통신을 이용한 모든 영업행위에 대하여 실제상의 이름과 주소 및 가격 표시 등을 명시하도록 의무화한 “정보통신서비스법(정식명칭은 ‘정보통신서비스에 대한 규약조성을 위한 법률 : Gesetzes Zur Regelung der Rahmenbedingungen für Informations-und Kommunikationsdienste : Informations-und Kommunikationsdienste- Gesetz-IuKDG)”을 제정하였다. 이 법률의 목적은 독일연방의 권한 범위 안에서 정보통신서비스 분야에서 역동적인 발전을 위한 안정적인 기반을 제공하고, 또한 자유로운 경쟁, 이용자의 정당한 이익, 공공질서의 이해관계 등이 상호균형을 이룰 수 있도록 하는데 있다.[12)]

이 법률은 텔레서비스법, 텔레서비스데이터보호법, 디지털 서명법 등을 포함

---

11) EU 소비자권리지침은 원거리계약과 영업소 밖 계약에 대하여 규정하고 있는데 이는 통신판매를 규정하고 있는 우리나라 “전자상거래 등에서의 소비자보호에 관한 법률”과 “방문판매 등에 관한 법률”과 비교될 수 있다. 우리나라 “전자상거래 등에서의 소비자보호에 관한 법률”은 통신판매 및 전자상거래를 함께 규율대상으로 하고 있지만, EU에서는 전자상거래의 경우 전자상거래지침(Directive 2000/31/EC)으로 규율하고, 통신판매의 경우 소비자권리지침(Directive 2011/83/EU)에서 원거리계약의 일종으로 규율하고 있다는 점에서 차이가 있다; 한국법제연구원 연구보고서, “EU의 경쟁/소비자법·제도 및 사건처리절차 연구” 공정거래위원회(2015), 170~171면.

12) 이 법률에 관한 상세한 내용은 한국전산원, 「독일 정보통신 서비스법(안)」(1997) 참조.

하고 있다. 아울러 청소년유해출판물의 배포에 관한 법률, 저작권법, 가격표시법 등을 개정하는 법규정을 두고 있다. 한편 독일은 소비자의 합리적인 선택권을 방해하는 기만광고 등을 금지하기 위한 기만적 경쟁방지법(UWG)을 전자거래에도 동일하게 적용하고 있고, 독일연방법원은 원치 않는 광고성 전자우편(소위 스팸메일)을 반경쟁적인 것으로 보고 있다.[13)]

(5) 미 국

미국의 연방거래위원회(Federal Trade Commission : FTC)는 전자상거래에 있어서 소비자문제를 담당하고 있다. 연방거래위원회는 1995년 정보통신기술 발달과 세계화의 진전에 따라서 발생하는 소비자문제를 논의하는 포럼을 개최한 바 있고 이 회의에서 다음과 같은 세 가지의 전자상거래 소비자보호의 기본원칙을 정하였다. 즉 첫째, 사기방지를 위한 법집행, 둘째, 민간주도 원칙 하에서 민간과 공공부문의 협력, 셋째, 정부, 업계, 소비자단체의 협력을 통한 소비자교육 등이다.[14)] 특히 사기방지를 위한 법집행에 관하여는 미국 통일상법전(Uniform Commercial Code : UCC)과 연방거래위원회법(FTC Act)이 전자상거래 사기에도 적용된다.

(6) 일 본

일본은 통상산업성 산하의 "전자상거래실증추진협의회(ECOM)"에서 전자상거래와 소비자보호를 위한 여러 가지 업무를 추진하여 왔다. 즉 첫째, 전자상거래상의 계약 취소 및 무효와 관련된 민·상사법의 관계조항 검토, 둘째, 민간부문에 있어서 전자상거래 관련 개인정보보호 가이드라인 제정(1998), 셋째, 소비자-입점자 간의 매매에 관한 운용 가이드라인(일명 소비자거래 가이드라인, 1998) 등이다.

소비자거래 가이드라인은 전자상거래업자가 준수하여야 할 지침을 상세하게 규정하고 있다. 즉 광고, 선전, 권유, 계약, 상품배달, 상품의 교환 및 반품, 대금지급, 안전대책, 개인정보보호, 아동보호, 소비자불만처리 등의 내용을 규정하고 있다.

---

13) 윤기호, 이철송외 3인, 「전자상거래에 있어 소비자보호와 불공정거래행위 규제방안」, 정보신정책연구원(1998), 390면.

14) 강성진, "전자상거래와 소비자보호" 한국전산원 주최, 전자상거래국가전략 수립 토론회 자료(1998), 120면.

2.2.2 전자상거래 등에서의 소비자보호에 관한 법률

(1) 서 설

전자상거래에 있어서 소비자 보호와 관련된 법규정은 법제정의 목적에 따라 다음과 같은 여러 법률에서 관련 규정을 찾아볼 수 있다.

먼저 "소비자기본법"[15]은 소비자의 기본권익 보호를 위하여 국가, 지방자치단체 및 사업자의 의무를 규정하고, 소비자 및 사업자단체의 역할을 규정하여 소비자보호시책의 종합적인 추진을 위한 기본시책을 정하고 있는 법이다. 이 소비자기본법은 소비자의 기본적 권리를 규정하고(제4조), 이를 위한 국가 및 지방자치단체의 의무, 사업자의 의무, 소비자분쟁조정위원회, 소비자피해구제(제6조 이하) 등이 주요 내용으로 되어 있다. 이외에도 소비자단체, 소비자정책위원회, 한국소비자원 등 소비자보호에 관한 정책적 규정도 포함되어 있다. 전자상거래에 관련된 여러 법률상의 소비자보호규정은 이 소비자기본법을 모범으로 하여 각 법률에 필요한 사항을 추가한 것이라고 할 수 있다.

전자상거래 소비자보호를 위하여 특별히 종래의 방문판매법을 개정·보완하여 「전자상거래등에서의 소비자 보호에 관한 법률」(2002년 3월 30일 법률 제6687호, 이를 '전자상거래소비자보호법'이라 한다)이 제정되었고, 최근 2016년 3월 29일 개정되었다.[16]

이 법률은 기존의 방문판매법상의 통신판매규정을 별도로 독립시켜서 여기에다가 전자상거래에 있어서의 소비자보호를 위한 규정을 추가하여 제정된 법이다. 본법은 기존의 방문판매법이 전자상거래에서의 소비자보호에 적합하지 않기 때문에 방문판매법상 통신판매 부분을 분리하여 전자거래 환경에 맞게 규율하고 전자상거래에 관련된 소비자 보호를 강화하기 위하여 제정된 것이다.

---

15) 종래 '소비자보호법'이 2006년 8월 29일 법률 제7988호로 '소비자기본법'으로 전면 개정되었다. 소비자기본법에서는 종래 소비자보호 위주의 규정대신에 소비자권익을 증진하여 소비자주권을 강화하고, 소비자단체소송제도를 도입하였으며, 소비자정책의 집행기능을 공정거래위원회로 이관하는 등의 내용을 담고 있다.

16) 2016년 법 개정은 1. 포털사이트 등의 관리책임부여(제9조의2), 2. 청약철회 가능기간을 방해행위 종료일부터 기산하며, 용역 및 디지털콘텐츠에 대한 청약철회제도개선(제17조), 3.거래과정에서 중요업무를 수행하는 오픈마켓 등 통신판매중개업자의 역할에 부합하는 책임인정(제20조 제2항, 제20조의3), 4. 전자상거래분야의 위법행위로 인한 소비자피해 확산을 신속하게 방지하기 위해 임시중지명령제도를 도입한 것(제32조의2) 등이 주요 내용이다.

본법은 종전의 방문판매법을 대체하는 전자상거래소비자보호에 관한 기본법으로써 B2C 거래에 있어서 소비자 보호에 매우 중요한 기능을 할 것이다.

(2) 다른 법률과의 관계

법률의 적용순서를 정함에 있어서는 특별법 우선의 원칙이 적용되는 결과 동일한 사안에 대하여는 특별법이 일반법에 우선 적용된다. 전자상거래에 있어서 소비자 보호에 관하여는 소비자기본법, 전자문서법, 약관규제법 및 전자상거래소비자보호법 등이 적용되는데 본 법률과 다른 법률이 경합하는 경우에는 본 법률을 우선 적용한다고 규정하고 있다(제4조). 다만, 다른 법률을 적용하는 것이 소비자에게 유리한 경우에는 그 법을 적용한다고 되어 있다. 이 경우 다른 법률을 적용하는 것이 소비자에게 유리한 지 여부의 판단기준이 모호할 수 있다.

① 전자문서법과의 관계

전자문서법과의 관계에서는 법률규정의 중복(제5조, 전자문서의 활용), 적용범위의 중복 등이 문제될 수 있다.

② 방문판매법과의 관계

기존의 방문판매법 중 통신판매규정을 별도로 분리하여 전자상거래의 개념을 추가하여 본 법률을 제정하였는데, 이러한 입법방식을 취한 결과 본 법률상의 내용이 전자상거래와 통신판매의 개념이 중복하여 규정되어 있고 입법의 체계와 법률 용어가 현실에 부합하지 않는 것이 발견된다.

③ 소비자기본법과의 관계

본 법률은 소비자기본법을 기본법으로 하여 소비자의 개념과 같은 기본 개념을 토대로 하고 있다는 점에서 일반법과 특별법의 관계에 있다고 볼 수 있다.

(3) 목 적

이 법은 전자상거래 및 통신판매 등에 의한 재화 또는 용역의 공정한 거래에 관한 사항을 규정함으로써 소비자의 권익을 보호하고 시장의 신뢰도의 제고를 통하여 국민경제의 건전한 발전에 이바지함을 목적으로 한다(제1조).

이 법의 목적은 첫째, 전자상거래 및 통신판매의 공정한 거래를 규정함으로써 소비자의 권익을 보호하는 데 있다. 둘째, 전자상거래 시장의 신뢰도를 제고하는 데 목적을 둔다.

결국 이를 통하여 국민경제의 건전한 발전에 이바지하는 것을 목적으로 한다.

(4) 정의 규정

정의 규정(제2조)은 다음과 같다.

① “전자상거래”

전자상거래란 전자거래(전자문서법 제2조 제5호의 규정에 의한 전자거래를 말한다)의 방법으로 상행위를 하는 것을 말한다(제2조 제1호).

전자문서법은 전자거래란 재화나 용역의 전부나 일부를 정보처리시스템을 이용하여 하는 거래라고 정의하고 있다. 이러한 전자거래에는 전자상거래와 전자민사거래가 포함되는데, 전자상거래소비자보호법에서는 전자민사거래를 제외한 전자상거래의 개념을 규정하고 있다.

전자상거래에는 그 유형에 따라서 B2C, B2B, B2B 등 여러 가지 유형이 있는데, 이 법에서 적용대상으로 삼고 있는 전자상거래형태는 B2C 거래이다. 전자거래의 방법으로 상행위를 한다는 것은 정보처리시스템을 이용한 전자문서로 재화나 용역을 영업적으로 거래하는 것을 말한다. 따라서 단순한 일회성 거래나 비영업적 목적으로 거래하는 것은 전자상거래에 해당하지 않고 전자문서법상의 전자거래에 해당한다고 본다.

전자거래의 방법으로 상행위를 하면 재화나 용역의 전부를 전자거래의 방법으로 하던 혹은 그 일부를 전자거래의 방법으로 하던 관계없다. 예컨대 계약의 단계인 청약과 승낙, 혹은 이행, 대금결제 등의 전 과정을 전자거래의 방법으로 하던 혹은 그 일부를 전자거래의 방법으로 하던 상관이 없다. 전자거래의 방법이란 정보처리시스템을 이용하여 전자문서로 하는 거래를 말한다(전자문서법 제2조 제2호, 제5호).

② “통신판매”

통신판매의 개념에는 전기통신 방법에 따라 재화 또는 용역의 판매에 관한 정보를 제공하고 소비자의 청약에 의하여 재화 또는 용역을 판매하는 것(제2조 제2호)을 말하며 전자상거래가 포함되는 개념이다. 따라서 법률은 제1호의 전자상거래를 통신판매의 특수한 일종으로서 개념을 정하고 있다. 다만, 방문판매 등에 관한 법률 제2조 제3호에 따른 전화권유판매는 통신판매의 범위에서 제외한다(제2조 제2호 단서).

③ "통신판매업자"

통신판매업자라 함은 통신판매를 업으로 하는 자 또는 그와의 약정에 따라 통신판매업무를 수행하는 자를 말한다(제2조 제3호).

전자상거래가 통신판매의 일종으로 분류되므로 전자상거래사업자는 통신판매업자의 일종으로 분류되며, 법률에 따라서 통신판매업의 신고를 하여야 한다. 본법에서 전자상거래의 개념을 정하고 있으므로 통신판매업자의 개념에 대응하는 '전자상거래사업자'의 개념을 규정함이 바람직하다고 본다.[17]

④ "통신판매중개"

통신판매중개는 사이버몰의 이용을 허락하거나 그 밖에 총리령으로 정하는 방법으로[18] 거래 당사자 간의 통신판매를 알선하는 행위를 말한다(제2조 제4호). 따라서 오픈마켓, 인터넷 가격비교사이트, 인터넷경매, B2B거래에서의 E-Marketplace, 인터넷 중개업 등이 여기의 통신판매중개업에 포함된다. 입법론으로는 인터넷 중개업이 매우 중요해지면서 통신판매중개라는 용어대신에 전자상거래중개(업)이라는 용어를 사용하는 것이 현실과 괴리를 없애는 방안이라고 생각된다.

⑤ "소비자"

소비자라 함은 사업자가 제공하는 재화들을 소비생활을 위하여 사용하거나 이용하는 자 또는 대통령령이 정하는 자를 말한다(제2조 제5호, 전자상거래소비자보호법 시행령 제2조 소비자의 범위). 이는 소비자기본법상의 소비자의 개념을 거의 그대로 수용한 규정이다.

---

17) 전자문서법 제2조 6호는 '전자거래사업자'라는 용어를 사용하고 있다. 전자상거래소비자보호법에서는 '전자상거래'라는 용어를 별도로 사용하고 있으므로 이에 맞추어서 '전자상거래사업자'라는 용어를 사용하는 것이 좋다고 생각된다.

18) 전자상거래소비자보호법 시행규칙은 법 제2조 제4호에서 "총리령으로 정하는 방법"이란 자신의 명의로 통신판매를 위한 광고수단을 제공하거나 그 광고수단에 자신의 이름을 표시하여 통신판매에 관한 정보의 제공이나 청약의 접수 등 통신판매의 일부를 수행하는 것을 말한다고 규정하고 있다(제3조).

(5) 전자문서에 의한 계약서 교부 및 공급서 교부의무폐지

2005년 개정 법률은 통신판매업자가 재화 등의 거래에 관한 계약 체결 시 계약 내용에 관한 서면을 교부하도록 한 규정과 관련하여, 전자문서에 의한 계약서의 교부를 인정하고 있다(법 제3조 제2항). 이는 소비자의 권익을 침해함이 없이 사업자의 부담을 경감하며, 현실을 반영한 규정이라고 본다. 한편 개정 법률은 통신판매업자의 공급서 송부의무 규정(법 제16조)을 삭제함으로써 이러한 의무를 폐지하였다. 전자상거래소비자보호법상 전자상거래에서 계약서에 기재할 내용은 대부분 공급서에 기재하도록 규정하고 있어서 계약서의 내용과 공급서의 내용이 거의 동일하므로 개정법률은 규제완화 차원에서 공급서 송부의무를 삭제한 것이다.

(6) 전자문서의 활용

① 전자문서가 약정하지 아니한 전자주소로 송신된 경우

전자문서법 제6조 제2항 제2호의 규정[19]에 불구하고 사업자가 소비자와 사전에 전자문서로 거래할 것을 약정하여 지정한 주소(전자문서법 제2조 제2호의 정보처리시스템을 말한다)로 전자문서(전자문서법 제2조제1호의 규정에 의한 전자문서를 말한다)를 송신하지 아니한 경우에는 당해 전자문서에 의한 권리를 주장할 수 없다. 다만, 다음의 경우에는 사업자가 약정하지 아니한 주소로 송신한 전자문서에 의한 권리를 주장하는 것이 허용된다. 즉, 1. 소비자와 특정한 전자우편주소로 2회 이상 거래한 경우에 그 전자우편주소로 전자문서를 송신한 경우, 2. 소비자가 전자문서를 출력한 경우, 3. 소비자의 이익에 반하지 아니하고 그 소비자도 해당 전자문서의 효력을 부인하지 아니하는 경우, 6. 긴급하게 연락할 필요성이 있고 전자우편 외에 다른 수단을 활용할 수 없는 경우 등이다(제5조 제1항 단서, 령 제4조).

전자문서법 제6조는 전자상거래모델법 제15조를 수용한 조문이다. 전자문서법 제6조 2항은 전자문서의 수신시기에 대하여 규정하고 있는데, 동 제1호에서는 수신자가 수신시스템을 지정한 경우 그 지정된 시스템에 전자문서가 송신된 때에는 지정된 시스템에 전자문서가 입력된 때가 수신시기이다. 그리고 지정되지 않은 시스템에 전자문서가 송신된 때에는 수신자가 당해 전자문서를 출력한 때 즉 회수

19) 전자문서법 제6조 제2항 제2호 수신자가 전자문서를 수신할 정보처리시스템을 지정하지 아니한 경우, 수신자가 관리하는 정보처리시스템에 입력된 때 전자문서가 수신된 것으로 본다.

한 때가 수신시기가 된다.

동 제2호에서는 수신자가 수신시스템을 지정하지 않은 경우를 정하고 있다. 즉 이러한 경우에는 수신자가 관리하는 시스템[20]에 전자문서가 입력된 때가 전자문서의 수신시기가 된다.

본법의 규정은 전자문서법의 위와 같은 규정에도 불구하고 당사자 간의 약정으로 수신시스템을 지정하였음에도 송신자가 수신자가 잘 사용하지 않는 시스템에 전자문서를 송신한 때에는 수신자가 이를 알지 못함으로써 특정사실을 기재한 서면을 받은 후 의사표시를 하지 않을 경우 수신자인 소비자는 문서의 도착을 알지 못하는 상태에서 권리를 상실하거나 의무를 부담하는 결과가 발생할 수 있기 때문에 둔 규정이다.

② 소비자의 전자문서의 활용

전자상거래 사업자는 소비자의 회원 가입, 계약의 청약, 소비자 관련 정보의 제공 등을 전자문서를 통하여 할 수 있도록 하는 경우에는 회원탈퇴, 청약의 철회, 계약의 해지·해제·변경, 정보의 제공 및 이용에 관한 동의의 철회 등도 전자문서를 통하여 할 수 있도록 하여야 한다(제5조 제4항). 전자상거래 사업자는 소비자가 재화 등의 거래와 관련한 확인·증명을 전자문서로 제공하여 줄 것을 요청한 경우 이에 따라야 한다(제5조 제5항). 다만, 전자상거래 사업자가 전자문서로 제공하기 어려운 기술적 이유나 보안상 이유가 명백하여 이를 소비자에게 미리 고지한 경우에는 제4항과 제5항을 적용하지 아니한다(제6항).

③ 전자상거래 관련 사업자의 협력의무

전자상거래 사업자가 위의 소비자의 전자문서의 활용관련 의무(제4항, 제5항)를 이행할 때 해당 사이버몰의 구축 및 운영과 관련된 사업자들은 그 의무 이행에 필요한 조치를 하는 등 협력하여야 한다(제7항).

---

20) 운시트랄 모델법 제15조 2항 b호에서는 "수신자가 정보시스템을 지정하지 않은 경우에는 데이터가 수신자의 정보시스템에 들어간 때가 수신시점이다(If the addressee has not designated an information system, receipt occurs when the data message enters an information system of the addressee.)"라고 하여 수신자의 정보처리시스템에 들어간 때를 수신시점으로 규정하고 있어서 우리나라 전자문서법이 수신자가 관리하는 정보처리시스템에 들어간 때라고 규정한 것과 약간의 차이가 있으나 기본적인 내용상의 차이는 없다고 본다.

④ 전자서명을 한 전자문서의 사용

사업자는 전자서명(전자서명법 제2조의 제2호의 규정에 의한 전자서명을 말한다)을 한 전자문서를 사용하고자 하는 경우에는 대통령령이 정하는 바에 따라 당해 전자문서의 효력 및 수령에 필요한 절차와 방법 등에 관하여 소비자에게 고지하여야 한다(제5조 제2항).

이 조항은 사업자가 전자서명 된 전자문서를 사용하고자 하는 경우에는 이를 미리 소비자에게 대통령령에서 정한 방법으로 고지하여야 된다고 규정하고 있다. 고지 방법에 대하여는 전자서명을 한 전자문서의 효력, 전자서명을 한 전자문서의 출력방법을 전자서명을 한 전자문서가 포함된 전자우편의 본문에 표시하거나 미리 소비자에게 고지하여야 한다(령 제5조).

사업자는 전자문서를 사용함에 있어 소비자에게 특정한 전자서명방법의 이용을 강요(특수한 표준 등의 이용으로 사실상 강제되는 경우를 포함한다)하여서는 아니 되고, 소비자가 선택한 전자서명 방법의 사용을 부당하게 제한하여서는 아니 된다(제5조 제3항).

사업자는 특정한 전자서명방법의 사용을 강요하여서는 안 된다는 본 항의 규정은 합당하다고 본다. 개정 전자서명법에서도 전자서명의 상호연동을 규정하고 있는 바 이는 사업자가 원하는 특정 전자서명을 사용하도록 강제하지 않고, 서명자인 소비자가 원하는 전자서명 인증서를 가지고 어느 사업자이건, 어느 인증기관이건 자유롭게 상호 연동되도록 하여 사용할 수 있게 한 것이다.

(7) 거래기록의 보존

사업자는 전자상거래에서의 표시·광고, 계약내용 및 그 이행 등 거래에 관한 기록을 상당한 기간 보존하여야 하며 이 경우 소비자가 쉽게 거래기록을 열람·보존할 수 있는 방법을 제공하여야 한다(제6조 제1항). 이에 따라 사업자가 보존하는 거래기록의 대상·범위·기간 등에 관하여는 시행령에서 다음과 같이 정하고 있다(령 제6조).

1. 표시·광고에 관한 기록 : 6개월
2. 계약 또는 청약철회 등에 관한 기록 : 5년
3. 대금결제 및 재화 등의 공급에 관한 기록 : 5년
4. 소비자의 불만 또는 분쟁처리에 관한 기록 : 3년

또한 사업자가 보존하여야 할 거래기록 및 그와 관련된 개인정보(성명·주소·주민등록번호 등 거래의 주체를 식별할 수 있는 정보로 한정한다)는 소비자가 개인정보의 이용에 관한 동의를 철회하는 경우에도 "정보통신망 이용촉진 및 정보보호 등에 관한 법률" 등 대통령령으로 정하는 개인정보보호와 관련된 법률의 규정[21]에도 불구하고 이를 보존할 수 있다(동조 제2항).

(8) 조작실수 등의 방지

사업자는 전자상거래에서 소비자의 조작실수 등으로 인한 의사표시의 착오 등으로 발생하는 피해를 예방할 수 있도록 거래 대금이 부과되는 시점 또는 청약에 앞서 그 내용의 확인하거나 바로잡는데 필요한 절차를 마련하여야 한다(제7조).

본 조는 소비자의 조작실수를 정정할 수 있는 절차를 마련할 의무를 사업자에게 부과한 조항이다. 소비자의 조작실수의 개념범위에 대하여는 명확하지 않으나 대체로 입력실수가 이에 해당한다고 본다. 소비자의 조작실수로 인한 정정 절차는 일반 전자상거래의 경우에는 사업자의 피용인이 시스템을 운영하기 때문에 비교적 수월하게 이를 정정할 수 있는데, 자동화 거래의 경우에는 소비자의 조작실수 정정을 위한 시스템을 마련하는 것이 필수적이다.

(9) 전자적 대금지급의 신뢰확보

① 전자적 대금지급과 정보보안유지

전자적 대금지급이란 전자문서의 형태로 이루어지는 대금결제를 말한다(령 제7조). 사업자가 전자적 대금지급의 방법을 이용하는 경우 사업자와 전자결제수단 발행자, 전자결제서비스제공자 등 전자적 대금지급 관련자(전자결제업자 등)[22]는 관

---

21) 정보통신망 이용촉진 및 정보보호 등에 관한 법률은 이용자가 개인정보의 수집 이용에 관한 동의를 철회하면 정보통신서비스제공자는 지체 없이 수집된 개인정보를 복구 재생할 수 없도록 파기하는 등 필요한 조치를 하도록 하였다(제30조 제3항). 이 외에도 시행령에서는 개인정보 파기를 규정한 개인정보보호법 제21조 제1항 본문, 제36조 제1항 및 제37조 제4항, 신용정보의 이용 및 보호에 관한 법률 제37조 제1항 본문 등을 규정하고 있다(령 제5조의2).

22) 시행령에서 정하고 있는 전자적 대금지급 관련자란 전자결제수단의 발행자, 전자결제서비스 제공자 및 해당 전자결제수단을 통한 전자결제서비스의 이행을 보조하거나 중개하는 자로서 다음의 어느 하나에 해당하는 자를 말한다(령 제8조).

1. 은행법 등의 규정에 따른 금융회사
2. 여신전문금융업법에 따른 신용카드업자
3. 전자적 매체 또는 정보처리시스템에 화폐가치 또는 그에 상응하는 가치를 기록·저장하였

련 정보의 보안 유지에 필요한 조치를 하여야 한다(제8조 제1항).

② 소비자의 청약의사 및 고지사항 확인

사업자와 전자결제업자 등은 전자적 대금지급이 이루어지는 경우 소비자의 청약의사가 진정한 의사표시에 의한 것인지를 확인하기 위하여 1. 재화 등의 내용 및 종류, 2. 재화의 가격, 3. 용역의 제공기간 등의 사항에 대하여 명확히 고지하고, 소비자가 확인하고 동의 여부를 선택할 수 있도록 전자적 대금 결제창을 소비자에게 제공함으로써 소비자의 확인절차를 마련하여야 한다(동조 제2항, 령 제9조).

③ 전자적 대금지급의 통지와 자료열람

사업자와 전자결제업자 등은 전자적 대금지급이 이루어진 경우에는 전자문서의 송신, 전화, 팩스, 휴대전화 등을 이용하여 소비자에게 신속하게 전자적 대금지급사실을 알리고, 언제든지 소비자가 전자적 대금지급과 관련한 자료를 열람할 수 있게 하여야 한다(동조 제3항, 규칙 제5조).

④ 전자적 대금결제수단 발행자의 소비자에 대한 고지의무

사이버몰에서 사용되는 전자적 대금지급 방법으로서 재화 등을 구입 이용하기 위하여 미리 대가를 지불하는 방식의 결제수단의 발행자는 다음 사항을 소비자에게 고지하여야 한다(동조 제4항, 규칙 제6조).

1. 대표자의 성명, 주된 사무소의 주소, 전화번호, 전자우편주소, 자본금의 규모 및 자기자본 현황 등
2. 소비자피해보상보험계약의 체결사실 및 계약내용과 그 확인에 필요한 사항
3. 남은 금액의 현금반환과 관련된 사항
4. 반품 시 처리기준 및 현금화와 관련된 사항
5. 해당 결제수단을 사용할 수 있는 사이버몰 현황
6. 해당결제수단의 사용상 제한 및 주의사항
7. 그 밖에 소비자에게 표시 또는 고지를 하지 아니하는 경우 해당 결제수단을 사용하는 소비자에게 피해를 줄 우려가 있다고 인정되는 사항 등이다.

다가 재화 등의 구매 시 지급하는 결제수단의 발행자

4. 정보통신망 이용촉진 및 정보보호 등에 관한 법률에 따른 정보통신서비스제공자, 통신과금서비스제공자
5. 전제결제 대행 또는 중개서비스사업자

⑤ 전자결제업자의 분쟁해결협조의무

사업자와 소비자 사이에 전자적 대금지급과 관련하여 다툼이 있는 경우 전자결제업자 등은 분쟁의 원인이 된 대금지급과 관련된 정보(고객인증 관련 정보를 포함한다)의 열람·복사의 허용, 분쟁의 원인이 된 대금지급에 대한 전자결제업자 등의 보안유지 조치 관련 정보의 열람·복사허용(다만, 공개할 경우 보안유지에 장애가 발생할 우려가 있는 정보에 대해서는 공개를 거부할 수 있다) 등 그 분쟁의 해결에 협조하여야 한다(동조 제5항, 령 제10조).

(10) 배송사업자 등의 협력

① 배송사업자의 협조의무

전자상거래나 통신판매에 따른 재화 등의 배송[정보통신망이용촉진 및 정보보호등에관한법률 제2조 제1호의 정보통신망을 통한 전송을 포함한다]을 행하는 사업자는 배송 과정의 사고·장애 등으로 인하여 분쟁이 발생하는 경우에는 대통령령이 정하는 바에 따라 당해 분쟁의 해결에 협조하여야 한다(제9조 제1항).

전자상거래의 이행단계에서 배송은 매우 중요한 역할을 수행한다. 그런데 대부분의 배송은 전자거래 사업자이외의 전문 배송 업체가 이를 담당하므로 배송과정에서의 잘못으로 인하여 사업자와 소비자 간의 분쟁이 발생하는 경우가 많이 있고 그러한 경우 소비자는 자신의 정보력으로는 배송과정의 사고 원인을 파악하는 것이 거의 불가능할 뿐만 아니라 소비자가 이를 조사하는 것이 타당하지 않기 때문에 배송사업자에게 분쟁발생 시 협력의무를 부과하는 본 조의 취지는 전자상거래의 특수성을 감안할 때 타당한 입법이라고 본다.

다만, 현재 택배표준약관에 의하여 배송업자의 의무를 자세히 규정하고 있는 점을 참고하여 본 조를 운용하여야 할 것이다.

아울러 대통령령이 정하는 바에 따라 분쟁해결에 협조해야 한다고 규정함으로써, 법률에 배송사업자의 협조의무의 구체적인 내용에 대하여는 전혀 언급이 없고 대통령령에 포괄적으로 위임되고 있는데, 이는 배송사업자가 협조를 하지 않는 경우 시정권고, 시정조치, 영업정지 또는 과징금의 부과나 형사처벌까지 받도록 되어 있어서(제32조, 제34조, 제40조 참조) 법률에서 협조의무의 대강을 정하거나 협조의무의 한 예를 적시하여 하위법령으로 위임하는 것이 타당하다고 할 것이다.[23)]

한편 택배회사의 고의 과실로 물건이 소비자에게 도달하지 않거나 파손된 상태로 도달한 경우에도 택배회사는 전자상거래사업자의 이행보조자로 볼 수 있기 때문에 전자상거래사업자에게 채무불이행을 이유로 한 손해배상책임을 인정하는 데 문제가 없을 것이다.

배송사업자는 소비자가 분쟁의 발생 사실을 소명하여 요청하는 경우 분쟁해결에 필요한 범위에서 1. 배송 관련 기록의 열람·제공, 2. 사고 또는 장애 관련 사실의 확인을 위한 기록 열람을 할 수 있도록 지체 없이 협조하여야 한다(령 제11조).

② 호스팅서비스 제공자의 분쟁해결 협조의무

호스팅서비스(사업자가 전자상거래를 할 수 있도록 사이버몰 구축 및 서버 관리 등을 하여주는 서비스를 말한다)를 제공하는 자는 사업자와 호스팅서비스에 관한 이용계약을 체결하는 경우 사업자의 신원을 확인하기 위한 조치를 취하여야 한다(동조 제2항). 사업자와 소비자 사이에 분쟁이 발생하는 경우 호스팅서비스를 제공하는 자는 1. 분쟁 당사자인 소비자(소비자가 소송을 제기하는 경우에 한정한다), 2. 공정거래위원회, 3. 시 도지사 등 자치단체장, 4. 수사기관, 5. 그 밖에 분쟁해결을 위하여 필요하다고 인정되어 대통령령으로 정한 자의 요청에 따라 사업자의 신원정보 등 자료를 제공함으로써 분쟁해결에 협조하여야 한다(제9조 제3항).

(11) 전자게시판서비스 제공자의 책임

포털사이트의 카페·블로그 등 전자상거래가 이루어질 수 있는 전자게시판을 운영하는 정보통신서비스제공자[24]를 전자게시판서비스 제공자라고 한다. 이들 전자게시판서비스 제공자는 해당 게시판을 통하여 위법한 전자상거래가 일어나지 않도록 게시판을 이용하여 통신판매 또는 통신판매중개업을 하는 자가 전자상거래소비자보호법에 따른 의무를 준수하도록 안내하고 권고하여야 하며, 또한 게시판을 이용하여 통신판매업자등과 소비자 간에 분쟁이 발생한 때에 소비자피해분쟁조정기구에 소비자의 피해 구제신청을 대행하는 장치를 마련할 책임이 있다(제9조의2).

(12) 사이버 몰의 운영에 관한 표시사항

전자상거래를 하는 사이버 몰의 운영자는 소비자가 사업자의 신원 등을 쉽게 알 수 있도록 다음 사항을 표시하여야 한다(제10조 제1항).

23) 전자상거래등에서의소비자보호에관한법률안 심사보고서(정무위원회, 2002.2), 8면.

24) 정보통신망 이용촉진 및 정보보호 등에 관한 법률 제2조 제1항 제9호.

① 상호 및 대표자 성명, ② 영업소가 있는 곳의 주소(소비자의 불만을 처리할 수 있는 곳의 주소를 포함한다), ③ 전화번호·전자우편주소, ④ 사업자등록번호, ⑤ 사이버몰의 이용약관, ⑥ 호스팅서비스를 제공하는 자의 상호(령 제11조의3) 사이버몰 운영자는 이상의 사항을 소비자가 알아보기 쉽도록 초기화면에 표시하여야 한다. 다만, 5호의 사이버몰 이용약관은 소비자가 연결화면을 통하여 볼 수 있도록 할 수 있다(규칙 제7조 제1항). 사이버 몰의 운영자는 그 사이버몰에서 전자상거래 소비자보호법 위반 행위가 이루어지는 경우 운영자가 조치하여야 할 부분이 있으면 시정에 필요한 조치에 협력하여야 한다(동조 제2항).

(13) 통신판매업자의 신고 등

통신판매업자는 대통령령이 정하는 바에 따라 일정한 신원정보 등에 관한 사항을 공정거래위원회나 시·도지사에게 신고하여야 한다. 다만, 통신판매의 거래횟수, 거래규모 등이 공정거래위원회가 고시로 정하는 기준[25] 이하인 통신판매업자의 경우에는 신고의무를 면제하고 있다(제12조).

(14) 신원 및 거래조건에 대한 정보의 제공

① 정보제공의 내용, 계약내용에 관한 서면교부

통신판매업자가 재화 등의 거래에 관한 청약을 받을 목적으로 표시·광고를 할 때에는 그 표시·광고에 다음 각 호의 사항을 포함하여야 한다(제13조 제1항). 1. 상호 및 대표자의 성명, 2. 주소·전화번호·전자우편주소, 3. 제12조에 따라 공정거래위원회 특별자치도지사 등에게 한 신고의 신고번호와 그 신고를 받은 기관의 이름 등 신고를 확인할 수 있는 사항 등이다.

통신판매업자는 소비자가 계약체결 전에 재화 등에 대한 거래조건을 정확하게 이해하고 실수 또는 착오 없이 거래할 수 있도록 제13조 제2항 각호의 사항을 적절한 방법으로 표시, 광고 또는 고지하고 계약이 체결된 경우에는 계약자에게 위의 사항이 기재된 계약내용에 관한 서면을 재화 등을 공급할 때까지 교부하여

25) 통신판매업 신고 면제 기준에 대한 고시(공정거래위원회고시 제2015-10호, 2015. 8. 25. 일부개정)는 다음 각 호의 하나에 해당하는 통신판매업자의 신고의무를 면제하고 있다. 1.최근 6개월 동안 통신판매의 거래횟수가 20회 미만인 경우, 2. 최근 6개월 동안 통신판매의 거래규모가 1,200만원 미만인 경우. 청약철회 등의 경우에는 통신판매의 거래횟수 또는 거래규모에 산입하지 아니한다(고시 제2조 제1항, 제2항).

야 한다(제2항). 다만, 계약자의 권리를 침해하지 아니하는 범위에서 1. 계약자가 재화 등을 공급받는 자에게 계약내용에 관한 서면(전자문서를 포함한다)을 교부하도록 동의한 경우, 2. 통신판매업자가 고의 또는 과실 없이 계약자의 주소(전자우편주소를 포함한다)를 알 수 없어 계약자에게 계약내용에 관한 서면(전자문서를 포함한다)을 교부할 수 없는 경우에는 계약자를 갈음하여 재화 등을 공급받는 자에게 계약내용에 관한 서면을 교부할 수 있다(제13조 제2항 단서, 령 제19조의2).

계약내용에 관한 서면에는 소비자가 구매의 안전을 위하여 원하는 경우에 재화 등을 공급받을 때까지 대통령령이 정하는 제3자에게 그 재화 등의 결제대금을 예치하는 것(소위 결제대금예치제도)의 이용을 선택할 수 있다는 사항 또는 통신판매업자의 제24조 제1항의 규정에 따른 소비자피해보상보험계약 등의 체결을 선택할 수 있다는 사항이 포함된다(제2항 10호).

통신판매업자는 미성년자와 재화 등의 거래에 관한 계약을 체결하고자 하는 경우에는 법정대리인이 그 계약에 대하여 동의를 하지 아니하면 미성년자 본인 또는 법정대리인이 그 계약을 취소할 수 있다는 내용을 미성년자에게 고지하여야 한다(제3항).

② 결제대금예치제도의 도입

가. 결제대금예치제도의 의의

전자상거래는 대부분 선지급식 판매방식으로 행해지고 있으며 비대면거래의 특성을 띄고 있기 때문에 소비자의 피해가 많이 발생하고 있다.[26] 인터넷전자상거래의 안전성확보를 위하여 전자상거래소비자보호법은 결제대금예치제도 소위 에스크로(escrow)제도를 도입하였다.[27] 이 제도는 은행과 같은 믿을 수 있는 제3자가 소비자의 결제대금을 예치하고 있다가 상품배송이 완료된 후 그 대금을 통신판매업자에게 지급하는 구매안전서비스의 일종이라고 할 수 있다.

소비자가 구매의 안전을 위하여 원하는 경우에는 재화 등을 공급받을 때까지 대통령령이 정하는 제3자[28]에게 그 재화 등의 결제대금을 예치하는 결제대금예치

26) 소비자가 재화등을 공급받기 전에 미리 재화 등의 대금을 전부 또는 일부 지급하는 통신판매를 선지급식 통신판매라고 한다. 이 경우에는 통신판매업자는 소비자가 그 대금을 전부 또는 일부 지급한 날부터 3영업일 이내에 재화 등의 공급을 위하여 필요한 조치를 하여야 한다(법 제15조 제1항).

27) 이와 관련하여 공정거래위원회는 구매안전서비스에 대한 통신판매업자의 표시·광고 또는 고지의 방법에 관한 고시(제2015-11호, 2015. 8. 25. 일부개정)를 마련하였다.

제도의 이용 또는 법 제24조 제1항에 따른 통신판매업자의소비자피해보상보험계약등의 체결을 선택할 수 있다(동법 제13조 제2항 10호). 한편 통신판매업자가 선지급식 통신판매를 할 때는 소비자가 결제대금예치의 이용 또는 통신판매업자의 소비자피해보상보험계약 등의 체결을 선택한 경우에는 소비자가 결제대금예치를 이용하도록 하거나 소비자피해보상보험계약 등을 체결하여야 한다(법 제24조 제2항). 여기서 에스크로란 특정물을 제3자에게 기탁하고 일정한 조건이 충족된 경우에 상대방에게 교부할 것을 약속하는 미국법상 조건부양도증서제도[29]와 유사하며 우리나라 법상으로 그 법적성질은 일종의 신탁에 해당한다고 할 수 있다.[30] 이 제도는 주로 부동산거래에서 이용되고 있었으나 최근 전자상거래에서도 매매보호제도의 일환으로 이용되고 있다.

다만, 결제대금예치제도의 이용의무는 소비자가 다음과 같은 거래를 하는 경우에는 적용하지 아니한다(법 제24조 제3항).

1. 여신전문금융업법 제2조 제3호에 따른 신용카드로 재화 등의 대금을 지급하는 거래[31]

2. 정보통신망으로 전송되거나 결제대금예치업자가 배송을 확인할 수 없는 재화등을 구매하는 거래

3. 이정기간에 걸쳐 분할되어 공급되는 재화등을 구매하는 거래

4. 다른 법률에 따라 소비자의 구매안전이 충분히 갖추어진 경우 또는 제1호부터 제4호까지의 규정과 유사한 사유로 결제대금예치 또는 소비자피해보상보험계약 등의 체결이 필요하지 아니하거나 곤란하다고 공정거래위원회가 정하는 고시하는 거래[32]

---

28) 소비자가 결제대금을 예치할 수 있는 결제대금예치업자는 1. 전자금융거래법에 따라 금융위원회에 등록한 자로서 소비자피해보상보험계약을 체결하고, 결제대금예치만을 위한 계좌를 개설하여 소비자의 결제대금을 예치한 자 또는 전자금융거래법에 따른 금융기관으로 그 자격이 법정되어 있다(령 제19조의3).

29) 본래 미국법상 에스크로제도(escrow)는 계약자(promisor)가 법률증서 또는 재산을 일정한 기간 동안 또는 일정한 조건이 성취될 때까지 제3자(third party)에게 보관시키고 그러한 기간이 도래하거나 또는 조건이 성취되면 상대방(promisee)에게 양도하도록 하는 제도이다. 따라서 에스크로란 일정한 조건이 성취될 때까지 제3자에게 법률증서 또는 재산을 인도하는 일반적 약정이라고도 할 수 있다. 이러한 에스크로의 어원은 Norman-French에서 기원 한다; Restatement (second) of Contracts § 103.(1981); Black's Law Dictionary, p.565.; 이병주, 인터넷쇼핑몰 거래안전 확보방안, 한국소비자보호원, 전자상거래제도 발전을 위한 공청회 자료집, 2003.3. 28면.

30) 동지 : 손진화, 전자상거래법 제3판, 신조사, 2016, 237면.

31) 신용카드거래의 경우에는 결제대행업체(PG사)가 사실상 에스크로 역할을 하는 점으로 고려하여 면제대상으로 한 것이다.

나. 결제대금예치(에스크로) 서비스의 절차와 현황

1) 서비스 절차

전자상거래에서 이용되는 에스크로 서비스는 구매자가 인터넷을 통하여 쇼핑몰사이트에 거래조건을 주문하면서 에스크로제도 이용을 선택하고 물품대금을 입금하면, 에스크로 업체는 구매자가 주문한 상품의 수령과 구매승인이 있을 때까지 결제대금을 보관하고, 구매자의 승인이 있으면 판매자(쇼핑몰)에게 물품대금을 결제하는 방식이다.

에스크로 서비스는 서비스제공기관의 독립성여부에 따라 쇼핑몰 사업자 이외의 제3자가 에스크로 서비스기관의 역할을 하는 방식과 인터넷경매(예, 옥션)와 같이 사업자 자신(경매사이트 자체)이 에스크로 서비스를 제공하는 방식이 있다. 이러한 두 가지 방식 중 전자와 같이 제3자가 에스크로 서비스를 제공하는 방식이 일반적이며 개정 법률이 정하고 있는 방식이다.

또한 에스크로 서비스제공기관이 은행과 연계하여 은행계정을 이용한 에스크로 서비스를 제공하는 방식과 은행과 같은 금융기관이 직접 에스크로 서비스를 제공하는 방식으로 구분할 수 있다.

이하에서 개정 법률이 예정하고 있는 제3자 제공방식의 에스크로 서비스 절차를 상설하면 아래와 같다.[33]

(1단계) 판매자와 구매자간 거래조건 합의

에스크로 기관(사이트)과 판매자와 구매자 모두 거래상품, 가격, 수량, 지불조건, 배송방법 등과 같은 거래 조건에 합의한다.

(2단계) 구매자의 구매대금 결제

구매자는 합의사항을 에스크로 시스템에 등록하고, 구매대금결제에 대한 절차

---

32) 소비자가 다음과 같은 사업자와 행하는 거래는 결제대금예치 또는 소비자피해보상보험계약 등의 체결이 필요하지 아니하거나 곤란한 거래이다(결제대금 예치 또는 소비자피해보상보험계약 등의 체결이 면제되는 거래에 관한 고시, 공정거래위원회 고시 제2015-15호, 2015. 10. 23. 일부개정).
가. 국가기관 및 지방자치단체, 나. 공공기관의 운영에 관한법률 제4조에 따른 공공기관, 다. 특별법에 의하여 공익적 목적으로 설립된 법인, 라. 초·중등교육법 및 고등교육법 기타 다른 법률에 의하여 설치된 각급학교

33) 이하의 내용은 현재 실행중인 우리은행 에스크로 서비스 절차를 중심으로 설명한 내용이다(esc.wooribank.com) : 최성조, Escrow서비스와 은행의 역할, 한국소비자보호원, 전자상거래 제도 발전을 위한 공청회 자료집, 2003. 68면.

를 진행시킨다. 구매자가 구매대금을 계좌이체, 신용카드, 전자화폐 등 가능한 모든 결제수단을 통하여 결제하면 자동으로 에스크로 계정으로 해당 금액이 입금된다.

(3단계) 에스크로 기관의 판매자에 대한 결제정보통지

구매자가 거래대금을 입금하면 에스크로 기관은 입금을 확인함과 동시에 구매자의 물품수령처로 물품을 배송하라는 전자우편 또는 SMS 등을 이용하여 판매자에게 통지한다.

(4단계) 판매자의 구매자에 대한 물품배송

판매자는 에스크로 시스템으로부터 구매자의 거래대금 결제 통지를 받으면 결제일로부터 일정기간 내(예, 3영업일)에 배송을 한다.

(5단계) 판매자의 에스크로 기관에 배송정보 등록

판매자는 배송이 끝나면 배송처리 정보를 에스크로 시스템에 입력한다. 배송정보는 상품ID, 배송회사, 배송날짜, 도착예정일, 수량, 송장번호 등이다.

(6단계) 은행의 구매자에 대한 배송정보통지

은행은 구매자에게 판매자의 배송정보를 전송한다.

(7단계) 구매자의 에스크로 기관에 대한 물품수령 및 구매승인

구매자는 물품이 도착하면 도착일로부터 일정 기간 이내(예, 3영업일)에 에스크로 시스템에 구매승인을 한다.

(8단계) 에스크로 기관의 판매자에 대한 거래대금 입금

에스크로 기관은 에스크로 계정에서 거래대금을 인출하여 판매자 계좌로 입금한다.

2) 에스크로 서비스 현황

인터넷 전자상거래에서 에스크로 서비스가 처음 도입된 것은 1997년 미국의 i-escrow사[34]이며, 이 회사는 그 후 고성장을 거듭하다가 회사명을 Valicert Corporate[35]로 바꾸고 에스크로 서비스를 제공하지 않고 있다.[36] 국내 에스크로 사업자는 인터넷 경매업체인 (주)옥션[37], 그리고 (주)이셀피아[38]가 있으며, 에스크로를 시행하는 금융기관으로는 우리은행과 하나은행이 있다. 우리은행은 2002년 인터넷 전자상거

34) http://www.iescrow.com

35) http://www.tradenable.com

36) 이병주, 전게논문, 30면. 이하 에스크로 서비스의 현황소개는 전게논문 참조.

37) http://www.auction.co.kr

38) http://www.esale.co.kr

래에서 처음으로 에스크로 사업을 실시하였고, 하나은행도 휴대폰결제 시 매매보호가 보장되는 '모바일 에스크로' 서비스를 제공하고 있다.

3) 에스크로 제도의 장·단점과 보완사항

에스크로 서비스를 이용하면 인터넷 전자상거래의 선불결제에 따른 피해를 예방할 수 있다. 즉 구매자는 구매상품이 도착하기 전에 대금을 미리 지급한 경우, 상품 미배송 등의 인터넷 사기거래의 피해를 막을 수 있게 된다. 또한 구매자는 대금을 먼저 지급하기 전에 물품을 검수할 수 있는 기회가 있고, 거래를 신속히 진행하여 온라인으로 주문 진행상황을 24시간 확인할 수 있다. 그리고 시간에 관계없이 고객지원을 받을 수 있다는 이점이 있다.

판매자의 경우에도 에스크로 계정에 결제대금이 입금되었다는 통보를 받은 후에 상품을 배송하기 때문에 거짓 주문, 도난 카드 사용 등 물품구매신청에 따른 피해를 방지할 수 있는 이점이 있다.[39] 이 제도를 이용하면 판매자의 판매대금 지급이 보장되기 때문에 거래의 안정성을 높여주고, 새로운 시장개척과 주문진행상황의 온라인 확인을 통한 고객지원서비스의 제공이 가능하게 된다.

반면에 에스크로 제도는 그 서비스이용이 개인 간 거래에 집중되어 있고, 에스크로 서비스사업자의 신뢰성문제, 제3자의 개입에 따른 거래절차의 복잡성과 수수료 부담, 구매자의 구매승인 지연에 따른 전자상거래사업자의 자금유동성문제 등이 단점으로 지적되고 있다.[40] 이러한 에스크로 서비스의 단점을 보완하기 위한 방안으로는 다음과 같은 점을 검토할 필요가 있다.

첫째, 에스크로 서비스사업자의 신뢰성 제고

에스크로 서비스사업자의 신뢰성을 제고하는 것이 전자상거래의 안전성을 확보하는데 매우 중요한 사항이라고 본다. 이를 위하여서는 '에스크로 서비스 가이드라인'을 제정하여 사업자들이 준수해야 할 사항을 구체적으로 정하는 것도 하나의 방법이 될 수 있을 것이다. 또한 에스크로 서비스사업자들이 은행과 제휴를 통하여 은행에서 에스크로용 계좌를 관리함으로써 에스크로 사업자의 임의로 거래대금이 출금되지 않도록 하는 방식을 채택하는 방안이 있다.[41] 이 방식은 에스크로 사업자의 은행계좌를 은행이 관리함에 있어서 사적계약에 해당하는 예금계약에 대하여 어떠한 근거와 방법으로 에스크로 사업자의 거래대금의 임의출금을 제

---

39) 동지 : 이병주, 전게논문, 28면.

40) 동지 : 이병주, 전게논문, 31면 이하, 최성조, 전게논문, 71면.

41) 최성조, 전게논문, 71면.

한하여 소비자보호를 도모할 것인지가 문제시 된다. 하나의 방안으로는 소비자가 쇼핑몰사업자의 전자약관에 동의하고 거래를 할 때에 전자약관에 에스크로 은행계좌의 출금은 소비자의 명시적인 상품수령승인이 있는 경우에만 은행계좌의 출금을 허용하는 3자간 약정을 사전에 체결하도록 하는 방안을 고려할 수 있겠다.

또 다른 방안은 은행 등의 금융기관이 에스크로 서비스를 직접 제공하는 것이다. 이 경우 은행의 공신력을 토대로 하여 전자상거래안전이 확보될 수 있을 것이다. 국내의 우리은행 등 몇몇 금융기관과 해외의 Citibank가 이 서비스를 제공하고 있다.

한편 에스크로 서비스제공자도 일종의 전자금융거래법의 전자지급결제대행기관과 같은 지위를 가지므로 금융감독위원회에 등록하게 함으로써 그 신뢰성을 제고할 수 있다(전자금융거래법 시행령 제15조 제3항 1호).

둘째, 에스크로 서비스 수수료부담문제

에스크로 서비스의 수수료는 인터넷 경매의 경우 판매자에게 부담시키는 것이 일반적이며 이를 경매수수료에 포함시키고 있다. 인터넷 쇼핑몰의 경우 에스크로 서비스 기관에 지급하여야 할 서비스수수료는 쇼핑몰 사업자(판매자)와 구매자(소비자)중 누가 부담하여야 할 것인가. 에스크로 서비스로 인한 혜택이 판매자와 구매자 모두에게 돌아간다는 점에서 보면 판매자에게 부담시키는 것은 문제가 될 수도 있을 것이다.[42] 판매자가 수수료를 부담하는 경우에는 이를 상품가격에 반영시킴으로써 결과적으로는 구매자에게 부담이 돌아갈 것이지만, 인터넷 전자거래의 가격경쟁이라는 측면에서 보면 판매가격을 올리는 것은 사업자의 부담이 될 것이라고 본다.

개정 법률은 소비자가 결제대금예치제도를 선택하거나 소비자피해보상보험제도의 이용을 선택할 수 있도록 규정하고 있다. 또한 소액거래나 신용카드거래 및 정보재 거래의 경우에는 적용되지 않도록 하고 있다. 사업자로서는 거래의 조건에 따라서 결제대금예치제도에 따른 수수료부담과 소비자피해보상보험계약체결 시 부담하는 보험료의 양자를 고려하여 가능한 한 균형을 유지할 것으로 본다.[43]

---

42) 동지 : 이병주, 전게논문, 33면.

43) 에스크로제도는 현금기준시 1.5%내외의 수수료가 요구되는데 비하여 소비자피해보상보험요율은 0.2%~0.5%가 예상되고 있고, 신용카드 결제시 카드수수료가 추가된다. 에스크로 제도의 예상되는 문제점으로는 첫째, 신용카드 결제시 인터넷 쇼핑몰업계, 카드사 또는 PG사로부터 현금 수수일이 고객 카드 결제인 기준 3일~14일 이내이며, 둘째, 에스크로제도 이용시 인터넷쇼핑몰이 에스크로사로 부터 현금수수 예상일이 구매자로부터 구매승인이 있는 경우에는 2일 이내에 물품대금을 판매자에게 송금하지만, 구매승인이 지연되는 경우에는 구매자의

셋째, 구매승인(결정) 지연문제

판매자는 에스크로 서비스에 의하여 물건을 판매하면 구매자가 구매승인을 하여야 판매대금을 받을 수 있기 때문에 구매자가 상품을 수령하고도 구매승인을 하지 않으면 에스크로 사업자는 판매자에게 물건대금을 송금해줄 수 없어 판매자의 자금유동성에 문제가 생길 수 있다. 이 경우 판매자는 물건을 배송하고도 구매자의 구매승인이 있을 때까지 대금을 받지 못하는 불합리한 상황이 생기므로 이를 해소할 방안이 필요하다. 구매자의 구매승인 지연문제를 해결하기 위하여서는 에스크로 서비스 제공자의 이용약관에 물품수령일로부터 일정한 기간이 경과한 때에는 판매자의 요청에 의하여 물품대금을 송금할 수 있도록 하는 규정을 두는 방안이 있다.

결제대금을 예치 받은 제3자(에스크로 사업자)는 재화 등의 구매자(소비자)에게 당해 재화 등을 공급 받은 사실을 공급받은 날부터 3영업일 이내에 통보하여 줄 것을 요청하여야 한다. 제3자는 재화의 공급을 받은 사실을 통보받은 후에 통신판매업자에게 그 결제대금을 지급할 수 있다(전자상거래소비자보호법 시행령 제28조의3 제1호). 에스크로 사업자는 위 통보요청 시에 소비자가 재화 등을 공급받은 날부터 3영업일이 지나도록 재화등을 공급받은 사실을 통보하지 아니한 때에는 통신판매업자에게 그 결제대금을 지급할 수 있다는 사실을 소비자에게 고지하여야 한다(동조 제2호).

에스크로사업자는 소비자가 재화 등을 공급받은 날로부터 3영업일이 지나도록 정당한 사유의 제시 없이 그 공급받은 사실을 통보하지 아니하는 경우에는 통신판매업자에게 결제대금을 지급할 수 있다(동조 제3호 가목). 만약 에스크로 사업자가 제2호의 규정에 따른 고지(재화 공급일로부터 3영업일이 지나도록 소비자의 재화 공급사실의 통지가 없으면 결제대금을 지급할 수 있다는 사실의 고지)를 하지 아니한 경우에는 에스크로사업자가 그 사실을 소비자에게 고지한 후 3영업일이 지난 때에 통신판매업자에게 결제대금을 지급할 수 있다(동조 제3호 나목).

제3자가 통신판매업자에게 결제대금을 지급하기 전에 소비자가 그 결제대금을 환급받을 사유가 발생하는 경우에는, 제3자는 그 결제대금을 환급하도록 하였다(동조 제4호).

물품수령일로부터 7일, 판매자가 물품발송 시 기재한 발송일자로부터 20일이 경과하면 판매자가 대금송금을 요청하여 대금을 받을 수 있으므로(옥션 이용약관 제25조), 구매자의 구매승인 지연방지책의 마련이 필요하다; 김윤태, 인터넷쇼핑몰 거래안전 확보방안에 대한 의견, 한국소비자보호원, 전게 자료집, 52면.

③ 미성년자와 거래 시 고지요건

전자상거래소비자보호법은 통신판매업자가 미성년자와 재화 등의 거래에 관한 계약을 체결하는 경우 법정대리인의 동의가 없으면 미성년자 본인 또는 법정대리인이 그 계약을 취소할 수 있다는 내용을 미성년자에게 고지하도록 하였다(동 제13조 제3항). 이는 미성년자의 보호를 위하여 쇼핑몰사업자에게 법정대리인 동의요건을 사전 고지할 의무를 부과한 것이다.

(15) 청약확인등

① 통신판매업자는 소비자로부터 재화 등의 거래에 관한 청약을 받으면 청약의 의사표시의 수신 확인 및 판매 가능여부에 관한 정보를 소비자에게 신속하게 알려야 한다(제14조 제1항).

② 통신판매업자는 계약체결 전에 소비자가 청약의 내용을 확인하고, 정정하거나 취소할 수 있도록 절차를 갖추어야 한다(제14조 제2항).

본 조는 제1항은 통신판매업자의 소비자로부터의 주문에 대한 확인통지의무를 규정한 것이다. 전자상거래 사업자의 경우 소비자가 인터넷 쇼핑몰 상으로 주문신청을 하면 바로 주문확인 및 판매가능 여부에 관한 정보를 소비자에게 신속하게 통지함으로써 소비자는 자신의 주문이 제대로 되었는지를 확인할 수 있고 만약에 잘못되었을 경우에는 정정할 수 있는 기회를 가질 수 있다. 또한 재고 물품이 없는 경우에는 그러한 정보를 사업자로부터 받아볼 수 있게 됨으로써 자신이 원하는 물품을 구입할 수 있는 지 여부도 알 수 있다.

본 조에서 사용된 수신확인이라는 용어는 일반 방문판매의 경우에는 적절하지 않고 인터넷 전자상거래의 경우에 전자문서의 송신에 대한 개념으로써 “수신확인“이라는 용어를 사용하는 것이 일반적이기 때문에 통신판매업자에게 까지 청약의 수신확인의무를 부과할 필요는 없지 않은가 생각된다.

본 조 제2항은 1항의 수신확인 통지를 받은 소비자가 청약의 내용을 확인하고, 만약 오류를 발견하였을 때에는 이를 정정 또는 취소할 수 있도록 하기 위하여 통신판매업자에게 오류 정정에 필요한 절차를 갖추도록 의무를 부과한 규정이다.

한편 쇼핑몰에 재화 등을 게시한 것이 청약의 유인이 아니고 청약에 해당하는 경우(예컨대 쇼핑몰업자가 특정 수량의 재화를 한정된 수량에 한하여 주문하는 사람에게 선착순으로 판매한다는 확정적 의사표시를 게시한 경우)에 대한 경우도 상대방 소비자의 주문이 승낙에 해당하여 계약이 체결된 것이므로 이러한 경우에는 계약이 성립되었다는 통지를 발송하도록 함이 필요하다고 할 것이다. 이와 같은 규정의 보완이 필요할 것으로 본다.

(16) 청약의 철회 및 계약의 해제(청약철회등)

① 청약의 구속력과 청약철회권

계약의 청약은 구속력이 있기 때문에 청약의 의사표시가 상대방에 도달한 이후에는 청약자가 이를 마음대로 철회하지 못한다(민법 제527조). 그러나 소비자 보호를 위하여 일정한 기간 내에는 청약을 철회할 수 있도록 하고 그 기간을 청약철회기간(cooling off period)이라고 부른다.

유럽연합의 "원격지 매매지침"[44)]은 원격지 매매에 있어서 당사자인 소비자는 적어도 7거래일(working days) 이내에 아무런 조건 없이 청약을 철회할 수 있다(동 제6조 제1항).

소비자가 조건 없이 청약을 철회하는 경우에도 아무런 제재가 없고 완전한 환불을 받을 수 있다. 이러한 환불은 철회 후 30일 이내에 이루어져야 한다. 다만 이러한 철회에는 예외가 인정되는데, 철회기간은 게임, 복권서비스, 여행서비스의 경우에는 적용되지 않는다. 또한 개봉되지 않은 오디오, 비디오 제품, 레코드, 컴퓨터 소프트웨어 및 CD ROM 등에도 적용되지 않는다 또한 신문, 잡지 및 저널 기타 이와 유사한 제품의 경우에도 적용되지 않는다.[45)]

이러한 청약철회권은 계약이 성립하기 전에 청약을 철회할 수 있는 권리일 뿐만 아니라, 이미 성립된 계약을 해소시키는 권리이기 때문에 그 법적 성질을 일원적으로 설명하기 어려우나, 이 권리는 소비자 보호라는 관점에서 계약자유원칙에 개입하는 성질을 갖는 것으로 보고 있다.[46)]

② 청약철회 기간의 적정성

우리나라의 경우 종래 방문판매법 상 통신판매의 경우에는 사업자에게 귀책사유가 있는 경우에 한하여 재화를 받은 날부터 20일 이내에 청약을 철회할 수

---

44) Directive 97/7/EC of the European Parliament and the Council of 20 May 1997 on the protection of consumers in respect of distance contracts.

45) Chissick M · Kelman A, *Electronic Commerce*, 2nd Ed., London : Sweet&Maxwell(2000), p.35.

46) 이충훈, 인터넷 통신판매업자의 민사법적 책임, 93면; 김형배, 97면.

있도록 하였다. 그러나 전자상거래소비자보호법에서는 유럽 제국에서 인정되고 있는 조건 없는 청약철회제도를 수용하여 재화 등을 공급받은 소비자가 7일 이내에 그 청약을 철회할 수 있도록 하였다.

즉, 소비자가 사업자로부터 계약내용에 관한 서면을 교부 받은 날부터 7일 이내에 당해 계약에 관한 청약철회 및 계약의 해제(이를 '청약의 철회 등'이라 한다; 제13조 제2항 5호)를 할 수 있다. 다만, 그 서면을 교부 받은 때보다 재화등의 공급이 늦게 이루어진 경우에는 재화등의 공급을 받거나 공급이 개시된 날부터 7일 이내에 할 수 있다(제17조 제1항 1호). 그리고 계약내용에 관한 서면을 교부 받지 않은 경우, 통신판매업자의 주소 등이 기재되지 아니한 서면을 교부 받은 경우 또는 통신판매업자의 주소 변경 등의 사유로 제1호의 기간 이내에 청약철회등을 할 수 없는 경우에는 그 주소를 안 날 또는 알 수 있었던 날부터 7일 이내에 할 수 있다(제17조 제1항 제2호). 또한 재화 등의 내용이 표시광고 내용과 다르거나 계약내용과 다르게 이행된 경우에는 당해 재화 등을 공급받은 날부터 3월 이내, 그 사실을 안 날 또는 알 수 있었던 날부터 30일 이내에 청약철회 등을 할 수 있다(동조 제3항).[47)]

특수판매의 형태인 방문판매와 다단계판매의 경우에 일정기간(14일) 이내에 조건 없는 청약철회를 인정하고 있다(개정 방문판매법 제8조, 제17조). 전자상거래소비자보호법에서 조건 없는 청약철회를 새롭게 신설한 것은 외국의 입법례에도 부합하는 것이고, 전자상거래를 포함한 통신판매에 있어서 소비자 피해를 최소화하려는 것으로 타당하다고 본다. 청약철회 기간의 적정성에 관하여서도 방문판매법상의 14일보다 짧은 7일이 적정한 가에 대하여는 통신판매의 경우 방문판매나 다단계판매에서 나타날 수 있는 판매원의 강압이나 기만행위에 기인하여 소비자가 재화등을 구매할 가능성이 매우 희박하므로 조건 없는 청약철회기간을 너무 길게 인정하면 거래의 안전성을 해하고 전자상거래업자의 경제비용을 증가시켜서 결국 소비자에게 전가됨으로써 전자상거래의 활성화를 저해할 우려가 있다고 본다.[48)] 유럽연합의 원격지매매지침에서와 같이 7일간의 청약철회기간을 인정한 것은 타당한 입법이라고 할 것이다.

---

47) 재화 등의 내용이 표시 광고의 내용과 다르거나 계약의 내용과 다르게 이행된 경우 소비자는 전자상거래소비자보호법 제17조 제3항에 따라 "그 재화 등을 공급받은 날부터 3개월" 및 그 사실을 안 날 또는 알 수 있었던 날부터 30일" 중 어느 하나라도 경과하면 청약철회 등이 불가능하다고 할 것이다: 법제처, 법령해석 14-0404.

48) 동지 : 상게 심사보고서 10면.

③ 청약철회의 제한

소비자는 다음의 경우에는 통신판매업자의 의사에 반하여 청약철회를 할 수 없다(제17조 제2항). 다만 제2호 내지 제4호의 경우에는 통신판매업자가 철회가 불가능하다는 사실을 재화 등의 포장 기타 소비자가 쉽게 알 수 있는 곳에 명기하거나 시용 상품을 제공하는 등의 방법으로 사용이나 일부소비 등으로 인하여 청약철회 등의 권리의 행사가 방해받지 아니하도록 조치한 경우에 한한다.

즉, 1. 소비자에게 책임 있는 사유로 재화 등이 멸실 또는 훼손된 경우. 다만, 재화 등의 내용을 확인하기 위하여 포장 등을 훼손한 경우를 제외한다.

2. 소비자의 사용 또는 일부 소비에 의하여 재화 등의 가치가 현저히 감소한 경우.

3. 시간의 경과에 의하여 재판매가 곤란할 정도로 재화 등의 가치가 현저히 감소한 경우

신문, 잡지 등을 포함하여 시간 경과로 재판매가 곤란할 정도로 재화가치가 감소되는 제품이 이에 해당된다.

4. 복제가 가능한 재화 등의 포장을 훼손한 경우

예컨대 CD, 소프트웨어, 음악테이프 등이 이에 해당한다.

5. 용역 또는 문화산업진흥기본법 제2조 제5호의 디지털콘텐츠[49]의 제공이 개시된 경우. 다만, 가분적 용역 또는 가분적 디지털콘텐츠로 구성된 계약의 경우에는 제공이 개시되지 아니한 부분에 대하여는 그러하지 아니하다.

6. 기타 거래의 안전을 위하여 대통령령으로 정하는 경우(령 제21조, 소비자의 주문에 따라 개별적으로 생산되는 재화로 청약철회를 인정하면 통신판매업자에게 회복할 수 없는 중대한 피해가 예상되는 경우로서 사전에 그 사실을 고지하고 소비자의 서면에 의한 동의를 받은 경우) 등이다.

청약의 철회는 서면으로 하는 경우에는 그 의사표시가 기재된 서면을 발송한 날에 그 효력이 발생한다(제17조 제4항). 청약 철회 여부에 관하여는 재화등의 훼손에 대하여 소비자의 책임이 있는지 여부, 재화 등의 구매에 관한 계약이 체결된 사실 및 그 시기, 재화 등의 공급사실 및 그 시기, 공급서의 송부 사실 및 그 시

49) 문화산업진흥 기본법 제2조 제5호 "디지털콘텐츠"란 부호·문자·도형·색채·음성·음향·이미지 및 영상 등(이들의 복합체를 포함한다)의 자료 또는 정보로서 그 보존 및 이용의 효용을 높일 수 있도록 디지털 형태로 제작하거나 처리한 것을 말한다.

기, 공급서의 송부 사실 및 그 시기 등에 관하여 다툼이 있는 경우에는 통신판매업자가 이를 증명하여야 한다고 함으로써 통신판매업자에 입증책임을 지우고 있다(제17조 제5항). 통신판매업자는 제2항 제2호부터 제5호까지의 규정에 따라 청약철회등이 불가능한 재화등의 경우에는 그 사실을 재화 등의 포장이나 그 밖에 소비자가 쉽게 알 수 있는 곳에 명확하게 표시하거나 시험 사용 상품을 제공하는 등의 방법으로 청약철회등의 권리행사가 방해받지 아니하도록 조치하여야 한다. 다만, 제2항 제5호 중 디지털콘텐츠에 대하여 소비자가 청약철회 등을 할 수 없는 경우에는 청약철회등이 불가능하다는 사실의 표시와 함께 대통령령으로 정하는 바에 따라 시험 사용상품을 제공하는 등의 방법으로 청약철회 등의 권리행사가 방해받지 아니하도록 하여야 한다(제17조 제6항).

콘텐츠산업진흥법에서는 콘텐츠제작자가 전자상거래소비자보호법 제17조 제2항에 따라 청약철회가 불가능한 콘텐츠의 경우에는 그 사실을 콘텐츠 또는 그 포장에 표시하거나 시용(試用)상품을 제공하거나 콘텐츠의 한시적 또는 일부 이용이 가능하도록 하는 등의 방법으로 청약철회의 권리행사가 방해받지 아니하도록 조치하여야한다고 규정하고 있다. 다만, 그 조치를 하지 아니한 경우에는 이용자의 청약철회는 제한되지 아니한다(제27조 제1항).

④ 청약철회의 방법

청약의 철회는 반드시 요식행위에 의하여야 하는 것은 아니라고 할 것이므로 통신판매업자에 대한 청약의 철회의 의사표시는 그 방식에 제한이 없다고 본다. 그러므로 통신판매업자에 대한 구두 또는 서면에 의하여 청약의 철회가 가능하다. 다만 서면으로 청약철회를 하는 경우에는 그 의사표시가 기재된 서면을 발송한 날에 그 효력이 발생한다(제17조 제4항).[50]

⑤ 청약철회의 효과

소비자가 청약을 철회한 경우에는 이미 공급받은 재화 등을 통신판매업자에게 반환하여야 한다. 다만, 이미 공급받은 재화 등이 용역 또는 디지털콘텐츠인

---

50) 개정전 방문판매법상으로는 청약의 철회는 통신판매업자가 상품 또는 용역 제공서에 포함되어 제공하는 서식을 작성하여 행하여야 하는 요식행위이고, 서식을 발송하는 날에 효력이 발생한다고 규정하였다(동법 제21조 제3항). 그러나 전자상거래의 경우 청약의 철회를 요식행위라고 볼 필요는 없고, 전자상거래소비자보호법 제17조 제4항에서도 이러한 취지로 규정하고 있는 것으로 해석된다.

경우에는 그러하지 아니하다(제18조 제1항). 통신판매업자는 재화 등을 반환 받은 날부터 3영업일 이내에 대금을 환급하여야 한다. 대금환급을 지연한 경우에는 지연이자를 지급하여야 한다(제18조 제2항).

또한 소비자가 신용카드와 같은 결제수단으로 대금을 지급한 경우에는 통신판매업자는 지체 없이 당해 결제업자에게 대금의 청구를 정지 또는 취소하도록 요청하여야 하고, 통신판매업자가 결제업자로부터 이미 대금을 지급 받은 때에는 지체 없이 이를 결제업자에게 환급하고, 그 사실을 소비자에게 통지하여야 한다(제3항). 통신판매업자로부터 환급 받은 결제업자는 지체 없이 대금을 소비자에게 환급하여야 하고, 환급이 지연된 때에는 지연이자(지연배상금)를 소비자에게 지급하여야 한다(제4항, 제5항).

재화 등의 반환비용은 소비자가 이를 부담하여야 하고, 통신판매업자는 소비자에게 청약철회 등을 이유로 위약금이나 손해배상을 청구할 수 없다(제9항).

다만, 재화 등이 표시광고의 내용과 다르거나 계약내용과 다르기 때문에 청약을 철회한 경우에는 통신판매업자가 반환비용을 부담하도록 하였다(10항). 한편 청약철회에 따른 대금환급과 관련하여 소비자는 환급 받을 금액에 대하여 결제업자에게 통신판매업자에 대한 다른 채무와 상계를 요청할 수 있도록 하였고, 상계를 정당한 사유 없이 게을리 한 경우 결제업자에 대하여 대금의 결제를 거부할 수 있도록 하였다(제6항, 제7항).

상계란 채권자와 채무자가 서로 동종의 채권·채무를 가지는 경우에 그 채권과 채무를 대등액에 있어서 소멸시키는 의사표시이다(단독행위)(민법 제429조 이하). 한편 거래 당사자가 같은 성질의 서로 대립하고 있는 채권을 상계하고자 하는 계약 즉 상계계약을 체결할 수 있고 이는 당사자의 의사표시의 합치만으로 성립하는 계약이다. 통신판매업자, 재화등의 대금을 받은 자 또는 소비자와 통신판매에 관한 계약을 체결한 자가 동일인이 아닐 경우에 이들은 청약철회등에 의한 재화등의 환급과 관련한 의무의 이행에 대하여 연대하여 책임을 진다(제17조 제11항).

(17) 통신판매중개자의 책임

① 서 설

본법 상 통신판매중개는 “사이버몰의 이용을 허락하거나 기타 총리령이 정하는 방법에 의하여 거래 당사자 간의 통신판매를 알선하는 행위를 말한다”고 규정하고 있다(제2조 4호). 여기서 총리령으로 정하는 방법이란 자신의 명의로 통신판매를 위한 광고수단을 제공하거나 그 광고수단에 자신의 이름을 표시하여 통신판매에 관한 정보의 제공이나 청약의 접수 등 통신판매의 일부를 수행하는 것을 말한다(시행규칙 제3조). 따라서 통신판매중개자란 이러한 통신판매중개를 업으로 하는 자라고 할 수 있다.

통신판매중개업은 거래계에서 일반적으로 인터넷 중개업 혹은 전자상거래 중개업이라고 불린다. 예컨대 오픈 마켓이나 인터넷 정보검색업체가 포털사이트를 구축하여 인터넷 포털업으로써 자신의 사이트에 가입한 전자상거래업체의 전자상거래를 중개하는 역할을 수행하는 것이다. 또한 인터넷 경매업과 같은 것도 이에 해당한다.

이러한 통신판매중개자는 사업자와 소비자 간에 통신판매계약이 체결되도록 거래를 알선하는데 불과하기 때문에 원칙적으로 통신판매계약에 대하여는 어떠한 책임도지지 않는다고 할 수 있다.

그렇지만 소비자는 거래과정에서 통신판매중개자를 통신판매자로 알고 거래를 할 수 있으므로 통신판매중개자는 자신이 통신판매의 당사자가 아니라는 사실을 소비자가 쉽게 알 수 있도록 총리령이 정하는 방법[51)]으로 미리 고지하여야 한다(법제 20조 제1항).

통신판매업자인 통신판매중개자는 통신판매중개를 의뢰한 자가 사업자인 경우에는 그 성명 주소 전화번호 등 대통령령으로 종하는 사항을 확인하여 청약이 이루어지기 전까지 소비자에게 제공하여야 하고, 통신판매중개의뢰자가 사업자가 아닌 경우에는 그 성명 전화번호 등 대통령령으로 정하는 사항을 확인하여 거래의 당사자들에게 상대방에 관한 정보를 열람할 수 있는 방법을 제공하여야 한다(동조 제2항). 통신판매중개자는 사이버몰 등을 이용함으로써 발생하는 불만이나 분쟁의 해결을 위하여 그 원인 및 피해의 파악 등 필요한 조치를 신속히 시행하여야 한다. 이 경우 필요한 조치의 구제척인 내용과 방법 등은 대통령령으로 정한다

---

51) 총리령으로 정하는 방법이란 통신판매중개자가 운영하는 사이버몰의 초기화면에 알리는 한편, 다음 각 호의 구분에 따라 추가적으로 알리는 방법을 말한다(시행규칙 제11조의2 제1항).

1. 통신판매중개자가 자신의 명의로 표시광고를 하는 경우: 그 표시광고를 하는 매체의 첫 번째 면에 알릴 것
2. 통신판매중개자가 법 제13조 제2항에 따른 계약내용에 관한 서면을 교부하는 경우: 그 서면에 알릴 것
3. 통신판매중개자가 청약의 방법을 제공하는 경우: 법 제14조에 따른 청약내용의 확인 정정 취소에 대한 절차에서 알릴 것

통신판매중개자가 제1항 제2호 및 제3호의 사항을 알릴 때 그 글씨의 크기는 계약당사자를 고지하는 글씨와 같거나 그보다 더 크게 하여야 한다(동조 제2항).

(동조 제3항).

통신판매중개자는 위와 같은 고지를 하지 아니한 경우 통신판매중개의뢰자의 고의 또는 과실로 소비자에게 발생한 재산상 손해에 대하여 통신판매중개의뢰자와 연대하여 배상할 책임을 진다(제20조의2 제1항). 통신판매중개자는 소비자에게 정보 또는 정보를 열람할 수 있는 방법을 제공하지 아니하거나 제공한 정보가 사실과 달라 소비자에게 발생한 재산상 손해에 대하여 통신판매중개의뢰자와 연대하여 배상할 책임을 진다. 다만, 소비자에게 피해가 가지 아니하도록 상당한 주의를 기울인 경우에는 그러하지 아니하다(제20조의2 제2항). 이러한 고지에도 불구하고 통신판매중개자가 동시에 통신판매업자인 경우에는 전자상거래소비자보호법상 통신판매업자에 관한 규정(법 제12조부터 제15조까지, 제17조 및 제18조)에 따른 통신판매업자의 책임을 면하지 못한다. 다만, 통신판매업자의 의뢰를 받아 통신판매를 중개하는 경우 통신판매중개의뢰자가 책임을 지는 것으로 약정하여 소비자에게 고지한 부분에 대하여는 통신판매중개의뢰자가 책임을 진다(제20조의2 제3항). 통신판매중개의뢰자(사업자인 경우에 한정한다)는 통신판매중개자의 고의 또는 과실로 소비자에게 발생한 재산상 손해에 대하여 통신판매중개자의 행위라는 이유로 면책되지 아니한다. 다만, 소비자에게 피해가 가지 아니하도록 상당한 주의를 기울인 경우에는 그러하지 아니하다(제20조의2 제4항).

② 통신판매중개자의 책임의 성질

전자상거래중개의 경우에 소비자는 전자상거래의 비대면 거래라는 특성으로 인하여 과연 누가 전자상거래사업자이고 누가 중개업자인지를 명확하게 구별하지 못하고 물건을 구입하는 경우가 많이 있을 수 있다. 이러한 경우 전자상거래사업자의 고의 과실로 소비자가 재산상 손해를 입은 때에는 전자상거래사업자는 당연히 그에 대한 손해배상책임을 져야 한다. 하지만 자신의 직접적인 행위가 개입되지 않은 중개자는 소비자에게 손해배상책임을 지는 지가 문제로 된다. 상법상 중개인이 임의로 또는 당사자 일방의 요구에 의하여 그 당사자의 성명 또는 상호를 상대방에게 표시하지 않은 때에는 다른 당사자는 자신의 거래상대방을 알지 못한 채 중개인만 신뢰하고 거래를 하는 것이므로 중개인은 상대방에 대하여 이행담보책임을 부담한다(상법 제99조).

전자상거래중개의 경우에도 전자상거래중개인(통신판매중개자)는 소비자에게 중개의뢰인인 전자상거래사업자의 신원에 관한 정보를 소비자에게 제공하여야 한다(제4항). 나아가서 전자상거래중개인은 소비자에 대하여 자신의 책임 없음을 미리 고지하여야 하고 이를 고지하지 않은 때에는 전자상거래사업자의 고의 과실로 인한 손해에 대하여 배상책임을 지고 그러한 책임은 전자상거래사업자와 연대책임으로 된다. 전자상거래중개인의 이러한 손해배상책임의 근거를 상법상의 중개인의 이행책임과 유사하게 보아서 소비자에 대한 전자상거래사업자의 신원정보제공의무 위반에서 찾는 견해가 있다.[52] 그런데 통신판매중개자가 중개의뢰자의 신상정보제공의무를 다 이행한 경우라도 통신판매업자의 고의 과실로 인한 소비자의 손해에 대하여 자신이 책임을 지지 않는다는 사실을 미리 약정하거나 소비자에게 고지하지 않으면 소비자에 대하여 통신판매업자와 연대손해배상책임을 면할 수 없다고 해석하는 것이 법 제20조 제1항의 규정취지에 합당하다고 생각된다. 따라서 통신판매중개자의 책임의 법적 성질은 일종의 소비자보호를 위한 법정책임이라고 보아야 할 것이다.

③ 책임의 범위

중개의뢰자인 통신판매업자가 소비자에 대하여 그의 고의 과실로 인한 채무불이행책임과 불법행위책임에 대하여 모두 통신판매중개자가 책임을 부담하는가 혹은 채무불이행책임의 경우에만 부담하는 가에 대하여 문제가 될 수 있다.

통신판매업자와 소비자는 통신판매중개자의 중개행위로 인하여 직접적인 계약을 체결함으로써 계약관계에 있기 때문에 재화 등의 판매에 있어서 통신판매업자가 소비자에게 계약상의 채무불이행을 한 경우에 손해배상책임을 부담하고 이러한 경우 통신판매중개자도 연대하여 손해배상책임을 부담하는 것으로 해석하여야 할 것이다.

④ 통신판매의 중요 일부업무를 수행하는 통신판매중개업자의 책임

모든 통신판매중개업자는 소비자에게 사업자의 신원정보를 제공해야 할 의무를 부담하며, 통신판매중개업자가 청약의 접수를 받거나 재화 등의 대금을 지급받는 경우에는 그 역할에 상응하는 의무로써 예컨대 정보제공, 청약의 확인, 조작 실수 등의 방지 및 전자적 대금지급의 신뢰확보 등의 의무를 부담하되, 이러한 의무는 기본적으로 통신판매업자에게 있는 것이므로 통신판매중개업자는 통신판매업자가 이들 의무를 이행하지 않는 경우에만 책임을 부담한다(제20조 제2항, 제20조의3).

52) 이병준, "인터넷경매에서 당사자 사이의 법률관계" 인터넷 법률 제10호(2002.1), 178면.

(18) 소비자피해보상보험계약 등(제24조)

① 개 관

전자상거래 또는 통신판매에 있어서 소비자보호를 위하여 공정거래위원회는 사업자에게 소비자피해보상보험계약을 체결하도록 권장할 수 있도록 하였다. 다만 전자결제수단의 발행자에 대하여는 이 보험계약의 체결을 의무화하고 있다는 점이 특징이다(제24조 제1항). 그리고 전자결제수단의 발행자가 가입하여야 할 보험계약의 수준은 대통령령으로 정하도록 하였다.

실제로 서울보증보험에서는 쇼핑몰 보험을 개발하여 판매하고 있으므로 전자상거래사업자들은 이러한 보험을 이용할 수 있다. 다만 문제는 전자화폐, 사이버머니 등 전자결제수단 발행자에 대하여 보험가입을 의무화하고 있고 그 보험금액의 범위를 대통령령으로 정하도록 하고 있어서 이 부분에 있어서 보험가입을 의무화 한 규정과 보험금액 범위에 대한 대통령령의 규정 등에 대하여 법에서 사적자치를 지나치게 제한하지 않는가 하는 의문이 제기될 수 있다. 실제로 현 단계에서 전자화폐나 사이버 머니 등이 사용되는 금액이나 또한 관련 업체의 활동 등이 아직 보험에 가입하여야 할 정도로 그렇게 크지 않기 때문이다.[53)]

② 소비자피해보상보험계약의 범위확대

전자상거래소비자보호법은 소비자피해보상보험계약의 범위로써 1. 보험업법에 따른 보험계약. 2. 금융위원회의 설치 등에 관한 법률 제38조에 따른 기관과의 채무지급보증계약, 3. 통신판매업자들에 의하여 설립된 공제조합과의 공제계약을 규정하고 있다(제24조 제1항).

1) 보험업법에 의한 보험계약

보험업법에 의한 보험계약이란 보험업법에 근거한 전자상거래(쇼핑몰)보증보험을 말한다. 현재 보증보험사업자(서울보증보험주식회사)가 '전자상거래(쇼핑몰)보증보험' 상품에 대한 금융감독원의 인가를 취득하여 2000년 12월 1일부터 보험상품을 판매하고 있다. 개정 법률은 종래 보증보험계약과 금융기관과의 채무지급보증계약

---

53) 참고로 대표적인 전자화폐인 몬덱스의 발행기관인 몬데스 코리아가 국민은행과 함께 제휴하여 취급하고 있는 몬덱스 국민카드는 현재 가맹점포의 수가 극히 미미하고, 결제시스템의 보급이 적은 관계로 인하여 아직 이용자의 수가 미미한 수준이다. 향후 현재의 자기띠 방식의 신용카드가 스마트 카드방식으로 전환되면 많은 이용이 기대될 수 있을 것이다.

외에 소비자피해보상보험계약의 범위를 공제조합과의 공제계약으로 확대함으로써 소비자피해보상보험의 영위회사가 1개 이어서 생겨날 수 있는 독점의 폐단을 희석시킬 수 있다.[54] 쇼핑몰보증보험은 쇼핑몰사업자가 보험계약자가 되고, 소비자가 피보험자가 되는 타인을 위한 보험이 된다. 이러한 보증보험은 소비자가 인터넷상의 쇼핑몰에서 상품을 구매하고 대금을 결제한 후 상품을 인도받지 못하거나 청약철회 또는 계약해제를 한 후에 대금을 환급받지 못한 경우에 소비자가 입은 피해를 보상하는 보험이다. 현재 보증보험에 가입하고 있는 대부분의 쇼핑몰은 포털사이트(portal site)에 입점해 있는 중·소형 쇼핑몰, 소호 쇼핑몰 등이다. 그 이유는 포털사이트에서 입점의 조건으로 쇼핑몰 보증보험의 가입을 정하고 있기 때문이다.

쇼핑몰 보증보험의 보험가입금액은 상품결제대금을 한도로 한다. 이러한 쇼핑몰보험에 의하여 소비자피해를 구제할 수 있으나, 약관에 의하면 보험계약 체결당시 보험계약자의 사기행위가 있었을 때에는 쇼핑몰 보증보험계약이 무효로 되어 보험금을 지급받을 수 없도록 되어있다[55]는 점에서 인터넷사기의 경우에 소비자피해구제에 문제가 있다고 할 것이다. 이러한 약관규정은 보증보험계약이 보험계약자인 쇼핑몰 사업자의 기망행위로 체결되었다 하더라도 그 기망행위에 피보험자의 가공이 없는 한 보험자는 피보험자에 대한 관계에서 계약을 해지할 수 없다고 본다면 위와 같은 약관은 판례의 태도에 어긋나는 피보험자인 소비자에게 불리한 내용이라고 볼 수 있다.[56]

쇼핑몰 보증보험의 가입을 유도하는 방안의 하나로 이러한 보험가입을 e-Trust 등 인증마크 부여의 기준의 하나로 정하는 것도 고려할 수 있다.

2) 금융기관과의 채무지급보증계약

금융감독원의 검사대상이 되는 기관과의 채무지급보증계약도 소비자피해보상계약에 포함된다. 다만, 현재는 대부분의 쇼핑몰이 보증보험에 가입하고 있다.

---

54) 동지 : 김문환 외, 전자거래에 관한 분쟁조정의 효율성제고를 위한 연구, 공정거래위원회, 2000.12. 91면.

55) 서울보증보험(주)의 전자상거래(쇼핑몰)보증보험 보통약관 제14조(보험계약의 무효).

56) 판례는 "보증보험계약의 채권담보적 기능을 신뢰하여 새로운 이해관계를 가지게 되었다면 그와 같은 피보험자의 신뢰를 보호할 필요가 있으므로, 주채무자에 해당하는 보험계약자가 보증보험계약을 체결함에 있어서 보험자를 기망하였다고 하더라도, 특별한 사정이 없는 한 그 취소를 가지고 피보험자에 대항할 수 없다(대판 2001.2.13. 99다13737)고 판시하고 있다. 그러나 보증보험계약이 보험계약자의 기망적인 행위로 체결되었다 하더라도 그 불법적인 행위에 피보험자의 가공이 없는 한 보험자는 피보험자에 대한 관계에서 계약을 취소할 수 없다고 보아야 할 것이다(대판 1999.7.13. 98다63162): 이와 같은 경우에 보험자는 계약을 취소할 수 없다는 견해로는 장덕조, 보험법의 쟁점 연구Ⅰ, 법영사, 2002, 268-269면 참조.

3) 공제조합과의 공제계약

개정 법률은 공제조합의 설립 및 운용에 관하여 방문판매법 제35조의 규정을 준용하고 있다. 방문판매법은 공제사업을 영위하기 위하여 공정거래위원회의 인가를 받아 공제조합을 설립하도록 하고, 공제조합은 법인[57]이며, 주된 사무소의 소재지에 설립등기를 함으로써 성립하는 것으로 정하고 있다(동 제35조 제1항, 제2항). 공제조합에 가입한 자는 공제사업의 수행에 필요한 출자금 등을 조합에 납부하여야 하며, 공제조합의 기본재산은 조합원의 출자금 등으로 조성하되, 정부가 출연 또는 보조할 수 있다(동 제35조 제4항). 공제조합의 구체적인 인가요건 등은 방문판매법시행령에 상세한 규정을 두고 있다(동 시행령 제43조).

③ 소비자피해보상보험계약 체결의 의무화 문제

전자상거래소비자보호법에서 쇼핑몰사업자는 소비자피해보상보험계약의 체결이 임의사항으로 되어 있는 반면, 전자결제수단발행자가 의무사항으로 되어있는 점은 변경되지 않았다(동법 제24조 제1항 단서).[58] 다만, 선불식 통신판매에 있어서 소비자가 결제대금예치(소위 에스크로제도)의 이용이나 통신판매업자의 소비자피해보상보험계약 등의 체결을 선택한 경우에는 통신판매업자는 소비자가 결제대금예치를 이용하도록 하거나 소비자피해보상보험계약 등을 체결하여야 한다(동 제24조 제2항). 이는 소비자들이 결제대금예치제도의 이용이나 소비자피해보상보험계약의 체결을 원하는 경우에 이를 이용할 수 있도록 함으로써 통신판매(전자상거래)의 안전성을 강화하고, 소비자가 원하는 경우에는 사업자가 소비자피해보상보험계약을 체결할 것을 의무화하고 있는 것이다. 다만, 신용카드거래, 용역거래 등의 경우에는 제2항의 적용을 제외하고 있다(동조 제3항).

④ 소비자피해보상보험계약 체결 표지등의 허위사용 금지

소비자피해보상보험계약을 체결한 쇼핑몰사업자는 그 사실을 나타내는 표지를 사용할 수 있으나, 소비자피해보상보험계약 등을 체결하지 아니하는 사업자는 그러한 표지를 사용하거나 이와 유사한 표지를 제작 또는 사용하여서는 아니된다

---

57) 공제조합은 민법의 사단법인에 관한 규정을 준용하며, 공제조합의 사업에 대하여는 보험업법을 적용하지 아니한다(방문판매법 제35조 제9항, 제10항).

58) 대형 인터넷 사기피해사건이 증가하자 공정거래위원회에는 쇼핑몰사업자에 대한 소비자피해보상보험계약체결을 의무화하는 방안을 추진하였으나, 사업자단체등의 반대로 채택되지 못하였다.

(제24조 제8항). 쇼핑몰사업자가 소비자피해보상보험계약을 체결하지 아니하였으면서도 허위로 소비자피해보상보험계약을 체결한 사실을 나타내는 표지나 이와 유사한 표지를 제작·사용하는 일이 있기 때문에 개정 법률에서는 이러한 행위를 명시적으로 금지하는 규정을 두게 된 것이다.[59)]

제24조 제8항의 규정은 결제대금예치의 이용에 관하여도 준용한다(동조 제9항). 따라서 쇼핑몰사업자가 결제대금예치제도를 이용하지 않는 경우에는 그러한 표지를 쇼핑몰에 사용하여서는 아니 된다.

(19) 구매권유 광고 시 준수사항 등

① 구매권유광고의 금지

전자상거래소비자보호법 제21조는 전자상거래사업자의 금지행위의 하나로, 소비자가 재화구매나 용역을 제공받을 의사가 없음을 밝혔음에도 불구하고 전화, 모사전송, 컴퓨터통신 등을 통하여 재화를 구매하거나 용역을 제공받도록 강요하는 행위를 규정하고 있다(동 제1항 제5호). 이와 관련하여 사업자가 전화, 팩스, 컴퓨터통신 또는 전자우편 등을 이용하여 재화를 구매하거나 용역을 제공받도록 권유하는 행위를 할 때에는 전자상거래소비자보호법과 정보통신망 이용촉진 및 정보보호 등에 관한 법률 등 관계 법률의 규정을 준수하도록 하였다(제24조의2 제1항).

② 구매권유 광고 위반자에 대한 시정조치

이에 위반하여 구매권유 광고를 한 사업자에 대하여는 시정조치의 대상이 되며, 이를 위하여 공정거래위원회는 방송통신위원호 등 관련 기관에 위반자의 신원정보를 요청할 수 있다(동조 제2항).

---

59) 피심인은 전자상거래소비자보호법 제12조에 따라 통신판매업 신고를 마치고 인터넷쇼핑몰에서 호신·보안 전문용품을 판매하는 사업자로서 전자상거래소비자보호법 제2조 제1호 및 제2조 제3호의 규정에 의한 전자상거래 및 통신판매의 방법으로 재화 또는 용역을 거래하는 사업자에 해당된다. 피심인은 2004.6.18.부터 2004.6.30.까지 <u>서울보증보험과 소비자피해보상보험계약을 체결한 사실이 없음에도 불구하고 자신이 운영하는 인터넷쇼핑몰 초기화면에 "서울보증보험이 보증한 쇼핑몰로 문제 발생시 반환을 보증합니다"라고 기재된 서울보증보험 마크를 표시한 사실이 있다.</u> 이에 따라 공정거래위원회는 피심인이 소비자피해보상보험계약 등을 체결하지 아니하였으면서 허위로 그러한 사실을 나타내는 표지를 사용하는 행위를 하여서는 아니 된다고 의결하였다(공정거래위원회 의결(약) 제2004-005호, 2005.1.6. 2004전보1401).

(20) 임시중지명령

전자상거래소비자보호법은 위조 상품 판매 사이트, 사기 사이트 등을 운영하는 사업자에게 긴급한 조치가 필요한 경우에 정식 시정조치 이전에 거래의 전부 또는 일부를 중지할 수 있는 임시중지명령제도를 도입하였고, 그 실효성을 확보하기 위하여 호스팅 사업자, 통신판매중개자 등에게 해당 역무제공의 중단 등 임시중지명령에 대한 협조의무를 부과하고 있다(제32조의2).

공정거래위원회가 사업자에게 임시중지명령을 할 수 있는 사유로는 1. 전자상거래 또는 통신판매가 제21조 제1항 제1호(거짓 또는 과장된 사실을 알리거나 기만적 방법을 사용하여 소비자를 유인 또는 소비자와 거래하거나 청약철회 등 또는 계약의 해지를 방해하는 행위)에 해당하는 것이 명백한 경우, 2. 전자상거래 또는 통신판매로 인하여 소비자에게 재산상 손해가 발생하였고, 다수의 소비자에게 회복하기 어려운 손해가 확산될 우려가 있어 이를 예방할 긴급한 필요성이 인정되는 경우이다(동조 제1항).

임시중지명령에 불복하는 자는 명령을 받은 날부터 7일 이내에 공정거래위원회에 이의를 제기할 수 있고, 이의제기가 있는 때에는 지체 없이 서울고등법원에 그 사실을 통보하여야 하며 서울고등법원은 비송사건절차법에 따라 재판을 한다(동조 제4항, 제5항).

(21) 벌 칙

본법 상 벌칙은 대체로 통신판매업자가 법에 정한 의무를 위반한 경우에 공정거래위원회는 먼저 시정권고를 하고 이어서 시정조치, 영업정지 또는 과징금 부과 그리고 시정조치나 영업정지명령 등에 따르지 않을 경우 징역이나 벌금의 형사처벌을 규정하고 있다(법 제31조 내지 제45조 참조). 이러한 제재규정의 종류와 제재정도는 소비자기본법이나 약관규제법과 비교할 때 너무 제재정도가 높다고 본다. 따라서 다른 법과의 균형상 형사처벌까지 받는 위반행위의 종류를 최소화하고 가급적 시정조치, 영업정지 과징금, 과태료 부과 등에 의하여 해결하도록 함이 전자상거래의 자율적인 발전을 위하여서도 필요하다고 할 것이다.

[사례연구]

* 소셜커머스(Social Commerce) 사업자의 표시·광고행위가 전자상거래소비자보호법 위반에 해당하는지 여부

1. A는 사이버몰을 통하여 서비스 또는 재화의 판매에 관한 정보를 제공하고 소비자의 청약에 의하여 서비스이용 쿠폰 또는 재화를 판매하는 사업자로서 전자상거래소비자보호법상 통신판매업자에 해당한다. 소비자들은 일정 인원수의 구매자를 채워 많은 혜택을 얻거나, 혹은 할인율이 큰 좋은 상품을 알리기 위해 자발적으로 트위터, 페이스북 등 소셜네트워크(Social Network)를 통해 해당상품을 알리게 되며, 이처럼 소셜 네트워크서비스를 통한 광고로 일정 규모이상의 사람이 모이게 되면 할인된 가격으로 서비스 이용쿠폰 또는 재화를 구매할 수 있게 된다. 소셜커머스의 판매방식은 높은 할인율을 제시하고 제한된 시간 동안에만 주문이 가능하므로 다른 소비자들이 구매했는지 여부를 알 수 있는 판매량과 그 상품에 대한 다른 소비자들의 평가 등이 담긴 구매후기 또는 상품평은 구매결정의 중요 요소이다.

2. 그런데 A는 소속 직원들을 동원하여 해당상품을 구매한 사실이 없음에도 상품토크 게시판에 소비자인 것처럼 허위 또는 과장된 사실을 알리거나 실제 판매량을 과장하는 등 기만적인 방법을 사용하여 소비자를 유인 또는 거래한 행위를 하였다. 이러한 행위는 전자상거래소비자보호법 제21조(부당한 표시 광고행위의 금지) 제1항 제1호에 규정된 허위 또는 과장된 사실을 알려 소비자를 유인 또는 거래하는 행위에 해당하고 판매량을 과장하여 표시한 행위는 기만적인 방법으로 소비자를 유인 또는 거래하는 행위에 해당한다.

(공정거래위원회 2011전자3036, 2011. 12. 27 시정명령)

* 오픈마켓 사업자의 랭킹 순에 따른 상품정렬표시가 부당한 표시 광고행위 금지에 해당하는지 여부

1. A사는 국내 대형 오픈마켓 사업자인데, 온라인 쇼핑몰에서 광고비를 지불한 판매자의 상품만 소비자에게 보여주면서도 소비자에게 이에 관한 어떠한 표기도 설명도 없었으며 단순히 상품제목 우측에 '광고'라고 표기만 하였다.

2. 전자상거래소비자보호법 제21조 제1항 제1호에서 규정한 '거짓 또는 과장된 사실을 알려 소비자를 유인하는 행위'란 거래에 있어 중요한 사항에 관하여 사실과 다르게 광고하거나 사실을 지나치게 부풀려 광고하여 소비자를 속이거나 소비자로 하여금 잘못 알게 할 우려가 있는 행위를 말하고, 그로 인하여 소비자가 유인될 우려가 있으면 족하고 반드시 소비자가 유인되는 결과가 발생해야 하는 것은 아니다. 또 기만적인 방법을 이용하여 소비자를 유인하는 행위란 소비자가 재화 또는 용역을 구입하는데 영향을 미칠 수 있는 사실의 전부 또는 일부를 은폐, 누락하거나 축소하는 등의 방법으로 소비자의 주의나 흥미를 일으키는 자체를 뜻한다고 할 것이며, 이러한 유인행위가 성립하기 위해서는 소비자를 속이거나 소비자로 하여금 잘못 알게 할 우려가 있는 행위만으로 충분하고 그 행위로 소비자가 유인되는 결과가 발생해야 하는 것은 아니다.

광고가 소비자를 속이거나 소비자로 하여금 잘못 알게 할 우려가 있는지 여부 등은 보통의 주의력을 가진 소비자가 당해 표시 광고를 받아들이는 전체적 궁극적 인상을 기준으로 하여 객관적으로 판단한다.

3. 오픈마켓의 랭킹 순에서 '랭킹'의 사전적 의미는 일정한 기준에 의해서 순서를 매긴 것 또는 서열, 순위, 탁월한 등의 뜻으로 사용되며, 보통의 주의력을 가진 일반 소비자는 어떤 상품이 랭킹에 포함되었다고 하면 서열, 순위에서 상위를 차지할 만큼 우수한 상품인 것으로 인식하기 쉽다.

A사의 랭킹 순에 따라 우선 정렬되는 상품과 '찬스상품' '프리미엄 등록' 등의 제목 아래에 보여지는 상품 등을 소비자들은 다른 상품에 비해 우수하거나 품질, 서비스, 가격 등에서 더 나은 것으로 인식하고 상품을 구매할 수 있으므로 상품의 구매선택에 영향을 미치는 중요한 정보에 해당한다.

보통의 주의력을 가진 일반 소비자는 오픈마켓 사업자의 '판매인기순'에 대하여 상품판매량이나 소비자의 관심 등 소비자의 선택에 의한 기준으로만 정렬되었을 것이라고 생각할 뿐 '판매인기순'과 전혀 관계없는 부가서비스를 구입한 판매자의 상품, 즉 광고비가 지불된 상품이 우선 보여 질 것이라고 기대하기 어렵다.

4. 그러나 A사는 실제로 랭킹 순을 정하면서, 판매자의 광고비 지불여부 및 정도, 즉 판매자의 부가서비스의 구입여부 및 정도를 고려하고 '찬스상품', '프리미엄등록' 등의 제목 아래에 전시광고 또는 부가서비스를 구입한 상품만을 우선 보여주면서도 이러한 사실을 소비자에게 알리지 않았거나 소비자에게 충분히 알리지 않았다.

5. 오픈마켓 운영사업자는 중개수수료 수입 외에 판매자로부터 광고 수익을 얻을 수 있는 수익구조의 특성상 자신의 수익을 극대화하기 위해 광고비가 지불된 상품을 우선 정렬할 것이다. 즉, 광고비가 지불된 상품을 소비자에게 우선 보여주면 줄수록 해당 상품의 판매 가능성도 높아질 수 있고, 그에 따라 판매자 역시 광고비를 지불할 의사가 점점 더 커질 것이다. 이 과정에서 소비자의 권익은 외면될 소지가 크기 때문에 오픈마켓 운영사업자로 하여금 광고비가 지불된 상품에 대한 정보를 소비자에게 충분히 알리도록 규제할 필요성이 있다.

6. 따라서 A 사의 위와 같은 행위는 소비자의 구매선택에 중요한 영향을 미치는 상품에 대한 정보를 소비자에게 충분히 알리지 않았거나 축소・은폐하는 기만적인 방법 등으로 소비자를 속이거나 소비자로 하여금 잘못 알게 할 우려가 있는 행위로 전자상거래소비자보호법 제21조 제1항 제1호에 해당되어 위법하다.

(공정거래위원회 2015전자1467, 2016.4.7. 시정명령)

2.2.3 전자상거래소비자보호지침

(1) 지침의 제정배경 및 효력

전자상거래소비자보호법 제23조의 규정에 따라 동 법률의 내용 중 구체화가 필요한 사항에 대하여 기준을 제시하고, 사업자의 자발적 준수를 통하여 소비자의 불만과 피해를 예방할 필요가 있는 사항을 규정하기 위하여 "전자상거래등에서의 소비자보호지침(약칭 전자상거래소비자보호지침 혹은 지침이라 한다)"이 제정·고시되었다(2003. 10. 21자 공정거래위원회 고시, 제2015-7호, 2015.8.20. 일부개정).

지침은 일반사항과 권고사항의 두 부분으로 구성되어 있다. 일반사항은 전자상거래법령에서 정한 내용을 구체적으로 설명하고 해석에 관한 기준을 제시하는 부분이다. 이는 전자상거래사업자의 법령위반 여부에 대한 공정거래위원회의 판단기준이 된다.

권고사항은 소비자의 불만과 피해상황을 고려하여 사업자의 자율적 준수를 유도하기 위한 사항이다. 이는 사업자가 그 내용을 반드시 준수하여야 할 의무가 있는 것은 아니지만, 사업자가 이와 다르게 정한 약관의 내용을 소비자가 알기 쉽게 표시 또는 고지하여야 하며, 표시 또는 고지를 하지 아니한 경우에는 시정조치의 대상이 된다(동법 제32조 제3항).

(2) 지침의 주요 내용

① 일반사항

1) 일반적 준수사항 : 사업자가 표시 광고를 할 때 "표시 광고의 공정화에 관한 법률"을 준수하여야 하고, 거래조건을 정하거나 소비자에게 알릴 때 "독점규제 및 공정거래에 관한 법률"을, 청소년을 대상으로 거래할 때에는 "청소년보호법"을 준수하여야 한다. 2) 통신판매, 통신판매업자, 통신판매중개자의 개념정의 및 책임의 범위, 3) 전자문서의 활용, 4) 거래기록의 열람, 5) 조작실수 방지 및 청약확인 등을 위한 절차, 6) 전자적 대금지급의 신뢰확보, 7) 소비자의 정보에 대한 수집 및 도용, 8) 재화등의 공급관련 사항, 9) 청약철회 방해 등 관련 사항, 10) 사업자의 금지행위 관련 사항, 11) 사이버몰 등에서의 표시관련 사항, 12) 적립금에 대한 표시 및 보상 등이다.

② 권고사항

1) 청약철회 등 관련사항, 2) 공개된 정보의 수집 및 도용피해의 회복, 3) 후불식 전화결제서비스의 사용제한 및 요금분쟁 관련사항, 4) 사이버몰 등에서의 표시관련사항, 5) 재화등을 제공받을 수 있는 이용권을 판매하는 사업자 관련사항, 6) 가격비교 정보를 제공하는 사업자 관련사항 등을 정하고 있다.

2.3 전자상거래 소비자보호에 관한 법적 문제

2.3.1 소비자의 범위와 소비자보호의무의 문제

먼저 누가 소비자보호의 대상이 되는 소비자이고 누가 사업자인가 하는 문제가 있다. 일반적으로 소비자라 함은 자신의 사업, 직업 및 이와 관련된 거래가 아닌 목적으로 행동하는 자연인을 말한다고 할 수 있다. 우리나라 소비자기본법은 "소비자라 함은 사업자가 제공하는 물품 및 용역을 소비생활을 위하여 사용하거나 이용하는 자 또는 대통령령이 정하는 자를 말한다"(동법 제2조 1호)고 규정하고 있다. 소비자기본법 시행령은 '법 제2조 제2호에서 "대통령령이 정하는 자"라 함은 첫째, 제공된 물품이나 용역을 최종적으로 사용하거나 이용하는 자. 다만 제공된 물품을 원재료 및 자본재로 사용하는 자를 제외한다. 둘째, 제공된 물품을 농업 및 어업을 위하여 사용하는 자'라고 규정하고 있다(동법 시행령 제2조). 소비자의 개념을 위와 같이 정의하면 예컨대 자신이 만든 제품에 포함시키기 위하여 인터넷을 통하여 소프트 웨어를 구입한 컴퓨터 프로그래머는 소비자의 범위에서 제외된다고 해석된다.

그리고 사업자라 함은 상품을 제조, 수입, 판매하거나 용역을 제공하는 자를 말한다(소비자기본법 제2조 2호). 이러한 사업자의 범위에는 상업적 및 직업적으로 활동하는 자연인 또는 법인이 포함된다. 이러한 소비자와 사업자의 개념은 "유럽연합 원격지 매매 지침"에서도 규정하고 있다.

정부의 소비자 보호정책은 국내 소비자보호 관계법령에 따라야 함은 물론이고, OECD 전자상거래 소비자 보호지침도 아울러 준수하도록 정부가 소비자 보호

정책을 시행하여야 한다. 아울러 정부가 전자상거래 관련 소비자 보호 정책을 수립함에 있어서는 전자거래사업자와 소비자의 입장을 수렴할 필요가 있다. 즉 전자상거래에 있어서 소비자 보호를 위한 정책을 결정하기 위하여 정부는 전자거래사업자 단체와 소비자단체의 의견을 수렴하여야 한다는 것을 전자문서법에 명시하는 것이 필요하다고 본다.

OECD에서 전자상거래 소비자 보호지침을 제정함에 있어서 소비자의 입장을 반영하기 위하여 국제소비자보호기구(CI : Consumers International)와 전자거래사업자의 입장을 반영하기 위하여 기업산업자문위원회(BIAC : Business & Industry Advi- sory Committee)를 지속적으로 참여시켰던 것이 좋은 예가 될 수 있다.

2.3.2 전자상거래 광고 및 스팸메일의 규제

(1) 인터넷 광고에 대한 규제의 필요성

전자상거래는 비대면적인 거래이며, 소비자는 사업자를 보지 못하는 상태에서 사업자가 표시한 광고만을 보고 신속한 결정을 내려야 하기 때문에 사업자의 허위·과장 광고로 인하여 피해를 입을 경우가 있다. 또한 전자상거래에 있어서는 상품이 배달된 후에야 광고와 실제상품의 일치여부를 확인할 수 있기 때문에 광고의 진실성이 일반 거래보다 더욱 요구되는 것이다.

(2) 허위·과장광고에 대한 법 규제

허위·과장광고에 대한 현행법상의 규제로는 「표시·광고의 공정화에 관한 법률(1999년)」이 있다. 이 법률은 상품 또는 용역에 관한 표시·광고에 있어서 소비자를 속이거나 소비자로 하여금 잘못 알게 하는 부당한 표시·광고를 방지하여 소비자를 보호할 목적으로 제정된 것이다. 이 법률은 부당한 표시·광고행위를 금지하고 있고(동법 제3조 내지 제6조), 이러한 금지규정에 위반된 행위에 대하여는 과징금을 부과하거나(동법 제9조) 혹은 벌칙을 두고 있다(동법 제17조, 제20조). 아울러 사업자가 이러한 규정에 위반하여 부당한 표시·광고행위를 함으로써 거래 상대방이 피해를 입은 경우에는 사업자는 피해를 입은 상대방에 대하여 손해배상책임을 진다(동법 제10조 제1항). 이러한 손해배상책임은 무과실책임이다(동법 제10조 제2항). 이는 전자상거래 사업자가 상품의 제조과정 혹은 상품에 대한 모든 정보나 자료에 대하여 전문적인 지식을 갖고 있음에 반하여 소비자는 이러한 사항에 대하여 비전문적인 약자의 지위에 있기 때문에 소비자보호를 위하여 민법상의 불법행위에 기한 손해배상책임요건을 완화하여 사업자에게 무과실 손해배상책임을 지운 것이다. 다만 부당광고와 손해발생간의 인과관계에 대한 입증책임은 표시·광고에 관한 법률에 특별한 규정이 없기 때문에 민법상의 일반 법리에 따라서 피해자인 소비자가 부담한다고 볼 것이다.[60]

이 법률은 전자상거래의 광고에 있어서도 적용이 있다고 할 것이므로 전자상거래 사업자가 사이버몰 상에서 상품 또는 용역을 광고할 경우에는 이 법률에 따라야 하며 만약 이 법률에 위반하는 경우에는 위와 같은 제재를 받게 된다.

이 법률 외에도 전자상거래에 있어서 사업자의 허위·과장광고행위에 대하여는 전자거래소비자보호지침(제4조) 이 적용된다.

한편 허위·과장 광고로 인하여 피해를 입은 소비자는 착오를 원인으로 한 구매의사표시의 취소(민법 제109조 1항) 또는 기망을 이유로 한 취소(민법 제110조), 매도인의 하자담보책임 등을 물을 수 있을 것이다.

(3) 스팸메일의 금지

스팸 메일(Spam Mail 혹은 Unsolicited Commercial E-mail : UCE)이란 다수의 사람들에게 다량으로 보내는 전자우편으로써 수신자가 원치 않는 전자우편 메시지를 말한다.[61] 이러한 스팸 메일은 반드시 상업적일 필요는 없다. 예컨대 체인 레터(Chain letters), 옹호그룹의 탄원서, 정치적인 선전문구 등도 스팸 메일로 분류될 수 있기 때문이다. 스팸 메일 발송자들은 자신들의 스팸 메일이 단순한 정크메일에 해당한다고 하여 합법성을 주장하지만 이러한 스팸메일은 현실 세계에서 사용되는 정크메일(Junk mail)과 구별되어야 할 것이다.

정보통신망법상으로는 영리목적의 광고성 전자우편 발송행위를 금지하고 있고(동법 제50조 제1항), 이에 위반한 경우에는 3000만 원 이하의 과태료를 부과할 수 있도록 규정하고 있다(동법 제76조 제1항 7호). 인터넷 이용자의 대부분이 정보검색과 함께 전자우편을 주고받을 목적으로 인터넷을 사용하고 있는 만큼 전자우편은 매우 빈번히 이용된다. 뿐만 아니라 스팸 메일 발송으로 인하여 소비자들이 이

60) 사법연수원, 전자거래법(2001), 258면.

61) 스팸메일(Spam Mail)의 어원: 스팸(Spam)이란 본래 미국의 통조림(돼지고기, 소고기 등) 제조회사의 통조림상표인데, 소비자들이 통조림을 따서 먹은 후 빈 깡통을 버린 것에서 연유하여 불필요한 쓰레기의 일종을 의미하는 말로 사용되었다.

를 읽는데 필요 없는 시간을 낭비하게 되고, 나아가 컴퓨터 바이러스 감염과 시스템 다운 등에 따른 피해가 발생할 수 있다(미국의 한 통계에 의하면 스팸 메일에 의하여 초래되는 시간과 비용손실이 연간 약 8,700만 달러에 달한다고 한다).[62] 정보통신망법은 스팸메일을 매체의 종류에 따라서 다음과 같이 나누어서 규정하고 있다.

① 전자우편 또는 전자적 전송매체의 경우

이 경우에는 수신자의 명시적인 수신거부의사에 반하는 영리목적의 광고성 정보를 전송하지 못한다(opt-out 방식)(제50조 제1항).

② 전화, 모사전송기기에 전송하는 경우

이 경우에는 수신자의 사전 동의를 얻는 것을 원칙으로 하고(opt-in 방식). 다만, 몇 가지 예외를 두고 있다.

즉, 수신자의 전화, 모사전송기기에 영리목적의 광고성 정보를 전송하고자 하는 자는 당해 수신자의 사전 동의를 얻어야 한다. 다만,

가. 재화 및 용역의 거래관계를 통하여 수신자로부터 직접 연락처를 수집한 자가 그가 취급하는 재화 및 용역에 대한 영리목적의 광고성 정보를 전송하고자 하는 경우,

나. 전자상거래소비자보호법 제13조 제1항의 규정에 의한 광고 및 방문판매 등에 관한 법률 제6조 제3항의 규정에 의한 전화권유의 경우에는 수신자의 사전 동의 없이도 광고성 정보를 전송할 수 있다(법 제50조 제1항).

수신자의 전화, 모사 전송기에 영리목적의 광고성 정보를 전송하는 경우에도 오후 9시부터 그 다음날 오전 8시까지의 시간에는 수신자의 사전 동의를 받았더라도, 당해 수신자로부터 별도의 사전 동의를 얻어야 한다(법 제50조 제3항).

③ 영리목적의 광고성 정보에 명시해야 할 사항

영리목적의 광고성 정보를 전자우편 또는 그 밖의 전자적 전송매체를 이용하여 전송하는 경우에는 다음 사항을 광고성 정보에 명시하여야 한다.

1) 전송자의 명칭 및 연락처

2) 수신의 거부 또는 수신동의의 철회 의사표시를 쉽게 할 수 있는 조치 및

---

62) Fogo, C. E, "The Postman always rings 4,000 times : New approaches to curb spam" *The John Marshall Journal of Computer & Information Law* : Summer 2000. p.915 이하.

방법에 관한 사항(제50조 제4항)

위와 같은 명시의무를 위반하여 정보를 명시하지 아니하거나 거짓으로 명시한 자는 3,000만 원 이하의 과태료에 처한다(법 제76조 제1항 8호).

④ 전송자에 대한 금지행위

영리목적으로 광고를 전송하는 자는 다음 각호의 1에 해당하는 기술적 조치를 하여서는 안 된다.

1) 광고성 정보 수신자의 수신거부 또는 수신동의의 철회를 회피·방해하는 조치
2) 숫자·부호 또는 문자를 조합하여 전화번호·전자우편주소 등 수신자의 연락처를 자동으로 생성하는 조치
3) 영리목적의 광고성 정보 전송을 목적으로 전자우편주소를 자동으로 등록하는 조치
4) 광고성 정보 전송자의 신원이나 광고 전송출처를 감추기 위한 각종 조치
5) 영리목적의 광고성 정보를 전송할 목적으로 수신자를 기망하여 회신을 유도하는 각종 조치 등이다(법 제50조 제5항).

[사례연구–스팸메일에 관한 사례]

1. 미국의 경우 : 1994년 4월 미국 아리조나주 변호사들인 Laurence Canter와 Martha Siegel이 자신들의 이민법 법무서비스를 광고하기 위하여 약 8,000개의 유스넷 뉴스그룹에 스팸 메일을 보냈고, 이 광고는 약 2,000만명의 사람들에게 전달되었으며 이로 인하여 변호사 인터넷 서비스업자의 서버가 파괴되고 뉴질랜드 인터넷 억세스가 불가능하게 되었다.[63)]

미국 의회는 2000년 10월에 5개의 반 스팸 메일법안("Can Spam Act", The "E-mail User Protection Act", "The Unsolicited Commercial Electronic Mail Act of 2000", "Inbox Privacy Act of 1999", "Telemarketing Fraud and Seniors protection Act")을 제출하였고, 32개 주가 반 스팸 메일 법을 통과시켰다. 네바다주 반 스팸 메일 법은 이 메일 발송 시 요건으로서 발송자의 주소와 이 메일 삭제방법을 규정함으로써 결국 가장 해로운 스팸 메일을 금지시키지 못하는 실패한 법률이 되었다. 반면에 워싱턴 주 반 스팸 메일 법은 모든 스팸 메일을 금지하고 있다.

2. 우리나라의 경우 : 개인정보 유출에 따른 "스팸 메일" 피해를 인정하고 인터넷 서비스사업자에게 손해배상을 명한 첫 판결이 우리나라에서도 나왔다. 즉

63) Fogo,C.E, *ibid.*

가입자의 개인정보를 다른 업체에 알려줘서 광고성 전자우편을 받게 한 인터넷 업체는 개인정보 유출에 대한 손해배상책임을 져야 한다는 판결이다. J씨는 1999년 11월 네이버컴에 신상정보를 밝힌 뒤 가입해 서비스를 이용해 왔으나 2000년 2월 삼보컴퓨터로부터 광고성 전자우편을 받자 개인정보가 유출되어 피해를 입었음을 이유로 인터넷 검색 포털 업체인 네이버컴과 삼보컴퓨터를 상대로 손해배상 청구소송을 제기하였다. 이러한 원고의 청구에 대하여 서울지방법원 민사합의12부는 "피고들은 원고에게 각각 1백만원을 지급하라"는 원고승소판결을 내렸다.[64] 재판부는 "네이버컴의 약관은 가입자의 전자우편주소등을 제휴회사 등 다른 업체에 제공할 수 없도록 되어 있는데도 네이버컴이 제휴사인 삼보컴퓨터에 이를 알려주어 원고 J씨가 광고성 전자우편(필자주 : 스팸메일)을 받은 만큼 손해를 배상할 책임이 있다. 또 수신자의 의사와 다른 영리목적의 광고성 정보가 원고의 사생활을 침해해 정신적 고통을 준 점이 인정된다"고 판시하였다.

이 판결은 하급심 판결이지만 스팸메일이 수신자에게 정신적인 고통을 주는 것이므로 스팸 메일 발송자와 수신자의 개인정보유출자에게 그에 따른 손해배상책임을 인정한 우리나라 최초의 판결이라는 점에서 의의가 있다. 외국의 사례에서 보듯이 앞으로 스팸메일의 폭주로 인하여 인터넷 서버가 다운되는 경우에는 인터넷 서비스 제공자의 스팸메일 발송자에 대한 손해배상청구도 인정될 수 있을 것이다.

(4) 영리목적의 광고성 정보 게시의 제한

누구든지 영리목적의 광고성 정보를 인터넷 홈페이지에 게시하려면 인터넷 홈페이지 운영자 또는 관리자의 사전 동의를 받아야 한다. 다만, 별도의 권한 없이 누구든지 쉽게 접근하여 글을 게시할 수 있는 게시판의 경우에는 사전 동의를 받지 않아도 된다(법 제50조의7 제1항).

인터넷 홈페이지 운영자 또는 관리자의 명시적인 거부의사에 반하여 영리목적의 광고성 정보를 인터넷 홈페이지에 게시하여서는 안 된다. 인터넷 홈페이지 운영자 또는 관리자는 이 규정을 위반하여 게시된 영리목적의 광고성 정보에 대하여 삭제하는 등의 조치를 할 수 있다(법 제50조의7 제2항, 제3항). 이는 전자우편 형태의 스팸메일 외에도 인터넷 게시판에 무분별한 스팸 게시글을 통하여 영리목적의 광고가 행해지기 때문에 이러한 스팸 게시글은 법 제50조가 정하는 스팸메일에 해당하는지 여부가 불명확하기 때문에 본조와 같은 명시적인 규정을 두어 이를 규제하기 위한 조항이다.

64) 중앙일보 2001년 3월 10일자 31면.

2.3.3 소비자에 대한 정보제공 문제

현재 우리나라의 전자상거래와 관련한 소비자 정보의 제공이 매우 부족하고, 소비자 및 사업자를 대상으로 한 교육도 체계적으로 실시되고 있지 못한 실정이다. 따라서 소비자를 대상으로 한 전자상거래와 관련된 정보의 제공과 교육 및 사업자를 대상으로 한 소비자 보호목적의 전자상거래 교육을 시행하는 것이 필요하므로 이러한 내용을 입법하는 것을 검토하여야 한다.

[OECD 소비자보호가이드 라인]

- 소비자와 사업자에게 온라인 사업에 적용되는 소비자 보호체계에 대하여 교육을 강화함.
- 소비자 교육에 있어서 범세계적인 네트워크에 의하여 가능하게 된 혁신적 기법을 사용할 것.

2.3.4 사기·기만 등 부당한 전자상거래의 방지

전자상거래의 특성 중 하나는 전자거래 사업자와 소비자가 서로 비대면 상황에서 상대방을 알지 못한 채 거래하는 경우가 많다는 점이다. 이로 인하여 전자상거래 사업자들은 인터넷 쇼핑몰 사이트를 쉽게 개설하거나 폐쇄할 수 있으며, 사기·기만 거래를 한 후 쇼핑몰 사이트를 폐쇄한 전자상거래 사업자를 추적하기 어렵다는 점이 지적된다. 일반 거래에 있어서는 감독관청의 허가나 신고 등이 있은 후에 영업을 해야 하는 데 비하여 전자상거래의 경우에는 사이버 쇼핑몰의 개설과 폐쇄에 대한 행정청의 감독과 관리가 실제상으로 어렵다는 점이 지적된다.

전자상거래사업자의 사기·기만적인 행위를 방지하기 위하여서는 첫째, 사이버몰 상에 사업자의 신원정보를 게시하도록 하는 것이 필요하다. 현재 우리나라 전자거래 소비자보호지침은 이러한 규정을 두고 있다.

둘째, 거래 당사자 간의 신원확인과 전자문서에 의한 의사표시의 진위 여부가 중요한 문제로 된다. 이를 해결하기 위하여 전자서명기술(디지털 서명)에 의한 전자인증제도(Authentication)의 도입이 필요하다. 이를 위하여 OECD는 1998년 오타와 전자상거래 각료회의에서 전자상거래의 안전성과 신뢰성 확보를 위하여 전자서명 기술과 인증체제의 활용을 촉진하기 위한 행동지침인 "전자상거래를 위한 인증에 관한 각료선언"을 채택하였다.

이 각료선언은 다음과 같은 내용을 담고 있다.

즉, ① 다른 국가의 전자인증에 대하여 차별하지 않는다.

② 인증기술과 인증메커니즘의 개발 노력을 장려하고, 전자상거래를 위한 인증기술과 인증 메커니즘의 사용을 촉진한다.

③ 필요한 부문에 대하여는 1996년의 UNCITRAL 전자상거래모델법 조항과의 상관성을 긍정적으로 검토하면서, 정보 통신기술과 전자인증 메커니즘 사용에 장애가 될 수 있는 현행 법·정책의 기술과 매체에 특정된 규칙을 개정한다.

④ 정부의 대국민 서비스관련 프로그램을 강화하기 위하여 전자인증 기술을 계속 활용하며, 범세계적인 전자상거래를 촉진하기 위하여 사업자·산업계·사용자대표와 함께 인증기술과 메커니즘에 관한 국제적 차원의 노력을 지속적으로 수행한다.

전자거래소비자보호지침은 전자거래사업자는 전자서명법 소정의 공인인증기관으로부터 사업자 신원 등 주요사항에 관한 인증을 받았는지 여부와 인증을 받았을 경우 소비자가 이를 확인할 수 있는 방법을 전자거래사업자는 사이버몰에 명시하도록 정하고 있다(동 지침 제7조 1항 1호).

2.3.5 상품·용역 및 거래에 관한 정보

전자상거래는 온라인을 통한 비대면의 원격지 거래로 이루어지기 때문에 전자거래사업자는 소비자가 합리적인 선택을 할 수 있도록 상품·용역, 거래의 내용과 조건 및 비용 등에 관하여 자세한 정보를 계약체결 전에 소비자가 알 수 있도록 제공하여야 한다.

OECD 가이드라인에서는 정보제공의 원칙과 관련하여 첫째, 거래정보에 대한 소비자의 사전 검토가 가능하여야 하며, 둘째, 복수의 언어가 사용될 경우 모든 사용된 언어로 거래정보를 표시해야 한다. 셋째, 소비자가 거래 정보에 관한 기록을 보관할 수 있어야 한다는 원칙을 정하고 있다.

한편 OECD 가이드라인은 전자상거래 사업자가 제공하여야할 거래 정보에 관하여 다음과 같이 정하고 있다.

즉, ① 사업자가 부과하는 총비용명세
② 사업자가 부과하지 않지만 소비자에게 관례적으로 적용되는 비용
③ 이행조건
④ 대금지급의 조건과 방법
⑤ 부모 혹은 보호자의 승낙 요건, 구매제한 및 한계
⑥ 안전, 건강관련 경고 등을 포함한 적절한 사용법에 대한 설명
⑦ 애프터서비스 정보
⑧ 계약 철회, 반품, 취소 및 환불조건에 관한 정보
⑨ 보증 정보 등이다.

우리나라 방문판매법은 사업자가 상품의 판매 또는 용역의 제공에 관하여 광고를 할 때는 상품의 종류 또는 용역의 내용, 판매가격, 대금 지급시기 및 방법, 상품의 인도시기, 제조원, 청약기간, 송료부담조건, 추가비용에 관한 사항, 기타 특별한 판매조건 등을 모두 표시하도록 정하고 있다(동법 제18조).

한편 전자상거래소비자보호지침에서도 위와 유사하게 재화 및 거래조건에 관한 정보를 사업자는 사이버몰에 명시하도록 정하고 있다(지침 제6조). 다만, 소비자보호지침은 온라인으로 인도가 가능한 재화 등의 경우 전송·설치 등과 관련하여 요구되는 기술적 사항, 소비자 피해보상 및 불만처리절차, 기타 소비자의 합리적인 구매선택을 위하여 필요한 사항, 거래조건에 관한 최근 갱신일시 등을 추가로 규정하고 있다(지침 제6조 9호 내지 12호).

2.4 소비자 보호를 위한 전자상거래사업자의 자율규제

2.4.1 자율규제의 의의

전자상거래사업자의 자율규제는 정부의 법제에 의한 규제에 대응하는 것으로 정부의 규제영역에 민간 사업자단체등이 적극적으로 참여하고 협력함으로써 규제의 효율성을 추구하는 방식이다. 자율규제의 장점으로는 인터넷 기술발전에 탄력적으로 대응할 수 있고, 규제수준에 대한 선택권을 소비자에게 부여함으로써 소비자가 정책결정에 참여할 수 있고 전자상거래사업자의 신뢰성을 높일 수 있다는 점 등이다.65)

2.4.2 자율규제 관련 법

자율규제에 관련된 법제로는 1. 표시·광고의 공정화에 관한 법률상의 '표시·광고의 자율규약(동법 제14조), 2. 청소년 보호법상의 '유해매체물의 자율규제'(동법 제12조) 및 3. 전자문서법(동법 제15조 제2항) 및 전자상거래소비자보호지침(제23조 제1항)상의 정부의 사업자에 대한 자율적인 행동규범의 제정 권장사항에 관한 규정 등을 들 수 있다.

2.4.3 자율규제와 인증마크제도

인증마크제도란 소비자와 사업자간의 신뢰성확보를 위하여 인터넷쇼핑몰 중 거래의 안정성과 소비자보호장치 및 관련법규정의 준수정도 등이 우수한 사업자를 일정한 기준에 따라 평가하여 사업자에게 해당 인증마크를 부여하는 제도이다.

---

65) 이하 정완용 외, e-비즈니스 신뢰도제고를 위한 이용자 권익보호방안 연구, 한국전산원, 2003, 149-178면 참조.

(1) 국내인증마크제도

전자상거래사업자(e-비즈니스 기업)은 민간 인증마크인 한국전자상거래 및 통신판매협회에서 정한 기준을 충족한 사업자에게만 부여하는 KEDMA 마크[66], 올바른 소프트웨어 사용과 건전한 정품사용환경을 구축한 기업에 대하여 소프트웨어 정품사용우수기업(기관)으로 인증하는 제도인 SPC 인증마크제도[67], 공인인증마크로 소비자 보호정책 및 구매절차에 관한 신뢰성 마크(eTrust 마크)[68], 인터넷사이트의 안전성을 확인하는 안전마크(i-Safe 마크)[69] 개인정보보호 우수사이트 인증마크(ePrivacy 마크) 등이 있다.

[그림 2-9] 국내 민간 인증마크의 예

한국전자상거래 통신판매협회 　　 한국소프트웨어저작권협회

※ 출처 : 한국전자상거래 통신판매협회 및 한국소프트웨어저작권협회 <http://www.kedma.or.kr, http://www.spc.or.kr> 참조.

[그림 2-10] e-Trust 인증마크의 예

※ 출처 : e-비즈니스 정보센터<http://www.ecmc.or.kr/data/data_fram_1.asp>

---

66) http://www.kedma.or.kr

67) http://www.spc.or.kr

68) http://www.ecmc.or.kr

69) 인터넷 사이트 안전마크; http://www.isafe.or.kr

[그림 2-11] ePrivacy 인증마크

※ 출처 : 개인정보보호마크 웹사이트(http://www.ePrivacy.or.kr)

(2) 국제 인증마크제도

먼저 국제적으로는 GBDe 신뢰마크 가이드라인을 들 수 있다. GBDe(Global Business Dialogue on Electronic Commerce)는 범세계적으로 60여 개 전자상거래 관련 업체의 고위급 경영자의 모임의 성격을 띠고 있다. GBDe는 사업자의 시각에서 세계 각 국에서 운영되고 있는 인터넷 신뢰마크 프로그램에 대한 신뢰성 제고와 상호 조화를 위해 2000년 9월 신뢰마크 가이드라인(안)을 마련한 바 있다.

외국의 경우 TRUSTe마크[70], BBB Online 마크(미국), TrustUK 마크(영국) 등이 있다.

[GBDe 신뢰마크 가이드 라인]

1) 인증기관 가이드라인(Guidelines for Certifiers)
   ① 접근 가능성 (Accessibility)
   ② 이행 메커니즘 (Enforcement Mechanisms)
   ③ 가시성 (Visibility)
   ④ 이해관계자 참여 (Stakeholders Participation)
   ⑤ 보안 (Security)
   ⑥ 피해구제 (Redress)
   ⑦ 유연성 및 상호인정 (Flexibility and Mutual Recognition)
2) 사업자 가이드라인 (Guidelines for Merchants)
   ① 정보의 정확성과 접근가능성 (Accuracy and Accessibility of Information)
   ② 영업행위 (Marketing Practices)
   ③ 사업자에 대한 정보 (Information about the Merchant)
   ④ 제품 및 서비스에 대한 정보 (Information about the Goods and Services)
   ⑤ 거래에 관한 정보 (Information about the Transaction)
   ⑥ 취소, 반품, 환급 정책 (Cancellation/Return/Refund Policies)

---

70) 미국 TRUSTe 마크; http://www.truste.com

⑦ 보안 (Security)
⑧ 고객서비스 및 지원 (Customer Services and/or Support)
⑨ 보증 (Warranty)
⑩ 개인정보보호 (Privacy)
⑪ 스팸메일 (Unsolicited E-mail)

---

(3) 국제간 사이트 신뢰 마크 상호 인정

① 국가 간 상호협력

한국, 일본, 싱가포르, 대만은 각 국가의 온라인 트러스트 마크 제도(National Online Trust Mark Program)의 상호 인정을 위해 상호 협력을 하고 있다. 이는 외국 사이트에서의 인터넷 구매(Cross-Border Commerce)의 증가에 따른 소비자 보호 증진의 필요성이 증가하기 때문이다. 각국의 트러스트 마크 인증기관은 전자상거래의 발전 및 향상에 이바지하고, 해당 인증기관 및 각 인증기관에 의한 인증 업체들의 신뢰도를 향상시키기 위해 긴밀한 공조 체제를 구축해 나가고 있다.

② 국제신뢰인증마크네트워크(ITN : International Trustmark Network)

2000년 11월 우리나라와 미국, 일본, 영국, 싱가포르 등 5개국의 인터넷 신뢰마크 운영기관들은 「세계인터넷신뢰인증마크연합(World Federation of Internet Trustmark : WFIT)」을 창설키로 하고, 인터넷 신뢰마크의 상호 인정을 추진하기로 합의했다.71)

---

71) 백의선 외, 『국가간 개인정보 유통에 관한 정책 연구』, 한국정보보호센터 정책연구 00-1, 2000.12, 91~93면.

제 3 장

전자상거래와 개인정보보호

－차 례－

3.1 전자상거래와 개인정보보호의 필요성

3.1.1 프라이버시와 개인정보보호

정보사회가 발달함에 따라 개인의 프라이버시 침해 가능성이 더욱 증대되었고, 이른바 '정보상의 프라이버시'가 새로운 권리로 부각되고 있다.[1] 여기서 "프라이버시권리"라 함은 정보통제권으로 이해하여 개인이 자기에 관한 정보를 언제, 어떻게 그리고 어느 범위에서 타인에게 제공할 것인가를 결정할 수 있는 권리를 말한다. 우리 헌법은 제17조에 "모든 국민은 사생활의 비밀과 자유를 침해받지 아니한다"고 하여 프라이버시권리를 규정하고 있으며, 헌법 제18조는 "모든 국민은 통신의 비밀을 침해받지 아니한다."고 규정하고 있다.

위와 같은 프라이버시 권리의 내용에는 "자기정보에 대한 통제권"이 포함된다. 자기정보에 대한 통제권이란 자신에 관한 정보의 유통을 통제할 수 있는 권리를 말하며, 개인이 자신에 관한 정보를 언제, 어떻게, 어느 범위에서 타인에게 전달할 것인가를 결정할 수 있는 권리를 의미한다.[2] 이러한 의미에서 개인의 프라이버시보호는 정보사회에서 개인정보보호를 의미하는 것으로 해석할 수 있다.

정보화 사회의 발전과 더불어 프라이버시권이 종래 소극적인 자기의 사생활보호에서 적극적인 정보의 자기결정권으로 발전해 가고 있다. 즉 프라이버시권은 일반적으로 "간섭받지 않을 권리" 내지 "혼자 남아있을 권리"를 의미하며, 여기에는 소극적으로 사생활의 비밀과 자유가 침해받아서는 안 된다는 것과 개인정보가 함부로 공표되지 않을 권리가 포함된다. 그러나 정보사회가 발달함에 따라서 프라이버시권은 이러한 소극적인 권리에서 보다 적극적으로 자신의 개인정보의 취득, 이용 및 공표에 관한 제반 사항을 개인이 직접 관리할 수 있는 권리로 발전하게 되었다. 이를 일명 정보프라이버시권이라고 할 수 있다. 이 경우 개인은 자신의 정보에 대한 결정권을 갖는데 이를 정보자기결정권이라 한다.

개인정보의 수집자는 단순히 국가나 지방자치단체가 아니라 개인이나 기업도

---

1) 尹明善·金昞黙, 「憲法體系論」(서울 : 法志社, 1998), 509면.

2) 상게서, 513면.

특정인의 정보를 전자거래를 통하여 수집하고 이를 축적함으로써 개인정보에 대한 통제와 유출로 인한 피해를 야기할 수 있게 되었다. 정보사회에서 프라이버시 보호는 개인정보보호의 의미로 사용할 수 있고 따라서 데이터 보호 내지 개인정보보호와 프라이버시보호는 정보사회에서 동의어로 사용하여도 무방할 것이다. 다만 개인정보보호와 프라이버시보호를 동의어로 사용한다 하더라도 프라이버시의 개념 자체가 다의적이므로 그 범위가 정확히 일치하지는 않을 것이다.

3.1.2 정보사회에서의 개인정보보호의 필요성

정보사회에서는 앞서 말한 바와 같이 프라이버시를 "개인이 자기의 정보를 통제할 수 있는 권리"의 의미로 사용할 수 있다. 정보사회에 있어서는 개인정보가 컴퓨터에서 대량으로 수집·축적되어 쉽게 처리되거나 이용될 수 있다. 예컨대 특정 개인이 어느 사이버몰을 통해서 전자상거래를 하고자 할 경우, 대부분 사이버몰에 회원으로 가입하여야 하며, 그 경우 자신의 주민등록번호, 전화번호, 주소 등을 입력하여야 하고, 전자거래의 결제를 위하여서는 자신의 신용카드번호를 입력하여야 한다. 이처럼 전자상거래 사업자 즉 사이버몰 운용자는 현실적으로 상세한 개인정보를 온라인상에서 쉽게 수집·축적할 수 있게 된다.

이러한 개인정보가 개인의 의사에 반하여 공표되거나 악용되면 그 개인에게 중대한 손해가 생길 수 있다. 그러므로 개인정보는 이를 보호할 필요성이 제기되며 세계 각국은 개인정보보호를 위한 노력을 기울이고 있다.

인터넷의 이용이 급증함에 따라서 개인정보가 악용될 위험성도 증가하고 있는 현실이다. 즉, 첫째, 개인정보가 네트워크상에서 유통되는 과정에서 해킹되거나 도용됨으로써 유출될 위험이 있다. 둘째, 개인정보의 보유자로서 개인정보보호를 위하여 규제해야 할 대상이 종래에는 주로 대량의 개인 정보를 수집할 수 있고 이를 축적·처리·이용할 수 있는 하드웨어를 보유한 국가, 지방자치단체, 기업 등 민간단체가 그 규제대상으로 되었다. 그러나 오늘날 인터넷 통신망이 발달한 정보사회에서는 하드웨어의 고성능화, 저가화가 이루어지면서, 각 개인이 정보를 보내거나 받는 면에서 공공기관이나 기업과 그 능력 면에서 차이가 없게 되고, 개인은 대량의 타인의 정보를 축적, 처리, 이용할 수 있게 되었다. 이에 따라 각 개인은 개인정보를 보냄으로써 잠재적인 피해자가 될 수 있고, 또한 개인정보를 받음으로써 잠재적인 가해자가 될 수도 있다. 셋째, 취득한 개인정보는 통신망상에서 악용될 위험이 매우 높아지게 되었다. 네트워크상에서 개인의 식별은 기본적인 데이터에 의해서만 이루어지므로 개인 정보를 이용하여 당해 개인에 대한 혼동을 일으킬 수 있게 된다.[3)]

위에서 언급한 예에 있어서와 같이 인터넷 쇼핑몰에 자신의 개인정보를 제공하여 거래를 하는 경우, 자신의 정보가 유출되어 타인이 마치 자신인 것처럼 자신의 정보를 악용하여 전자상거래를 하게 되면 그 개인은 피해를 입게 된다. 이와 같이 개인 정보를 이용할 목적만으로 악의적인 쇼핑몰을 개설하는 경우도 생각할 수 있는 것이다. 인터넷 정보사회에서는 개인정보가 악용될 위험성이 증대하기 때문에 개인정보보호에 관한 입법적인 노력이 필요하다.

3.2 개인정보보호에 관한 외국 및 국제기구의 입법례

3.2.1 입법방향

개인정보보호문제는 1970년대 말부터 유럽과 미국을 중심으로 논의가 이루어졌다. 1973년 스웨덴의 데이터법의 제정을 시작으로 외국에서는 개인정보보호를 목적으로 하는 입법을 계속 하여왔다. 그 입법방향은 다음과 같은 두 가지로 분류된다. 첫째, 하나의 법률에 의하여 국가, 지방자치단체와 같은 공적부문과 민간기업 등의 민간부문의 양 부문을 포함하는 방식(옴니버스 방식), 둘째, 공적 부문과 민간부문을 분리하여 개별적인 법률로 규율하는 방식(분리방식)이 그것이다. 전자의 방식은 유럽의 여러 나라가 채택하고 있는 방식이며, 후자는 미국에서 채택되고 있는 방식이다.[4)] 특히 1980년 경제협력개발기구(OECD)에서 “프라이버시 보호와 개인정보의 국제유통에 대한 가이드라인에 관한 이사회권고(이하 OECD 프라이버시 보호가이드라인이라 한다)”가 작성되었다. 이하에서는 이 가이드라인과 유럽연합의 입법동향 및 제외국의 입법동향을 차례로 고찰한다.

3) 內田晴康외 1人,「インターネット法」(商事法務研究會, 1999), 150-151면.

4) 內田晴康외 1人, 전게서, 152면.

3.2.2 OECD 프라이버시보호 지침

OECD 이사회는 1980년 9월 프라이버시보호와 개인정보의 국제유통에 대한 지침(Guidelines Governing the Protection of Privacy and Transborder Flows of Personal Data)을 권고안으로 채택하였다. 이 지침은 개인정보의 수집 및 관리에 관한 국제사회의 일치된 의견을 반영한 것으로써, 회원국이 준수해야 할 일반적인 가이드라인(지침)을 규정한 것이다. 이 지침은 장래의 기술발전을 충분히 수용할 수 있는 기술 중립적인 가이드라인 원칙을 반영하였다. OECD의 정보·컴퓨터·통신정책위원회와 보안·프라이버시·지적재산권보호에 관한 전문가 그룹도 현재 이 가이드라인의 개정 필요성을 느끼지 못하고 있다. 따라서 현재는 동 가이드라인에서 규정된 원칙들이 각 회원국에서 제대로 시행되기 위한 조치를 강구하고 인터넷상에서 동 원칙이 원활하게 시행되도록 하기 위한 기술과 방법의 개발에 논의가 집중되고 있다. OECD 프라이버시보호 지침은 다음과 같은 8가지의 프라이버시 보호원칙으로 구성되어 있다.

(1) 수집제한의 원칙(Collection Limitation)

개인정보의 수집에는 제한이 있어야 하며, 모든 개인 정보는 합법적이며, 공정한 수단에 의하여 정보주체의 인지나 동의에 의하여 취득되어야 한다. 따라서 도청장치를 이용하는 등 정보주체를 기망하여 정보를 취득하는 것은 금지된다.

(2) 정보정확성의 원칙(Data Quality)

개인정보는 그 사용목적과 사용범위가 부합되어야 하며, 정확하고 완전하며 항상 최신정보로 갱신되어야 한다. 정보는 이용목적과 관련되어 있으며 또한 정보가 정확성, 완전성, 최신성이 결여되어 정보주체에게 해가 되어서는 안된다.

(3) 목적특정의 원칙(Purpose Specification)

개인정보가 수집되는 목적이 정보수집과 동시에 공개되어야 하고, 그 이후의 이용은 수집목적의 달성 또는 수집목적과 양립될 수 있는 경우로 제한되어야 한다.

(4) 이용제한의 원칙(Use Limitation)

개인정보는 정보주체의 동의 또는 법적 권한이 있는 경우를 제외하고 다른 목적을 위해 누설되거나 사용되어서는 안된다.

(5) 보안원칙(Security Safeguards)

개인정보는 자료의 손실 또는 승인되지 않은 접근, 파손, 사용, 수정 또는 누설과 같은 위험에 대비하여 적절한 보안장치로 보호되어야 한다.

(6) 공개원칙(Openness)

개인정보에 관계된 개발, 실행 및 정책은 공개되어야 한다. 정보관리자의 확인 및 개인정보의 존재, 성격, 주된 이용목적을 알 수 있는 조치가 있어야 한다. 이 원칙은 개인참여 원칙이 실질적으로 보장되기 위한 토대가 되는 원칙이다.

(7) 개인참가의 원칙(Individual Participation)

개인은 자신과 관계된 정보의 존재확인, 내용통보요구, 이의제기 및 정정청구권을 가진다.

(8) 책임의 원칙(Accountability)

정보관리자는 상술한 원칙이 지켜지도록 필요한 조치를 취해야 할 책임이 있다.

OECD는 1992년 정보보호지침(Guidelines for the Security of Information Systems and Network)을 제정한 이래 IT의 발전과 인터넷의 확산으로 인하여 정보시스템 간, 국경 간 상호연계성이 증가되어 보안 위험성과 취약점이 현저하게 증가한 결과, 정보보호에 대한 인식제고와 정보보호문화의 진흥을 강조하기 위하여 2002년 7월 동 정보보호지침을 개정하였다.

3.2.3 유럽연합(EU)의 개인정보보호지침

유럽연합(EU)은 1995년 7월 24일에 「개인정보처리에 관한 개인보호 및 당해 정보의 자유로운 이동에 관한 유럽의회 및 이사회 지침」을 채택하고, 이를 1995년 10월 24일 유럽연합 지침(Directive 95/46/EC of the European Parliament and of the Council of 24 October 1995 on the Protection of individuals with regard to the processing of personal data on the free movement of such data)으로 공표하였다.

이 지침의 주된 내용은 다음과 같다.

(1) 지침의 목적

지침의 목적은 가맹국이 개인정보의 처리에 대하여 자연인의 기본적 인권 및 자유, 특히 프라이버시를 보호하는 것에 있다(1조 1항).

(2) 적용범위

지침은 광범한 개인정보의 처리에 적용되며, 적용이 제외되는 경우는, 공안, 방위, 국가안전, 형법분야에서 국가활동에 관한 개인정보의 처리 및 자연인의 순수한 개인적 또는 가정적인 활동과정에서 행해지는 개인정보처리에 한정된다(제3조). 특히 순수하게 개인적 또는 가정적인 활동과정에서 행해지는 것이 아닌 한 개인에 대해서도 이 지침이 적용된다는 점이다.

(3) 회원국의 의무

회원국은 다음과 같은 의무를 진다(6조).

즉 회원국은 ① 개인정보가 공정하고 적법하게 처리되도록 해야 한다. ② 개인정보는 특정되고, 명시적이며 합법적인 목적으로 수집되어야 한다. 그리고 그러한 목적과 배치되는 방법으로 처리되어서는 안된다. 역사적, 통계적 또는 과학적 목적의 정보처리는 회원국이 적절한 조치를 취하는 것을 조건으로 그 조치와 배치되어서는 안된다. ③ 개인정보는 그 정보의 수집 또는 처리목적과 관련하여 적절하여야 하고 지나치지 않아야 한다. ④ 개인정보는 필요한 경우에 정확하고, 최신의 것으로 유지되어야 한다. 정보가 수집되거나 처리되는 목적에 비추어서 부정확하거나 불완전한 정보를 파악할 수 있도록 모든 합리적인 조치가 취해져야 한다. ⑤ 정보의 수집과 처리목적에 필요한 이상으로 정보주체의 식별을 허용하지 않는 형식을 갖출 것. 회원국은 역사적, 통계적 또는 과학적 사용을 위하여 오랜 기간 동안 저장된 개인정보를 위한 적절한 보호조치를 정해야 한다.

(4) 회원국의 정보처리의무와 제한

① 회원국은 다음과 같은 경우에 한하여 정보를 처리할 의무가 있다(제7조).

(i) 정보주체가 명확하게 동의한 경우

(ii) 정보주체가 계약당사자의 일방이거나 또는 계약체결 전에 정보주체의 요구로 절차를 취하기 위하여 계약의 이행을 위하여 정보처리가 필요한 경우

(iii) 정보관리자가 부담하는 법적 의무에 따라서 정보처리가 필요한 경우

(iv) 정보주체의 중대한 이익을 보호하기 위하여 처리가 필요한 경우

(v) 정보관리자 또는 정보가 공개된 제3자에게 공권력행사를 위하여 공공이익의 실행을 위하여 처리가 필요한 경우

(vi) 정보관리자, 제3자 또는 정보가 공개된 당사자가 추구하는 합법적 이익을 목적으로 정보처리가 필요한 경우, 다만 그러한 이익이 제1조 제1항 소정의 보호를 요하는 정보주체의 기본권 및 자유를 침해하는 경우는 제외한다.

② 원칙적으로 인종, 민족, 정치적 견해, 종교, 사상, 신조, 노동조합에의 가입에 관한 정보를 누설하는 개인정보의 처리, 혹은 건강 또는 성생활에 관한 정보처리를 금지한다(제8조).

③ 회원국은 정보대상자로부터 정보를 수집한 경우이건, 정보가 정보대상자로부터 수집되지 못한 경우이건, 관리자 또는 그 대리인은 정보대상자에 대하여 관리자 및 그 대리인이 있는 경우는 그 자의 성명, 정보가 처리되는 목적 등의 정보를 제공해야 한다는 것을 정하여야 한다(제10조, 제11조).

④ 회원국은 모든 정보의 대상자에 대하여 관리자로부터 정보대상자에 관한 정보가 처리되고 있는지 어떤지에 관한 확인 및 처리목적 등의 정보를 취득하고, 정보의 수정, 말소 등의 권리(액세스권)을 보장하여야 한다(제12조).

⑤ 회원국은 정보대상자에 대하여 상업목적의 개인정보의 처리 등을 거절할 권리를 부여한다(제14조, 제15조).

⑥ 정보대상자의 권리 및 자유로 위험을 초래할 염려가 있는 처리작업을 지정하고, 사전검사를 행하도록 하여야 한다(제20조).

⑦ 처리작업이 공개되는 것을 확보하기 위한 조치를 취하여야 한다(제21조).

⑧ 회원국은 정보처리에 적용될 국내법이 보장하는 권리의 모든 침해에 대하여, 사법적 구제를 받을 권리를 모든 자에게 부여해야 한다(제22조).

⑨ 위법한 처리작업등에 의해서 손해를 입은 모든 자에게, 관리자로부터 손해배상을 받을 권한을 부여한다(제23조).

⑩ 국내규정의 위반에 대하여 부과되는 제재에 관하여 규정하여야 한다(제24조).

⑪ 회원국은 처리과정에 있는 개인정보 또는 이전 후 처리하는 것을 목적으로 하는 개인정보의 제3국에의 이전은 지침의 다른 규정에 따라서 채택된 그 국가의 규정의 준수를 해함이 없이, 당해 제3국이 충분한 수준의 정보보호를 확보하고 있는 경우에 한하여 행할 수 있다는 것을 규정해야 한다. 유럽위원회가 제3국이 충분한 수준의 보호를 확보하고 있지 않다고 인정한 경우에는 회원국은 당해 제3국에의 동일한 형태의 정보의 이전을 금지하기 위하여 필요한 조치를 강구하여야 한다(제25조).

⑫ 충분한 수준의 보호를 보장하지 않는 제3국에 대한 정보의 이전은 일정조건을 충족한 경우에 한정된다(제26조).

⑬ 회원국은 지침에 따라서 회원국이 채택한 규칙의 적용을 감시하고, 완전히 독립된 감시기관을 설치하고, 감시기관은 정보의 말소 등을 명할 권한과 처리를 금지할 권한, 관리자에게 경고 또는 징계를 할 권한 등 강력한 권한을 갖는다(제28조).

⑭ 회원국은 지침의 채택으로부터 적어도 3년 이내에 지침을 준수하기 위하여 필요한 법률, 규칙 및 행정규정을 발효시켜야 한다(제32조).

이상의 유럽연합 개인정보보호지침은 개인정보의 보호를 위한 법적 정비에 참고로 될 뿐 만 아니라, 어느 국가가 충분한 수준의 보호를 보장하지 않는 경우에는 유럽으로부터의 개인정보의 이전이 불가능하게 되기 때문에(동 지침 제25조) 유럽연합 회원국과 무역거래를 하는 모든 나라는 유럽연합 지침이 요구하는 수준의 개인정보보호 제도를 마련하여야 한다.

EU회원국은 이 지침에 따라서 1998년 말까지 개인정보보호법제를 시행하고 있으나 개인정보보호수준이 미흡하다는 문제가 제기되고 있다.[5] 유럽연합 회원국들은

---

5) 후술하는 국제프라이버시보호단체 보고내용 참조.

1995년 개인정보보호지침을 수용하기 위한 입법을 진행하고 있는데, 2001년 독일 연방데이터보호법 개정과 2003년 아일랜드 개인정보보호법 개정이 대표적인 예이다.

한편 유럽연합과 미국은 개인정보보호제도상 여러 가지 차이점이 있는데 그 주요내용은 다음과 같다.

가. 입법형식상 유럽의 경우 인권보호 차원에서 엄격하게 법률(단일 통합법)로 규제하는데 비하여, 미국은 불법행위 상의 프라이버시 침해 문제로 다루며 엄격한 법규제가 없고, 통합법이 아닌 특별법을 제정하고 있다.

나. 유럽의 경우 엄격한 법적 규제를 담당하는 독립적인 개인정보감독기구를 설치, 운영하나, 미국은 자율규제를 원칙으로 하여 독립 감독기구가 없다.

다. 국제협력 부문에 있어서 유럽은 역외국에게 일정 수준 이상의 보호를 요구하나, 미국은 보다 자유로운 개인정보이전을 허용하고 있다.[6] 다만, 최근 미국 내에서 가장 활발한 프라이버시 입법 활동을 보여 온 캘리포니아 주에서 금융정보 프라이버시법을 제정하여 2004년 7월 1일부터 시행하고 있다. 이 법은 미국 내 금융프라이버시 보호 관련법 중에서 가장 강력한 내용을 담고 있다는 점에서 주목을 받고 있고, 금융정보를 다루는 연방법인 공정신용평가법(Fair Credit Reporting Act)보다 훨씬 높은 수준의 금융정보 보호를 요구하고 있다.[7]

3.2.4 미 국

개인정보보호와 관련하여 미국은 1974년 「프라이버시법」을 제정한 이래 1978년 「금융프라이버시권리법」, 1980년 「문서작업감축법」, 1986년 「전기통신보호법」, 1988년 「컴퓨터자료의 상호비교 및 프라이버시보호법」 및 「비디오프라이버시보호법」, 1991년 「전화소비자보호법」, 1994년 「전기통신프라이버시법」, 1994년 「법집행통신지원법」, 1996년 「통신법」 및 「의료기록비밀보호법」을 각각 제정하였다.[8]

---

6) 정준현, "개인정보보호법제 현황과 법제 정비의 필요성," 「민간부문의 개인정보보호에 관한 법률 제정 공청회」 자료집, 정보통신부, 2004.5. 12면.

7) 예컨대 이 법은 고객의 금융정보 파일링에 대한 엄격한 제한을 가하고 있고, 계열사에 대한 고객정보제공 시 고객의 옵트 아웃 동의 획득, 계열사 아닌 제3자에게 제공 시 고객의 옵트 인 동의를 얻을 것을 규정하고 있다; 조정현, 개인정보해외동향, 「개인정보」, 개인정보분쟁조정위원회, 204년 8월 제6호, 29면 이하.

8) 미국의 정보통신법관련 프라이버시법제와 법적 문제점에 대하여는, Thomas J. Smedinghoff, *Online Law* (Assison-Wesley Developers Press, 1997) p.269 이하; Kent D. Stuckey, Internet and

한편 미국은 국가정보통신기반(National Information Infrastructure : NII)정책을 추진하고 있으며, 정보통신기반 전담팀(Information Infrastructure Task Force : IITF)의 정보정책위원회를 구성하여 3개의 작업반 가운데 하나인 프라이버시 작업반이 1995년 6월에 "프라이버시와 NII : 개인정보제공 및 이용의 원칙"을 작성하였다. 이 원칙은 계약적 접근 방법에 의하여 제공자의 통지(notice)와 소비자의 동의(consent)라는 두 개의 필수요건의 성립에 기반을 두고 업계의 자율적인 규제가 우선함을 강조한 점이 특색이다. 이처럼 미국은 포괄적인 개인정보보호법을 두지 않고 다수의 개별 법률과 판례법을 통하여 개인정보를 보호하고 있고, 정부의 규제보다는 업계의 자율적인 규제노력을 강조하고 있다.[9)]

"개인정보제공 및 이용원칙"의 주된 내용은 다음과 같다.[10)]

(1) 모든 NII 참가자를 위한 일반 원칙

① 정보프라이버시 원칙(Information Privacy Principle)

개인정보는 개인의 프라이버시를 존중하는 방법으로만 수집, 개시, 이용될 수 있다.

② 정보완전성원칙(Information Integrity Principle)

개인정보는 부당하게 변경 또는 파괴되어서는 안된다.

③ 정보내용원칙(Information Quality Principle)

개인정보는 제공 및 이용목적에 대하여 정확하고, 적시에, 완전하며 적절한 것이어야 한다.

(2) 개인정보이용자를 위한 원칙

① 수집원칙(Acquisition Principle)

정보이용자는 (i) 개인정보수집, 개시, 이용에 있어서 프라이버시에 미치는

Online Law(New york: Law Journal Seminars-Press, 1996) chapter 5 각 참조.

9) 백병성·박태학, "전자상거래와 소비자보호" 「OECD 소비자정책의제분석」, 한국소비자보호원(1997); 한국전산원, 「OECD 오타와 전자상거래 각료회의 주요 쟁점 및 대응방안」 40면.

10) 內田晴康외 1人, 전게서, 156-158면.

영향을 평가하고, (ii) 현재의 또는 예정되어 있는 행동을 행하기 위하여 합리적으로 기대되는 정보만을 수집하고, 보유하여야 한다.

② 주지원칙(Notice Principle)

개인으로부터 직접 개인정보를 수집하는 정보이용자는 (i) 정보의 수집목적, (ii) 정보의 이용목적, (iii) 정보의 기밀성, 완전성, 정보내용의 보호수단, (iv) 정보의 제공 또는 부제공의 효과, (v) 구제의 권리에 대하여 충분하고도 적절한 정보를 제공해야 한다.

③ 보호원칙(Protection Principle)

정보이용자는 개인정보의 기밀성 및 완전성을 보호하기 위한 적절한 기술적 및 관리적 통제수단을 강구하여야 한다.

④ 공정원칙(Fairness Principle)

정보이용자는 그 이용이 공공의 이익을 위하여 부득이한 경우를 제외하고, 개인의 인식에 반하는 방법으로 개인정보를 이용해서는 안된다.

⑤ 계발원칙(Education Principle)

정보이용자는 정보프라이버시가 어떻게 보존될 수 있는가에 대하여 자기 자신 및 공중에게 대하여 계발할 수 있어야 한다.

(3) 개인정보를 제공하는 개인에 대한 원칙

① 인지원칙(Awareness Principle)

개인은 (i) 정보의 수집목적, (ii) 정보의 이용목적, (iii) 정보의 기밀성, 완전성, 정보내용의 보호수단, (iv) 정보제공 또는 부제공의 효과, (v)구제권리에 대하여 충분하고도 적절한 정보를 얻을 수 있어야 한다.

② 권리부여 원칙(Empowerment Principle)

개인은 (i) 자기의 개인정보를 알 수 있는 수단, (ii) 자기의 개인정보가 이용될 경우에, 공정을 보장할 충분한 정보내용이 갖추어져 있지 않은 경우, 그 개인정보를 정정할 수단, (iii) 전달 및 처리에 있어서 기밀성 및 완전성을 보호하기 위하여 암호화 등의 적절한 기술적 통제수단을 갖출 기회, (iv) 필요한 경우에는 익명성을 유보할 기회를 가짐으로써 자기의 프라이버시를 보호할 수 있어야 한다.

③ 구제원칙(Redress Principle)

개인은 개인정보의 부당한 개시 또는 이용에 의해서 손해를 입을 경우, 적절한 구제수단을 가질 수 있어야 한다.

한편 미국(상무성)은 유럽연합(EU)과 개인정보의 전송에 관한 세이프하버 협정(Safe Harbor Agreement)[11]을 체결하고 2000년 7월 21일 이를 세이프하버 프라이버시 원칙(Safe Harbor Privacy Principles)으로 공표하였다. 이는 EU 회원국의 만장일치의 승인을 받았다.

세이프하버 원칙은 7가지 항목으로 구성되어 있다.

(1) 고지(Notice)

최초 정보수집 시 또는 그 수 가능한 빨리 통지하여야 한다는 원칙

(2) 선택(Choice)

개인정보의 제3자에 대한 공개나 최초수집 목적 외의 이용의 경우에는 정보주체에게 그에 대한 선택의 기회를 주어야 한다는 원칙이며, opt-out방식을 취하거나 민감정보의 경우 opt-in방식을 취한다.

(3) 제공(Transfers to Third Parties)

제3자에게 정보를 공개하거나 전송하고자 하는 경우, 그 제3자가 세이프하버 원칙에 가입하였거나 이와 동일한 프라이버시 보호를 제공한다는 서면협정을 그 제3자와 체결하여야 한다.

(4) 안전성(Security)

개인정보기록을 생성, 유지, 이용을 하는 기관은 그 기록의 손실과 오용, 변경이나 파기로부터 보호하기 위한 합리적 예방조치를 취하여야 한다는 원칙이다.

(5) 데이터 무결성(Data Integration)

개인정보는 수집목적에 맞도록 사용하여야 하며, 정확성, 완전성, 최신성을 보장하는 합리적인 조치를 취하여야 한다는 원칙이다.

---

11) 세이프 하버(Safe Harbor)란 직역하면 '안전한 항구' 또는 '피난처'란 뜻인데, 미국과 유럽연합이 개인정보이전에 관하여 공공정보규정에 근거한 협정을 체결한 것을 근거로 하여 미국 상무성의 세이프 하버에 등록하고 이를 준수하는 기업들은 유럽연합에서 미국으로 전송되는 개인정보보호를 위한 적절한 보호조치를 취한 것으로 간주된다는 것을 말한다. 2015년 기준으로 미국 상무성 세이프 하버에 등록된 기업은 4,000개가 넘는 것으로 알려져 있다.

(6) 접근(Access)

개인은 자신에 관한 정보에 접근하여 다른 사람의 프라이버시가 손상되지 않는 한도에서 이를 수정하거나 삭제할 수 있어야 한다는 원칙이다.

(7) 실행(Enforcement)

효과적인 프라이버시 보호를 위하여 이 원칙을 준수하지 않음으로 영향을 받는 개인을 위한 청구권과 원칙을 준수하지 않는 기관에 대한 제재 등을 확실히 할 수 있는 체계가 포함되어야 한다는 원칙이다.[12)]

3.2.5 독 일

독일은 1997년 6월 13일 독일연방의회에서 정보통신서비스법(일명 IuKDB)을 제정하였다. 이 법은 총 11장으로 구성되어 있고, 제1장 원격서비스이용에 관한 법률, 제2장 원격서비스에서 데이터보호에 관한 법률, 제3장 전자서명법 등이 주요 법률이다. 여기서 원격서비스라 함은 인터넷이나 기타 네트워크를 이용한 정보통신서비스를 말한다.

원격서비스에서의 개인정보보호를 위하여 "원격서비스에서 데이터보호에 관한 법률(Teledienstedatenschutzgesetz-TDDSG)"은 다음과 같은 규정을 두고 있다.[13)]

---

12) 2015년 10월 6일 유럽최고법원인 유럽사법재판소는 유럽연합과 미국 간에 15년 동안 유지되어온 세이프하버 협정을 무효화하는 판결을 선고하였다(Schrems v Irish DPA case; Full text of ECJ(European Court of Justice) http://curia.europa.eu/juris/document). 세이프하버 협정은 미국 기업들이 유럽고객들의 온라인 활동에 의하여 발생한 정보를 미국에 저장하는 것을 허용하였는데, 유럽사법재판소는 2013년 스노우든의 폭로사건 이후 세이프하버 협정은 미국 정부로 하여금 유럽인들의 온라인 정보에 대한 일반적 접근을 허용하도록 되어 있어 문제가 있다는 것을 지적한 판결이다. 이 판결은 오스트리아 법학도인 Max Schrems가 자신이 Facebook에 제공하는 개인정보가 Facebook Irish 지사에서 미국으로 전송되는 과정에서 세이프 하버가 의도하는 바와 같은 적절한 개인정보보호가 이루어지지 못할 것이므로 이를 조사해 달라고 하는 신청을 Irish Data Protection(IDP)에 제기한 데 대하여, IDP가 이를 거절함으로써 시작된 사건이다. IDP의 이의신청 거절 후에, Ireland 최고법원이 유럽사법재판소에 최종판단을 요청하였고, 동 법원은 유럽시민의 개인정보가 제3국으로 전송되는 것이 적정한 수준으로 보호된다는 것이 유럽위원회에서 증명되었다 하더라도, 개별 국가의 개인정보보호 당국은 독립적으로 유럽연합 기본권 헌장 및 개인정보보호지침에 의거하여 개인정보의 제3국 전송에 대한 조사를 실시할 수 있다고 판시하였다. 이로 인해 유럽연합 개별 회원국은 유럽에서 미국으로 전송되는 개인정보의 보호에 대해 각 개별 국가의 개인정보보호당국이 직접 조사를 실시할 권한을 얻게 되었다.

13) 이하의 내용은 통신개발연구원 정보사회연구실 박민성 역, "독일정보통신서비스법"의 내

(1) 개인정보 처리원칙(제3조)

서비스제공자[14]는 법이 허용하거나 정보주체가 동의하는 경우에만 개인정보를 수집, 처리, 이용할 수 있다(제1항). 서비스제공자는 수집한 정보를 법이 허용하거나 정보주체가 동의한 경우에만 다른 목적을 위해 사용할 수 있다(제2항).

원격서비스를 위한 기술적 장치를 선택하는 경우에는 개인정보를 수집, 처리 및 이용하지 않거나 그 가능성을 적게 하여야 한다(제4항). 이용자[15]는 자신의 개인정보의 수집, 처리, 이용의 종류, 범위, 장소 그리고 목적에 대해 통지받아야 한다(제5항). 이용자는 자신이 동의하기 전에 언제든지 자신의 동의에 대한 취소권이 있다는 점을 통지받아야 한다(제6항).

(2) 서비스제공자의 데이터보호의무(제4조)

기술적으로 가능한 경우에는 서비스제공자는 이용자가 원격서비스의 사용과 이용료 지급을 익명이나 가명으로 할 수 있게 해야 한다(제1항).

서비스제공자는 기술적인 조치를 통하여 다음 각호를 보장해야 한다(제2항).

1호 이용자는 서비스제공자와의 접속을 언제든지 해지할 수 있다.

2호 접속, 검색 또는 그 밖의 이용과정에서 생기는 개인정보는 이용료 정산목적을 위해 상당한 기간의 저장이 필요하지 않다면 절차 종료 즉시 삭제되어야 한다.

3호 이용자는 원격서비스의 이용이 제3자에게 알려지지 않도록 보호받을 것을 요청할 수 있다.

4호 한 이용자의 여러 원격서비스의 사용에 관한 개인정보는 분리해서 처리된다. 이러한 정보의 결합은 정산을 위해 필요하지 않는 한 허용되지 않는다.

다른 서비스제공자에게 계속해서 정보를 매개하는 것은 사용자에게 고지되어야 한다(제3항).

사용기록은 가명이 허용된다. 가명으로 기록된 사용기록은 가명의 주체에 관한 정보와 결합되어서는 안된다(제4항).

용을 참조하였다(http://telesun.kisdi.re.kr/cgi-bin/acemai...).

14) 서비스제공자란 원격서비스를 이용하게 하거나 이용을 위한 접속을 매개하는 자연인, 법인 또는 단체를 말한다(원격서비스에서 데이터보호에 관한 법률 제2조 1항).

15) 이용자란 원격서비스를 사용하는 자연인, 법인 또는 단체를 말한다(원격서비스에서 데이터보호에 관한 법률 제2조 2항).

(3) 계약데이터(제5조)

이용자의 개인정보가 원격서비스의 이용에 관한 계약의 체결, 계약조건의 형성 또는 변경을 위해 필요한 경우에 한해, 서비스 제공자는 이용자의 개인정보를 수집, 처리 및 이용할 수 있다(제1항).

계약데이터를 상담, 선전, 시장조사 또는 수요에 적합한 원격서비스의 형성을 위해 처리하거나 사용하는 것은, 이용자가 이 점을 명백히 동의한 경우에만 허용된다(제2항).

3.2.6 일 본

일본에서는 OECD 프라이버시 8원칙을 수용하여, 1982년 7월 행정관리청의 「프라이버시보호연구회」가 「개인데이터의 처리에 수반된 프라이버시보호대책」을 마련하였고, 이 가운데 다음과 같은 프라이버시 5원칙을 정하고 있다.

① 수집제한의 원칙, ② 이용제한의 원칙, ③ 개인 참가의 원칙, ④ 적정관리의 원칙, ⑤ 책임명확화의 원칙 등이다.

그 후에 1988년 「행정기관의 보유한 전자계산기처리에 관한 개인정보보호에 관한 법률(이하 개인정보보호법이라 한다)」을 제정하였다. 이 법률은 공공부문에만 적용되는 것으로 민간부문은 적용대상이 아닌 점에 특색이 있다.

민간부문에 있어서 개인정보보호에 관하여는 할부판매법(제42조의 4), 금융업의 규제 등에 관한 법률(제38조)에 규정이 있고, 각 자치단체별로 가이드라인과 업계의 자율규제에 위임되어 있다. 한편 1,200여 개가 넘는 지방공공단체가 개인정보의 보호에 관한 조례를 제정해 놓고 있으며, 그 가운데는 민간부문을 대상으로 하는 조례도 포함되어 있다.

일본 통산성은 유럽연합의 개인정보보호지침 중에서 제3국이 충분한 수준의 개인정보보호조치를 취하지 않는 경우에는 개인정보의 이전을 금지한다는 규정(동지침 제25조)을 참조하여 1997년 1월 종래의 "개인정보보호가이드라인(민간부분에 있어서 전자계산기처리에 관한 개인정보보호에 대한 지침)"을 개정하였다.[16] 일본의 경

16) 이 가이드라인은 유럽연합의 개인정보보호지침과 유사한 내용으로 되어 있다. 동 가이드라인의 자세한 내용은 須藤治 "通商産業省における個人情報保護施策の取組" NBL 613, 33면

우에도 민간부문을 포괄하는 법률이 없고 이처럼 민간업계의 자율적인 규제를 위한 개인정보보호 가이드라인이 제정되어 시행되고 있다.

3.3 개인정보보호 관련 국내 법제도

3.3.1 개인정보보호법

정보사회의 발달과 인터넷 전자상거래의 증대로 개인정보의 유출, 오용, 남용 등 개인정보 침해사례가 지속적으로 발생함에 따라 국민의 프라이버시 침해와 명의도용이나 전화사기 등으로 정신적 금전적인 피해가 발생하고 있다. 이에 따라 공공부문과 민간부문을 망라하여 국제수준에 부합하는 개인정보처리원칙 등을 규정하고 개인정보 침해로 인한 국민의 피해 구제를 강화하여 개인정보에 대한 권리와 이익을 보장하기 위하여 2011년 「개인정보보호법」이 제정되었다(법률 제10465호).[17] 이 법의 주요 내용은 다음과 같다.

① 개인정보의 개념과 보호의 범위

"개인정보"란 살아있는 개인에 관한 정보로서 성명, 주민등록번호 및 영상등을 통하여 개인을 알아볼 수 있는 정보(해당 정보만으로는 특정 개인을 알아볼 수 없더라도 다른 정보와 쉽게 결합하여 알아볼 수 있는 것을 포함한다)를 말한다(제2조 제1호). 따라서 개인정보의 구성요소는 1) 정보의 임의성(개인을 알아볼 수 있는 정보인 한 모든 종류, 모든 형태의 정보가 개인정보가 될 수 있음), 2) 살아있는 개인에 관한 정보(따라서 법인의 정보는 제외됨), 3) 특정 개인과의 관련성, 4) 식별 가능성 등을 들 수 있다.[18]

보호의 범위는 공공기관뿐만 아니라 비영리단체 등 업무상 개인정보파일을 운용하기 위하여 개인정보를 처리하는 자는 모두 이 법에 따른 개인정보 보호규정을

이하 참조.

17) 이법의 시행으로 종래 「공공기관의 개인정보보호에 관한 법률」은 폐지되었다(부칙 제1조). 이하 법제처의 개인정보보호법의 제정·개정이유 참조.

18) 이창범, 개인정보 보호법, 법문사, 2012, 15면.

준수하도록 하고, 전자적으로 처리되는 개인정보 외에 수기문서까지 개인정보의 보호범위에 포함함으로써 그 동안 개인정보 보호 관련 법률의 적용을 받지 않았던 사각지대를 해소함으로써 전반적인 개인정보 보호수준을 제고하도록 하였다(제2조).

② 개인정보 보호위원회 설치

개인정보 보호 기본계획, 법령 및 제도 개선 등 개인정보에 관한 주요 사항을 심의 의결하기 위하여 대통령 소속으로 개인정보 보호위원회를 두도록 하였다(제7조, 제8조).

③ 개인정보의 수집, 이용, 제공 등 단계별 보호기준

가. 개인정보를 수집, 이용하거나 제3자에게 제공할 경우에는 정보주체의 동의 등을 얻도록 하고, 개인정보의 수집 이용목적의 달성 등으로 불필요하게 된 때에는 지체 없이 개인정보를 파기하여야 한다. 개인정보의 수집, 이용, 제공, 파기에 이르는 각 단계별로 개인정보처리자가 준수하여야 할 처리기준을 구체적으로 규정함으로써 법규의 실효성이 높아지고 개인정보의 안전한 처리가 가능하도록 하였다(제15조 내지 제22조). 개인정보는 정보주체로부터 직접 수집하는 것이 원칙이지만 공공기관이나 인터넷, 신문, 잡지 등 공개된 기관으로부터 수집할 수도 있고, 개인정보처리자가 직접수집하지 않아도 업무처리과정에서 개인정보가 생산될 수도 있다. 개인정보가 어떻게 수집되더라도 개인정보는 개인정보보호원칙에 따라서 수집되고 이용되어야 하는 것이다.[19] 개인정보보호법은 이와 같은 개인정보보호 원칙에 따라 단계별 보호기준을 규정한 것이다.

④ 고유식별정보의 처리제한 강화

고유식별정보라 함은 법령에 따라 개인을 고유하게 구별하기 위하여 부여된 식별정보로서 주민등록번호(주민등록법 제7조 제3항), 여권번호(여권법 제7조 제1항 제1호), 운전면허번호(도로교통법 시행규칙 제76조 제2항), 외국인등록번호(출입국관리법 제31조 제4항) 등을 말한다. 이러한 고유식별정보는 해당 법률에서 부여한 원래의 목적을 위해서만 처리되어야 하고 다른 목적을 위해서는 원칙적으로 처리가 금지된다.

개인정보보호법은 주민등록번호 등 법령에 따라 개인을 고유하게 구별하기 위해 부여된 고유식별정보는 원칙적으로 처리를 금지하고, 별도의 동의를 얻거나

---

19) 이창범, 전게서, 119면.

법령에 의한 경우 등에 한하여 제한적으로 예외를 인정하고 있다(제24조). 특히 주민등록번호의 대량 유출사고가 빈발함에 따라 주민등록번호는 다음과 같은 경우 외에는 처리할 수 없도록 금지하였다. 즉, 1. 법률, 대통령령, 국회규칙, 대법원규칙, 헌법재판소규칙, 중앙선거관리위원회규칙 및 감사원규칙에서 구체적으로 주민등록번호의 처리를 요구하거나 허용한 경우, 2. 정보주체 또는 제3자의 급박한 생명, 신체, 재산의 이익을 위하여 명백히 필요하다고 인정되는 경우, 3. 제1호 및 제2호에 준하여 주민등록번호 처리가 불가피한 경우로써 안전행정부령으로 정하는 경우 등이다(제24조의2 제1항 각호).

또한 대통령령으로 정하는 개인정보처리자는 홈페이지 회원가입 등 일정한 경우 주민등록번호 외의 방법을 반드시 제공하도록 의무화하고 있다. 대규모 개인정보유출사태의 발생 등에 대비하여 주민등록번호를 포함한 고유식별정보를 암호화하여 저장하도록 하였다. 이로써 주민등록번호의 광범위한 사용 관행을 제한하고 주민등록번호 오남용을 방지하여 고유식별정보에 대한 보호를 강화하도록 하였다(제24조, 제24조의2).

⑤ 영상정보처리기기의 설치제한

영상정보처리기기 운영자는 일반적으로 공개된 장소에 범죄예방 등 특정 목적으로만 영상정보처리기기를 설치할 수 있도록 하였다. 영상정보처리기기의 설치, 운영 근거를 구체화함으로써 폐쇄회로 텔레비전 등 영상정보처리기기의 무분별한 설치를 방지하여 개인영상정보 보호를 강화하도록 하였다(제25조).

⑥ 개인정보 영향평가제도

개인정보처리자는 개인정보파일의 구축, 확대 등이 개인정보 보호에 영향을 미칠 우려가 크다고 판단될 경우 자율적으로 영향평가를 수행할 수 있도록 하고, 공공기관은 정보주체의 권리침해 우려가 큰 일정한 사유에 해당될 때에는 영향평가 수행을 의무적으로 수행하여야 한다(제33조). 개인정보 침해로 인한 피해는 원상회복 등 사후 권리구제가 어려우므로 영향평가의 실시로 미리 위험요인을 분석하고 이를 조기에 제거하여 개인정보 유출 및 오남용 등의 예방하도록 한 것이다.

⑦ 개인정보 유출사실의 통지 신고제도

개인정보처리자는 개인정보 유출사실을 인지하였을 경우 지체 없이 해당 정보주체에게 관련 사실을 통지하고, 일정 규모 이상의 개인정보가 유출된 때에는 전문기관에 신고하여야하며, 피해의 최소화를 위해 필요한 조치를 하여야 한다(제34조). 이는 개인정보 유출로 인한 피해의 확산방지를 위한 신속한 조치와 정보주체의 효과적 권리 구제 등을 도모하기 위한 것이다.

⑧ 정보주체의 권리보장 및 징벌적 손해배상제도

정보주체에게 개인정보의 열람청구권, 정정 삭제청구권, 처리정지 요구권 등을 부여하고, 그 권리행사방법 등을 규정하고 있다(제35조 내지 제39조). 특히 정보주체는 개인정보처리자가 본 법을 위반한 행위로 손해를 입으면 개인정보처리자에게 손해배상을 청구할 수 있고, 이 경우 그 개인정보처리자는 고의 또는 과실이 없음을 입증하지 아니하면 책임을 면할 수 없다(제39조 제1항). 개인정보처리자의 고의 또는 중대한 과실로 인하여 개인정보가 분실, 도난, 유출, 위조, 변조 또는 훼손된 경우로서 정보주체에게 손해가 발생한 때에는 법원은 그 손해액의 3배를 넘지 아니하는 범위에서 손해배상액을 정할 수 있다. 다만, 개인정보처리자가 고의 또는 중대한 과실이 없음을 증명한 경우에는 그러하지 아니하다(제39조 제3항). 본법은 또한 법정손해배상의 청구제도를 두고 있는데, 정보주체가 개인정보처리자의 고의 또는 과실로 인하여 개인정보의 분실, 도난, 유출, 위보, 변조 또는 훼손된 경우에는 300만 원 이하의 범위에서 상당한 금액을 손해액으로 하여 배상을 청구할 수 있도록 하였다(제39조의2 제1항).

⑨ 개인정보 분쟁조정위원회 및 집단분쟁조정제도

개인정보에 관한 분쟁조정 업무를 신속하고 공정하게 처리하기 위하여 개인정보 분쟁조정위원회를 둔다. 개인정보 분쟁조정위원회의 조정결정을 수락한 경우 재판상 화해의 효력을 갖는다(제47조 제5항). 재판상 화해[20]의 효력은 확정판결과 동일한 효력을 갖기 때문에 분쟁은 최종적으로 종료되고 조정조서에 의하여 강제집행도 할 수 있게 된다(민사소송법 제220조, 민사집행법 제56조 제5호). 또한 개인정보의 피해가 대부분 대량 소액 사건인 점을 고려하여 집단분쟁조정제도를 규정하고 있다(제40조 내지 제50조).

⑩ 단체소송제도

개인정보처리자로 하여금 개인정보의 수집, 이용, 제공 등에 대한 준법정신과

---

20) 널리 재판상 화해라 함은 소송계속 전에 지방법원 단독판사 앞에서 하는 제소전 화해(민사소송법 제385조 제1항)와 소송계속 후 수소법원 앞에서 하는 소송상화해의 두 가지를 말한다; 이시윤, 신민사소송법 제6증보판, 박영사(2012), 549면.

경각심을 높이고, 동일, 유사 개인정보 소송에 따른 사회적 비용을 절감하기 위하여 개인정보단체소송제도를 두고 있다(제51조 내지 제57조).

다만, 단체소송의 남발을 막기 위하여 단체소송 전에 반드시 집단분쟁조정제도를 거쳐야 하며 단체소송의 대상을 권리침해행위의 중단 정지 청구소송으로 제한한다.

⑪ 개인정보 침해사실의 신고

개인정보처리자로부터 권리 또는 이익을 침해받은 자는 행정안전부장관에게 그 침해사실을 신고할 수 있으며, 행정안전부장관은 신고 접수 및 업무처리 지원을 위하여 개인정보침해신고세터를 설치 운영한다(제62조).

3.3.2 정보통신망이용촉진 및 정보보호등에 관한 법률

정보통신망이용촉진 및 정보보호등에 관한 법률(약칭 정보통신망법이라 한다)은 제4장에서 개인정보의 보호에 관한 규정(제22조 내지 제40조)을 두고 있다.

정보통신망법상 개인정보보호에 관한 주요 내용은 다음과 같다.

(1) 개인정보의 수집 및 취급(제22조, 제23조)

① 이용자의 동의

정보통신서비스 제공자가 이용자의 개인정보를 이용하려고 수집하는 때에는 다음의 사항을 이용자에게 알리고 동의를 받아야 한다(제22조 제1항).

1. 개인정보의 수집·이용목적
2. 수집하는 개인정보의 항목
3. 개인정보의 보유·이용기간

다만 정보통신서비스 제공자가 1. 정보통신서비스의 제공에 관한 계약을 이행하기 위하여 필요한 개인정보로서 경제적·기술적인 사유로 통상적인 동의를 받는 것이 뚜렷하게 곤란한 경우, 2. 정보통신서비스의 제공에 따른 요금정산을 위하여 필요한 경우, 3. 이 법 또는 다른 법률에 특별한 규정이 있는 경우에는 이용자의 동의 없이 개인정보를 수집·이용할 수 있다(제22조 제2항).

② 접근권한에 대한 동의

정보통신서비스 제공자는 해당 서비스를 제공하기 위하여 이용자의 이동통신단말장치 내에 저장되어 있는 정보 및 이동통신단말장치에 설치된 기능에 대하여 접근할 수 있는 권한(접근권한)이 필요한 경우 다음 사항을 이용자가 명확하게 인지할 수 있도록 알리고 이용자의 동의를 받아야 한다(제22조의2 제1항).

1. 해당 서비스를 제공하기 위하여 반드시 필요한 접근권한인 경우 가. 접근권한이 필요한 정보 및 기능의 항목, 나. 접근권한이 필요한 이유

2. 해당 서비스를 제공하기 위하여 반드시 필요한 접근권한이 아닌 경우 가. 접근권한이 필요한 정보 및 기능의 항목, 나. 접근권한이 필요한 이유, 다. 접근권한 허용에 대하여 동의하지 아니할 수 있다는 사실

정보통신서비스 제공자는 해당 서비스를 제공하기 위하여 반드시 필요하지 아니한 접근권한을 설정하는 데 이용자가 동의하지 아니한다는 이유로 이용자에게 해당 서비스의 제공을 거부하여서는 아니 된다(제22조의2 제2항). 스마트폰 응용프로그램(앱) 개발자나 개발회사가 이용자 스마트폰의 특정 기능에 접근해 해당 기능을 실행시키거나 데이터를 읽고 수정하는 등 이용자의 기기의 기능과 정보를 활용할 수 있는 권한을 갖는 것이 보통이다. 대다수의 이용자는 스마트폰 응용프로그램에 접근권한을 허용할 경우 개발자 등이 본인 기기의 정보를 얼마나 수집하고 어디까지 활용할 수 있는지 정확히 인지하지 못하고 있으며, 인지하고 있더라도 이용자가 접근권한 동의를 거부할 경우 프로그램 자체를 이용할 수 없어 대부분의 이용자가 부득이하게 접근권한을 허용하고 있다. 이에 따라 개발자가 접근권한을 획득하고자 할 경우 서비스의 본질적 기능을 수행하기 위해 필수적인 항목과 그 외의 항목을 구분하여, 접근권한이 필요한 항목과 이유를 명확하게 밝힌 뒤 이용자로부터 각각 동의를 받도록 의무화 한 것이다. 또한 서비스의 본질적 기능 수행에 필수적이지 않은 접근권한에 대해서는 이용자가 동의를 하지 않는다는 이유로 이용자에게 프로그램 제공을 거부할 수 없도록 한 것이다.[21)]

③ 최소한의 정보수집

정보통신서비스 제공자가 이용자의 개인정보를 수집하는 때에는 사상, 신념,

---

21) 법제처, 정보통신망 이용촉진 및 정보보호 등에 관한 법률(법률 제14080호, 2016.3.22. 일부개정, 2016.9.23. 시행) 개정이유.

가족 및 친인척관계, 학력, 병력, 기타 사회활동 경력 등 개인의 권리, 이익이나 사생활을 뚜렷하게 침해할 우려가 있는 개인정보(소위 민감한 개인정보)를 수집하여서는 아니 된다. 다만, 이용자의 동의를 받거나 다른 법률에 따라 수집대상 개인정보로 허용된 경우에는 필요한 범위에서 최소한으로 그 개인정보를 수집할 수 있다(제23조 제1항).

또한 정보통신서비스 제공자는 이용자의 개인정보를 수집하는 경우에는 정보통신서비스의 제공에 필요한 최소한의 개인정보만 수집하여야 한다(제23조 제2항).

한편 정보통신망법에서도 개인정보보호법과 유사하게 정보통신서비스 제공자는 본인확인기관으로 지정받거나 법령에서 수집 이용이 허용하는 경우, 영업상 목적을 위하여 이용자의 주민등록번호 수집 이용이 불가피한 정보통신서비스 제공자로서 방송통신위원회가 고시하는 경우를 제외하고는 이용자의 주민등록번호를 수집 이용할 수 없도록 하고 있다(제23조의2 제1항). 위와 같이 정보통신서비스 제공자가 주민등록번호를 수집 이용할 수 있는 경우에도 이용자의 주민등록번호를 사용하지 아니하고 본인을 확인하는 방법(대체수단)을 제공하여야 한다(제23조의2 제2항).

④ 개인정보의 처리위탁

정보통신서비스 제공자가 이용자의 개인정보처리 업무를 위탁하는 경우에는 개인정보 처리위탁을 받는 자(수탁자), 개인정보 처리위탁을 하는 업무의 내용을 이용자에게 알리고 동의를 받아야 한다(제25조).

⑤ 정보통신서비스제공자의 개인정보의 보호조치

정보통신서비스제공자는 수집된 이용자의 개인정보를 취급함에 있어서 개인정보가 분실·도난·누설·변조 또는 훼손되지 아니하도록 안전성 확보에 필요한 기술적·관리적 조치를 하여야 한다(제28조).

개인정보의 안전성 확보에 필요한 기술적·관리적 조치는 다음 각호와 같다.

1) 개인정보의 안전한 취급을 위한 내부관리계획의 수립 및 시행

2) 개인정보에 대한 불법적인 접근을 차단하기 위한 침입차단시스템 등 접근통제장치의 설치·운영

3) 접속기록의 위조·변조 방지를 위한 조치

4) 개인정보를 안전하게 저장·전송할 수 있는 암호화기술 등을 이용한 보안조치

5) 백신 소프트웨어의 설치·운영 등 컴퓨터 바이러스 방지 조치

6) 그밖에 개인정보의 안전성 확보를 위하여 필요한 조치

(2) 개인정보의 이용 및 제공의 제한

① 개인정보의 이용과 제공

정보통신서비스제공자는 이용자의 개인정보를 이용자로부터 동의 받은 목적과 다른 목적으로 이용하여서는 아니 된다(제24조).

정보통신서비스 제공자는 이용자의 개인정보를 제3자에게 제공하고자 할 때에는 개인정보를 제공받는 자, 개인정보를 제공받는 자의 개인정보 이용 목적, 제공하는 개인정보의 항목, 개인정보를 제공받는 자의 개인정보 보유 및 이용 기간에 관하여 미리 당해 이용자의 동의를 받아야 한다. 다만 정보통신서비스제공을 위하여 필요한 경우(제22조 제2항 제2호) 및 이 법 또는 다른 법률에 특별한 규정이 있는 경우(동조 제2항 제3호)에는 예외로 한다(제24조의2 제1항).

② 목적 외 사용금지

이용자의 개인정보를 제공받은 자는 이용자의 동의가 있거나 법률에 특별한 규정이 있는 경우를 제외하고는 개인정보를 제공받은 목적 외의 용도로 이를 이용하거나 제3자에게 제공하여서는 아니 된다(제24조의2 제2항). 또한 정보통신서비스제공자등은 제3자에 대한 제공을 위한 동의와 개인정보 처리위탁에 대한 동의를 받을 때에는 개인정보의 수집, 이용에 대한 동의(제22조)와 구분하여 받아야 하고, 이에 동의하지 아니한다는 이유로 서비스 제공을 거부하여서는 아니 된다(제24조의2 제3항).

③ 개인정보의 누설금지

이용자의 개인정보를 처리한 자는 직무상 알게 된 개인정보를 훼손, 침해 또는 누설하여서는 안 되며, 누구든지 그 개인정보가 누설된 사정을 알면서도 영리 또는 부정한 목적으로 개인정보를 제공받아서는 아니 된다(제28조의2).

(3) 목적달성후의 개인정보 파기의무

이용자의 개인정보를 수집한 정보통신서비스제공자 또는 정보통신서비스제공자로부터 개인정보를 제공받은 자는 개인정보의 수집목적 또는 제공받은 목적을 달성한 때에는 지체 없이 해당 개인정보를 복구, 재생할 수 없도록 파기하여야 한

다(제29조). 다만, 다른 법률에 따라 개인정보를 보존하여야 하는 경우에는 그러하지 아니하다(제29조 제1항 단서).

(4) 개인정보 보호책임자의 지정과 취급자의 제한의무

정보통신서비스제공자는 이용자의 개인정보를 보호하고 개인정보와 관련된 이용자의 고충을 처리하기 위하여 개인정보 보호책임자를 지정하여야 한다(동법 제27조).

(5) 영업의 양수, 합병 등의 통지

정보통신서비스제공자가 영업양도, 합병 등으로 그 권리를 이전하는 경우에는 그러한 사실을 이용자에게 통지하여야 하며, 권리승계자도 이용자에게 해당사실을 통지하여야 한다(제26조). 이용자의 개인정보도 일종의 재산적 성질을 갖고 양도 및 합병재산에 포함될 수 있으므로 이용자의 개인정보를 보호하기 위하여 둔 규정이다.

(6) 이용자의 권리

① 이용자의 동의 철회권

이용자는 언제든지 정보수집 등에 관한 동의를 철회할 수 있다(제30조 제1항). 동의철회가 있는 경우에는 정보통신서비스제공자는 지체 없이 수집된 개인정보를 파기하는 등 필요한 조치를 취하여야 한다(동조 제3항).

② 열람 및 정정요구권

이용자는 정보통신서비스제공자에게 자신의 개인정보에 대한 열람 또는 개인정보를 이용하거나 제3자에게 제공한 내역을 요구할 수 있으며, 자신의 개인정보에 오류가 있는 경우에는 그 정정을 요구할 수 있다(제2항).

③ 정보통신서비스제공자의 열람제공 및 정정의무

정보통신서비스제공자는 이용자가 열람·내역 또는 정정 요구를 하는 경우에는 지체 없이 필요한 조치를 취하여야 한다(제4항).

④ 정보통신서비스제공자의 정보이용제한

정보통신서비스제공자는 이용자로부터 개인정보의 오류 정정 요구를 받은 경우에는 그 오류를 정정할 때까지 당해 개인정보를 이용하여서는 아니 된다(제5항).

⑤ 정보통신서비스제공자의 조치의무

정보통신서비스제공자가 이용자로부터 동의의 철회, 개인정보의 열람 또는 정정의 요구를 받은 경우에는 개인정보를 수집하는 방법보다 쉽게 할 수 있도록 필요한 조치를 취하여야 한다(제30조 제6항).

⑥ 손해배상책임

정보통신서비스제공자가 이 법을 위반한 행위로 이용자에게 손해를 입힌 때에는 무과실을 입증하지 못하는 한 손해배상책임을 진다(제32조). 정보통신기술에 문외한인 이용자 보호를 위하여 입증책임을 전환하여 정보통신서비스제공자에게 무과실의 입증책임을 부과하고 있다.

정보통신서비스 제공자에 대하여 징벌적 손해배상제도가 적용되는 바, 정보통신서비스 제공자는 고의 또는 중대한 과실로 인하여 개인정보가 분실, 도난, 유출, 훼손된 경우로서 이용자에게 손해가 발생한 때에는 법원은 그 손해액의 3배를 넘지 않는 범위에서 손해배상액을 정할 수 있다. 다만, 정보통신서비스제공자가 고의 또는 중대한 과실이 없음을 증명한 경우는 그러하지 아니하다(제32조 제2항).

3.3.3 전자문서법

전자문서법은 다음과 같은 개인정보보호 조항을 두고 있다(제12조).

정부는 전자거래의 안전성 및 신뢰성을 확보하기 위하여 전자거래이용자의 개인정보를 보호하기 위한 시책을 수립·시행하여야 한다(동조 제1항). 전자거래사업자는 전자거래이용자의 개인정보를 수집·이용·제공 및 관리함에 있어서 정보통신망 이용촉진 및 정보보호등에 관한 법률 등 관련 규정을 준수하여야 한다(동조 제2항).

3.3.4 전자서명법

전자서명법은 공인인증기관은 인증업무 수행과 관련하여 개인정보를 보호하여야 한다(제24조)는 일반적 규정을 두고 있다. 따라서 공인인증기관의 개인정보보호에 관하여는 개인정보보호법 및 정보통신망법이 적용된다.

3.3.5 신용정보의 이용 및 보호에 관한 법률

신용정보의 효율적 이용 및 관리와 오용, 남용으로부터 사생활의 비밀을 적절히 보호하기 위하여 신용정보의 이용 및 보호에 관한 법률(이하 신용정보보호법이라 한다)이 제정, 시행되고 있다.

신용정보보호법은 신용정보를 금융거래 등 상거래에서 거래 상대방의 신용을 판단할 때 필요한 정보로 정의하고 있으며 특히 개인신용정보는 신용정보 중 개인의 신용도와 신용거래능력 등을 판단할 때 필요한 정보이다(제2조 제1호, 제2호).

신용정보회사 등이 신용정보의 수집·조사 및 처리를 하기 위해서는 그 목적을 명확히 하고, 목적달성에 필요한 범위 안에서 합리적이고 공정한 수단에 의하여야 하며, 해당 신용정보주체의 동의를 받아야 한다(동법 제15조). 신용정보업자 등은 국가안보에 관한 정보, 개인의 사생활에 관한 정보, 불확실한 개인정보, 법에 의하여 수집이 금지된 정보 등은 수집·조사할 수 없다(동법 16조).

신용정보제공·이용자는 금융거래 등 상거래관계가 종료된 날부터 금융위원회가 정하여 고시하는 기한까지 해당 신용정보주체의 개인신용정보가 안전하게 보호될 수 있도록 접근권한을 강화하여야 하며, 원칙적으로 상거래관계가 종료된 날부터 최장 5년 이내에 해당 신용정보주체의 개인신용정보를 관리대상에서 삭제하여야 한다(제20조의2 제1항, 제2항).

이 법은 개인신용정보의 제공·활용을 위하여는 당해 개인으로부터 서면에 의한 동의를 얻도록 하고 있으며(동법 제32조), 개인신용정보의 제공 및 이용동의 철회권(동법 제37조), 신용정보의 열람 및 정정청구권(동법 제38조), 업무목적 외의 누설 금지조항(동법 제42조), 손해배상책임규정(동법 제43조) 등을 두어서 개인신용정보를 보호하고 있다.

3.3.6 금융실명거래 및 비밀보장에 관한 법률

이 법은 금융거래의 내용에 대한 정보 또는 자료를 금융기관이 법원의 제출명령, 조세법상의 제출의무에 기한 경우, 국정감사에 필요한 경우, 금융감독기관의 감독상 필요한 경우, 동일 금융기관 상호간 업무상 필요한 경우, 기타 법률에 의한 경우를 제외하고는 이를 타인에게 제공하거나 누설하여서는 안된다는 것을 정하고 있다(동법 제4조). 이 규정에 위반하여 금융거래정보를 제공하거나 누설한 자는 5년 이하의 징역이나 5천만 원 이하의 벌금에 처하도록 함으로써(동법 제6조) 금융거래에 관한 개인정보를 보호하고 있다.

3.3.7 기 타

통신비밀보호법상 "통신 및 대화비밀의 보호규정(제3조)", 전기통신사업법 상 이용자의 인적 사항에 관한 정보유용금지규정(동법 제34조의 5)등에 의하여 개인정보를 보호하고 있다.

3.4 인터넷 전자상거래와 개인정보보호의 문제

인터넷 전자상거래가 폭발적으로 증가하는 것과 비례하여 민간기업이 보유하는 이용자의 개인정보보호가 더욱 중요하게 되었다. 인터넷 전자상거래에서 개인정보보호를 위하여 고려해야 할 몇 가지 요소를 살펴본다.

3.4.1 국제적 수준의 개인정보보호

유럽연합 개인정보보호지침은 제3국이 만족할 만한 수준의 개인정보보호를 행하고 있지 않은 경우에는 그 나라에 대한 유럽연합 회원국으로부터의 정보이전을 금지하고 있다(제25조). 전자상거래는 국제적인 성격을 가지고 있을 뿐만 아니라, 우리나라로서도 유럽연합 소속 국가와 무역거래 및 정보교류 필요할 터인데, 유럽연합 정보보호지침을 유의하여 그에 상응한 수준의 개인정보보호법제를 마련하고 이를 현실적으로 시행하도록 노력할 필요가 있다. 이렇게 함으로써 전자상거래의 활성화를 도모할 수 있을 것이다.

3.4.2 전자상거래사업자의 개인정보보호 문제

전자상거래사업자(혹은 사이버몰 운영자)는 전자상거래관련 법규에 따라서 몰 이용자의 개인정보를 보호하여야 할 의무가 있다.

(1) 전자상거래소비자보호법－사업자의 소비자 정보의 공정이용의무

사업자는 전자상거래 또는 통신판매를 위하여 소비자에 관한 정보를 수집 또는 이용하고자 하는 경우에는 정보통신망법의 관련 규정에 따라 이를 공정하게 수집 또는 이용하여야 한다(동법 제11조 제1항).

사업자는 재화 등을 거래함에 있어서 소비자에 관한 정보가 도용되어 당해 소비자가 재산상의 손해가 발생하였거나 발생할 우려가 있는 특별한 사유가 있는 경우에는 본인 확인이나 피해의 회복 등의 필요한 조치를 취하여야 한다(동조 제2항).

(2) 전자상거래소비자보호지침－공개된 정보의 수집 시 본인에 대한 통지

전자상거래소비자보호법 제11조 제1항과 관련하여 사업자가 전자상거래 및 통신판매를 위하여 소비자의 가족사항 등 사생활과 관련된 내용을 공개된 정보로부터 수집하여 사용하는 경우에도 본인에게 그러한 사실을 통지하고 사용하여야 한다.

(3) 인터넷 사이버몰 이용 표준약관

인터넷 사이버몰 이용 표준약관(2003.10.10 개정·승인) 제17조에서는 개인정보 보호에 관하여 다음과 같은 내용을 정하고 있다.

즉 전자상거래 사업자("몰")는 이용자의 정보수집 시 구매계약의 이행에 필요한 최소한의 정보를 수집하여야 하며, 성명, 주민등록번호 또는 외국인등록번호, 주소, 전화번호, 희망 ID(회원의 경우), 비밀번호(회원의 경우), 전자우편주소(또는 이동전화번호) 등을 필수사항으로 하고 있다(제1항). 또한 "몰"이 이용자의 개인정보를 수집할 때에는 이용자의 동의를 받아야 하며, 이용자는 동의 철회권, 열람, 오류정정 및 삭제 요구권을 갖는다(2항, 5항). 다만, 예외적으로 이용자의 동의 없이 목적 외의 이용이나 제3자에게 제공할 수 있는 경우는 다음과 같다.

1) 배송업무상 배송업체에게 배송에 필요한 최소한의 이용자의 정보(성명, 주소, 전화번호)를 알려주는 경우

2) 통계작성, 학술연구 또는 시장조사를 위하여 필요한 경우로서 특정 개인을 식별할 수 없는 형태로 제공하는 경우

3) 재화등의 거래에 따른 대금정산을 위하여 필요한 경우

4) 도용방지를 위하여 본인확인에 필요한 경우

5) 법률의 규정 또는 법률에 의하여 필요한 불가피한 사유가 있는 경우 등이다(동조 제3항).

"몰"이 이용자의 동의를 받아야 하는 경우에는 개인정보관리 책임자의 신원, 정보의 수집목적 및 이용목적, 제3자에 대한 정보제공관련사항 등 정보통신망법 제22조 제2항이 규정한 사항을 미리 명시하거나 고지해야 하며 이용자는 언제든지 이 동의를 철회할 수 있다(동조 제4항).

"몰"은 이용자의 개인정보의 분실, 도난, 유출, 변조사고가 발생한 경우에는 그에 따른 책임을 지도록 하고 있다(6항). 아울러 "몰"은 개인정보의 수집목적을 달성한 때에는 이를 지체 없이 파기하여야 한다(7항).

(4) 전자상거래 사업자의 개인정보보호의무와 배상책임

전자상거래 사업자는 정보통신망법의 규정에 따라서 개인정보보호 의무를 부담하는 외에 전자거래 소비자보호지침과 인터넷 사이버몰 이용 표준약관 등에서 규정하고 있는 바에 따라 전자상거래 이용자의 개인정보를 보호하여야 할 것이다. 그러므로 전자상거래 사업자는 이러한 법규정 및 지침에 유의하여 사이버몰 이용약관에 이를 명시하고 철저히 준수하도록 하며, 아울러 개인정보관리책임자를 두고, 그들로 하여금 이를 잘 지키도록 해야 한다.

또한 전자상거래 사업자는 개인정보보호를 위하여 개인정보의 부당한 접근과 이용 또는 정보의 유출 등을 방지할 수 있는 기술적인 보안장치를 마련하여야 한다.22)

3.4.3 정보통신사업자의 개인정보보호책임

인터넷 통신사업자가 통신역무를 제공하면서 취득한 개인의 주소록이나 성명·주소·직업 등 개인정보를 개인의 동의 없이 제3자에게 유출하는 것은 헌법상 프라이버시 침해문제가 될 수 있다. 뿐만 아니라 정보통신망법상 개인정보보호규정 위반으로 되어 처벌될 수 있다. 만약 정보통신사업자가 누설한 개인정보가 전기통신사업법상 통신비밀에 해당하는 경우에는 "통신비밀보호" 규정(법 제54조)이 적용되고, 본인의 동의 없이 정보를 누설한 경우에는 정보유용금지의무(동법 제34조의 5)에 위반하게 되어 사업자는 제재를 받게 된다(동법 제69조 3호, 제71조).

정보통신사업자가 자신의 행위가 아니라 제3자의 행위나 회원의 행위로 프라이버시침해의 결과가 발생하게 된 경우가 있을 수 있다. 예를 들면 통신판매회사, 온라인 시장정보수집회사 등이 온라인 통신사업자가 제공한 통신서비스를 이용하여 개인정보를 불법적으로 수집한 경우에는 이들 통신판매회사나 정보수집회사가 책임을 지는 것은 당연하지만 정보통신사업자도 온라인상의 프라이버시 침해와 관련하여 그 침해행위를 알면서도 이를 방치한 것으로 인정되는 경우에는 책임을 져야 할 것이다.23)

---

22) 인터넷 정보보호를 위한 기술적 조치의 개발을 통하여 온라인 거래에 있어서 개인확인정보를 최소화 할 수 있다. 즉 암호기술의 발달로 제3자에게 거래정보를 노출시킬 우려 없이 안심하고 온라인 서비스를 이용할 수 있다. 익명의 재전송자(anonymous remailer)기능을 이용하면 인터넷이나 유스넷 뉴스그룹에 자신의 신원을 숨긴 채로 역추적을 받지 않고 전자우편을 보낼 수 있다. 넷스케이프, 마이크로 소프트 등의 정보통신사업자들은 개인정보공개에 대한 정보주체의 선택을 표준화하여 사이트 검색시 노출되는 개인정보를 일정 범위에 국한되도록 하고 있다. 또한 월드와이드웹 콘소시움(W3C)은 프라이버시 선택기준 프로젝트를 통하여 이용자에게 프라이버시 확보를 위한 표준환경을 권고하고 있다 : 정찬모, "개인정보보호에 관한 국제적 입법동향 및 우리의 대응", 6면.

23) 윤기호·이철송·이창범·정준우·강준모, 「전자상거래에 있어 소비자보호와 불공정거래행위 규제방안」 정보통신정책연구원 정책연구 98-03, 1998.12, 253면.

3.4.4 컴퓨터범죄에 대한 법적 규제와 개인정보보호

컴퓨터를 이용한 전산화된 정보에 대한 범죄행위를 처벌하기 위하여 1995년 12월 우리나라 형법이 개정되어 정보사회의 새로운 범죄현상에 대응할 수 있는 법규정이 신설되었다(예, 형법 제314조 컴퓨터 업무방해죄, 제347조의 2 컴퓨터이용사기죄, 366조 전자기록손괴죄 등). 이러한 법규정이 신설되었으나, 컴퓨터 관련 기술은 매우 빠르게 발달하여 가고 있기 때문에 관련 법규를 해석하고 운용함에 있어서 기술발전에 부합하도록 하여야 하며[24], 필요에 따라서는 신기술에 알맞도록 법적 대응을 함으로써 개인정보보호를 도모할 필요가 있다고 할 것이다.

3.4.5 기타 개인정보보호관련 가이드라인

(1) 인터넷 주민번호 대체수단 가이드라인

주민등록번호의 불법적 수집과 도용을 방지하기 위하여 '인터넷 주민번호 대체수단 가이드라인'이 2006년 10월 발표되었다. 주민번호 대체수단(i-PIN: Internet Personal Identification Number)은 인터넷에서 주민등록번호를 대신하여 사용할 수 있는 가상의 숫자조합이다.

(2) CCTV 개인영상정보보호 가이드라인

CCTV에 의한 프라이버시침해의 방지를 위하여 'CCTV 개인영상정보보호 가이드라인'이 2006년 10월에 제정되었다. 이 가이드라인에 의하여 CCTV의 설치 관리기준을 마련하고 자율적인 준수를 권장하게 되었다.

---

24) 예컨대 형법 제314조 2항의 컴퓨터관련 업무방해죄에 있어서 형법에 새로이 규정된 "정보처리장치"라는 개념이 형법 제347조의 2에서도 사용되고 있는데, 컴퓨터 기술의 발달로 네트워크장비나 프린터기계, 모뎀 등에 대해서도 이를 통상적으로는 일반인들이 컴퓨터로 이해하고 있지는 않지만 내부적으로는 컴퓨터 칩과 소프트웨어가 장착되고 있어서 정보처리장치의 범위에 포함시킬 수 있는 가하는 것이 문제될 수 있다; 한봉조, "정보화사회의 법률문제와 정보보호", 「정보법학」 창간호, 1997, 한국정보법학회, 176면.

(3) RFID 프라이버시보호 가이드라인

유비쿼터스에서 널리 이용되고 있는 RFID(Radio Frequency Identification, 전파식별 혹은 전자태그라 함)로 인한 개인정보침해를 대비하여 'RFID 프라이버시보호 가이드라인'이 마련되었다. 이 가이드라인에서는 예컨대 RFID 취급사업자는 이용자의 명시적인 동의가 없는 한 RFID 태그에 개인정보를 기록할 수 없도록 하였다.

제 4 장

전자상거래와 전자지급결제

- 차 례 -

4.1 전자지급결제제도의 의의

정보사회의 발달과 더불어 거래의 결제형태도 종래의 전통적인 현금 결제나 수표결제방식에서 점차로 컴퓨터를 이용한 전자적 결제방식으로 이행하게 되었다. 즉, 1950년대 초에 미국의 은행들이 은행업무에 컴퓨터를 도입한 이래 자금의 이동을 전자적으로 처리하는 새로운 결제수단으로써 전자자금이체제도(Electronic Fund Transfer : EFT)가 출현하게 되었고, 그 이후 각국에서 이 제도가 급속하게 보급되었다. 우리나라에서도 전자자금이체제도가 비약적인 발전을 거듭하였으며 현재 계좌이체, 지로, 무통장입금, 현금자동지급기(Cash Dispenser : CD), 자동입출금기(ATM; Automated Teller Machine), 직불카드거래단말기(POS Terminal) 등이 사용되고 있다. 또한 인터넷을 이용한 신용카드에 의한 지급, 선불전자지급수단에 의한 지급 등 다양한 방법이 이용되고 있다.

전자금융거래의 안전성과 신뢰성을 확보하고 전자금융업의 건전한 발전을 위하여 「전자금융거래법」이 2006년 4월 28일 법률 제7929호로 제정되어 2007년 1월 1일부터 시행되고 있다. 이 법에서는 전자적 방법에 의한 금융거래(광의의 전자금융거래)와 전자화폐, 선불전자지급수단에 의한 전자지급거래(협의의 전자금융거래)에 관하여 규정을 두고 있으며, 전자금융거래당사자의 책임과 전자금융업의 허가·등록, 전자금융업무의 감독에 관하여 규정하고 있다.

전 세계적으로 IT와 금융이 결합하는 경향이 확산되면서 국경간 전자상거래와 온라인과 모바일을 통한 금융거래도 늘고 있다. 핀테크(FinTech)는 금융(Finance)과 기술(Technology)의 합성어로서, 금융과 IT의 융합을 통한 금융서비스 및 산업의 변화를 총칭하는 말이다. 대표적인 사례로는 모바일 뱅킹과 앱카드 등이 있으며, 혁신적 비금융기업이 보유 기술을 활용하여 지급결제와 같은 금융서비스를 이용자에게 직접 제공하는 것이다.[1] 이러한 핀테크가 세계적인 흐름이 되면서 우리나라에서는 영업점 없이 업무의 대부분을 ATM, 인터넷 등 전자매체를 통해 영위하는 인터넷전문은행의 설립이 인가되었다.

---

1) 금융위원회 금융용어사전 참조.

4.2 전자지급결제제도의 유형

4.2.1 전자상거래 유형에 따른 분류

(1) B2C거래의 경우

가. 결제방법

일반적으로 전자지급제도는 인터넷 온라인망을 이용하여 판매자인 전자상거래사업자에게 대금을 지급하는 것이라고 할 수 있다. 물품대금 지급 방식으로는 종래부터 이용되어온 계좌이체방식과 은행지로방식이 있다.

이러한 종래의 지급제도와는 별도로 인터넷상의 전자지급제도로 첫째, 인터넷 신용카드 지급, 둘째, 전자화폐에 의한 지급, 셋째, 전자수표에 의한 지급, 넷째, 인터넷 가상은행(Cyber Bank)을 이용한 전자자금이체, 다섯째, 인터넷 뱅킹을 이용한 지급 등이 있다. 또한 최근에 등장한 휴대폰 이용방식과 이-메일 방식(대표적인 예로 e-Bay의 Paypal이 있다)이 그 편리성 때문에 점차 많이 이용되고 있다.

물품대금의 지급방식으로 현재 신용카드에 의한 대금결제방식이 주로 행해지고 있다. 이 방식은 일종의 신용대출로써 자금의 유동성을 보다 용이하게 확보할 수 있고 네트워크 상에서 상품거래와 더불어 대금결제가 이루어지는 동시이행의 문제가 해결된다는 이점이 있으나, 네트워크 상에서 신용카드정보가 노출되어 개인의 정보가 유출될 수 있다는 보안성의 미비와 신용카드 원래의 기능과 맞지 않는 점이 있다.

인터넷상의 전자지급제도를 이용하여 거래 대금을 지급하는 경우에는 종래의 지급방법에서는 문제가 되지 않는 새로운 법률적 문제가 발생한다. 즉 첫째, 보안문제, 둘째, 지급자의 신원, 지급정보에 대한 권리자의 확인문제, 셋째, 프라이버시 보호, 넷째, 지급의 철회 및 취소의 문제, 다섯째, 전자화폐발행에 따른 문제점, 여섯째, 소액지급의 문제 등이다.

나. 선불전자지급수단

'선불전자지급수단'이라 함은 발행자가 미리 대가를 받아 전자적 방법으로 발행·보관하고 지급인이 발행자의 쇼핑몰이나 가맹점에서 재화 또는 용역을 구입하고 그 대가를 지급하는데 이용되는 지급수단으로서, 발행자에게 환금성이 보장되지 않은 소액결제수단을 말한다. 전자금융거래법은 '선불전자지급수단이란 전자화폐를 제외하고, 이전 가능한 금전적 가치가 전자적 방법으로 저장되어 발행된 증표 또는 그 증표에 관한 정보로서 다음의 요건을 모두 갖춘 것'을 말한다고 규정하고 있다. 즉, 1. 발행인 외의 제3자로부터 재화 또는 용역을 구입하고 그 대가를 지급하는데 사용될 것, 2. 구입할 수 있는 재화 또는 용역의 범위가 2개 업종 이상일 것(동법 제2조 제14호) 등이다. 선불전자지급수단의 발행권면한도는 50만원이나, 금융실명거래 및 비밀보장에 관한 법률에 따른 실지명의로 발행된 선불전자지급수단의 발행권면한도는 200만원으로 한다(동법 시행령 제13조 제1항).

선불전자지급수단의 종류로는 iCash(발행자: 아이캐쉬사), 사이버패스(Cyberpass, 발행자: 데이콤), 네티머니(Netimoney, 발행자: 이니시스) 등이 있고, 이외에도 이코인(E-coin), 에니카드(Anycard), 이지캐쉬(Easycash; 한국정보통신, 바람소프트), 웹머니(Webmoney; 에스오케이), 아이 민트(I-mint; 나눔기술) 등이 있다. 선불전자지급수단은 통신망에 의하여 지급할 수 있는 수단이라는 점에서 네트워크형 전자화폐(혹은 전자현금; eCash, Net Cash)와 유사하지만, 선불전자지급수단은 환금성(발행자에 의하여 현금 또는 예금으로 교환이 보장되는 것)이 보장되지 않고 금융계좌에 접근할 수 없다는 점, 대체로 제한된 목적으로만 사용된다는 점 등에서 전자화폐와 구별된다고 할 것이다.[2)]

(2) B2B 거래의 경우

기업간 전자상거래(B2B) 지급결제에는 종래 금융EDI가 이용되고 있는데 이외에 전자수표, 전자어음, 전자외상매출채권, 온라인 송금, 구매전용카드 및 기업구매자금대출 등의 방식이 이용된다.[3)]

가. 금융EDI

금융 EDI는 전자자금이체를 행하기 위한 지시와 같은 기업과 은행간의 EDI를 말한다. 금융EDI에 있어서는 회사의 거래대금지급은 금액이전자금이체와 송금

2) 선불전자지급수단에 관한 상세는 정완용·손진화·김은기·김윤명, 디지털콘텐츠 유통활성화를 위한 소액전자지급수단의 법제도 개선방안에 관한 연구, 한국소프트웨어진흥원(2002), 83면 이하 참조.

3) http://www.kyungwon.ac.kr/profsjh/lecture/BtoBpay.htm <2001.9.30> 참조.

통지의 두 가지 전자문서의 교환에 의하여 이루어진다.

나. 구매전용카드

1991년부터 도입된 구매전용카드는 물품구매를 위한 일종의 신용카드이며, 결제처리절차도 신용카드와 유사하다.[4)]

구매전용카드는 어느 기업이 거래처인 다른 기업으로부터 물품을 구매할 때 그 거래처가 물품공급과 동시에 물품대금을 결제할 수 있는 카드를 말하는데 여기에는 "원구매카드"와 "역구매카드"가 있다.

"원구매카드"는 구매기업이 납품기업으로부터 물품을 구입하고 어음이나 수표와 같은 결제수단 대신 사용하는 일종의 법인카드를 말한다. 이 카드는 기존의 신용카드 거래와 같은 구조를 가지고 있는데, 카드발행회사가 있고 구매기업이 회원이 되며 납품업체가 가맹점이 된다. 구매전용카드는 B2B 전자상거래의 지급결제 수단으로 이용되고 있으나, 기존의 신용카드구조를 그대로 가지고 있는 점에서 전자화폐나 전자수표와 다르며, 인터넷을 기반으로 하는 점에서 B2C거래에 있어서 온라인 신용카드 거래와 유사하다. 그러므로 구매전용카드에 관하여는 온라인 신용카드의 법률이론이 적용될 수 있을 것이다.

"역구매카드"란 판매기업이 물품을 판매할 때 그 거래처에서 구매대금의 결제수단으로 사용하는 카드를 말한다. 이 카드도 기존의 신용카드 거래구조와 같다.

구매전용카드는 어음결제에 비하여 구매절차가 간소화되어 경비절감효과가 있고 물품구매와 관련한 재무정보를 제공함으로써 서류 및 장부정리의 자동화 효과

[그림 2-12] 구매전용카드 결제절차

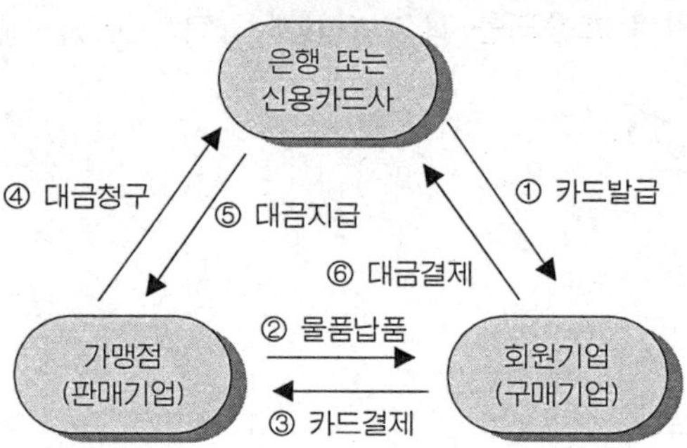

※ 출전 : 2005 e-비즈니스 백서, 146면.

4) 2005 e-비즈니스 백서, 146면.

가 있다. 구매전용카드는 대체로 주류, 의약품, 통신요금, 우편요금 등 업종별도 도입되어 있다.[5]

다. 기업구매자금대출

납품기업이 물품을 공급한 후 구매기업에서 환어음을 받고 이를 납품기업의 거래은행에 제시하면 해당은행이 대금을 지급하는 방식의 거래를 말한다. 은행은 구매기업이 발행한 어음을 결제함으로써 구매기업에게 금융을 제공하는 것이다. 이 경우 구매기업이 수수료를 부담한다.

라. 전자외상매출채권

전자외상매출채권(전자채권)은 구매기업이 거래은행의 인터넷 뱅킹을 통하여 판매기업을 채권자로 지정하고 전자채권을 발행하면, 판매기업은 동 채권을 만기까지 보유하여 구매기업으로부터 만기지급결제를 받거나 만기 전에 이를 담보로 거래은행으로부터 대출을 받아 현금화 할 수 있는 제도이다. 즉, 전자외상매출채권은 기업간 상거래의 새로운 전자적 결제수단으로써 은행과 전자외상매출채권거래계약을 체결한 기업이 상거래를 통하여 물품을 구매한 후 물품판매자를 채권자로 지정하여 일정금액을 일정시기에 지급하겠다고 발행하는 채권이며, 전자적으로 발행된 후 발행내역은 중앙관리기관인 금융결제원 전자채권등록원장에 등록되고 만기 시 전자채권교환절차에 의하여 판매기업계좌에 입금되는 절차로 이루어진다.[6] 구매전용카드, 기업구매자금대출 및 전자방식의 외상매출채권담보대출의 경우 판매기업과 구매기업의 거래은행이 동일한 경우에만 이용이 가능하여 은행간 호환성이 없다는 문제점을 극복하기 위하여 이 전자외상매출채권제도가 도입되었다. 전자외상매출채권의 흐름도를 보면 다음과 같다.

---

5) 2002년 이용실적이 92조 1,000억원에 이르렀으나, 2003년에는 카드사 조달금리상승 및 유동성확보 곤란 등으로 약 70조7,000억원으로 감소하였다; 2005 e-비즈니스백서, 146면.

6) 산업자원부·한국전자거래진흥원, 전자외상매출채권의 활성화 방안 연구, 전자상거래 활성화 워킹그룹 보고서(Ⅰ)(2001), 41면 이하 참조.

[그림 2-13] 전자외상매출채권의 업무절차

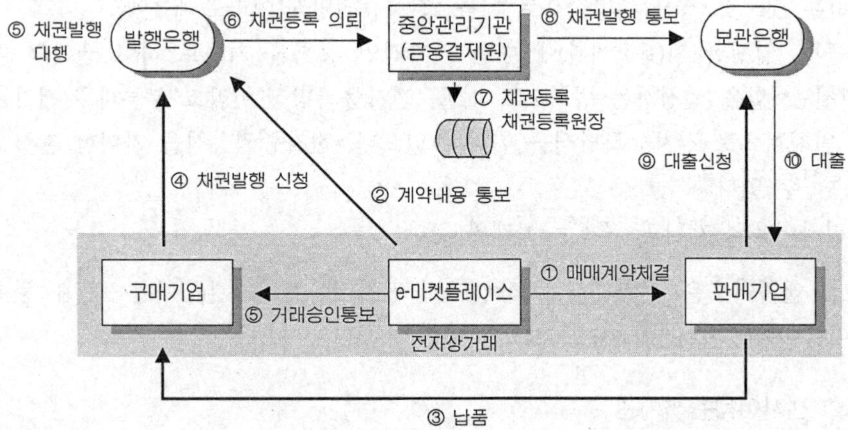

※ 출전: 2005 e-비즈니스백서, 148면.

전자외상매출채권의 서비스제공은 2002년 3월부터 시작되었고, 도입초기에는 4,000억원의 발행에 머물렀으나 이용실적이 늘어나면서 2006년에 4조 9,000억원 규모로 발행실적이 증가하였다.

마. 전자어음

전자어음은 기존의 어음과 달리 어음발행, 입금 등이 모두 온라인에서 이루어지는 결제방식이다. 어음발행 비용이 거의 들지 않고 제3자에게 유통할 수 없는 대신 한 기업이 부도처리 되면 어음을 배서 받은 여러 기업이 한꺼번에 도산하는 연쇄부도의 위험이 없다는 특징이 있다.

전자외상매출채권은 유가증권증성을 갖지 못하기 때문에 권리의 이전에 한계가 있는 반면, 전자어음은 전자식 유가증권으로써 전자문서에 의하여 어음상의 권리를 손쉽게 이전, 양도할 수 있다는 점에서 특색이 있다. 따라서 전자외상매출채권을 유동화하는 방안으로써 디지털환경에서 전자적 방식으로 어음을 발행할 수 있도록 하기 위하여 "전자어음의 발행 및 유통에 관한 법률(약칭, 전자어음법)"(2004년 3월 22일 법률 제7197호)이 제정되었다.[7)]

일반적으로 유가증권의 전자화 방식에는 다음과 같은 두 가지 방식이 제시되

7) 전자어음서비스는 2006년 기준으로 14개 국내은행이 제공하고 있으며, 7,742건의 발행건수를 기록함으로써 전자어음서비스 이용이 빠른 속도로 확대되고 있다(2007 e 비즈니스 백서, 146면).

고 있다. 즉, 첫째, 권리의 발생, 이전, 소멸 등이 개개의 전자적인 기록을 기초로 발생하는 것으로 정하는 방식으로 이를 '전자증권방식'이라고 부른다.

둘째, 일정한 자(등록기관)에 대한 전자적인 등록을 기초로 하여 권리의 발생과 이전, 소멸을 인정하는 방식으로 이를 '전자등록방식'이라고 부른다.[8] 전자어음법은 원칙적으로 전자등록방식을 취하고 있으나, 전자증권방식을 가미한 혼합형태라고 할 수 있다.

전자어음의 개념과 구조는 아래와 같다.

① 전자어음은 전자문서로 작성되고 전자어음관리기관(금융결제원)에 등록된 약속어음이다(전자어음법 제2조 2호).

② 전자어음관리기관

전자어음관리기관은 전자어음의 생성과 이전에 필요한 모든 전자적 정보를 관리하며, 이 기관을 통하여 전자어음의 발행·배서·보증 등의 어음행위와 지급제시, 소구와 같은 권리행사를 할 수 있다.

③ 전자어음의 발행

전자어음법 제6조 제1항은 전자어음의 발행을 위한 어음요건(절대적 기재사항)을 규정하고 있다. 전자어음을 발행하기 위하여서는 이러한 사항을 기재한 후 전자어음관리기관에 등록하여야 한다(전자어음법 제5조 제1항).

④ 전자어음의 양도

전자어음은 배서인이 전자어음관리기관을 통하여 전자문서로 된 전자어음에 배서전자문서를 첨부하여 피배서인에게 송신하고 피배서인이 이를 수신함으로써 양도할 수 있다.

⑤ 전자어음상의 권리행사

전자어음의 소지인은 전자어음에 배서전자문서를 첨부하여 지급청구의 뜻이 기재된 전자문서를 전자어음에 기재된 지급을 청구할 금융기관에 송신하고 해당 금융기관이 이를 수신하면 어음법상의 지급제시를 한 것으로 간주된다(전자어음법 제38조 제1항). 다만, 전자어음관리기관에 대한 전자어음의 제시는 지급을 위한 제

---

8) 상세는 정완용, 전자어음법에 관한 고찰, 인터넷법률 통권 제24호(2004.7), 37면 이하 참조.

시의 효력이 있다. 지급제시를 하는 전자어음의 소지인은 지급청구의 뜻이 기재된 전자문서에 어음금을 수령할 금융기관의 계좌를 기재하여야 한다(전자어음법 제9조 제3항). 지급제시를 받은 금융기관이 어음금을 지급하고 전자어음관리기관에 지급 사실을 통지하거나 전자어음관리기관의 정보처리조직에 의하여 지급이 완료된 경우에는 어음채무자가 당해 어음을 환수한 것으로 간주하고 어음의 소멸이 있게 된다(전자어음법 제10조).

[사례연구-1] 이-메일을 통한 P2P 지불방식 : PayPal(www.paypal.com)

페이팔은 원래 X.com이 개발한 기업간 또는 개인간 이메일 지불결제서비스로 1999년 말 등장한 이래 미국을 포함한 전세계 39개 국에서 1,500만의 이용자를 확보하고 있다. 경쟁업체였던 인터넷 경매사이트인 e-Bay사가 페이팔을 인수하여 현재는 e-Bay사의 경매절차에서 주요한 전자지급결제수단으로 이용되고 있다.

그 이용절차는 상대방의 계좌번호 없이 이메일 주소나 휴대폰 번호만 알면 결제가 가능하도록 되어있다. 즉, 이용자가 서비스업체에 등록하여 인증절차를 밟고, 등록 시 은행계좌나 신용카드번호를 입력하게 된다. 등록된 후 이용자가 거래 상대방에게 이메일로 송금을 하거나 대금을 청구하게 되면, 상대방은 이메일을 통해 송금과 청구 내역을 확인한다. 상대방이 해당 업체에 등록한 계좌로 돈이 입·출금되거나 등록한 신용카드에서 돈이 빠져나감으로써 결제가 이루어지게 된다. 페이팔의 수익모델 중 주요한 것은 바로 송금액을 즉시 당좌 계좌에 넣지 않고 잠시 중간계좌에 넣었다가 보내는 데 있다. 이 중간계좌에 일시 보관된 돈에서 나오는 이자로 수익을 얻고 있는 것이다. 또한 기업용 프리미엄계좌를 마련하여 쉽게 물건을 팔수 있도록 해 주고 신용카드 수수료보다 저렴한 수수료를 받고 있다.[9]

[사례연구-2] E-Mail 피싱꾼들 eBay에 몰려들다.[10]

동전수집가이며 eBay에서 구입·판매 중개사무를 담당하고 있는 도널드 제이 얼롭스(Donald Jay Alofs)는 최근 수천 달러어치의 전자제품을 구입했는지 묻는 전화를 받았다. 당시 그는 입원 중이었기 때문에 그럴 상황이 아니었다. 누군가가 그이 eBay 계정을 사용하여 약 78만 달러어치의 동전을 팔았으며, 이 사기 경매를 위한 사진게시비용은 eBay 온라인 결제서비스인 PayPal에 있는 얼롭스의 계좌에서 지출되었다. 이에 얼롭스의 메일 수신함은 성난 구매자들이 보낸 메일로 가득 차게 되었다.

9) 소프트뱅크 리서치(2001.4) 페이팔 분석리포트; 이재규 외, 전자상거래원론 3판, 법영사, 2002, 609-610면. 한편 국내에는 메일뱅킹서비스가 신한은행의 머니메일(money mail), 국민은행의 엔페이 코리아(nPayKorea), 메일뱅킹(Mailbanking), 하나은행의 페이레터(Payletter), 네오위즈의 원클릭페이(OneClickPay), 씨포켓(Cpocket) 등이 있다.

10) International Herald Tribune, JoongAng Daily, 2005.3.10자 THINK English기사.

이 사고의 원인은 eBay 및 PayPal에 있는 그의 계좌가 피싱(phishing)이라고 알려진 온라인 사기 수법을 통하여 털린 것이기 때문이다. 이 수법은 합법적인 업체에서 온 것으로 보이는 메일에 회신하는 사람의 계좌 비밀번호와 다른 정보를 빼내는 것이다. eBay는 피싱꾼(phisher)들이 가장 많이 노리는 회사들 중의 하나인데, 그 이유는 eBay가 온라인 경매의 대표주자로써 이 메일통신에 크게 의존하고 있기 때문이다. eBay는 보안장치를 설치하여 인터넷 브라우저가 사기 웹사이트로 간주되는 곳에 접속하려 할 때 경고 깜박이가 켜지는 툴 바를 무료로 제공하기 시작하였다. 또한 마이 메시지라는 웹 메일 서비스를 도입하여 고객들에게 가는 합법적인 메시지가 쓰레기 메일 차단장치에 막히는 문제를 피할 수 있도록 하였다. 한편 eBay를 포함한 관련 업계의 연합기구인 반 피싱 워킹그룹이 구성되어 인터넷 사기에 대비하고 있다.

* 피싱(phishing): personal information+fishing의 신조어로 메일을 미끼로 개인정보를 낚는 사기수법.

4.2.2 인터넷상 신용카드에 의한 지급

현재 기업과 소비자 간의 인터넷 상거래(B to C)에서 가장 많이 이용되는 결제방법은 온라인 신용카드 또는 데비트 카드에 의한 지급이다. 고객은 인터넷 온라인상으로 자신의 신용카드번호(정보)를 입력하면 이 정보가 인터넷 망상으로 상인에게 전송된다. 대부분의 쇼핑몰은 보안을 위하여 SSL방식을 채용하고 있다. 이는 전송되는 신용카드 정보를 자동으로 암호화하여 전송하도록 해준다. 다만 상당수 웹사이트 쇼핑몰은 고객의 신용카드 정보유출을 염려하여서, 전화상으로 별도로 신용카드정보를 제공할 수 있는 선택권을 부여하고 있다.

상인이 신용카드에 의하여 지급결제를 받는 경우 얻게 되는 장점은 이 방법이 대부분의 상인과 고객(소비자)에게 매우 익숙한 지급방법이라는 점이다. 그리고 소비자는 신용카드에 의한 결제를 위하여 별도의 플러그인이나 장치를 할 필요가 없다는 점이다. 이는 전자상거래를 처음 경험하는 소비자라 할지라도 매우 편리한 방법이다. 소비자는 별도의 약정을 체결할 필요가 없고, 환율문제도 생기지 않는다. 또한 영국과 같은 법제(소비자신용법)에서는 현금지급의 경우보다 신용카드에 의한 지급 시 소비자가 보다 더 많은 법적인 보호를 받을 수 있다는 이점이 있다.

상인이 불리한 점은 상인이 미리 카드발행자와의 사이에 계약을 체결하여야 한다는 점이고, 상대적으로 높은 거래 수수료와 환불(Chargebacks)의 위험을 부담한다는 점이다.

[입법례]

영국의 1974년 소비자신용법(Consumer Credit Act)은 어떤 상품의 가격이 100파운드 이상 30,000파운드 이하인 경우의 거래로서 카드발행자와 공급자(판매자)간에 사전 약정이 있는 경우에 적용된다. 이 법은 채무자(소비자)에게 착오 또는 계약의 불이행을 이유로 하여 공급자 또는 카드발행자에게 청구할 권리를 부여하고 있다.

[신용카드에 의한 거래구조]

신용카드에 의한 지급개념은 1915년 미국의 호텔과 상점이 "고객카드"라고 명명한 카드를 발행하면서 최초로 생겼고, 그 후 1950년 다이너스 클럽(Diners Club)카드, 1958년에 아메리칸 익스프레스(American Express Card) 카드가 탄생되었다. 현재는 Visa International과 Master Card사가 세계 시장을 대부분 지배하고 있다.

신용카드는 신용카드에 의한 지급을 허용하는 미리 등록된 상인(이를 카드 가맹점이라 한다)에 대하여 카드소유자가 신용카드를 이용할 수 있다. 신용카드발행회사는 직접 카드소유자 또는 상인과 거래하지 않고 신용카드회사를 대신하여 업무를 처리하는 회원기관(보통 은행)이 카드 소유자 또는 상인과 거래한다 신용카드회사는 카드소유자에 대한 등록을 하고, 신용카드를 발급하고, 지급을 청구하는 카드계좌를 운용한다. 상인은 또한 은행(추심은행)에 등록을 하고 지급인의 카드번호, 지급금액, 거래일과 상품명세가 포함된 매출전표를 작성하여, 카드회사의 승인을 얻은 후 카드에 의한 지급을 받는다. 거래가 끝나면 상인은 매출전표를 추심은행에 송부하고, 은행은 이를 결제한다. 상인은 신용카드에 의한 거래금액의 일정액을 수수료로 부담한다.

(1) 암호화 신용카드 결제방식

이것은 인터넷 상에서 전송되는 신용카드번호의 보안을 위하여 암호기술을 이용하여 신용카드번호를 암호화하여 전송하는 방식이다. 이 방법은 거래의 진정성 확보를 위하여 디지털 서명을 사용한다. 이 시스템은 여러 은행과 신용카드회사들에 의하여 개발되고 있다.

신용카드 번호의 암호를 위하여 현재 가장 많이 사용되는 기술이 SSL이다. Visa카드사와 Master카드사는 SET 방식을 개발하였으나, 시스템의 복잡성과 비용 때문에 아직은 일반화되지 못하였다(이에 관하여는 후술함).

① 사이버 캐쉬(Cyber Cash)

사이버 캐쉬사는 1995년 4월 컴퓨터에 내장될 수 있는 전용소프트웨어를 개발하여 신용카드에 의한 전자결제 서비스를 시작하였다. Cyber Cash 서비스는 그 이용 방법이 간단하다는 장점이 있는데, 인터넷상의 Cyber Cash사 홈페이지(Http://www. CyberCash.com)에서 결제 소프트웨어를 다운로드 받기만 하면 된다.

소비자는 자신의 컴퓨터 상에서 사이버 캐쉬사가 무료로 제공하는 프로그램을 사용하여 그의 신용카드정보를 암호화할 수 있는 것이다. 고객의 신용카드정보는 암호화되어 상인에게 전송되므로, 상인은 결코 그 신용카드번호를 볼 수 없고, 단지 암호화된 메시지만을 볼 수 있다. 그러므로 만약 해커가 상인의 서버에 침투하였다 하더라도 암호화된 메시지만을 얻을 수 있을 뿐이다. 고객이 암호화된 정보를 사용하여 상인에게 구매신청을 하면, 상인은 인터넷 상으로 사이버 캐쉬사에 추가자료를 제공하고 거래를 진행한다. 사이버 캐쉬사는 에러 체크를 하고 결제통신망으로 정상적이고 신뢰할 수 있는 신용카드 승인에 관한 모든 정보를 회송한다. 거래를 완료하기 위하여 사이버 캐쉬사는 소비자와의 거래를 완료한 상인에게 신용카드 승인 데이터와 함께 전자수령메시지를 회송한다. Cyber Cash에서는 전자화폐처럼 신용카드로 소액의 지급을 할 수 있도록 하는 Cybercoin서비스와 당좌계좌에서 자금이체에 의하여 지급을 할 수 있도록 해주는 PayNow 서비스를 제공하고 있다.

Cyber Cash의 결제구조를 살펴보면 다음과 같다.

㉠ 고객이 상품구매를 신청하면, 판매자(상인)의 서버에서 고객에게 선택한 상품의 정보를 전송한다.

㉡ 고객이 신용카드번호를 입력하면 Cyber Cash Wallet에 의하여 암호화되어 판매자에게 전송된다.

㉢ 상인은 상품구매메시지를 확인한 후 암호화되어 있는 고객의 신용카드정보를 판매자 자신의 비밀키로 암호화하여 Cyber Cash사의 서버에 전송한다(이 때 판매자는 고객의 신용카드정보를 알 수 없다).

㉣ Cyber Cash사는 고객의 신용카드정보를 해독하여 상인의 거래은행으로 전용회선을 통하여 전송한다.

㉤ 상인의 거래은행은 고객의 거래은행에 승인을 요청하고, 승인여부를 Cyber Cash사에 회신한다.

㉥ Cyber Cash사는 승인여부를 상인에게 회신함으로써 결제가 이루어진다.

Cyber Cash사가 인터넷 상에서 신용카드정보를 관리하는데 가장 핵심이 되는 것은 인터넷의 보안성 미비를 우수한 암호기술로 보완하여 주고 있다는 점이다. 또한 현재와 같이 신용카드를 전자상거래에 이용함에 따라 신용카드회사의 주수입원인 수수료를 징수할 수 없는 점을 Cyber Cash사의 암호기술로 정보를 제공하여 줌으로써 상업성을 확보할 수 있는 점이 있다.

② SET표준을 이용한 지급결제

가. SET란 무엇인가?

SET(Secure Electronic Transaction)은 신용카드회사인 Visa카드사와 Master카드사가 신용카드에 의한 전자결제를 안전하게 할 수 있도록 개발한 전자결제 표준이다.

SET의 목적은 정보의 기밀성제고, 지급정보의 무결성 확보 및 상인과 고객의 신원인증의 세 가지이다. 이를 위하여 SET은 암호화 기법, 전자서명 및 전자인증서 등을 사용한다.

나. 지급거래 당사자 및 거래종류

SET에서는 지급거래 당사자를 다음과 같이 정의하고 있다.

㉠ 고객(Cardholder) : 구입한 상품대금을 결제하는 카드소지인

㉡ 신용카드발행회사(Issuer)

㉢ 상인(Merchant) : 상품을 판매하고 카드에 의한 대금결제를 받는 판매자

㉣ 매입사(Acquirer) : 상인이 요청한 신용카드 결제를 승인하고 그 대금지급을 처리하는 회사

㉤ 지급결제 중계기관(Payment Gateway) : 매입사 또는 매입사를 대신하는 제3자가 상인과의 결제처리를 수행하기 위하여 사용하는 기관(시스템).

㉥ 인증기관(Certificate Authority : CA) : 고객과 상인에게 인증서를 발급해 주는 기관

㉥ 상표(Brand) : 신용카드의 상표권을 갖고 있는 회사(Mastercard사, Visacard사).

㉦ 제3자(Third Parties) : 발행사나 매입사의 카드결제거래를 대신하는 제3자.

이러한 당사자간에는 여러 가지 형태의 거래가 있는데, 예를 들면 고객과 상인 간에는 구매요구 거래(Purchase Request)가 있고 상인과 금융기관 간에는 지급승인거래(Payment Authorization)가 있다. 이외에도 상인등록(Merchant Registration), 구매조회 및 승인(Purchase Inquiry, Notification), 환불(Credit) 등의 거래가 있다.

SET는 신용카드 기반의 전자결제를 위한 표준안이기는 하지만 SET는 복잡한 암호화 방법으로 인하여 처리속도가 느리고, 개인PC에 IC카드 리더기가 설치되어 있지 않으므로 개인PC의 하드디스크 또는 플로피디스크에 개인키를 저장하여야 한다는 문제점 때문에 쉽게 확산되기 어렵다. 그 전까지는 SSL기반의 전자지급결제시스템이 주로 이용될 것으로 본다.

(2) 신용카드 등록 결제방식

이 방법은 신용카드서비스를 처리하는 하나의 중앙기관에 연결되어 있는 다수의 판매자 그룹과 거래를 하는 경우에 이용된다. 즉 구매자가 중앙등록기관에 그의 신용카드번호를 등록하고, 계정을 발급받는 방식이다. 이 계정번호는 구매자가 판매자와 거래 시에 신용카드번호 대신 사용하게 된다. 이 방식을 이용하면 신용카드정보가 온라인상으로 통신될 필요가 없게 된다. 이 방식의 문제점은 구매자들과 판매자들이 거래를 완료하기 위하여서는 동일한 등록기관에 등록을 하여야 한다는 점이다.

[퍼스트 버튜얼 홀딩스(First Virtual Holdings)]

인터넷 상거래 시 소비자의 신용카드번호는 버츄얼사의 보안장치 된 컴퓨터 시스템에 등록 저장되며, 인터넷상으로는 전송되지 않는다. 대신에 소비자는 버츄얼사에 전화나 팩스로 등록한 후 Virtual PIN(Virtual Personal Identification Name)이라는 ID번호를 발급 받는다. 소비자들이 전자상거래로 물품을 구입할 때에는 상인에게 자신의 ID번호만을 송신한다. 그러면 상인은 버츄얼사에게 그 정보를 제공하고 결제절차를 처리하게 된다.

퍼스트 버츄얼에서는 전자상거래 메시지 전달 모형(Interactive Messaging Platform : IMP)을 사용하는 데, 이는 중앙 서버(Green Commerce Model : GCM)를 통하여 메시지를 주고받는 방식이다.

고객이 상인에게 구매신청을 하면, 상인은 상품을 고객에게 배달(전송)하고, 퍼스트 버츄얼 중앙서버에 대금지급요구 메시지(Transfer request message)를 보낸다. 중앙서버는 상품구입 확인을 위하여 고객에게 확인메시지(Transfer-query)를 보내고 이에 대하여 고객은 응답메시지(거래성립 시 : Yes, 거래가 성립되지 않거나 문제가 있는 경우 : No, 고객이 아닌 제3자가 고객의 ID번호를 도용하여 거래한 경우에는 : Fraud메시지를 각각 보낸다.) 중에 고객이 Yes 메시지를 보내면 거래가 성립되고, 대금의 지급이 이루어진다.

퍼스트 버츄얼 시스템에서는 월드와이드 웹과 E-mail만을 메시지로 교환하기 때문에 고객이나 상인이 별도의 소프트웨어를 설치할 필요가 없이 친숙한 인터넷 환경하에서 거래를 할 수 있다는 장점이 있다. 그러나 고객의 No메시지나 Fraud메시지가 있는 경우에는 상인이 상품을 회수하거나, 회수가 어려운 경우 손실을 입을 수도 있기 때문에 정보 상품이나, 회수되지 않는 경우 손실을 감수할 만한 상품을 판매하는 상인들이 주로 이 시스템을 이용할 것으로 예상되었다. 그러나 정보상품의 판매부진에 따라 이 시스템은 별로 사용되지 않고 있는 실정이다.

4.2.3 전자지급결제 대행서비스

(1) 전자지급결제대행업자

전자지급결제대행업자(PG : Payment Gateway)는 전자상거래에서 PG 업체가 지급결제를 위하여 전자상거래업체와 대행계약을 맺고 구매자가 선택한 은행, 신용카드사 등으로부터 결제대금을 지급받아 일정 수수료를 공제한 후 판매자에게 지급하는 서비스를 제공하는 사업자를 말한다.[11] 이러한 전자결제대행서비스는 B2C 거래에서 주로 이용되고 있다. PG사의 서비스는 신용카드 PG 서비스, 계좌이체 PG서비스, 소액결제 PG 서비스로 구분할 수 있다.

[그림 2-14] PG사에 의한 전자결제대행서비스 흐름도

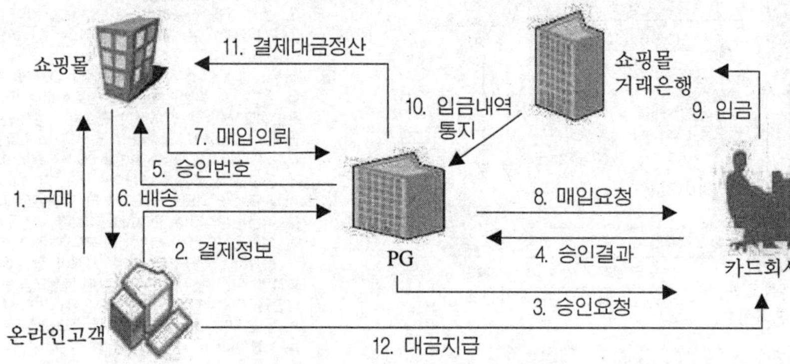

(1)–(3) : 구매자가 인터넷 쇼핑몰에서 물품을 구매하고, 신용카드결제를 위한 정보를 인터넷 쇼핑몰에서 제공하는 신용카드 PG의 프로그램에 입력하면 대행서비스업체는 이 정보를 제공받아 신용카드사에 전송하고 승인을 요청한다.

(4)–(6) : 신용카드 PG의 승인요청을 수신한 신용카드사는 신용정보를 확인하여 승인결과를 대행서비스업체에게 전송하고, 신용카드PG는 다시 승인결과를 인터넷 쇼핑몰에게 전송하게 되며, 이를 통보받은 인터넷 쇼핑몰은 재화 또는 용역을 제공한다.

(7)–(12) : 인터넷 쇼핑몰이 신용카드 PG에게 신용카드 대금을 대신 받아줄 것을 의뢰하여(통상 이 절차는 생략됨) 카드매출전표의 매입을 요청하고, 이에 신용카드사는 대행서비스업체로부터 카드매출전표를 매입하여 쇼핑몰 거래은행에 대금을 입금한다. 쇼핑몰 거래은행은 대행서비스업체에게 카드회사로부터 입금받은 내역을 통지한다. 이후, 대행서비스업체는 쇼핑몰에 대금을 지급하며, 일정기간 경과 후 구매자는 대금을 신용카드사에게 지급함으로써 모든 결제과정을 완료한다.

---

11) 산업자원부·한국전자거래진흥원, 2005 e-비즈니스 백서, 185면. '전자지급결제대행업자'는 「여신전문금융업법」상 신용카드 대표가맹점으로서의 지위를 가지며, 「전자금융거래법」에서는 금융기관 이외의 자로서 전자지급결제대행업무를 하려면 금융위원회에 등록하도록 하였다(동법 제28조 제2항 제4호).

온라인 신용카드 지급결제의 경우 전자지급결제대행업자(PG)는 인터넷 쇼핑몰을 대신하여 신용카드회사에 거래승인을 요청하고, 승인정보를 인터넷 쇼핑몰에 전송함으로써 온라인 거래가 이루어진다. 온라인 거래가 이루어지면 PG사는 카드회사로부터 대금을 지급받은 후 인터넷 쇼핑몰과 사전 약정에 따라서 수수료를 공제한 후 대금을 지급함으로써 결제가 된다. 이를 그림으로 나타내면 [그림 2-14]과 같다.

(2) 휴대폰 결제서비스

① 휴대폰 결제서비스는 인터넷 유료사이트 결제방식 가운데 약 70%의 비중을 차지한 정도로 주요 소액결제방식으로 이용되고 있다.[12)]

〈그림 2-15〉 휴대폰지급대행서비스 업무수행절차

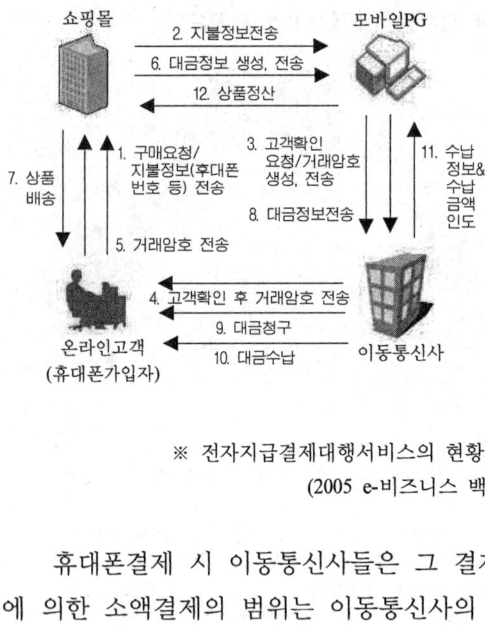

①~③ 고객이 상품의 구매과정에서 본인의 휴대폰 번호 및 기타 본인확인을 위해 필요한 정보를 전송하고, 이를 받은 인터넷쇼핑몰은 모바일PG에 전송받은 휴대폰 번호 등을 전송하며, 모바일PG는 다시 해당 이동통신업체에 본 정보를 전송하여 본인확인정보발신을 요청한다.

④~⑦ 이동통신업체는 휴대폰번호를 통해 고객의 가입여부를 확인하고 승인번호 등을 암호화하여 해당 휴대폰번호로 전송한다. 고객은 전송받은 승인번호 등을 인터넷 쇼핑몰에 입력하고 인터넷 쇼핑몰은 관련 구매금액을 해당 모바일PG에 다시 전송하고 고객에게 관련 물품 등을 배송한다.

⑧~⑫ 모바일PG는 인터넷 쇼핑몰로부터 전송받은 대금정보를 이동톤신업체에 전송하고 휴대폰사용금액결제일에 이동통신업체는 고객에게 구매대금과 전화요금을 합산하여 청구한다. 이후 고객이 합산대금을 지불하면 이동통신업체는 수금된 합산요금중 물품대금만을 따로 모바일PG에게 지급하고 다시 모바일PG는 인터넷 쇼핑몰에 일정 수수료를 제하고 대금을 지불한다.

※ 전자지급결제대행서비스의 현황과 전망, 금융감독원, 2002, 10.
(2005 e-비즈니스 백서 188면 참조)

휴대폰결제 시 이동통신사들은 그 결제금액에 상한을 두고 있으므로 휴대폰에 의한 소액결제의 범위는 이동통신사의 결제금액 한도 내(대체적으로 10만원 내외)에서 이루어지는 것으로 보아야 할 것이다. 이러한 지급결제는 주로 무선인터넷 지급결제에 속하며 휴대폰 사용자 정보와 이동통신업체가 제공하는 SMS(Short Message Service)서비스를 이용하여 결제비밀번호를 전송하는 방식으로 사용되며, 주

12) 휴대폰결제는 2000년 하반기에 서비스가 시작된 이래, 2001년 약 900억원, 2002년 2,700억원, 2003년에 4,000-4,700억원 규모로 추산되고 있다. 현재 모빌리언스(브랜드명 엠캐쉬), 다날(브랜드명 텔레디트), 인포허브(브랜드명 와우코인) 등의 업체가 있다; 2005 e-비즈니스 백서, 189면.

로 유료온라인게임 접속료, 인터넷상의 유료콘텐츠 구매 등의 분야에서 결제수단으로 이용된다.[13)]

무선인터넷 지급결제서비스는 고객이 자신의 휴대폰단말기를 통하여 거래 인증번호를 수신하여 결제하고, 거래대금은 이동통신 이용요금과 함께 결제하는 휴대폰소액 지급결제로 시작하여 휴대폰에 스마트 카드를 장착하여 무선 인터넷망을 통하여 결제하는 지급결제서비스로 발전해 나가고 있다.[14)]

[휴대폰결제의 장·단점]

- 장점 : 사용의 편리성, 성인인증 가능, 소액결제용이, 후불제로 통합납부
- 단점 : 수수료가 비교적 높음, 성인만 이용 가능, 환불이 어렵거나 잘되지 않음, 휴대폰과 주민등록번호를 도난당한 경우 피해가 큼.

② 휴대폰결제가 많이 이용됨에 따라서 휴대폰의 도용과 미성년자결제 등에 의한 피해사례가 증가하고 있는 실정이다. 인터넷사의 대표적인 상업적 서비스인 온라인게임을 이용하는 소비자 가운데 미성년자의 피해유형과 문제점 분석결과에 의하면 온라인게임시장의 매출규모는 2000년 이래 연평균 33.6%씩 성장하고 있는데, 이러한 게임시장의 급성장은 사실상 인터넷 이용률이 가장 높은 미성년계층의 게임수요를 통해 달성된 것으로 나타나고 있다. 즉, 미성년자(6세~19세)의 95.9%에 해당하는 896만 명이 주당 평균 9.9시간(일평균 1.4시간)동안 인터넷을 이용하는데, 이들의 인터넷 이용목적도 주로 온라인게임(73.2%)을 즐기기 위한 것으로 조사되었다.[15)] 미성년자들은 아래 표에서 보는 바와 같이 이용요금의 결제수단으로 휴대폰결제(35.6%)와 은행계좌이체(30.5%)를 많이 활용하고 있다.

4.2.4 전자화폐에 의한 지급

(1) 전자화폐의 의의와 유형

일반적으로 전자화폐는 이용자가 미리 발행자에게 대가를 지급하고 IC카드,

13) 한국전산원, 전자지불 활성화 방안 연구, 2003.12, 56면.

14) 휴대폰소액지급결제서비스의 특징은 ① 온라인 결제솔류션 업체가 주도함, ② 소액결제서비스가 대부분을 차지함, ③ 온라인상에서 컨텐츠 구입시 휴대폰을 통해 사용자를 인증함, ④ 결제대금은 이동통신요금에 합산하여 청구된다는 점 등이다(전게 전자지불활성화 방안연구, 58면).

15) 한국소비자보호원, 미성년자의 온라인게임 이용 및 피해실태자료(2004.12), 5면.

컴퓨터 등에 전자신호의 형태로 가치를 저장하였다가 상품 등의 구매 시에 사용할 수 있는 지급수단 내지 현금대체수단이라고 할 수 있다. 전자금융거래법상으로는 '전자화폐'란 이전 가능한 금전적 가치가 전자적 방법으로 저장되어 발행된 증표 또는 그 증표에 관한 정보로서, 현금 또는 예금과 동일한 가치로 교환되어 발행되고, 발행자에 의하여 현금 또는 예금으로 교환이 보장되는 등의 일정한 요건을 갖춘 것을 말한다(동법 제2조 제15호).

우리나라 금융결제원은 전자지갑이라는 용어를 사용하는데, "전자지갑이란 IC칩(Integrated Circuit Chip)이 내장된 플라스틱 카드나 PC 등의 전자기기에 은행예금을 근거로 일정액을 전자적인 방법으로 이전하여 저장한 후 단말기 등을 이용하여 현금처럼 지급하고, 가치의 재충전이 가능하도록 한 현금대체수단"이라고 정의하고 있다. 전자화폐는 전자지갑 등의 저장장치에 저장된 가치로서 채무자로부터 자산 또는 결제수단을 수취할 수 있는 권리를 나타내는 것이다. 전자화폐의 발행권면 최고한도는 200만원으로 한다(동법 시행령 제13조 제1항).

(2) 전자화폐의 유형

전자화폐는 IC 카드형 전자화폐와 네트워크형 전자화폐로 구분할 수 있다. 국내에서 사용되는 전자화폐로는 다음과 같은 종류가 있다.[16)]

① Mondex

몬덱스 코리아사가 시스템운영사업자로서 조흥, 우리, 국민 은행 등 국내 6개 은행을 통하여 발행하는 전자화폐이다(최초발행일: 2000년 6월, 2005년 12월 서비스중단).

② Visa Cash

비자캐시 코리아가 시스템운영사업자로 국내 한미, 하나, 국민은행 등 7개 기관이 발행한다(최초발행일: 2001년 5월).

③ K-Cash

금융결제원이 시스템운영사업자로서 조흥, 우리, 제일은행 등 12개 기관이 발행한다(최초발행일: 2000년 7월).

---

16) 2004년 6월 말 현재 5개 전자화폐의 발급매수 및 발행잔액은 각각 568만매, 92억원이며, 2004년 6월 중 이용건수 및 이용금액은 각각 1,460만건, 105억원이다. 아직 가맹점 확보와 인프라미비로 전자화폐 이용이 활성화되지 못하고 있다; 2005 e-비즈니스백서, 145면.

④ MYbi

(주) 마이비가 시스템 운영사업자로서 부산, 경남은행 등 7개 기관이 발행한다(최초 발행일: 2000년 9월).

⑤ A-Cash

(주) 에이캐시가 시스템 운영사업자이며 삼성, LG카드 등이 발행한다(최초발행일: 2000년 12월).

4.3 전자지급에 따른 법적 문제

4.3.1 전자지급제도 관련법규

일반적인 지급결제제도에 대한 관련법규로는 어음법, 수표법, 은행법, 여신전문금융업법, 전자금융거래법 등이 있다. 여신전문금융업법이 직불카드와 선불카드에 대하여 카드영업의 규제차원에서 일부 규정을 두고 있다. 전자지급거래에서 발생되는 당사자의 권리의무와 관련 법률문제는 전자금융거래법에서 정하고 있는 외에 금융기관과 카드발행회사가 정한 당사자 협정과 거래약관에 의하여 규율되고 있다. 물론 이러한 금융거래약관은 약관규제법의 적용을 받게 된다. 현재 전자지급거래에 관한 약관으로는 각종의 은행 예금약관, 현금카드이용규약, 신용카드회원규약, 타행환거래약관, 지로번호신청약관, 대량지급거래약관, 자동이체거래약관 등이 있다.

최근 전국은행연합회와 재정경제부는 전자지급거래에 관한 약관의 통일적 규율을 위한 약관으로서 "전자금융거래기본약관"을 제정하였다.

[참조 입법례]

- UNCITRAL 전자자금이체모델법
- 미국의 전자자금이체법
- 덴마크 지급카드법(1985)

4.3.2 전자지급거래의 특성

(1) 서 론

인터넷을 이용한 전자지급거래에 있어서는 기본적으로 개방형 네트워크상으로 지급거래가 이루어지기 때문에 상품대금지급을 위한 결제과정이 결제정보의 비밀유지에 취약하다는 특징을 갖는다. 고객의 은행구좌번호나 신용카드번호 등 결제정보가 유출되면 고객에게 피해가 발생하는 것은 물론이고, 대형 금융사고와 같은 범죄의 대상이 될 수 있는 것이다. 따라서 인터넷 보안이 필요하고 당사자의 확인이 요청된다.

(2) 전자지급거래에 요구되는 보안기능

전자지급거래의 보안기능은 지급거래의 유형에 따라서 다르지만 인터넷을 기반으로 하는 전자지급거래의 공통된 보안기능을 보면 다음과 같다.

첫째, 지급정보의 기밀성(Confidentiality)

전자지급정보를 제3자가 획득하지 못하도록 하는 것이다. 예컨대 전자지급을 위하여 인터넷으로 신용카드번호를 상인에게 전송할 때 신용카드정보를 암호화하여 전송함으로써 해킹을 방지하고 제3자가 이를 가로채지 못하도록 할 필요가 있다. 이를 위하여 현재 SSL기술이 많이 이용되고 있고, SET방식도 응용될 수 있다.

둘째, 지급정보의 무결성(Integrity) 확보

무결성이란 지급정보가 전송도중에 훼손(위조 또는 변조)되지 않았는지 확인하는 기능이다. 예컨대 인터넷 신용카드 결제의 경우, 신용카드 회사가 카드사용자로부터 수신한 지급정보의 내용 중 "상인 갑에게 상품구입대금으로 10만원을 지급하겠다."라는 정보가 상인 을에 의하여 변조되어 "상인 을에게 상품구입대금으로 10만원을 지급하겠다."는 정보로 변조되었는지 여부를 확인할 필요가 있는 것이다.

셋째, 당사자 인증(Authentication)

인증이란 지급정보를 보내오는 사람의 신원을 확인하는 것이다. 예컨대 상인으로서는 인터넷망으로 신용카드 정보를 보내온 고객이 진정한 신용카드소유자인지를 확인할 필요가 있기 때문이다. 전자지급거래에서는 이러한 인증기능을 이용하여 고객과 상인의 쌍방의 신원을 확인할 수 있다.

넷째, 부인방지(Non-repudiation) 기능

전자지급정보의 제공자가 지급정보의 제공사실을 부인하는 것을 방지하는 보안기능이다. 예컨대, 고객 갑이 “상인 을에게 10만원을 지급하겠다”는 메시지를 보낸 후에 다시 그러한 메시지를 보낸 사실을 부인하면서 상인 을에게 10만원을 지급하지 못하겠다고 주장하는 경우가 생길 수 있기 때문에 이러한 지급정보를 보낸 사실을 부인하는 것을 방지할 수 있는 보안기능이 요구된다.

(3) 전자적 환경에 따른 특성

전자지급정보는 일종의 전자문서 즉 전자데이터 메시지형태를 취한다. 따라서 종래의 서면 거래를 전제로 한 대금지급 시에는 생기지 않았던 새로운 문제들이 발생한다.

첫째, 전자서명의 법적 효력문제가 있다.

즉, 서면거래의 경우 신용카드에 의한 지급 시에는 카드소지자가 물품 구입 시 상인에 제시하는 카드 매출전표에 금액을 확인한 후 서명을 하여야 한다. 그러나 인터넷상에서 신용카드를 사용하는 경우는 수기서명을 할 수 없기 때문에 전자서명방법(디지털 서명)이 이용될 수 있다. 이 경우 디지털 서명에 수기서명과 같은 법적 효력이 부여되어야 한다. 이는 전자서명법에 의하여 규율된다.

서명의 문제는 수표발행의 경우에도 마찬가지로 문제가 된다. 즉 종이수표를 발행하는 경우 발행인의 서명이 요구되는 데, 전자지급 시 사용되는 전자수표의 경우에는 수기서명 대신에 역시 전자서명이 사용될 수 있다.

둘째, 전자문서의 효력이다.

전자지급정보는 전자문서형태를 취하기 때문에 금융기관에서 지급 시 사용되는 종이전표와 같은 효력이 부여되어야 하는 바, 전자문서법에 의하여 전자문서의 법적 효력이 인정될 수 있기 때문에 특별한 문제는 없다.

셋째, 전자지급정보의 즉시성이다.

고객이 전자문서형태로 전자지급정보를 상인에게 보내면 이러한 정보는 즉시 전송된다. 일단 지급정보가 전송된 후에는 컴퓨터다운, 네트워크 장애, 고객의 실수에 의한 정보 입력 등의 이유로 전자상거래를 취소하고자 하는 경우에도 전송된 지급정보를 취소할 수 없거나, 취소가 매우 곤란한 문제가 생길 수 있다. 이러한 문제는 특히 네트워크형 전자화폐의 경우에 발생된다.

4.3.3 전자지급의 법적 문제 일반

은행계좌이체에 의한 지급의 법적 문제를 포함하여 전자지급에서 일반적으로 생기는 법적 문제를 고찰하여 본다.

홈뱅킹이나 인터넷 뱅킹에 의하여 고객이 자신의 예금구좌에서 상인의 예금구좌로 계좌이체를 하는 경우에 생기는 법률문제로서는 다음과 같은 것을 들 수 있다.

(1) 자금이체계약의 법적 성질은 위임계약이다.

자금이체계약에는 지급이체와 추심이체가 있다. 전자는 지급인이 지급은행에 자금이체사무의 처리를 위탁하는 위임계약이다. 후자는 수취인과 수취은행 사이에서 추심사무를 위탁하는 위임계약이다. 인터넷 뱅킹에 의하여 고객이 자신의 예금구좌에서 상인의 예금구좌로 계좌이체를 지시하는 것은 지급이체에 해당한다고 할 것이다. 이 경우 지급이체지시는 지급인인 고객과 지급은행간의 자금이체계약에 따라서 행하여진다. 지급이체에 있어서 지급지시는 지급은행에 의하여 수취은행으로 전송된다.

(2) 지급완료의 시점은 수취인(상인)의 계좌에 자금이 입금기장된 때이다.

전자지급거래에 있어서 지급완료의 시점은 수취인인 상인이 예금채권을 취득하는 시기이다. 즉 수취인의 계좌에 자금이 입금기장된 때라고 본다.

(3) 지급의 효력

전자지급은 현금지급과 비교할 때 지급지시의 위조, 변조 위험, 은행의 파산, 제3자에 의한 지급인의 예금채권의 압류 등의 위험이 있기 때문에 변제 그 자체로 볼 수는 없고, 변제에 갈음한 이행이나 대물변제라고 본다.

(4) 지급위탁의 철회가 가능한가?

전자지급에 있어서는 자금이체가 실시간에 이루어지는 것이 보통이므로 지급위탁을 철회하는 것은 어렵다고 본다. 전자화폐에 의한 전자지급의 경우에는 특히 이러한 지급위탁의 철회를 인정하기 어려울 것이다. 다만 신용카드에 의한 전자지급의 경우에는 지급위탁과 사실상의 자금이체 간에 시간적인 간격이 있는 경우, 지급위탁의 철회가 가능하다고 본다.

(5) 원인관계의 하자(무효, 취소)와 지급금액의 반환청구

고객이 상인과 전자상거래에 의한 매매계약을 체결하고 그 대금 지급을 전자자금이체방식으로 한 경우(즉 고객이 자신의 거래은행(지급은행)에 전자적 방법으로 지급지시를 하고 지급은행은 상인의 거래은행인 수취은행에 자금이체를 함으로써 상인에게 지급이 이루어지는 경우)에 전자상거래에 의한 매매계약을 원인관계라고 부른다. 이 때 만약 매매계약이 착오나 사기, 강박에 의하여 체결되었다면 이는 원인관계의 하자가 있는 경우인데, 이러한 하자를 이유로 고객(지급인)은 지급은행에 지급의 무효나 취소 등의 항변을 주장할 수 있는지가 문제된다. 매매계약은 자금이체계약과는 별개로 체결되는 것이고, 전자지급거래는 실시간으로 이루어지기 때문에 이러한 항변을 주장할 수 없다고 본다. 그러나 고객은 매매계약의 무효나 취소를 이유로 하여 수취인인 상인에 대하여 원인관계상의 부당이득반환청구권을 행사함으로써 지급금액의 반환을 청구할 수 있을 것이다.

(6) 접근매체의 사용 및 관리

전자금융거래법은 전자금융거래의 지시를 하거나 이용자 및 거래 내용의 진실성과 정확성을 확보하기 위한 수단 또는 정보로서 가. 전자식 카드 및 이에 준하는 정보, 나. 전자서명법 제2조 제4호의 전자서명생성정보 및 같은 조 제7호의 인증서, 다. 금융회사 또는 전자금융업자에 등록된 이용자번호, 라. 이용자의 생체정보, 마. 가목 또는 나목의 수단이나 정보를 사용하는데 필요한 비밀번호를 "접근매체"로 규정하고 있다(제2조 제10호).[17] 금융회사 또는 전자금융업자는 전자금융거래를 위하여 접근매체를 선정하여 사용 및 관리하고 이용자의 신원, 권한 및 거래지시의 내용 등을 확인하여야 하며, 접근매체를 발급할 때에는 이용자의 신청이

---

17) 전자금융거래법 제2조 제10호에서 말하는 '접근매체'라고 하기 위하여는 전자금융거래계약의 체결이 전제되어야 하는데, 금융기관의 창구에서 입출금 및 통장정리만이 가능한 통장은 법 제2조 제8호 소정의 전자적 장치를 통한 거래는 할 수 없다면 이 통장으로 전자금융거래를 하는 것은 현실적으로 불가능하여 법에서 말하는 접근매체라고 볼 수 없다(대판 2010.5.27. 2010도2940).

있는 경우에 한하여 본인임을 확인한 후에 발급하여야 한다. 또한 누구든지 접근매체를 사용 및 관리함에 있어서는 다른 법률에 특별한 규정이 없는 한 1. 접근매체를 양도하거나 양수하는 행위, 2. 대가를 주고 접근매체를 대여 받거나 대가를 받고 접근매체를 대여하는 행위, 3. 접근매체를 질권의 목적으로 하는 행위, 4. 제1호부터 제3호까지의 행위를 알선하는 행위를 하여서는 아니 된다(제6조 제1항, 제2항, 제3항).

(7) 무권한자에 의한 전자지급과 책임 부담의 문제

무권한 전자지급거래라 함은 고객(예금주) 이외의 전자자금이체를 개시할 실제적인 권한이 없는 자가 고객의 계좌로부터 전자자금을 이체하는 것을 말한다.

전자지급거래에 있어서 은행이나 상인은 지급인인 고객이 지급권한이 있는 자인가를 확인하는 인증절차를 거치는 것이 보통이다. 고객이 본인 명의의 지급거래를 하도록 제3자에게 허락한 경우에는 대리권을 수여한 것으로 보아 본인이 지급결과에 대한 책임을 부담하게 될 것이다.

그러나 고객이 금융정보(예금구좌번호, 비밀번호 등)를 분실하거나 해킹 등으로 도난당하거나, 자신의 신용카드 등을 분실하여 제3자가 이를 취득하여 사용하는 등 무권한자에 의한 전자지급거래가 이루어진 경우에는 지급결과에 대하여 누가 책임을 부담할 것인지의 문제가 생긴다.

즉 무권한자가 은행에 대하여 지급지시를 한 경우, 민법상의 의사주의에 따르면 고객 본인은 지급의 의사가 없었으나 무권한자가 은행에 대한 지급지시의 위조, 변조 또는 무권대리의 방법으로 무권한 거래를 한 것이므로, 이는 진정한 지급지시 없이 고객의 구좌에서 금액이 출금되었기 때문에 이에 대한 책임은 지급은행이 부담한다고 하여야 할 것이다. 그러나 지급은행의 과실이 없는 경우에는 면책을 인정하여야 할 것이기 때문에 결국 이 문제는 금융정보의 부정사용에 따른 손실분담의 문제로 해결하여야 할 것이다.

우리나라의 경우에는 고객이 현금카드 등을 도난, 분실한 경우 책임관계를 규율하는 법규정이 없다. 따라서 이 경우 민법의 규정(제470조; 채권의 준점유자)을 유추·적용하여 무권한자가 예금을 인출하여 간 경우에도 은행은 고의·과실이 없으면 면책되는 것으로 볼 수 있다. 은행의 면책을 인정하기 위하여는 은행은 최신의 보안기술과 시설을 갖춤으로써 무권한자에 의한 예금인출을 방지하는 방안을 강구하여야 할 것이다.

「전자금융거래법」은 무권한자에 의한 이체와 관련된 전자금융사업자의 책임과 접근매체의 분실과 도난에 따른 책임으로 나누어 규정하고 있다.

① 무권한 이체에 따른 전자금융사업자의 책임

전자금융사업자는 1. 접근매체의 위조나 변조로 무권한자에 의한 거래로 인한 사고, 2. 계약체결 또는 거래지시의 전자적 전송이나 처리과정에서 발생한 사고, 3.전자금융거래를 위한 전자적 장치 또는 정보통신망 이용촉진 및 정보보호 등에 관한 법률 제2조 제1항 제1호에 따른 정보통신망에 침입하여 거짓이나 그 밖의 부정한 방법으로 획득한 접근매체의 이용으로 발생한 사고로 인하여 이용자에게 손해가 발생한 경우에는 그 손해를 배상할 책임을 진다(제9조 제1항).[18] 그러나, 다음 중 어느 하나에 해당하는 경우에는 전자금융사업자는 그 책임의 전부 또는 일부를 이용자가 부담하게 할 수 있다(동조 제2항).

1. 사고발생에 있어서 이용자의 고의나 중대한 과실이 있는 경우로서 그 책임의 전부 또는 일부를 이용자의 부담으로 할 수 있다는 취지의 약정을 미리 이용자와 체결한 경우
2. 법인인 이용자에게 손해가 발생한 경우로 전자금융사업자가 사고를 방지하기 위하여 보안절차를 수립하고 이를 철저히 준수하는 등 합리적으로 요구되는 충분한 주의의무를 다한 경우 등이다.

제2항 제1호의 규정에 따른 이용자의 고의나 중대한 과실은 대통령령이 정하는 범위 안에서 전자금융거래에 관한 약관에 기재된 것에 한한다(동조 제3항).[19]

---

18) 갑이 을 증권회사가 운영하는 홈트레이딩시스템을 이용하여 선물옵션거래를 하던 중 주문가능금액 부족으로 풋옵션매도 주문이 접수될 수 없는 상태인데도 시스템오류로 주문이 접수되자 수십 회에 걸쳐 주문을 하여 다수의 풋 옵션 매도계약을 체결한 사안에서, 판례는 이용자가 거래지시를 하여 그 거래지시에 따라 이용자가 본래 의도한 대로 전자금융거래가 이행된 경우에는 특별한 사정이 없는 한 전자금융거래법 제9조 제1항에 따라 금융기관 또는 전자금융업자가 손해배상책임을 부담하는 '사고'에 해당하지 아니한다고 하였다(대판 2015.5.14. 2013다69989, 69996).

19) 전자금융거래법 시행령 제8조는 법 제9조 제3항에 따른 고의나 중대한 과실의 범위를 다음 각 호와 같이 정한다.

1. 이용자가 접근매체를 제3자에게 대여하거나 그 사용을 위임한 경우 등
2. 제3자가 권한없이 이용자의 접근매체를 이용하여 전자금융거래를 할 수 있음을 알았거나 쉽게 알 수 있었음에도 불구하고 접근매체를 누설하거나 노출 또는 방치한 경우
3. 금융회사 또는 전자금융업자가 법 제6조제1항에 따른 확인 외에 보안강화를 위하여 전자금융거래시 요구하는 추가적인 보안조치를 이용자가 정당한 사유없이 거부하여 법 제9조 제1항 제3호에 따른 사고가 발생한 경우
4. 이용자가 제3호에 따른 추가적인 보안조치에 사용되는 매체·수단 또는 정보에 대하여 다

여기서 '이용자의 고의나 중대한 과실'이 있는지 여부는 접근매체의 위조 등 금융사고가 일어난 구체적인 경위, 그 위조 등 수법의 내용 및 그 수법에 대한 일반인의 인식 정도, 금융거래 이용자의 직업 및 금융거래 이용경력 기타 제반 사정을 고려하여 판단하여야 한다. 예컨대 갑이 금융기관인 을 주식회사 등에서 예금계좌를 개설하여 금융거래를 하면서 인터넷뱅킹 서비스를 이용하여 왔는데, 병이 전화금융사기(이른바 보이스 피싱)를 통하여 갑에게서 취득한 금융거래정보를 이용하여 갑 명의의 공인인증서를 재발급 받아 다른 금융기관들로부터 대출서비스 등을 받은 경우, 갑이 제3자에게 접근매체인 공인인증서 발급에 필수적인 계좌번호, 계좌비밀번호, 주민등록번호, 보안카드번호, 보안카드비밀번호를 모두 알려준 점 등 제반 사정에 비추어, 갑의 금융거래정보 노출행위가 전자금융거래법 등에서 정한 금융사고의 발생에 이용자의 '중대한 과실'이 있는 경우에 해당한다고 본다.[20)]

전자금융사업자는 위와 같은 책임을 이행하기 위하여 금융위원회가 정하는 기준에 따라 보험 또는 공제에 가입하거나 준비금을 적립하는 등 필요한 조치를 하여야 한다(동법 제9조 제4항).

② 이용자의 접근매체의 분실과 도난에 따른 책임

전자금융사업자는 이용자로부터 접근매체의 분실이나 도난 등의 통지를 받은 때에는 그 때부터 제3자가 그 접근매체를 사용함으로 인하여 이용자에게 발생한 손해를 배상할 책임을 진다(동법 제10조 제1항). 다만, 선불전자지급수단이나 전자화폐의 분실 등으로 발생한 손해로, 분실의 통지를 받기 전에 저장된 금액에 대하여는 그 책임을 이용자의 부담으로 할 수 있다는 약정이 미리 금융기관(또는 전자금융업자)과 이용자 간에 체결된 경우에는 그러하지 아니하다(동 제10조 제1항, 동 시행령 제9조).

미국 전자자금이체법은 전자자금이체 거래에서 고객이 현금카드 등의 분실, 도난 사실의 신고 전후에 따라서 신고 전에 발생한 손실에 대하여는 고객이 일정 한도 내에서 책임을 지고, 신고 후에 발생한 손실에 대하여는 은행이 책임을 지도록 하고 있다.

음 가 목의 어느 하나에 해당하는 행위를 하여 법제9조 제1항제3호에 따른 사고가 발생한 경우

가. 누설·노출 또는 방치한 행위

나. 제3자에게 대여하거나 그 사용을 위임한 행위 또는 양도나 담보의 목적으로 제공한 행위

20) 대판 2014.1.29. 2013다86489.

[입법례 : 미국 전자자금이체법]

제909조[무권한 이체에 대한 소비자의 책임]

(a)(1) 소비자가 현금카드(Cash Card)등 전자자금거래의 이용수단의 분실, 도난을 인지한 후 2영업일 종료전에 그 내용을 금융기관에 통보한 경우에는 소비자의 손해부담액은 50달러와 현실적으로 발생된 무권한 거래액 중 적은 금액으로 한정되고, 그 이상의 금액에 대하여는 소비자는 책임을 지지 않는다.

(2) 2영업일 종료후에 이 통지를 한 경우에는 소비자의 손해부담액은 500달러에 한정(500달러와 현실적으로 발생된 무권한 거래액 중 적은 금액)이 된다. 다만, 소비자가 기간계산보고서의 송부일로부터 60일 이내에 동 보고서에 기재되어 있는 무권한 거래에 관하여 통지를 하지 않은 경우에는 60일 만료 후에 발생된 무권한 거래에 관하여는 소비자가 무제한으로 책임을 부담한다.

제910조[금융기관의 책임]

금융기관은 다음의 사유로 인하여 초래된 손해를 소비자에게 배상하여야 한다.

(1) 소비자가 정당하게 지시한 경우 금융기관이 계좌의 약관 및 조건에 따라 정확한 금액 또는 지시한 방법으로 전자자금이체를 행하지 아니한 때,

다만, 소비자의 계좌에 자금이 충분하지 않거나, 이체를 제한하는 법적 절차가 있거나, 이체가 설정된 신용한도를 초과한 때 등에는 그러하지 아니하다.

(2) 금융기관이 예금을 소비자의 계좌에 기재하지 아니함으로 인하여 자금불충분으로 전자자금이체를 행하지 못한 때

(3) 금융기관은 다음을 증명한 때에는 위의 책임을 지지 않는다. 즉 불가항력에 의한 경우, 소비자가 전자자금이체지시를 할 때, 기술적 장애를 알고 있었던 경우 등이다.

(4) 금융기관은 이체불이행이 고의에 의한 것이 아니고, 선의의 과실에 기인한 것이며, 그 과실을 피하기 위하여 합리적인 조치를 취하였다는 것을 증명한 때에는 증명된 실제의 손해액에 대하여만 책임이 있다.

---

(8) 부가가치 통신망 운영자의 책임

전자지급거래에 있어서 통신사업자(네트워크사업자)가 관여하게 되는데, 통신사업자의 시스템 에러에 의하여 지급인인 고객이 손해를 입은 경우에는 고객이 통신사업자에게 직접 손해배상을 청구하기가 어렵다. 따라서 이러한 경우에는 전자지급거래 계약 당사자인 금융기관이 일차적인 책임을 지고, 금융기관은 통신망사업자에게 다시 구상권을 행사하는 것이 합리적이라고 본다.

(9) 전자지급정보의 보관

전자지급거래에 관한 기록을 보관하는 것은 후일 거래 당사자간의 분쟁이 발생한 경우 증거로 사용될 수 있기 때문에 기록보관이 필요하다.

현행 전자문서법에는 전자문서의 보관기간을 정하고 있지 않다(다만, 무역업무자동화 촉진법 및 동법 시행령은 전자문서의 보관기간을 3년으로 정하고 있다; 동법 제18조 4항, 동법시행령 제16조). 전자지급거래도 일종의 상거래라고 할 수 있으므로 상법상의 규정이 유추적용되어야 할 것이다(중요문서 : 10년, 전표 기타의 문서 : 5년).

(10) 전자지급인의 프라이버시 보호

전자지급거래에 있어서도 전자상거래에서 발생하는 프라이버시의 보호 문제가 있다.

특히 개인의 금융정보는 금융실명거래 및 비밀보장에 관한 법률과 신용정보의 이용과 보호에 관한 법률에 의하여 보호받고 있다.

4.3.4 인터넷 신용카드 지급에 따른 법적 문제

인터넷 전자상거래에 따른 전자지급과 결제의 법적인 문제점의 대부분은 위에서 살펴본 일반적인 전자지급거래 및 전자자금이체제도상의 문제로 다루어지므로 이 곳에서는 인터넷 신용카드 지급에 따른 특유한 문제점만을 고찰한다.

(1) 여신전문금융업법과 신용카드거래

① 여신전문금융업법의 적용범위

여신전문금융업법은 종전의 신용카드업의 규제를 위하여 제정된 신용카드업법과 신용카드보유자의 권리의무와 관련된 몇 가지 조문을 신설하고, 이를 흡수하여 새로운 법으로 제정되었다. 즉 이 법은 신용카드거래에 관한 일부 규정을 두고 있으나 여신전문금융업에 대한 기업규제적인 성격을 갖는 법이다. 어떻든 현재는 신용카드거래만을 규율하는 별도의 법률이 없으므로 신용카드거래에 대하여는 이 법이 적용된다. 이 법에 규정이 없는 사항에 대하여는 신용카드발행회사의 약관과 일반법의 해석에 의하여 법률관계가 정해질 것이다.

② 신용카드와 직불카드, 선불카드

우리가 흔히 말하는 카드의 종류에는 선불카드, 직불카드, 후불카드가 있고 신용카드(Credit Card)는 후불카드에 속한다. 신용카드에 의한 거래는 후불이기 때문에 일종의 신용거래에 해당한다.

직불카드는 데비트 카드(Debit Card)라고도 하는데 이는 거래 시 마다 바로 결제가 이루어지기 때문에 현금거래에 준하는 거래이다. 여신전문금융업법은 직불카드란 "전자 또는 자기적인 방법에 의하여 금융거래계좌에 이체하는 등의 방법으로 물품 또는 용역의 제공과 그 대가의 지급을 동시에 이행할 수 있도록 신용카드업자가 발행한 증표"라고 규정한다(동법 제2조 6호).

선불카드는 전화카드나 교통카드와 같이 미리 현금을 주고 구매한 카드로써 현금거래나 마찬가지이다.

우리나라에서 시험 운용되는 전자화폐는 일종의 선불카드처럼 IC카드를 내장한 플라스틱 카드를 미리 현금을 주고 구입하는 형태로서 여신전문금융업법에서 규정하고 있는 선불카드의 일종으로 다루어지고 있다. 이는 전자화폐가 일종의 선불카드적인 성격을 갖기 때문이다(K-Cash의 예).

(2) 신용카드사용에 따른 보안문제

고객이 인터넷 상으로 구입한 물건대금을 결제하기 위하여 판매자에게 자신의 신용카드번호를 알려주게 되는데, 이러한 신용카드 거래는 상당한 보안상의 문제점을 지니고 있다. 즉 고객이 자신의 신용카드의 사용으로 자신의 상세한 신용정보가 노출되고, 상인에 의하여 이러한 정보가 이용되거나 제3자에게 판매됨으로써 프라이버시의 침해를 가져올 수 있다. 뿐만 아니라 거래가격이 너무 높거나 낮은 저가형 거래의 경우에는 비실용적이다. 또한 신용카드 거래는 개인간의 거래에는 부적절하며, 오직 카드 발행회사에 등록된 상인만이 신용카드 결제를 받을 수 있다. 아울러 신용카드는 재화의 판매자가 사전에 카드소지인의 신용한도와 신원을 확인하여야 한다는 점이 지적될 수 있다.

신용카드가 인터넷 온라인 상에서 사용될 때에는 중요한 보안위험이 뒤따른다. 인터넷은 개방형 통신시스템이기 때문에 인터넷을 통하여 신용카드번호를 전송하는 데는 특별한 주의가 필요하다. 특히 제공되는 전자매체의 보안수준에 따라서 제3자가 신용카드번호를 가로채거나 부정한 목적으로 이용할 위험이 있다. 고객은 상인이 온라인상에서만 거래를 하고 고정된 사업장을 가지고 있지 않거나, 이전에 상대방 상인(기업)에 대하여 한번도 들어본 적이 없는 비대면 거래를 하기 때문에 상인의 신원과 진실성에 관하여 신중을 기하게 된다. 동시에 상인은 고객이 단지 카드번호를 습득한 사람이 아니라 진정한 카드 소지인 인가에 대하여 어떤 확인을 필요로 한다.

인터넷 신용카드 거래에 있어서는 안전성과 거래를 부인할 수 없도록 하는 것이 필요하다. 즉 상인은 첫째, 카드번호의 진정성(신용카드번호가 그 진정한 소유자에 의하여 사용되고 있음), 둘째, 무결성(카드 번호와 금액이 전송중 또는 기타의 경우에 변경되지 않았음), 셋째, 부인봉쇄(카드번호발신인이 그 거래를 승인한 것을 부인할 수 없음)을 확인할 수 있어야 한다.

인터넷 전자상거래에서 신용카드의 이용을 촉진하기 위한 가장 중요한 요소는 보안문제라고 할 수 있기 때문에 이에 대하여 다음과 같은 두가지 방법이 사용된다.

첫째, 암호화 신용카드 결제방식

둘째, 신용카드 등록 결제방식 등이다.

(3) 인증기관에 의한 금융거래 인증

이미 기술한 바와 같이 신용카드 정보를 안전하게 전송하기 위하여 암호화기술이 사용되는 것과 함께 거래 상대방을 확인하기 위한 인증방법이 이용될 수 있다. 전자서명법의 시행으로 공인인증기관이 설립되었고, 금융결제원을 중심으로 한 공인인증기관이 설립되어 금융거래의 인증이 가능하게 되었다.

(4) 신용카드의 부정사용에 따른 손실분담

신용카드의 분실, 도난 또는 신용카드번호의 도용에 따른 손해발생에 대하여 누가 책임을 부담할 것인지가 문제된다.

현재 신용카드가 인터넷 네트워크상의 전자결제에 이용되기 위한 수단으로 개발된 것이 아니라는 점을 상기해 볼 때 해킹 등에 의하여 인터넷상으로 전송되는 신용카드번호가 유출된 때에 발생된 피해를 어느 당사자에게 부담시키느냐 하는 법적인 책임 문제는 어려운 문제를 제기하고 있다. 게다가 복잡한 기술상의 문제와 책임의 소재를 밝히기 위한 소송상의 입증책임문제나 입증방법의 문제도 제기될 수 있다.

여신전문금융업법은 신용카드업자가 신용카드회원으로부터 신용카드의 분실, 도난 등의 통지를 받은 때에는 그 때부터 당해 신용카드회원에 대하여 신용카드의 사용으로 인한 책임을 지도록 규정하고 있다(동법 제16조). 따라서 신용카드 상실(분실 또는 도난)의 통지를 한 때를 기준으로 하여, 그 통지를 받기 전에는 카드회원이 책임을 지고, 통지를 받은 후에는 카드 발행인이 책임을 진다.

한편 1992년 10월부터 은행계 신용카드는 카드분실의 경우 카드회원은 분실신고 15일 전 이후 (현금인출 및 현금서비스는 신고시점 이후)에 발생한 부정사용액중 2만원의 책임만 부담하게 하는 약관조항을 제정하여 사용하고 있다(국민카드회원규약 제16조 2항; 비씨카드회원약관 제17조). 따라서 인터넷상으로 신용카드를 이용하여 대금을 결제하는 경우에도 이러한 약관을 적용하여 대금 환불 또는 피해보상이 이루어질 수 있을 것이다. 물론 이러한 해결방법이 가능하더라도 위에서 언급한 바와 같은 입증책임의 귀속이나 입증방법의 문제가 있으며, 또한 신용카드의 국제적인 사용의 경우에는 동일하게 문제를 해결할 수 있는 가에 대하여는 검토할 여지가 있다.

[참 고]

국민카드회원규약 제16조(카드의 분실·도난 신고와 보상) 3항; 다만 위 약관은 1. 회원의 고의 또는 중대한 과실로 인한 부정사용의 경우, 2. 카드의 대여, 양도, 담보제공, 불법대출 등으로 인한 부정사용의 경우, 3. 회원의 가족, 동거인에 의한 부정사용의 경우, 4. 천재지변, 전쟁, 내란, 풍수해 기타 이와 비슷한 변란으로 인한 질서문란 중에 카드를 분실·도난 당하여 생긴 부정사용의 경우, 5. 부정사용의 피해조사를 위하여 카드사가 정한 조사에 협조하지 아니한 경우, 6. 카드에 서명하지 않은 상태에서 카드를 분실·도난 당하여 생긴 부정사용의 경우 등에는 신용카드회원이 카드 부정사용에 따른 모든 책임을 지도록 규정하고 있다.

비시카드회원약관 제17조 3항은 위의 6가지 외에 카드의 비밀번호 유출로 인한 부정사용의 경우도 포함시키고 있다.

4.3.5 전자화폐사용에 따른 법적 문제

(1) 사법적 문제

① 전자화폐의 법률적 지위 – 예금인가 통화인가?

전자화폐의 법률구성에 대하여는 중앙은행의 감독을 받는 결제수단 또는 일종의 통화로 간주할 수 있으나, G-10 국가에서는 전자화폐를 통화로 간주하고 있지 않고 예금으로 취급하고 있다. 전자화폐는 발행자의 입장에서는 부채이지만, 소유자의 입장에서는 지급 받을 수 있는 권리 또는 자산으로써 제3자에게 이전이 가능한 것이므로 이러한 발행자의 부채측면에서 전자화폐는 발행기관에 대한 예금으로서 간주될 수 있을 것이다. 따라서 예금보험제도를 운영하는 국가에서는 은행 기타 금융기관이 발행한 전자화폐는 예금보험제도의 보호를 받을 수 있게 된다.

[참 고]

전자화폐상의 가치는 컴퓨터 시스템, 스마트 카드 등에 저장할 수 있으며, 전자화폐 소유자가 이를 상환받을 수 있어야 하고, 전자화폐이용 절차 내지 과정은 빠르고 효율적으로 접근할 수 있어야 한다.

(2) 전자화폐의 보안 문제 – 전자데이터의 부정취득과 위조, 복제문제

전자화폐는 쉽게 복제될 수 있는 디지털 단위를 사용하므로, 화폐가치를 나타내는 데이터의 복제나 위조, 이중사용을 방지할 수 있는 전자화폐시스템을 고안할 필요가 있다. 전자화폐의 보안문제를 해결하기 위하여 암호화기술이 사용되고 있다.

네트워크형 전자화폐의 경우에는 수취인의 요구에 의하여 개별 거래 시마다 발행은행의 컴퓨터에 접속하여 이중사용을 통제할 수 있다. 발행은행은 발행된 전자화폐의 모든 자료와 사용내역을 보유하고 있으며, 전자화폐 수취인에게 통보해 줄 수 있다. 따라서 발행은행이 문제의 전자화폐가 이미 사용된 것인 경우에는 그러한 사실을 상인에게 통보하면 상인은 그 거래를 거절할 수 있게 된다.

(3) 전자화폐에 의한 전자결제의 법적 성질

법률상 금전의 개념에는, 첫째 법화 혹은 통화와, 둘째 자유화폐(혹은 거래상의 화폐)의 두 종류로 구별된다. “자유화폐”는 법화처럼 강제통용력을 갖지 않지만, 사회에서 거래상 화폐로써 통용되는 것이다. 자유화폐는 이처럼 거래에서 사실상의 통용력을 갖게 될 뿐이고, 강제통용력을 갖지 않는다. 따라서 자유화폐에 의하여 채무를 변제하기 위하여서는 채권자의 승락을 요하고, 만약 채권자가 임의로 그것을 수령하면 금전채무가 소멸되는 효력이 발생한다. 자유화폐는 금전 내지 화폐로서의 성질을 갖는 것인 이상 자유화폐에 의한 변제는 대물변제가 아니고, 금전채무의 본지에 다른 변제라고 본다. 자유화폐에 금전채무의 채무면제력이 인정되는 것은 이것이 화폐라는 “물”로서가 아니라 “통화”로서 급부되기 때문이다. 전자화폐가 위에서 살펴본 자유화폐의 개념에 포함된다고 볼 때 전자화폐에 의한 전자결제는 금전채무의 변제로서의 법적 성질을 갖는다. 전자화폐에 의한 결제는 전자적 가치라는 지급단위 내지 수단을 이전함으로써 금전채무를 변제하여 소멸시키는 것이다.

(4) 전자화폐의 거래단계별 법적 문제

가. 전자화폐의 종류에 따라서 다음과 같은 차이가 있다.

1) 폐쇄형 전자화폐(전자지갑)

전자화폐에 저장된 가치단위를 발행기관이 상환(발행기관이 수취인의 은행계좌에 입금처리)할 때까지 단 한번만 사용할 수 있다. 한번 사용된 전자화폐의 가치단위는 결제과정상 발행기관→소비자→판매업자→은행 등 중개기관→발행기관 또는 전자화폐를 정산하는 기관으로 이전되며 최종적으로 사용된 전자지갑의 가치가 판매업자의 은행계좌로 입금된다. 따라서 특정한 폐쇄형 전자화폐는 은행계좌에 접근할 수 있는 새로운 결제수단에 불과한 것으로 간주할 수도 있다.

2) 개방형 전자화폐

전자화폐에 저장된 가치단위가 소비자나 판매업자 상호간에 계속 자유로이 이전될 수 있으며 따라서 발행기관이 상환할 때까지 한번 이상 사용될 수 있다.

나. 전자화폐를 통한 결제는 다음과 같이 3단계로 나누어서 각 단계별 법적 문제를 검토해 볼 수 있다.

1) 가치저장 단계

소비자가 전자화폐 발행기관인 은행 또는 비 은행기관으로부터 전자지갑에 저장된 전자화폐를 구입한다. 소비자는 전자화폐 구입의 대가로 현금, 신용카드를 사용하거나 자신의 은행계좌에서 차감지급하며, 통상 계좌차감방법이 가장 많이 사용된다. 대부분의 경우 발행기관이 전자화폐의 이전 대가로 받는 현금 또는 고객계좌에서 출금된 자금은 발행기관의 대차대조표상 부채로 기록된다. 그러나 이에 따른 구체적인 회계처리방식은 나라마다 다르다.

2) 가치이전 단계

전자화폐를 사용하여 재화와 서비스를 구입하기 위하여는 판매업자(전자화폐 단말기 보유자)에게 자신의 전자화폐에 저장되어 있는 전자적 가치를 이전시킨다.

개방형 전자화폐의 경우 일정한 약관의 조건에 따라서 소비자가 전자화폐를 자신의 전자화폐에서 다른 사람의 전자화폐로 이전시킬 수 있고, 판매업자도 소비자로부터 받은 전자화폐를 다른 판매업자에게 이전시킬 수 있다. 또한 환불의 경우처럼 제한적으로 판매업자가 소비자에게 전자화폐를 이전시킬 수도 있을 것이다.

전자화폐는 대부분의 나라에 있어서 법정화폐가 아니므로 (i) 판매업자는 재화와 서비스의 제공대가로 전자화폐의 수령을 거부할 수 있으며, (ii) 구매자가 판매업자에게 전자화폐를 이전함으로써 지급채무가 면제되는 것은 아니다(이 문제를 해결하기 위하여 약관조항에 판매업자의 전자화폐에 의한 결제인수의무와 지급채무면제에 대하여 명백히 규정할 필요가 있다).

3) 결제 단계

결제과정은 결제자료의 제시, 상환 및 최종결제의 3단계로 구분된다.

(i) 소비자로부터 전자화폐를 받은 후 판매업자는 이를 은행이나 전자화폐 시스템 운영기관에 제시한다.

(ii) 은행 또는 운영기관은 발행기관에 대하여 판매업자가 제시한 전자화폐 가치에 상당하는 금액의 상환을 요청한다.

(iii) 동 금액이 판매업자의 은행계좌에 입금되는 시점에 결제가 종료된다.

이러한 각 단계에서 발행기관의 지급결제불능의 경우에 대비한 참가기관간의 결제리스크의 배분 등 결제종료와 관련된 법적 문제가 제기된다.

(5) 전자적 결제의 종료 시점과 신용 및 결제리스크의 부담문제

전자화폐에 의한 결제의 종료시점과 신용 및 결제리스크를 소비자와 판매업자중 누가 부담할 것인가에 대한 견해가 나뉘어진다.

법률과 약관의 내용에 따라 지급지시 취소불능 시점이 달라지는데, 소비자가 지급지시를 취소할 수 없는 시스템의 경우에는 판매업자에게 유리하다.

가. 전자화폐가 소비자로부터 판매업자의 단말기로 이전되면서 결제가 종료된다고 간주하는 경우 : 소비자로부터 전자화폐를 이전받는 시점과 은행계좌로 자금이 입금되는 시간동안 판매업자가 신용리스크 및 결제리스크를 부담한다.

나. 판매업자의 은행계좌에서 전자화폐 자금을 이용할 수 있게 됨으로써 결제가 종료된다고 간주하는 경우 : 가치이전과 결제시점 사이에 소비자가 신용리스크와 기타 위험을 부담한다.

결국 이러한 문제는 전자화폐 거래약관의 내용에 따라서 달라질 것이다.

(6) 발행기관의 지급불능

전자화폐 발행기관의 지급불능에 대비하여 발행기관을 제한하거나 예금보험제도를 적용할 수 있다. 전자화폐 발행기관이 부담하는 부채에 대하여 전자화폐 소지자가 상환을 요구할 때에 이러한 상환을 보장할 필요가 있다. 전자화폐 발행기관이 파산하는 경우 전자화폐 보유자는 발행기관에 대한 무담보 채권자가 된다. 이에 따라 전자화폐 보유자를 보호하는 방안으로 (i) 예금보험제도를 적용하는 방안, (ii) 예금을 신탁예금, 특별예금, 담보부예금 등으로 별도로 적립하는 방안, (iii) 전자화폐 발행기관간에 전자화폐 상환부채를 분담하는 방안 등이 있다.

이 중에서 어떠한 방안을 채택할 것인지는 정책적인 문제이다. 다만 전자화폐의 법적 성질을 발행기관의 예금 채권으로 정의하면 예금보험제도의 적용이 가능할 것이다.

(7) 공정거래와 소비자 보호문제

불공정 거래 내지 불공정 경쟁을 규제하는 공정거래법규는 전자화폐 발행기관의 독과점이 문제가 되는 경우에도 적용될 수 있을 것이다. 다만 발행기관에 독점을 허용하는 것이 비용측면에서 효율적이라면 공정거래법규의 적용을 면제하는 방안도 고려할 수 있다. 또한 전자화폐에 관하여 일반적인 소비자 보호법의 적용이 가능하다.

① 공법적 문제

가. 전자화폐에 대한 법적 규제

전자화폐에 대하여 현행 금융관련법을 어느 정도 적용하여 규율할 것인가의 문제이다. 전자화폐에 대한 과다한 규제는 향후 전자화폐의 발전을 저해하고 왜곡할 우려가 있다. 그러나 특정 사항에 대하여는 법률적 규제가 필요하다고 보며, 이에 대하여 국제적인 협력이 필요하다. 대부분의 나라에 있어서 전자화폐를 규제하기 위한 별도의 법규가 마련되어 있지 않고 있지만, 은행법 또는 금융관련 법률에 의하여 중앙은행이나 기타 감독기관의 규제를 받는 것으로 해석되고 있다. 특히 중앙은행이 지급결제제도에 대한 감독책임을 지고 있는 경우에는 전자화폐에 대한 감독을 하는 것이 중앙은행의 임무이며, 전자화폐의 상환의무가 예금으로 간주되는 경우에는 은행감독관련 규정이 적용될 수 있다. 우리나라에서 시범 사용되는 IC선불카드형 전자지갑(K-Cash)에 대하여는 여신전문금융업법이 적용되는데, 이 법은 본래 신용카드업법을 개정 보완한 법으로서 입법체계상 문제점을 지니고 있다. 따라서 입법론으로는 전자화폐에 관한 별도의 법제를 마련하는 것이 필요하다.

나. 전자화폐의 발행기관

1) 발행기관의 유형과 감독 규제

전자화폐의 발행기관에 대하여는 다음과 같은 세 가지를 들 수 있다.

첫째, 전자화폐의 발행자를 자유방임에 맡기는 정책 즉 자유방임주의이다.

이 방식의 장점은 발행자 유형 및 숫자를 제한하지 않음으로써 전자화폐시장의 발달에 기여하고, 기술혁신을 조장할 수 있다는 점이다. 단점으로는 발행자가 잘못하는 경우 반사적인 규제를 만들게 되어 발전에 장애가 된다는 점이다.

둘째, 발행기관을 은행으로 제한하는 방안이다. 이 방안의 장점은 발행기관을 감독권 안에 둘 수 있고, 적정 자산을 전자화폐에 대한 담보로 활용할 수 있다는 점이다. 단점은 경쟁이 제한되고, 혁신을 기대하기 어렵다는 점이다.

셋째, 발행기관의 허가를 통하여 다양한 기업(비은행기관)의 참여를 허용하는 것이다.

이는 첫째와 둘째 방식의 중간에 해당하며, 감독기관의 부담이 너무 크다는 문제점이 있다. 이 방식에서는 신탁회사 및 비은행 금융기관도 전자화폐를 발행할 수 있다.

미국은 44개주에서 전자화폐를 발행하는 비은행기관을 100% 지급준비금, 최소자본조건, 허가 및 담보조건 등으로 규제하고 있으며, 그 규제수준은 은행과 동일한 방향으로 나가고 있다.

유럽의 경우에는 전자화폐발행자를 은행에 한정하는 경향이지만 이렇게 되면 경쟁과 혁신이 제한될 우려가 있다. 전자화폐 발행을 비은행기관에 대하여 허용하더라도 적절한 규제와 감독을 통하여 발생될 문제를 해결할 수 있을 것이다. 다만 발행자를 비은행기관에까지 확대하면 은행에 대한 규제와 동일한 규제를 해야 한다는 문제가 대두된다. 비은행기관도 은행 소유이거나 은행 보조업무나 부수 업무를 수행하는 경우에는 은행관련 규정의 적용을 받거나 은행감독기관의 감독을 받게 된다. 그렇지 않을 경우에는 자신이 발행한 전자화폐의 상환에 충분한 금액을 유지하도록 자산운용을 규제하는 방안이 필요하다.

전자금융거래법은 은행을 제외하고 전자화폐의 발행 및 관리업무를 행하기 위하여서는 금융위원회의 허가를 받도록 하였고, 이 경우 주식회사로서 자본금이 50억 원 이상이어야 한다고 규정하고 있다(동법 제30조 제1항).

2) 해외발행기관의 문제

전자화폐의 발행이 국경을 초월하여 이루어지는 경우에는 발행기관에 대한 국내법적 요건 외에 특별한 사항이 고려되어야 한다. 예를 들면 비유럽국가 은행들이 유럽연합내에서 전자화폐를 발행하기 위하여는 유럽 연합 내에 자회사를 소유하고 있어야 한다.

외국의 카드회사나 비은행 금융기관들이 전자화폐를 발행하는데 아무 제한이 없는 국가도 있으나, 외국의 인·허가사항을 상호 인정하는 협약이 없거나 인가를 받지 않았을 경우 국내규정에 의한 승인을 받도록 하는 나라도 있다.

(3) 전자화폐의 형법적인 문제

대부분의 전자화폐는 약관상 저장 최고한도를 설정하고 있지만, 법적으로 정해진 최고한도가 없기 때문에 전자화폐가 자금세탁목적으로 이용될 위험이 있다. 따라서 전자화폐에 저장할 수 있는 최고한도액을 법정함으로써 현행 거액현금거래 시 보고의무를 회피하는 것을 방지하고, 자금세탁을 방지할 수 있을 것이다. 또한 은행권의 위조, 변조를 금지하는 현행법은 전자화폐의 위조, 변조에 대하여는 적용되지 않으므로 전자화폐의 위조, 변조를 방지하기 위한 법제 정비가 필요하다(형법 개정 등). 아울러 컴퓨터 범죄, 데이터 조작, 전산장비 불법침입 등과 관련된 법률조항이 전자화폐에도 적용되도록 하여야 한다.

(4) 국제사법적 법률문제

외국기관이 우리나라에서 전자화폐를 발행하는 경우에, 당해 외국 기관에 대하여 국내법규를 적용할 수 있는가 하는 문제가 있다. 전자화폐 시스템은 현재 시험운용단계로써 주로 약관에 기초하여 운영되고 있고 관련 특별법이 마련되어 있는 경우는 거의 없으므로, 일반법의 규정이 전자화폐에 어떻게 적용될 것인가의 문제에 대하여는 불명확하다. 현재 시험운용중인 전자화폐가 한 국가내의 일부지역에서 제한적으로 사용되고 있어서 아직까지는 국제적인 법적 문제가 발생하지는 않았지만, 향후 한 개 이상의 통화로 전자화폐를 저장할 수 있는 전자화폐 또는 외국통화표시로 상품 등의 구입대금 지급이 가능한 전자화폐에 대한 규율방법이 필요하다. 큰 금액이 여러 통화로 전자화폐에 저장될 수 있다면 외환관련 규정의 적용을 회피하는 수단으로 이용될 수 있기 때문이다.

[사례연구-3] 소액결제의 분쟁사례

1. 대금청구관련 사례

① 무료로 알고 이용하였으나, 사용시간에 해당하는 이용요금이 청구되자 이용자가 웹사이트측에 명확한 고지 없이 이루어진 서비스 사용요금에 대하여 환급을 청구한 경우

② 승인번호를 확인하지 않았는데도 휴대폰요금에서 대금이 결제된 경우

③ 신청인은 이동전화요금을 확인하던 중 요금청구서에 신청인이 가입하지도 않은 인터넷서비스의 이용요금이 부과되어 있어서 피신청인측에 항의하자, 피신청인측에서는 수수료 8,000원을 공제하고 환급해주겠다고 한 사례
(전자거래분쟁해결사례 비교집 69면).

2. 미성년자의 전화결제시스템을 통한 인터넷사이트 이용사례

① 부모동의 없는 미성년자의 유료인터넷 게임 이용

<사례-1> 신청인은 전화요금청구서를 살펴보던 중 타사정보이용료가 부과된 것을 발견하고 확인해 본 결과, 신청인의 미성년자녀(8세)가 인터넷게임을 이용해 피해가 발생한 것이었음을 알게 되었다. 신청인은 부모 동의없이 어린자녀로 하여금 과도한 요금을 발생시킨 점에 대해 항의하였으나 피신청인은 계속하여 책임을 회피하고 있다. 동 사이트에서는 “14세 이하 어린이의 캐쉬충전시 반드시 부모님의 동의를 얻어야 한다.”는 약관조항과 동의여부를 묻는 화면은 존재하나, “동의” 버튼만 클릭하면 사용이 가능하도록 되어 있어 동의절차가 다분히 형식적이었다. 신청인은 이와 같은 이유로 피신청인에게 미성년자의 인터넷게임 이용요금 전액을 환급해 줄 것과 이후 재발방지를 위한 적절한 조치를 취할 것을 요구한 사례(전자거래분쟁해결사례 비교집 71면).

<사례-2>[21] 청구인은 우연히 2004년 2월분 전화요금 청구서에서 A사의 유명사이트의 ‘콘텐츠이용료 9,6000원’이 청구되었다는 사실을 알게 됨. A사, KT, P/G업체 등에 확인한 결과, 91년생 자녀가 친구들과 함께 A사의 게임사이트에 접속하여 즐기면서 부모의 동의없이 어머니 명의로 가입된 집 전화번호로 결제한 것이었음.

– 한국소보원은 청구인의 자녀가 초등5년생이었던 2002년 12월 회원가입시부터 약 1년 6월 동안 ARS유선전화결제방식을 통해 금 412,500원을 지불한 사실을 확인, 사전에 부모의 동의를 얻지 아니하였던 사실과 법정대리인의 취소의사에 따라 동 거래는 원천적으로 무효이므로 A사에게 금 412,500원을 환불할 것을 권고하여 권고내용이 이행됨.

② 부모 등 성년자의 개인정보 도용

<사례-1>[22] 청구인은 중1인 자녀가 2003.4~2004.6까지 약 1년 2개월 동안 M사

21) 한국소비자보호원 사례자료, 26면.

의 온라인게임사이트에 아버지의 개인정보로 성인회원계정, 자신의 개인 정보를 이용한 미성년회원계정 각 1개씩을 개설하고, 농업수입을 적립한 외조부 명의의 통장에서 금 8,045,000원을 게임 아이템 구입비용 등에 지출해 온 사실을 발견함. 청구인은 법정대리인의 동의 없는 거래행위임을 주장하며 M사에게 전액환불을 요구함.

- M사는 미성년자가 자신을 성년자로 믿게 한 성인 ID계정에서 결제수단으로 당해 통장만을 1년2월 동안 계속 이용해 왔던 이유를 들어 환불을 거절하고, 미성년자ID에서 위 통장으로 결제한 금 774,400원만을 환불할 의사가 있다고 표명함.

<사례-2> 명의 도용된 인터넷게임서비스 요금 환급 청구사례

청구인은 2003년 12월 일반 전화요금 청구내역서에 컨텐츠이용료가 각 4회 22,000원씩 88,000원이 청구된 것을 확인하고, 내역서를 검토해 보니 피청구인이 제공하는 인터넷게임서비스를 2003년 11월 10일, 11월 11일 전혀 알지 못하는 제3자가 접속하여 이용한 것으로 확인되었으나, 피청구인은 내부 규정에 3개월이 경과하면 환불이 불가하다는 답변만 들음.
확인결과 게임이용자가 만9세의 청구인이 전혀 모르는 미성년자로 밝혀짐.
청구인은 제3자가 사용한 게임서비스 이용료에 대하여 환불해 줄 것을 요구함.[23)]

③ 타인의 사술에 의한 피해

<사례-1> 청구인의 자녀(초6년)는 2003.11 N사의 유명게임을 이용하던 중에 동시에 접속한 다른 게임자로부터 자신은 회원탈퇴를 할 예정이며 남은 캐쉬를 줄 테니 알려준 번호로 전화를 걸라는 제안을 받고 지시대로 하였으나 자녀의 ID에 캐쉬가 충전되지 아니하고 66,000원의 이용료만 결제됨. 청구인은 부모로서 당해 결제사실을 동의한 적이 없고, 판단력이 미흡한 미성년자가 타인의 사술에 현혹된 결과이므로 N사는 환불할 것을 요구함.

- 사실조사결과, 결제금액은 미성년자ID와 성년자ID에 충전됨. N사는 미성년자ID에 충전된 금액의 상당분과 성년자ID에 충전된 금액의 상당분의 절반을 즉시 환불하고, 청구인이 사이버경찰에 고발하여 사건이 종결되면 남은 절반을 환불하겠다는 의사를 표명.

3. 사이버캐시 사용불가 공지의 효력관련 사례

신청인은 인터넷쇼핑몰을 이용하기 위하여 사이버머니인 ○○○을 구입, 피신청인 쇼핑몰에서만 사용가능한 △△△캐시를 구입한 후 여러 가지 적립방식으로 934,500원을 적립해 놓았다. 그러나 오랜만에 해당쇼핑몰에 접속해 보니 갑자기 "△△△캐시로 상품구입불가"라는 공지사항이 떠 있었다. 사업자는 3일 동안 이러한 공지를 한 후 이용자에게 △△△캐시의 사용을 금지한 것이다.[24)]

4. 사업자의 일방적인 재화공급 및 대금청구 사례

• 한번 이용한 사이트에서 추가 승인 없이 계속적으로 월정금액이 청구되는 경우.

신청인은 모 인터넷성인사이트에 회원가입을 하여 한달 동안 유료서비스를 이용하기로 하고 신용카드로 결제하였다. 그런데, 한달이 지나 계약이 종료되었

22) 한국소비자보호원 사례자료, 27면.
23) 출처: 한국소비자보호원 보고서 2005.
24) 전게 전자거래 분쟁해결사례 비교집, 74면.

음에도 불구하고 계속적으로 신용카드 대금이 청구되고 있는 경우.[25]

5. 장애발생으로 인한 중복구매 사례

• 등록갱신 안내 메시지에 따른 이중결제의 경우[26]

신청인은 인터넷 도메인을 등록하여 사용하던 중 등록유효기간 1년이 만료되어 화면에 뜬 등록 갱신 메시지에 따라 신용카드로 결제하여 연장신청을 하였다. 그러나 결제 후에도 등록을 갱신하라는 메시지가 계속 떠 있었던 바, 신청인은 결제오류가 발생한 것으로 판단하고 재 결제하게 되었다. 그러나 이후 확인 결과, 등록갱신 안내 메시지가 결제를 완료하면 바로 사라지는 것이 아니라 하루가 지나야 사라지도록 프로그래밍되어 있어 이중결제가 된 것으로 확인되었다. 이에 피신청인에게 매출취소를 요구하였으나 피신청인은 어쩔 수 없다고 답변하였다.

6. 성인인증을 받고자 확인버튼을 누른 후 인출된 정보이용료의 환급요구 사례[27]

청구인은 2004.12.17일 KTF 홈페이지에서 전화요금을 확인하다가 2개의 성인사이트에 요금이 결제되었음을 알게 됨. 확인해 본 바 11월 경 성인사이트에서 핸드폰 인증번호로 성인인증을 받는다는 메시지를 보고 핸드폰에 찍힌 인증번호를 넣었는데 유료회원으로 가입되어 요금이 인출된 것이었음.

당시에 유료회원으로 가입된다는 어떠한 문구도 표시되어 있지 않았으며 유료회원으로 가입할 의사도 전혀 없었기 때문에 둘러보기만 할 생각으로 성인인증인줄 알고 인증번호를 넣었던 것이어서 피청구인에게 환급을 요구함.

- 동건 인터넷사이트 운영업체는 사건 발생 현재 폐업한 상태로 결제대행업체에 동 건 피해구제 접수 사실을 통보하고 신속한 처리를 권고함.

청구인이 동 사이트를 로그인한 기록을 토대로 일정 부분 이용한 사실이 있어 총 청구금액 중 10%를 감한 나머지를 환급하기로 양당사자가 합의하였음.

7. 유료 인터넷 게임 명의자 동의 없이 자동결제 청구되어 자동결제취소 요구 사례[28]

청구인은 2004년 11월 23일 SBS 골프채널과 온 넷, 피망에서 운영중인 샷 온라인 골프게임을 월정액 22,000원에 결제하여 이용함. 12월 24일 게임을 연장하기 위하여 휴대폰 소액결제로 22,000원을 결제하였으나 11,000원만 결제되어 만기일이 2005년 1월 5일로 결제된 것으로 이해함. 그러나 2005년 1월 1일 오후 7시경 휴대폰 문자메시지로 1개월 결제되었다는 문자를 받고 피청구인의 사이트에 접속하여 확인해 보니 자동연장 신청에 동의한 것으로 되어 있음.

이에 피청구인에게 이의를 제기하여 자동 연장 결제된 것을 취소해 준다고 하였으나 1월 13일 사이트에 접속해 보니 취소되지 않았으며 인터넷에서 양식을 다운로드 받아 팩스로 보내야 자동연장 결제가 취소된다는 내용만 있음. 청구인은 동의하지 않은 자동연장결제에 대하여 자동취소해 줄 것을 요구함.

25) 전게 전자거래 분쟁해결사례 비교집, 77면.
26) 전게 전자거래 분쟁해결사례 비교집, 78면.
27) 한국소비자보호원 보고서 2005(No. 2005-010504).
28) 한국소비자보호원 보고서 2005(No. 2005-012816).

- 소보원은 피청구인에게 상기 내용을 통보하고 사실조사를 하여 명의자 동의 없이 일방적으로 게임 이용료가 자동결제 되었다면 자동결제 취소해 줄 것을 권고함.

피청구인은 이에 대하여 청구인은 골드회원 1개월 기본선택이 자동결제로 되어 있고 이에 대한 상세 내용과 취소를 위한 버튼은 결제페이지에서 표시하나 2005년 1월 3일 청구인이 샷 온라인 홈페이지 '질문과 답' 게시판에 문의하여 고객센터로 요청하면 바로 처리할 것을 답변함.

이에 2005년 1월 14일 청구인이 자동결제취소를 요청하여 바로 자동결제 취소함.

또한 피신청인은 회원들이 결제 내용을 잘 숙지할 수 있도록 홈페이지의 추가개발과, 결제 시 팝업을 통해 요금제 설명에 대한 부분을 재고지 하고, 결제페이지 개편 및 자동결제 해지 신청기능을 추가함.

8. 성인사이트 회원가입 후 중도해지 요구사례[29)]

청구인은 2004년 11월 26일 성인사이트에 회원 가입 후 금액 29,000원이 핸드폰으로 소액결제된 후, 업체에 연락을 취하는 과정에서 청구인의 의사와 무관하게 핸드폰 및 유선전화로 네 차례에 걸쳐 총 116,000원이 결제됨.

이에 결제대행업체로 수차례 연락하여 이중 결제된 핸드폰 및 유선전화 요금 1건씩은 취소해 주었으나, 나머지 2건에 대해서는 처리해 주지 않고 있음. 청구인은 2004년 12월 7일 내용증명으로 환급을 요구하였음. 청구인은 계약해제 및 금 60,900원의 환급을 원함.

- 동 건 피해접수사실을 소보원이 피청구인에게 통보한 바 동 사이트 운영업체가 폐업하였기에 결제대행업체에서 처리키로 하고, 총 4건의 소액결제 건 중 미환급된 2건 금액 60,900원을 환급 처리키로 양당사자 합의하였음.

9. 이용하지 않은 정보이용료 청구 취소요구 사례[30)]

청구인은 SKT 이동전화 서비스를 사용하던 중 요금청구서상에 생소한 '네이트정보료 정액제' 항목으로 2,903원이 청구됨. 이에 통신사측에 문의하자 이벤트회사에서 띄워 놓은 Pop-Up 광고를 클릭하여 유료서비스에 동의한 것으로 간주된다고 함. 피청구인은 사이트의 화면을 클릭하면 1주일 이내에 무상으로 벨소리를 다운받을 수 있으며 다운을 받으면 문자메시지를 보낸 후 해지 요구가 없으면 자동으로 가입된다고 함. 그러나 벨소리를 다운 받을 줄도 모르고 문자메시지를 받은 사실도 없음. 청구인은 이용하지 않은 정보이용료에 대하여 환급해 줄 것을 요구함.

- 피청구인은 청구인이 사용한 정보이용료이나 사용하지 않았다고 하여 고객서비스차원에서 청구된 금액 2,903원을 환급해 주겠다고 함. 2005년 3월 14일 청구인은 청구된 금액 2,903원을 환급받음.

10. 무료체험 이벤트기간 내 회원 가입한 이동전화서비스, 청구된 요금환급 요구 사례[31)]

청구인은 2005년 3월 30일 피청구인측 인터넷사이트 광고내용 중 '이벤트기

29) 한국소비자보호원 보고서 2005(No. 2005-035838).

30) 한국소비자보호원 보고서 2005(No.2005-035838).

31) 한국소비자보호원 보고서 2005(No.2005-063933).

간 내 회원 가입하면 2개월간 무료 이용을 할 수 있다'는 내용을 보고 회원가입함. 가입 시 '초기 2개월간은 무료로 사용하고 가입시점에서 3개월째부터 4,500원이 최초 과금이라는 공지사항을 확인함. 그러나 가입후 카드번호를 입력하라고 하여 입력하니 자동으로 매월 정액 요금이 인출된다고 하여 무료 사용기간 후 과금되는 것으로 인지하고 등록하였으나 바로 5,500원이 청구됨. 피청구인에게 이의제기를 하였으나 이미 번호를 입력하였기에 결제 취소를 할 수 없다고 함. 청구인은 사실조사 후 조속한 요금 환급을 요청함.

- 처리결과

피청구인은 SKT 고객 중 MP3폰을 소유하고 있는 고객들을 대상으로 무료 사용 이벤트를 진행함. 청구인은 SKT 고객이 아니기 때문에 이벤트에 참여할 수 없다고 함. 확인결과 청구인은 멜론닷컴에서 우측상단에 있는 '티켓/클럽가입'버튼을 클릭하여 유료등록을 함. 이벤트에는 청구인이 주장하는 요금수납화면이 없음. 이에 청구인이 잘못 파악한 내용임을 설명하였으나 청구인은 수긍하지 않음. 피청구인의 귀책사유가 없으므로 처리 불가함.

제 5 장

전자상거래와 전자무역

– 차 례 –

5.1 서 론

최근 인터넷의 발달과 함께 급속한 발전을 하고 있는 전자상거래는 처음에 국제해상운송분야에서 운송서류를 전자문서화(EDI)한데서부터 비롯되었다. 즉, 1960년대부터 발달된 컨테이너운송과 함께 컨테이너 선적서류를 컴퓨터로 전자문서화하여 송하인과 운송인이 이를 신속하게 주고받기 시작하면서부터 해상운송분야에서 EDI가 도입되고 전자상거래가 발달되기 시작하였다.[1)]

국제연합(UN)의 통계에 따르면 국제거래에서 발생되는 총 경비의 약 7%가 서면으로 된 해상운송서류의 발행과 처리에 소요되고 있으며, 이를 금액으로 환산하면 연간 약 4천2백억 달러에 달한다고 한다.[2)] 또한 은행을 포함한 금융거래에 있어서 서면에 의한 운송서류를 당사자 간에 주고받는 과정에서 발생되는 지연과 불편으로 인하여 운송물의 양륙 지연 및 선박의 체선과 그에 따른 막대한 체선비용이 발생된다. 그러므로 인터넷과 컴퓨터시스템을 통하여 운송서류를 전자문서로 대체하게 되면 이러한 문제를 해결할 수 있을 뿐만 아니라 거래 당사자에게 막대한 이익을 가져다 줄 수 있는 것이다.

무역환경에서 IT기술발전을 활용할 수 있도록 종래의 「무역업무자동화촉진에관한법률」(1991년 12월 31일 법률 제4479호)을 전면 개정하여 「전자무역촉진에관한법률」(2005년 12월)을 제정하였다. 이 법에서는 'e-Trade 플랫폼'을 제도화하여 전자무역기반시설 및 기반사업자에 대하여 규정하고 있고, 'e-Trade 플랫폼'이 무역업체에 단절 없는 전자무역서비스를 제공할 수 있도록 무역업자와 무역유관기관이 반복하여 사용하는 신용장, 내국신용장, 구매확인서, 수출입요건확인서, 원산지증명서 등 8종의 무역문서에 대하여 반드시 전자무역기반시설을 경유하도록 의무화하고 있다. 또한 전자무역기반사업자의 중계·보관·증명업무에 대하여 관련법령에서 정한 절차에 따라 오프라인 절차와 동일한 법적 효력을 부여하였다.

종래의 「화물유통촉진법」(1996년 3월 10일 법률 제4546호 제정)을 개정한 「물류정

---

1) D. Faber, "Electronic bills of lading", *Lloyd's maritime and commercial Law Quarterly*, 1996, p.232.

2) R. Caplehorn, "Bolero.Net－The Global Electronic Commerce Solution for International Trade," *Butterworths Journal of Interantional Banking and Financial Law*, November 1999, p.421.

책기본법」은 전자문서의 이용·개발 및 전자문서의 이용의 촉진 등에 관한 규정을 둠으로써 물류기업이 물류시설의 이용등 관련업무를 전자문서로 처리할 수 있도록 권장하고 있다. 또한 전자문서법과 전자서명법이 제정되어 각각 1999년 7월부터 시행되고 있기 때문에 이들 두 법률이 전자문서와 전자서명 및 인증제도에 대한 기본법으로써 역할을 할 수 있게 되었다. 또한「상법」해상편의 개정으로 전자선하증권규정을 신설하고, 전자선하증권이 무역에 이용될 수 있도록 기반을 마련하였다.

5.2 전자무역

5.2.1 전자무역의 개념과 효과

(1) 개 념

전자무역은 재화 또는 서비스의 국가간 거래인 무역행위를 인터넷을 포함한 IT수단을 활용하여 전자적·정보집약적으로 수행하는 무역활동이라고 정의된다.[3]

전자무역이란 새로운 무역 패러다임으로 무역업무의 전자화라고 할 수 있다. 즉, 1991년 무역자동화법 제정 및 시행 이후에 교역, 외환, 통관, 물류 등의 자동화 및 전자화가 이루어지고 있으며, 무역업무 전반에 걸친 IT 기술을 이용한 업무혁신을 전체적으로 전자무역(e-트레이드)이라고 부를 수 있는 것이다.

(2) 효 과

전자무역은 전통무역의 거래방식을 전자화 하는 수준을 넘어서 최신 정보기술을 활용하여 무역구조와 무역프로세스를 근본적으로 개선하는데 궁극적인 의의가 있다.[4]

우리나라는 무역의존도가 높은 경제구조를 가지고 있으며, 무역이 경제성장의 견인차 역할을 수행하고 있다. 오는 2020년에는 전자무역이 전 세계 무역량의 30%이상을 차지할 것으로 예측되고 있고, 전자시장(e-Marketplace)을 통하여 이루어

3) 대외무역법은 무역의 전부 또는 일부가 컴퓨터등 정보처리능력을 가진 장치와 정보통신망을 이용하여 이루어지는 거래로 규정하고 있다(동법 제2조 6호).

4) 한국무역협회, 전자무역의 비전, 2002.7, 12면.

지는 세계무역량도 매년 3-8배씩 증가하고 있다. 전자무역은 단기적으로는 무역프로세스의 혁신을 통하여 관련 제비용을 절감함으로써 무역의 고비용 구조를 획기적으로 개선할 수 있는 효과가 있다. 또한 전자무역은 새로운 시장과 신제품의 창출에 기여함으로써 수출경쟁력을 높이고 나아가 국가경쟁력의 제고를 가져올 수 있는 효과적인 방안이라고 평가된다.5)

5.2.2 전자무역추진위원회와 전자무역플랫폼

2003년 7월 국무총리를 위원장으로 하는 민·관 합동의 국가전자무역추진위원회가 구성되었고, 전자무역촉진3개년 계획을 수립하였다.6) 그리고 국가 전자무역의 미래모형으로 e-트레이드 플랫폼미래모형을 구축하였다. 이는 인터넷 등 최신기술을 활용하여 마케팅에서부터 결제에 이르는 전 과정의 무역업무를 단절 없이 처리할 수 있도록 무역절차를 효과적으로 연계시킨 국가 전자무역허브라고 할 수 있다.

[그림 2-16] 전자무역(e-트레이드) 플랫폼 미래모형

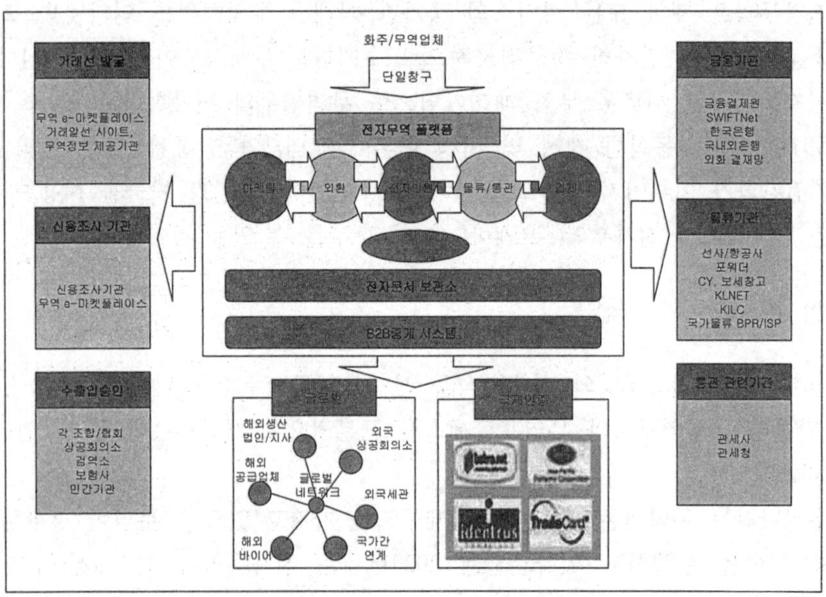

※ 자료: 전자거래진흥원(산업자원부), e-비즈니스백서(2005), 212면.

5) 전게, 전자무역의 비전, 15~16면.

6) 2005 e-비즈니스백서, 209면 이하 참조.

참고로 무역거래에서 매우 중요한 서류인 신용장(LC)을 전자화하는 경우(전자신용장; e-L/C)의 유통관리시스템의 개념도는 아래 그림과 같다.

[그림 2-17] e-L/C 유통관리시스템의 개념

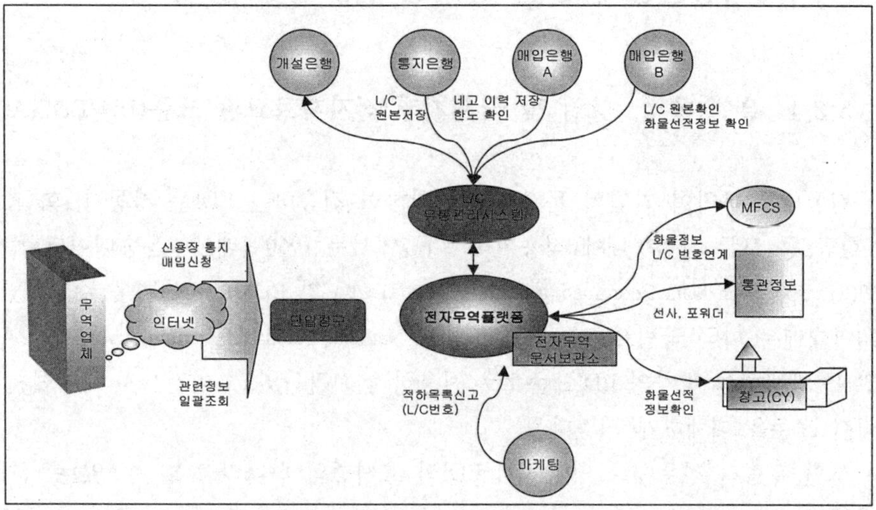

※ 자료: 전자거래진흥원(산업자원부), e-비즈니스백서(2005), 213면.

5.2.3 전자무역 중개시장(e-마켓플레이스)

인터넷상의 글로벌 시장으로서 e-마켓플레이스(e-Marketplace)로 불리는 무역중개 내지 무역거래알선 사이트가 있다. 이러한 무역 e-마켓플레이스는 수입업체(바이어)와 수출업체(셀러)가 해외홍보, 마케팅, 거래선 발굴, 거래협상 등을 할 수 있도록 하는 인터넷 기반의 전자중개시장이다. 정부에서는 전자무역의 확산을 위하여 민간 부문의 무역거래 알선사이트를 e-무역상사로 육성하여 중소기업의 전자무역을 효과적으로 지원하는 전략을 추진하고 있다.

현재 EC21, ECplaza, Tpage 등 3개 대형 사이트(e-Marketplace)를 e-무역상사로 지정하였고, 이들 외에도 중소 규모의 e-마켓플레이스[7]가 거래알선, 상담, 수출입계약 및 수출대행 업무를 지원하는 역할을 수행하고 있다.

---

7) 중형사이트: Koreasme, KOBO.net, Silkroad21, e-Trader, Tradearea, Tradeatoz, Dreammart, Hyundaicorp.
소규모 사이트: Chaostrade, Tradepost-chat, MPOST.org, Cytra, Nettrade21, ECROBOT, gto.kofa.org, Tradeleague.

5.3 국제해상운송에 관한 전자상거래 관련 법제

5.3.1 유엔 행정, 상업 및 국제거래 전자자료교환 표준(UN/EDIFACT)

컴퓨터를 통하여 기업의 문서를 표준화하여 전송하는 EDI는 자동차, 화학, 해운, 항공 등 모든 산업형태에 적용된다. 미국에서는 1960년대에 "운송데이터협력위원회(Transportation Data Coordinating Committee : TDCC)"가 EDI표준 개발을 주도하였다. 1970년대에는 미국 국립표준연구소(American National Standards Institute : ANSI)가 ASC X12[8])를 개발하여 국가의 EDI표준으로 사용하기 시작하였고, 이전까지 북미에서 사용되던 표준을 대체하게 되었다.[9])

한편 유럽의 경우에는 영국에서 EDI의 효시중의 하나라고 할 수 있는 국제거래절차 단순화그룹(British group, Simplification of International Trade Procedures : SITPRO)이 TDCC처럼 "거래자료교환표준(Trade Data Interchange : TDI)"을 개발하였다. 그러나 TDI메시지는 TDCC메시지와 달랐기 때문에 상호호환성이 없었다.

1987년에 유엔에서는 유럽경제위원회(Economic Commission for Europe)를 통하여 유엔 행정, 상업 및 국제거래 전자자료교환 표준인 UN/EDIFACT(EDI for Administration, Commerce and Trade)를 출범시켰다. EDIFACT는 TDI메시지와 TDCC메시지의 요소를 결합하여 두 종류의 거래표준세트를 승인한 것인데 시행한 처음 3년 간 아무런 문제가 발생되지 않았다. 이 외에도 1990년대에 해상거래에 EDI의 장점을 이용하기 위한 다양한 시도가 이루어졌는데, 예컨대 유럽의 송하인들과 운송인들간에 벤처회사로 탄생한 EDISHIP 같은 것이 있었다. 1990년대에는 많은 해상 EDI프로젝트들이 등장하였으나 통일에 실패하였고, 사용상의 한계를 지니고 있었다.

미국변호사협회(American Bar Association : ABA)는 1989년에 "전자자료교환거래를 위한 당사자 모델협정(Model form of Electronic Data Interchange Trading Partner

---

8) ANSI는 국제표준기구(International Standard Organization : ISO)에 가입된 미국의 회원기구이며, ASC X12는 EDI 표준인 Accredited Standards Committee, X.12의 약자이다.

9) G. F. Chandler.Ⅲ, "Maritime Electronic for the Twenty-First Century", *CMI Yearbook*, 1997, p.216. 이하 UN/EDIFACT에 관하여는 이 글을 참조하였음.

Agreement)"을 발표하였다. 1990년에는 캐나다 EDI위원회가 이 당사자 모델 협정을 수용하였고, 오스트레일리아, 프랑스, 뉴질랜드, 영국 등에서도 EDI당사자 모델협정을 제정하였으며, 유럽 EDI모델협정도 발표되었다. 이러한 당사자모델협정의 목적은 많은 협력이 필요한 거래 회사들에게 그러한 협정을 체결하는데 도움을 주며, EDI에 의한 계약을 체결함에 있어서 발생되는 모든 문제점들이 이 협정에 의하여 해결될 수 있다는 신뢰감을 부여하는데 있다. 비록 모델협정이 실제로 사용되지 않는 경우라 할지라도, 거래 당사자들에게는 EDI를 통한 거래를 완성함에 있어서 검토할 사항이 무엇인지를 알 수 있도록 해주기 때문에 매우 유용한 것이다.

그렇지만 이러한 EDI 교환약정은 국제적 차원의 통일이나 협력이 이루어지지 않았기 때문에 미국이나 유럽과 거래하는 당사회사들은 각각 별개의 소프트웨어가 필요하게 되며, 산업별로 자신의 독자적인 소프트웨어(표준)를 사용하는 경우에는 다른 시스템에서는 기능을 발휘할 수 없다는 문제점이 발생하였다.

UN/EDIFACT 메시지는 전세계적인 표준화된 통신수단을 제공함으로써 이러한 호환성의 문제를 해결할 수 있다. 다만 이용자들이 이 UN/EDIFACT 메시지 표준을 채택함으로써 어떤 위험이 있을지 모른다는 주저함 때문에 이를 채택하는데 많은 시간이 소요되고 있다. 최근에 미국 GM 자동차회사는 종래 사용해 오던 ASC X12 표준 대신에 1998년 1월부터 UN/EDIFACT 메시지를 표준으로써 사용하기로 결정하고 이를 사용하는 것으로 알려져 있다.[10] 이에 따라 다른 미국 자동차 회사를 비롯하여 Odett 등 많은 회사들이 이를 뒤따를 것으로 예상되고 있다. 현재까지는 TDCC/ASC X12가 북미 시장에서 많이 사용되고 있으나, GM의 위와 같은 변화에 의하여 단기적으로는 UN/EDIFACT 메시지와 ASC X12 표준이 함께 사용되면서 이들과 거래하는 회사들은 상호 메시지 변환장치를 사용하다가 장기적으로는 UN/EDIFACT 메시지로 전환할 것으로 본다.

UN/EDIFACT는 유럽위원회(European Commission) 작업그룹(WP4)에 의하여 다루어지고 있는데 그 절차가 매우 느리기 때문에 이 문제를 해결하기 위하여 UN/EDIFACT가 작업그룹으로부터 "유엔 전자상거래센터(United Nations Centre for Trade Facilitation and Electronic Business : UN/CEFACT)"로 이전되었다. 앞으로 UN/ CEFACT의 활동이 주목되고 있는데, 최근 UN/CEFACT는 "기업간 전자상거래 모델협정"[11]을 발표하였다.

---

10) Chandler, *op.cit.*, p.217.

11) UN/CEFACT는 2000년 3월에 전자상거래에 관한 새로운 거래표준으로서 기업간 전자상거래 표준협정을 채택하였다. 이 표준협정은 UN/CEFACT의 Recommendation No. 31로 불린다. http://www.unece.org/cefact 참조.

5.3.2 CMI 전자선하증권 규칙(1990)

국제해법회는 1980년대 초에 해상운송장에 관한 연구에 착수하였는데, 이 연구 과정에서 전자적으로 발행할 수 있는 탱커 선하증권(Tanker bill of lading)즉 유류를 해상운송하는 경우에 발행되는 선하증권을 전자문서화하는 작업이 시작되었다. 이를 위하여 "운송중인 물건의 전자적 인도에 관한 국제소위원회(International Subcommittee of the Electronic Transfer of Rights to Goods in Transit)"를 1988년에 설치하였다. 이 위원회의 작업의 결과로 1990년 6월 파리에서 전자선하증권에 관한 CMI규칙(CMI Rules for Electronic Bills of Ladings; 이하 CMI 규칙이라 한다)을 제정하였다.[12] 이 규칙의 내용을 검토하면 다음과 같다.

(1) 적 용

이 규칙은 당사자가 규칙에 따라서 거래할 것을 합의한 경우에만 적용된다(임의규칙, 제1조).

제2조는 EDI, UN/EDIFACT 등에 관한 정의 규정이다.

(2) 절차규정

이 규칙은 국제상업회의소(ICC)가 1987년 제정한 "전송에 의한 거래 자료의 교환에 관한 통일규칙(Uniform rules of Conduct for Interchange of Trade Data by Teletransmission : UNCID)[13]에 따라서 자료전송을 하며(제3조 a), 전자식 자료교환(EDI)은 국제표준인 UN/EDIFACT로 작성하는 것을 원칙으로 정하고 있다(제3조 b). 운송물에

12) Chandler, *op.cit.*, p.224.

13) 국제상업회의소는 1987년에 "전송에 의한 무역자료의 교환행위에 관한 통일규칙(Uniform Rules of Conduct for Interchange of Trade Data by Teletransmission : UNCID)"을 제정하였다. 이 규칙은 EDI교환약정(Interchange Agreement)에 관한 국제적 표준을 제정하기 위한 것이며, EDI를 다루는 법률이 제정되기까지의 중간역할을 하게 되었다. 교환약정에 관한 표준으로서의 UNCID의 적용한계는 그 범위가 전송되는 무역자료 메시지의 내용이 아닌 자료의 교환에 국한된다는데 있다. 이로 인하여 UNCID는 포괄적인 교환약정 표준으로 자리잡지 못하고 통신약정으로서 후에 UN/EDIFACT의 일부로 포함되어 국제표준으로서 역할을 수행하게 되었다; 안병수, "국제전자상거래시대를 대비한 BOLERO Project와 TradeCard System" 무역상무연구 제13권(2000. 3), 939면.

대한 권리의 양도는 사적 정보로 간주되며, 물건의 운송이나 통관과 관련이 없는 국외자에게 공개되어서는 안되도록 규정하고 있다(제3조 f).

(3) 수령 메시지의 형식 및 내용

운송인이 송하인으로부터 운송물을 수령한 때에는 송하인에 대하여 송하인이 지정한 전자주소(electronic address)로 메시지에 의하여 운송물 수령의 통지를 하여야 한다(제4조 a). 이 수령 메시지는 (ⅰ) 송하인의 성명, (ⅱ) 운송물에 관한 사항, 이는 서류 선하증권을 발행하는 경우와 동일한 의미와 형식으로 표시 및 유보를 하여야 한다. (ⅲ) 운송물의 수령 일자와 장소, (ⅳ) 운송인의 운송조건에 관한 사항, (ⅴ) 장래의 양도시 사용되는 개인 키(Private Key)에 관한 사항을 포함하여야 한다(제4조 b). 소지인의 청구에 따라서 수령 메시지에는 운송물이 선적된 즉시 선적일자와 장소를 기재하여야 한다(제4조 c). 이 규칙 (c)에 따라서 기입한 선적일자와 장소를 포함하여 (b)호 (ⅱ), (ⅲ), (ⅳ)에 포함된 정보는 수령메시지가 서류선하증권에 포함된 것과 동일한 효력을 갖는다(제4조 d).

(4) 운송계약

운송인이 운송의 조건을 붙인 때에는 이 조건은 당해 운송계약의 일부분이 되는 것으로 합의하고 이해되는 것으로 한다(제5조 a). 그러한 운송 조건은 운송계약의 당사자가 쉽게 이용할 수 있는 것이어야 한다(제5조 b). 운송계약의 조건이 이 규칙과 불일치 하는 경우에는 이 규칙이 우선한다(제5조 c). 운송계약에 적용되는 법률에 관하여 이 규칙은 서류선하증권이 발행되었다면 강행적으로 적용될 국내법 또는 국제협약이 적용되어야 한다고 정하고 있다(제6조).

(5) 관리권 및 양도권

소지인(유효한 개인키를 가짐으로써 운송물에 대한 관리권과 양도권 등을 갖는 당사자를 말한다; 제2조 g호)은 운송인에 대하여 유일한 당사자로서 (1) 운송물의 인도청구권, (2) 수하인의 지정 또는 변경권, (3) 다른 당사자에 대한 관리권 및 양도권을 이전하는 것, (4) 서류선하증권의 소지인과 마찬가지로 운송계약의 조건에 따라서 운송물에 관하여 운송인에게 지시할 수 있는 권리 등을 갖는다(제7조 a). 운송물에 대한 관리권 및 양도권의 이전은 다음과 같은 요건을 갖추어야 한다. 즉 (ⅰ) 현재의 소지인이 새로운 상대방에 대한 관리권의 이전 및 양도의 의사를 운송인에게 통지하고, (ii) 운송인이 이러한 통지메시지를 확인하며, (iii) 운송인은 새로운 소지인에게 (개인 키를 제외하고) 제4조에 기재된 정보(수령메시지)를 전송하고, (iv) 새로운 소지인은 운송인에게 관리권 및 양도권을 수령하였음을 통지하고, (v) 운송인은 현재의 개인 키를 취소하고, 새로운 소지인에 대하여 새로운 개인 키를 발행하여야 한다(제7조 b).

새로운 소지인이 운송인에 대하여 관리권과 양도의 수령을 하지 아니할 것을 통지하거나 상당한 기간 내에 운송인에 대하여 수령의 통지를 하지 아니한 때에는 그 권리는 양도되지 아니한다. 이 경우에는 운송인은 종전의 소지인에 대하여 이를 통지하여야 하며, 종전의 개인 키는 그 효력을 유지한다(제7조 c). 이상의 방법에 의한 관리권 및 양도권의 이전은 서류선하증권에 의한 관리권 및 양도권의 이전과 동일한 효력이 있다(제7조 d).

유효한 개인 키를 소지한 사람이 운송물에 대한 관리권과 양도권을 갖기 때문에 개인 키가 매우 중요한 요소가 된다. 이 규칙은 개인 키에 대하여 다음과 같이 정하고 있다. 즉, 개인 키(Private key)는 연속되는 소지인에게 유일한 것이며, 운송인과 소지인은 각각 개인 키의 보안을 유지하여야 한다. 그리고 개인 키는 소지인에 의하여 이전되는 것이 아니다(제8조 a). 운송인은 운송물에 대한 관리권과 양도권이 이전되면 종전의 개인 키를 취소하고 이러한 권리를 새로 이전받은 자에게 새로운 개인 키를 발급하게 된다. 즉, 개인 키는 권리가 이전되는 각각의 소지인에게 하나씩 별도로 발급되며 개인 키 소지인은 개인 키가 자신의 고유한 것이므로 다른 사람에게 양도할 수 없는 것이다.

또한 운송인은 최후의 개인 키 소지인이 개인 키를 사용하여서 그러한 전자메시지를 포함하고 있는 전송메시지(Transmission)를 수령한 때에만 개인 키를 최후로 발행 받은 소지인에게 전자문서에 대한 확인메시지를 보낼 의무를 부담한다(제8조 b). 이는 운송인이 최후의 소지인에게 전자 메시지의 확인을 해줄 수 있는 요건을 정한 것이다. 개인 키는 운송계약과 구별되며 컴퓨터 네트워크에 억세스하는데 사용된 어떠한 보안 패스워드 또는 아이디(ID)와 분리되어야 한다(제8조 c).

이 규칙은 전자선하증권과 키의 관리를 담당하는 인증기관을 운송인이 맡는 것으로 규정하고 있다(Seadocs의 경우에는 중앙등록기관이 특별히 정해져 있다). 운송인이 인증기관의 역할을 하는 경우에 소요 시설을 구축하는 데 많은 자금이 필요하고, 운송계약의 당사자중 하나인 운송인이 자신의 이익을 위하여 자료를 변경할 위험이 있다는 문제점이 있다.[14)]

(6) 인 도

운송인은 소지인에게 운송물의 예정된 인도 장소와 인도 일을 통지하여야 한다. 그러한 통지에 근거하여 소지인은 수하인을 지정할 의무를 부담하고, 운송인에게 개인 키에 의한 검사와 함께 적절한 인도지시를 할 의무를 부담한다. 위와 같은 수하인의 지정이 없는 경우에는 소지인이 수하인으로 추정된다(제9조 a). 운송인은 위의 (a)항에서 규정된 인도지시에 따라서 적절한 신원확인을 거쳐서 수하인에게 운송물을 인도하여야 한다; 그러한 인도를 하면 자동적으로 개인 키는 취소된다(제9조 b). 운송인은 만약 수하인이라고 주장하는 당사자가 사실상 당사자라는 것을 확인하는데 상당한 주의를 하였음이 증명된 때에는 운송물의 인도가 잘못된 경우에도 아무런 책임을 지지 않는다(제9조 c).

서류선하증권이 발행된 경우에는 선하증권의 상환증권성(상법 제820조, 제129조)에 의하여 선하증권과 상환하여서만 운송물을 인도받을 수 있는데, CMI규칙에서는 소지인의 인도지시를 받은 운송인은 확인 후 수하인에게 운송물을 인도할 것을 정하고 있으므로(제9조 b), 당사자의 합의에 의하여 서류선하증권이 발행되지 않고, 전자식 선하증권에 관한 CMI 규칙이 적용되는 경우에는 상법상의 상환증권에 관한 규정이 적용되지 않는다.[15] 즉 용선자나 송하인의 청구에 의하여 운송인이 선하증권을 발행 교부하는 것이 원칙인데(상법 제813조), 이러한 청구 없이 전자적 선하증권에 관한 CMI 규칙에 따르기로 당사자간에 합의한 경우에는 그러한 범위에서는 상법의 관련 규정의 적용이 배제된다고 본다.

(7) 서류선하증권 수령선택권

소지인은 운송물의 인도 전에는 언제든지 운송인에 대하여 서류선하증권의 교부를 청구할 선택권을 가진다. 이러한 서류는 소지인이 정한 장소에서 이용할 수 있도록 작성되어야 한다. 운송인은 시설이 없는 장소에서는 그러한 서류를 작성할 의무가 없으며, 그러한 경우에는 운송인은 소지인이 정한 장소에서 가장 가까운 곳에 있는 시설에서 그러한 서류를 작성하여 이용하도록 할 의무를 부담한다. 운송인은 소지인이 위와 같은 선택권을 행사함으로 인하여 발생한 운송물의

14) 안병수, 전게논문, 946면.

15) 손주찬, 전자식 선하증권과 해상법, 한국해법학회지 22권 1호, 2000. 4., 39면.

인도지연에 대하여는 책임이 없다(제10조 a). 운송인은 그러한 선택권의 행사로 인하여 운송물의 부당한 인도지연이나 중단을 발생시키지 않는 한 운송물의 인도 전에는 언제든지 소지인에게 서류선하증권을 발행할 선택권을 갖는다(제10조 b). 위 (a)항과 (b)항에 의하여 발행되는 선하증권은 다음 사항을 포함하여야 한다. 첫째, (개인 키를 제외하고) 제4조에 언급된 수령메시지에 포함된 정보, 둘째, 전자선하증권에 관한 CMI규칙에 의한 EDI절차를 종료하고 선하증권이 발행된 효과에 관한 기재 등이다. 이러한 선하증권은 소지인의 지시에 의하여 선하증권에 그 이름이 삽입되는 자 또는 소지인에게 발행되어야 한다(제10조 c). 본조(제10조) (a) 또는 (b)에 의하여 서류선하증권을 발행하는 경우에는 개인 키를 취소하여야 하며, 이 규칙에 의한 EDI절차를 종료하여야 한다. 소지인이나 운송인에 의한 이러한 절차의 종료는 운송계약의 당사자에게 이 규칙상에서 발생된 어떠한 권리·의무 또는 책임을 면제하는 것이 아니며, 운송계약상으로 발생된 어떠한 권리·의무 또는 책임을 면제하는 것도 아니다(제10조 d). 소지인은 언제든지 비유통증권의 사본이라고 표시된 (개인 키를 제외한) 규칙 제4조에 언급된 수령메시지의 인쇄물(출력물)의 발행을 요구할 수 있다. 그러한 인쇄물의 발행은 개인 키의 취소나 EDI절차의 종료를 가져오는 것은 아니다(제10조 e).

이러한 규정들은 어느 당사자가 EDI설비를 이용할 수 없는 경우에 서류선하증권을 이용할 수 있는 선택권을 인정한 점에 특색이 있다. 이 규칙은 서류선하증권이 발행된 경우에는 EDI절차를 종결하도록 함으로써 전자선하증권의 이용을 할 수 없도록 규정하고 있다.

(8) 전자문서의 서면과 동가치성

운송인, 송하인 및 이 규칙에서 정한 절차를 이용하는 계속되는 모든 당사자들은 운송계약이 서면으로 작성되고 서명될 것을 정하고 있는 어느 국내법 또는 관습, 습관 등이 전송되고 확인된 전자데이터로써 비디오 스크린 상에 인간의 언어로 표현될 수 있거나 혹은 컴퓨터에 의하여 인쇄될 수 있는 컴퓨터 데이터 저장장치에 보관된 전자데이터에 의하여 충족된다는 것을 합의한다. 이 규칙을 채택하기로 합의함으로써, 당사자들은 당해 계약이 서면으로 되지 않았다는 항변을 제기하지 않을 것을 동의한 것으로 본다(제11조).

이 규정은 당사자가 이 규칙의 적용에 동의한 이상 전자메시지에 의한 거래가 서류에 의한 거래와 동일한 효력이 인정된다는 취지를 정한 것이다.

5.3.3 거래조건의 해석에 관한 국제규칙(INCOTERMS 2000)

국제상업회의소(ICC)는 국제거래에 가장 보편적으로 사용되는 거래조건의 해석에 관한 일련의 국제적 규칙을 제정하였는데 이를 "거래조건의 해석에 관한 국제규칙(International rules for the interpretation of trade terms : INCOTERMS)"이라고 한다. 이는 서로 다른 국가간에 이루어지는 거래의 조건에 관하여 다른 해석을 하거나 불명확함이 있는 경우 발생될 문제점을 방지하거나 적어도 상당부분 이를 감소시키고자 하는 목적으로 제정되었다.[16] 국제상업회의소는 1936년에 "INCOTERMS 1936"을 제정한 후에 국제적인 거래관습을 수용하기 위하여 1953년, 1967년, 1976년, 1980년, 1990년 및 2000년에 각각 INCOTERMS를 개정하였다. INCOTERMS의 적용범위는 매매된 물품의 인도와 관련하여 매매계약 당사자의 권리와 의무에 관한 문제에 국한되며, 이 경우 컴퓨터 소프트웨어와 같은 디지털 제품(무형재)의 거래에는 적용되지 않는다. INCOTERMS 2000은 최근의 무역거래에 있어서 전자거래가 증가하고 있기 때문에 이를 반영하기 위한 개정이라고 볼 수 있다.

전통적으로 CIF(Cost, Insurance, Freight) 계약조건 하에서 매도인이 제출하는 선적 선하증권만이 수용할 수 있는 서류로써 인정되어왔다.[17] 선하증권은 종래 국제거래와 관련하여 다음과 같은 세 가지 기능을 수행하여왔다. 즉 1) 선박상에 선적된 물품의 인도의 증거, 2) 운송계약의 증거, 3) 서류선하증권의 이전에 의하여 다른 상대방에게 운송중인 물품에 대한 권리의 이전수단 등이다.

선하증권 이외의 운송서류는 위의 두 가지(1)과 2)) 기능을 수행할 수 있다. 그러나 이들 서류(증권)는 목적항에서 운송물에 대한 인도처분권을 행사할 수 없으며 매수인에게 그러한 서류증권을 제시함으로써 운송중인 물건을 매도할 수 없다. 목적항에서 운송인으로부터 운송물을 인도받기 위하여는 선하증권을 소지하여야 한다는 요건(즉 선하증권의 상환증권성)은 선하증권을 전자적 통신수단으로 대체함에 있어서 매우 어려운 문제를 제기한다.

더구나, 여러 통의 원본 선하증권을 발행하는 관습과 법제도가 정착되어 있고, 매수인 또는 매수인의 지시에 의하여 행동하는 은행은 매도인에게 대금을 지

---

16) Incoterms 2000－ICC official rules for the interpretation of trade terms, p.5.

17) INCOTERMS 2000, p.24.

급하기 위하여는 매도인이 발행된 여러 통의 원본선하증권 모두(풀세트)를 제시하여야 하는 것이 필수적이다. 이는 국제상업회의소의 "화환신용장 통일규칙 및 관례(Uniform Customs and Practice for Documentary Credits : UCP 500이라 한다)"[18]에서도 지급요건으로 규정하고 있다.[19] 선하증권의 특별한 법적인 성질에도 불구하고 가까운 장래에 전자적인 수단으로 대체될 것으로 예상된다.[20] 1990년 Incoterms는 이러한 전자적 운송증권을 고려하여 개정을 한 것이다. 즉 서류증권은 당사자들이 전자적으로 거래할 것을 합의한 경우 전자문서(Electronic messages)에 의하여 대체될 수 있다(A8조). 그러한 전자문서는 직접 당사자에게 전송되거나 제3자 기관(부가가치통신망 사업자 등)을 통하여 전송될 수 있다. 제3자 기관에 의하여 유용하게 제공될 수 있는 서비스 가운데 하나는 선하증권의 연속되는 소지인의 등록서비스이다. 이와 같은 서비스를 제공하는 시스템으로서 예컨대 BOLERO.net가 있는데, CMI 전자선하증권 규칙 또는 1996년 UNCITRAL 전자상거래 모델법과 같은 관련된 법제와 원칙에 의하여 뒷받침될 필요가 있다.

최근에는 운송증권의 단순화가 이루어지고 있는데, 예컨대 선하증권이 종종 해상운송이 아닌 다른 운송형태에서 사용되는 비유통증권(Non-negotiable documents)에 의하여 대체되고 있다.[21] 이러한 비유통증권에는 해상운송장(Sea waybills), 정기선운

---

18) UCP500은 EDI방식에 의한 무역이 활성화 됨에 따라서 변화하는 무역환경에 대응하기 위하여ICC가 1993년에 개정한 것이다; 안병수, 전게논문, 947면.

19) 운송증권은 운송인에게 운송물을 인도하였다는 증거가 될 뿐 아니라, 운송인이 확인할 수 있는 한도에서는, 운송인이 외관상 양호한 상태로 운송물을 수령하였다는 증거가 된다. 그러므로 운송증권상에 운송물이 그러한 양호한 상태가 아니라는 표시가 있는 경우에는 유보선하증권(Unclean document)이 되어 UCP에 따르면 이러한 증권은 은행에서 이를 수용하지 않게 된다; Incoterms 2000, p.25.

20) Incoterms 2000, p.25.

21) 비유통해상운송서류(non negotiable shipping documents)의 경우 권리의 증명(proof of title)이 필요 없이 단지 정보를 컴퓨터시스템에 의하여 보내면 되기 때문에 유통증권인 선하증권(negotiable bill of lading)을 전자문서화 하는 것보다 훨씬 용이하다. 이러한 예로서 다음과 같은 것이 있다. 즉, 해상운송분야에서 운송서류를 전자문서화 하기 위한 많은 시도가 행하여졌는데, 예컨대 1985년에 설치된 P.&O. 컨테이너 회사의 D.I.S.H. 프로젝트(Data Interchange for Shipping), Atlantic Container Line's Cargo Key Receipt Scheme 등이 있다. 해상운송장(waybills)을 전자문서화 하는 것은 전자무역거래에 있어서 매우 많은 이익을 가져다 준다. 그렇지만, 해상운송장과 같은 비유통증권으로 선하증권을 대체하는 것이 모든 경우에 적절한 것은 아니다. 예컨대, 유류를 해상운송하는 경우에는 유류화물이 해상운송도중에 여러 차례 매매가 이루어지기 때문에 비유통증권으로는 운송중의 유류에 대한 담보적 기능과 권리이전적 기능을 수행할 수 없는 것이다. 따라서 선하증권을 해상운송장으로 대체하는 것은 운송서류를 전자문서화 하는 데 있어서 단순하고 명확한 해결책으로 보이지만 사실은 오늘날의 국제 거래에서 제기되는 많은 문제를 해결할 수 없을 뿐만 아니라, 해상운송서류를 모두 전자

송장(Liner waybills), 운임수령증(Freight receipts) 등이 있다. 비유통증권은 매수인이 새로운 매수인에게 서류증권을 제시함으로써 운송중인 물건을 매도하고자 하는 경우를 제외하고는 매우 만족스럽게 사용되고 있다. 이러한 경우를 위하여 CFR 또는 CIF 조건하에서 매도인이 선하증권을 제시할 의무는 필수적으로 요구된다. 그러나 계약당사자가 매수인이 운송중인 물건을 다시 매도할 것을 고려하고 있지 않음을 알고 있는 때에는, 계약당사자는 특별히 매도인이 선하증권을 제시할 의무를 면제한다는 동의를 할 수 있다.[22)]

5.3.4 UNCITRAL 전자상거래모델법(1996)

유엔국제상거래법위원회(United Nations Commission on International Trade Law : UNCITRAL)는 전자상거래에 관한 국제적으로 승인될 수 있는 법원칙을 제시하고 전자상거래에 따른 법적인 장애를 제거하기 위하여 1996년 UNCITRAL 전자상거래모델법(Model Law on Electronic Commerce)을 제정하였다.

전자상거래모델법은 제2부에 "특정분야의 전자상거래"로서 다음과 같이 운송서류에 관한 규정을 두고 있다(제16조, 제17조).[23)]

① 제16조 물품운송계약과 관련된 거래행위

모델법 제1부의 규정에 저촉됨이 없이 본 장의 규정은 이에 한정되지 않지만, 다음과 같은 범위내에서 운송계약과 관련되거나 운송계약의 이행을 위한 모든 거래행위에 적용된다.

(a) (ⅰ) 운송물의 기호, 수량, 부피, 중량
(ⅱ) 운송물의 성질 또는 가치
(ⅲ) 화물수령증의 발행
(ⅳ) 운송물의 선적확인

문서화 하도록 발전시키는 데도 실패할 위험이 있다.

22) Incoterms 2000, p.25.

23) UNCITRAL이 이 조문을 성안하는 데에는 국제해법회(CMI)가 많은 도움을 주었다고 한다. 국제해법회의 해상운송법분야의 전문성과 이러한 역할을 고려하여 UNCITRAL은 국제해법회에 운송법상의 제반 문제점을 연구할 것을 의뢰하였고 이에 따라 양기구의 합동 노력이 진행되고 있다.

(b) (i) 계약의 기간과 조건의 통지
(ii) 운송인에 대한 지시
(c) (i) 운송물의 인도청구
(ii) 운송물의 적법한 양도
(iii) 운송물의 손실 또는 손상의 통지
(d) 계약의 이행과 관련된 모든 기재 또는 통지
(e) 기명된 또는 정당하게 운송물의 인도를 요구할 수 있는 사람에게 인도할 보증
(f) 운송물에 관한 권리의 부여·양도·이전·포기·획득
(g) 계약상, 권리 의무의 획득 또는 이전

② 제17조 운송서류

(1) (3)항에 의하여 적용법이 본법 제16조에서 정한 거래의 이행을 서면 또는 종이문서로 할 것을 규정한 경우, 그러한 규정은 그 거래가 하나 또는 다수의 데이터 메시지에 의하여 이행되는 경우에도 충족될 수 있다.
(2) (1)항은 적용법이 거래행위를 서면 또는 종이문서에 의하여 이행할 것을 의무로 규정하고 있거나 아니면 단순히 문서가 아닌 경우의 효과에 대하여 규정하거나 관계없이 적용된다.
(3) 만약 어떤 권리 또는 의무가 한 사람에게 부여되어야 하고, 적용법이 이것을 달성하기 위하여 그 권리·의무는 종이문서의 양도나 사용에 의하여서 그 사람에게 이전되어야 한다고 규정하고 있는 경우, 데이터 메시지 또는 메시지가 유일한 것이 되도록 하기 위하여 신뢰할 수 있는 방법이 사용되는 것을 조건으로 하여, 하나 또는 그 이상의 데이터 메시지를 사용하여 그 권리·의무가 이전되면 그러한 요건은 충족된다.
(4) (3)항의 경우 규정된 책임의 기준은 권리·의무의 이전의 목적과 당사자간의 관련 규정을 포함한 제반상황에 의하여 평가되어야 한다.
(5) 본법 제16조 (f)(g)항에 관한 거래에서 데이터 메시지가 유효하게 사용된 경우, 데이터 메시지가 종결되어 서면의 문서로 대체되지 않는 한 동일 거래 내에서 서면의 자료는 거래에 영향을 줄 수 없다. 서면문서는 데이터 메시지가 종결되어 서면으로 대체되었다는 기재를 포함하고 있어야 한다. 이러한 서면문서로의 대체는 관련된 당사자의 권리·의무에 영향을 줄 수 없다.
(6) 어떠한 적용법상의 원칙이 종이문서로 되거나 종이문서로 입증되는 물품

> 운송계약에 강행적으로 적용된다면, 그 계약이 종이문서 대신 데이터 메시지에 의하여 입증된다는 사실을 이유로, 하나 또는 그 이상의 데이터 메시지에 의해서 입증되는 그러한 물품운송계약에 적용법상의 원칙이 적용할 수 없는 것으로 되어서는 안된다.

전자상거래모델법 제16조는 해상운송뿐 아니라 모든 형태의 운송에 적용되는 규정이며, 유통증권 외에 비유통증권에도 적용된다. 제17조 1항과 2항은 "기능적 대체방식"에 따라 전자문서에 의하여 물건운송계약과 운송물에 대한 권리, 의무의 이전이 이루어 진 경우에도 서면에 의한 운송계약 및 서류선하증권의 법적 효력을 충족할 수 있다고 규정하고 있다.

5.4 국제해상운송 관련 조약상의 관련 규정 고찰

해상운송에 관한 국제조약으로서 1924년 헤이그 규칙(Hague Rules), 1968년 헤이그 비스비 규칙(Hague-Visby Rules) 및 1978년 함부르크 규칙(Hamburg Rules)이 있다. 1968년 헤이그 비스비 규칙은 1924년 헤이그 규칙을 기초로 하여 개정 보완한 것이므로 1968년 헤이그 비스비 규칙과 1978년 함부르크 규칙상의 해상운송계약규정 내지 선하증권규정이 전자선하증권에도 적용될 수 있는지를 검토한다.

5.4.1 1968년 헤이그 비스비 규칙

헤이그 비스비 규칙은 선하증권에 관한 규정의 통일을 목적으로 한 국제조약으로 해상운송계약에서 발행된 선하증권에 적용된다. 그러므로 만약 해상운송에서 발행되는 전자문서형식의 선하증권(전자선하증권)이 유가증권으로서 처분증권성을 갖는 선하증권으로 인정되지 않는다면 이러한 전자선하증권에는 헤이그 규칙이 적용되지 않는다. 헤이그 비스비 규칙에 의하면 운송인은 화물을 수령한 후 송하인의 청구에 의하여 화물에 관한 일정한 사항을 기재한 선하증권을 발행 교부하여야 한다(동 제3조 3항)고 정하고 있다. 이 규정은 서면에 의한 선하증권의 발행을 전제로 한 것이어서 헤이그 비스비 규칙 자체로는 전자식 선하증권이 발행되는 경우 동 규칙의 적용이 어렵다고 할 것이다. 따라서 헤이그 비스비 규칙이 모든 체약국에서 발행되는 전자선하증권을 포함한 전자문서에도 적용되기 위하여는 개정을 필요로 한다.[24]

헤이그 비스비 규칙을 개정하는 경우 다음의 세 가지 방안이 고려될 수 있을 것이다.[25]

첫째, 전자선하증권에 헤이그 규칙이 적용된다는 취지의 일반 조항을 두는 방법.

둘째, 1990년 CMI 선하증권규칙과 같은 전자문서에 관한 제도를 헤이그 비스비 규칙에서 원용하여 적용하는 방법.

셋째, 다른 전자문서에 관한 제도상의 규정을 헤이그 비스비 규칙상에서 다시 정하는 방법 등이 있다.

5.4.2 1978년 함부르크 규칙

함부르크 규칙은 전자문서 형식의 선하증권에 적용이 가능한 다음과 같은 규정을 두고 있다.

즉, 동 규칙 제 14조 3항은 "선하증권이 발행되는 국가의 법률에 저촉되지 않는 한 선하증권의 서명은 자필, 복사인쇄, 압날, 스탬프 도장, 부호 기타의 기계적 또는 전자적 방법으로(any other mechanical or electronic means)할 수 있다"고 규정하고 있다. 그러나 이 규정은 서명에 관하여 전자적인 방법을 사용할 수 있다는 근거규정일 뿐이고, 전자선하증권을 포함한 전자운송서류에 대하여 함부르크 규칙이 적용되기 위하여는 불충분한 규정이다. 더구나 제14조 제3항은 선하증권이 발행되는 국가의 법률에 저촉되지 않는 경우에 한하여 이 규정이 적용된다는 것을 정하고 있기 때문에 선하증권이 발행되는 국가의 법률에서 전자운송서류에 관한 적용법률이 없는 경우에는 함부르크 규칙이 적용되지 않는다는 한계가 있다.

따라서 전자운송서류에 대하여 함부르크 규칙이 적용되기 위하여는 이 규칙의 개정이 필요하다. 현재 국제해법회에서는 헤이그 비스비 규칙과 함부르크 규칙을 포함하여 운송법상의 제문제를 검토하고 있으며 여기에 전자선하증권에 관한 문제도 함께 검토되고 있다.

---

24) D. Faber, *op.cit.*, p.239.

25) D. Faber, *ibid.*

5.5 전자운송서류에 관한 국제프로젝트

5.5.1 SeaDocs 프로젝트

전자선하증권의 등록기구의 창설을 위한 SeaDocs 프로젝트(Seaborne Trade Documentation System)는 1986년에 시작되어서 약 1년 정도 실험되었다. SeaDocs 프로젝트는 유류(Bulk Oil)거래에서 운송서류를 전자문서화하기 위한 것으로 Intertanko(The International Association of Independent Tanker Owenrs)와 체이스 맨하탄 은행(Chase Manhattan Bank)에 의하여 시작되었다. Seadocs은 전통적인 종이문서와 완전한 전자문서간의 타협 혹은 절충을 시도하였다는 점에 특징이 있다.

SeaDocs의 핵심적 내용은 선하증권을 중앙등록기관에 저장하고 중앙등록기관에서는 선하증권을 양도하지 않고 단지 전자적으로 소유권의 변동을 통지함으로써 지연을 회피하도록 하였다는 점이다. 이론적으로 보면 지연의 문제는 현저하게 감소되었고, 서류는 검사를 위하여 이용될 수 있으며, 선주는 항상 정당한 소지인에게 물건을 인도할 수 있음을 확신할 수 있다. 이 계획은 중앙등록기관에 서류형식의 선하증권을 등록하도록 하고, 물품에 대한 권리의 이전은 전자문서로서 등록기관에 통지하도록 되어있다. 그러면 등록기관은 컴퓨터 기록문서를 보관하고, 서면으로 된 선하증권상에 그 변동을 기록한다.

이 프로젝트는 초기 실험단계를 넘어서 실행하는 데 실패하였는데, 거기에는 몇 가지 주요한 이유가 있다.

즉, 이 프로젝트는 중앙등록기관이 서류 선하증권을 보유하도록 하였기 때문에 문제가 야기될 수 있는 것이다. 은행의 입장에서는 실제의 선하증권서류를 제시함이 없이는 신용장과 선하증권 관계서류가 일치하는지를 검토할 수 없게 된다. 이러한 문제를 해결하기 위하여 등록기관이 은행의 요청에 따라서 당사자가 진술한 특정 요건과 일치되는지의 여부를 알기 위하여 서류 검토작업을 책임져야 한다는 문제가 있다. 이 검토 작업은 화물 구매자의 필요를 충족시켜야 하는데 종종 선하증권 사기가 발생한다는 점에서 서류검토작업에는 특별한 주의가 필요하였다. 요컨대 Seadocs 프로젝트의 가장 중요한 문제점의 하나는 서류 선하증권을 보유하도록 한데 있다.

둘째로는, 중앙등록기관의 독점적 지위 문제이다. 이 기관은 거래 당사자들의 이익을 위한 것이라기보다는 자신만의 이익을 위하여 활동하는 것으로 인식되었기 때문이다. 이러한 문제는 사업에서 많은 수의 등록기관이 경쟁하는 경우라면 문제가 덜하지만, 어떠한 폐쇄적인 시스템에 있어서는 문제가 되는 것이다.

셋째로는, 원래의 송하인 외에 선하증권의 소지인의 계약적 권리와 책임의 이전에 관한 아무런 법규정이 없다는 데 있다. 예컨대 이 프로젝트의 시행 당시 법인 영국의 1855년 선하증권법(The Bill of Lading Act) 제1조는 증권의 물리적인 배서나 이전이 없는 경우에는 적용되지 않는다. 그리고 매수인이 파산한 경우에 선적서류를 소지한 은행은 어떠한 보호를 받을 수 있는가 하는 것이 명확하지 않고, 어떠한 전자적 증권체계 하에서 당사자들 스스로 이러한 경우를 위한 규정을 만들어야 하는데, 전통적인 서류를 사용하지 않고 전자서류를 사용한 당사자들은 기존의 법률적 제도에 의존할 수 없다는 문제가 있는 것이다.

또한 P&I 클럽과 선주들의 관심 부족도 실패의 원인으로 지적될 수 있다.

이 프로젝트는 시험프로젝트가 실행된 것 외에는 결코 시행되지 않았고, 따라서 법원에 의하여 검토되거나 문제된 경우도 없었다.

5.5.2 Bolero선하증권

(1) Bolero.net의 출범배경

발트·국제해운동맹(Baltic and International Maritime Conference : BIMCO)는 국제해법회의 전자선하증권규칙에 근거하여 전자선하증권을 개발하는 프로젝트를 추진하게 되었는데, 이 프로젝트를 발전시킨 것이 BOLERO(Bill of Lading Electronic Registry Organization)프로젝트이다. BOLERO 프로젝트는 TTC그룹(Through transport club)과 세계은행간 금융전상망협회(The Society for Worldwide Interbank Financial Telecommunications : S.W.I.F.T)[26]의 공동출자로 설립된 벤처기업으로 출발하였다. 양 기관의 회원사는 세계의 무역거래회사들과 연결되어 활동하고 있다. 이 프로젝트에 의하여 세계물류회사와 금융기관들에 의하여 설립된 전자거래공동체로서 Bolero.net이 1999.9월에 출

---

26) S.W.I.F.T는 1977년 창립되었으며, 은행을 비롯한 많은 금융기관들이 여기에 가입하여 메시지를 교환하고 있다. 1999년 9월 현재 189개국 6,710개 금융기관이 가맹하고 있다 (http:// www.swift.com).

범하였다.[27)]

(2) 법률관계

Bolero.net의 법률관계는 이 시스템 이용자들간에 체결되는 다자간 계약에 근거를 두고 있다. 이 다자간 계약은 동일한 계약조건하에서 당사자들이 거래를 할 수 있기 때문에 법률관계의 확실성을 기할 수 있다. Bolero.net 시스템을 이용하고자 하는 회사는 Bolero Rulebook[28)]에 동의할 것을 조건으로 이를 이용할 수 있다. 이 Rulebook은 양도서류의 교환을 위한 시설을 제공하는 등록기관(Title Registry)의 법적 기능은 물론, 당사자간의 관계를 규율하며, 계약 조건을 제공한다. Rule book은 또한 시스템이 기술적인 기능을 설명하는 운영절차규정을 포함하고 있다. 이 Rulebook은 당사자간의 국제거래관계에 개입하는 것은 아니고, 당사자의 권리는 전통적인 환경하에서처럼 전자적 환경에서도 동일하게 존재한다. 이 시스템을 통하여 계약에 동의할 것인가 여부는 당사자들에게 달려있다. Rule book의 해석은 영국법에 의하여 규율된다. 이 시스템을 이용한 상사거래로부터 발생되는 다른 분쟁은 거래 당사자들이 선택한 법률제도에 의하거나, 또는 관련 법률에 따라서 결정된다.

(3) 보안문제

Bolero.net시스템은 보안문제를 위하여 디지털 서명기술을 사용한다. 이는 이용자에게 유일한 개인키－이 개인키로 디지털 서명을 할 수 있다－와 볼레로 선하증권(Bolero Bill of Lading; BBL)을 포함하여 볼레로 메시지의 수령에 사용되는 공개키로 구성된다. 공개키로는 그 메시지가 적법한 소지인으로부터 왔는지를 검사할 수 있고, 서명된 데이터에 오류가 없는 지(무결성 검사)를 검사할 수 있다. 모든 메시지는 중앙 메시지 플랫폼(Core Message Platform)을 거쳐서 교환된다. 이 플랫폼은 전송된 메시지의 경로를 파악하고, 수령자가 메시지를 수령하였다는 것을 확인하는 메시지를 송신자에게 보낸다. 이러한 방법으로 볼레로 시스템은 당사자간에 메시지의 안전한 전송을 확보한다.

---

27) 이하의 Bolero.net에 관한 설명은 M. Virrankoski, "Bolero.net－A Solution for Electronic Trade Documentation", CMI News Letter No.1-2000 을 주로 참조하였음. 아울러 볼레로 시스템에 대한 비판적인 글로는 M. Clarke, "A Black Letter Lawyer looks at Bolero" International Trade Law Quarterly, Part 2, May 1999, pp.69-78참조.

28) Bolero Rulebook에 관하여는 http://www.bolero.net 참조.

(4) 서면요건

Rule Book은 모든 주요 상사재판관할을 포함하여 국제적인 법제검토를 한 뒤 작성되었고,[29] 전자적으로 생성된 증거를 허용할 수 있는 법적 기반을 제공한다. 볼레로 시스템은, 첫째 서면의 법적 요건이 디지털로 서명된 Bolero.net 메시지에 의하여도 충족될 수 있고, 둘째 디지털 서명은 수기서명처럼 당사자를 구속할 수 있고, 셋째 그러한 메시지는 어느 법원이나 재판관할에서도 그 내용에 대한 최우선적인 증거로써 수용될 수 있다는 것, 넷째 어떠한 이용자라도 메시지가 전자적으로 작성되었다는 이유만으로 Bolero.net을 통하여 만들어진 거래의 유효성을 부인할 수 없다는 것을 정하고 있다.

(5) 전자선하증권의 법률적 기능

볼레로 선하증권(Bolero BL; BBL)은 전통적인 서류선하증권의 법률적인 기능을 재현할 수 있도록 고안되었다. 즉 선하증권이 무서류화된 것이다. 볼레로 규칙상으로 권한 있는 이용자가 Bolero.net 시스템에 대하여 선하증권의 기능의 하나 또는 그 이상을 수행하도록 지시를 한 때에는 그 기능은 더 이상 종이서류를 토대로 함이 없이 Bolero.net 시스템을 통하여 수행된다.

(6) 양도기능

볼레로 선하증권에서 법적으로 가장 논란이 되는 문제점은 이 선하증권에 기재된 운송물에 대한 권리가 한 이용자로부터 다른 이용자에게로 양도될 수 있도록 하는 방안이 고안되어야 한다는 점이었다. 볼레로 시스템은 국제해법회의 선하증권 규칙에서 채택된 방법에 어느 정도 기초를 두고 있다. 관리권과 양도권의 이전은 현재의 소지인이 운송인에게 통지를 함으로써 이루어진다. 그러나 Bolero.net은 이용자간의 계약관계를 근거로 하는 해결방안을 개발하였다. 그리고 대륙법과 보통법 체계의 균형을 이루기 위하여 간접점유와 경개(更改)(Attornment and novation)의 개념을 사용하였다. 간접점유는 상사거래에 있어서는 보편적인 개념이다. 운송인은 운

---

29) 볼레로 룰북은 1997년부터 상업적으로 중요한 영국, 프랑스, 독일, 미국, 일본, 한국 등 18개국의 재판관할국가의 국제무역법규 및 상사법제를 조사하여 검토한 뒤 작성되었다; R. Caplehorn, *op.cit.*, p.422.

송물이 선상에 있는 때에는 운송물에 대하여 실질적으로 간접 점유권을 갖는다. 그러므로 운송인은 운송물에 대한 독립적인 수탁자(Bailee)로서 행동할 수 있다. 운송물에 대한 점유권과 송하인의 이해관계(권리)의 이전은 송하인이 새로운 당사자를 지정함으로써 이루어진다. 이러한 기능은 전통적인 서류선하증권의 양도에 의하여 더 잘 이루어진다.

둘째로, 운송계약상의 권리와 의무가 새로운 당사자에게 이전되어야 하는 문제가 있는데, 이는 대륙법계에서는 문제가 되지 않지만, 전통적인 영미법제에서는 계약당사자의 문제(the problem of the privity of contract)가 발생한다. 계약당사자 원칙(the rule of privity of contract)은 당사자가 아닌 3자가 당해 계약상의 권리를 갖거나 의무를 지는 것을 허용하지 않는다.

Bolero.net 시스템에서는 이러한 문제를 운송계약상의 경개(Novation)[30]의 문제로 해결하였다. 운송인과 송하인 사이의 원래의 운송계약과 똑같은 조건의 새로운 계약이 운송인과 새로운 소지인사이에 형성되는 것이다. 송하인과 운송인사이의 기존의 운송계약상의 권리와 의무는 지위승계가 발생되기 전의 채무인 경우를 제외하고 일반적으로 소멸한다. 운송인은 그 운송계약의 계속적인 당사자가 되며, 새로운 소지인이 이제 원래의 운송계약에서 규정된 운송계약상의 모든 권리와 의무를 갖게 된다.

볼레로 선하증권이 운송물상의 점유권을 양도함에 따라서, 은행은 특별히 마련된 규칙에 의하여 운송물에 대한 담보권을 발생시킬 수 있다.

(7) 국제조약의 적용가능성

Rule book의 규정에 의하여 볼레로 선하증권은 서류선하증권이 발행된 경우에 강행적으로 적용될 국제조약이나 혹은 그러한 국제조약을 시행하는 각 국내법의 적용을 받게 된다. 그러한 국제조약이나 국내법은 볼레로 선하증권에 편입된 것으로 추정된다. 운송계약조건은 Bolero.net 웹싸이트에 게시된 계약조건을 참조하여 편입된다.

---

30) 영미법상 更改(경개)는 로마법에서 연유한 것으로 양계약당사자가 제3자와 합의함으로써 발생되는 계약형태인데, 경개의 효과는 권리와 의무의 이전이나 양도가 생기는 것이 아니라, 구계약이 소멸하고 새로운 계약이 성립되어 이를 대체하는 것이다. 볼레로 선하증권에서는 새로운 선하증권소지인이 운송계약상의 권리를 취득하는 법률관계를 이러한 경개의 법리(일종의 채권자변경에 의한 경개)로 설명하고 있다는 점에서 전통적인 서류선하증권이 채권적 효력과 물권적 효력에 의하여 새로운 선하증권 취득자가 운송계약상의 권리와 아울러 운송물에 대한 권리를 취득하는 것과는 법률관계를 달리하는 것이다.

[그림 2-18] 볼레로 선하증권의 운영절차

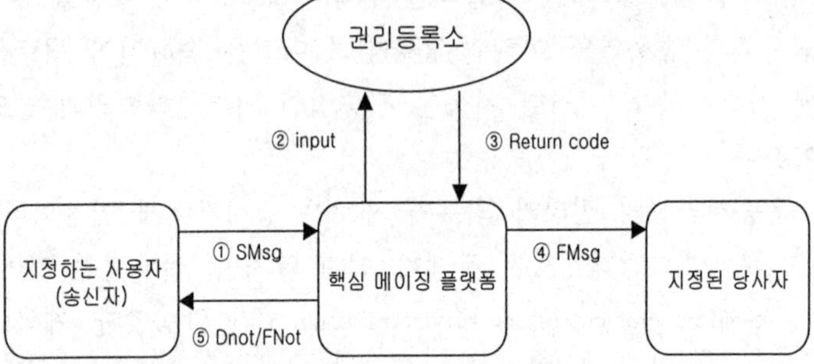

※ 자료 : Bolero.net, *APPENDIX TO BOLERO RULEBOOK-OPERATING PROCEDURES*, 1st ed., September 1999, p.49; 한국글로벌 커머스협회, 전자선하증권 마스터플랜연구용역 결과보고서(2003), 81면에서 재인용함.

① 사용자가 핵심메시징 플랫폼으로 송신메시지를 전송한다.
② 핵심메시징 플랫폼에서 권리등록소로 자료를 입력한다.
③ 데이터베이스 갱신의 성공과 관련한 권리등록소로부터 코드를 송부한다.
④ 지정된 당사자에게 FMsg(Forwarded Message)[31]의 양식으로 통지한다.
⑤ SMsg(Sent Message)[32]의 송신자에게 통지한다
(성공시 DNot[33] 또는 실패시 FNot[34]).

[그림 2-19] 볼레로 선하증권의 권리등록의 기능

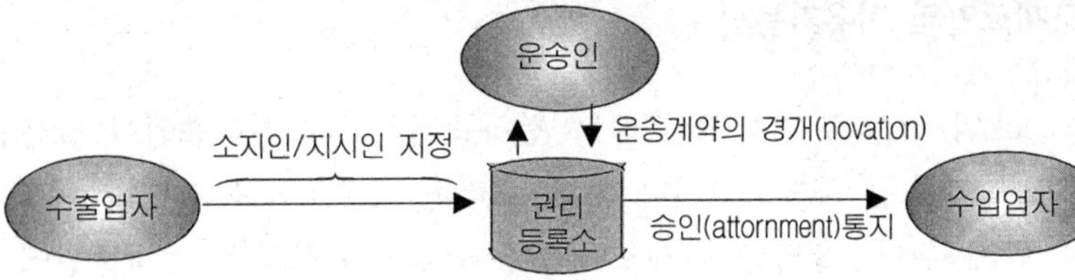

※ 출전 : 한국글로벌 커머스협회, 전자선하증권 마스터플랜연구용역 결과보고서(2003), 81면.

---

31) 핵심메시징 플랫폼에서 SMsg의 예정된 수신자에고 보내는 메시지로써, 그 표시 내용은 원래의 SMsg가 포함한 모든 내용과, 볼레로 디지털 서명, 원송신자가 누구인지를 보여주는 볼레로 헤더를 가지고 있다.

32) 메시지의 원송신자가 핵심메시징 플랫폼에 보내는 메시지임.

33) Delivery Notification

34) Fatal Notification

권리등록소는 운송계약의 경개를 승인하기 위한 운송인의 대리인으로서 역할을 한다. 승인통지가 운송계약의 당사자가 되거나 볼레로 선하증권의 추정적 점유를 하고 있는 자에게 제공된다. 승인통지를 수취하는 당사자가 거절통지를 하면 경개는 이루어지지 않는다.[35]

5.6 전자선하증권의 법적 문제와 입법례

5.6.1 전자선하증권의 법적 문제점

해상운송장과 같은 비유통증권의 경우에는 전자문서에 의한 교환이 용이하기 때문에 일찍부터 유럽을 중심으로 한 해상운송에 많이 이용되어 왔다. 그러나 선하증권과 같은 권리증권의 경우에는 전자문서형태인 전자식 선하증권에 의하여 어떻게 운송물에 대한 권리가 이전될 수 있는 가하는 문제가 법적으로 해결되거나 입법화되지 않았기 때문에 그 동안 전자 선하증권의 이용에 장애물로 되어왔다. 이 문제의 해결을 위하여 CMI 규칙과 Blero선하증권 및 UNCITRAL전자상거래모델법에서 채택하고 있는 방식에는 유사점과 차이점이 있다.

먼저 국제해법회(CMI)의 전자선하증권규칙이 채택한 방식은 운송인이 전자선하증권을 포함한 전자문서의 등록기관으로서 역할을 하고, 운송인과 송하인이 당사자로서 합의에 의하여 전자선하증권을 이용하는 방식이다. 이 경우 운송인이 운송계약의 당사자이면서 동시에 등록기관으로서 역할을 하기 때문에 객관성이 결여된다는 문제점이 있다. 또한 CMI규칙에서 정하고 있는 전자메시지는 권원증권이 될 수 없기 때문에 이러한 의미에서 진정한 선하증권이 아니라는 문제점이 제기될 수 있다. 또한 CMI 규칙은 법적 규범으로서의 효력을 갖지 못하고 순전히 당사자의 합의에 의하여 적용되는 임의 규정이라는 특징이 있다.[36] 이 점에서는 Bolero.net 시스템과 같지만 CMI규칙은 운송인과 송하인이 개별적으로 합의를 해야 한다는 점에서 다자간 합의에 기반을 둔 Bolero.net과 차이가 있다.

---

35) Dorthy Lim, "bolero.net-electronic bills of lading," 1999. October 7, slide 10.; 전게 한국글로벌커머스협회 보고서 31면에서 재인용.

36) Chandler, *op.cit.*, p.224.

CMI규칙과 Bolero.net에서 규정하고 있는 전자식 선하증권은 운송인이 운송물에 대한 권리·의무의 이전에 직접적으로 관련되어 있다는 점에서 서류거래와 매우 다르다. 서류선하증권이 사용되는 경우에는 이와 반대로, 오직 법률의 규정에 의하여 서류선하증권에 의하여 증명되는 운송계약상의 권리와 의무가 선하증권의 새로운 소지인에게 이전된다. CMI 규칙상으로는 전자거래를 통하여 운송인과 각각의 새로운 소지인간의 관계가 형성된다. 운송인은 전자선하증권의 각각의 새로운 소지인을 알고 있으며 그들을 위하여 운송물을 연속하여 간접점유하게 되고, 운송인은 그 새로운 소지인에게 운송물을 인도하게 된다. 운송인에 의한 운송물의 간접점유는 서류선하증권의 경우와 다르지 않다. 이러한 간접점유를 하는 운송인은 전자선하증권의 소지인의 권리를 부인할 수 없는 금반언의 효과가 발생된다. 볼레로 시스템은 운송물 간접점유에 대한 완전한 계약적 효력을 부여하고 있으며 운송계약상의 지위의 이전을 규율하고 있다.[37)]

Bolero.net 시스템에서는 이 시스템에 이용자로서 가입한 당사자가 Rule book에 동의함으로써 이 시스템에 가입한 모든 이용자와 다자간 약정을 체결하게 되고 이들 간에는 Rule book이 적용된다. 이 경우 소위 볼레로 선하증권(BBL)이 이용되는데 그 법적 효력과 법률관계에 대하여는 Rule book의 규정에 따라서 서류선하증권과 동일한 법적인 효력을 갖게 된다.

현재 CMI와 UNCITRAL이 합동으로 국제운송법상의 제문제를 검토하고 있는데 새로 마련될 국제운송조약에는 전자선하증권과 전자문서에 관한 규정이 포함될 것으로 예상된다. 이 경우 당사자간의 합의에 의하여 전자선하증권을 이용할 수 있다는 규정과 함께 전자문서도 일반 종이문서와 똑같은 효력을 가지며 전자서명(디지털 서명)에 의하여 수기서명과 같은 효력이 부여된다는 규정을 둠으로써 전자선하증권의 권원증권성의 문제를 해결할 수 있을 것이다.

UNCITRAL은 이미 1996년 전자상거래모델법을 제정하여 전자문서의 법적 효력을 인정하는 규정을 두고 있고, 2001년 7월 전자서명모델법을 채택하였다. 이 전자서명모델법이 채택됨으로써 디지털 서명에 수기서명과 같은 법적 효력을 부여하고 아울러 디지털 서명에 의한 보안문제도 해결할 수 있는 길이 열리게 된 것이다. 이러한 디지털 서명은 전자선하증권을 발행할 때 발행인의 수기서명을 대체할 수 있는 것이다.

---

37) D. FABER, Law Commissioner Draft Report : Part Ⅵ, Carriage of Goods by Sea, 6.40-6.42, pp.10-11.

5.6.2 전자선하증권에 관한 입법례

전자선하증권을 포함하여 전자적 운송서류를 해상운송에서 이용할 수 있도록 하는 법제가 UNCITRAL의 전자상거래모델법 제16조, 제17조에 규정되어 있음은 이미 고찰하였다. 전자선하증권에 관한 입법례로서는 호주의 개정해상운송법을 들 수 있다. 또한 미국의 경우 현재 전자선하증권규정을 포함한 해상운송법 개정안을 마련하고 있다. 영국 해상운송법의 경우에는 전자선하증권에 대하여 적용되지 않기 때문에 현재 개정을 검토 중에 있다.

이러한 외국의 입법례와 개정안을 검토한 후, 우리나라 해상법의 경우 전자선하증권을 포함한 전자운송계약을 규율하기 위하여는 어떠한 방향으로 개정할 것인지 간략히 고찰하여 본다.

(1) 호주의 개정 해상운송법

호주의 해상운송서류법(Sea-Carriage Documents Act, 1997)[38]과 해상운송법(Carriage of Goods by Sea Regulations, 1998)[39]은 전자운송서류에 관하여 다음과 같은 규정을 두고 있다.[40]

먼저 해상운송서류법의 내용을 보면 다음과 같다.

제6조 : (1)항 이 법은 다음의 경우에 적용된다.

(a) 서면으로 된 해상운송서류에 적용되는 것과 동일한 방식으로, 데이터 메시지 형식으로 된 해상운송서류에 관하여 적용되며;

(b) 다른 수단에 의하여 해상운송서류의 교환에 관하여 적용되는 것과 동일한 방식으로, 데이터 메시지에 의한 해상운송서류의 교환에 대하여 적용된다.

(2)항 이 법 제1항의 규정은 해상운송계약 당사자간의 합의된 절차에 따라서 필요한 수정이 된 경우에도 적용된다.

(3)항은 (2)항의 일반적인 적용을 제한함이 없이, 운송계약의 조건에 의하여

38) 이에 관하여는 http://www.law.gov.au/aghome/advisory/eceg/ch2htm 참조.

39) 이는 1991년 해상운송법(Carriage of Goods by Sea Act, 1991)을 개정한 것이다.

40) D. FABER, Law Commissioner Draft Report, 6.93, p.28 이하.

필요한 것이 무엇이든 그 조건을 참고하여 "인도", "배서", "점유", "서명" 등을 정의하고 있다. 예컨대 "인도"의 개념에는 운송계약의 조건에 따라서 어떠한 통신수단에 의한 인도도 포함한다.

해상물건운송에 따른 책임을 규율하고 있는 해상운송법은 다음과 같은 규정을 두고 있다.

제1조

(a) "운송계약"이란 해상운송서류에 의한 운송계약을 말한다.

(b) "데이터 메시지"란 어떤 정보가 프린트 형식으로 재현되지 않는다 하더라도, (EDI, 전자메일, 텔레그램, 텔렉스 또는 텔레카피 등을 포함하여) 전자적, 광학적 또는 아날로그 수단에 의하여 생성, 저장 또는 통신되는 정보를 의미한다.

(g) "해상운송서류"란,

(ⅰ) 선하증권; 또는

(ⅱ) 선하증권과 유사한 유통성 있는 권원증권, 또는

(ⅲ) 법률에 의하여 유통성이 없는 선하증권; 또는

(ⅳ) 비유통증권 등이다.

(h) "서면"이란 전자메일, EDI, 팩시밀리 전송 및 컴퓨터 시스템 상으로 보존되는 데이터 베이스에 저장된 것을 말한다.

제1 A조

(1)항 이 법률은 인쇄된 형식의 해상운송서류에 적용되는 것과 동일한 방식으로 필요한 수정을 거쳐서 데이터 메시지 형식으로 된 해상운송서류에도 적용된다.

(2)항 (1)항의 제한을 받음이 없이, 이 법률은 다음과 같은 해상운송서류에 적용된다;

(a) 관련된 운송계약 당사자가 사용하는 시스템 내에서 해상운송서류를 발행하는 방법으로 데이터 메시지가 생성된 때 해상운송서류가 발행된다.

(b) 관련된 운송계약 당사자가 사용하는 시스템 내에서 해상운송서류를 이전하는 방법으로 데이터 메시지가 생성된 때 해상운송서류가 양도된다.

해상운송법 제1조에서 채택하고 있는 정의규정(예컨대 (b)항)은 UNCITRAL 전자상거래모델법 상의 정의규정을 거의 그대로 수용한 것이다.

이상의 규정에서 알 수 있는 바와 같이 호주 해상운송법은 서면 거래에 관련된 구조적인 요건들이 어떻게 전자문서에 적용될 수 있는 지에 관하여 규율하려고 시도하였다는 점에 특징이 있다.

(2) 미국 해상운송법(COGSA) 개정안

미국 해법회가 중심이 되어 1936년 해상운송법(Carriage of Goods by Sea Act; COGSA)을 대체하기 위한 새로운 해상운송법 개정안을 마련하였고, 이는 1999년에 미의회에 해상운송법개정안(Proposed amendments to the US Carriage of Goods by Sea Act, 1999; 이하 "개정안"이라 한다)[41)]으로 제출되었다. 이 개정안에서는 "전자선하증권"을 포함한 해상운송계약에 관하여 정의규정을 두고 있고(개정안 제2조 (a) (5) (A)), "전자선하증권에 관한 특별규정"이란 제목으로 "선하증권과 관련된 당사자의 합의된 절차에 따라서 전자선하증권이 사용될 수 있다"(개정안 제2조 (a)항 (5) (C))고 규정하고 있다.

이 개정안은 또한 해상운송법이 통지, 청구 또는 통신을 서면에 의하도록 규정하고 있는 경우에, 이러한 사항은 서면형식으로 교부될 수 있고 또한 EDI 및 컴퓨터 전송수단과 같은 전자적인 수단에 의하여도 이루어질 수 있다(개정안 제2조 (b)항)고 하는 전자거래에 관한 특별규정을 두고 있다.

호주 해상운송법에서와 마찬가지로 이 개정안에 의할 경우 당사자 사이에 사전 합의 없이도 전자선하증권이 효력을 가질 수 있다. 이 경우 법원이 이 법률이 적용될 수 있는 방안을 판단하게 될 것이다. 그러나 당사자들이 거래상 전자선하증권을 사용하기로 합의한 경우에는 그러한 합의에 기초하여 이 법률이 적용된다. 이 법률은 특별한 형태의 운송계약에 한정되지 않기 때문에 만약 어떤 전자운송서류 시스템이 선하증권이나 해상운송장 또는 이미 잘 알려진 법률관계를 다루고 있지 않다 하더라도 문제가 발생하지 않을 것이다. 이러한 점에서 당사자간에 사전 합의가 없을 때에는 어떻게 되는 가에 관하여 일부 모호함이 있지만, 전자선하증권을 이용하여 전자거래를 하려는 당사자들은 그들이 사용할 절차에 관하여 합의를 하는 것이 보통일 것이므로, 법원이 전자선하증권의 문제를 판단함에 있어서는 호주의 해상운송법이 취하고 있는 입법 방식보다 미국 해상운송법 개정안의 경우가 더 낫다고 할 것이다.[42)]

---

41) 미국 해상운송법개정안(1999)에 관하여는 R. Asariotis and M. N. Tsimplis, "The proposed US Carriage of Goods by Sea Act", LLoyd's Maritime and Commercial Law Quarterly, 1999, pp.126-140; M. F. Sturley, "Proposed amendments to the US Carriage of Goods by Sea Act : a response to English criticisms", LLoyd's Maritime and Commercial Law Quarterly, 1999, pp.519-529 참조.

한편 거래당사자가 아닌 제3자가 전자문서의 이용에 동의하지 않는 한 그 제3자에 대한 관계에서는 전자운송계약의 이용을 법에 의하여 금지함으로써 법이 운송계약 당사자가 아닌 제3자를 보호해야 할 것인지의 문제가 있다. 항공운송에 관한 와르소 협약 개정의정서(Protocol to the Warsaw Convention)는 서류형식이 아닌 전자문서 형식의 운송장(Waybill)을 사용하기 위하여서는 양도인의 동의를 요건으로 정하고 있다.[43] 이러한 규정은 종래에 항공화물의 거의 반수가 비상업적인 양도인에 속한 것으로서 이들에게 항공운송장이 발행되었기 때문에 위와 같은 규정이 필요하였다. 그러나 해상운송의 경우에는 오직 소수의 송하인 만이 비상업적인 이용자일 것이므로 이러한 규정이 불필요하다고 볼 수 있다.

(3) 영국 해상물건운송법(COGSA)의 개정방향

1855년 영국 선하증권법(Bill of Lading Act)을 개정, 대체한 1992년 영국 해상물건운송법(Carriage of Goods by Sea Act, 1992)은 운송물의 멸실, 훼손의 경우에 운송인에 대하여 배상청구를 할 수 있는 "선하증권 소지인(Bill of Lading Holder)"의 권리를 규정하고 있다. 이 법은 운송계약상의 권리와 의무의 법적인 양도형식을 정하고 있다. 또한 선하증권이 배서 또는 소지인에 의한 인도에 의하여 양도되어야 한다는 것을 정하고 있다(1조 2항 a).

이 법은 국무장관(Secretary of State)에게 전자통신 시스템이나 어떤 정보통신기술이 다음과 같은 거래에 사용되는 경우에 이 법을 적용할 수 있도록 하는 규칙을 제정할 권한을 부여하고 있으나 아직 그러한 규칙이 제정되지 않고 있다. 즉, (a) 이 법이 적용되는 서류의 발행[44] (b) 그러한 서류의 배서, 교부, 인도 또는 (c) 그러한 서류와 관련된 어떠한 행위 등이다. 위와 같은 내용의 규칙이 아직 제정되고 있지 않으므로 이 법률은 전자운송거래에 적용되지 않는다. 운송인에 대한 전자선하증권 소지인의 권리는 보통법(Common law)에 의하여 규율되며, 전자운송거래 이용자간의 법적인 계약에 따르게 된다.[45]

---

42) D. FABER, Law Commissioner Draft Report, 6.101, p.30.

43) 최근의 개정으로 전자항공운송장(Electronic airwaybill)이 발행되었다 하더라도 양도인이 운송물에 대한 서면수령증에 대한 권리가 있다는 규정을 둠으로써 동의요건을 삭제하고 있다.

44) 영국 해상운송법 제1조 1항은 이 법이 적용될 서류로서 (a) 선하증권, (b) 해상운송장, (c) 선박의 인도지시서 등을 규정하고 있다. 이러한 서류를 해상운송서류(Shipping Documents)라고 부를 수 있다.

45) D. FABER, Law Commissioner Draft Report, 6.47, p.12.

한편 1971년 영국 해상물건운송법(Carriage of Goods by Sea Act, 1971)은 헤이그 비스비 규칙을 영국 국내에 시행하기 위하여 제정된 것으로써, 해상물건운송계약상의 책임제도를 규정하고 있다. 헤이그 비스비 규칙과 1971년 영국 해상물건운송법상에 규정된 권원증권으로서의 선하증권에 관한 규정은 전자선하증권에 적용되지 않는다.

현재 영국 법률위원회(Law Commission)는 1992년 해상물건운송법이 전자운송계약에도 적용될 수 있도록 하기 위하여 다음과 같은 개정방향을 검토하고 있다.[46)]

즉, ① 이 법은 해상물건운송계약과 관련된 다음의 경우에 적용된다.

◇ 운송인에 대한 지시 ;

◇ 운송물의 인도청구 ;

◇ 운송물의 인도 ;

◇ 운송물에 대한 인도를 청구할 권한 있는 자에 의한 운송물의 수령 ;

◇ 운송물에 대한 권리부여, 권리취득, 포기, 제시, 양도 ;

◇ 운송계약상의 권리 및 의무의 취득과 양도.

② 이 법은 1항에 규정된 사항이 전자거래수단을 사용하여 수행된 때에는 언제나 적용된다.

③ 이 법상의 용어는 제1항과 제2항의 규정이 유효하도록 해석되어야 한다.

④ 이 법률의 규정에도 불구하고, 운송인과 전자거래수단의 다른 이용자간에 체결된 전자거래수단의 법적 결과에 대한 합의는 유효하다.

이상의 내용은 선하증권의 성질을 규정하고 있지는 않다(이는 호주의 해상운송법상으로 발생되는 문제점을 회피하기 위함이다). 위의 내용은 운송계약을 전자선하증권을 포함하는 것으로 정의하고 있으며, 따라서 전자메시지가 선하증권이 될 수 없다는 문제점을 회피하고 있다.

전자거래수단을 이용하는 당사자들은 사기문제에 대비하기 위하여 당사자 차원에서 개별적인 보안과 인증절차에 대한 합의를 하여야 한다. 위의 규정은 당사자들이 상세한 계약을 체결하지 않더라도, 운송물에 대한 소유권과 점유권의 이전 및 운송계약상의 의무를 이전하도록 함으로써 당사자들의 상업적 활동을 용이하게 할 수 있다.

46) D. FABER, Law Commissioner Draft Report, 6.105, pp.31-32.

5.6.3 상법의 전자선하증권 규정

상법은 제5편 해상편 제4장 이하에서 해상운송규정을 두고 있다. 우리나라는 이미 전자문서법과 전자서명법을 제정하여 시행하고 있고 아울러 전자서명과 인증을 위한 공인인증기관도 설립되어 운용되고 있으므로 일반적인 전자적 해상운송서류에 대하여 법적인 효력을 인정하는 데는 큰 문제가 없다. 그러므로 전자적 해상운송서류에 관하여는 서면에 의한 해상운송서류를 전제로 한 상법상의 제 규정들이[47] 적용될 수 있기 때문에 권리증권인 선하증권을 제외한 일반적인 해상운송서류가 전자식으로 작성된 경우라도 법적인 효력을 갖게 된다.

문제는 해상물건운송에 사용되는 선하증권의 경우이다. 상법은 선하증권의 발행(제852조), 선하증권의 기재사항(제853조), 선하증권의 물권증권성(제861조-제133조), 상환증권성(제861조-제129조) 등에 관하여 규정을 두고 있다.

2007년 개정 상법(해상편)에서는 다음과 같이 전자선하증권에 관한 규정을 신설하였다(상법 제862조).[48]

① 운송인은 종이선하증권을 발행하는 대신에 송하인 또는 용선자의 동의를 얻어 법무부장관이 지정하는 등록기관에 등록하는 방식으로 전자선하증권을 발행할 수 있다. 이 경우 전자선하증권은 종이선하증권과 동일한 법적 효력을 갖는다.

② 전자선하증권에는 종이선하증권의 발행 시 각호의 기재사항이 포함되어야 하며, 운송인이 전자서명을 하여 송신하고 용선자 또는 송하인이 이를 수신하여야 그 효력이 생긴다.

③ 전자선하증권의 권리자가 배서전자문서를 작성한 다음 전자선하증권을 첨부하여 지정된 등록기관을 통하여 상대방에게 송신하는 방식으로 전자선하증권상의 권리를 양도할 수 있다.

④ 전자선하증권 권리자의 상대방이 배서전자문서를 수신하게 되면 이는 종이선하증권을 배서하여 교부한 것과 동일한 효력이 있다. 그리고 배서 전자문서를

---

47) 예컨대 상법 제78조(운송계약의 체결), 제781조(운송계약서), 제782조(선적준비완료통지), 제786조(운송에 필요한 서류의 교부), 제799조(수하인에 대한 운송물 도착 통지), 제800조의2(운송물의 일부 멸실, 훼손의 통지) 등.

48) 전자선하증권규정에 대한 상세한 해설은 정완용, "개정 해상법상 전자선하증권 규정에 관한 고찰" 한국해법학회지 제30권 제1호(2008. 4.), 85면-113면 참조.

수신한 권리자는 종이선하증권을 교부받은 소지인과 동일한 권리를 취득한다. 즉, 전자선하증권 등록기관의 권리등록부에 전자선하증권의 양도등록을 하면 종이선하증권의 배서양도와 동일한 법적효력을 갖는다.

⑤ 전자선하증권의 등록기관의 지정요건, 발행 및 배서의 전자적인 방식, 운송물의 구체적인 수령절차와 그 밖에 필요한 사항은 대통령령으로 정한다.

이에 따라 대통령령(제20829호)으로 「상법의 전자선하증권 규정의 시행에 관한 규정」(이하 '전자선하증권 시행규정'이라 한다)이 제정되어 2008년 8월 4일 부터 시행되고 있다. 전자선하증권 시행규정의 주요내용은 다음과 같다.

가. 전자선하증권 등록기관의 지정요건으로 12인 이상의 전문 기술인력과 200억 원 이상의 순자산 보유, 손해배상보험가입요건(제3조)[49]

나. 전자선하증권의 발행과 양도절차(제6조 내지 제8조)

다. 전자선하증권에 의한 운송물 인도청구(제10조 및 제11조)

라. 전자선하증권의 서면선하증권으로의 전환(제12조)

마. 등록기관에 대한 감독 및 지정취소(제14조 및 제15조)

---

49) 한국무역정보통신(KT-NET)이 법무부로부터 2008년 9월 26일 전자선하증권 등록기관으로 지정되어 전자선하증권 발행 등록 등의 서비스를 제공하고 있다.

제 6 장

전자상거래와 지적재산권

– 차 례 –

6.1 서 설

전자상거래는 컴퓨터와 같은 정보처리시스템과 네트워크를 이용하여 이루어지기 때문에 컴퓨터 기술의 보호와 정보의 보호와 관련하여 지적소유권에 관한 몇 가지 문제를 고찰할 필요가 있다. 즉 전자상거래에 있어서 첫째, 전자상거래와 저작권, 둘째, 인터넷 도메인 이름이 상표권과 충돌하는 경우의 법적 문제, 셋째, 컴퓨터 기술과 관련하여 특허권의 문제 등이다.[1)]

6.2 인터넷 전자상거래와 저작권

6.2.1 디지털콘텐츠 제작자의 권리보호

기존의 아날로그 정보를 디지털 정보로 변환하는 경우에 일종의 저작인접권으로서의 디지털화권을 인정할 것인지 혹은 다른 방법에 의한 보호를 할 것인지의 문제가 있다. 디지털 콘텐츠의 제작자를 보호하기 위한 법으로써 온라인디지털콘텐츠산업발전법(2002년 1월 14일 법률 제6603호)이 제정되었다. 이 법은 2010년「콘텐츠산업 진흥법」(법률 제13821호)로 대체되었다.

콘텐츠산업 진흥법에서는 "누구든지 정당한 권한 없이 콘텐츠제작자가 상당한 노력으로 제작하여 대통령령으로 정한 방법에 따라 콘텐츠 또는 그 포장에 제작연월일, 제작자명 및 이법에 따라 보호받는다는 사실을 표시한 콘텐츠의 전부 또는 상당한 부분을 복제, 패보, 방송 또는 전송함으로써 콘텐츠제작자의 영업에 관한 이익을 침해하여서는 아니 된다. 다만, 콘텐츠를 최초로 제작한 날부터 5년이 지났을 때에는 그러하지 아니하다(제37조 제1항)"고 규정함으로써 콘텐츠제작자를 보호하고 있다. 또한 정당한 권한 없이 콘텐츠에 적용한 기술적 보호조치를 회

1) 이곳에서는 저술의 편의상 특허권의 문제를 제외한 앞의 두 가지 문제를 간략히 고찰한다.

피, 제거 또는 변경하는 것을 주된 목적으로 하는 기술, 서비스, 장치 등을 제조, 양도, 대여 또는 전송하여서는 아니 되며(동조 제2항), 이러한 규정을 위반한 경우 자신의 영업이익이 침해되거나 침해될 우려가 있는 자는 위반행위의 중지, 예방 및 손해배상을 청구할 수 있다(제38조 제1항). 또한 그러한 위반행위는 본 법이 정하는 벌칙의 제재를 받는다(제40조).

이러한 보호방식은 디지털 콘텐츠제작자에게 배타적인 권리를 부여하지 아니하면서도 일정한 유형의 행위로 인해서 디지털콘텐츠제작자 등의 영업에 관한 이익을 침해하는 행위에 대해서는 구제수단을 부여해 줌으로써, 권리부여방식이 아닌 행위규제방식 또는 부정이용의 법리에 의한 보호에 해당한다.[2] 즉, 이러한 규정은 부정경쟁행위 방지의 의미를 가지는 제한적 금지규정이라고 본다.[3]

6.2.2 인터넷의 이용과 저작권

인터넷 홈페이지와 같은 웹 문서의 이용 시에 하이퍼 링크의 방법으로 다른 웹사이트를 자신의 웹사이트에 연결시키는 행위가 저작권침해에 해당하는지 문제가 있다. 이에 관하여서는 다음과 같은 문제가 관련된다.

(1) '일시적 저장'

다른 웹사이트를 검색하여 디지털 저작물을 자신의 컴퓨터 주기억장치(RAM)에 일시적으로 저장하는 행위가 저작권법(제16조) 의 '복제'에 해당하는지의 문제이다. 복제란 유형물에 고정하거나 유형물로 다시 제작하는 개념이므로 이 논의는 첫째, 램이 유형물에 해당되는가, 둘째, 램에의 저장이 '고정'에 해당하는가의 문제이다. 종래 미국의 판결은 소프트웨어를 사용하는 과정에서 램에 일시적으로 저장하는 행위를 저작권법상의 '고정'의 요건을 충족하므로 복제에 해당한다고 판단하였다.[4] 그러나 이 판결 후 미국은 저작권법을 개정하여 램에 저장하는 행위를 허용하였다(개정 저작권법 제117조 c항). 우리나라 저작권법상으로 램에 일시적인 저장은 복제에 해탕하지 않는 것으로 보는 것이 다수설이다. 생각건대 램에의 일시적 저장은

---

2) 이상정 외, 온라인디지털콘텐츠산업발전법 해설서, 정보통신부, 2002, 61면.

3) 동지 : 오승종·이해완, 저작권법 제3판, 박영사, 2004, 279면.

4) MAI systems corps. v. Peak Computer Inc. 991 F 2d 511(9th Cir.1993) 판결.

저작권법의 해석상 복제에 해당하지 않는다고 보는 것이 타당할 것이다.[5)]

(2) 공중송신권

저작자는 자신의 저작물을 공중송신 할 배타적인 권리를 갖는데 이를 공중송신권이라 한다(저작권법 제18조). 이러한 공중송신권은 저작물 등을 공중이 수신하거나 접근하게 할 목적으로 무선 또는 유선통신의 방법에 의하여 송신하거나 이용에 제공하는 것을 말한다(법 제2조 제7호). 공중송신권은 종래의 방송권 및 전송권을 포함하는 권리이다. 공중송신권에 포함되는 전송권은 인터넷과 같은 통신망에서 음악파일, 영화파일 등을 주고받는 것과 같이 디지털정보 형태로 저작물을 전송하는 경우에 저작권자의 권리를 보호하기 위한 권리이다.

전송권과 관련된 문제로써 2004년 개정저작권법에서 실연자와 음반제작자에게 전송권을 부여하는 내용의 개정이 이루어졌고(제74조)[6)] 이와 관련하여 P2P(Peer to Peer)파일 공유서비스를 제공하는 자의 저작권침해 여부가 법적 문제로 제기되고 있다. 개정 저작권법에 의하면 실연자와 음반제작자는 자신의 실연이 담긴 음반, 영상 등을 타인이 인터넷에서 파일로 올리거나 스트리밍서비스를 하는 등의 전송행위를 허락하거나 금지할 수 있는 권리를 갖는다.

[사례연구]

• 미국의 냅스터 사건

미국의 레코드회사들이 MP3 파일을 공유할 수 있는 프로그램인 냅스터(Napster)사에 대하여 저작권침해를 전제로 서비스중지 청구를 법원에 제기하였고, 미 연방항소법원은 냅스터의 저작권침해를 인정하고 서비스 중지 가처분 명령을 내렸다.[7)]

• 미국 그록스터(Grokster)사건

미국 할리우드 영화업계가 P2P 업체인 그록스터를 상대로 저작권침해를 이유로 고발한 사건으로서 미국연방대법원은 1심과 2심의 판결을 파기하고 그록스터의 책임을 인정한 사건이다.

1심과 2심은 베타맥스 판례에 영향을 받아 그록스터에게 유리한 판결을 내렸으나 연방대법원은 이를 뒤집었다. 인터넷 업체가 P2P이용자들에게 음악과 영화를 불법으로 유통시키도록 조장했다면 저작권침해가 인정된다고 판시한 것이다.[8)]

---

5) 동지 : 이해완, 저작권법, 박영사, 2007, 308면; 오승종, 저작권법, 박영사, 2007, 419면.

6) 개정 저작권법 제74조 "실연자는 그의 실연을 전송할 권리를 가진다." 제81조 "음반제작자는 그 음반을 전송할 권리를 가진다."

7) A&M records v. Napster, Inc., 2001 WL 227083(N.D.Cal).

* 베타맥스 사건

1980년대 초반 일본 소니가 베타맥스 VCR을 처음 개발하였을대 방송국과 영화사가 소니를 저작권 침해로 고소한 사건이다. 당시 법원은 녹화기술 때문에 저작권이 침해될 수도 있지만 다른 좋은 용도로 쓰일 수 있다는 이유로 소니의 승소 판결을 내렸다.

• 일본 파일로그(File Rogue) 사건

일본의 19개 음반제작업체와 일본음악저작권협회가 2002.2. 냅스터와 유사한 P2P서비스를 제공하는 File Rogue에 대하여 저작권 침해를 이유로 MP3 파일 송수신 금지 가처분신청을 제기한 사건이다.

법원(동경지방재판소)은 파일로그는 신청자들이 저작인접권을 가지는 음반상의 타이틀명, 실연자명이 표기된 파일정보를 이용자에게 송신해서는 안된다는 결정을 내렸고, 파일로그 이용자들이 신청자들의 복제권, 송신가능화권(우리나라의 전송권과 유사한 권리)을 침해하였다고 인정하였다.9)

• 소리바다 사건

* 형사 항소심판결 : 무죄

양모씨 형제가 약 450만명의 회원이 가입된 인터넷 음악파일 공유 '소리바다' 사이트(www.soribada.com)를 공동으로 운영하면서 MP3 파일을 내려받는 이용자들의 저작권 침해행위를 방조한 혐의(저작권법 위반)로 불구속 기소된 사건이다(형사사건). 이 사건에 대하여 서울중앙지법 형사항소 5부는 양모씨 형제에게 무죄를 선고하였다. 항소법원은 "소리바다 이용자들이 인터넷에서 MP3파일을 내려받아 자신의 컴퓨터 하드디스크에 저장하는 행위는 저작권법상의 복제권 침해에 해당한다. 그러나, 양씨 등이 사이트에서 일어나는 저작권 침해행위를 일일이 점검할 의무는 없고, 저작권자로부터 구체적인 침해 내용을 통지받지 않은 이상 이용자들의 복제권 침해를 방조했다고 보기는 어렵다"고 판시하였다. 법원은 또한 "인터넷을 통해 MP3 파일을 서로 주고 받는 행위는 저작권법상의 '배포'가 아니라 '전송'으로 보아야 하므로, 이용자들의 '배포권침해'를 방조했다는 공소사실은 인정되지 않는다고 하였고, 유통되는 파일의 30%가 합법적인 데다 소리바다 프로그램 자체가 저작권을 침해할 목적으로 제작된 불법도구라고 단정할 수도 없다"고 판시하였다.10)

그러나 대법원은 소리바다 사이트 운영자에 대하여 복제권 침해행위에 대한 방조죄를 인정하고 원심을 파기 환송하였다(대판 2007.12.14, 2005도872).

* 형사사건 1심 판결 : 공소기각

소리바다 사건의 공소사실에 아이디(ID) 만이 드러난 성명불상자들이 소리바다 프로그램을 내려받아 음악파일을 전송받아 이용할 수 있도록 P2P 방식으로 상호 연결하여 줌으로써 저작인접권 침해를 도와주었다고 되어 있으나, 정범(성명 불상)인 공소외인들이 언제, 누구에게, 어떻게 고소인들이 제작한 음반을 복

8) 항소심판결: MGM Studios, Inc. v. Grokster, Ltd., 380 F.3d 1154(9th Cir.2004), 연방대법원 판결: MGM Studios, Inc. v. Grokster, Ltd., 2005 U.S. Lexis 5212(2005).이 판결에 대한 상세한 검토는 김형준, 소리바다 형사항소심 판결에 대한 소고, 인터넷 법률 통권 제30호(2005.7.), 18-21면.

9) 일본 동경지방재판소 제29민사부 2002.4.9. 판결.

제, 배포했는지에 관한 아무런 기재도 없이 고소인들(국내 11개 음반사)의 음반에 대한 복제, 배포권 침해를 도와주어 이를 방조하였다고만 기재하고 있어 정범을 특정할 수 없으므로 공소를 기각한다고 판시하였다.[11)]

• 민사사건 :

2002년 7월 9일 국내 11개 음반회사가 소리바다 운영자인 양모씨 형제를 상대로 음반 복제권 및 배포권 침해를 이유로 침해금지가처분신청을 하였다(수원지방법원 성남지원). 이에 대하여 법원은 위 프로그램을 이용하여 파일을 업로드 및 다운로드 하는 행위 및 소리바다 서버 3대의 사용을 금지하는 취지의 가처분 결정을 내렸고, 이 가처분결정에 대한 이의 및 관련 민사손해배상 사건에 대한 항소심판결이 각각 내려졌다.

* 민사항소심판결: 방조에 의한 불법행위책임 인정

민사항소심에서는 피고의 손해배상책임과 관련하여 다음의 세 가지 점을 판시하였다.

1) 협의의 공동불법행위 성립여부에 관하여, 서버에의 접속이 필수적이기는 하나 이것만으로 피고들이 독립적으로 원고의 복제권 및 전송권을 침해하였다거나 협의의 공동불법행위가 성립할 정도로 직접적이고 밀접하게 그 침해행위에 관여하였다고 평가하기는 어렵다(책임성립 부정).
2) 방조에 의한 불법행위 책임유무에 관하여, 소리바다 서비스를 통해 사용자들에 의한 저작권 침해행위가 발생하리라는 사정을 미필적으로나마 인식하고 있었다고 봄이 상당하고, 설치화면의 경고문 게재 외에 달리 사용자들의 저작권 침해행위를 방지할 만한 아무런 합리적인 조치를 취하지 아니한 채 파일 교환에 필수적인 중앙서버를 운영함으로써 계속적으로 관여하여 침해행위를 용이하게 하였으므로 방조책임을 부담한다(책임성립 인정).
3) 피고들이 침해행위를 방지할 기술적 수단이 없고 개정 저작권법(2003.5.27. 법률 제6881호)제77조(온라인서비스제공자의 책임제한) 제2항에 기술적 통제가능성이 없는 경우 책임이 면제된다는 주장에 대하여서는 이 규정은 침해행위가 있은 후에 신설된 조항으로써 이 사건에 적용되지 않고, MP3 파일의 교환 및 공유기능향상을 위한 기술적 조치는 적극적으로 취하면서도, 저작권침해문제에 대하여는 형식적 경고문 외에 효과적인 방지노력을 취한 바 없다면 위 주장은 허용되지 않는다.

한편 가처분이의사건에서 법원은 11개 음반회사가 소리바다 버전1의 서버운영을 중단하라며 양모씨 형제를 상대로 낸 가처분 이의소송에서 이용자들의 복제권 침해를 방조한 책임이 인정된다고 하여 음반회사에게 승소판결을 내렸다.[12)]

---

10) 서울중앙지방법원 2005.1.12. 선고 2003노4296판결. 이 판결에 대한 상세한 평석은 김형준, 소리바다 형사 항소심 판결에 대한 소고, 인터넷법률 통권 제30호(2005.7), 1-39면.

11) 서울중앙지방법원 2003.5.15.선고 2001고단8336 저작권법위반방조

12) 가처분관련: 수원지방법원 성남지원 2003.2.14.선고 2002카합284 가처분이의판결, 서울고등법원 2005.1.12. 선고 2003나21140판결; 대법원 2007.1.25, 2005다11626판결에서 상고를 기각하여 원심이 확정되었다.
민사손해배상관련: 수원지방법원 성남지원 2003.10.24.선고 200가합857판결, 서울고등법원 2005.1.25.선고 2003나80798판결.

• 벅스뮤직 사건

인터넷 이용자들에게 스트리밍(Streaming) 방식에 의한 서비스를 제공한 벅스뮤직회사에 대하여 음반회사들이 저작권 침해를 이유로 소송을 제기하였는데, 법원(수원지법 성남지원)은 벅스뮤직사의 서버에 가요가 압축 파일 형태로 변환되어 저장되어 있다는 사실이 인정되므로 벅스뮤직사(채무자)는 음반회사(채권자)들의 저작인접권인 복제권을 침해한 것이라고 판시하였다.[13)]

(3) 하이퍼 링크(hyperlink)의 법적 문제

인터넷 링크(Internet link)를 하는 행위가 저작권법상 복제 및 전송에 해당하는지 여부가 문제된다. 판례는 이른바 인터넷 링크는 인터넷에서 링크하고자 하는 웹페이지나, 웹사이트 등의 서버에 저장된 개개의 저작물등의 웹위치 정보나 경로를 나타낸 것에 불과하며, 비록 인터넷 이용자가 링크 부분을 클릭함으로써 링크된 웹페이지나 개개의 저작물에 직접 연결된다 하더라도 링크를 하는 행위는 저작권법이 규정하는 복제 및 전송에 해당하지 아니한다고 본다.[14)]

(4) 온라인서비스제공자의 책임

온라인상의 불법행위(저작권침해, 명예훼손 및 불법적인 콘텐츠의 제공 등)가 있는 경우에, 인터넷의 익명성과 비대면성으로 인하여 그 침해자를 특정하기가 어렵기 때문에 이러한 경우 온라인서비스제공자(OSP : Online Service Provider)의 책임을 어느 정도까지 인정할 것인가에 관하여 문제가 된다. 이에 관한 우리나라의 관련 법제의 다음과 같이 규정하고 있다.

1) 온라인서비스제공자의 정의규정

먼저 저작권법상 온라인서비스제공자란 이용자가 선택한 저작물 등을 그 내용의 수정없이 이용자가 지정한 지점 사이에서 정보통신망을 통하여 전달하기 위하여 송신하거나 경로를 지정하거나 연결을 제공하는 자 또는 이용자들이 정보통신망에 접속하거나 정보통신망을 통하여 저작물 등을 복제·전송할 수 있도록 서비스를 제공하거나 그를 위한 설비를 제공 또는 운영하는 자를 말한다(제2조 제30호). 정보통신망법은 정보통신서비스제공자를 규정하고 있으며, 정보통신서비스공자란 전지통신사업법 제2조 제8호에 따른 전기통신사업자와 영리를 목적으로 전

13) 수원지법 성남지원 2002카합280사건.

14) 대판 2015.3.12. 2012도13748.

기통신사업자의 전기통신역무를 이용하여 정보를 제공하거나 정보의 제공을 매개하는 자를 말한다(제2조 제1항 제3호).

2) 온라인서비스제공자의 책임과 제한문제

저작권법은 온라인서비스제공자의 서비스를 통하여 생길 수 있는 저작권침해를 최소화할 수 있도록 하는 한편 온라인서비스제공자가 저작권침해로부터 벗어나 안정적인 사업을 할 수 있도록 하기 위하여 서비스의 유형을 인터넷접속서비스, 캐싱서비스, 저장서비스, 정보검색도구서비스로 세분화하였다. 아울러 이러한 서비스유형에 따른 면책요건을 명확히 하고 있다(제102조 제1항). 예컨대 온라인서비스제공자는 인터넷접속서비스와 관련하여 저작권 등 권리가 침해되더라도 아래의 요건을 모두 충족하는 경우에는 면책되도록 하였다.

① 온라인서비스제공자가 저작물 등의 송신을 시작하지 아니한 경우, ② 온라인서비스제공자가 저작물 등이나 그 수신자를 선택하지 아니한 경우, ③ 저작권, 그 밖에 이 법에 따라 보호되는 권리를 반복적으로 침해하는 자의 계정을 해지하는 방침을 채택하고 이를 합리적으로 이행한 경우, ④ 저작물 등을 식별하고 보호하기 위한 기술조치로서 대통령령으로 정하는 조건을 충족하는 표준적인 기술조치를 권리자가 이용한 때에는 이를 수용하고 방해하지 아니한 경우 등이다(제102조 제1항 제1호 가목~라목).

한편 서비스이용자의 요청에 따라 송신된 저작물 등을 후속 이용자들이 효율적으로 접근하거나 수신할 수 있게 할 목적으로 그 저작물 등을 자동적, 중개적, 일시적으로 저장하는 행위인 캐싱서비스 유형의 경우에도 위의 인터넷접속서비스의 면책요건 외에 추가적으로 면책요건을 규정하고 있다(제102조 제1항 제2호). 즉, ① 인터넷접속서비스의 면책요건을 모두 갖추고, ② 온라인서비스제공자가 그 저작물 등을 수정하지 아니한 경우, ③ 저작물 접근조건이 있는 경우 그 조건을 지킨 이용자에게만 접근을 허용한 경우, ④ 저작물 복제, 전송자가 명시한 정보통신망 데이터규약에 따른 저작물 등의 현행화에 관한 규칙을 지킨 경우, ⑤ 저작물 등이 있는 본래의 사이트에서 저작물 등의 이용에 관한 정보를 얻기 위하여 적용한 일반적으로 인정되는 기술의 사용을 방해하지 아니한 경우, ⑥ 복제 전송 중단 요구를 받은 경우 또는 법원, 관계 중앙행정기관의 장이 삭제, 접근 명령을 내린 사실을 실제로 알게 된 경우에 그 저작물 등을 즉시 삭제하거나 접근할 수 없게 한 경우 등이다(제102조 제1항 제2호). 이 외에도 저작권법은 저장서비스(제102조 제1항 3호), 정보검색도구서비스(제102조 제1항 제4호) 등에서 해당 서비스의 면책요건을 명시하고 있으며 온라인서비스 제공자의 복제, 전송 중단에 대하여도 규정을 두고 있다(제103조). 또한 저작권법은 P2P 서비스나 공유형 웹하드서비스 등의 운영으로 인하여 저작권자의 권익이 침해되는 것을 방지하기 위하여 특수한 유형의 온라인 서비스제공자의 의무 등을 규정하고 있다(제104조).

한편 정보통신망법에서도 다음과 같이 관련 규정을 두고 있다.

즉, ① 정보통신망을 이용하여 일반에게 공개를 목적으로 제공된 정보로 인하여 법률상 이익이 침해된 자는 해당 정보를 취급한 정보통신서비스제공자에게 당해 정보의 삭제 또는 반박내용의 게재를 요청할 수 있다.

② 정보통신서비스제공자는 이러한 요청을 받은 때에는 지체 없이 필요한 조치를 취하고 이를 즉시 신청인에게 통지하여야 한다(제44조).

또한 정보통신서비스를 통하여 사생활의 침해 또는 명예훼손 등 타인의 권리가 침해된 경우 그 침해를 받은 자는 해당 정보를 취급한 정보통신서비스제공자에게 침해사실을 소명하여 해당 정보의 삭제 또는 반박내용의 게재를 요청할 수 있도록 하고, 요청을 받은 정보통신서비스제공자는 지체 없이 삭제, 임시조치 등을 취하고 신청인 등에게 통지하도록 규정하고 있다. 정보통신서비스제공자는 이러한 정보 삭제요청에도 불구하고 권리의 침해여부를 판단하기 어렵거나 이해당사자간에 다툼이 예상되는 경우에는 해당 정보에 대한 접근을 임시적으로 차단하는 30일 이내의 조치를 할 수 있다. 이러한 조치를 다한 정보통신서비스제공자는 자신의 정보통신망에 유통되는 정보로 인한 배상책임을 줄이거나 면제받을 수 있다. 또한 정보통신서비스제공자는 자신의 정보통신망에 유통되는 정보가 사생활의 침해 또는 명예훼손 등 타인의 권리를 침해한다고 인정되는 경우 임의로 임시조치를 할 수 있다(제44조의2, 제44조의3).

[사례연구] 인기가수 박○윤 명예훼손사건

피고 한국통신 하이텔 주식회사의 가입자인 소외인들이 하이텔 공개게시판에 인기가수 박O윤을 비방하는 글을 게시하자 박○윤의 팬클럽 회원인 원고가 하이텔 게시판 관리담당자에게 이러한 글의 삭제를 요구하였으나, 하이텔은 약 5-6개월간 이 글들을 방치하여 두었다. 이에 원고는 피고를 상대로 전자게시판 관리의무 위반을 이유로 손해배상을 청구하였다. 법원은 전자게시판을 운영하는 전기통신사업자는 그 이용자에 의하여 타인의 명예를 훼손하는 글이 전자게시판에 올려진 것을 알았거나 알 수 있었던 경우에 이를 삭제하여야할 의무가 있음에도 무려 5, 6개월간 방치하였으므로 피고는 원고에게 전자게시판 관리의무 위반행위로 인한 손해배상책임을 져야 한다고 판시하였다.[15]

---

15) 대법원 2001.9.7.선고 2001다36801 판결. 이 판결은 최초로 인너텟서비스제공자가 제공한 전자게시판에 타인의 명예를 침해하는 내용이 게시된 경우에 인터넷서비스제공자의 손해배

6.3 인터넷 도메인이름의 체계

인터넷 주소(Internet Protocol : IP address)는 32비트 크기의 주소이며 4개의 정수가 점으로 연결되어 구성된다. 예컨대, 163.180.16.53과 같은 형식이다. 그런데 이러한 숫자는 사용이 불편하므로 도메인 네임 서버, 즉 DNS(Domain Name System) 서버를 통하여 khu.ac.kr 등과 같은 영문이름을 숫자 이름으로 변환하게 된다. 이처럼 도메인이름(Domain Name)이란 호스트에 대한 이름과 주소를 지칭하는 용어라고 할 수 있다.

도메인이름에는 상위 7개 도메인 네임(Generic Top Level Domain : gTLD)으로서 com, net, org, gov, mil, int 등이 있다. 최근에는 국제정보망센터(InterNIC)에서 몇 가지의 최상위 도메인을 추가하였다. 한편 약 243개 국가도메인(National Top Level Domail : nTLD)이 있다. 예컨대 .kr, .jp, .fr, .uk 등이다.

6.4 인터넷 도메인이름과 상표권분쟁

6.4.1 도메인이름 분쟁해결법제

상인이 사이버 공간에 웹사이트를 개설하고 도메인이름을 등록하여 전자상거래를 하는 경우, 지적소유권과 관련하여 특허, 상표 및 저작권과의 관련이 법적

상책임을 인정한 의미있는 판결이다.

반면에 대법원 2003.6.27.선고 2002다72194판결에서는 인터넷 홈페이지 운영자가 전자게시판에 타인의 명예를 훼손하는 내용의 글이 게시된 것을 방치하였을 때 명예훼손으로 인한 손해배상책임을 지기 위하여서는 그 운영자가 정당한 사유 없이 게시물삭제의무를 이행하지 아니한 경우에 그러한 책임을 지는 것이고, 삭제의무부담 여부는 게시의 목적, 내용, 방법 등을 종합적으로 판단하여야 하며, 게시판에 제3자의 명예를 훼손하는 글이 게시되고 그 운영자가 이를 알았거나 알 수 있었다는 사정만으로 항상 그 글을 삭제할 의무를 지게 된다고 할 수 없다고 판시하였다.

문제로 된다.[16] 여기에서는 이 중에서 특히 인터넷 도메인이름과 상표권에 대하여 간략히 고찰해 보기로 한다.

인터넷을 통해 정보를 주고받기 위하여서는 각 기관별로 도메인네임을 발급받아야 한다. 인터넷상에서 인터넷 도메인이름은 인터넷서비스를 제공함에 있어서 가장 주요한 역할을 수행한다. 잘 알려진 도메인이름은 모든 사람이 기억하기 쉽고 많은 이용자를 확보할 수 있기 때문이다. 이러한 점을 이용하여 저명상표를 도메인이름으로 등록하는 경우가 많이 생기게 되고 이는 결국 인터넷 도메인이름과 상표권자의 분쟁으로 발전하게 되는 것이다. 인터넷상에서 기업경영을 하고자 하는 기업이나 개인은 자기 상표를 타인이 도메인이름으로 선점하지 않도록 사전 대책을 강구하는 것이 중요하다.

도메인이름과 상표권을 둘러싼 분쟁이 발생한 경우에는 다음과 같은 두 가지 법률이 관련된다.

(1) 상표법상 침해행위를 구성하는 경우

상표법상 상표권자만이 등록상표를 지정상품에 사용할 권리를 독점하므로 상표권자 이외의 자가 정당한 권한 없이 등록상표와 동일 또는 유사한 상표를 사용하는 경우에는 상표권 침해행위가 된다(동 제66조). 따라서 도메인이름을 등록하여 사용하는 것이 상표권 침해행위로 되는지 여부가 문제로 되고 만약 상표법 제66조상의 상표권 침해행위에 해당하는 경우에는 상표권을 침해당한 자는 침해자에 대하여 침해행위의 중지청구, 손해배상청구 등을 제기할 수 있다.

(2) 부정경쟁방지법 위반이 되는 경우

부정경쟁방지법은 국내에 널리 인식된 타인의 성명, 상호, 상표 등과 동일, 유사한 것을 사용하여 타인의 상품과 혼동을 일으키거나 타인의 영업시설 또는 활동에 혼동을 일으키는 행위를 부정경쟁행위로 정하고 있다(동 제2조 제1호). 또한 도메인이름의 무단점유에 대하여 제재하기 위한 규정으로써 부정경쟁방지법은 "정당한 권원이 없는 자가 ① 상표 등 표지에 대하여 정당한 권원이 있는 자 도는 제3자에

16) 이에 관한 상세한 글로는 이상정, "전자상거래와 지적소유권"『慶熙法學－특집 전자상거래의 법적 문제점에 관한 연구』 제33권 2호, 경희대학교 법과대학, 경희법학연구소 1998년 12월, 54-82면; 이상정 "도메인 네임과 상표권", 인터넷 법률 제2호(2000년 9월), 24-40면; 정찬모, "도메인이름 분쟁관련 ICANN동향 및 대응방향" 인터넷 법률 제2호(2000년 9월), 76-85면 각 참조.

게 판매하거나 대여할 목적, ② 정당한 권원이 있는 자의 도메인이름의 등록 및 사용을 방해할 목적, ③ 그 밖의 상업적 이익을 얻을 목적으로 국내에 널리 인식된 타인의 성명·상호·상표 그 밖의 표지와 동일하거나 유사한 도메인 이름을 등록·보유·이전 또는 사용하는 행위를 부정경쟁행위의 하나로 추가(2004년 1월 20일 개정)함으로써 소위 사이버스쿼팅(cybersquatting)행위를 금지하고 있다.

이러한 부정경쟁행위로 인하여 자신의 영업상의 이익이 침해되거나 침해우려가 있는 자는 부정경쟁행위를 한 자에 대하여 그러한 행위의 금지청구, 손해배상청구, 신용회복청구 등을 할 수 있다(동법 제6조). 따라서 타인의 널리 인식된 상호나 상표를 도메인이름으로 등록하여 사용하는 경우에는 부정경쟁행위에 해당되어 부정경쟁방지법이 적용될 수 있다.

한편 "인터넷주소자원에 관한 법률(2004.1.29. 법률 제7142호)"에서도 위와 같은 도메인이름의 무단점유를 금지하는 규정을 두고 있다. 즉, ① 누구든지 정당한 권원이 있는 자의 도메인이름 등의 등록을 방해하거나 정당한 권원이 있는 자로부터 부당한 이득을 얻을 목적으로 도메인이름 등을 등록하여서는 아니 된다. ② 정당한 권원이 있는 자는 제1항의 규정을 위반하여 도메인이름 등을 등록한 자에 대하여 법원에 그 도메인이름 등의 등록말소를 청구할 수 있다(동법 제12조).

6.4.2 도메인이름에 의한 상표권 침해문제

상표권 분쟁이 자주 발생하는 "COM" 도메인 주소는 미국의 국제정보망센터(InterNIC) 산하에 있는 NSI(Network Solutions Inc.)에서 발급신청을 받고 등록 및 발급관리업무를 담당하고 있다. 국제정보망센터는 선등록주의원칙(First come, First served)에 따라 먼저 등록한 기업에게 사용권을 부여하고 있고, 도메인이름의 합법성이나 제3자의 권리 침해여부와는 무관하다는 정책을 취하고 있다. 선등록자 우선의 원칙은 도메인이름이 상표권과 같은 지적재산권으로 인정되는 것이 아니라는 점에서 이해될 수 있는 정책이다. 미국 법원의 판결은 상표권을 침해하는 도메인이름의 등록은 법으로 보호받을 수 없다는 것이어서, 국제정보망센터(InterNIC)도 도메인이름의 등록 자체가 어떠한 법적인 권리도 보장하지 않으며, 분쟁이 발생하는 경우에는 권한이 있는 법원의 판결에 따른다는 내용으로 도메인이름의 분쟁정책을 시행하고 있다.

이와 관련하여 미국은 1996년 "연방상표희석화법"(The Federal Trademark Dilution Act)을 제정하였다. 이는 상품, 서비스를 식별하고 구분하는 저명상표의 능력을 감소시키는 행위를 "상표희석화행위"라고 정의하고 이러한 행위를 하는 경우 연방 관할법원에 소를 제기할 수 있도록 허용하는 법률이다. 따라서 이 법에 의하여 저명상표의 권리자는 다른 사람이 그 상표를 허락없이 사용함으로써 그 상표의 독특한 성격을 희석화하는 것을 금지할 수 있게 하고 있다. 이 법은 향후 저명상표를 이용한 인터넷 주소사용을 억제하는 효과가 있을 것으로 예측하고 있다.

위와 같은 영미법상의 상표희석화이론에 따르면 등록 상표가 저명한 경우에는 도메인이름의 보유자의 영업과 전혀 상이하더라도 동일한 문자를 도메인이름으로 사용함으로써 상표의 가치가 희석화된다고(즉 당해 저명상표의 신용과 명성 등이 떨어진다고) 볼 수 있는 경우에는 상표권침해로 인정될 수 있을 것이다. 아울러 타인의 상표와 동일한 도메인이름을 선정해서 등록하고 보유하는 것만으로 상표권침해가 되는 것인가, 혹은 등록하고 실제로 사용한 경우에만 상표권침해로 되는 것인지가 문제로 된다. 독일의 판례 가운데는 단순한 등록보유만으로는 상표의 사용이라고 볼 수 없다고 한 판례도 있고, 단순한 등록보유만으로도 상표의 사용에 해당된다고 판시한 것도 있다. 다수의 영미 판례는 등록해서 사용하는 것을 상표권의 침해로 인정하고 있다.[17)]

타인의 상표와 동일한 도메인이름을 등록하고 사용하지 않고 이득을 얻을 목적으로 보유하는 소위 도메인이름의 무단점유행위(사이버스쿼팅행위)는 위에서 살펴본 부정경쟁방지법 및 인터넷주소자원에관한 법률규정에 의하여 명문으로 금지되므로 이 문제는 입법적으로 해결되었다.[18)]

[해외입법례]

- 미국의 반사이버스쿼팅소비자개혁법

사이버스쿼팅행위는 타인의 등록상표와 동일 또는 유사한 도메인이름을 등록하고, 그 도메인을 팔아서 이익을 얻을 목적을 가지고 보유하는 행위를 말한다(도메인이름을 사용한 영업활동이 없다는 점에서 일반 도메인이름의 등록 사용과 구별된다). 미국의 경우 연방상표법인 Lanham Act를 개정한 반사이버스쿼팅소비자개혁법(Anticybersquatting Consumer Reform Act, ACRA 1999)을 만들어서 사이버스쿼팅행위를 규제하고 있다. 이법은 법 제정 이전에 등록된 도메인이름을 포함하여 모든 도메인이름의 등록에 관련된 사이버스쿼팅행위자(cybersquatter)에게 적용된다.[19)]

---

17) 정상조, "전자상거래와 지적재산권법" 「비교사법」 제5권 2호(통권 9호), 학회창립 4주년 기념학술대회 특집－전자상거래와 법적대응, 98면.

18) 정진용, 도메인이름의 무단점유관련 새로운 입법에 대한 소고, 인터넷법률 통권 제24호 (2004.7), 84-107면 참조.

19) Roger LeRoy Miller·Frank B. Cross, The Legal and E-Commerce Environment Today, Third Edition, West, 2002, pp.304-305.

6.5 한국인터넷진흥원의 도메인이름 등록

세계지적재산권기구(WIPO)는 1999년 "통일된 도메인네임 분쟁해결정책(Uniform Domain Name Dispute Resolution Policy : UDRP)"을 만들었고 이를 인터넷주소관리기구(ICANN)가 채택하여 일반 최상위 도메인네임(예 : .com, .org 등)에 대한 분쟁처리에 적용하고 있다. 한편 각국의 국가 도메인에 대한 분쟁처리는 각국에 위임되어 있는데 우리나라의 경우에는 한국인터넷진흥원는 우리나라 최상위 도메인이름의 등록 및 분쟁해결절차를 시행하고 있다.[20)]

한국인터넷진흥원의 도메인이름 등록 일반 원칙은 다음과 같다.[21)] 즉, 1) 선접수 우선등록주의, 2) 도메인이름의 상업적 거래 불허, 3) 도메인이름에 대한 적법성 여부에 대하여 책임을 지지 않음, 4) 상호등록증에 대하여는 상호에 관계되는 명칭을 사용하기를 권고함, 5) 상표등록증에 대한 도메인이름 신청은 상표에 관계되는 영문이름 또는 영문약자를 신청해야 함 등이다.

6.6 인터넷 도메인이름 분쟁사례

인터넷 도메인이름을 둘러싼 주요 분쟁사례를 몇 가지 소개하면 다음과 같다.[22)]

(1) 맥도널드 사건

이는 도메인이름에 관한 최초의 분쟁으로써 맥도널드사(www.mcdonalds.com)와

20) 한국인터넷정보센타(Internic)가 인터넷주소자원에관한법률 제9조에 의하여 한국인터넷진흥원으로 변경되었다.

21) 김경희, 「상표와 도메인네임의 저촉에 관한 고찰」, 경희대학교 국제법무대학원 석사학위논문, 2001. 8, 94면.

22) 이상정, 전게논문 "전자상거래와 지적소유권", 62-64면; 한국전산원, 「도메인네임 분쟁 사례집」 1998. 4., 정진섭, "인터넷 도메인이름과 상표권분쟁실태"(http://members.iworld.net/jpicinic/article/domain.htm), 도메인이름과 관련된 분쟁 사례를 모아놓은 사이트로는 http://www.law.georgetown.edu/lc/internic/recent/rec2.html 각 참조.

인터넷 잡지인 와이어드지 기자와의 사건이다. 와이어드 기자는 [mcdonals.com]라는 도메인을 등록하고 맥도널드사에게 도메인이름을 돌려 받기 위한 대가로 초등학교에 컴퓨터를 기부하라는 조건을 잡지에 공개적으로 게재한 사건이다. 맥도널드사는 결국 이 조건을 수락하고 도메인이름을 찾을 수 있었다.

(2) MTV 사건

MTV사는 전직 직원인 아담 커리가 [mtv.com]이라는 사이트를 등록하고 이를 통해 록 음악 보도를 매일 제공하는 데 대하여 이는 상표 침해와 불공정경쟁이라고 주장하고, 뉴욕 연방자치법원에 침해정지와 금전적 손해배상을 청구한 사건이다.[23] 이 사건은 결국 화해로 종결되어 현재는 MTV사가 [mtv.com] 도메인을 사용하고 있다.

(3) 해로즈(Harrods) 사건

영국 최대의 백화점인 해로즈(Harrods)사가 자사 상표가 포함된 [www.harrods.com]이라는 도메인명을 사용하고 있던 미첼로리에 대하여 상표권 침해 및 부정경쟁방지법 위반으로 제소한 사건이다.[24]

영국 법원은 해로즈사가 상표권을 가지고 있는 Harrods라는 상표를 도메인이름에 사용한 미첼로리의 행위는 상표권 침해 및 부정경쟁방지법에 위반한다고 보아 도메인이름을 해로즈에게 반환하라고 판시하였다.

(4) 샤넬 사건

저명한 샤넬(chanel)이라는 상호 또는 상표와 동일한 “chanel”을 “chanel.co.kr”이라는 도메인이름으로 등록하고, 홈페이지에 “Chanel International” 또는 “샤넬 인터네셔널”이라는 상호를 표시하고, 거래 상품도 샤넬이라는 상호 내지는 상표를 들으면 샤넬제품이 연상되는 상품을 전자상거래에서 취급한 경우이다. 법원은 이러한 행위는 부정경쟁방지법 위반이라고 판시하였다(서울지법 1999년 10월 8일 선고, 99가합41812판결, 이 판결은 도메인이름과 관련된 최초의 판결이다).

---

23) MTV Networks, Inc. v. Curry, 867 F. Supp. 202(S.D.N.Y 1994)

24) Harrods Limited v. UK Network Services Limited; Michael Lawie; James Middleton; UK Network Systems Limited; Greplite Limited, December 9, 1996.

(5) 하이마트 사건

피신청인은 널리 알려진 "하이마트(HI-MART)"라는 상호를 도메인이름으로 등록하여 사용하고 있음은 물론 인터넷 도메인에 개설된 웹사이트에서는 그 홈페이지 및 하위 사이트 화면의 좌측 상단에 "Hi-mart"라는 표시를 하여 두고 있고, 전자우편주소에 "webmaster@himart.co.kr"등을 사용하고 있으며, 취급하는 상품도 신청인이 취급하는 상품과 동일, 유사하였다. 이 경우 피신청인의 행위는 부정경쟁방지법에 위반된다고 판시되었다(서울지법 1999년 11월 24일, 99카합2819결정).

(6) 비아그라 사건

원고들은 피고들이 원고의 등록상표인 "Viagra", "비아그라", "PFIZET"와 동일한 것을 이 사건 도메인이름과 그 홈페이지에 사용하여 생칡즙 등의 건강식품을 판매하는 행위는 원고들의 등록상표권을 침해하거나 침해할 우려가 있는 행위로서 상표권 침해행위에 해당하므로 그러한 행위는 금지되어야 한다고 주장하였다.

법원은 생칡즙, 칡수 등의 건강식품은 위 상표의 발기기능장애 치료제인 비아그라와 같은 의약품과는 그 기능이 전혀 상이하고 그 차이가 일반에게 널리 인식되어 있으므로 위 상품과는 유사상품이라고 보기 어렵고, 도메인이름 등록과 홈페이지의 이용만으로 등록상표권을 침해하였다고 보기 어렵다고 판시하였다. 아울러 부정경쟁행위에도 해당하지 않는다고 보았다(서울지법 1999.11.18, 99가합8863 판결). 서울고등법원은 이 사건의 항소심에서 상표권 침해를 인정함으로써 원심판결을 파기하였다(서울고등법원 2002.12.11선고, 99나66719 판결). 이 사건에 관하여 대법원은 피고의 도메인 이름사용이 부정경쟁행위(부정경쟁방지법 제2조 1호 다 목)에 해당한다고 함으로써 피고들이 원고의 등록상표를 도메인 이름으로 사용을 하여서는 아니 된다고 판시하였다(대판 2004.5.14, 2002다13782).

제 7 장

전자상거래 분쟁해결제도

-차 례-

7.1 서 론

7.1.1 전자상거래와 분쟁발생

최근 전자상거래가 증가함에 따라서 소비자 피해도 늘고 있다. 인터넷 전자상거래와 관련한 분쟁은 크게 계약 사건과 불법행위사건으로 나누어 볼 수 있다. 전자상거래 소비자들의 피해의 유형을 보면 대체로 ① 배달된 제품이나 프로그램이 불량품인 경우, ② 반품과 환불을 약속하고서도 이행하지 않는 경우, ③ 대금을 지급하였는데도 상품을 보내주지 않는 경우, ④ 제품과 서비스를 구매하지 않았는데도 대금이 청구된 경우(쇼핑몰 운영자의 실수로 인함), ⑤ 상품배달 지연 및 배달 사고(파손)의 경우 등이 있다.

한편 소비자가 국제전자상거래의 당사자가 되는 경우에는 국제적인 소비자 계약사건으로서 법적인 문제가 발생한다.

다음으로 불법행위 관련 사건으로는 외국제품에 의한 제조물 책임이 발생한 경우, 컴퓨터 바이러스를 통한 데이터 파괴 시 책임문제, 지적재산권침해 사건 등이 있다.

인터넷 전자상거래에 있어서는 하나의 거래가 성립되거나, 불법행위 사건이 발생하는 경우에 많은 주체가 관련되어 있는 경우가 보통이다. 예컨대, 전자상거래의 직접 계약 당사자인 소비자와 전자상거래사업자 외에도 인터넷 서비스제공업자(Internet Service Provider : ISP), 택배회사, 결제관련 신용카드회사나 은행, 인증기관 등 여러 기관이 관련된다. 따라서 전자상거래 분쟁이 발생한 경우 그 피해의 원인과 책임소재를 밝히기가 어렵게 된다. 더구나 전자상거래가 국경을 넘어서 국제적으로 이루어지거나 외국 전자상거래 기업과 지적재산권침해관련 분쟁이 생긴 경우에는 국제 재판관할권문제와 함께 국제사법적 문제 그리고 외국판결의 승인, 집행의 문제 등이 아울러 문제되는 것이다.

전자상거래에 따른 분쟁이 발생한 경우 전통적인 법이론이 그대로 적용될 수 있는가 하는 문제에 대하여 검토가 필요하며 전자상거래에 따른 법이론의 수정이 필요할 경우가 생긴다.

7.1.2 분쟁해결제도의 유형

전자상거래 당사자간에 분쟁이 발생한 경우에는 분쟁을 해결하여야 하는 데 가능한 최소비용으로 신속하게 분쟁을 해결하여야 한다. 전자상거래사업자는 기존의 거래관계에 있는 고객뿐 아니라, 처음 거래를 하는 비대면의 상대방과 사이에 분쟁이 발생할 수도 있다는 점에서 특색이 있다.

일반 민사소송법상으로 분쟁해결을 위한 소송절차가 확립되어 있지만, 전자상거래는 정보통신기술을 이용하여 순간적으로 이루어지고, 국제적인 특성을 갖는 등 일반적인 거래와는 다른 특성이 있기 때문에 전자상거래의 분쟁해결제도도 여기에 맞게 확립될 필요가 있다.

전자상거래 분쟁해결을 위하여는 시간과 비용이 많이 드는 소송제도 외에 중재, 조정 등의 다양한 대안적 분쟁해결제도(Alternative Dispute Resolution : ADR)가 매우 유용하다. 본 장에서는 이러한 대안적 분쟁해결제도를 살펴본 후, 소송이 제기될 경우 문제가 되는 재판관할, 준거법 등을 고찰한다. 아울러 온라인 분쟁해결제도에 대하여도 알아본다.

7.2 대안적 분쟁해결제도(ADR)

7.2.1 대안적 분쟁해결제도의 의의

분쟁발생 시 소송을 통해서 분쟁을 해결할 수 있으나, 소송절차는 많은 시간과 비용이 들기 때문에 분쟁해결을 위한 마지막 수단이 되어야 하고, 비용과 시간을 들이지 않고 분쟁을 해결하는 것이 가장 바람직하다고 할 것이다. 이러한 분쟁해결제도를 '대안적 분쟁해결제도(ADR)'라 하는데, 여기에는 첫째, 구속력을 갖는 확정적 분쟁해결절차와 둘째, 구속력을 갖지 않는 비확정적 분쟁해결절차가 있다. 전자에 해당하는 것으로서는 중재가 있고, 후자에는 다시 조정, 화해 등이 있다. 우리나라의 경우 전자문서법에 의하여 설치·운영되고 있는 "전자거래분쟁조정위원회"에 의한 분쟁조정제도가 있다.

7.2.2 대안적 분쟁해결제도의 유형

대안적 분쟁해결제도는 소송외적 분쟁해결제도라고도 하는데 여기에는 중재, 조정, 알선, 화해 등의 제도가 있다. 이곳에서는 중재와 조정을 중심으로 살펴본다.

(1) 중 재

당사자간의 합의로 사법상의 분쟁을 법원의 판결에 의하지 아니하고 중재인의 판정에 의하여 신속하게 해결할 수 있는 제도가 중재제도이다(중재법 제1조). 중재절차는 당사자간에 중재합의 내지 중재계약이 있어야 진행될 수 있고, 상행위로 인하여 발생되는 분쟁에 대하여는 "상사중재규칙"이 정하는 바에 따라서 중재인을 선임하고 중재절차를 진행한다. 중재인에 의한 중재판정은 중재가 개시된 때로부터 3월내에 하여야 하고(중재법 제11조 5항), 그 비용도 저렴하기 때문에 일반 소송절차에 의하는 것보다 훨씬 시간적, 경제적으로 유리하다고 할 수 있다.

중재판정은 당사자간에 있어서는 법원의 확정판결과 동일한 효력을 갖기 때문에(중재법 제12조), 다른 대안적 분쟁해결제도와는 달리 당사자를 구속하는 효력을 갖는다. 또한 중재절차가 법에 위배되었거나, 중재인의 선정이 잘못되었다는 사유 등이 있는 경우에 한하여 당사자는 중재판정취소의 소를 제기할 수 있다(중재법 제13조).

중재가 전자상거래에서 발생하는 소액의 분쟁사건에 적용될 수 있다고 하지만 분쟁의 규모에 따라서는 중재절차가 적합하지 않은 경우도 있을 수 있고 이러한 경우에는 다음에 살펴볼 전문기관의 조정절차가 오히려 유리할 것으로 본다. 영국의 경우 신 중재법(1997년 1월 발효)에서도 전자상거래 분쟁규모가 소액인 사건에 대하여 중재법에 따른 중재절차가 적용될 수 있지만, 여전히 전자상거래사업자가 거래약관 또는 계약서에 분쟁발생 시 강행적으로 중재절차에 따른다는 조항을 삽입함에 있어서는 주의를 요한다고 본다. 왜냐하면 영국의 소비자계약법(UK Unfair Terms in Consumer Contracts Regulations, 1994, 1999)상의 불공정 거래조건규정에 따르면, 배상청구금액이 5,000 파운드(영국)를 초과하지 않는 경우에는 그러한 중재합의는 불공정한 중재합의가 되기 때문이다(1996년 중재법 제91조 제1항 참조). 소비자에 대한 소프트웨어 판매와 관련된 미국 판례에서는 판매자의 표준거래약관상에 분쟁이 발생하면 국제상업회의소(ICC)의 중재에 따른다는 조항을 삽입한 것은 상대방 소비자가 4,000달러(미화)의 중재비용을 지출하여야 하기 때문에 허용될 수 없다는 판결이 있다(USA v Visa Inc No 750, Appellate Division, 1 Dept NY, 13 August 1998).

(2) 민사조정법에 의한 조정

민사(상사, 가사사건 포함)에 관한 분쟁을 간이한 절차에 따라 해결하기 위한 것으로 조정제도가 있다. 조정에는 이러한 민사조정 외에 행정위원회에 의한 여러 형태의 조정제도가 있다. 예컨대 소비자기본법에 따른 소비자분쟁조정위원회, 금융분쟁조정위원회, 저작권심의조정위원회 등이다.

당사자 사이에 분쟁이 발생하면 분쟁 당사자는 법원에 조정을 신청할 수 있고, 조정 신청이 있으면 조정담당판사나 조정위원회가 분쟁당사자 사이에 개입하여 조정을 진행한다. 당사자 사이에 합의가 이루어지면 조정조서가 작성되고, 조정이 성립된다. 조정은 재판상의 화해와 동일한 효력을 갖는다(민사조정법 제29조). 조정은 전문가를 조정위원으로 위촉하여 비공개로 진행하며, 분쟁당사자가 조정위원회에서 제시한 조정안에 합의함으로써 조정이 성립된다는 점에서 특징이 있다.

(3) 전자문서·전자거래분쟁조정위원회에 의한 조정

① 조정대상과 위원회의 구성

전자상거래로 인한 피해의 구제와 공정한 전자상거래의 관행을 정착시키기 위하여 전자문서법(제6장 제32조 내지 제38조)에 의하여 전자문서·전자거래분쟁조정위원회(이하 전자거래분쟁조정위원회라 함)가 설치되어 운영되고 있다. 전자거래분쟁조정위원회운영에 관한 세부적인 사항을 정하기 위하여 전자거래분쟁조정위원회 운영규정(이하 운영규정이라 한다.)이 마련되어 있다.

조정대상은 전자상거래에 관한 모든 분쟁이다. 즉 전자상거래사업자와 소비자간의 분쟁은 물론 전자상거래사업자간에 발생한 업체간의 분쟁도 포함한다.

위원회의 구성은 위원장 1인을 포함하여 15인~50인 이하의 위원으로 구성된다(법 제32조 제2항). 이러한 전자거래분쟁조정위원회의 조정을 통한 분쟁해결은 처리절차가 신속하며(45일 내에 처리 가능), 당사자에게 조정비용의 부담이 없이 편리하게 분쟁을 해결할 수 있다는 특징이 있다.

② 조정진행 절차

조정진행절차는 일반적 분쟁조정 절차와 사이버 분쟁조정 절차의 두 가지 유형에 따라서 달라진다(운영규정 제12조, 제13조).

가. 일반적인 분쟁조정 절차

첫째, 분쟁 이해관계인이 위원회에 조정신청을 한다.

둘째, 위원장은 분쟁관련 당사자에게 조정신청내용을 통지하고 합의를 권고한다.

셋째, 조정신청을 받은 날부터 10일 내에 합의가 이루어지지 않은 때에는 담당 조정부를 구성한다.

넷째, 담당 조정부가 구성된 후 20일 내에 조정안을 작성하여 당사자들에게 수락을 권고한다.

다섯째, 당사자들이 조정안을 수락한 경우에는 조정조서를 작성하고 조정이 성립된다.

나. 사이버 분쟁조정 절차

전자거래분쟁조정위원회의 홈페이지(http://dispute.kiec.or.kr)내에 사이버분쟁조정센터가 설치되어 있고, 이 분쟁조정센터를 통하여 인터넷 상으로 분쟁조정절차에 참여할 수 있다.

첫째, 분쟁 당사자는 사이버분쟁조정센터의 조정에 응하기로 합의한다.

둘째, 조정위원회 사무국 직원이 사이버분쟁조정센터 비공개대화방의 비밀번호를 분쟁당사자에게 통지한다.

셋째, 정해진 일시에 비밀번호를 이용하여 조정관계인이 비공개대화방에 접속하여 실시간 조정이 진행된다.

넷째, 당사자가 조정안을 승낙하면 조정조서를 작성하고, 조정이 성립된다.

③ 조정의 효력

전자거래분쟁조정위원회는 분쟁당사자가 조정위원회의 조정권고에 대하여 동의하거나, 자체적인 조정합의서를 제출한 경우에는 조정이 성립된다(법 제35조 제1항). 이 경우 조정위원회는 전자상거래의 분쟁에 관한 조정조서를 작성하는데, 이 조정조서는 재판상 화해와 동일한 효력이 있다(법 제35조 제3항). 이러한 조정의 효력은 법원의 확정판결과 동일한 효력을 갖는 중재판정과 차이가 있고, 재판상 화해의 효력을 갖는 소비자분쟁조정위원회에 의한 조정이나 금융분쟁조정위원회의 조정의 효력과 동일하다.

7.3 분쟁해결 조항의 이용방법

7.3.1 분쟁해결 조항의 삽입시 고려사항

전자상거래 사업자가 거래약관에 분쟁해결조항을 삽입하여 이용하고자 하는 경우에는 다음과 같은 몇 가지를 고려할 필요가 있다. 첫째, 거래약관상 분쟁해결 조항을 삽입하는 경우에는 준거법 및 재판관할조항도 포함된다. 둘째, 복잡한 분쟁이나 기술적으로 전문적 사항에 관한 분쟁의 경우에는 전문가의 결정에 따르는 것이 바람직하다. 셋째, 분쟁액수가 소액인 경우에는 중재절차가 적합하지 않을 수 있다. 왜냐하면 중재는 상대적으로 높은 금액의 분쟁에 적합하기 때문이다. 또한 소액사건을 외국법원에서 재판하는 것(외국법원에 제소하거나, 응소하는 것)은 비경제적이고, 비실용적이다. 넷째, 분쟁 당사자간에 지속적인 상거래관계에 있는 경우에는 당사자간의 분쟁에 관하여 비밀을 유지할 수 있는 대안적 분쟁해결 절차가 적합하다는 점이다.

7.3.2 분쟁해결조항의 사례

(1) 단순한 분쟁해결

당사자의 합의에 의하여 다음과 같은 단순한 분쟁해결조항을 계약에 둘 수 있다.

"당사자 갑과 당사자 을은 ---에 관하여 발생한 분쟁을 ( )일 이내에 (전자거래분쟁조정위원회의 조정)에 의하여 해결하기로 합의한다."

이러한 조항은 당사자의 계약내용에 삽입하여 이용하거나 또는 별도의 대안적 분쟁해결절차에 의한 합의 시에 이용할 수 있다. 이러한 분쟁합의조항을 이용할 경우에는 당사자간의 신뢰가 중요하고, 가능한 가장 단순한 형태의 조항이 바람직하다. 분쟁합의 조항을 계약내용에 삽입할 경우에는 다음과 같은 사항을 고려하여야 한다.

첫째, 분쟁의 개념에 관하여 분명하게 정한다.

둘째, 분쟁해결절차의 전 과정은 편견 없이 진행되며, 비밀을 유지하도록 한다.

셋째, 분쟁해결단계에서 해결되어야 할 분쟁을 적절하게 구별하여야 하며, 당사자들이 분쟁해결을 위한 그들의 행위를 기록한다.

넷째, 분쟁조정자(기관), 일시 및 장소에 대하여 합의한다.

다섯째, 분쟁의 내용에 적합한 대안적 분쟁해결 수단에 대하여 합의한다.

(2) 기관의 대안적 분쟁해결규칙의 편입사용

대안적 분쟁해결기구는 상거래계약에 편입하여 사용할 수 있는 절차규정을 제정해 놓거나 분쟁합의조항 자체를 제정해 놓고 있다. 그러한 기관은 이 절차규정을 상거래 계약에 편입하여 사용할 것을 권고한다. 이를 표준 분쟁해결조항이라고 부를 수 있는데 다음과 같은 기관(웹사이트)에서 찾아볼 수 있다.

① http://www.internationaladr.com/int11.htm

② 국제상업회의소 모델중재조항 및 화해조항 : http://www.iccwbo.org

③ 국제투자분쟁해결센터모델조항 :
http://www.worldbank.org/icsid/basicdoc/basicdoc.htm

④ 세계지적재산권기구 중재규칙, 조정규칙 : http://www.wipo.org

⑤ 유엔국제상거래법위원회(UNCITRAL) 중재규칙 : http://www.uncitral.org

⑥ 런던 국제중재법원의 모델 중재규칙 : http://www.lcia-arbitration.com

⑦ 미국 중재협회의 국제상사중재 모델 규칙 : http://www.adr.org

(3) 대안적 분쟁해결 합의의 구체적 내용

분쟁당사자는 다음과 같은 합의를 할 수 있다.

첫째, 당사자들에 의하여 취해질 수 있는 구체적인 단계별 내용

둘째, 분쟁에 관련된 사실, 이론, 의견 등이 공개되는 것은 모든 당사자의 책임이라는 기재

셋째, 대안적 분쟁해결절차에 의하여 합의에 도달하지 못한 경우에는 양당사자는 구속력을 갖지 않는 의견을 제시할 중립적 인물을 요청할 수 있다는 것

넷째, 대안적 분쟁해결절차에 적용될 준거법

다섯째, 당사자들이 법원에 제소할 수 있는 경우를 명확히 할 것 등이다.

7.4 국제재판관할

7.4.1 전자상거래와 국제재판관할의 결정

전자상거래는 국경을 초월하여 이루어지는 경우가 많기 때문에, 어느 나라의 법원이 전자상거래 분쟁에 대하여 재판권을 갖는지를 결정하여야 한다. 즉, 전자상거래 분쟁 당사자는 자신들의 분쟁사건을 어느 나라의 법원에서 재판할 수 있는지를 알 수 있어야 한다. 둘째, 당해 분쟁에 대한 절차법과 분쟁해결을 위한 준거법이 무엇인지를 결정하여야 한다. 셋째, 외국의 판결이 어떻게 승인 집행될 수 있는지를 알아야 할 것이다. 준거법의 문제는 항목을 바꾸어 살펴보기로 하고 여기에서는 재판관할에 관하여 살펴본다.

전자상거래 분쟁에 대한 재판관할을 결정함에 있어서 전자상거래에 특유한 재판관할원칙을 정하는 것보다는 종래의 재판관할에 관한 일반 법원칙을 기초로 하여 전자상거래에 이를 원용하는 것이 바람직하고, 세계적인 흐름도 이러한 방향을 취하고 있다.

전자상거래가 우리나라에서만 이루어진 경우에는 당해 분쟁을 처리함에 있어서 우리나라 민사소송법의 관할법리가 적용되기 때문에 별 문제가 없을 것이다. 그러나 국제적인 전자상거래의 분쟁이 발생한 경우에 어느 나라의 법원이 관할권을 가지는가 하는 문제를 살펴보기 위하여는 그 동안 세계 주요국이 국제재판관할에 대하여 어떠한 법리와 판례를 발전시켜왔는가를 살펴볼 필요가 있다. 이곳에서는 다음과 같은 사례를 통하여 유럽국가의 재판관할과 미국의 재판관할을 중심으로 살펴보고 우리나라의 경우 국제재판관할문제는 어떠한 가를 계약사건과 불법행위사건으로 나누어서 살펴보기로 한다.

[계약사건에 관한 국제재판관할 사례]

한국의 갑이 영국(유럽연합 회원국)의 인터넷 서적회사 을(http://www.bookshop. co.kr)로부터 인터넷으로 책을 구입하기 위하여 주문과 함께 대금을 지급하였으나 책을 받지 못하였다. 이 경우 주문한 책을 인도받기 위하여서는 어느 나라의 법원에 소를 제기할 수 있는가? 만약 한국의 갑이 을로부터 책을 이미 우송 받았음에도 불구하고 대금을 지급하지 않은 경우에는 을은 어디에 대금지급청구소송을 제기할 수 있는가?
위의 사례에서 갑이 미국의 인터넷 서적회사 을(http://www.amazon.com)로부터 서적을 구입한 경우는 어떻게 되는가?

[불법행위사건에 관한 국제재판관할 사례]

한국의 인터넷 기업 병이 영국의 온라인 사업자 정을 상대로 상표권 침해를 이유로 손해배상을 청구할 경우 어느 나라에 소송을 제기할 수 있는가?
병이 미국의 온라인 사업자 정의 상표권을 침해한 경우에는 어떠한가?

7.4.2 유럽연합의 국제재판관할 법리

(1) 피고의 주소지 재판관할 원칙 - 브뤼셀 협약에 의한 국제재판관할의 결정

유럽연합 회원국은 1968년 브뤼셀 협약(The Brussels Convention)을 채택하고 이에 가입함으로써 유럽연합 회원국 상호간의 국제재판관할 문제와 외국판결의 승인 집행의 문제를 해결하고 있다(브뤼셀 협약은 1988년 Lugano Convention에 의하여 유럽연합회원국과 자유무역지대(EFTA)회원국간에도 동등하게 적용된다). 영국은 이 협약에 가입하여 1987년 1월 1일부터 발효하였다.

브뤼셀 협약은 다음과 같은 세 가지 기준에 의하여 국제재판관할을 결정한다.

첫째, 국제적 요소가 포함되어야 한다. 따라서 영국인 사이에서만 발생된 분쟁에 대하여는 브뤼셀 협약이 적용되지 않는다.

둘째, 민·상사 사건에만 적용된다.

셋째, 피고의 주소지 소재국이 재판관할권을 갖는다.

여기서 가장 중요한 것은 피고의 주소지 재판관할 원칙이다. 이는 영국법원은 소송이 제기될 당시에 영국에 현실적으로 거주하는 피고에 대하여 재판관할권을 갖는다고 하는 영국의 보통법원칙이 반영된 것이다.

주소의 개념은 법정지(소송이 제기된 국가)의 국내법에 따라서 정해질 것인데, 개인과 법인에 따라서 다르다.

① 자연인(개인)의 경우 : 거주 또는 실질적인 관련이 있는가에 따라서 결정된다. 영국의 경우 3개월 이상 영국에 거주하고 있어야 영국이 주소지로서 인정된다.

② 법인의 경우 : 브뤼셀 협약에 의하여 회사나 법인의 본점소재지 또는 영업소 소재지(seat)가 주소로 된다. 어느 회사가 등록된 사무소를 가지고 있거나, 공식적 주소를 가지고 있거나, 또는 영국에서 경영되거나 하는 경우에는 영국에 그의 영업소(Seat)를 갖는 것이 되어 영국 법원이 관할권을 갖는다. 만약 외국 회사가 영국에 영업소를 가진 경우 이 회사에 대하여 영국 법원에 소송을 제기하면 영국 법원의 재판관할권이 인정될 것이다.

(2) 주소지 관할원칙의 예외(특수관할)

① 계약사건에 대한 채무이행지 재판관할권

계약사건의 경우에는 채무이행지의 관할권이 인정된다(브뤼셀 협약 제5조 제1항). 채무이행지의 개념은 청구의 내용에 따라서 달라진다. 예컨대, 온라인 서적판매의 경우 서적 주문자가 대금지급을 거절한 경우에는 판매상인이 주문자의 대금지급채무 이행지에서 소송을 제기할 수 있고, 반대로 판매상인의 서적 인도에 관하여서는 구입자가 서적인도채무 이행지(인도장소)에 소송을 제기할 수 있다. 이처럼 채무의 이행지는 청구의 내용에 따라서 달라진다.

채무이행지의 개념은 법정지의 국내법에 따라서 결정된다. 그런데 사이버상에서 인터넷 상으로 소프트웨어를 다운로드 받는 거래의 경우(예, 음악 파일, 소프트웨어 프로그램 판매의 경우)에 채무이행지를 결정하기가 매우 어렵다. 이러한 경우에는 대금지급 방법과 장소가 채무이행지 결정의 매우 중요한 기준이 될 수 있다. 왜냐하면, 대부분의 분쟁은 대금지급의 거절과 관련하여 발생되며, 대금 지급시스템이 중요한 연결점을 제공하기 때문이다. 대금지급장소는 당해 계약의 준거법에 의하여 결정될 수 있기 때문에, 계약의 준거법에 따라서 재판관할권을 결정하면 될 것이다. 만약 계약의 준거법이 영국법인 경우에는 영국법에 따르면 계약에 대금지급장소가 정해지지 않은 경우에는 채무자는 채권자의 영업소 소재지에서 대금을 지급하여야 할 의무를 진다. 반면에 독일법의 경우에는 채무자의 주소지 또는 영업소 소재지에서 대금을 지급하여야 한다.

만약, 어떤 청구가 하나 이상의 채무를 기초로 하여 제기되었다면 주된 채무이행지가 재판관할권을 갖는다.

이상의 계약사건은 기업과 기업간의 전자상거래에 적용될 것이다. 반면에 기업과 소비자간의 계약 소위 소비자계약사건의 경우에는 소비자보호를 위하여 브뤼셀 협약에 특별한 규정을 두고 있다. 즉, 소비자가 상대방 전자상거래사업자를 상대로 소송을 제기할 때에는 상대방 또는 소비자의 주소지를 관할하는 국가의 법원(체약국)에 제기하는 것이 가능하다(제14조 제1항). 만약 상대방 전자상거래사업자가 소비자를 상대로 소송을 제기하는 경우에 예를 들면, 소비자가 물품대금을 지급하지 않기 때문에 소비자를 상대로 대금지급청구소송을 제기하는 경우에는 채무이행지의 법원(협약 제5조)이 아니라, 소비자의 주소지를 관할하는 법원에서만 소송을 제기할 수 있는 것이다(제14조 제2항). 온라인 거래에 있어서는 전자상거래사업자가 전세계 소비자를 상대로 소송을 제기당할 경우가 발생될 수 있기 때문에, 전자상거래사업자가 약관에 의하여 소비자와 관할합의를 하는 것이 허용된다고 본다. 또한 "부인문구(Disclaimer)" 즉 "본 사이트를 통한 판매의 목적국은 A 국내뿐이고, 그 이외의 나라를 대상으로 하는 것은 아니다"는 문구를 거래약관에 이용할 수 있는가 라는 문제가 있다. 이러한 부인문구를 허용하지 않게 되면 국내시장 내지 특정 시장만을 대상으로 한 소규모 전자상거래사업자가 전 세계 소비자를 상대로 한 소송위험 때문에 인터넷 전자상거래가 위축될 수 있기 때문에 이러한 부인문구의 사용을 허용하는 것이 바람직할 것이다. 위와 같은 내용은 네덜란드 헤이그 국제사법협약안 제7조와 유사하다.

② 불법행위사건의 경우 불법행위지 관할

불법행위사건의 경우에는 불법행위 발생장소의 법원이 재판관할권을 갖는다(협약 제5조 2호). 이러한 불법행위에는 도메인네임 침해, 해킹, 고의나 과실에 의한 하자있는 정보제공, 바이러스침해사건, 지적재산권침해행위 등이 포함된다. 그러므로 불법행위피해자는 피고의 주소지관할 법원이나 불법행위지 관할법원에 소를 제기할 수 있는 것이다. 여기서 불법행위지를 판단하는 것은 그 불법행위의 결과가 여러 곳에서 발생하거나, 여러 가지 다른 방법으로 발생하거나 또는 지정학상 어떤 장소의 개념을 가지지 않는 경우가 있기 때문에 어려움이 따른다. 또한 불법행위지가 행동지인가 또는 결과발생지인가 하는 문제도 제기된다.

영국의 판례를 보면, 원고는 미국 회사로서 영국 내에 자회사를 가지고 있는 컴퓨터 관련회사이고, 피고는 독일 회사로서 독일에서 거래를 할 때 자신의 웹사이트 광고를 통하여 "Internet World"라는 이름을 사용하였다. 영국법원은 피고 독일회사가 위의 이름을 사용함으로써 독일에서 불법행위의 결과로써 손해가 발생하였고, 따라서 독일법원이 재판관할을 가진다고 주장하였으나, 원고는 피고가 위의 이름을 사용함으로써 피해가 원고가 위의 이름에 대한 실질적인 재산적 가치

(Goodwill)를 가지고 있는 영국을 겨냥한 것이며, 영국에서 발생하였다고 주장하였다. 이에 대하여 영국법원은 원고가 위의 이름에 대하여 영국 국내에서 재산적 가치를 가졌고, 그 손해가 독일이 아니라 영국에서 발생하였다고 함으로써 영국의 재판관할권을 인정하였다(Mecklermedia Corpn v. DC Congress GmbH[1997]FSR 627, [1997] 3WLR479).

현재 대부분의 인터넷 상거래관련 분쟁은 지적재산권 침해사례가 많다. 그 이유는 아직까지 전자상거래의 대금지급 및 전자인증, 전자서명제도 등이 확립되어 있지 않기 때문에 이에 관한 분쟁사건이 적기 때문이다.

7.4.3 미국의 국제재판관할 법리

(1) 일반재판관할에 관한 현존원칙(Present Theory)

재판관할을 인정하기 위하여서는 소송이 제기된 법원(법정지 법원)에 피고 또는 피고의 재산이 현존해야 한다는 요건(이를 '현존원칙'이라 한다)이 충족되어야 한다. 미국의 각 주 법원은 일반재판관할권을 결정함에 있어서 이 현존원칙에 따르고 있다. 그렇지만 주간통상거래가 확대됨에 따라서 보다 유연한 재판관할이 인정될 필요가 제기되었고, 이에 따라 특수한 재판관할이 인정되게 되었다.

(2) 계약 및 불법행위에 관한 특수재판관할

특수재판관할은 일반재판관할을 확장한 것인데, 최소접촉원칙(minimum contacts)과 연방헌법상 적법절차조항(due process clause)에 따른 관할확장법(long arm statutes)에 의하여 재판관할이 확장된다.

"최소접촉원칙"이란 피고와 법정지간에 "최소한의 접촉(minimum contacts)"이 있어야 한다는 원칙이다. 즉, 피고 또는 피고의 재산이 법정지에 현존하지 않으면 현존원칙에 따라 일반재판관할이 없지만, 만약 법정지와 피고 또는 법정지와 소송원인간에 "최소한의 접촉" 사실을 인정할 수 있으면 특수재판관할을 인정할 수 있다는 원칙이다. 예컨대, 피고가 법정지에 현존하지 않더라도 법정지에서 계속적인 영리활동을 하였다거나, 법정지에서 계약을 체결하였다거나, 법정지에서 불법행위를 저지를 경우 혹은 불법행위의 결과가 법정지에서 발생한 경우에는 법정지와 피고 간에 최소한의 접촉을 인정할 수 있다.

미국의 각 주가 관할확장법에 따라 관할을 확장하고자 할 경우에는 최소접촉요건을 충족하는 외에 연방헌법상 적법절차요건에 합치하여야 한다. 따라서 법정지에 현존하지 않는 피고에 대하여 재판관할을 인정하기 위하여서는 피고에 대한 재판이 연방헌법이 보장하는 공평과 실질적 정의에 부합하는 합리적인 것이어야 한다. 재판관할권의 행사가 공평과 실질적 정의에 부합하는지를 판단하기 위하여 원고와 피고의 소송의 효율성 및 소송비용측면과 재판관할권을 행사하는 법정지의 이해관계 등을 고려하여야 한다.

전자상거래분쟁에 대한 재판관할권 여부를 결정함에 있어서 미국법원은 위에서 살펴본 기존의 재판관할 법리를 확장 적용하여 문제를 해결하고 있다.

전자상거래와 관련된 분쟁에 관하여 미국 법원이 재판관할을 인정한 경우로는, ① 계약관계에서 재판관할을 인정한 경우, ② 불법행위관련 재판관할을 인정한 경우, ③ 재판관할권을 부인한 경우로 나누어 볼 수 있다.

① 재판관할을 인정한 사례

가. 상호권 침해 및 계약위반사건(Digital Equipment v. Altavista Technology)[1]

원고는 메사추세츠주에 소재하는 기업이며, 피고는 캘리포니아주에 소재하는 기업으로서 양 당사자는 피고의 Altavista 상호 및 관련된 권리를 원고에게 이전하되, 제한된 범위 내에서 영업목적이 아닌 한 피고가 양도한 상호를 계속 사용할 수 있다는 계약을 체결하였다. 그러나 피고는 위 계약에서 정한 범위를 벗어나서 양도한 상호를 사용하여 계속 영업활동을 하자, 원고는 상호권 침해 및 계약위반을 이유로 메사추세츠주 법원에 소송을 제기하였다. 피고는 위 상호의 사용은 인터넷을 통하여 이루어 졌기 때문에 메사추세츠주 거주자들만을 대상으로 한 것이 아니라는 이유로 메사추세츠주 법원의 재판관할을 부인하는 항변을 제기하였으나, 메사추세츠주 법원은 메사추세츠주 거주자들이 피고의 인터넷 사이트에 자유롭게 접속할 수 있기 때문에 인터넷을 통한 피고의 행위와 메사추세츠주의 최소접촉이 인정된다는 이유로 메사추세츠주의 재판관할을 인정하였다.

나. 계약위반 및 명예훼손 사건(Edias v. Basis)[2]

원고는 아리조나주 기업이며, 피고는 뉴멕시코주 기업인데, 피고는 원고와의 사

1) 960 F. Supp.456(D.Mass.1997).

2) Edias software International, L.L.C. v. Basis International Ltd., 947 F. Supp. 413(D.Ariz. 1996)

이에 피고의 소프트웨어제품을 유럽에 판매하기 위한 계약을 체결하고 사업수행을 위하여 아리조나주를 여러 차례 방문하였을 뿐 아니라, 전화, 팩스, 이 메일 등을 통하여 원고와 자주 접촉하였다. 피고는 계약이 잘 이행되지 않자 원고를 비방하는 내용을 전자우편, 웹사이트 등에 게재함으로써 아리조나주 거주자들이 이를 볼 수 있게 하였다. 이에 대하여 원고는 계약위반 및 명예훼손을 이유로 아리조나주 법원에 피고를 상대로 소를 제기하였고, 아리조나주 법원은 재판관할을 인정하였다.

다. 상표권침해사건(Zippo Manufacturing v. Zippo Dot Com)[3)]

이 사건은 도메인명에 의한 상표권침해사건인데, 원고(Zippo Manufacturing)는 펜실바니아주에 소재한 Zippo라이터를 제조하는 회사이며, 피고(Zippo Dot Com)는 캘리포니아주에 소재한 인터넷 기업으로서 Zippo.com이라는 도메인 명으로 웹사이트와 인터넷 뉴스서비스를 운용하고 있는 기업이다. 원고는 피고가 자신의 상표권을 침해하였음을 이유로 펜실바니아주 법원에 소를 제기하였다. 이에 대하여 펜실바니아주 법원은 웹사이트를 운영하는 유형을 다음과 같이 세 가지로 분류하였다. 즉 첫째, 피고가 웹사이트를 영업적으로 운영하는 경우에는 피고에 대한 재판관할권이 인정된다. 둘째, 피고가 단순히 정보를 게시할 목적으로 웹사이트를 운영하는 경우에는 재판관할권이 인정되지 않는다. 셋째, 피고가 대화식웹사이트를 운영하고, 웹사이트를 이용하는 상대방과 상호 정보를 교환하는 경우에는 웹사이트의 상호작용과 정보교환의 성격에 따라서 재판관할권의 유무를 결정한다.

이 사건의 경우 피고는 대화식 웹사이트를 운용하고 있고, 펜실바니아주민 약 3000명과 거래를 하였으며, 그들에게 전자메시지의 다운로드를 허용하고 있으므로 펜실베니아 주민들과의 전자상거래가 인정된다는 이유로 펜실베니아주 법원은 펜실바니아주의 재판관할권을 인정하였다.

라. 도메인명에 의한 상표권침해사건(Panavision v. Toeppen)[4)]

원고 Panavision사는 캘리포니아에 주영업소를 둔 회사이고, 피고 Toeppen사는 일리노이주 소재회사인데, 피고가 원고 회사의 Panavision이라는 상표를 사용하여 일리노이주에서 Panavision.com이라는 도메인명으로 등록하고 웹사이트를 운영하기 때문에 원고는 자신의 상표를 도메인명으로 사용할 수 없게 되었다. 피고는 원고

---

3) 952 F. Supp. 1119(W.D. Pa.1997)

4) Panavision International, L. P. v. Dennis Toeppen No. 97-55467, D.C. No. CV-96-03284-DDP-JRx 141 F.3d 1316(9th Cir.1998).

에게 위 도메인명을 $13,000에 살 것을 제의하였으나, 원고는 이를 거부하고 연방상표희석화법(Federal Trademark Dilution Act)에 의거하여 상표권침해를 이유로 피고를 캘리포니아주 지방법원에 제소하였다. 이에 대하여 피고는 캘리포니아법원에는 재판관할권이 없다고 주장하였으나, 캘리포니아법원은 원고의 주요 영업지가 캘리포니아이며, 피고의 행위의 효과가 캘리포니아에 미친다는 이유로 캘리포니아 지방법원의 재판관할권을 인정하였다. 항소법원에서도 캘리포니아주의 관할확장법은 적법절차조항에 합치한다는 이유로 캘리포니아 지방법원이 재판관할권을 가진다고 판결하였다.

② 재판관할권을 부인한 사례

가. 도메인명에 의한 상표권침해사건(Hearst Corp. v. Ari Goldberg)[5)]

원고(Hearst Corp.)는 ESQUIRE 잡지의 소유주이자 발행인인데, 피고가 ESQUIRE.COM이라는 도메인명으로 법률웹사이트를 만들자 피고를 상대로 뉴욕주 지방법원에 상표권 침해소송을 제기한 사건이다. 뉴욕주 지방법원은 뉴욕주 거주자들이 피고의 웹사이트를 방문하였고, 피고와 전자우편을 주고받았다고 하더라도, 이는 피고의 웹사이트가 단순히 잡지에 광고를 싣거나, 뉴욕주 거주자들에게 전화나 편지를 보낸 것과 다르지 않으며, 따라서 피고가 뉴욕주 거주자들과 전자상거래를 한 것이 아니므로 뉴욕주 법원은 재판관할권을 갖지 못한다고 판결하였다.

나. 저작권침해사건(McDonough v. Fallon McElligot, Inc.)[6)]

원고(McDonough)는 캘리포니아의 스포츠사진작가인데, 피고가 자신이 촬영한 특정 농구선수의 사진을 잡지에 게재하고, 이를 광고대회에 출품하자 이에 대한 저작권침해를 이유로 캘리포니아 법원에 소송을 제기한 사건이다. 원고는 공개적인 웹사이트를 통하여 캘리포니아 주민들이 위 사진을 이용할 수 있으므로 캘리포니아 법원이 관할권을 갖는다고 주장하였으나, 캘리포니아 법원은 캘리포니아 주민에 의하여 이용되는 공개적인 웹사이트가 소송원인과 무관하고, 공개적인 웹사이트를 이용할 수 있다는 사실만으로 관할권을 인정하게 되면 범세계적인 관할권을 인정하는 부당한 결과가 된다는 이유로 캘리포니아 재판관할권을 인정하지 않았다.

---

5) No. 96 Civ. 3620(PKL)(AJP), 1997 WL 97097(S.D.N.Y.Feb. 26, 1997)

6) 40 U.S.P.Q. 2d(BNA) 1826(S. D. Cal. 1996)

7.4.4 우리나라의 국제재판관할

(1) 국제재판관할에 관한 종래의 학설과 판례의 검토

우리나라에는 종래 국제재판관할에 관한 규정이 없었으므로 국내 민사소송법상의 규정 특히 토지관할규정에 의하여 국제재판관할문제를 해결하고 있었다. 토지관할이란 소재지를 달리하는 동종의 법원 사이에 재판권의 분담관계를 정한 것으로 재판관할을 말한다. 토지관할의 발생원인이 되는 관련지점을 재판적이라 한다.

국내 민사소송법규정을 토대로 하여 어떻게 국제재판관할을 결정할 것인가에 대하여 다음과 같은 학설이 주장되었다.

① 학 설

가. 역추지설

국내 민사소송법상의 토지관할에 관한 규정을 그대로 국제재판관할의 경우에도 유추적용할 수 있다는 견해이다. 즉, 국내 토지관할규정으로부터 역으로 국제재판관할을 추정한다는 설이다. 따라서 민사소송법상 보통재판적 또는 특별재판적이 우리나라에 있으면 우리나라 법원이 국제재판관할권을 갖게 되는 것이고, 재판적이 우리나라에 없으면 국제재판관할권도 행사할 수 없는 것이다.

나. 관할배분설(조리설)

국제재판관할권은 당사자의 공평, 소송의 신속, 적정 및 효율 등 민사소송의 이념을 종합적으로 고려하여 조리에 따라서 결정되어야 한다는 견해이다(통설).

다. 수정역추지설(특별사정설)

국제재판관할권을 결정함에 있어서는 원칙적으로 역추지설에서와 같이 국내 민사소송법상의 토지관할규정을 유추적용하여 우리나라 법원의 국제재판관할권을 인정하되, 다만 그 적용결과가 심히 부당한 결과를 초래하는 특별한 사정이 있는 경우에는 관할배분설에 따라 재판관할권을 인정하지 않는다는 견해이다.

② 판 례

국제재판관할에 관한 대법원 판결은 여러 개가 있으나, 최근 특별사정설에 입각하여 국제재판관할권을 결정한 판결이 주목된다(대판 1995.11.21 선고 93다 39607). 이 사건은 한국의 무선전화기 제조회사가 미국 회사에 무선전화기를 수출하였는데, 무선전화기의 결함으로 손해를 입은 미국의 피해자들이 미국 수입회사를 상대로 손해배상소송을 제기하자 수입회사는 한국회사를 피고로 참가시키고, 수입회사와 제조물책임보험계약을 체결한 미국 보험회사가 피해자들에게 손해배상을 한 뒤 한국 수출회사를 상대로 승소판결을 받아 한국법원에 집행판결을 구한 사건이다. 우리나라 대법원은 이 사건에서 제조자와 손해발생지와의 사이에 실질적 관련이 없다는 이유로 미국 플로리다주의 국제재판관할을 부정하였다.

이 판결은 원칙적으로 민사소송법의 토지관할규정에 의한 재판적이 한국에 있을 때에는 한국 법원에 국제재판관할이 있다고 보며, 다만 국제재판관할을 인정하는 것이 조리에 반하는 특별한 사정이 있는 경우에는 한국 법원은 국제재판관할이 없다는 견해를 취하고 있다.

(2) 국제사법상 국제재판관할 규정

종래의 섭외사법이 2001년 4월 7일자로 개정되면서 법 명칭이 국제사법으로 수정되었고, 개정법률은 2001년 7월 1일부터 시행되고 있는데, 이 개정법 제2조가 국제재판관할에 관하여 규정하고 있다.

즉, 법원은 당사자 또는 분쟁이 된 사안이 대한민국과 실질적 관련이 있는 경우에 국제재판관할을 가지며, 이 경우 법원은 실질적 관련의 유무를 판단함에 있어서 국제재판관할 배분의 이념에 부합하는 합리적인 원칙에 따라야 한다(국제사법 제2조 제1항). 또한 법원은 국내법의 관할 규정을 참작하여 국제재판관할권의 유무를 판단하되 제1항의 규정취지에 비추어 국제재판관할의 특수성을 충분히 고려하도록 하였다(동조 제2항).

그런데 당해 분쟁이 소비자계약에 관한 것인 경우에는 국제사법상 소비자는 상대방 사업자의 국가에서 소를 제기할 수 있을 뿐 아니라, 소비자의 상거소가 있는 국가에서도 상대방 사업자에 대하여 소를 제기할 수 있도록 규정하고 있다(제27조 제4항). 만약 소비자의 상대방인 사업자가 소비자에 대하여 소를 제기하는 경우에는 소비자의 상거소가 있는 국가에서만 소를 제기할 수 있도록 하였다(동조

제5항). 이와 같이 소비자계약의 경우에는 소비자를 보호하기 위하여 특별히 국제재판관할규정을 두고 있다.

(3) 국제재판관할 합의

민사소송법은 서면방식에 의한 합의관할이 유효함을 규정하고 있다(제26조). 따라서 국제재판관할에 관한 합의가 허용된다. 전자상거래사업자가 약관(사이버몰 약관)에 의하여 국제재판관할합의를 할 수 있는데, 이 경우 소비자의 보호가 문제로 될 것이다. 이러한 사이버몰 약관이 약관규제법 제14조(고객에 대하여 부당하게 불리한 재판관할의 합의조항은 무효로 한다)에 위반한다고 판단되면 효력을 갖지 못할 것이다.

인터넷 사이버몰 이용표준약관(공정거래위원회 표준약관)에서는 "사이버몰"과 이용자간에 발생한 전자상거래분쟁에 관한 소송은 민사소송법상의 관할법원에 제기하도록 정하고 있다(제22조 1항). 이는 위에서 살펴본 민사소송법상의 국제재판관할의 법리가 그대로 적용됨을 의미한다.

7.4.5 사례의 경우

(1) 사례 I

① 한국의 갑이 영국에 소재하는 인터넷 서적회사 을에게 서적을 주문하고 대금을 지급하였으나, 책을 우송 받지 못한 경우 책을 인도 받기 위하여 어느 나라의 법원에 소를 제기할 수 있는 지가 문제로 된다. 우리나라 민법에 의하면 채무의 이행은 지참채무가 원칙이다. 지참채무의 경우에는 채무자가 채권자의 주소 또는 영업소에서 이행하여야 한다. 특정물인도의 경우에는 특약이 있으면 특약에 의하고, 특약이 없으면 계약당시의 물건이 존재하고 있던 장소가 이행지로 된다(민법 제467조). 서적매매계약은 일종의 특정물 인도에 해당하지만 일반적으로 인터넷 거래의 경우 매수인이 우송대금을 지급하는 것을 조건으로 매수인의 주소지에 우송하기로 계약하는 것이 보통이다. 따라서 이 사례의 분쟁이 된 사안이 우리나라와 실질적인 관련성을 인정할 수 있으므로 갑의 주소지를 관할하는 우리 나라 법원이 재판관할권을 가진다. 따라서 갑은 자신의 주소지 관할 법원에 소를 제기할 수 있다.

② 한국의 갑이 을로부터 책을 이미 우송 받았으나 대금을 지급하지 않은 경우에는 을은 어디에 대금지급청구소송을 제기할 수 있는가? 만약 을이 한국의 인터넷 서적회사이고 갑이 영국인이라면 국제사법 제2조의 실질적 관련성 기준에 따라서 을은 한국의 을의 영업소를 관할하는 법원에 대금지급청구소송을 제기할 수 있을 것이다. 또한 대금지급장소(의무이행지)가 우리나라 민법(제467조)상 채권자인 을의 영업소 소재지가 되고, 의무이행지인 을의 영업소소재지를 관할하는 법원이 재판관할권을 갖기 때문이다(국내법상의 관할 규정 고려).

그런데 사례에서는 을이 영국에 소재하는 인터넷 서적회사이므로 영국법의 적용을 검토하여야 할 것이다. 영국법에 의하면 계약에 대금지급장소가 정해지지 않은 경우에는 채무자는 채권자의 영업소 소재지에서 대금을 지급해야 할 의무를 진다. 그런데 전자상거래사업자와 소비자와의 소비자계약사건의 경우에는 특별재판관할이 적용된다. 즉 영국은 브뤼셀 협약의 체약국이므로 브뤼셀 협약이 적용되는데, 동 협약에 의하면 소비자계약사건의 경우에는 채권자는 채권자의 영업소소재지가 아니라 소비자의 주소지 관할 법원에서만 소송을 제기할 수 있다고 규정하고 있다(협약 제14조 제2항). 우리나라 국제사법도 소비자 계약의 경우 소비자의 상대방이 소비자에 대하여 제기하는 소는 소비자의 상거소가 있는 국가에서만 제기할 수 있다고 규정하고 있다(제27조 제5항).

따라서 영국 인터넷 서적상 을은 한국의 갑의 주소지 관할 법원에 대금지급청구소송을 제기하여야 할 것이다. 그런데, 서적 대금은 비교적 소액인 경우가 많기 때문에 을이 외국에서 소송을 수행하기 위하여는 많은 불편이 따르고 경비가 소요되기 때문에 사이버몰 약관상으로 재판관할합의 조항을 두는 것이 편리할 것이다.

(2) 사례 Ⅱ

한국의 온라인 사업자 병이 영국의 정을 상대로 상표권침해를 이유로 소송을 제기하는 경우에는 어느 나라의 법원에 소를 제기하여야 하는가? 불법행위의 경우에는 불법행위지를 관할하는 법원이 재판관할권을 가지고, 이 경우 불법행위지의 개념에는 가해행위지와 결과발생지의 양자가 포함된다. 영국의 정이 한국의 온라인 사업자 병의 상표권을 침해한 행위는 불법행위에 해당하고, 그 가해행위는 영국에서 이루어졌지만 불법행위의 결과인 손해는 한국에서 발생되었다고 볼 수 있으므로, 한국의 병은 우리나라의 법원이나 영국 법원에 선택적으로 소를 제기할 수 있을 것이다.

만약, 병이 미국의 캘리포니아 소재 온라인 사업자 정의 상표권을 침해한 경우에는 정은 어디에 소를 제기할 수 있는가? 병이 정의 상표권을 침해한 행위의 효과(불법행위의 결과발생)가 캘리포니아주에서 발생하였다고 인정되는 경우에는 최소접촉원칙에 따라서 정은 병을 상대로 미국 캘리포니아주 법원에 소를 제기할 수 있다. 또한 정은 선택적으로 불법행위지인 한국 법원에 소를 제기할 수 있다.

7.5 준거법

전자상거래분쟁에 대한 재판관할이 정해지면 이 분쟁에 대하여 어느 나라의 법률을 적용하여 해결할 것인가 하는 문제가 제기된다. 이와 같이 당해 분쟁에 적용할 법률을 결정하는 문제를 준거법의 결정이라고 하며, 우리나라의 경우 국제사법이 이에 관하여 규정하고 있다. 현실세계의 분쟁에 대한 준거법의 결정을 위하여 섭외사법이 적용되는 것처럼 전자상거래분쟁에 대하여도 별도의 특별한 준거법결정원칙이 마련되어 있지 않기 때문에 국제사법의 해석, 적용을 통하여 준거법의 결정문제를 해결하여야 할 것이다. 한편 세계적으로 준거법결정에 관한 통일된 법리가 아직 확립되어 있지 않기 때문에 각 국가는 자국의 국제사법이 정하는 준거법결정원칙을 적용하여 적용법률을 정하여야 할 것이다.

준거법결정문제는 계약사건과 불법행위사건으로 나누어서 살펴본다.

7.5.1 계 약

(1) 외국의 경우

영국은 준거법결정에 관하여 영국 보통법(English Common law)(이는 영국 판례에 의하여 확립된 법, 즉 판례법을 말한다)과 로마협약(Rome Convention ; 1980)이 적용된다. 로마협약은 1990년 영국 계약법에 의하여 영국에 시행되고 있으며, 로마협약이 적용되지 않는 경우에 보통법 원칙이 적용된다. 로마협약은 서로 다른 나라간의 준거법 선택과 관련하여 계약상의 의무에 적용된다(다만 이 협약은 유가증권과 관련된 의무, 중재합의, 회사법상의 의무, 보험계약상의 의무 등에는 적용되지 않는다). 로마협약은 당사자가 준거법을 선택했는지를 묻지 않고 적용된다. 만약 당사자가 계약상에 준거법조항을 둔 경우에는 로마협약은 그 계약은 당사자가 선택한 법률에 의하여 규율된다는 것을 정하고 있다. 그러나 이러한 준거법의 선택은 당사자가 선택한 국가 또는 계약이 가장 밀접한 관련을 맺고 있는 국가의 "강행규정(mandatory rules)"의 적용을 받게 된다.

(2) 우리나라 국제사법의 경우

계약상의 분쟁에 대하여는 원칙적으로 당사자자치의 원칙이 적용되며, 당사자의 의사가 불명확한 때에는 계약과 가장 밀접한 관련이 있는 국가의 법에 의한다(준거법 결정시의 객관적 연결(국제사법 제25조, 제26조)). 즉 국제사법은 계약은 당사자가 명시적 또는 묵시적으로 선택한 법에 의하도록 정하고(제25조 제1항), 당사자가 준거법을 선택하지 아니한 경우에는 계약은 그 계약과 가장 밀접한 관련이 있는 국가의 법에 의하도록 하였다(동 제26조 제1항). 또한 소비자보호를 위한 특칙을 인정하여 일정한 소비자계약의 경우에는 당사자가 준거법을 선택하더라도 소비자의 상거소가 있는 국가의 강행규정에 의하여 소비자에게 부여되는 보호를 박탈할 수 없도록 하였다(동 제27조 제1항). 또한 당사자가 준거법을 선택하지 않은 경우에는 소비자의 상거소법을 준거법으로 한다(동 제26조 제2항). 이러한 국제사법의 원칙은 계약이 인터넷 전자상거래형태로 체결된 경우에도 적용될 것이다. 다만 전자상거래약관에 포함되는 준거법조항의 남용으로부터 전자상거래 소비자를 어떻게 보호할 것인가의 문제가 제기될 수 있을 것이다. 공정거래위원회가 고시한 "전자상거래소비자보호지침(2000년 1월 고시)"은 "사업자의 서버가 국외에 있는 경우에도 국내에 거주하는 소비자와의 분쟁해결에 있어서는 국내법이 적용된다"고 하여 한국법의 적용을 규정하고 있다(제14조). 이 규정은 준거법이 한국법인 국내거래에 있어서 사업자의 서버가 외국에 있는 경우에도 서버의 소재에 의하여 영향을 받지 않고 당해 전자상거래분쟁에 대하여는 한국법이 적용된다는 취지이므로 준거법이 외국법인 국제거래의 경우에는 적용되지 않는 규정이라고 본다.[7] 한편 인터넷 사이버몰 이용표준약관에서도 "사이버몰과 이용자간에 제기된 전자상거래소송에는 한국법을 적용한다"(제22조 제2항)고 정하고 있다.

---

7) 석광현, 전게논문, 104면.

7.5.2 불법행위

(1) 외국의 경우

유럽연합에 있어서는 계약의 경우와는 달리 불법행위 일반의 준거법결정에 관한 국제조약은 없다. 유럽연합의 대부분의 국가는 불법행위지법을 불법행위의 준거법으로 정하고 있다. 최근 독일 개정 민법시행법에서는 불법행위의 준거법은 원칙적으로 불법행위지법이나, 피해자가 행위지법 대신 결과발생지법을 적용하도록 선택할 수 있게 하였다(제40조). 미국 Restatement(Second)는 불법행위의 준거법 결정은 불법행위 사건 및 당사자들과 '가장 중요한 관계'를 가지는 주의 법이 적용되는 것으로 하고 있다(제145조).

(2) 우리나라의 경우

국제사법은 불법행위의 준거법의 일반원칙으로써 "불법행위는 그 행위가 행하여진 곳의 법에 의한다(제32조 제1항)."고 하여 불법행위지법을 정하고 있다. 다만 가해자와 피해자가 불법행위지인 동일 국가 안에 상거소가 있는 경우에는 그 국가의 법을 적용한다(공통의 속인법 적용)(동조 제2항).

인터넷 전자상거래에서 불법행위가 있는 경우 불법행위지와 불법행위 결과발생지 모두를 불법행위지로 보아 불법행위지법이 준거법이 된다.[8] 예컨대 타인의 명예를 훼손하는 내용을 인터넷에 올리는 행위라든가 불법적인 내용을 인터넷에 올리는 것 자체가 불법행위를 구성하는 행동이 된다. 결과발생지란 인터넷에 저장된 정보를 검색한 곳이며 정보검색자의 소재지가 될 것이다. 이렇게 보면 결과발생지가 전세계로 확대되는 문제점이 있는 바, 복수의 결과발생지 중 피해자에게 가장 밀접한 관련이 있는 주소지법(일상거소지법, 법인의 경우 주된 사무소 소재지법)을 적용하는 것이 타당할 것이다.[9]

---

8) 석광현, "국제적인 전자상거래와 분쟁해결", 인터넷법률 제2호, 107면.

9) Restatement(Second) 제150조 : 불법행위시의 피해자의 주소지(자연인의 경우) 또는 주된 사무소 소재지(법인의 경우)의 법이 통상 가장 밀접한 관계를 가지는 법이라고 규정한다. 일본 "미디어에 의한 인격권침해의 준거법 시안" 제10조 : "출판, 방송 기타 불특정 다수인에 대한 정보제공수단에 의한 인격권의 침해에 기한 책임은 피해자의 일상거소지법에 의한다." 스

7.6 온라인 분쟁해결 제도(ODR : On-Line ADR)

온라인 분쟁해결 제도는 통상 온라인을 통한 대안적 분쟁해결제도(ADR)를 일컫는데, 이는 인터넷을 매개체로 하여 소송을 제외한 중재, 조정, 옴부즈만제도 등 전통적인 대안적 분쟁해결수단을 구현하는 자동화된 시스템을 말한다. 온라인 ADR에는 분쟁해결시스템 운영이 완전 자동화된 것으로부터 상당히 많은 부분에 인간에 의한 수동적인 개입이 있는 것까지 다양한 형태가 존재한다.

또한 일반적인 ADR과 같이 구속력의 유무에 따라 차이가 있으며, 구속력이 없는 온라인 ADR에 실패한 당사자들은 법원에 소송을 제기하여 분쟁을 해결할 수 있는 것이다.[10)]

전형적인 온라인 ADR 절차를 살펴보면 다음과 같다.

① 신청인이 온라인 ADR 제공자에게 ADR을 신청한다.

② 온라인 ADR 제공자는 피신청인에게 절차에 참여할 것을 권유한다.

③ 피신청인이 승낙하면 신청인이 신청한 사안에 대하여 당사자간에 논의를 진행한다.

④ 이러한 논의 시에 조정인의 조력 없이 협상에 참여할 수 있는 소프트웨어를 이용하여 당사자 스스로 조정을 진행하거나, 혹은 조정인의 조력을 받아 다소 전통적인 방식을 온라인을 이용하여 진행하여 분쟁을 해결할 수 있다. 이하에서는

위스 국제사법 제139조 : 신문, 잡지, 라디오, 텔레비젼 또는 기타 공개적인 정보수단에 의한 인격의 침해에 기한 청구권에 관하여 피해자의 일상거소 소재지법을 준거법으로 인정하며, 가해자의 영업소 또는 일상거소 소재지법과 결과발생지법 중 선택권을 인정한다; 석광현, 전게논문, 108-109면.

10) 온라인 ADR 절차는 ① 완전 자동화된 온라인 해결절차를 제공하는 유형인 ClickNSettle의 분쟁 해결절차(http://www.clicknsettle.com), Cybersettle의 분쟁해결절차(http://www.cybersettle.com), ② 전통적인 ADR 절차를 온라인으로 수행하는 유형인 SquareTrade의 분쟁해결절차(http://squaretrade.com), E-Mediation의 분쟁해결결차(http://www.consensus.uk.com/e-mediator.html), Dispute.org/eResolution의 분쟁해결절차(http://www.dispute.org), ICANN 지정 온라인 분쟁해결기관(http://www.arbitration-forum.com), ③ 인증마크와 연결된 온라인 ADR (http://www.bbbonline.org) 등이 있다.

이러한 온라인 ADR의 운영 개요에 관하여는 전자거래분쟁조정위원회, 2000 전자상거래분쟁조정 사례집, 15-21면, 118-137면; Global Business Dialogue on Electronic Commerce(GBDe), Alternative Dispute Resolution (2000) <http://consumerconfidence.gbde.org/adr.doc>(2001.9.30) 참조.

온라인 ADR을 제공하는 몇 가지 대표적인 사례를 살펴본다.

7.6.1 세계지적재산권기구(WIPO) 분쟁중재센터

세계지적재산권기구(WIPO)는 "WIPO 분쟁중재센터(WIPO Arbitration and Mediation Centre)"를 설치하고, 도메인 네임과 관련된 분쟁사건을 포함하여 지적재산권에 관한 분쟁처리 시스템을 개발하였다. 이 중재센터에 의한 분쟁해결은 온라인을 통하여 이루어진다는 특징이 있다. 즉, 관련 서류의 제출과 의견교환을 온라인으로 할 수 있고 당사자들은 이 센터의 인터넷 사이트를 통하여 필요한 서식과 자료를 제공받을 수 있다.

7.6.2 온라인중재프로그램(Better Business Bureau Online)

미국의 민간기구가 운영하는 온라인중재 프로그램으로 Better Business Bureau Online이 있다(http://www.bbbonline.com). 이 중재시스템에 가입한 회원은 여기에서 제공하는 중재에 구속을 받는다. 만약 회원이 중재를 거부하면 회원자격을 정지당하거나 제명되며, 제3자에 의한 중립적인 중재절차를 진행한다는 특징이 있다. 이는 인증마크를 게재한 기업과 관련한 분쟁이 발생한 경우 온라인을 통하여 분쟁을 해결하는 시스템이다.

7.6.3 사이버 분쟁해결기구

사이버 분쟁해결기구로서 미국에는 온라인 옴부즈만센터(Online Ombudsman Office)가 있다. 이 기구는 대학과 비영리단체가 운영하는 사적인 분쟁해결기구인데, 분쟁당사자가 이 기구에 온라인을 통하여 분쟁해결을 신청하면, 이 기구의 조정인(mediator)과 분쟁 당사자들이 전자우편을 통하여 의견을 교환하고, 조정인이 제시한 조정안에 당사자가 동의함으로써 분쟁을 해결할 수 있다.

7.6.4 가상재판관제도

가상재판관제도(Virtual Magistrate)는 미국의 정보법 및 정책센터, 미국중재협회, 가상공간법연구소 등이 참여하여 만든 분쟁해결기구이다(http://vmag.vcilp.org). 1996년 3월 업무가 시작된 이래 그 실적이 미미하지만 온라인 분쟁해결기구로서의 역할을 기대할 수 있을 것이다.

7.6.5 인터넷 주소관리기구(ICANN)의 온라인 도메인분쟁해결

ICANN(The Internet Corporation for Assigned Names and Numbers)은 인터넷 도메인 네임과 아이피 주소에 대한 분쟁해결정책을 수립하고 시행하는 국제기구이다. ICANN은 도메인 네임에 관하여 규제를 하는 기구가 아니고 단지 기술적 협력을 위한 비정부간 기구이며, 인터넷 기업, 기술단체, 연구단체의 연합으로 구성되어 있다. ICANN은 세계지적재산권기구(WIPO)가 만든 통일도메인분쟁해결정책(Uniform Domain Name Dispute Resolution Policy : UDRP)을 1999년 8월 채택하여 도메인네임 분쟁에 관한 신속하고 경제적인 온라인 분쟁해결절차를 제공하고 있다. UDRP는 ICANN이 등록을 관장하고 있는 일반 최상위 도메인인 .com, .org, .net 등의 분쟁처리에 적용되며 각국의 국가도메인에 대한 분쟁처리는 각국에 위임되어 있다. 우리나라의 경우 한국인터넷진흥원이 운영하는 인터넷주소분쟁조정위원회가 도메인이름 분쟁해결절차를 마련하여 시행하고 있다(인터넷주소자원에관한법률 제16조 내지 제24조).

제 3 부

국제 전자상거래법

제3부 요 약

국제전자상거래법제로는 유엔국제상거래법위원회(UNCITRAL)의 전자상거래모델법, 전자서명모델법 및 최근의 국제전자계약협약이 있다. 두 개의 모델법은 우리법제에 수용된 것이므로 우리나라 전자상거래법제를 올바로 이해하기 위하여서는 반드시 검토해야할 국제적인 법제인 것이다.

또한 한·미전자상거래 공동선언문은 우리나라와 미국간에 전자상거래에 관한 기본적인 합의사항을 규정한 것으로서 미국의 전자상거래정책을 이해하고 전자상거래의 주요 이슈를 파악하는데 도움이 될 것이다.

제 1 장

유엔국제상거래법위원회(UNCITRAL)의 전자상거래모델법(1996)

- 차 례 -

1.1 UNCITRAL 전자상거래모델법의 성립

1.1.1 모델법의 성립경위

유엔총회는 1966년에 세계 각국의 무역 관련법이 달라서 원활한 무역거래에 장애가 발생한다고 보고, 이 장애를 제거하기 위하여 유엔국제상거래법 위원회 (United Nations Commission on International Trade Law : UNCITRAL)를 창설하였다. UNCITRAL은 GATT, WTO 등이 각국의 통상규제를 제거하여 세계자유무역을 실현하고자 하는 것임에 반하여 순수한 세계무역거래관련 법률을 통일함으로써 무역거래를 활성화하고 거래당사자들에게 법적 안정성과 예측가능성을 주고자 하는데 목적이 있다.

전자문서방식에 의한 국제거래가 점차 보편화됨에 따라서 유엔국제상거래법위원회 사무국(Secretariat)이 1984년 "자동문서처리의 법적 측면(Legal aspects of automatic data processing)"이라는 보고서를 작성하여 이를 1985년에 개최된 제18차 유엔국제상거래법위원회에 제출하였고, 여기서 "컴퓨터기록의 법적 가치에 대한 검토 권고안"이 채택되었다. 이 권고안의 채택을 시작으로 하여 유엔국제상거래법위원회 내에 "EDI 및 관련 통신수단의 법적 측면에 관한 모델법초안(Draft Model Law on Legal Aspects of Electronic Data Interchange(EDI) and Related Means of Communication : 이하 모델법 초안이라 한다)"의 작성을 위한 작업부(Working Group)가 구성되어 여러 차례의 회의를 거쳐 1995년 제28차 유엔국제상거래법위원회 작업부회의에서 모델법 초안이 마련되었다. 이 초안을 가지고 1996년 5월 28일부터 6월 14일까지 미국 뉴욕에서 유엔국제상거래법위원회 제29차 위원회가 개최되어 EDI 모델법 초안을 심의한 끝에 "UNCITRAL 전자상거래모델법(UNCITRAL Model Law on Electronic Commerce : 이하 "모델법"이라 한다)"이 최종 채택되었다.[1] 이 모델법은 모든 국가들이 서류에 기초한

1) 모델법의 명칭이 처음 초안에서 사용된 "EDI 모델법" 대신에 "EC(Electronic Commerce) 모델법"으로 변경되었다. 그 이유는 EDI라는 표현은 자동화된 컴퓨터통신을 기초로 한 너무 기술적인 개념이어서 EDI 차원을 넘어서 다양한 정보통신기술을 이용한 포괄적인 상거래를 포함하는 표현으로써 전자상거래 (EC)라는 표현이 더 적합하다는 의견이 모델법을 채택하는 최종회의에서 수용되었기 때문이다; Report of the United Nations Commission on International Trade Law on the work of its twenty-ninth session, 28 May-14 june 1996, p.40.

통신문형식 정보자료보관에 대한 대체수단으로서의 전자문서의 사용을 규율하는 입법을 추진하는데 매우 중요한 도움을 줄 목적으로 제정되었다. 또한 국제거래에 적용되는 부적절하고 다양한 법에 존재하는 불필요한 장애를 제거함으로써 국제거래법을 통일시키고 조화를 촉진할 목적으로 이 모델법을 제정하였다.

1.1.2 모델법의 목적[2)]

유엔국제상거래법위원회의 전자상거래모델법은 다음과 같은 목적을 가지고 있다.

① 전자상거래에 관한 국제적으로 승인될 수 있는 법원칙의 제시

국제거래를 위하여 전자우편과 전자문서교환 같은 현대적인 통신수단을 사용하는 일은 정보고속도로 및 인터넷과 같은 기술적인 뒷받침에 의하여 급속하게 증가되고 있다. 그러나 종이 없는 메시지 형식으로 법적으로 유효한 정보를 교류하는 것은 그러한 종이 없는 메시지의 사용에 따르는 법적인 장애에 의하여 방해받으며, 법적인 효과 또는 유효성에 대한 불확실성에 의하여 방해받게 된다. 모델법의 목적은 그러한 많은 법적인 장애가 어떻게 제거될 수 있는지 그리고 "전자상거래"를 위하여 보다 안전한 법적인 환경이 형성될 수 있는지에 관하여 국가의 입법자들에게 일련의 국제적으로 승인될 수 있는 법원칙들(RULES)을 제시하려는데 있다. 모델법에 나타난 원칙들은 보다 많은 전자상거래의 사용에 따라 제기될 법적인 장애를 극복할 필요가 있는 그래서 계약적인 해결방법을 마련함에 있어서 전자상거래의 개별이용자들을 위한 목적도 있다.

② 전자상거래에 따른 법적인 장애와 불명확성의 제거

유엔국제상거래법위원회는 많은 나라에서 정보의 통신과 저장을 규율하는 기존 법제가 전자상거래의 이용을 규율하지 못하기 때문에 부적절하거나 낡은 것이라는 점을 착안하여 전자상거래에 관한 모델법 제정을 결정하게 된 것이다. 어떤 경우에는 그러한 기존 법제가 "씌어진(written)", "서명된(signed)" 또는 "원본의(original)"

2) 이하의 모델법의 설명내용은 UNCITRAL Model Law on Electronic Commerce with Guide to Enactment(1996)를 주로 참조하였다.

서류를 사용하도록 규정함으로써 현대적인 통신수단을 사용하는 데에 제한을 가하는 경우도 있다. 일부 나라에서는 전자상거래의 특정한 모습을 다루는 특별규정(법제)을 갖고 있지만 전체적으로 전자상거래를 규율하는 입법은 존재하지 않는다. 이는 전통적인 서류문서 이외의 형식으로 제시된 정보의 법적인 성질과 유효성에 대한 불명확성을 초래할 수 있다. 더구나 전자문서교환과 전자우편의 사용이 확산되기 시작하는 경우에 모든 나라에서 유효한 법률과 관습이 필요한 반면, 이러한 필요는 텔레카피와 텔렉스와 같은 통신기술을 존중하는 많은 나라에서도 역시 요청되는 것이다. 모델법은 전자상거래에 따른 법적인 장애를 제거하고 법적 불명확성을 제거하는데 목적을 둔다. 즉 이 모델법은 역시 상당부분 현대적인 통신수단의 이용과 관련하여 국제거래에 부적절한 국내법이 장애를 일으키는 경우 그러한 장애를 제거하고 불이익을 시정하려는데 목적을 두고 있다. 이러한 국가법의 불명확성과 불평등은 기업이 국제시장에 접근하는 것을 제한하게 되기 때문이다.

③ 관련 국제협약의 유용한 해석수단이 됨

모델법은 국제적인 차원에서, 특정 문서 또는 계약조항이 서면형태일 것을 규정하고 있는 현행의 국제협약 및 기타 국제기구의 해석을 위한 수단으로써 유용한 기능을 할 수 있다. 그러한 국제기구의 체약당사국 사이에서 해석원칙으로 모델법을 채택하면 전자상거래의 이용을 인정하는 수단이 될 수 있고, 관련된 국제기구의 프로토콜(의정서)을 협상할 필요성을 제거할 수 있다.

④ 국제거래에서 경제성과 효율성의 촉진

모델법의 목적은 전자상거래의 이용을 가능하게 하고 용이하게 하며, 종이문서의 이용자들과 컴퓨터정보의 이용자들에게 동등한 취급을 하는 것을 포함해서, 국제거래에서 경제성과 효율성을 촉진하는데 본질이 있다.

1.1.3 모델법의 특징

전자상거래 모델법의 특징을 살펴보면 다음과 같다.

첫째, 모델법 형식을 취하고 있어서 그 자체가 구속력을 갖는 것은 아니고, 각국에서 전자상거래법을 제정하는데 참고가 될 수 있도록 하였다. 즉, 모델법은 각국이 국내입법을 할 때 참고할 수 있는 표준을 제시한 것이다.

둘째, 모델법의 적용범위를 국제거래에 한정하지 않고 있다. 그 대신 각국이 법의 적용을 국제거래로 한정하는 취지의 규정을 둘 수 있도록 하는 방식을 취하고 있다. 유엔국제상거래법위원회는 이 법의 적용가능성을 국제적인 데이터메시지로 제한하고자 하는 국가에 대하여는 "본법은 제2조 제1항(데이터 메시지의 정의조항)에 정의된 데이터메시지에 대하여, 그것이 국제적인 상거래에 관련된 경우에 적용된다"는 규정을 둘 수 있도록 제안하였다. 이는 전자상거래의 성질에 비추어서 이해하여야 하는 규정이다. 전통적인 의미에서 국경이 의미를 갖지 못하는 전자상거래에 있어서는 국제거래의 성질을 갖는 부분만이 적용되는 법이 존재한다는 것은 전자상거래의 법적인 장해를 오히려 늘리는 결과가 될 수도 있기 때문이다.

셋째, 본 모델법은 상사거래에 적용된다. 소비자 거래 및 공적 거래(예 : 통관절차)는 제외하였다. 이에 대하여는 공적거래도 포함시키자는 의견이 회의과정에서 제기된 바 있다. 특히 통관절차와 같은 공적인 거래는 상거래와 구별하는 것이 그다지 실용적인 일이 아니기 때문이다. 앞으로 각국의 입법에 따라서 공적거래에도 적용할 수 있는 법제를 마련할 수 있을 것이다. 또한 소비자거래에 관하여는 본 모델법을 적용함으로써 오히려 소비자에게 유리한 결과를 가져올 수 도 있으므로, "본 법은 소비자 보호를 목적으로 하는 어떠한 법규범에도 우선하는 것이 아니다"는 각주를 추가함으로써 소비자거래를 일률적으로 법의 적용범위에서 제외하는 방식을 피하였다.

1.1.4 모델법의 적용범위

모델법의 명칭이 "전자상거래(Electronic commerce) 모델법"이고 동법 제2조에서 전자자료교환(electronic data interchange; EDI)의 정의에 대하여 규정되어 있지만, 모델법은 "전자상거래"의 개념을 직접적으로 규정하고 있는 것은 아니다. 모델법 준비과정에서 이 문제에 관하여 유엔국제상거래법위원회는 "전자상거래"의 제목 하에 광범위하게 참고 될 다양한 거래와 관련된 EDI의 이용을 포괄하면서, 광의의 EDI를 염두에 두고 있었다(A/CN.9/360, paras.28-29). "전자상거래"의 개념에 포함된 통신수단으로는 다음과 같은 전자기술의 이용에 바탕을 둔 전송방법이 있다. 즉 좁은 의미로는 표준화된 형식으로 컴퓨터 대 컴퓨터간의 자료전송으로 정의되는 EDI 수단에 의한 통신, 공적으로 이용 가능한 표준 또는 독점적인 표준을 사용하는 전자메시지(Electronic messages)의 전송, 전자적 수단 예컨대 인터넷(INTERNET)을 통한 자유로운 형식의 텍스트의 전송 등이다. 또한 특정한 경우에는 "전자상거래"의 개념은 텔렉스 및 텔레카피와 같은 기술을 사용하는 경우를 포함한다.[3)]

모델법은 EDI 및 전자우편과 같은 현대적 통신기술을 참고하여 성안되었지만, 모델법의 기본 원칙과 법 규정들은 텔레카피와 같은 보다 덜 진보된 통신기술과의 관계에서도 적용된다. 초기에 표준화된 EDI메시지형식으로 발송된 디지털 정보가 송신인과 수신인의 통신과정의 어느 시점에서 컴퓨터에서 출력된 텔렉스 형식 또는 컴퓨터에서 인쇄된 텔레카피의 형식으로 전송될 수 있다. 데이터 메시지는 구두 통신으로 시작하여 텔레카피로 끝날 수도 있고, 또는 텔레카피로 시작하여 EDI메시지로 끝날 수도 있다. 전자상거래의 특성은 프로그램화할 수 있는 메시지를 다루고 있다는 점이고, 그러한 메시지를 컴퓨터 프로그램화하는 것이 데이터 메시지와 전통적인 종이문서와의 본질적인 차이점이다. 모델법은 이러한 다양한 통신기술을 규율할 수 있도록 제정되었으며, 나아가 향후 기술적인 발전이 수용되어야 하기 때문에 어떠한 통신기술도 모델법의 적용에서 제외되지 않는다.

각 개별 국가가 모델법을 수용하여 입법을 할 때 고려할 사항으로서는 첫째, 모델법은 이 모델법이 가장 폭넓게 적용되도록 하는데 그 목적을 두고 있다는 점이다. 그리하여 모델법 제6조, 제7조, 제8조, 제11조, 제12조, 제15조, 제17조의 적용범위가 특정한 상황에서 배제되는 모델법상의 규정이 있다 하더라도, 법제정국[4)]은 그들의 입법으로 모델법의 적용범위에 관하여 실질적인 제한을 두지 않을 수 있다.

둘째, 모델법은 균형 있고 분리될 수 있는 일련의 규정으로써 존중되어야 하며, 하나의 단일한 법규로서 제정될 것이 권고된다. 그러나 각국의 상황에 따라서는 모델법은 하나의 단일한 법규나 혹은 여러 개의 입법으로써 다양한 방법으로 법제화될 수도 있을 것이다.

---

3) 정보통신기술은 여러 가지 과학기술이 복합되어 있기 때문에 그 구별이 명확하지 않은 경우도 있을 수 있다. 예를 들어 컴퓨터는 전자메시지를 하나의 기술형태에서 다른 기술형태로 제한된 범주 내에서 전환할 수 있다. 우선 메시지를 전자우편(E-Mail)으로 보내면, 중개통신사업자가 이 전자우편을 변환하여 텔렉스(Telex)단말기, 팩스, 또는 우편물로서 제공하게 된다. 이러한 여러 상이한 정보통신기술, 팩스, 전자우편, 음성메시지, 텔렉스 등에서 동일한 시스템 속으로 메시지가 전달되는 복합된 전자메일박스시스템(Electronic Mailboxing Systems)이 고안되고 있다.

4) "법제정국가(Enacting State)"라 함은 UNCITRAL 전자상거래모델법을 참작하여 전자상거래에 관한 자국의 국내법을 제정하는 나라를 뜻한다.

1.1.5 모델법의 구조와 성격

① 보충할 수 있는 개방적 구조

모델법은 전자상거래일반을 다루는 제1부와 특수한 부분의 전자상거래를 다루는 제2부의 두 부분으로 구분되어 있다. 모델법 제2부는 단 1개장으로만 되어 있고 물품운송에 적용되는 전자상거래를 다루고 있다. 전자상거래의 다른 측면은 향후 다루어질 필요가 있을 것이다. 모델법은 개방형 법이고, 장래의 작업에 의하여 보완 될 것이다.

아울러 유엔국제상거래법위원회는 모델법의 기초가 된 기술적·법적·상업적 발전을 계속 검토할 예정이다. 모델법에 새로운 모델규정을 추가하거나, 현행 모델법을 수정할 수도 있다.

② 기술적 규칙에 의하여 보완되는 기본 구조적 틀 성격의 법("Framework" law)

모델법은 다양한 상황에서 정보를 기록하고 통신하는 현대적 기술을 쉽게 이용하도록 본질적인 절차와 원칙들을 정하는 것을 목적으로 한다. 그러나 모델법은 그 자체로서 한 법제정국이 정보통신기술을 실현하는데 필요한 모든 규칙과 원칙을 정하는 것은 아니고, 모델법은 하나의 기본 구조적인 틀의 성격을 가진 법이다. 더구나 모델법은 전자상거래 이용에 관한 모든 측면을 다루기 위한 취지로 제정된 것은 아니다. 따라서 법제정 국가는 모델법의 목적과 타협함이 없이 당해 국가에서 수행되는 특정의 변할 수 있는 상황을 고려하여 모델법에 의하여 부여된 절차를 위하여 자세한 사항을 충족시킬 수 있는 법규를 제정할 수 있다. 모델법의 규정의 유동성을 유지할 필요성이 있다는 점에 특별한 주의가 요구된다.

모델법에서 언급하고 있는 정보의 기록과 통신기술에 관한 특정한 법적인 문제점들은 그 해답을 반드시 모델법에서만 찾을 수 있는 것은 아니고, 오히려 다른 일련의 법속에서 찾을 수 있는 경우도 있다. 그러한 관련 법률은 예컨대, 모델법이 다루지 않는 (전자상거래에 적용되는) 행정법·계약법·형법 및 절차법 등이다.

③ "기능상 대체물(동가)의 접근방법(Functional-equivalent approach)"의 채택

모델 법은 전통적인 종이문서를 전제로 한 법률요건이 현대적인 통신수단의

발달에 주요 장애가 된다는 인식을 기초로 하고 있다. 모델법 준비과정에서, 컴퓨터 기술을 규율할 수 있도록 하기 위하여, 필기·서명 및 원본과 같은 개념의 범위를 확장하는 방법으로 전자상거래의 이용에 대한 국내법상의 그러한 요건상의 장애를 극복할 수 있는 가능성에 대하여 검토가 있었다. 이처럼 법적 개념을 확대 적용하는 접근방식은 현재의 다수 법제 예컨대, 유엔국제상거래법위원회의 국제상사중재에 관한 모델법(UNCITRAL Model Law on International Commercial Arbitration) 제7조 및 국제물품매매계약에 관한 유엔협약(United Nations Convention on Contracts for the International Sale of Goods) 제13조 같은 곳에서 사용되고 있다. 모델법은 종이문서를 기초로 한 요건을 전체적으로 제거하지 않고 또는 그러한 요건의 기초가 되는 법적 개념과 접근방법을 교란시키지 않고, 국제거래에 적용될 통신기술의 발전에 그들의 국내입법을 조화시킬 수 있도록 허용해야 한다는 점이 모델법 준비과정에서 검토되었다. 동시에 서면요건을 전자적으로 실행하는 것은 어떤 경우에는 새로운 규칙의 발전에 필요하다. 이것은 EDI메시지와 종이문서간의 많은 차이 가운데 하나에 기인한다. 즉 후자는 사람의 눈으로 읽을 수 있는 데, 전자는 종이로 작성되거나 또는 화면상에 표시되지 않으면 읽을 수 없다는 점이다.

모델법은 그리하여 "전자적 기능상 대체물(동가치)의 접근방법"으로 불리는 새로운 방법에 의존하고 있다.[5] 이것은 전통적인 종이문서요건의 목적과 성질에 대한 분석과, 어떻게 하면 이러한 목적과 기능이 전자상거래 기술을 통하여 달성될 수 있는 가를 결정한다는 관점을 기초로 하고 있다. 예컨대, 종이문서의 기능으로는 다음과 같은 것이 있다. 모든 사람들이 그 문서를 읽을 수 있도록 하는 기능, 시간이 흐른 뒤에도 문서가 변함없이 존재할 수 있는 기능, 문서를 재발급 하여 각 당사자가 동일한 자료를 한 부씩 보관할 수 있는 기능, 서명으로 자료의 진정성을 인정할 수 있는 기능, 공공기관 및 법원에서 받아들일 수 있는 형식으로 문서가 존재하는 기능 등이다. 이상의 모든 종이문서의 기능은 특히 많은 기술적 및 법적 요건이 충족된다면 자료의 원천과 내용의 동일성의 관점에서 전자기록도 종이문서와 같은 정도의 안전성을 제공할 수 있고, 대부분의 경우에 보다 높은 수준의 신뢰성과 신속성을 충족할 수 있다. 그러나 기능적 동가(대체물)방식의 채택으로 전자상거래의 이용자들에게 종이서류 환경에서보다 더 엄격한 안전성기준 및

5) 모델법이 취하고 있는 "기능상 대체물적 접근방식"을 사용함으로써 모델법은 지금까지 전자메시지가 종이문서 메시지와 똑같은 법적인 지위를 누리지 못하도록 방해해온 많은 장벽들을 제거하려고 하는 것이다; John Livermore·Krailerk Euarjai, "Electronic bills of Lading : A Progress Report," *Journal of Maritime Law and Commerce*, Vol.28, No.1, January, 1997, p.56

관련 비용을 부과하는 결과가 되어서는 아니 된다.

전자문서(데이터 메시지)는 그 자체로는 그것이 종이문서와 다른 성질을 갖는다는 점에서 종이문서와 대등한 것으로 간주될 수는 없다. 그리고 그것은 종이문서의 모든 가능한 기능을 반드시 수행하는 것은 아니다. 이것은 모델법이 종이문서 환경에서 요구되는 다양한 여건을 고려하여, 유연한 기준(Flexible standard)을 채택한 이유이다.

기능적 동가(대체물)방식을 채택할 때, 형식요건의 단계에서 종이문서가 갖는 현저한 수준의 신뢰성(Reliability), 원인을 찾아낼 수 있는 성질 즉 추적가능성(Traceability) 및 불가변성(Unalterability)에 주의해야한다. 예컨대, 데이터가 서면형식으로 제시되어야 한다는 요건(이는 기초요건을 구성한다)은 서명된 문서, 서명된 원본 또는 인증된 법적 증서와 같은 보다 엄격한 요건과 혼동되어서는 아니 된다.

모델법은 어느 종류의 종이문서에 상당하는 컴퓨터문서를 정의하려고 시도하지 않는다. 대신 모델법은 기준을 제시할 목적으로 종이문서의 기본적인 형식요건적 기능을 추려내고, 데이터 메시지가 그 기능요건을 충족하면, 그러한 데이터 메시지는 같은 기능을 수행하는 종이문서에 대응하는 동일한 수준의 법적 인정을 받을 수 있도록 하였다. 기능적 동가방식은 서면, 서명, 원본 등의 개념에 관한 규정인 모델법 제6조 내지 8조에서 채택되었으나, 모델법에서 취급한 다른 법적 개념에 관하여서는 그렇지 않다. 예컨대, 제10조(데이터 메시지의 보존)는 현존의 저장요건과 기능적 동가치를 이루지 않는다.

④ 당사자 자치원칙의 적용(모델법 제1부 제3장)

모델법을 제정하기로 한 결정은 실제로 현대적인 통신수단을 사용함으로써 야기되는 대부분의 법적인 문제점들에 대한 해결책은 계약 안에서 찾을 수 있다는 인식을 토대로 한다. 모델법은 제1부 제3장에 포함된 규정에 관하여 제4조에서 당사자 자치원칙을 구체화하고 있다.[6] 제1부 제3장에서는 전통적으로 당사자 간의 합의에서 볼 수 있는 종류의 일련의 규칙을 포함하고 있다. 예컨대, "교환협정" 또는 "시스템 규칙(System rules)"이 그것이다. "시스템 규칙"의 개념은 두 가지 상이한 범주의 규칙들 소위, 통신네트워크에 의하여 제공되는 일반용어(조건)와 데이터 메시지의 생성자와 수신인 사이의 상호관계를 다루기 위하여 그러한 일반적

6) 모델법 제4조는 데이터 메시지에 포함된 당사자의 약정에 의하여 동법 제3장(데이터 메시지의 통신－제11조 계약의 성립과 유효성, 제12조 당사자 간의 데이터 메시지의 효력－제15조 데이터 메시지의 송·수신 시간과 장소 등)을 변경할 수 있도록 하고 있다.

용어에 포함되는 특별규칙을 포괄한다. 제4조에서 말하는 "협정"의 개념은 "시스템규칙"의 양 범주를 포함한다.7)

제1부 제3장의 규정들은 그러한 협정을 체결하기 위한 기초로서 당사자들에 의하여 사용될 수 있다. 그 규정들은 또한 계약조항에 갭이나 흠결이 있는 경우에 협정상의 용어를 보충하는데 사용될 수도 있다. 이에 덧붙여, 그 규정들은 데이터 메시지가 예컨대 공개 네트워크통신과 같이 통신당사자간에 사전협정이 체결되지 않고 교환되는 경우에 그러한 상황을 위하여 기초적인 표준을 정하는 것으로 간주될 수 있다.

⑤ 강행법규적 성질(모델법 제1부 제2장)

제1부 제2장의 규정들은 다른 성질을 갖는다. 모델법의 주목적의 하나가 현대적인 통신기술의 이용을 쉽게 하고, 법 규정으로부터 초래되는 장애와 불확실성을 계약조항에 의하여도 회피할 수 없는 경우에 그러한 기술의 사용에 따른 법적 확실성을 제공하는 데 있다. 이러한 점에서, 제2장의 규정들은 법률적 취급형식에 관한 확고부동한 규칙들의 예외적 집합체로서 간주될 수 있다. 그러한 확고부동한 규칙들은 통상적으로 그들이 일반적으로 공공정책상의 결정을 반영하기 때문에 강행적 성질(mandatory nature)을 갖는다. 제2장의 규정은 최소한의 수용 가능한 형식요건을 규정한 것이며, 그러한 이유 때문에 만약 명시적으로 그 규정안에 달리 정해진 바 없다면, 강행적 성질을 갖는 것으로 보아야 한다. 그러한 형식요건이 "최소한 수용 가능한(Minimum acceptable)" 것으로 간주되어야 한다는 지적은 그러나 법제정국이 모델법상의 규정보다 더 엄격한 요건을 정해야 하는 것으로서 해석되어서는 아니 된다.

---

7) 이러한 EDI 거래당사자간의 거래협정모델로는 국제상업회의소(ICC)의 전송에 의한 무역자료교환에 대한 통일규칙(UNCID Rules of Conduct), 영국의 협정모델(United Kingdom's Standard Agreement, 1990), 미국 변호사협회(American Bar Association; ABA)의 협정모델(1990), 캐나다 협정모델(1990년에 캐나다 EDI 자문위원회는 EDI 당사자 협정모델과 주석서를 발간하였다) 등이 있다. 이러한 협정모델은 주로 세가지의 중요한 법적 문제를 다루는데, 첫째, 전자계약의 실행문제－이는 전자거래협정 당사자들이 그들의 전자메시지에 법적인 효력을 부여하는 목적을 명시적으로 표현한다. 둘째, EDI 통신규칙의 문제, －이는 전자문서수령인이 동의할 수 있고, 법원에 의하여 증거로 채택될 수 있는 중립적인 규칙을 표시한다. 셋째, 거래용어와 조건(Trade Terms and Conditions : TTCs), －이는 EDI를 통해 체결된 물건 판매계약과 같은 기본적인 거래용어와 조건이다－등이다. Benjamin Wright, *op. cit.*, pp.235-245.

1.2 UNCITRAL 전자상거래모델법[8]의 내용

1.2.1 제1부 일반적인 전자상거래

(1) 제1장 일반 규정

① 제1조 모델법의 적용범위

모델법은 상업적 활동(Commercial Activities)과 관련하여 사용되는 모든 종류의 데이터 메시지형식의 정보에 적용된다.

가. 각주의 내용

유엔국제상거래법위원회는 국제데이터 메시지에 대한 모델법의 적용가능성을 제한하고자 하는 국가들을 위하여 다음과 같은 권고안을 채택하였다(각주 *의 내용). 즉 모델법은 데이터 메시지가 국제상거래에 관련된 경우 제2조 제1항에서 정의하고 있는 데이터 메시지에 적용된다.

한편 모델법은 소비자보호를 위한 어떠한 적용법도 무효로 하지 않는다(각주 **의 내용).

또한 모델법의 적용가능성을 확대하려는 국가들을 위하여서는, 다음과 같은 경우(...............)를 제외하고는 이 법은 데이터 메시지형식을 가진 모든 종류의 정보에 적용된다는 규정을 권고하였다(각주 ***의 내용).

여기서 상업적(Commercial)이라는 용어는 계약인지 여부를 묻지 않고 상업적 성질을 가진 모든 관계로부터 발생되는 문제를 다루기 위하여 폭넓게 해석되어야 한다. 상업적 성질을 가진 관계란 예컨대 재화나 서비스의 공급이나 교환을 위한 모든 거래, 배분계약, 상사대리 또는 대표, 팩토링, 리스, 건축계약, 컨설팅, 엔지니어링, 라이선싱, 투자, 금융, 뱅킹, 보험, 개발계약 또는 면허권, 합작투자 및 다른

---

8) 다음의 UNCITRAL 전자상거래 모델법의 내용은 “Report of the United Nations Commission on International Trade Law on the work of its twenty-ninth session, A/51/17” ANNEX Ⅰ, pp.70-77을 토대로 필자가 私譯한 것이다.

유형의 산업 또는 회사, 항공, 해상, 육상 또는 철도에 의한 물품 및 여객의 운송계약 등을 포함한다(각주 ****의 내용).

나. 내용 검토

1) 매체중립원칙의 채택

제1조는 데이터 메시지를 정의한 제2조(a)와 관련되어 있는데, 모델법의 적용범위를 정하고 있다. 모델법은 정보가 실린 매체와 상관없이 정보가 생성·저장·송신되는 모든 실제적인 상황을 포괄한다는 원칙하에 규정된 것이다. 모델법 준비과정에서 모델법의 적용범위에 제한을 가하기 위하여 어떤 특정 형식 또는 매체를 배제하는 것은 매체중립원칙("Media-neutral" rules)을 규정한 목적에 어긋나는 것으로 인식되었다. 그러나 모델법의 초점은 서류 없는 통신수단에 있으며, 모델법에서 명백히 규정하고 있는 경우를 제외하고는 모델법은 전통적인 종이서류에 기초한 통신 시에 적용되는 원칙들을 변경하려는 것은 아니다.

2) 상사거래활동에 중점을 둠

모델법은 상업적 영역에서 생기는 여러 형태의 상황에 그 초점이 있으며, 모델법은 거래관계를 배경으로 준비된 것이다. 이러한 이유로, 제1조는 "상업적 활동(Commercial activities)"을 언급하고 있으며, 각주 ****에서 그 의미를 설명하고 있다. 이러한 형식의 설명은 별도의 상사법전을 갖고 있지 않은 나라의 경우에는 매우 유용한데, 이러한 각주 형식은 UNCITRAL 국제상사중재에 관한 모델법 제1조의 각주를 모델로 한 것이다. 각주의 사용이 입법기술상 허용되지 않는 나라의 경우에는 법률자체의 본문내용에 이러한 각주의 내용을 삽입할 수도 있을 것이다.

3) 상업적 거래영역 밖의 전자거래에 확장적용가능

모델법은 생성, 저장, 송신되는 모든 종류의 데이터 메시지에 적용된다. 법률제정국가는 모델법의 적용범위를 상업적 거래영역(commercial sphere)밖의 전자거래(electronic commerce)의 이용에도 적용되도록 확장할 수 있다.

예컨대, 모델법의 초점은 전자거래이용자와 공공기관사이의 관계에 두고 있는 것은 아니지만, 그러한 관계에 모델법을 적용할 수 없는 것은 아니다. 각주 ***은 체약국이 모델법의 적용을 상업적 거래영역을 넘어서까지 확장하고자 하는 법제정국을 위하여 대체가능한 문구를 규정하고 있다.

4) 모델법과 소비자보호 문제

정보시스템의 사용에 관한 내용을 규율하는 소비자보호법을 두고 있는 나라가 있다. 그러한 소비자보호법제를 존중한다는 점에서(UNCITRAL 국제자금이체에 관한 모델법의 경우에도 그러하다), 모델법은 소비자보호관계에서 발생할 수 있는 문제에 대하여 특별한 주의를 기울임 없이 모델법이 작성되었다는 점이 지적되어야 한다. 동시에 모델법의 규정이 각각의 법제정국의 입법에 따라서는 소비자보호에 적절한 것으로 될 수 있기 때문에, 일반규정으로 모델법의 적용범위로부터 소비자 관련 상황이 배제되어야 한다는 것은 이유가 없는 것으로 보인다. 그리하여 각주 **는 어떠한 소비자보호법도 모델법의 규정보다 우선한다는 것을 인정하고 있다. 입법자들은 모델법을 수용한 제정법을 소비자들에게 적용할 것인가 여부를 고려해야 할 것이다. 어떠한 개인 또는 단체를 소비자로 볼 수 있는가의 문제는 모델법 밖에 있는 적용법 상의 문제이다.

5) 국제적 전자상거래로의 적용범위의 제한 가능

모델법의 적용범위의 또 다른 제한은 첫 번째 각주에서 볼 수 있다. 원칙적으로 모델법은 데이터 메시지를 국제적으로 이용하거나 국내적으로 이용하거나 모두 적용된다. 각주 *은 법제정국이 모델법의 적용을 국제거래에 제한할 수 있도록 하였다. 각주는 국제거래와 국내거래를 구분할 수 있는 가능한 표준으로써 법제정국이 사용할 수 있는 국제성의 기준을 정하고 있다. 그러나 어떤 재판관할국에서는 부분적으로는 연방국에 있어서 국제거래를 국내거래로부터 구별하는 것은 상당한 어려움이 따른다. 모델법은 그 적용범위를 국제거래로 제한하는 것을 법제정국에 고무하는 것으로 해석되어서는 아니 된다.

모델법은 가능한 넓게 적용되어야 할 것이 권고된다. 데이터 메시지의 국제적인 사용으로 그 적용범위를 제한함으로, 그러한 제한이 모델법의 목적을 충분히 달성할 수 없는 것으로 보이기 때문에 모델법의 적용을 배제(제한)하는 것으로 사용되는 데에는 특별한 주의를 요한다. 모델법이 법제정국으로 하여금 모델법의 특정 부분의 적용범위를 제한할 수 있는 어느 정도의 유연성을 허용하고 있는 다수 조항(제6조, 제7조, 제8조, 제11조, 제12조, 제15조 및 제17조)을 포함하고 있기 때문에 국제거래로 모델법의 적용범위를 좁히는 것은 필요하지 않다. 더구나 국제거래에서 통신을 순수하게 국내적인 것과 국제적인 부분으로 나눈다는 것은 실제상 어렵다. 모델법이 제공하는 법적 확실성은 국내거래와 국제거래 모두에게 필요하다.[9] 데이터를 기록하고 통신하는데 쓰이는 전자적 수단을 규율하는 제도가 이중적으로 된다는 것은 그러한 수단의 사용에 심각한 장애를 일으킬 수 있다.

② 제2조 개념정의

ⓐ "데이터 메시지(Data Message)[10]"는 EDI, 전자메일, 텔레그램, 텔렉스, 텔레카피를 포함하되 이에 한정되지 않고, 다양한 방식으로 생성·송신·수신 또는 저장된 정보를 말한다.

ⓑ "전자문서교환(Electronic Data Interchange(EDI))"이란 정보구축을 위하여 합의된 표준을 사용하여 정보를 컴퓨터에서 컴퓨터로 보내는 전자적 전송방법을 말한다.

ⓒ "데이터 메시지의 작성자(Originator)[11]"란 데이터 메시지를 송신하거나 또는 그것을 저장하기 전에 생성시킨 자를 말한다. 다만, 데이터 메시지의 중개인으로 행동한 사람은 포함되지 않는다.

ⓓ "수신자(Addressee)"란 데이터 메시지의 작성자가 데이터 메시지를 수신할 것으로 의도한 사람을 말한다. 그러나 데이터 메시지의 중개인으로 행동한 사람은 포함되지 않는다.

ⓔ "중개인(Intermediary)"이란 특정 데이터 메시지에 관하여 어떤 사람에게 의도된 다른 사람을 대신하여 그 데이터 메시지를 송신·수신 또는 저장하거나 또는 그 데이터 메시지에 관한 그 밖의 다른 서비스를 제공하는 자를 말한다.

ⓕ "정보시스템(Information system)"이란 데이터 메시지를 생성·송신·수신·저장 기타 다른 처리과정을 수행하는 시스템을 말한다.

---

9) 국제적으로 이루어지는 인터넷 전자상거래에서는 특히 허위과장광고, 적극적인 비방광고로 손해를 입은 피해자는 가해자를 상대로 불법행위상의 손해배상을 청구할 수 있지만, 이는 컴퓨터 네트워크상의 특수한 문제로써 가해자를 특정하여 소송을 제기하는 데는 현실적인 어려움이 뒤따른다. 따라서 이러한 문제는 구체적으로 검토하여 법적, 제도적인 대비를 하여야 할 것이다. 예컨대, 유해정보를 컴퓨터 네트워크 상에서 제거하는 방법을 모색한다든가, 컴퓨터 네트워크 제공자에게 이 문제에 관한 어떠한 협력의무를 법적으로 부과한다든가 혹은 그 거래 기록을 보존할 의무를 부과하는 방법을 생각할 수 있는데 이 경우 그 비용은 소비자에게 전가될 것이기 때문에 이 점도 고려해야 할 것이다. 內田 貴, 前揭論文, 40面 以下.

10) Data Message라는 용어를 우리말로 번역하여 "전자문서"라고 할 수 있는데, 이럴 경우 종래 EDI환경에서 전자문서를 의미하는 것으로 좁게 해석될 우려가 있고, Data와 message라는 말은 이미 우리의 일상용어로 널리 사용되고 있는 실정임을 감안하여 그대로 "데이터 메시지"라는 우리말로 옮기고자 한다. 그러므로 경우에 따라서는 이 용어도 "전자문서"라고 번역하여 사용할 수 있다.

11) Originator는 이곳에서 데이터 메시지의 "작성자" 외에 상황에 따라서는 "생성자" 또는 "송신자" 등으로 번역할 수 있을 것이다.

가. 데이터 메시지의 개념

"데이터 메시지"의 개념은 통신에 제한되지 않고, 통신을 목적으로 하지 않는 컴퓨터에서 생성된 기록을 포함한다. 그리하여, "메시지"의 개념은 "기록"이라는 의미를 포함한다.

"유사한 수단"이라는 용어는 모델법이 오직 현재의 통신기술에만 적용되는 것이 아니고, 장래 발전될 통신기술도 수용한다는 의미를 나타낸다. "데이터 메시지"를 정의한 목적은 본질적으로 종이 없는 형식으로 생성·저장 또는 통신되는 모든 유형의 메시지를 포함하기 위함이다. 따라서 엄격히 말해서 "전자적" 그리고 "시각적" 통신수단이 유사하지 않다 하더라도 정의에 열거된 수단에 의하여 수행되는 기능과 같은 기능을 수행하는데 사용될 수 있는 모든 정보의 통신 및 저장 수단도 "유사한 수단"으로 포함될 것이다. 모델법의 목적상 "유사하다"는 말은 "기능적으로 동등하다"는 의미를 내포하고 있다. 이러한 것은 모델법의 기술발전에 대한 개방적, 유동적 성격을 나타낸다.

"데이터 메시지"의 정의는 또한 취소와 개정의 경우를 포함한다. 데이터 메시지는 고정된 정보내용을 갖는 것으로 추정되지만, 그것은 다른 데이터 메시지에 의하여 취소되거나 개정될 수 있다.

나. 전자문서교환(EDI)의 개념

모델법은 EDI의 정의가 반드시 다음 사항을 포함하는지 여부의 문제를 정하고 있지 않다. 즉 EDI메시지가 전자적으로 컴퓨터로부터 컴퓨터로 전달되는가 또는 처음에는 데이터 메시지가 전기통신 시스템을 통하여 전달되는 상황을 다루고 있는데, EDI메시지 형식으로 구조화된 데이터가 전기통신시스템 수단이 아닌 예컨대, EDI메시지를 포함한 자기 디스크가 사환에 의하여 수신인에게 전달되는 경우처럼 예외적이고 임시적인 형태도 포함하느냐에 대하여 이 EDI 정의 규정은 정하고 있지 않다. 그러나 손으로 전달되는 디지털 데이터가 "EDI"의 정의에 포함되느냐의 여부에 관계없이, 그것은 모델법상으로 "데이터 메시지"의 정의에 포함되는 것으로 간주되어야 한다.

다. "작성자" 및 "수신인"의 개념

1) 대리법리의 확장적용

대부분의 법제에서는 "사람(인)" 이라는 용어는 권리·의무의 주체를 설명하기 위하여 사용되며, 자연인 및 법인 또는 기타 법적 단체를 포괄하는 것으로 해석된다. 인간의 직접적인 개입 없이 컴퓨터에 의하여 자동적으로 생성된 데이터 메시지는 (C)호의 규정에 포함된다. 그러나 모델법이 컴퓨터를 권리·의무의 주체로 만드는 것으로 잘못 해석되어서는 아니 된다. 인간의 직접적인 개입 없이 자동적으로 작성된 데이터 메시지는 법적 실체(Legal entity) 즉 권리주체를 대신하여 컴퓨터가 작동됨으로써 그 법적 실체로부터 작성되는 것으로 간주되어야 한다. 이러한 관계에서 발생되는 대리와 관련된 문제점은 모델법 외부의 원칙에 의하여 해결되어야 할 것이다.

2) 동일인이 작성자와 수신인인 경우

모델법의 작성자와 수신인의 정의에 의하면 하나의 주어진 데이터 메시지의 작성자와 수신인이 동일인 일수도 있다. 예컨대, 데이터 메시지가 그 저자에 의하여 저장되는 경우이다. 그러나 한사람의 작성자에 의하여 전송된 메시지를 저장하는 수신인은 그 자체로는 "작성자"의 개념정의에 포함되는 것은 아니라고 해석된다.

3) 작성자의 인정범위

"작성자"의 개념정의는 정보가 생성되고 통신되는 상황만이 아니라 그러한 정보가 통신됨이 없이 생성되고 저장되는 경우도 포함한다. 그렇지만, "작성자"의 개념 정의는 단순히 데이터 메시지를 저장하는 수령인이 작성자로서 간주될 가능성을 배제하려는 의도이다.

라. 중개인의 개념

모델법의 초점은 작성자와 수신인 사이의 관계에 있는 것이고, 작성자 또는 수신인과 어떤 중개인과의 관계에 있는 것은 아니다. 그렇지만, 전자통신분야에 있어서 중개인이 매우 중요함을 무시하는 것은 아니다. 이에 더하여, "중개인"의 개념정의를 함에는 작성자 또는 수신인과 제3자 사이를 구별하여야 한다.

중개인의 개념정의는 직업적 및 비직업적 중개인을 포함한다. 즉 작성자와 수신인이 아닌 사람으로서 중개인으로서의 어떤 기능을 수행하는 사람이다. 중개인의 주된 기능은 (e)호에 열거된 바와 같다. 부가가치 사업자(value-added services)는, 예컨대 데이터 메시지를 포맷팅하거나, 전송·기록·인증·확인 및 보관하고, 전자거래의 보안서비스를 제공하는 네트워크 운영자 및 다른 중개인으로 형성된다. 모델법상의 "중개인"은 연원적인 범위로 정의되는 것이 아니라, 각 데이터 메시지와 관련하여 정의된다. 그리하여 동일인이 하나의 데이터 메시지의 작성자 또는 수신인 및 또 다른 데이터 메시지와의 관계에서는 중개인이 될 수 있다.

마. 정보시스템의 개념

정보 시스템의 정의는 정보의 전송, 수신 및 저장을 위하여 사용되는 광범위한 기술적 수단을 포함한다. 예컨대, 사실적인 상황에 따라서, "정보시스템"의 개념은 통신네트워크 및 다른 경우에는 전자우편함 또는 전기모사(telecopier)를 포함한다. 모델법은 정보시스템이 수신인의 관내에 존재하거나 또는 다른 관내에 존재하거나 묻지 않는다. 왜냐하면 정보시스템의 위치는 모델법상에 적용표준(활동기준)이 아니기 때문이다.

③ 제3조 해석원칙

(1) 모델법의 해석에 있어서는 국제적인 연원을 가지고 있다는 점과 그 적용의 통일성을 촉진할 필요가 있다는 점 또한 선의의 관습이 고려되어야 한다.

(2) 모델법에 의하여 명확하게 해결되지 않지만 모델법에 의하여 규율되는 관련요소에 대한 문제는 모델법이 기초하고 있는 일반적인 원칙과의 조화 속에서 해석되어야 한다.

본 조는 유엔 국제물품매매계약을 위한 협약 제7조를 수용한 것이다. 이는 법원 및 국가 또는 지방 기관에 의한 모델법의 해석원칙에 대한 기준을 제시하는 것이다. 본 조의 기대효과는 지역 법으로 제정될 통일 법전이 지역법의 개념을 참조함으로써만 해석될 수 있도록 범위를 제한하려는 것이다.

다양한 나라에서 모델법의 해석에 있어서 통일을 확보하기 위하여 모델법의 규정이 국내법으로 제정되는 경우, 모델법의 국제적 기원성을 고려하여 해석되어야 한다.

모델법의 기본원칙으로 다음과 같은 예시적 사항들이 고려되어야 한다.

(i) 국가 간에 전자상거래를 용이하게 할 것.

(ii) 새로운 정보통신기술을 사용하여 체결된 거래의 유효성을 인정할 것.

(iii) 새로운 정보통신기술의 실행을 촉진하고 고무할 것.

(iv) 법의 통일을 촉진할 것.

(v) 상거래 관습을 존중할 것 등이다.

모델법의 일반목적은 전자적 통신수단의 사용을 용이하게 하는 것이며, 그것은 어떤 식으로든 전자통신수단의 이용을 강제하는 것으로 해석되어서는 아니 된다.

④ 제4조 약정에 의한 변경

(1) 다른 특별한 규정이 없는 경우, 데이터 메시지의 생성·송신·수신·저장 또는 다른 처리과정에 포함되는 당사자 간의 약정에 의하여 제3장의 규정은 변경될 수 있다

(2) (1)항의 규정은 당사자 간의 약정에 의하여 제2장에서 언급하는 적용 법률을 변경할 권리에 영향을 미치지 않는다.

본 조는 모델법 제3장의 내용이 특별한 규정이 없는 경우 데이터 메시지에 포함되는 당사자의 약정에 의하여 변경될 수 있음을 정하고 있다. 이것은 소위 당사자 자치의 원칙을 표현한 것이다.

모델법을 제정하기로 한 결정은 현대 통신기술을 사용함에 따라 제기되는 법적 문제들에 대한 해결은 계약 안에서 대부분 찾을 수 있다는 인식을 전제로 한 것이다. 모델법은 당사자 자치의 원칙을 존중한다. 그러나 그 원칙은 제1부 제3장에 포함된 모델법 규정에 관하여서만 오로지 구체화된다. 그러한 제한을 두는 이유는 제1부 제2장에 포함된 규정이 어느 정도 법적 거래의 형식에 관한 잘 확립된 규칙(원칙)에 대한 예외적인 집합으로서 간주되기 때문이다. 그러한 잘 확립된 규칙은 보통 공공 정책적 결정을 반영하기 때문에 강행적 성질을 갖는다. 그러므로 모델법을 훼손하는 당사자의 자유에 관한 무제한적인 표현은 당사자들이 모델법을 훼손함으로서, 공공정책적 이유로 채택된 강행적 원칙을 훼손하도록 허용하는 것으로서 잘못 해석될 수 있다. 제1부 제2장에 포함된 규정은 최소한의 수용가능한 형식요건을 정한 것으로 간주되어야 하고, 이 때문에 명백하게 다른 기술이 없는 한 강행적인 것으로 간주되어야 한다.

제4조는 데이터 메시지의 작성자와 수신인사이의 관계에서만이 아니라 또한 중개인을 포함한 관계에 있어서도 적용된다. 그러므로 제1부 제3장의 규정은 당사자 간의 쌍방 또는 다수의 합의에 의하여 또는 당사자에 의하여 합의된 시스템규칙에 의하여 변경될 수 있다.

(2) 제2장 데이터 메시지에 대한 법률요건의 적용

① 제5조 데이터 메시지의 법적 효력

자료는 그것이 데이터 메시지의 형태로 되어 있다는 것만으로 그 유효성, 구속력에 관한 법적 효력이 부인되지 않는다.

본 조는 데이터 메시지와 종이문서 사이에 어떠한 차별취급도 있어서는 안 된다는 기본원칙을 구체화한 것이다. 그러나 그러한 기본원칙은 제6조 내지 제10조에 포함된 어떠한 요건도 무효로 하려는 것은 아니다.

② 제5조 bis 참조에 의한 문서합체(1998년 31차 본회의에서 채택)

정보는 그것이 법적 효력을 발생시킬 의도를 갖는 데이터 메시지에 포함되어 있지 않고, 단지 그러한 데이터 메시지에서 참조되어 있다는 이유만으로 그 법적 효력, 유효성 및 집행력이 부인되지 않는다.

본조는 인터넷 전자상거래에서 어느 전자문서가 "하이퍼텍스트 링크(Hypertext Links)"에 의하여 다른 주소(URL)를 연결하고 있는 경우에, 링크에 의하여 연결된 전자문서(text)도 이를 링크한 전자문서와 마찬가지의 법적인 효력을 갖는다는 의미의 규정이다.

③ 제6조 문서성

(1) 데이터 메시지에 적용되는 법(이하 적용법이라 한다) 이 서면형태로 되어 있는 자료를 요구할 경우, 그러한 법 규정은 만약 데이터 메시지에 포함되어 있는 자료가 이후의 증명에 사용될 수 있도록 입수가능하다면 데이터 메시지에 의해서도 충족될 수 있다.

(2) (1)항은 적용법이 서면자료의 제출요건을 의무의 형태로 규정하고 있거나 또는 단순히 서면상태로 존재하지 않는 정보의 결과에 대하여 규정하고 있거나에 관계없이 적용된다.

(3) 본조의 규정은 다음의 경우에는 적용되지 않는다. : [-----]

본 조는 법령이나 판례법상 정보가 "문서(in writing)"로 보존되고, 제시되어야 한다는 요건 또는 그 정보가 서류나 다른 종이문서에 포함되어야 한다는 요건을 충족하기 위하여 데이터 메시지가 충족해야할 기본적인 기준을 정의한 것이다. 제6조, 제7조, 제8조의 3개의 조문은 동일한 구조를 가지고 있고 함께 살펴보아야 하는 규정이다.

모델법은 서류 환경에서 다양한 종류의 문서에 의하여 전통적으로 수행되는 기능에 특별한 주의를 기울였다.

국내법이 문서의 사용을 요구하는 이유를 열거해보면 다음과 같다.

(ⅰ) 가시적인 존재의 증명 및 스스로를 구속하려는 당사자의 의도를 확보하는 것

(ii) 당사자들이 그들의 계약체결의 결과를 알 수 있도록 도와주는 것
(iii) 문서를 모든 사람이 읽기 쉽도록 하는 것
(iv) 시간이 흘러도 문서가 변하지 않고 존재하며 영속적으로 거래기록으로써 제공되는 것
(v) 한 문서의 재작성이 가능하므로 그 결과 각 당사자가 동일한 데이터의 한 부를 보유할 수 있는 것
(vi) 서명을 함으로써 데이터의 진정 성립을 보증하는 것(데이터의 인증)
(vii) 문서가 공공기관이나 법원이 수용할 수 있는 형식으로 제공될 수 있는 것
(viii) 문서작성자의 의도를 확정하고, 그러한 의도를 기록으로 제공하는 것
(ix) 유형적인 형태로 쉽게 데이터를 저장하는 것
(x) 회계, 조세 또는 규제목적을 위하여 통제 및 감사를 용이하게 하는 것
(xi) "문서"가 유효한 목적을 위하여 요구되는 경우에는 그러한 형식의 존재에 법적인 권리와 의무를 발생시키는 것 등이다.

그러나 모델법의 준비과정에서 문서의 완전한 기능을 전체적으로 엄격한 개념으로 채택하는 것은 부적절하다고 인식되었다. 그러므로 기능적 접근방법을 취할 때 다음과 같은 점을 주의하여야 한다. 즉, "문서성"의 요건은 제반 형식요건들의 계층구조가운데서 가장 낮은 것(가장 하위단계)으로 고려되어야 하며, 그것은 종이문서에 관하여 현저한 수준의 신뢰성, 추적가능성, 불가변성의 기초가 된다. 데이터가 서면형식으로 제시되어야 한다는 요건은 "서명된 문서", "서명된 원본" 또는 "인증된 법적 증서"와 같은 보다 엄격한 요건과 혼동되어서는 안 된다. 예컨대, 특정 국내법 하에서는 날짜나 서명이 없는 문서 또는 문서상으로 필자를 알 수 없거나 단지 편지 문두에 필자명이 인쇄되어 있는 문서도 그것이 비록 문서의 필자에 관한 다른 증거(예 : 증언)가 없어서 약한 증명력을 가진다 하더라도 "문서"로써 간주된다. 연필로 쓴 문서도 특정 입법례에서는 문서로 보기 때문에 무변경성(unalterability)이라는 개념은 문서의 개념에서 절대적인 것이 아니다. 종이서류 환경 하에서 데이터 전체의 문제와 사기로부터 보호문제를 고려한다 하더라도, 사기적 문서도 하나의 "문서"로 간주된다. "증거"와 "스스로 구속하려는 당사자의 의도"라는 개념은 데이터의 신뢰성과 인증성의 보다 일반적인 문제와 연결되어 있고, "문서"의 정의에는 포함되지 않아야 한다. 제6조는 데이터 메시지가 문서의 모든 가능한 기능을 수행해야 한다는 요건을 정한 것이 아니다. 오히려 문서의 특정한 기능에 초점을 두고 있는데, 예컨대, 세법상의 증거기능, 민법상의 통고기능 등

이며, 제6조는 재 작성되고 읽을 수 있는 정보의 기본적 기능에 초점을 두고 있다.

데이터 메시지로 된 정보는 계속적으로 참조할 수 있도록 접근가능하게(accessible) 되어야 한다는 객관적 표준을 제시한 점으로 보아서 이러한 개념이 제6조에 분명히 명시되어 있다. "접근 가능한(accessible)" 이라는 용어는 컴퓨터 데이터 형식의 정보가 읽을 수 있고 해석할 수 있는 것이어야 한다는 것을 뜻하며, 그러한 정보를 읽을 수 있도록 하는데 필요한 소프트웨어가 보유되어야 한다는 의미이다. "이용할 수 있다(usable)"는 말은 오직 인간적인 이용만이 아니라 컴퓨터 처리절차에서 사용되는 것도 포함한다. 계속적 참조(subsequent reference)라는 개념은 "지속성" 또는 "불변경성"의 의미에 가깝고, "판독가능성", 또는 "명료함"같은 개념으로도 해석할 수 있다.

제6조, 제7조 (3)항 및 제8조 (4)항에 구체화된 원칙은 법제정국이 모델법을 수용한 국내입법에서 정하는 특정 상황에 대하여 해당조항의 적용을 배제하려는 것이다. 법제정국은 특별히 형식적 요건의 목적에 따라서는 특정 형태의 유형을 배제하기를 원할 것이다. 그러한 상황은 특별한 사실적 또는 법률적 위험을 통지 또는 통고하기 위한 문서요건의 경우이다. 다른 특별히 배제되는 경우는 형식적 요건과 이 관계에서(1931년 제네바 수표법통일조약에 따라서 수표를 서면으로 발행해야 한다는 요건과 같이) 법제정국이 국제협약상의 의무 및 법제정국이 법규에 의하여 변경할 수 없는 법률에 따라야 할 것이 요구되는 경우이다.

(3)항은 모델법의 수용가능성을 높이기 위한 조항이다.

④ 제7조 서명

(1) 적용법이 어떤 사람의 서명을 정하고 있는 경우에 그러한 규정은 다음과 같은 경우에 데이터 메시지에 의하여서도 충족될 수 있다.
 ⓐ 특정인의 동일성을 증명하기 위해서 사용되고, 데이터 메시지에 포함된 자료의 내용을 특정인이 승인했다는 것을 가리키는 방법인 경우
 ⓑ 그러한 방법은 관련된 약정을 포함한 모든 상황의 면에서 데이터 메시지의 생성·통신 목적에 적합한 것으로 신뢰할 수 있는 경우
(2) 위의 규정은 그러한 법 규정이 의무의 형태로 규정되어 있거나, 단순히 서명이 없는 경우의 효과에 대해서 규정하고 있거나에 관계없이 적용된다.
(3) 본조의 규정은 다음의 경우에는 적용되지 않는다. : [--------]

본 조는 종이문서 환경에서의 서명의 기능에 대한 인식을 토대로 하고 있다.[12] 모델법의 준비과정에서 다음과 같은 서명의 기능이 고려되었다. 사람을 확인(인지)하는 기능, 서명행위에 있어서 서명행위자가 관련되었음을 분명히 하는 기

능, 문서의 내용과 행위자를 연계시키는 기능 등이다. 또한 서명은 다양한 기능을 수행하는데, 예컨대, 서명된 계약의 내용에 당사자가 구속된다는 의사를 증명하고, 어떤 사람이 문서의 필자임을 인정하는 기능, 어떤 사람에 의하여 쓰여진 문서의 내용에 그 자신을 연계시키고자 하는 의도 등을 증명한다.

수기 서명 외에도 스탬프나 구멍 뚫기(천공) 방법 등 다양한 서명방법이 있다. 어떤 나라에서는 일반적 요건으로써 일정 수준 이상의 계약은 서명되어야 집행할 수 있도록 되어 있다. 본문에서의 서명의 개념은 스탬프, 구멍 뚫기, 타이프 된 서명 또는 프린트된 편지 문두 서명 등도 서명요건을 충족하기에 충분한 것으로 간주된다. 현존하는 서명요건의 다양한 형태와 수준에 상당하는 기능을 발전시키는 것이 바람직하다. 그러한 접근방법은 서명을 대신하는 것으로써 전자상거래관행에서 사용되는 다양한 인증수단의 사용으로부터 기대될 수 있는 법적 인식정도를 확실한 수준으로 증가시킬 것이다.

그러나 서명의 개념은 본질적으로 종이의 사용과 연결되어 있다. 나아가, 전자서명을 특별한 경우에 종이문서서명을 대체하는 것으로써 그 사용되는 기준과 절차를 발전시키려는 시도는 모델법에서 규정하는 법적인 틀을 현재상태의 기술적 발전에 묶어둘 위험이 있다.

인증이 요구되는 메시지가 종이문서에서와 같은 특유한 방법으로 인증되지 않았다는 하나의 이유만으로 그 법적 가치가 부인되어서는 안 된다는 것을 확보할 목적으로, 제7조는 포괄적인 접근방법을 취하고 있다. 현재 전자상거래의 장애가 되고 있는 서명요건에도 불구하고, 모델법은 데이터 메시지가 충분한 신용성을 갖는 진정한 것으로서(즉 인증된 것으로서) 간주되고, 집행될 수 있어야 한다는 일반원칙을 정한다.

제7조는 서명의 두 가지 기본기능에 초점을 두고 있는데, 즉 소위 문서의 필자를 확인하는 기능과, 그 문서의 내용을 필자가 승인하는 기능이다. (1)항 ⓐ호는 전자적 환경에서 데이터 메시지의 작성자를 확인하는 방법과 작성자가 그 데이터 메시지의 내용을 승인하는 방법으로 서명의 기본적인 법적 기능이 수행되는 원칙을 수립하고 있다.

(1)항 ⓑ호는 (1)항 ⓐ호에서 사용된 동일성의 방법에 의하여 수립된 안전성의 정도를 위하여 유연한 접근방법을 수립하고 있다. (1)항 ⓐ호에서 사용된 방법은

---

12) 대부분의 나라에서는 "서명"은 법원에서 수기서명으로 제한되고 있다. 본 조는 이러한 서명의 개념에 전자서명을 포함시키도록 범위를 확대하고 있다. John Livermore·Krailerk Euarjai, *op.cit.*, p.56.

모든 상황의 관점에서 데이터 메시지는 작성자와 수신자간의 어떤 합의를 포함하여, 그것이 생성되고 통신될 목적에 적합할 만큼 신뢰할 수 있는 것이어야 한다.

(1)항에서 사용된 방법이 적합한지 여부를 결정하기 위하여서는 고려해야할 법률적·기술적 및 상업적 요소로서 다음 사항이 있다.

(i) 당사자 각자가 사용하는 장비의 정교성

(ii) 그들의 거래활동의 성질

(iii) 당사자 사이에 상업적 활동이 발생하는 빈도

(iv) 거래의 종류와 규모

(v) 주어진 법률적 및 규제적 환경에서 서명요건의 기능

(vi) 통신시스템의 용량

(vii) 중개인이 설정한 인증절차와의 합치성

(viii) 어느 중개인에 의하여 이용될 수 있도록 만들어진 인증절차의 범위

(ix) 거래관습과의 합치성

(x) 공인되지 못한 메시지에 대한 보험적 보호 장치의 존재

(xi) 데이터 메시지에 포함된 정보의 중요성과 가치

(xii) 대체할 수 있는 확인수단이 가능한지 여부와 실행 비용

(xiii) 관련 산업이나 관련 영역에서 방법이 합의된 때에 그리고 데이터 메시지가 통신된 때에 검증방법의 허용 또는 불허용의 정도

(xiv) 기타 다른 관련 요소

제7조는 전자거래의 사용자가 통신합의에 의하여 연결되어 있는 상황과 전자거래 이용에 관한 사전 계약적 관계가 없는 상황간의 차이를 두지 않는다. 그리하여 제7조는 사전 계약관계 없이 교환된 데이터 메시지에 대한 기초적인 인증기준을 수립하는 것으로서 간주되며, 동시에 만약 당사자들이 통신합의가 이루어진 관계 속에서 전자통신을 사용하였다면, 무엇이 서명을 위한 적절한 대체물이 될 것인가에 대한 가이드(기준)를 제공하는 것이다. 모델법은 그리하여 두 가지 유용한 가이드를 제공한다. 국내법이 데이터 메시지의 인증의 문제를 순전히 당사자의 자유재량에 맡겨놓는 구조와 보통 국내법의 강행규정에 의하여 규정된 서명요건이 당사자의 합의에 의하여 변경되지 않아야 한다는 구조의 양자에 있어서 유용한 가이드를 제공한다.

"작성자와 수신자간의 합의"라는 개념은 데이터 메시지를 직접으로 교환하는 당사자 간의 쌍방합의 또는 복수합의 뿐 아니라(예컨대, 거래당사자 협정, 통신협정,

교환협정), 네트워크로써 중개인을 포함하는 합의(예컨대, 제3당사자 서비스협정)도 포괄하는 것으로 해석되어야 한다.

⑤ 제8조 원본성

(1) 적용법이 자료가 원본의 형태로 제공되거나 보관될 것을 규정하는 경우, 그러한 규정은 다음과 같은 경우 데이터 메시지에 의해서도 충족될 수 있다.
ⓐ 데이터 메시지 또는 그 밖의 다른 최종적인 형태로 처음 생성된 때로부터 자료의 무결성에 대한 신뢰할 만한 증명이 있는 경우
ⓑ 자료가 제출되도록 규정된 경우 그러한 자료는 제출되어야 할 사람에게 모니터 상으로 현출되며, 제시될 것이 요구되고 있는 경우
(2) (1)항은 법의 규정이 의무의 형태로 규정되어 있거나, 단순히 자료가 원본형태로 제출 보관되지 않은 경우의 결과에 대해서 규정하고 있거나에 관계없이 적용된다.
(3) (1)항 ⓐ호의 목적을 위하여
ⓐ 자료의 무결성 판단기준은 자료가 어떤 배서의 추가 및 통상의 통신, 저장, 현출의 과정에서 변경 없이 완전하게 보존되어 있는가에 의한다.
ⓑ 요구되는 신뢰성의 기준은 자료가 생성된 때의 목적의 측면과 관련된 제반 상황 하에서 평가되어야 한다.
(4) 본조의 규정은 다음의 경우에는 적용되지 않는다.[----------].

본 조의 원본의 개념은 실제로 많은 분쟁이 서류의 원본성의 문제와 관련되어 있기 때문에, 그리고 전자상거래에 있어서 원본제시요건은 모델법이 제거하려는 주된 장애 가운데 하나이기 때문에 유용한 개념이다. 원본 개념은 주로 증거목적에 중요성이 있다. 제8조는 원본성의 유일한 개념과 특별히 관계되는 권원증권 및 유통증권에 적합한 규정이다. 그러나 모델법은 그러한 권원증권 또는 유통증권에만 적용하려는 것은 아니다. 서류의 발행자가 그들의 데이터 메시지를 재 송신하도록 요구받거나 또는 매번 물건이 팔릴 때마다 당사자들이 전자상거래를 보충하기 위하여 종이서류를 사용하도록 강요되기 때문에 전자상거래를 이용한 물품의 매매는 방해를 받게 된다.

제8조는 데이터 메시지가 원본성과 기능적 동일성을 갖는 것으로 간주되기 위하여, 데이터 메시지에 의하여 충족되는 최소한의 허용할 수 있는 형식요건을 규정한 것으로 본다. 이 규정은 강행규정이다.

제8조는 정보의 원본성 때문에 정보의 무결성이 중요함을 강조하고 있다. 그

리고 정보의 시스템 기록을 참조하여 무결성을 평가할 때, 그리고 정보가 오류 없이 기록되었다는 것을 보증하고, 변경에 대한 데이터의 보호를 보증하기 위하여 고려해야할 기준을 정하고 있다. 그것은 원본의 개념이 인증방법과 연결되며, 인증의 방법에 초점을 두고 있다.

"정보가 처음에 그 최종 형식으로 작성된 때"라 함은 정보가 처음에 종이문서로 작성되고 이어서 컴퓨터로 이전된 것을 포함한다. 이러한 경우 (1)항 ⓐ호는 정보가 전자적 형식으로 변경된 때가 아니라 종이문서로 처음에 작성된 때로부터 완전하고, 변경됨 없이 보존되는 것을 확증하는 것으로 해석되어야 한다.

본조에서 "적용법(the Law)"이라 함은 제정법령 뿐 아니라, 사법적으로 형성된 법 및 기타 절차법을 포함한다.

⑥ 제9조 데이터 메시지의 증거력과 허용선

(1) 모든 법적 절차에서 어떠한 증거법원칙도 ⓐ 그것이 데이터 메시지라는 이유만으로, 또는 ⓑ 증거를 제시하는 사람이 그것을 입수하여 제출할 수 있는 최상의 증거인데도, 원본의 형태가 아니라는 이유만으로, 증거로서의 데이터 메시지의 효용성을 부인하기 위하여 적용되어서는 안 된다.

(2) 데이터 메시지형태의 자료는 충분한 증거력을 갖는다. 데이터 메시지의 증거력을 평가함에 있어서 데이터 메시지의 생성·통신·저장방법의 신뢰성, 정보의 무결성을 유지하는 방식에 대한 신뢰성, 작성자의 동일성의 증명방법 그리고 관련되는 다른 요소를 고려하여야 한다.

제9조의 목적은 소송절차에서 데이터 메시지의 증거로서의 허용성과 그 증거가치에 관한 규정이다.[13] 여기서 "최상의 증거(best evidence)"라는 용어는 보통법체제에서 사용하는 용어이다.[14] 그러나 "최상의 증거"의 개념은 그러한 법칙을 알지

13) 본 조는 영미법상의 "최상의 증거법칙(the best evidence rule)"과 "전문법칙(hearsay rule)"이 데이터 메시지의 법적인 인식과 증거가치를 변경하기 위하여 사용되는 것을 금지하는 규정이다; John Livermore · Krailerk Euarjai, *op.cit.*, p.56.

14) 영미 소송법상 최상의 증거법칙(best evidence rule)이 적용된다. 이는 거증자가 재판에 있어서 최상의 증거 즉 원본을 제출하여야 한다는 원칙으로서, 원본제출의 원칙(Original document Rule)이라고도 한다. 이 원칙은 종이문서가 아닌 전자메시지가 처리되는 환경에서 적용될 때 합법적인 의사소통이 반드시 특정한 기록으로서 구체화되지 않기 때문에 주요한 문제들을 야기할 수 있는 것이다. 최상의 증거법칙은 모든 원본이 소실되는 경우나 또는 정부의 기록이나 데이터 파일 등의 내용은 복사본에 의하여도 증명이 허용되므로 예외가 인정된다. 최상의 증거법칙이 전자메시지에도 적용되는가 하는 문제가 있다. 미국 연방증거법은, "문서(Writing)" 또는 "기록(Recordings)"이란 필사(handwriting), 타이프(Typewriting), 프린트(Print), 복사사진(Photostating),

못하는 법제(대륙법계)에서는 매우 불확실함을 제기할 수 있는 용어이다. 이 용어가 무의미하다고 보는 나라들은 (1)항에서 "최상의 증거"라는 용어를 참조함이 없이 모델법을 수용하기를 바랄 수 있다.

데이터 메시지의 증거력의 평가에 관하여, (2)항은 데이터 메시지의 증거력이 어떻게 평가되어야 하는가에 관한 유용한 가이드를 제공하는 규정이다.

⑦ 제10조 데이터 메시지의 보존15)

(1) 적용법이 어떤 문서, 기록 또는 자료를 보존하도록 규정하고 있는 경우에, 그러한 규정은 다음과 같은 조건을 충족시키는 데이터 메시지의 보존에 의해서도 충족될 수 있다.

ⓐ 데이터 메시지에 포함된 자료가 이후의 증명에 사용되기 위해서 접근 가능할 것.

ⓑ 데이터 메시지가 생성·송신·수신된 형태로 보존되고 있을 것 또는 데이터 메시지의 형태가 생성·송신·수신된 자료를 정확하게 표현할 수 있는 형태로 보존될 것.

ⓒ 데이터 메시지가 송·수신의 날짜와 시간, 송신지와 수신지를 증명할 수 있도록 보존될 것.

(2) 위 (1)항에 따라서 문서, 자료 또는 기록을 보존할 의무는 오로지 메시지를 발신하거나 수신할 목적으로 사용되는 정보에까지 확대되지 않는다.

(3) 어떤 사람이 위의(1)항 ⓐ, ⓑ, ⓒ호의 요건을 충족하면 제3자의 서비스를 사용함으로써 (1)항에 규정된 요건을 만족시킬 수 있다.

사진(Photographing), 자기기록(Magnetic impulse), 기계적 혹은 전자적 방식으로 처리된 기록(Mechanical or Electronic Recording) 또는 기타의 데이터 편집물형식 등에 의하여 기록된 문자, 단어, 숫자 또는 그와 유사한 것으로 구성된 것이라고 정의하고 있다(동법 제1001조 제1항). 무서류의 전자메시지는 어느 곳에 기록된 문자 단어라는 의미의 원본문서는 아니다. 따라서 최소한 연방법 하에서는 최상의 증거법칙이 순수한 전자메시지에는 적용되지 않는다고 할 것이다. Benjamin Wright, *op.cit.*, pp.155-156.

15) 서류 환경에서나 전자 환경에서나 법적인 분쟁이 발생한 경우 입증방법으로 사용하거나 혹은 거래관계의 감사목적으로 사용하기 위하여 거래기록의 보존과 내부통제가 필요한 것이다. 서류 환경에서와는 달리 전자환경하에서는 전자 자료의 보존에 있어서 그 매체선택과 보존의 수준이 고려되어야 한다.

UNCID에서는 거래자료목록의 저장, 유지를 의무화하고 있고, 당사자 간의 약정이나 국내법의 규정이 없는 경우에는 3년 동안 보존할 것을 규정하고 있다(동규칙 제10조). 우리나라 무역업무자동화촉진에 관한 법률은 지정사업자는 전자문서 및 데이터베이스를 대통령령이 정하는 기간 동안 보관하여야 한다고 정하고(동법 제18조 제4항), 대통령령에서 그 기간을 3년으로 정하고 있다.

본 조는 오늘날 거래발전에 있어서 장애가 될 수 있는 정보의 저장(예 : 회계, 조세목적)에 관한 요건을 위한 일련의 대체규칙을 정한 것이다.

(1)항은 적용법 상으로 데이터 메시지를 저장하여야 할 의무를 정한 것이다. ⓐ호는 6조의 규정을 그대로 따온 것이다.

(3) 제3장 데이터 메시지의 통신

① 제11조 계약의 성립과 유효성[16)]

(1) 계약의 성립의 면에서 당사자들이 달리 합의하는 경우 외에는, 청약과 승낙은 데이터 메시지의 방법에 의해서 표현될 수 있다. 계약의 성립에 데이터 메시지가 사용된 경우, 그러한 계약은 계약 성립을 위하여 데이터 메시지가 사용되었다는 이유만으로 그 유효성과 구속력이 부인되지 않는다.
(2) 본 조는 다음의 경우에는 적용되지 않는다:[---------------]

제11조는 계약체결에 관한 법제에 간여하려는 규정이 아니라, 오히려 전자적 수단에 의한 계약체결에 관하여 증가된 법적 확실성을 제공함으로써 국제거래를 촉진시키고자 함에 있다. 본 조는 계약체결문제에 관해서 만이 아니라, 청약과 승낙이 표시되는 형식에 관해서 다루고 있는 조문이다. 이 규정은 상당수의 나라가

---

16) 계약 성립에 관하여 전자적 수단으로 계약을 성립시키는 것 자체의 유효성에 대하여 의문이 있을 수 있다. 그러나 계약체결의 자유의 원칙과 계약 성립은 낙성주의에 의하여 되기 때문에 전자적으로 계약을 체결하는 것은 문제가 없다고 본다. 또한 컴퓨터에 의한 자동발주는 "의사표시"라고 보아 법적인 취급을 할 수 있다.

우리나라 민법은 의사표시의 효력발생시기에 관하여 이른바 도달주의를 취하고 있으나(민법 제 111조 1항), 격지자간의 계약의 성립에 관하여는 승낙의 의사표시를 발송한 때에 성립한다고 하여 이른 바 발신주의를 취하고 있다(민법 제531조). 대화자간의 계약에 관하여는 별도의 규정이 없기 때문에 민법 제111조 1항의 원칙에 따라 도달주의에 의한다고 본다. 그러면 전자거래에 있어서 계약의 성립시기를 승낙의 발신과 도달 가운데 무엇을 기준으로 정할 것인가가 문제로 된다. 전자거래에 있어서 데이터 메시지의 전송속도가 실제로 동시적인 점과 향후 실시간(real-time) 메시지 시스템이 보편화되는 경우를 고려하면 도달주의가 타당하다고 할 수 있다. UNCITRAL 모델법에서는 모델법제정회의 초기에 모델법에 도달주의를 명기할 것이 논의되었으나, 국제동산매매에 관한 비엔나 조약이 도달주의를 채용하고 있어서 이 원칙은 당연한 것이라는 이유로 규정을 두지 않게 되었다. 발신주의의 원칙을 채용하고 있는 나라의 경우(예 : 일본민법)에는 전자상거래 환경아래서 민법의 원칙을 개정하거나 당사자의 합의에 의한 계약으로 도달주의를 취한다는 계약서를 작성하여야 할 것이다. 우리나라 무역자동화촉진법 제15조 1항은 전자문서의 도달 시기는 그 발신인이 보낸 메시지가 수신인의 컴퓨터 파일에 기록된 때에 그 상대방에게 도달한 것으로 본다고 규정하여 도달주의를 취하고 있다.

계약이 전자적 수단에 의하여 유효하게 체결될 수 있는 지에 대하여 불확실한 상태에 있기 때문에 필요한 규정이다. 그러한 불확실성은 청약과 승낙을 표시한 데이터 메시지가 직접적인 사람의 개입 없이 컴퓨터에 의하여서 생성되고, 그리하여 당사자의 의사표시에 관하여 의문이 제기되기 때문이다. 그러한 불확실성에 대한 또 다른 이유는 통신형태에 고유한 것인데, 종이문서가 없기 때문에 발생한다.

(1)항은 청약과 승낙 모두가 전자적 수단에 의하여 통신이 이루어진 경우만이 아니라, 청약만 또는 승낙만이 전자적으로 통신이 이루어지는 경우도 포함한다. 청약과 그 청약에 대한 승낙이 전자 메시지의 수단으로 표시된 경우에 계약 체결의 시기와 장소에 관하여 모델법에서는 계약체결에 적용될 국내법에 간섭하지 않도록 하기 위하여 아무런 특별한 규정을 두고 있지 않다. 그러한 규정은 모델법의 목적을 벗어나는 것으로 보기 때문이다. 계약체결에 관한 기존(규정)원칙과 제15조에 포함된 규정을 복합(조화)시킨 것은 청약과 승낙이 전자적으로 이루어진 경우에 계약 성립 시기와 장소에 관한 불확실함을 제거하려고 한 의도이다.[17)]

"당사자에 의한 다른 약정이 없으면"이라는 표현은 계약관계에서 제4조의 당사자자치의 원칙이 적용되는 것인데, 이것은 모델법의 목적이 계약체결을 위하여 종이서류방식에 의존하는 당사자들에게 전자적 통신수단을 강제하지 않으려는 것임을 분명하게 하기 위함이다.

이 규정이 특정한 계약의 형식에 관한 특정한 형식요건을 정한 국내법의 적

---

17) ABA 협정모델은 보통법상의 청약과 승낙에 관한 메일박스 원칙(Mail Box rule)을 근거로 하여 EDI를 통한 물품매매에 있어서 청약의 메시지는 승낙 메시지가 받아들여질 때까지는 효력이 없다는 것을 당사자들이 정하도록 하고 있다(동 협정모델 §2.3). 메일박스 원칙이란 청약의 의사표시에 대하여 승낙의 의사표시를 담은 서면을 우편함(메일박스)에 넣은 순간 계약은 성립되고 승낙의 의사표시를 철회할 수 없다는 원칙이다. 즉 메일 박스에 승낙서면을 넣은 때에는 비록 승낙서면이 청약인에게 도달하지 않았다 하더라도 승낙은 구속력이 있기 때문에 계약은 성립된 것으로 보아야 한다는 것이다. 메일박스이론은 피청약인의 승낙에는 적용되지만, 청약인에 의한 취소에는 적용되지 않는다. 이러한 메일박스 이론이 우편서비스 이외의 다른 매체에 의해 전송된 메시지에도 적용되는가 하는 문제가 있다. 당사자 간에 약정이 없거나, 청약에 특별한 언급이 없는 한, 어떤 특정한 전자메시지 시스템에 메일박스이론이 적용되는가의 여부는 명확하지 않다. 메일박스이론이 적용되느냐의 여부는 그 특별한 시스템이 공공적인 것인가에 의하여 좌우되며, 동시적인 시스템인 경우는 적용되지 않는다고 본다. 왜냐하면 메일박스 이론이 적용되느냐 여부의 문제는 통신이 느리게 이루어지고, 상대의 메시지가 전송되는 동안 일방당사자가 그와 상반되는 메시지를 보낼 충분한 기회가 있는 경우에 중요성을 갖기 때문이다. 전자메시지는 매우 빠른 것임을 고려해야 한다. 다만 메일박스 이론의 적용은 소송에서 준거법선택의 문제에 영향을 미칠 수 있다. 영국 법원에서 계약이 아닌 사건에서 메일박스이론을 E-Mail에 적용시킨 판결이 있다(The London Times, July 28, 1988, at 27, col.1; [1988 C.L.Y.664.); Benjamin Wright, *op.cit.*, pp.261-264.

용규정을 취소하는 유해한 효과가 있을지도 모르기 때문에, 예컨대, 공증 및 문서요건 같은 경우 그러한 당사자들을 보호하기 위하여 또는 특정 위험을 통지하기 위하여 그러한 형식이 필요한 경우가 있다. 이 때문에 (2)항은 법제정국이 (1)항의 적용을 모델법 수용 시에 수용하는 법에서 정하는 특정한 경우에는 배제할 수 있도록 한 것이다.

② 제12조 당사자에 의한 데이터 메시지의 승인

(1) 데이터 메시지의 작성자와 수신자 사이에서 의사의 표시나 다른 기재는 단지 데이터 메시지의 형태라는 이유만으로 그 법적 효력, 유효성, 구속력이 부인되지 않는다.
(2) 본 조는 다음의 경우에는 적용되지 않는다.[---------------]

제12조는 모델법 준비의 마지막 단계에서 추가된 것이다. 즉 제11조가 계약체결과 관련된 데이터 메시지를 다루는 것으로 제한되어 있다는 사실과, 그러나 모델법 초안은 계약체결이 아닌 계약상 의무이행(예컨대, 결함 있는 물건의 통지, 지급요청, 계약이 이행될 장소의 통지, 채무의 승인 등)에 관련된 데이터 메시지에 관한 특별한 규정이 포함되어 있지 않다는 점 때문에 추가된 것이다. 그러므로 이 규정은 계약의 이행에 관한 단계에 적용될 수 있다.

③ 제13조 데이터 메시지의 귀속

(1) 작성자 스스로 송신한 데이터 메시지는 작성자의 데이터 메시지이다.
(2) ⓐ 데이터 메시지가 작성자를 대표할 대리권을 가진 사람에 의해 송신되거나, ⓑ 작성자에 의해 프로그래밍 되거나 작성자를 대신하여 자동으로 실행되는 자료시스템에 의해 송신된 경우에는 그 데이터 메시지는 작성자와 수신자 간에는 작성자의 것으로 본다.
(3) 작성자와 수신자간에 있어서 다음과 같은 경우에 수신자는 데이터 메시지를 작성자의 것으로 보고, 그에 기초하여 행동할 권한이 있다.
  ⓐ 데이터 메시지가 작성자가 송신한 것인지 확인하기 위해서 수신자가 미리 합의된 방법으로 적절한 수단을 사용한 경우
  ⓑ 작성자 또는 작성자의 대리인과 관련이 있는 자의 행위 결과로 수신자가 수취한 데이터 메시지가, 그 관련 있는 자로 하여금 그 자신이 데이터 메시지의 동일성을 확인하기 위하여 작성자가 사용한 방법에 접근할 수 있도록 한 경우

(4) 위 (3)항은 다음과 같은 경우에는 적용되지 않는다.

ⓐ 수신자가 수신된 메시지가 작성자가 송신한 것이 아니라는 통지를 원래의 데이터 메시지와 동시 또는 상당한 시간 내에 받은 경우

ⓑ (3)항의 ⓑ의 경우에 수신자가 데이터 메시지가 송신자가 송신한 것이 아니라는 것을 상당한 주의 또는 약정된 절차에 의해서 알거나 알 수 있었을 경우

(5) 데이터 메시지가 작성자의 것이거나 작성자의 것으로 추정되거나 하여 수신자가 그러한 추정에 의하여 행동할 수 있는 경우, 작성자와 수신자간에서 수신자는 데이터 메시지가 작성자가 의도한 대로 수신되었음을 추정할 수 있고, 그러한 추정에 기하여 행동할 권리를 갖는다. 다만 수신자가 사전에 약정된 절차를 통해서 또는 상당한 주의에 의하여 전송에 실수가 있었음을 알거나 알 수 있었을 경우에는 그러하지 아니하다.

(6) 수신자는 수신된 각 데이터 메시지가 각각 별개의 것이라고 추정하고 그에 의하여 행동할 수 있다. 단 그 데이터 메시지가 다른 데이터 메시지를 복제한 것이며, 수신자가 약정된 절차나 상당한 주의를 기울여 그 데이터 메시지가 복제되었음을 알거나 알 수 있었을 경우에는 그러하지 아니하다.

제13조는 UNCITRAL 국제자금이체에 관한 모델법 제5조－지급청구서 송신자의 의무를 정의한 규정－를 그 기원으로 한다. 제13조는 데이터 메시지가 실제로 작성자로 표시된 사람에 의하여 송신되었는가 여부에 관한 의문이 있는 경우에 적용된다. 종이문서 환경에서는 이 문제는 작성명의인의 서명위조 문제로 제기될 수 있는데, 전자적 환경에서는 코드에 의한 인증, 비밀보안 또는 이와 같은 것들이 정확한 경우라도 무권한자가 그 메시지를 보낼 수도 있기 때문이다. 제13조의 목적은 책임을 부담시키려는 것이 아니다. 그것은 오히려 특정 상황에서 데이터 메시지가 작성자의 메시지로 간주된다는 추정을 성립시킴으로써 데이터 메시지의 귀속문제를 다루고 있으며, 그리고 수신자가 그 데이터 메시지가 작성자의 것이 아니라는 것을 알았거나 알 수 있었을 것이라는 추정을 할 수 있게 한다.

(1)항은 작성자가 효과적으로 송신한 데이터 메시지에 의하여 구속을 받는다는 원칙을 정한 것이다. (2)항은 작성자를 대리하여 행위 할 권한을 갖는 작성자 이외의 자(대리인)에 의하여 메시지가 송신된 경우의 상황을 정하고 있다. (2)항은 대리법에 관한 국내법을 대체하려는 규정은 아니며, 사실상 또는 법률상 행위한 타인이 작성자를 대리하여 행위할 권한을 갖는지 여부에 관한 문제는 모델법밖의 적용법상의 원칙의 문제이다.

(3)항은 수신자가 데이터 메시지를 작성자의 것으로 신뢰할 수 있는 두 가지의 상황을 정하고 있다. 첫째로는 수신자가 작성자와 사전에 합의된 인증절차를 적절하게 적용한 경우, 그리고 둘째로는 데이터 메시지가, 작성자와의 관련성 때문에 작성자의 인증절차에 접근하였던 자의 행위로부터 생긴 경우이다.

수신자가 "데이터를 작성자의 것으로 간주할 권리가 있다"고 규정함으로써, (3)항은 제(4)항 ⓐ호와 관계에서 해석되는데, 수신자는 그 데이터 메시지가 작성자의 것이 아니라는 통지를 작성자로부터 받을 때까지 또는 수신자가 데이터 메시지가 작성자의 것이 아니었다는 것을 알았거나 또는 알았어야 할 때까지는 그 데이터 메시지가 작성자의 것이라는 추정 하에 수신자는 행위 할 수 있다는 것을 나타낸다.

(3)항 ⓐ호에서는, 만약 수신자가 사전에 작성자와 합의된 어떤 인증절차를 적용한다면 그리고 그 적용결과 메시지의 원천으로써 작성자임을 적절하게 검증할 수 있다면, 그 메시지는 작성자의 것으로 추정된다. 이 사실은 인증절차가 작성자와 수신자간에 합의된 상황뿐만 아니라 작성자 혼자서 또는 중개인과의 합의에 의하여 그 절차에 응하는 요건을 충족하는 데이터 메시지에 의하여 구속될 의사나 어떤 절차를 확인하는 상황도 포함한다. 제(3)항 ⓐ호는 작성자와 수신자간의 직접적인 합의를 통해서가 아니라 서비스제공자인 제3당사자의 참가를 통하여 유효하게 되는 합의를 포괄한다. 그러나 제(3)항 ⓐ호는 작성자와 수신자간의 통신이 사전합의를 근거로 이루어진 경우에만 적용되고, 개방 환경에서는 적용되지 않는다.

제(3)호 ⓐ의 규정효과는 제(4)호 ⓐ와의 관계에서 이해하여야 하는데, 작성자 또는 수신자는 사안에 따라서 그 당사자를 인식하지 못한 결과(무시한 결과)로서 권한 없이 보내진 데이터 메시지에 대하여 책임이 있다.

제(4)항은 수신자가 그 데이터 메시지가 작성자의 것이었다는 추정 하에 행동하였는가에 관계없이 작성자에게 소급효를 가지는 데이터를 송신한 결과로부터 책임을 면제해주는 것으로 잘못 해석되어서는 안 된다. (4)항은 ⓐ호 하에서 통지의 수령이 소급적으로 원본 메시지를 무효로 한다는 것을 규정한 것은 아니다. ⓐ호 하에서 작성자는 통지를 받기 이전이 아니라 통지를 받은 후에 메시지의 구속력으로부터 면제된다. 실제로 작성자가 메시지를 보냈고, 수신지가 합의되거나 또는 합리적인 인증절차를 적절하게 적용한 경우에는 ⓐ호하에서 수신자에게 통지를 보냄으로써 작성자가 그 데이터 메시지에 구속되는 것을 회피할 수 있는 것으로 해석되어서는 안 된다. 만약 수신자가 그 메시지가 작성자의 것임을 입증한 경우에는 (1)항이 적용되고, (4)항 ⓐ호가 적용되지 않는다. "합리적인 시간"이라는 의미는 그 통지가 수신자에게 응답할 수 있는 충분한 시간을 주는 것으로 해석된다.

비록 수신자가 작성자의 데이터 메시지가 아님을 알았다 하더라도 만약 수신자가 합의된 인증절차를 적용하였다면, (4)항 ⓑ호와의 관계에서, 모델법은 수신자가 (3)항 ⓐ호하에서 데이터 메시지를 신뢰할 권리를 갖는 결과를 가져올 수 있다. 모델법 준비과정에서 합의된 인증절차의 신뢰성을 유지할 필요라는 관점에서, 그러한 상황이 발생할 위험이 고려되어야 한다.

(5)항은 그 데이터 메시지가 작성자의 것이 아님을 알았거나, 또는 알았어야 하는 경우가 아닌 한, 작성자가 그 메시지를 부인하지 못하도록 하는 규정이다. 덧붙여서, (5)항은 전송상의 잘못(에러)으로 발생되는 메시지의 내용상의 실수에 대하여 다루고 있다.

(6)항은 실제적으로 상당히 중요한 문제인 데이터 메시지의 잘못된 복제에 관한 것이다. 이 규정은 수신자가 잘못된 데이터 메시지의 복제본과 별개의 분리된 데이터 메시지를 구별할 수 있는 취급기준을 정하고 있다.

제13조의 초안은 데이터 메시지에 대한 작성자의 창작권의 귀속이 그 메시지의 법적인 효과에 개입하지 않아야 하고, 그것은 다른 국내법의 적용원칙에 의하여 결정되어야 한다는 원칙을 표현하는 추가 규정을 포함하고 있었다. 나중에 이러한 규정은 모델법상에 필요하지 않다고 결정되었다.

④ 제14조 수신확인

(1) 본 조의 (2)항 내지 (4)항은 데이터 메시지의 송신 시 또는 송신 전 데이터 메시지방법에 의해서 작성자가 수신확인을 요구하거나 수신확인을 하기로 약정한 경우에 적용된다.

(2) 작성자와 수신자가 확인 통지의 특별한 형태와 방법에 대해 합의하지 않은 경우 송신자에게 메시지가 수신되었음을 표시하기에 충분한 ⓐ 자동 또는 다른 방법에 의한 통지나 ⓑ 그 밖의 다른 행동에 의하여 확인통지를 할 수 있다.

(3) 작성자가 데이터 메시지에 수신확인 조건을 기재한 경우에는 수신확인이 도착하기 전까지는 그 데이터 메시지는 송신되지 않은 것으로 다루어진다.

(4) 작성자가 수신확인을 조건으로 하지 않고 수신확인이 특정된 시간이나 합의된 시간 내에 또는 만약 시간이 특정되거나 합의되지 않은 경우 상당한 시간 내에 작성자에게 도달하지 않은 경우, ⓐ 작성자는 수신확인이 도착하지 않았다는 것과 수신확인이 그 시간 안에 도착되어야 할 상당한 시간을 특정하여 수신자에게 통지할 수 있다. ⓑ 위와 같은 시간 내에 수신확인이 도착되지 않

은 경우 작성자는 데이터 메시지가 송신되지 않은 것으로 다루거나 또는 메시지에 포함된 어떠한 권리도 수신자가 행사할 수 있음을 통지할 수 있다.

(5) 작성자가 수신확인 메시지를 받은 경우 관련된 데이터 메시지가 수신인에게 수신된 것으로 추정된다. 이러한 추정은 데이터 메시지와 수신된 메시지가 일치하는 것을 의미하지는 않는다.

(6) 수신확인 메시지에 관련된 데이터 메시지가 합의되거나 또는 적용표준에 설정된 기술적 요건을 충족한 것으로 기재되는 경우, 그러한 요건은 충족된 것으로 추정된다.

(7) 단 데이터 메시지의 송·수신과 관련된 경우를 제외하고, 본 조는 데이터 메시지 또는 수신확인 메시지의 흐름에 대한 법적 효과를 다루는 것은 아니다.

수신확인기능을 사용하는 것은 전자상거래 이용자가 정할 상업상의 결정사항이다. 모델법은 그러한 절차의 사용을 강요하려는 것은 아니다. 그러나 수신확인이 광범위하게 사용되고 그 수령확인의 상업적 가치를 고려해서 모델법은 수령확인절차의 이용 시 발생될 법적 문제점을 다루고 있다. "수령확인"의 개념은 다양한 절차를 포함하는데, 단순히 불특정 메시지의 수령을 확인하는 것에서부터 특정 데이터 메시지의 내용에 대한 동의 표시까지 포함된 수령확인절차가 있다. 제14조는 수령확인절차는 작성자의 자유재량으로 사용된다는 전제에 서있다. 제14조는 데이터 메시지의 수령이 성립되는 것과는 별도로 수령확인을 보내는 것으로부터 발생될 법적인 결과(효과)를 다루고자 하는 것은 아니다. 예를 들면, 작성자가 데이터 메시지로 청약을 하면서 수령확인을 요구한 경우에, 그 수령확인은 단순히 그 청약이 수령되었다는 것만을 증명하는 것일 뿐이다. 그 수령확인이 청약을 받아들이는 것인지의 여부는 모델법에 의해서 취급되는 것이 아니라, 모델법이 아닌 계약법에서 다루어질 문제이다.

(2)항의 목적은 작성자와 수령자간에 수령확인에 대한 어떤 특별한 형식의 합의가 없는 경우에 수령자의 어떤 통신 또는 행위(예컨대, 구매요구서에 대한 수령확인으로써 물품의 선적)에 의한 수령확인을 유효하도록 하는 데 있다. 수령확인이 작성자에 의하여 특정한 형식으로 이루어지도록 일방적으로 요구된다는 상황은 제14조에 명시적으로 표시되어 있지 않다. 그것은 하나의 가능한 결과로써 작성자가 수령확인의 형식에 대한 일방적인 요구는 수령인이 데이터를 받았다는 것을 작성자에게 알리기에 충분한 표시 또는 행위에 의하여 수령을 확인할 수 있는 권리에 영향을 주지 않는다. (2)항을 그렇게 해석함으로써 모델법에서 데이터 메시지의 수령확인의 효과와 그 데이터 메시지의 내용에 대한 응답의 표시간의 차이점을

강조할 필요가 있다. 그것이 제7항이 필요한 이유이다.

(3)항은 작성자가 데이터 메시지의 수령확인의 수령을 조건으로 명시한 경우를 다루고 있는데, 작성자가 그 수령확인이 특정한 시간까지 수령되어야 한다는 것을 특정하였는가 여부에 대하여 적용된다.

(4)항의 목적은 작성자가 그 데이터 메시지의 수령확인을 받을 때까지는 데이터 메시지가 효력이 없다는 의사표시를 함이 없이, 수령확인을 요구한 경우와 같은 일반적인 상황을 다루는 것이다. 그러한 규정은 그 점을 다음과 같은 시기에 입증할 필요가 있다. 즉, 수령확인을 요구한 데이터 메시지의 작성자가 만약 요구한 수령확인이 수령(도달)되지 않았다면 그러한 데이터 메시지를 보내는 법적인 관계성에서 면제되는 시기이다. (4)항의 규정이 실제적으로 유용한 예는 청약의 수령자로부터 요청된 수령확인을 받지 못한 계약청약자인 작성자가 기간 내에(in time) 그 청약을 다른 당사자에게 옮기는 것이 자유로운 시점을 알 필요가 있는 경우이다. 이 규정은 작성자에게 어떠한 구속력 있는 의무를 부과하는 것이 아니라, 단지 만약 작성자가 요청한 수령확인을 받지 못한 경우에 그의 지위를 명확히 할 수 있는 수단을 제공하는 것임을 주의해야 한다. 또한 이 규정은 대부분의 경우에 데이터 메시지의 수령자에게 어떠한 구속력 있는 의무를 부과하는 것은 아니고, 수령자가 만약 수령확인이 없음으로 인하여 그 데이터 메시지가 신뢰할 수 없는 위험이 있는 경우라면, 그 데이터 메시지를 자유롭게 신뢰하거나 신뢰하지 않을 수 있는 것이다. 그러나 수령자는 수령확인을 받지 못한 작성자가 자동적으로 그 데이터 메시지를 전혀 수령자에게 더 이상의 통지 없이 전송되지 않았던 것으로 처리할 수는 없기 때문에 보호된다. (4)항에 언급된 절차는 순전히 작성자의 자유에 의한다. 예를 들면, 작성자가 당사자 간의 합의에 따라서 특정시기에 수령되어야 하고, 작성자가 수령확인을 요구한 데이터 메시지를 보낸 경우에는 수령인이 단순히 요구한 수령확인을 철회함으로써 그 법적 효과를 부인할 수 없다.

(5)항의 논란이 되는 추정은 확실하게 할 필요가 있으며, 거래당사자협정에 의하여 연결되어 있지 않는 당사자 간의 전자적 통신 관계에서 특히 유용하다. (5)항 2문은 제13조 (5)항과의 관계에서 해석되어야 하는데, 제13조 (5)항은 보낸 데이터 메시지의 문장내용과 수령된 문장내용사이에 불일치하는 경우에 수령된 문장내용이 우세하다는 조건을 정하고 있다.

(6)항은 특정형태의 수령확인, 예컨대, 수령된 데이터 메시지가 구문적으로 정확하다는 것, 즉 그것이 수신컴퓨터에 의하여 처리될 수 있다는 것을 나타내는 EDIFACT메시지에 대응하는 규정이다. EDI통신구조에서 “데이터 구문(Data syntax)”

이라는 용어에서 기술적인 요건을 언급하는 것은 예컨대 텔레그램 또는 텔렉스 같은 다른 통신수단을 사용하는 관계에서 볼 때 적합하지 않다. 이에 덧붙여 "데이터구문" 원칙에 단순히 합치하기 위하여서는, 적용기준에서 제시된 기술적 요건 예컨대, 데이터 메시지 내용의 무결성을 검사하기 위하여 사용되는 절차를 포함한다.

(7)항은 수령확인의 법적 효과에 대하여 존재할지 모를 불확실성을 제거하기 위한 것이다. 예컨대, (7)항은 어떤 수령확인이 그 수령확인 메시지의 내용과 관련된 통신과 혼동되어서는 안 된다는 것을 나타내고 있다.

⑤ 제15조 데이터 메시지의 송·수신 장소와 시간

(1) 작성자와 수신자간에 다른 약정이 없는 경우, 데이터 메시지의 송신(발송) 시점은 송신된 데이터 메시지가 작성자 또는 그 작성자를 대리하여 그 데이터 메시지를 발신한 대리인의 지배를 벗어나서 특정 정보시스템에 들어간 때이다.

(2) 당사자 간에 다른 약정이 없으면 수신시점은 다음에 의하여 결정된다.

ⓐ 수신자가 데이터 메시지 수신을 위한 독자의 정보시스템을 지정한 경우, (i) 데이터 메시지가 지정된 정보시스템에 들어오거나, (ii) 지정된 정보시스템이 아닌 수신자의 다른 정보시스템으로 데이터 메시지가 송신된 경우에는 수신자에 의하여 데이터 메시지가 취득된 때가 데이터 메시지의 수신시점이다.

ⓑ 수신자가 정보시스템을 지정하지 않은 경우에는 데이터가 수신자의 정보시스템에 들어간 때가 수신시점이다.

(3) (2)항은 (4)항에 의하여 데이터 메시지의 수신지로 간주되는 장소와 정보시스템이 위치한 장소가 다른 경우에도 적용된다.

(4) 당사자 간에 다른 약정이 없으면, 작성자의 영업소 소재지에서 송신된 것으로 추정되고, 수신자의 영업소 소재지에서 수신된 것으로 추정된다.

ⓐ 작성자, 수신자가 수 개의 영업소를 갖고 있는 경우, 당해 거래와 가장 관련된 영업소가 당사자의 영업소이고, 기초가 되는 거래가 없는 경우에는 당사자의 영업소는 주된 영업소이다.

ⓑ 당사자가 영업소를 갖지 않는 경우 주된 거주지가 송·수신의 장소이다.

(5) 본조는 다음의 경우에는 적용되지 않는다. [----------------]

제15조는 정보의 수령시점과 장소를 확정하는 것이 중요하다는 인식하에 규정된 것이다. 전자통신기술을 사용함으로써 그러한 것을 확정하기가 어렵게 된다.

한 나라에서 다른 나라로 통신을 이용하여 전자상거래를 하는 사람들은 그것을 통하여 통신이 실시되는 정보시스템이 어디에 있는지 모르는 경우가 많다. 이에 더하여 특정 정보통신시스템의 위치는 당사자도 모르게 변경될 수도 있다. 그러므로 모델법은 정보시스템의 위치가 아무 관련이 없다는 사실을 나타내고, 보다 객관적인 표준으로써 소위 당사자의 사업소 소재지를 정하고 있다. 이러한 관점에서 볼 때, 제15조는 국제사법적인 원칙을 정하려는 것은 아닌 것이다.[18)]

(1)항은 중개인의 정보시스템이나 수령인의 정보시스템 즉 작성자의 지배밖에 있는 어떤 정보시스템에 데이터 메시지가 들어간 때를 데이터 메시지의 발송시점으로 정의하고 있다. "발송(Dispatch)"의 개념은 데이터 메시지의 전자적 전송의 개시를 의미한다. "발송"이 의미를 갖는 경우, 제15조는 발송에 관한 국내법을 대체하는 것이 아니라 국내법 원칙을 보완하려는 것이다. 만약 발송이 수신자의 정보시스템에 도달한 때에 일어난다면, 데이터 메시지가 제(2)항 ⓐ호의 수신자에 의하여 지정된 정보시스템이 아닌 수신자의 정보시스템에 보내진 경우를 제외하고, (1)항에서의 발송과 (2)항에서의 수신은 동시에 일어난다.

(2)항은 데이터 메시지의 수신시점을 정의하는 목적을 갖는데, 수신자가 일방적으로 메시지 수령을 위한 특정한 정보시스템을 지정한 경우(그러한 경우에 지정된 시스템은 수신자의 시스템일 수도 있고 그렇지 않을 수도 있다), 그리고 그 데이터 메시지가 지정된 정보시스템이 아닌 수신자의 어떤 정보시스템에 도달한 경우의 상황을 다루고 있다. 그러한 상황에서는 그 데이터 메시지가 수신자에게 회수된 때에 수령된 것으로 간주된다. "지정된 정보시스템"이라는 말을 사용함으로써 모델법은 일방 당사자에 의하여 특별하게 지정된 시스템 예를 들면, 청약에서 명시적으로 승낙이 발송되어야 할 주소를 정하고 있는 경우이다. 단순히 전자우편 또는 텔레카피상의 문두주소[19)] 또는 다른 서류의 문두주소를 지시하는 것은 하나 또는 그 이상의 정보시스템의 명시적인 지시로 간주되어서는 안 된다.

어떤 정보시스템 속으로 "들어간다(entry)"는 개념에 주의해야 하는데, 이것은 데이터 메시지의 발송과 수신의 정의에 모두 사용되는 개념이다. 한 데이터 메시지는 그것이 그 정보시스템 내에서 처리를 위하여 이용 가능하게 된 때에 정보시

---

18) EDI를 이용한 전자상거래에 있어서 거래당사자약정이나 교환약정에서 계약의 준거법 및 재판관할에 관하여 정하는 것이 보통이지만 이러한 약정내용에 위와 같은 사항을 포함시키지 않은 경우에는 그 준거법 등을 정하기 위하여 계약의 성립장소의 문제가 생긴다. 이에 대하여는 통상 승낙의 효력발생지인 승낙의 의사표시의 도달장소를 계약 성립지로 본다.

19) 종이서류의 문두에 부동문자로 미리 인쇄되어 있는 주소를 말한다.

스템에 들어간다. 정보시스템에 들어간 데이터 메시지가 수신자에 의하여 이해할 수 있거나 또는 사용할 수 있는지 여부는 모델법의 적용범위 밖의 사항이다. 모델법은 데이터 매시지를 수신자가 이해할 수 있는지 또는 이용할 수 있는지 여부를 묻지 않고, 메시지가 수령인의 관리 내에 들어간 때에 메시지의 수령이 일어난다는 국내법상의 규정을 폐지하려는 것은 아니다. 모델법은 그런 경우에 특정의 암호화된 메시지가 수신자에 의하여 이용되거나 이해되기 전이라도 수령된 것으로 간주된다는 거래관습을 무시하기 위함도 아니다. 모델법은 현재 종이환경 하에서 존재하는 것보다 더욱 엄격한 요건을 두어서는 안 된다고 본다. 종이환경에서는 비록 메시지가 수신자에게 이해되지 않거나 또는 이해하지 못하도록 하는 의도라 하더라도 그 메시지는 수령된 것으로 간주될 수 있는 것이다(예컨대, 암호화된 데이터가 지적재산권보호차원에서 단순히 보관목적으로 보관소에 전송된 경우).

데이터 메시지가 수신자의 정보시스템에 들어가는데 실패하고, 단순히 수신자의 정보시스템에 도착하였다면, 그것은 데이터 메시지가 발송된 것으로 간주되어서는 안 된다. 모델법은 명시적으로 책임의 기초로서의 정보시스템이 잘못 작동할 가능성의 문제를 다루고 있지 않다. 특별히, 수신자의 정보시스템이 전혀 작동하지 않거나, 부적절하게 작동하거나 또는 적절하게 작동하는 중이라도, 데이터 메시지가 들어갈 수 없다면(예 : 항상 사용되는 텔레카피어의 경우), 모델법상의 발송은 일어나지 않는다. 모델법의 준비과정에서 수신자는 일반적인 규정상 그의 정보시스템을 항상 작동하도록 유지할 의무가 없는 것으로 판단된다.

(4)항의 목적은 데이터 메시지의 수령 장소를 정하는 것이다. 데이터 메시지의 수령 장소에 대한 규정을 두는 원칙적인 이유는 현행법 하에서는 적절하게 다루어질 수 없는 전자상거래의 특징적 상황을 다루기 위한 것인데, 즉 데이터 메시지를 수령하거나 그로부터 데이터 메시지를 취득한 수령자의 정보시스템은 매우 종종 수령인이 위치한 곳이 아닌 다른 재판 관할권에 위치하는 경우가 있는 것이다. 이 규정의 숨은 이유는 어떤 정보시스템의 위치는 결정적인 요소가 아니라는 것을 확실히 하는데 있고, 수령인과 수령 장소로 간주되는 것 사이의 어떤 합리적인 관계를 확보하고, 그리고 그 장소는 작성자에 의하여 쉽게 확인될 수 있음을 확보하는데 있다. 모델 법은 정보시스템의 지정이 어떻게 이루어져야 하는가에 대하여 또는 수령인에 의한 그러한 지정이후에 어떤 변경이 있을 수 있는가 여부에 대하여 특별한 규정을 담고 있지 않다.

(4)항은 "기초가 되는 거래(underlying transaction)"라는 용어를 규정하고 있는데, 이 규정은 실제로 이루어진 거래와 의도된 거래의 양자를 언급하기 위한 것이다

(양자를 포함한다). "영업장소", "주된 영업장소" 및 "거주 장소" 라는 인용문은 국제동산물품매매계약에 관한 유엔협약 제10조에서 채택한 것이다.

(4)항의 규정취지는 수령한 곳으로 간주되는 장소와 (2)항 하에서 수령시점에 데이터 메시지가 실제로 도달한 장소간의 차이점을 언급하려는 것이다. 그러한 차이점은 (2)항 하에서 데이터 메시지의 수령시점과 (4)항 하에서 데이터 메시지의 수령 장소에 그것이 도달한 때 사이에 데이터 메시지의 손실 또는 멸실이 발생한 경우에 작성자와 수령자간의 위험을 분배하는 것으로서 해석되어서는 안 된다. (4)항은 단지 다른 법률(예컨대, 계약의 체결 또는 법률의 충돌 등)이 데이터 메시지의 수령 장소의 결정을 요구하는 경우에 사용될, 법률사실에 관한 "반박할 수 없는 추정"[20]을 성립시키는 데 있다. 그러나 데이터 메시지의 수령 시에 데이터 메시지가 실제로 도달한 장소와는 다른 것으로서 수령한 장소로 간주되는 장소를 규정하는 것은 컴퓨터로 이루어지는 전송관계이외에서는(예컨대, 텔레그램, 또는 텔렉스에서) 부적절하다는 것이 모델법의 준비과정에서 고려되었다. 이 규정은 그리하여 오직 데이터 메시지의 컴퓨터에 의한 전송만을 포함하는 범위로 제한된다.

1.2.2 제2부 특정분야의 전자상거래

모델법 제정과정에서 전자상거래의 특수한 이용을 다루는 규정들이 모델법에 들어와야 한다는 인식을 하였는데 전자상거래의 일반 규정인 모델법 제1부와는 별도로, 제2부는 보다 특수한 성질을 가진 규정들을 다루고 있다. 이는 그러나 규정의 특수한 성질과, 모델법 제1부에 포함된 일반규정의 법적 성질과 그것이 같아야 한다는 인식을 배경으로 한다.

제2부에서는 우선 운송서류에 관한 것만을 다루고 있는데, 이는 모델법 제1장에서 규정하고 있다. 모델법 제2부에서는 개방적인 구조를 택하고 있는데 이는 앞으로 모델법 제2부에 필요에 따라서 추가적인 장을 둘 필요가 있을 때 이를 보다 손쉽게 하기 위함이다.

여기에서는 운송서류를 대신하여 EDI메시지를 사용할 수 있도록 되어 있는데, 이는 모델법의 다른 규정이 여기에 적용될 수 없다는 뜻은 아니다. 특히 물품의 권리이전에 관한 제16조와 제17조의 규정은 제6조 내지 제8조에 포함된 신뢰

20) 이는 우리나라 법상으로 간주에 해당하는 것으로 볼 수 있다.

성과 인증의 보장이 전자적 운송서류에도 적용될 수 있는 것임을 전제로 한다. 제 2부의 규정은 모델법의 일반규정의 적용을 제한하는 것이 아니다.

(1) 제1장 물품운송

제16조와 제17조는 비유통성 운송증권과 유통성 선하증권에 의한 물건에 대한 권리의 이전에 똑같이 적용된다. 또한 본 장의 규정은 해상운송뿐만 아니라, 육상, 철도 및 항공운송에도 적용된다.[21)]

① 제16조 물품운송계약과 관련된 거래행위

모델법 1부의 규정에 저촉됨이 없이 본 장의 규정은 이에 한정되지 않지만, 다음과 같은 범위 내에서 운송계약과 관련되거나 운송계약의 이행을 위한 모든 거래행위에 적용된다.

ⓐ (i) 운송물의 기호, 수량, 부피, 중량
(ii) 운송물의 성질 또는 가치
(iii) 화물수령증의 발행
(iv) 운송물의 선적확인

ⓑ (i) 계약의 기간과 조건의 통지
(ii) 운송인에 대한 지시

ⓒ (i) 운송물의 인도청구
(ii) 운송물의 적법한 양도
(iii) 운송물의 손실 또는 손상의 통지

ⓓ 계약의 이행과 관련된 모든 기재 또는 통지

ⓔ 기명된 또는 정당하게 운송물의 인도를 요구할 수 있는 사람에게 인도할 보증

ⓕ 운송물에 관한 권리의 부여·양도·이전·포기·획득

ⓖ 계약상, 권리 의무의 획득 또는 이전

---

21) 전자식 선하증권을 실무적으로 사용하려는 가장 최근의 예로는 1996년 오스트레일리아의 해상운송증권법(Sea-Carriage Documents Bill 1996)이다. 이 법은 UNCITRAL 모델법을 기초로 하여 전자적 및 컴퓨터화 된 해상운송서류에 관하여 다음과 같이 규정하고 있다(동법 제6조).
(1) 이 법은 문서로 된 해상운송서류에 대한 관계에서 적용되는 것과 마찬가지로 데이터 메시지형식의 해상운송서류에 대한 관계에서도 필요한 변경을 가하여 적용된다.
(2) 이 법은 필요한 변경을 가하여, 다른 수단에 의한 해상운송서류의 통신에 적용되는 것과 마찬가지로 데이터 메시지에 의한 해상운송서류의 통신에 대한 관계에서도 적용된다.
John Livermore · Krailerk Euarjai, *op.cit.*, p.59).

제16조는 제2부 제1장의 적용범위를 정한 규정이며 매우 폭넓은 범위로 규정되어 있다. 여기에는 다양한 운송서류 예컨대 용선계약 같은 것도 포함된다. 제16조는 모든 운송서류 즉 유통성, 비유통성 운송서류를 포함한다. 만약 법제정국가가 제2부 제1장의 규정이 특정한 운송계약이나 운송서류에 적용되지 않기를 바라는 경우, 예를 들면 용선계약 같은 운송서류가 이 장의 범위에 포함되는 것이 법제정국의 법제 하에서 부적절한 경우, 그러한 나라는 제17조 (7)항의 배제조항을 이용할 수 있을 것이다. 또한 본 조는 배타적인 열거 조항이 아니다. 그러므로 항공운송 또는 복합운송의 경우에도 적용될 수 있다.

② 제17조 운송서류

(1) (3)항에 의하여 적용법이 본법 제16조에서 정한 거래의 이행을 서면 또는 종이문서로 할 것을 규정한 경우, 그러한 규정은 그 거래가 하나 또는 다수의 데이터 메시지에 의하여 이행되는 경우에도 충족될 수 있다.

(2) (1)항은 적용법이 거래행위를 서면 또는 종이문서에 의하여 이행할 것을 의무로 규정하고 있거나 아니면 단순히 문서가 아닌 경우의 효과에 대하여 규정하거나 관계없이 적용된다.

(3) 만약 어떤 권리 또는 의무가 한 사람에게 부여되어야 하고, 적용법이 이것을 달성하기 위하여 그 권리·의무는 종이문서의 양도나 사용에 의하여서 그 사람에게 이전되어야 한다고 요구하고 있는 경우, 데이터 메시지 또는 메시지가 유일한 것이 되도록 하기 위하여 신뢰할 수 있는 방법이 사용되는 것을 조건으로 하여, 하나 또는 그 이상의 데이터 메시지를 사용하여 그 권리·의무가 이전되면 그러한 요건은 충족된다.

(4) (3)항의 경우 규정된 책임의 기준은 권리·의무 이전의 목적과 당사자 간의 관련약정을 포함한 제반 상황의 면에서 평가되어야 한다.

(5) 본 법 제16조 ⓕ, ⓖ항에 관한 거래에서 데이터 메시지가 유효하게 사용된 경우, 데이터 메시지가 종결되어 서면의 문서로 대체되지 않는 한 동일 거래 내에서 서면의 자료는 거래에 영향을 줄 수 없다. 서면문서는 데이터 메시지가 종결되어 서면으로 대체되었다는 기재를 포함하고 있어야 한다. 이러한 서면문서로의 대체는 관련된 당사자의 권리·의무에 영향을 줄 수 없다.

(6) 어떤 적용법 의 원칙이 종이문서로 되거나 종이문서로 입증되는 물품운송계약에 강행적으로 적용된다면, 그 계약이 종이문서 대신 데이터 메시지에 의하여 입증된다는 사실을 이유로, 하나 또는 그 이상의 데이터 메시지에 의해서 입증되는 그러한 물품운송계약에 그러한 적용법상의 원칙이 적용할 수 없는

것으로 되어서는 안 된다.

(7) 본 조는 다음의 경우에는 적용되지 않는다.[------------------]

(1)항과 (2)항은 제6조로부터 나온 것이다. 운송서류와 관련하여, 제16조상의 거래에 관한 서면정보의 기능적 대체물뿐만 아니라, 종이문서의 이용을 통한 그러한 거래의 이행에 관한 기능적 대체물을 확립할 필요가 있다. 특별히 기능적 대체성은 종이문서의 양도에 의하여 권리 및 의무가 양도되는 경우를 위하여 필요하다. 예를 들면 (1)항과 (2)항은 서면으로 된 운송계약의 요건 및 선하증권의 양도와 소유권의 이전에 대한 요건의 양자를 대체할 의도이다. 모델법의 준비과정에서 제16조에 언급된 거래에 관한 규정의 초점은 특정 나라에서 데이터 메시지의 전송을 물리적인 물품운송 또는 물품을 표창하는 권원증권의 양도와 기능적으로 대체성이 있는 것으로 인정함에 있어서 존재할 수 있는 어려움이라는 관점에서 명백하고도 특별하게 표현되어야 한다는 데 있다.[22)]

(1)항, (3)항 및 (6)항에 포함된 "하나 또는 그 이상의 데이터 메시지"라는 용어는 모델법상의 다른 규정에 있는 "하나의 데이터 메시지"라는 용어와 다른 것으로 해석되지 않는다. 그것은 오직 하나의 데이터 메시지가 생성된 상황과 한 개 이상의 데이터 메시지가 어떤 주어진 정보를 뒷받침하기 위하여 생성된 상황을 동등하게 포함하는 것으로 이해되어야 한다.

데이터 메시지에 의한 권리의 이전과 관련하여서, 전통적으로 단일한 하나의 종이선하증권의 양도를 통하여 수행되는 기능의 일부가 반드시 하나 이상의 데이터 메시지의 양도를 뜻하고, 이러한 사실은 그 자체로서 그러한 분야에서 전자상거래의 수용가능성에 대하여 부정적인 결과를 요구해서는 안 된다는 것이 제17조에 보다 자세한 문장으로 채택된 것이다.

(4)항과 조화를 이루는 제(3)항은 어떤 권리가 오직 한사람에게 이전될 수 있는 것 및 정해진 시간 내에 어느 시점에서 한 사람이상이 권리를 청구할 수 있는 것이 가능하지 않다는 것을 확실하게 하기 위함이다. 두 조항의 효과는 "단일성의 보장(guarantee of singularity)"으로 언급할 수 있는 요건을 소개하려는 것이다. 만약

22) 국제해법회의 전자식 선하증권에 관한 통일규칙(1990)은 운송인이 비밀키를 사용하여 송하인에게 전자선하증권을 발행하도록 한다. 이 비밀키는 키 소지인이 물건에 대한 통제권을 갖도록 한다. 이러한 통제권은 송하인이 운송인에게 통지를 한 후 다른 이해관계인에게 양도될 수 있다. 운송인은 송하인의 지시에 따라서 원본키를 취소하고 새로운 키를 발행할 수 있다. 국제해법회 규칙은 또한 모든 당사자들에게 전자메시지를 문서로 된 서명이 있는 것과 법적으로 동가치인 것으로서 인정해야할 의무를 부과하고 있다. John Livermore · Krailerk Euarjai, *op.cit.*, p.57.

어떤 권리·의무가 종이문서를 사용하는 대신 전자적 방법을 사용하여 이전될 수 있도록 절차가 만들어져있다면, 단일성의 보장은 그러한 절차의 필수적인 모습의 하나가 될 것이다. 그러한 단일성을 보장할 수 있는 기술적 안전장치가 거래단체에 제공되는 통신시스템에 거의 대부분 반드시 설치될 것이며, 그들의 책임을 나타낼 필요가 있을 것이다. 그러나 예를 들면 전통적으로 선하증권과 같은 종이문서가 사용된 경우에, 단일성의 보증이 표시되어 있는 법률의 요건을 극복할 필요가 있다. 그리하여 (3)항의 규정은 종이문서대신에 전자통신의 사용을 허용함에 있어서 필요하다.

"한 사람 및 다른 사람이 아닌(one person and no other person)"이라는 말은 한 사람 이상이 공동으로 물품에 대한 권리를 보유하는 상황을 배제하는 것으로서 해석되어서는 안 된다. 예를 들면, "한 사람"이라는 말은 물품에 대한 권리 또는 선하증권에 포함된 다른 권리의 공동소유를 배제할 의도는 아니다.

하나의 데이터 메시지가 "단일해야 한다(unique)."는 개념은 그 자체가 잘못 해석될 수 있기 때문에 보다 명확해야 할 필요가 있다. 한편으로는, 모든 데이터 메시지는 비록 그것이 초기의 데이터 메시지를 복사한다 하더라도, 각각의 데이터 메시지는 동일한 사람에게 보내진 초기의 데이터 메시지와 다른 시간에 보내지기 때문에 반드시 유일한 것이다. 만약 하나의 데이터 메시지가 다른 사람에게 보내진다면, 그것은 비록 동일한 권리나 의무를 전송한다 하더라도, 보다 명백하게 단일한 것이다. 그러나 첫 번째 전송이 사기적으로 이루어 질 수 있다. 반면에, 만약에 "단일성"이 단일한 종류의 데이터 메시지 또는 단일한 종류의 이전을 말하는 것으로 해석된다면 그러한 의미로는 어떠한 데이터 메시지도 단일하지 않고, 어떠한 데이터 메시지수단에 의한 이전도 단일하지 않다. 그러한 잘못된 해석의 위험을 고려하여서, 운송서류의 "단일성" 또는 "유일성"의 개념은 운송법 실무자들과 운송서류 이용자들에게는 미지의 것이 아니라는 사실적 관점에서, 국제상거래법위원회는 데이터 메시지의 단일성의 개념과 제17조의 목적을 고려하여 양도의 단일성의 개념을 유지하기로 결정하였다.

"그러한 데이터 메시지 또는 메시지를 단일한 것으로 만들기 위하여 신뢰할 수 있는 방법이 사용 된다"는 말은 어떤 사람에게 어떤 권리·의무를 양도하기 위한 목적의 데이터 메시지는 그 권리 또는 의무가 그 사람에 의해서 또는 그를 대리하여 양도되었다는 어떤 다른 데이터 메시지와 모순되는 그 사람에 의해서 또는 그 사람을 대리하여 사용될 수는 없다는 것을 확실하게 하기 위하여 신뢰할 수 있는 방법을 사용하는 것으로 해석되어야 함을 명확히 할 필요가 있다.

(5)항은 (3)항에 포함된 단일성의 보장을 보완하는데 필요하다. 보안의 필요성은 우선적 고려사항이며, 동일한 데이터 메시지가 복제되지 않았다는 합리적인 보장을 주는 방법이 사용될 뿐 아니라, 두개의 매체가 동시에 동일한 목적을 위하여 사용될 수 없다는 것을 확보하는데 본질적이다. (5)항은 운송서류의 복제위험성을 회피하기 위하여 기초적으로 필요한 것을 다루고 있다. 다른 목적을 위하여 복수의 통신형식을 사용하는 것은 문제를 낳지 않는다. 예컨대, 부수적인 메시지를 위하여 종이문서형식의 통신과 선하증권을 위한 전자적 통신형식이 그것이다. 그러나 동일한 권리가 특정시점에 데이터 메시지와 종이문서 양자로 표창될 가능성을 회피하기 위하여 어떤 시스템의 작동이 선하증권의 전자적 대체물을 근거로 이루어지는 것은 본질적이다. (5)항은 또한 처음에 전자적 통신수단을 사용하기로 합의한 당사자가 뒤에 전자적 통신을 감당할 수 없는 경우 종이서류통신으로 전환해야 하는 상황을 예견하고 있다.

모델법은 누가 데이터 메시지의 사용의 종료에 영향을 주는가에 대하여 정보를 제공하지 않고 있다. 법제정국이 이 점에 관하여 추가적인 정보를 제공하도록 결정해야 한다면, 예컨대 전자상거래가 보통 거래당사자 협정에 기초하여 있기 때문에 종이서류통신으로 끝내기로 하는 결정은 역시 모든 이해당사자의 합의에 따라야 한다. 반면에 작성자는 일방적으로 통신수단을 선택할 권한이 주어진다. 대체할 수 있는 방법으로, 법제정국가는 (5)항이 선하증권소지인에게 적용될 수 있기 때문에, 종이문서형식의 선하증권에 기초한 권리를 행사하기를 선호하는지 또는 그러한 서류에 대한 전자적인 대체물에 기초한 그의 권리를 행사하는 것을 선호하는지 여부를 결정하는 것은 증권소지인의 책임으로 하여야 한다는 것을 규정하기를 원할 것이다.

(5)항은 데이터 메시지의 사용이 종이서류의 사용에 의하여 대체되는 상황을 명시적으로 다루고 있는데, 반대의 상황을 배제하려는 것은 아니다. 데이터 메시지로부터 종이서류로의 변환은 그 발행자에게 종이문서를 포기하고 다시 데이터 메시지의 사용을 시작할 수 있는 권리에 영향을 주어서는 안 된다.

(6)항의 목적은 직접적으로 해상물품운송계약에 특정법률을 적용하는 것을 다루고자 하는 것이다. 예컨대, 헤이그 및 헤이그 비스비규칙 하에서 운송계약은 선하증권에 의하여 담보되는 계약을 의미한다. 선하증권이나 유사한 권원증권을 사용하는 것은 강행적으로 운송계약에 헤이그 및 헤이그 비스비규칙을 적용하는 결과로 된다. 이러한 규칙들은 자동적으로 하나 또는 그 이상의 데이터 메시지에 의한 계약에 적용되는 것은 아니다. 그러므로 (6)항과 같은 규정이 그러한 규칙의

적용이 데이터 메시지가 종이형식의 선하증권 대신에 사용된다는 단순한 사실에 의하여 배제되는 것은 아니라는 것을 확보하기 위하여 필요하다. 반면에 (1)항이 데이터 메시지가 제16조에 열거된 거래를 수행하기에 효과적인 수단임을 확인하는 반면에 그 규정은 데이터 메시지에 포함된 계약 또는 데이터 메시지에 의하여 증명되는 계약에 적용될 적용법의 실질적인 원칙들을 다루는 것은 아니다.

"그 규칙은 (6)항에 적용할 수 없는 것으로 되어서는 안 된다"는 문구의 의미는 종이서류에 의하여 증명되는 운송계약에 적용되는 원칙들은 또한 데이터 메시지에 의하여 증명되는 운송계약에도 역시 적용되어야 한다는 원칙을 뜻하는 것이다. 그러나, 선하증권뿐만 아니라, 기타의 다른 다양한 운송서류까지 확대하여 제17조의 적용을 광범위한 범위로 한다면, 이 단순한 규정이 함부르크 규칙 및 헤이그 비스비규칙 같은 규정의 적용을 그러한 규칙들이 결코 적용을 예상하지 않았던 계약에까지 확대되는 바람직하지 않는 결과가 될 수도 있다. 위원회는 그 채택된 문구가 선하증권에 적용되는 헤이그 규칙과 기타 다른 규칙이 부주의하게 그러한 규칙의 적용을 다른 형태의 계약에 확대함이 없이, 자동적으로 데이터 메시지에 의하여 증명되는 운송계약에 적용되는 것은 아니라는 사실로부터 발생되는 장애를 극복하기 위하여 보다 적합한 것이라고 보았다.

제 2 장

유엔국제상거래법위원회(UNCITRAL)의 전자서명모델법

－차 례－

2.1 전자서명모델법의 성립경위

UNCITRAL은 1996년 전자상거래모델법을 채택한 이후에 전자상거래 작업부(WG)에서 전자서명법제의 통일을 위하여 전자서명통일규칙 초안을 마련하고 계속하여 연구·검토를 진행하여오다가 2000년 9월 29일 전자서명모델법안을 채택하였다. 이 모델법안은 2001년 7월 5일 오스트리아 비엔나에서 개최된 UNCITRAL 제34차 위원회에서 'UNCITRAL 전자서명모델법(UNCITRAL Model Law on Electronic Signatures)'으로 채택되었다.

전자서명모델법은 전자상거래모델법 제3부로 편입되어야 할 것인가 여부에 대하여 회의에서 논의되었으나 그렇게 할 경우에 전자상거래모델법이 이미 성공적으로 여러 국가에서 채택되었고, 많은 다른 국가가 이를 채택할 예정으로 있기 때문에 전자서명모델법을 전자상거래모델법에 통합하지 않고 이를 독립적인 법률로 채택하게 된 것이다.

2.2 전자서명모델법의 특징

1. 입법적 성격[1)]

전자서명모델법은 전자상거래모델법 제7조(서명요건)로부터 도출된 것이다. 전자서명모델법의 형식은 단순히 지침으로서가 아니라 해설을 붙인 법률규정으로 마련되어야 한다는 의견에 따라서 모델법으로 채택된 것이다.

2. 기술적 규정과 약정에 의하여 보완되는 기본틀(Framework)로서의 성격

전자서명모델법은 전자서명의 사용을 촉진하기 위한 핵심원칙을 제공하고 있

1) 이하 UNCITRAL 전자서명모델법 입법가이드(Guide to Enactment of the UNCITRAL Model Law on Electronic Signatures) 참조.

는데 불과하며, 전자서명의 사용과 관련된 모든 사항을 다루는 것은 아니다. 따라서 입법국에서는 전자서명모델법의 목적을 훼손하지 않고, 절차상의 세부사항을 보완할 수 있고, 사용자간의 계약에 의한 협정으로 보완할 수도 있는 것이다.

3. 전자서명의 법적 효력에 대한 추가적 기준 제시

전자서명모델법은 전자상거래모델법 제7조에서 전자서명이 수기서명의 기능적 등가물로서 인정될 수 있는 서명요건에 추가하여 전자서명에 법적 효력을 부여할 수 있는 객관적 기술상의 신뢰성 기준을 제시하고 있다(동법 제6조).

4. 관련 당사자를 위한 기본행위 규칙

전자서명모델법은 서명인, 신뢰당사자, 인증서비스제공자가 취하여야 할 행위규칙을 정하고 그 기준을 제시하고 있다.

서명자와 관련하여서는 서명인이 전자서명장치와 관련하여 상당한 주의를 기울여야 한다는 기본원칙을 정하고 있다. 서명자는 해당 서명장치의 불법적인 사용을 피하기 위하여 상당한 주의를 기울일 것이 기대된다. 또한 서명자가 서명장치가 훼손되었음을 알거나 알고 있었어야 하는 경우에는 서명자는 지체 없이 이를 신뢰자 혹은 인증서비스제공자에게 통지하여야 한다. 전자서명을 지원하기 위하여 인증서가 사용되는 경우, 서명자는 인증서와 관련하여 서명자가 작성하는 모든 자료의 정확성과 완전성을 보장하기 위하여 상당한 주의를 기울여야 한다(모델법 제8조).

신뢰자와 관련하여서는 전자서명의 신뢰성을 검증하기 위하여 합당한 조치를 취할 것이 기대된다. 전자서명이 인증서를 이용하는 경우 신뢰하는 자는 인증서의 유효성, 중지 및 폐지를 입증하고 인증서와 관련된 어떠한 제한도 준수하기 위하여 합당한 조치를 취하여야 한다(모델법 제11조).

인증서비스 제공자의 일반적 의무는 신뢰할 만한 시스템, 절차 및 인적 자원을 활용하고 공급자가 정책과 관련하여 행하는 대표성에 따라서 행동하는 것이다. 아울러 인증서비스 제공자는 모든 자료의 완전성과 정확성을 보장하도록 상당한 주의를 기울여야 한다(모델법 제9조).

2.3 전자서명모델법의 내용[2)]

1. 적용범위(제1조)

이 법은 전자서명이 상사 활동과 관련하여 사용되는 경우에 적용한다. 이 법의 규정은 소비자보호를 목적으로 하는 법률에 우선하지 아니한다.

2. 용어정의(제2조)

이 법의 목적을 위하여 용어의 정의는 다음과 같다.

(a) "전자서명"이라 함은 데이터 메시지와 관련하여 서명자를 확인하고 데이터 메시지에 포함된 정보에 대한 서명자의 승인을 나타내기 위하여 사용될 수 있는 것으로써 데이터 메시지에 포함, 첨부 또는 논리적으로 결합된 전자적 형태의 데이터를 말한다;

(b) "인증서"라 함은 서명자와 서명생성데이터간의 관련성을 증명하는 데이터 메시지 또는 기타 전자적 기록을 말한다.

(c) "데이터 메시지"라 함은 전자문서교환, 전자우편, 텔레그램, 텔렉스 또는 텔레카피에 한하지 않고, 전자적, 광학적 또는 유사한 수단을 포함하는 방법으로 생성, 송신, 수신 또는 저장된 정보를 말한다.

(d) "서명자"라 함은 서명생성데이터를 소지한 자로써 그 자신 스스로 행위하거나 또는 그것이 나타내는 자를 대신하여 행위하는 자를 말한다.

(e) "인증서비스제공자"라 함은 인증서를 발행한 자로써 전자서명과 관련된 다른 서비스를 제공할 수 있는 자를 말한다.

(f) "신뢰당사자"라 함은 인증서 또는 전자서명을 기초로 하여 행위하는 자를 말한다.

---

2) 전자서명모델법을 번역함에 있어서는 박영우, "UNCITRAL 전자서명모델법" 인터넷 법률 제3호(2000.11), 167-173면을 참조하였다. 번역원본으로는 "UNCITRAL Model Law on Electronic Signatures 2001 adopted on 5 July 2001"을 사용하였다.

3. 서명기술의 평등한 취급(제3조)

이 법 제5조를 제외한 어떠한 규정도 제6조 제1항에 규정된 요건을 충족하거나 또는 그렇지 않은 경우에는 적용법상의 요건을 충족하는 그러한 전자서명을 생성하는 어떠한 방법에 대하여 법적 효력을 배제, 제한 또는 박탈하기 위하여 적용되어서는 안 된다.

4. 해석(제4조)

(1) 이 법의 해석에 있어서, 국제적인 기원 및 본 법의 적용에 있어서 통일을 촉진할 필요성 및 신뢰성의 준수라는 관점에서 이루어져야 한다.

(2) 이 법에 명시적으로 규정되지 않은 문제에 관한 의문점들은 이 법률이 기초한 일반원칙과 통일적으로 해결되어야 한다.

5. 합의에 의한 변경(제5조)

이 법률의 규정은 무효이거나 적용법상으로 효력이 없는 합의인 경우를 제외하고는 합의에 의하여 변경될 수 있다.

6. 서명요건의 준수(제6조)

(1) 법률이 사람의 서명을 요건으로 하는 경우에, 그러한 요건은 만약 전자서명이 사용된 경우에는 데이터 메시지와 관계에서 충족된다. 즉 데이터 메시지가 생성되거나 또는 교환되는 목적에 적합할 정도로 신뢰할 수 있도록 사용된 경우에, 어떠한 관련된 합의를 포함하여 모든 상황의 관점에서 볼 때 그러한 요건은 충족된다.

(2) 제1항은 당해 요건이 의무의 형태로 되어 있건 또는 단지 서명흠결시의 결과로써 규정되어 있건 간에 적용된다.

(3) 전자서명은 다음의 경우에는 제1항에서 규정된 요건을 충족할 목적을 위하여 신뢰할 수 있는 것으로 간주된다.

(a) 서명생성데이터가 그것이 사용되는 관계에서 서명자에게만 연결되고 다른 자에게는 연결되지 않을 것.

(b) 서명생성데이터는 서명 시에 다른 자가 아닌 서명자의 지배하에 있을 것.

(c) 서명된 이후에 생긴 전자서명의 어떠한 변경도 검색할 수 있을 것.

(d) 서명의 법률적 요건상의 목적이 서명과 관련된 정보의 무결성에 관한 보장을 제공하려는 경우에는 서명이 된 이후에 그러한 정보에 행하여진 어떠한 변경도 검색할 수 있을 것.

(4) 제3항은 서명자의 능력을 제한하지 아니 한다.

(a) 다른 방법으로 제1항의 요건을 충족할 목적으로 전자서명의 신뢰성을 수립하기 위하거나 또는,

(b) 전자서명이 신뢰할 수 없다는 증거를 제시하기 위할 것.

(5) 이 조의 규정은 다음의 경우에 적용되지 아니 한다 : 「 ... 」

7. 제6조의 충족(제7조)

(1) 「입법국이 정하는 해당 공·사의 개인, 기관 혹은 기구」가 어떠한 전자서명이 이 법 제6조의 규정을 충족하는지를 결정할 수 있다.

(2) 제1항의 규정에 의하여 행하여진 결정은 국제적으로 승인된 기준에 합치하여야 한다.

(3) 본 조의 규정은 국제사법 규정의 적용에 영향을 미치지 아니한다.

8. 서명자가 준수할 사항(행위)(제8조)

(1) 전자서명생성데이터가 법적 효과를 가지는 서명을 생성하는 데 사용되는 경우에는 각 서명자는 다음 각 호의 행위를 하여야 한다.

(a) 전자서명생성데이터의 권한 없는 사용을 회피하기 위하여 합리적인 주의를 기울일 것.

(b) 다음 각목의 하나에 해당하는 경우에는 서명자에 의하여 전자서명을 신뢰할 것이 합리적으로 기대되는 자에게 또는 전자서명의 지원을 위한 서비스를 제공할 것이 서명자에 의하여 합리적으로 기대되는 자에게 부당하게 지체함이 없이 통지하기 위하여 본법 제9조에 따라 인증 서비스 제공자가 사용할 수 있는 수단을 사용하거나 또는 그렇지 않은 경우에는 합리적인 노력을 사용하여야 한다.

(ⅰ) 서명자가 당해 전자서명생성데이터가 훼손되었음을 안 경우 혹은,

(ii) 서명자가 알고 있는 사정으로 말미암아 당해 전자서명생성데이터가 훼손될 수도 있는 실질적인 위험이 발생한 경우.

(c) 인증서가 전자서명을 지원하는 데 사용되는 경우 인증서의 유효기간 동안 인증서와 관련되거나 혹은 인증서에 포함되는 내용으로써 서명자가 한 모든 사실의 표현이 정확하다는 것 및 완전하다는 것을 보장할 수 있도록 상당한 주의를 기울일 것.

(2) 서명자는 제1항의 요건을 충족하지 못한 법적 결과에 대하여 책임을 진다.

9. 인증서비스 제공자가 준수할 사항(행위)(제9조)

(1) 인증서비스 제공자는 서명의 법률효과를 위하여 사용할 수 있는 전자서명을 지원하기 위한 서비스를 제공하는 경우에 다음 각 호의 행위를 하여야 한다.

(a) 정책 및 관습과 관련하여 자신이 한 표시에 따라서 행위할 것.

(b) 유효기간동안 인증서와 관련되거나 혹은 인증서에 포함되는 것으로 인증서비스 제공자가 한 모든 사실표현의 정확성 및 완전성을 보장하는 데 상당한 주의를 기울일 것.

(c) 인증서를 신뢰하는 자가 인증서로부터 다음 각목의 사항을 확인할 수 있도록 합리적으로 접근할 수 있는 수단을 제공할 것.

(i) 인증서비스 제공자의 신원.

(ii) 인증서에 신원이 표시된 서명자가 인증서가 발행된 당시에 서명생성데이터를 지배하고 있은 사실.

(iii) 인증서가 발행된 때에 혹은 그전에 서명생성데이터가 유효하게 존재한 사실.

(d) 신뢰당사자가 관련이 있는 경우 인증서 등으로부터 다음 각목의 사실을 확인할 수 있는 합리적으로 접근할 수 있는 수단을 제공할 것.

(i) 서명자의 신원을 확인하는 데 사용되는 방법.

(ii) 서명생성데이터 혹은 인증서가 사용될 수 있는 목적 혹은 금액에 대한 제한사항.

(iii) 서명생성데이터가 유효하고 훼손되지 아니한 사실.

(iv) 인증서비스 제공자가 부담하는 책임의 범위 혹은 내용에 대한 제한사항.

(v) 서명자가 본법 제8조 제1항 (b)의 규정에 따라 통지할 수 있는 수단이 존재하는지 여부.

(vi) 적시의 인증서 폐지서비스가 제공되는지 여부.

(e) (d)호(v)의 규정에 따른 서비스가 제공되는 경우, 서명자가 본법 제8조 제1항 (b)의 규정에 따라 통지할 수 있는 수단을 제공하고, (d)호 (vi)에 의한 서비스가 제공되는 경우에, 적시 폐지서비스의 이용가능성을 보장할 것.

(f) 서비스를 제공함에 있어서 신뢰할 수 있는 시스템, 절차 및 인력을 사용할 것.

(2) 인증서비스 제공자는 제1항의 요건을 충족하지 못한 법적 결과에 대하여 책임을 진다.

10. 신뢰성(제10조)

본법 제9조 제1항 (f)의 규정과 관련하여 인증서비스 제공자가 사용하는 시스템, 절차 및 인력이 신뢰할 수 있는지 여부와 신뢰성 정도를 결정하는 데 있어서는 다음 각 호의 사항에 유의할 수 있다.

(a) 자산의 존재를 포함한 재정능력 및 인력.

(b) 하드웨어 및 소프트웨어 시스템의 성능.

(c) 인증서 처리, 인증서 신청 및 기록보존의 방법

(d) 인증서에 기재된 서명자 및 잠재적인 신뢰당사자에 대한 정보의 획득가능성.

(e) 독립한 기구에 의한 감사실시의 규칙성 및 정도.

(f) 위 사항의 준수와 관련한 국가, 인정기구 혹은 인증서비스 제공자의 선언의 존재 혹은 위 사항의 존재; 또는,

(g) 기타 관련 있는 사항.

11. 신뢰당사자가 준수할 사항(행위)(제11조)

신뢰하는 자는 다음 각 호의 1에 해당하는 행위의 불이행에 대한 법적 결과에 대하여 책임을 부담한다.

(a) 전자서명의 신뢰성을 검증하기 위한 합리적인 조치를 이행할 것.

(b) 전자서명이 인증서에 의해 지원되는 경우에 다음의 각목의 목적을 위한 합리적인 조치를 이행하는 경우.

(i) 인증서의 유효성, 정지 혹은 폐지를 검증할 것.

(ii) 인증서와 관련한 제한사항을 준수할 것.

12. 외국 인증서 및 전자서명의 승인(제12조)

(1) 인증서 혹은 전자서명이 법률상 유효한지 여부 혹은 어느 정도로 유효한지를 결정함에 있어서는 다음 각 호의 사항은 이를 고려하지 아니한다.

(a) 당해 인증서가 발행되거나 혹은 당해 전자서명이 생성 또는 사용된 지리적 위치 또는,

(b) 발행자 혹은 서명자의 영업소의 지리적 위치.

(2) 「입법국」 밖에서 발행된 인증서도 실질적으로 동등한 신뢰수준을 제공하는 경우에는 「입법국」에서 「그 입법 국가에서」 발행된 인증서와 동등한 법률효과를 가진다.

(3) 「입법국」밖에서 생성 혹은 사용되는 전자서명이라도 만약 그 전자서명이 실질적으로 동등한 수준의 신뢰성을 줄 수 있다면 「입법국」에서 생성 혹은 사용되는 전자서명이 「입법국에서」 가지는 것과 동등한 법률효과를 가진다.

(4) 인증서 혹은 전자서명이 제2항 또는 제3항의 규정과 관련하여 실질적으로 동등한 수준의 신뢰성을 제공하는지 여부를 결정하는 데 있어서는 국제적으로 승인된 기준 기타 관련 있는 요소를 고려하여야 한다.

(5) 제2항, 제3항 및 제4항의 규정에 불구하고 당사자들이 그들 사이에서 특정한 종류의 전자서명 혹은 인증서를 사용하기로 약정한 경우에는 그러한 약정은 역외승인을 위하여 충분한 것으로 인정된다. 다만, 당해 약정이 적용 법률에 의하여 유효하지 아니한 때에는 그러하지 아니하다.

제 3 장

한·미 전자상거래 공동선언문

(Korea-U. S. Joint statement on Electronic Commerce)

- 차 례 -

3.1 서 론

전자상거래는 정보통신기술의 발달과 더불어 매년 급속한 신장을 기록하고 있다. 우리나라의 대형 전자상거래 쇼핑몰만도 수 십 개가 넘고 있으며, 수많은 중소기업과 새로 생겨나는 쇼핑 몰 및 전자 주식거래, 전자금융거래 등을 포함하여 생각할 때 전자상거래는 단순히 종래의 서면 중심의 상거래방식이 전자적 방식으로 변화하였다는 차원을 넘어서 앞으로 우리나라를 비롯한 전 세계의 산업구조를 바꿀 엄청난 잠재력을 가진 분야라고 할 것이다.

미국의 빌 클린턴 대통령의 방한과 때를 맞추어 한국과 미국은 지난 1998년 11월 21일 "전자상거래에 관한 한·미공동선언문(Korea-U. S. Joint Statement on Electronic Commerce; 이하 공동선언문이라 한다)"에 서명하고 이를 발표하였다. 미국은 이미 유럽연합(EU)-미국 간의 전자상거래에 관한 공동선언문을 1997년 12월 5일 발표하였고, 이어서 일본과도 전자상거래 공동선언문을 발표한 바 있다.[1] 이번에는 우리나라와 전자상거래의 주요 쟁점에 관한 합의를 도출해 낸 것이다.

이러한 미국의 움직임은 전자상거래가 여러 가지 분야에 걸쳐서 주요한 법적·정책적인 논점을 내포하고 있는데다가 향후 21세기의 세계 경제를 주도할 것으로 예측되기 때문에 미국의 입장에서는 자국의 발달된 정보통신기술을 바탕으로 하여 전자상거래분야에서 주도권을 행사하겠다는 취지로 파악된다. 이번 공동선언문도 전자상거래에 관련된 현안문제를 다루고 있기 때문에 이러한 현안 문제를 중심으로 전자상거래의 제반 문제점을 파악해 보는 것은 매우 의미 있는 일이라 할 것이다. 전자상거래는 전자문서의 법적 효력을 비롯하여 전자계약, 지적재산권, 전자서명, 전자결제, 조세 및 관세, 프라이버시 보호, 보안, 소비자 보호 등 다양한 분야에 걸쳐서 검토해야 할 법적 문제점을 제기하고 있다. 한·미전자상거래 공동선언문도 전자상거래에 관한 이러한 제반 문제를 해결하기 위한 양국의 관심사와

---

1) 유럽연합과 미국 간의 전자상거래 공동선언문(Joint Statement released in conjunction with the EU-U.S. summit in Washington, DC, December 5, 1997-Electronic Commerce).

미국·일본 간 전자상거래 공동선언문(U.S.-JAPAN Joint Statement on Electronic Commerce)은 한·미 공동선언문의 내용과 거의 유사하다. 다만, 전자상거래 내용물(콘텐츠)에 관한 것과 도메인 네임 시스템에 관한 내용을 별개의 항목으로 규정하고 있는 점에서 차이가 있다.

공동노력을 기울일 것을 선언하고 있다고 해도 과언이 아니다.

3.2 공동선언문의 취지와 기본원칙

한국과 미국은 전자상거래가 경제발전에서 차지하는 중요성을 인식하고 다음과 같이 전자상거래 공동선언문을 채택하게 된 취지를 밝히고 있다. 즉, 전자상거래는 21세기 경제발전의 원동력이 될 것이며, 생산성을 향상시키고, 배분을 효율화하며, 기업구조를 개편시킴으로써 경제를 활성화시킬 수 있는 잠재력을 가지고 있다. 대한민국과 미국은 전자상거래의 모든 잠재성을 현실화하기 위하여 국내적인 조치를 이미 취하여 왔다.

전자상거래는 새로운 고임금의 직업과 기회를 창출함으로써 세계의 다른 곳에서와 마찬가지로 한국과 미국의 국민생활의 수준을 향상시킬 것이다. 특히 중소기업들은 전 세계 시장에 그들의 제품을 판매할 수 있는 새로운 기회를 얻게 될 것이다.

한국정부와 미국정부는 전 세계 전자상거래를 촉진하기 위하여 공동으로 노력하는 것이 중요함을 인식한다. 양 정부는 전자상거래의 발전을 인도할 다음과 같은 기본적인 원칙과 정책을 승인하면서 이를 지지한다.

공동선언문의 기본원칙은 다음과 같다.

(1) 전자상거래의 사적부문이 전자상거래의 발전과 기업의 관행형성을 주도해야 한다.

(2) 양국정부는 전자상거래에 관하여 불필요한 규율이나 규제를 부과해서는 안 된다. 사적부문에 대한 정부의 조치가 필요한 경우에는 투명하고, 최소한의 비차별적인 예견가능 한 것이 되어야 한다.

(3) 정부는 행위규범, 모델계약, 가이드라인 및 사적부문에 의해서 발전된 실행구조를 통해서 효율적인 자율규제를 고무시켜야 한다.

(4) 전 세계를 통해서 발전 수준에 있는 모든 나라간의 협력과 조화는 전자상거래의 빈틈없는 환경구축에 도움이 될 것이다.

전자상거래에 관한 한·미 공동선언문은 첫째, 전자상거래에 관한 일반원칙으로서 전자상거래의 사적부문의 발전을 도모하고, 정부의 불필요한 규제를 회피함과 동시에 정부가 개입할 경우에는 개입의 투명성과 최소성, 비차별성, 예견가능성 등의 원칙에 의하여야 함을 밝히고 있다. 또한 사적부문의 효율적인 자율규제가 이루어질 수 있도록 권장하여야 하고, 아울러 국가 간의 상호협력과 조화를 통하여 전자상거래 환경을 정비할 것을 선언하고 있다.

공동선언문의 일반원칙에 대한 내용은 한마디로 말하면 인터넷 전자상거래에 대한 정부의 개입은 최소화하고 민간부문의 자율을 최대한 보장하도록 해야 한다는 것이다. 이는 미국의 공식적인 정책일 뿐 아니라 1997년 7월 8일 본에서 채택된 유럽 인터넷 회의(본 선언)에서도 같은 원칙을 선언하였음을 볼 때 우리나라로서도 이러한 기본원칙에는 동의할 수 있다고 본다. 인터넷 전자상거래에 민간의 자율을 최대한 보장하는 것이 전자거래의 활성화에 필요하기 때문이기도 하다.

인터넷 사용인구의 급증과 그에 따른 전자상거래 시장규모의 신장으로 장래의 세계 경제는 전자상거래에 의하여 주도될 것이 전망되는 가운데, 1996년 유엔 국제상거래법위원회(UNCITRAL)는 전자상거래모델법을 제정하였다. 미국 정부는 1997년 7월 "인터넷 거래의 자유무역 지대화"를 선언하고 "정보통신망을 통한 세계 교역체제 추진을 위한 종합정책"을 발표하기에 이르렀다. 여기서 미국 정부는 인터넷을 통한 거래를 무관세화 함으로써 인터넷을 자유교역지대로 창설할 것을 제의하고, 이를 미국의 공식정책으로 채택하였다. 아울러 미국은 세계 무역기구(WTO) 주관으로 인터넷 자유교역지대를 선언하고 전자거래에 관한 국제조약(International Convention on Electronic Transaction)을 체결하기 위하여 국제기구를 무대로 하여 다각적인 노력을 펼치고 있다. 그 일환으로 미국 무역대표부 특사가 1997년 우리나라를 비롯하여 일본 및 유럽연합을 차례로 방문하여 미국 정부의 입장에 협조를 요청하고 있으며, WTO 이외에도 UNCITRAL의 전자상거래관련 회의에서도 전자거래에 관한 국제조약을 만들어 내기 위하여 많은 노력을 기울이고 있는 실정이다. 미국이 이처럼 전자거래에 관한 국제조약을 채택하기 위하여 다각적인 노력을 기울이고 있는 것은 현재와 같은 UNCITRAL의 전자상거래 모델법 형식이나 전자서명에 관한 통일규칙형식은 세계의 각 국가에 대하여 전자상거래와 전자서명에 대한 하나의 가이드라인을 제시하고 있을 뿐이고, 각 국가에 대하여 법적인 구속력이나 강제력이 없기 때문에 전자상거래제도를 실질적으로 통일하는 효과가 적기 때문이다. 또한 전자상거래에 관하여 최초로 주도적인 논의를 전개한 OECD는 국제조약을 체결할 수 있는 기구로서의 지위를 갖지 못하고, 다만 가입 회원국 간에 적용될 수 있는 지침 내지 가이드라인 형식으로 전자상거래제도를 수립할 수밖에 없다는 한계가 있기 때문이다.

3.3 공동선언문의 내용 검토

◈ 정책적 이슈들

공동선언문은 전자상거래에 관한 정책사항으로서 ① 관세문제, ② 조세문제, ③ 전자인증과 전자서명문제, ④ 프라이버시 보호, ⑤ 사회적 및 지역적인 해결과 제-밀레니엄 버그(2000년 문제), ⑥ 정보접근권 문제, ⑦ 보안, ⑧ 전자지급(결제), ⑨ 지적재산권, ⑩ 소비자 보호 문제 등에 관하여 개략적인 가이드라인을 제시하고 있다.

이하에서 차례로 전자상거래에 관한 정책적 이슈들에 대하여 검토해 본다.

(1) 관세문제

◇ 공동선언문 내용

「"양국 정부는 전자거래에 관하여 관세의무를 부과하지 않는 현행 관행과 1999년 WTO 각료회의 제3차 회기에서 그에 관한 규범화를 지지한다."」

인터넷을 통하여 거래되는 전자상거래에는 그 이행방법을 기준으로 하여 온라인(on-line) 거래와 오프라인(off-line) 거래로 나눌 수 있다. 온라인 거래에서는 인터넷 망을 통하여 디지털형식의 무형재화(예 : 디지털 음반, 소프트웨어 등)가 이동하는 것으로써 이에 대하여는 무관세화 하고, 종래와 같은 유형의 운송형식을 취하는 오프라인 거래에 대하여는 종전처럼 관세제도를 유지한다는 것이 미국 정부의 인터넷 무관세 원칙의 내용이고, 그러한 원칙이 본 공동선언문에도 표현된 것이다. 이에 대하여는 유럽 국가를 비롯하여 세계 각국이 대체적으로 동의하는 원칙이고, 우리나라로서도 이에 대하여 특별히 반대할 이유가 없다고 본다. 다만 인터넷 콘텐츠 산업이 미약한 우리나라로서는 이렇게 될 경우 우리나라 시장이 미국 기업에 의하여 크게 잠식될 수 있고, 또 한편 점차 많은 재화가 디지털화 되어 감에 따라서 인터넷 상거래의 온라인 거래가 그 비중이 점점 커질 것이기 때문에 이에 대한 불공평을 없애고 문제점을 해결하도록 노력하여야 할 것이다.

(2) 조세문제

◇ 공동선언문 내용

「"인터넷 또는 전자상거래에 대한 조세는 명확하고, 지속적이며, 중립적이고 비차별적이어야 한다. 양국은 오타와 각료회의에서 각료들에 의하여 승인된 조세 작업계획을 추진함에 있어서 OECD 활동에 적극적으로 참여할 것이다. 한국과 미국 조세관청간의 긴밀한 협조 및 상호원조는 효율적인 조세행정을 구현하고, 인터넷 상에서 조세회피 및 포탈을 방지하기 위하여 필요하다."」

인터넷 상거래에 대한 조세문제는 세계 각국이 상이한 조세제도를 가지고 있고, 인터넷 상거래의 국제적인 성격으로 인하여 공동선언문에서도 밝히고 있는 바와 같이 현재 OECD 재정위원회에서 작성한 전자거래 조세에 대한 가이드라인을 오타와 각료회의에서 승인하고 보다 심도 있는 구체적인 사항을 검토하는 연구를 진행해 나가고 있다. 유럽 인터넷 회의에서 채택된 본 선언에서도 인터넷 사용에 따르는 새로운 세금부과에 반대한다는 원칙을 정하였고 이는 미국 정부에서도 같은 입장에 있다. 앞으로 전자상거래에 대한 조세 문제에 관하여는 국제조약형식으로 채택될 가능성이 높기 때문에 이에 대비하여 전자상거래에 따른 우리나라 조세제도를 검토해 나가야할 것이다. 특히 부가가치세 비중이 높은 우리나라로서는 전자상거래에 따른 세원 포착이 어려운 문제로 대두되고 있기 때문에 외국과의 협정 체결 시에 우리 실정을 감안하여 대응방침을 정하여야 한다.

(3) 전자인증과 전자서명문제

◇ 공동선언문 내용

「"각국 정부는 전 세계적인 전자거래를 승인하고, 용이하게 하며, 이를 강화할 세계적 기본구조 형성의 개발을 지지하여야 한다. 인증방법과 기술은 급격히 발전하고 있으며, 사용범위가 확대되고 있다. 한국과 미국은 다양한 실행모델 뿐만 아니라, 다양한 인증방법과 기술의 발전을 지지한다. 양자 간 및 다자간 협정은 다음 원칙을 준수해야 한다.

첫째, 규칙과 가이드라인 설정에 관한 사적부문의 노력이 고무되어야 한다.

둘째, 전자서명은 그것이 전자적 형식이라는 이유만으로 법적 유효성이 부인되어서는 아니 된다.

셋째, 거래당사자들은 그들의 거래를 위한 적절한 기술적 및 사업적 인증방법을 결정할 수 있도록 허용되어야 한다.

넷째, 거래당사자들은 거래에서 사용된 인증기술이 유효하다는 것을 법원에서 입증할 기회를 가져야 한다.

다섯째, 각 정부는 다른 나라의 전자서명 및 인증방법에 대하여 비차별적 접근 방법을 취해야 한다."」

전자인증과 전자서명문제는 공동선언문에서 가장 주의해야 할 사항이라고 생각된다. 왜냐하면 현재 다른 문제점에 대하여는 추상적이고 개략적인 선언적 사항만을 담고 있지만 이 부분에 대하여는 각국의 이해가 심하게 대립될 수 있는 내용을 담고 있기 때문이다. 주지하는 바와 같이 현재 미국에서는 유타 주를 비롯하여 많은 주에서 전자서명법제를 채택하여 시행하고 있고, 독일, 덴마크, 말레이시아, 싱가포르, 일본 등이 디지털 서명법 내지 전자서명법이라는 명칭의 법을 제정하여 시행하고 있다. 우리나라도 1998년 12월 24일자로 전자서명법이 정기국회에서 통과되어, 1999년 7월부터 시행되고 있다.

전자인증과 전자서명은 미국에서 가장 앞선 기술을 보유하고 있고, 이는 암호기술과 결합되어 있기 때문에 국익차원에서 정책적으로 결정해야할 사항을 내포하고 있는 문제이다. 미국은 자국의 나날이 발전하는 새로운 전자인증 및 전자서명기술이 국제적인 표준으로 채택되고 전 세계적으로 널리 사용될 수 있도록 전자서명통일규칙을 매우 포괄적이고 탄력적인 것으로 만들어 나가려고 하고 있음에 비하여 유럽 여러 나라들은 현재 가장 널리 사용되고 있는 공개키 암호화 기술을 기반으로 하는 디지털 서명을 표준적인 것으로 정하려고 한다. 실제로 독일은 디지털 서명법이라는 명칭으로 법을 제정하고 정부 공인 인증기관만을 인정하는 폐쇄적인 체제를 가지고 있다. 이에 반하여 미국은 다양한 전자서명 및 인증기술을 수용할 수 있는 법제를 제정하고, 인증기관도 대부분의 주에서는 공인 인증기관과 비공인 인증기관을 동시에 허용하는 법제를 가지고 있다. 우리나라의 전자서명법은 정보통신부장관의 지정을 받은 공인인증기관만을 인정하고 있으며(법 제2조 제9호, 제4조 제1항), 공인인증기관으로 지정받을 수 있는 자는 국가기관, 지방자치단체 또는 법인에 국한하고 있다(법 제4조 제2항).

공동선언문은 전 세계적으로 전자거래를 활성화하기 위하여 한국과 미국은 다양한 인증기술을 지원할 수 있는 다자간 국제조약의 체결을 지지한다는 내용을 담고 있고, 그 조약에서 포함할 내용으로 첫째, 전자서명 및 인증에 관한 사적부문의 노력을 권장하며, 둘째, 전자서명의 법적 효력을 인정하고, 셋째, 전자거래 당사자가 거래에 적합한 인증기술과 방법을 결정할 수 있도록 허용되어야 한다는 점,[2] 넷째, 거래 당사자는 거래에서 사용한 인증기술이 유효하다는 것을 법원에서 입증할 수 있도록 기회가 부여되어야 한다는 점, 다섯째, 정부는 다른 나라의 전자서명 및 인증방법에 대하여 차별하여서는 안 된다는 점을 규정하고 있다.

국경을 초월하여 이루어지는 전자상거래에 있어서 외국인증기관이 발행한 인증서와 그 인증기관이 채택한 인증기술이 자국에서 어떻게 효력을 인정할 수 있는가 하는 문제는 매우 중요한 사항이다. 이에 대하여는 외국인증서(인증기술 포함)에 대하여 국내인증기관이 그 효력을 보증하는 방법과 자국이 정한 일정한 요건을 충족하거나 국가 간의 협정에 의하여 직접 협정당사국인 외국의 인증서의 효력을 승인하는 방법이 있다. 전자거래기본법과 전자서명법의 운용에 본 내용을 참고하여야 할 것이다.

(4) 프라이버시

◇ 공동선언문의 내용

「"정보의 자유로운 흐름이 필요한 것처럼 범세계적 정보네트워크상의 개인데이터 처리에 관한 사생활의 효율적인 보호를 확보하는 것이 필요하다. 개인 데이터 보호를 위한 구조에 관하여, 정부와 기업은 소비자의 사적인 정보에 대한 이해관계를 고려하여야 한다. 사적 정보의 수집을 위한 내용, 관행 및 방법이 산업마다 다르기 때문에, 프라이버시 보호를 위한 수단은 유연하여야 하며, 각 산업별로 고려되어야 한다. 집행구조는 가이드라인 마련, 검증 및 배상청구방법론의 발전을

---

2) 한·미 전자상거래 공동선언문 초안에는 전자상거래 당사자가 한 국가의 법으로 특별히 승인된 방법인지를 불문하고, 거래에 적합한 인증기술과 방법을 결정할 수 있도록 허용되어야 한다고 규정하였다("Parties to a transaction should be permitted to determine the appropriate technological and business methods of authentication for their transaction, regardless of whether those methods are specifically addressed by legislation or regulation"). 만약 전자거래 당사자가 어느 나라에서 승인된 인증기술과 방법과 관계없이 자유롭게 당해 거래에 적합한 인증기술과 방법을 결정하여 사용하는 것이 허용된다면 이는 기술 후발국인 우리나라에서 앞으로 채택할 인증제도와 인증기관의 활동에 매우 불리한 요소 내지 장애요소로 작용할 수 있다. 참고로 미·일 전자상거래 공동선언문에서 보면 전자인증/전자서명규정의 셋째항목에 한·미 공동선언문에 들어있는 "법률 또는 규제에 의하여 특히 정해진 인증방법에도 불구하고 (regardless of whether those methods are specifically addressed by legislation or regulation)"라는 문언이 빠져 있음을 볼 수 있다. 이번 미국 대표단과 협상에서 우리나라는 이러한 문제를 제기하여 한·미 공동선언문에서 위의 문구가 삭제되어 현재와 같이 규정되었다. 이 문제는 향후 전자거래에 관한 국제조약이 체결될 경우에 협의할 사항으로 남겨지게 되었다.

포함하여, 사적 부문에 의해서 발전되고, 실행될 것이고, 사적부문에 의하여 지지될 것이다. 만약 특정 산업에 있어서 데이터가 고도로 기밀성이 있는 것이라면, 그러한 산업을 위하여 법적 수단이 고려될 수 있다."」

우리나라 헌법은 "모든 국민은 사생활의 비밀과 자유를 침해받지 아니 한다" (헌법 제17조)라고 규정하여 개인의 사생활의 비밀과 자유 즉 프라이버시를 보호하고 있다. 이러한 헌법이념의 구체적 표현으로 "공공기관의 개인정보보호에 관한 법률", "신용정보의 이용과 보호에 관한 법률," "전기통신사업법", "정보보호촉진기본법" 등에서 전자상거래에서 발생되는 프라라이버시 보호를 위한 근거가 되는 규정을 두고 있다. 다만 오늘날 프라이버시권은 사생활의 내용을 공개당하지 않을 권리 및 자신에 관한 정보를 스스로 관리·통제할 권리 등을 내용으로 하는 인격권으로서 정보사회가 급속도로 진전되면서 그 보호의 필요성이 증대되는 데 역비례 하여 침해우려와 침해사례가 늘고 있다. 이러한 점에서 공동선언문에서 밝힌 바와 같이 전자상거래의 과정에서 개인의 프라이버시가 침해된 경우 구체적인 손해배상청구방법이라든가 프라이버시침해방지를 위한 제도와 프라이버시침해를 둘러싸고 발생된 분쟁을 해결할 수 있는 신속한 분쟁해결수단 등을 구체적으로 강구할 필요가 있다.

(5) 사회적 및 지역적 도전문제

◇ 공동선언문의 내용

「"양국 정부는 정보사회가 됨에 따라 새로운 기술이 기회를 더 만들 것임을 확신한다. 우리 사회가 정보를 '가진 자'와 '갖지 못한 자' 사이에 양극화될 것이라는 우려도 있다. 한 사회적, 문화적 또는 지리적 차원에서의 정보격차(Digital divide) 현상을 막기 위해서, 우리는 세계적인 기술 교육을 진흥시켜야 하고, 학교, 도서관 및 공공자치센터와 같은 공공기관에서 정보기술을 널리 이용할 수 있도록 만들어야 한다. 정부는 또한 특히 저소득층 및 지방소비자 들을 위하여 통신서비스에 세계적 접근을 확보할 수 있도록 중요한 역할을 수행해야 한다.

개발도상국들은 정보사회에 충분히 참여할 수 있어야 한다. 새로운 통신 네트워크는 개도국의 세계적 경제통합에 기여할 수 있다. 그리고 그들의 시민과 회사에게 지식 및 기술보급을 용이하게 한다.

각 정부는 정보 및 통신 시장에서의 경쟁을 촉진시켜야 한다. 경쟁은 신기술에 대한 보다 낮은 가격, 보다 많은 소비자들의 선택 및 보다 바른 신기술 개발의 결과를 가져올 것이다.

양 정부는 개도국의 통신하부구조를 현대화할 수 있도록 사적부문의 투자를 위하여 시장개방을 할 수 있도록 고무하여야 한다. 한국과 미국은 이러한 목적을 달성하기 위하여 국제적인 협력을 추진할 준비가 되어 있고, 이러한 목표를 추진하기 위하여 국제기구(ITU, OECD, UNCTAD, WTO, UNDP 등) 및 국제금융기구(세계은행, 지역개발은행 등)에 참여하고 있다.

양 정부는 APEC 전자상거래실무작업반의 작업을 지지하며, 가상 멀티미디어 자원센터의 설립, 무서류 무역거래에 관한 작업 및 2000년 문제(Y2K)에 관한 작업을 포함하여 APEC 전자상거래추진계획의 실행을 지지한다."」

현재 우리나라는 전자상거래에 대한 국제기구의 논의 동향에 적극적으로 참여하여 우리나라의 입장을 반영하도록 노력하고 있다. 예컨대 미국은 1998년 2월 WTO 일반이사회에서 전자상거래 무관세화에 대한 국제규범화를 공식적으로 제안하였으며, 이에 따라 WTO 회원국은 전자상거래에 대한 현재의 무관세 관행을 유지하고, 제3차 회의에서 이를 재검토하기로 하였다. OECD는 1998년 10월 캐나다 오타와에서 전자상거래 각료회의를 개최하여 범세계적인 전자상거래 활성화를 위한 일반적 합의와 주요지침을 채택하고 실행계획을 구체화하였다. 우리나라도 이 회의에 참가하여 적극적인 활동을 벌였다. 또한 UNCITRAL에서는 전자서명통일규칙을 마련하기 위하여 전자상거래 작업부를 구성하고 지난 1998년 7월에 동 제33차 회의를 개최하였으며, 2001년 7월 전자서명모델법을 채택하였다. 전자상거래는 현재 세계적인 이슈로 되어 있고, 위에 언급한 국제기구뿐만 아니라, 그 외에도 많은 국제기구에서 이를 다루고 있으므로 우리나라로서도 국제기구의 활동에 적극적으로 참여하여 대응책을 마련하여야 한다.

(6) 정보접근권, 문화적 다양성 및 콘텐츠 문제

◇ 공동선언문의 내용

「"인터넷은 전례 없는 정보에 대한 접근을 가능하게 한다. 첫째로, 인터넷 통신수단으로 인하여 전 세계적으로 수십만의 웹사이트에서 제공되는 수백만 페이지의 정보가운데서 각 개인은 자신이 보고 싶은 것을 선택할 수 있다. 이러한 정보는 많은 나라에서 제공되고 있으며, 많은 언어로 제공되고 있다. 각 정부는 이러한 정보에의 접근을 촉진하여야 한다.

인터넷은 문화적 다양성을 개발하는 기회를 제공하는데 이용될 수 있고 또 그렇게 해야 한다. 어떤 집단의 문화적 및 언어적 이해를 반영하는 프로그램은 값싸게 제작될 수 있고, 전 세계적으로 유사한 이해관계를 가진 다른 그룹에게 전달될 수 있다. 내용물(콘텐츠)은 사용자의 요청에 따라서 자유롭게 국경을 넘어서 유통되어야 한다. 내용물의 자유로운 유통을 방해하는 무역장벽은 철폐되어야 한다.

어린이들에게 적합하지 않은 내용과 같이 사용자들이 특정한 유형의 내용물을 받고 싶지 않는 경우에는, 필터시스템 및 차단시스템 또는 다른 도구가 이용될 수 있어야 한다."」

미국의 "인터넷 거래의 자유무역지대 선언"(1997.7.1)에서도 나타난 바와 같이 인터넷 전자상거래는 정부의 규제 없이 시장에 의하여 운영되는 세계적인 자유교역지대로 만들 것을 희망하면서도, 어린이들에게 유해한 성관련 내용들은 민간이 자율적으로 규제할 필요가 있는 것이다. 이번 공동선언문에서도 이러한 내용이 반영된 것이다.

(7) 보안문제

◇ 공동선언문의 내용

「"거래 및 지급을 위한 보안은 거래가 신뢰될 수 있고, 무권한자의 접근으로부터 보호되기 위하여 전자상거래의 발전 및 성장에 필수적인 것이다. 각 정부는 전자거래를 위한 보안기술의 사용을 고무하여야 하며, 소비자 프라이버시 및 공공안전의 보호에 적합하게 건전한 보안실무 및 가이드라인을 촉진하여야 한다. 사이버 범죄에 대항하기 위한 국제적인 협력은 전자거래 및 결제의 안전성(보안)을 고양시킬 것이다."」

전자상거래에서 보안문제는 데이터의 보호와 이용자 본인의 확인을 위하여 암호기능이 필수적인 요소가 된다. 또한 각종 거래전표와 의료진료카드, 상업장부 등이 전자화됨에 따라서 암호기능의 중요성이 증대되고 있다. 이러한 암호기능은 데이터의 안전성보장과 범죄수사 등의 경우 강제적으로 해독할 수 있어야 되기 때문에 서로 모순된 요구가 존재하게 된다. 이러한 상반된 요구를 해결하기 위하여 OECD는 1997년 3월 암호정책지침[3]을 제정하였다. 이는 공공의 안전 확보를 목적으로 암호화된 데이터를 국가 등의 제3자가 강제적으로 해독하는 것을 인정

3) 정식명칭은 OECD Council, *Recommendation of the Council concerning Guidelines for the Cryptography Policy*, 27th Mar. 1997이다.

한 점에 특색이 있다. 전자거래기본법은 전자거래당사자가 전자거래의 안전성 및 신뢰성을 확보하기 위하여 암호제품을 사용할 수 있도록 하고(동법 제18조 1항), 정부는 국가안전보장 등을 위하여 필요하다고 인정하는 경우에는 암호제품의 사용을 제한할 수 있으며, 암호화된 정보의 원문 또는 암호기술에의 접근에 필요한 조치를 할 수 있다고 규정하고 있다(동법 제18조 2항). 암호기술은 국내 컴퓨터 소프트웨어 산업의 발전과 암호제품의 수출입에 의한 경제적 문제, 전략군수물자로서의 사용문제 등 여러 방면에 걸쳐 대단히 중요한 이해관계를 가지고 있는 문제이므로 OECD 암호정책지침을 수용하는 선에서 우리나라의 암호정책을 종합적으로 수립할 필요가 있다.[4)]

(8) 전자결제

◇ 공동선언문의 내용

「"이 분야의 발전은 사적부문의 리더십의 중요성을 인정하여야 하며, 전자결제시스템에 있어서 경쟁적 시장과 사용자 기밀성을 촉진하여야 한다."」

전자상거래의 최종단계는 결제이다. 전자상거래에 따른 전자결제수단으로는 현재 신용카드에 의한 SET방식의 결제가 가장 널리 사용되고 있다. 한편 최근에 전자화폐가 개발되어 전자화폐에 의한 전자결제가 점차 활성화되어 가고 있는 추세에 있다.

(9) 지적재산권

◇ 공동선언문의 내용

「"지적재산권에 대한 적절한 보호는 전자상거래의 발전에 필수적이다. 이것은 세계지적재산권기구(WIPO) 저작권협약 및 세계지적재산권기구의 공연 및 음반협약의 비준에 의하여 용이하게 될 것이다."」

---

4) 현재 암호사용관련 법 규정으로는 전자거래기본법 외에도, 보안업무규정(1981.10.7 대통령령 제10478호)의 암호자재규정, 암호자재제작, 공공기관의 암호자재사용(동법 제5조, 제7조), 군형법(1994.7.1 법률 제4703호)상의 암호부정사용죄(동법 제81조), 대외무역법(1998.1.1 법률 제5453호) 전략물자규정, 전략물자수출입규정(동법 제21조), 기술기준 준수조치(동법 제14조), 정보화촉진기본법(1995.8.4 법 제4969호)상의 정보보호규정(동법 제2조, 제14조), 국가전산보안업무 기본지침(1997.1.1 안전 91400-3172)상의 암호장비사용규정(제16조 1호), 암호프로그램의 개발(제26조), 암호프로그램의 사용(제27조), 암호장비를 전략물자로 공고한 전략물자 수출입공고(1997.7.1 통상산업부고시 제1997-108호), 안기부장이 암호기술의 제조, 사용에 대하여 제한할 수 있도록 정한 암호기술 이용에 관한 지침(1997.4.15 안기부 지침) 등이 있다.

전자상거래는 인터넷상의 저작권자의 권리보호와 저작물의 공정한 이용문제, 인터넷을 통하여 거래되는 제품의 산업재산권보호 및 전자상거래 관련 특허기술의 보호문제, 인터넷 도메인명 보호 및 배분체계의 개선 문제 등 컴퓨터프로그램의 지적재산권 보호 문제 등과 관련되어 있다. 전자상거래에 관한 WIPO 등의 국제적 논의가 국내 산업에 미치는 영향을 최소화하고, 경쟁력을 높일 수 있는 방향으로 대응책을 마련할 필요가 있다.

(10) 소비자 보호

◇ 공동선언문의 내용

「"전자상거래는 효율적인 수준의 소비자 보호를 제공하여야 한다. 한국과 미국은 OECD 소비자 보호지침에 따라서 사적부문과 소비자들과 함께 작업을 진행할 의무를 진다."」

OECD 금융재정기업국의 소비자정책위원회에서는 전자상거래에 관한 소비자 보호지침(Guideline for Consumer Policy, 1997)을 제정하였는데, 국경을 초월하여 이루어지는 전자상거래에서 온라인 사기범들의 활동과, 온라인 통신의 지리적 모호성과 재판관할의 중복이 발생하므로 이에 대한 법제도적인 검토가 필요하다.

OECD 소비자보호지침과 관련하여 우리나라 법제에 대한 다음과 같은 몇 지 검토를 필요로 한다.

첫째, 국제재판관할법제의 마련

인터넷 전자상거래시 발생하는 상사분쟁을 해결하기 위한 국제재판관할에 관한 원칙을 수립할 필요가 있다.

둘째, 준거법의 결정 문제

국경을 초월한 인터넷 전자상거래가 이루어지고, 그에 관한 상사분쟁이 발생한 경우, 어느 나라의 법률을 적용하여 분쟁을 해결할 것인가를 결정하여야 한다. 이것이 준거법 결정의 문제이다. 이는 각국의 섭외사법의 적용문제로 된다.

독일은 계약에 관하여 "계약상의 의무에 적용될 준거법에 관한 EC 협약(1980년)"을 채택하여 1986년에 국제사법을 개정하였다. 그 내용은 계약의 형식과 효력, 채권양도, 소비자와 근로자 보호에 관한 것이다. 아울러 국제사법에 관련된 소송법을 개정하였다. 예컨대 "비상사건에 관한 관할", "법원의 판결과 중재판정의 승인과 집행"에 관한 부분의 개정이다. 일본의 경우에도 우리나라의 섭외사법에 해당하는 *法例*를 1989년에 개정하여 불법행위와 계약에 관한 뿐을 강화함으로써 현실에 맞는 법제를 마련하였다. 우리나라의 섭외사법은 1962년에 제정된 이후 국제거래가 급증함에도 불구하고 현실에 맞지 않는 섭외사법의 규정으로 인하여 법과 현실간의 괴리가 심화되고 있고 이에 따라서 학계를 중심으로 섭외사법의 개정을 위한 노력이 진행한 결과 2001년 4월 섭외사법을 개정하여 국제사법이라는 명칭으로 동년 7월부터 시행하고 있다.

셋째, 방문판매법의 개정

방문판매법 중 통신판매에 관한 규정을 중심으로 하여 인터넷 전자상거래에 적합하도록 법규를 개정 보완할 필요가 있다.

넷째, 소비자피해구제를 위한 국제적 사법공조에 대한 대비

국제적인 전자상거래에서 발생되는 소비자의 피해구제를 효율적으로 달성하기 위하여서는 관련 법집행기관의 국제적 상호협조를 위한 협약을 제정할 필요성이 제기된다. 그러한 국제협약이 제정될 경우 우리나라도 이에 적극적으로 대응할 수 있도록 준비할 것이 필요하다.

제 4 장

유엔국제상거래법위원회(UNCITRAL)의 전자계약협약

— 차 례 —

4.1 서 론

4.1.1 협약제정의 배경

유엔국제상거래법위원회(UNCITRAL)는 1966년 국제거래관련 법제의 통일을 위하여 설립된 이래 전자상거래모델법(1996) 및 전자서명법(2001) 등 전자상거래관련 다수의 입법 활동을 하고 있다.

UNCITRAL은 전자적 환경 하에서 국제거래 협약 상의 법적 장애를 제거하기 위하여 전자계약에 관한 국제협약을 제정하고자 2001년부터 전자상거래작업부(WG)에서 협약초안 제정 작업을 진행하여 왔다.

우리나라는 전자거래기본법 및 전자서명법의 제정을 통하여 UNCITRAL의 전자상거래모델법과 전자서명모델법을 수용하였고, 또한 2004년 초에 UN동산물품매매협약(이른바 비엔나 협약; 1980)을 비준·가입함으로써 국제매매 거래에는 이 협약이 적용된다. 따라서 위 비엔나 협약을 비롯한 다수의 국제거래관련 협약이 전자적 환경에서 적용되기 위해서는 이러한 국제거래협약을 전자적 환경에서 적용하는데 장애가 되는 요소를 제거할 필요가 있다. UNCITRAL은 이러한 목적을 위하여 국제 전자계약협약의 제정을 추진하여 왔다.

2004년 10월에 개최된 UNCITRAL 제44차 전자상거래작업부 회의에서는 2001년부터 시작하여 지난 3년 반 동안 논의되어 온 "전자계약 국제협약 초안"의 실질적 내용을 타결 지었다. 이 협약 초안은 2005년 7월에 개최된 UNCITRAL 제38차 회의(Commission)에서 "국제계약에서 전자적 의사표시의 사용에 관한 협약안(Draft Convention on the Use of Electronic Communications in International Contracts : 약칭 '국제전자계약 협약안'이라 한다)"으로 채택되었다.[1] 이 협약안은 2005년 11월에 개최된 제60차 UN 총회에 상정되어 정식 국제전자계약협약[2]으로 채택되었다.

1) A/CN.9/XXXVIII/CRP.2/Add.4; 이 협약의 명칭은 논의과정에서 여러 차례 변경이 있었으나 UNCITRAL 제38차 회의에서 위와 같이 확정되었다.

2) 이 협약의 정식명칭은 United Nations Convention on the Use of Electronic Communications in International Contracts 이다.

4.1.2 전자계약협약 제정의 목적

UNCITRAL 전자상거래모델법과 전자서명모델법은 그 자체가 모델법이기 때문에 법적인 구속력을 가지지 못한다는 문제점이 있다. 또한 국제무역거래에서 전자계약을 체결하는 경우 기존의 1980년 국제연합동산매매협약(UN Sales Convention)(일명 비엔나 협약 혹은 CISG라 한다)과 같은 국제거래에 관련된 협약을 전자계약에 적용하기 위하여서는 전자적 환경에 알맞게 법적인 장애요소를 제거하여야 할 필요성이 제기되었기 때문에 이러한 목적으로 "전자계약협약"을 채택하게 되었다.

이 전자계약협약은 전자적 의사표시의 이용과 관련하여 국제무역과 관련된 협약의 적용에 있어서 발생하게 될 법적 장애를 제거하여 국제무역거래를 가능하게 하기 위한 것이다. 그리하여 전자계약협약은 계약의 성립에 관한 실체법적인 문제를 다루지 않고, 단지 전자적 의사표시를 이용한 계약 성립과 관련된 문제만을 다루고 있다.

4.1.3 전자계약협약의 형태

(1) 전자계약협약의 형태를 어떻게 할 것인지가 협약초안의 초기 논의과정에서 제기되었다. 이 협약을 국제거래관련 협약상의 법적 장애를 제거하기 위한 '종합협약'(Omnibus Convention)으로 제정하는 방안, 혹은 '전자계약에 관한 국제협약' 의 형태로 제정하는 방안을 놓고 전자상거래 작업부에서 논의가 있었다. 제40차 작업부회의에서 논의된 바에 따라 기존 국제협약에 존재하는 전자상거래의 발전을 저해하는 장애요소를 제거하는 작업(종합협약 제정방안)과 전자계약협약안을 성안하는 작업을 별개로 추진하지 않고, 공통요소를 추출하여 전자계약협약 내에 '유보선언조항(동 협약 제18조)'과 '다른 국제협약상의 전자적 의사표시(통신)'조항(동 협약 제19조)을 마련함으로써 '국제물품매매협약'과 '국제무역에 있어서 채권양도에 관한 유엔협약' 등에서 제기된 전자상거래 관련 법적 장애문제를 해결하기로 하였다.

(2) ICC의 소프트 로(Soft Law)제안과 이중규범의 문제

국제상업회의소(ICC)는 전자계약은 전통적인 서면계약과 기본적인 차이가 없으므로 대부분의 문제는 기존의 프레임워크를 이용하여 해결할 수 있으며, 전자거래 관련 경험 및 지식의 부족에서 비롯되는 문제는 협약 제정을 통해 해결하기 보다는 우선 지침, 모델계약조항, 표준화된 계약관행 등의 형태로 작성하여 사용하는 것이 바람직하다는 주장을 하였다. 이에 따라 ICC는 '2004 전자계약약관(E-Terms 2004)'을 만들어서 여기에서 계약체결, 계약의 유효성과 관련된 모델조항을 제시하였다.3) 이러한 ICC의 주장 및 이에 대한 협약제정에 참여한 몇몇 대표들의 동의로 인하여 협약 제정 작업을 계속할 것인지에 관하여 논의가 있었다. 아울러 기존의 CISG와 제정을 추진하는 전자계약협약 간의 이중규범의 문제가 제기된 바 있다. 이에 대하여 다수 의견은 ICC의 노력과 UNCITRAL 전자상거래작업부가 추진하는 협약제정 작업은 동시에 상호협조관계를 유지하면서 진행되는 것이 바람직하다는 것과 전자적 환경 하에서 국제협약에 존재하는 법적장애를 제거하고, 서면계약을 전제로 하여 적용되는 CISG에 의하여 해결할 수 없는 법적 문제의 해결을 위하여서는 전자계약협약이 필요하다는 결론을 내고, 전자계약협약 제정 작업을 진행하게 되었다.

4.2 국제 전자계약협약의 내용검토

4.2.1 협약의 적용범위

(1) 협약의 내용4)

협약은 영업소가 서로 다른 국가에 있는 당사자 간의 계약의 체결과 이행에

3) ICC는 전자계약에 관한 Task Force를 구성하고, 영국 사우스햄턴 대학교 법과대학의 찰스 데바티스타(Charles Debattista) 교수와 벨기에의 Hunton &Williams 회사의 파트너인 크리스토퍼 쿠너(Christoper Kuner)씨를 공동의장으로 하여 영국, 캐나다, 중국, 프랑스, 독일, 멕시코, 스웨덴, 스위스, 시리아, 베네주엘라의 각계 전문가를 구성원으로 하여 작업을 진행하였고, 그 결과 'ICC E-terms 2004'를 작성하였다(A/CN.9/WG.Ⅳ/WP.106). E-terms 2004는 당사자 자치원칙에 어긋나지 않는 일종의 자치규범이며, 기업의 실무와 현실을 반영한 것이다. 이는 전자계약에 관한 모델조항 혹은 가이드로서의 역할을 할 것이 기대되며, 그 주요내용은 전자상거래계약(제1조), 전자문서의 송신과 수신시기 및 장소(제2조), 당사자 및 전자문서에 관한 정의규정(제3조)로 구성되어 있다.

4) 이곳에서는 설명의 편의상 제44차 전자상거래작업부에 의하여 그 실질적 내용이 확정된 '유엔국제 전자계약협약 초안'을 단순히 '협약'이라고 부르기로 한다. 그리고 그 이전의 초안을 '종래의 초안(WP.110)'이라고 한다.

관한 전자적 의사표시의 이용에 적용된다(제1조 제1항).

당사자가 서로 다른 국가에 영업소를 갖고 있다는 사실은, 이러한 사실이 당사자 사이의 계약 혹은 거래 또는 계약체결시점에 당사자가 공개한 정보로부터 알 수 없는 때에는 언제나 고려되지 않는다(동조 제2항). 당사자의 국적 또는 당사자 혹은 계약의 민사적, 상사적 성격은 이 협약의 적용여부를 결정하는데 고려되지 않는다(동조 제3항).

(2) 내용검토

① 협약은 영업소 소재지가 서로 다른 나라에 있는 당사자 간의 계약관계에서 전자문서를 사용하는 계약에 대하여 적용된다. 협약 제1조는 당사자의 위치에 관한 규정(제6조)과 밀접하게 관련되어 있다. 이 협약 제18조로 옮겨간 구 초안 제1항(c)은 당사자가 이 협약의 적용을 합의한 경우에도 적용된다고 규정한 점에서 CISG 협약상의 적용영역 조항과의 차이가 있다.[5] 이는 당사자의 영업소가 두 개 이상의 체약국에 있지 않고 국제사법상의 원칙에 따라 이 협약이 적용되는 체약국법이 적용되지 못하는 상황에서 당사자의 합의에 의하여 협약의 적용을 가능하게 하기 위한 것이다(제18조 참조).

② 제1조 제2항과 제3항은 CISG 제1조 제1항 및 제3항과 동일한 취지의 규정이다.

제2항은 당사자가 다른 국가에 영업소를 가지고 있다는 사실이 계약이나 객관적인 정보로부터도 알 수 없는 경우에는 이 협약이 적용되지 않는다는 취지이다. 이는 당사자 간의 거래에 이 협약이 적용되지 않을 것이라는 당사자의 신뢰보호를 위한 것이다. 예를 들면 계약당사자 일방(갑)이 대리인을 이용하여 계약을 체결하는 경우에 상대방 당사자(을)는 자기와 거래하는 갑이 다른 국가에 영업소를 가지고 있다는 것을 모르고 계약을 체결할 수 있고, 이 경우에는 갑은 이 협약이 적용되지 않을 것으로 신뢰하기 때문에 이러한 신뢰를 보호하기 위하여 당해 계약에 이 협약이 적용되지 않고, 대신에 국제사법에 따라 지정된 국가의 준거법이 적용될 것이다.[6]

제3항은 협약을 적용하기 위한 국제성 판단에 관하여 당사자의 국적을 묻지 않고, 또한 계약의 성격이 민사계약인지 상사계약인지를 묻지 않는다는 것을 밝힌 규

---

5) CISG 제1조는 당사자의 합의에 의하여 협약을 적용하도록 하는 규정을 두고 있지 않다.

6) 최흥섭, 유엔국제매매법, 인하대학교 출판부, 1997, 16면.

정이다. 다만, 이 협약은 CISG와는 달리 매매계약에 한정하여 적용되는 것이 아니라, 기타의 계약에 대하여도 적용된다는 점에서 그 적용범위가 넓다고 할 수 있다.

4.2.2 적용제외 사항

(1) 협약의 내용(제2조)

1항 이 협약은 다음과 같은 계약과 관련된 전자적 의사표시에는 적용되지 않는다.

(a) 개인적, 가족적 또는 가정목적으로 체결된 계약;

(b) (ⅰ) 등록된 거래소에서의 거래, (ⅱ) 외국환 거래, (ⅲ) 은행 간 지급시스템, 은행 간 지급약정 또는 담보나 기타 금융자산·증권에 관련된 결제시스템, (ⅳ) 매매, 대부 또는 점유에 관련된 담보권의 이전, 중개자를 통하여 보유한 담보, 기타 금융자산 또는 증권의 환매약정

2항 이 협약은 환어음, 약속어음, 선하증권, 창고증권 또는 양도증서 혹은 운송물의 인도 또는 금액의 지급을 주장하는 소지인 또는 수익자에게 권리를 부여하는 증권에 적용되지 않는다.

(2) 내용검토

(a)는 소비자계약에 관한 내용으로써 소비자계약은 각국의 정책적인 내용을 포함하는 특별법규에 의하여 규율되므로 본 협약의 적용대상에서 제외하는 것은 타당하다고 본다.

(b)는 대체로 금융거래에 해당하며 이는 국제거래에서 특수한 규율을 필요로 하고, 거래에 맞는 표준약관 및 관행이 잘 발달되어 있는 계약에 해당하므로 이 협약의 적용대상에서 제외한다.

(c)와 (d)의 경우는 소위 전자문서에 의한 권리의 이전 즉, 유가증권의 전자화와 관련된 내용으로써 이에 관하여는 이 협약이 적용되도록 할 것이 아니라 특별한 검토와 규정이 필요하다고 본다. 예컨대 UNCITRAL 운송법작업부에서 논의하고 있는 '새로운 운송법협약안(New Instrument of Transport law)' 제3조 이하에서는 '양도성 전자기록(negotiable electronic record)'을 발행한 경우에는 선하증권과 같은 유

가증권을 대체할 수 있도록 하는 규정을 두고 있고, 그 외에도 이에 관한 몇몇 입법례를 볼 수 있다.

4.2.3 당사자 자치원칙

(1) 협약의 내용

계약 당사자는 이 협약의 적용을 배제하거나, 협약의 각 규정의 효력을 부정하거나 변경할 수 있다(제3조).

(2) 내용검토

① 계약 당사자는 이 협약상의 규정과 다른 효력을 정하거나 이 협약의 적용을 배제할 수 있는 당사자자치원칙이 인정된다. 이는 CISG 제6조(당사자자치)의 규정에 대응하는 규정이다.

따라서 당사자들은 유엔국제 전자계약협약의 전부 또는 일부를 배제할 수 있고, 그 효력을 변경할 수 있는 것이다. 다만 이 규정의 적용을 위하여서는 협약에서 어떤 규정이 강행규정인지를 먼저 정해야 할 필요가 있다.

② 당사자자치원칙은 위와 같이 CISG에 규정이 있을 뿐만 아니라, 대부분의 법계에서 사법의 기본원칙이므로 협약에서 이를 규정한 것이다. 이 원칙을 규정함으로써 협약 제2조의 적용범위가 축소될 것으로 예상된다. 그 이유는 제2조의 적용제외사항에 해당하는 거래들은 이미 전자적 환경에 적합한 거래관행을 확립하고 있거나 특별한 거래약관이 발달되어 있어서 당사자들이 이러한 거래에 대하여 본 협약의 적용을 배제할 가능성이 높기 때문이다.[7]

③ 우리나라 전자거래기본법은 당사자자치원칙에 관하여 "전자문서의 작성자와 수신자는 법령에 다른 특별한 규정이 있는 경우를 제외하고는 제6조(송·수신의 시기 및 장소), 제7조(작성자가 송신한 것으로 보는 경우), 제8조(수신한 전자문서의 독립성), 제9조(수신확인의 규정과 다른 약정을 할 수 있다고 규정하고 있다(제10조). 이는 UNCITRAL 전자상거래모델법 제4조(약정에 의한 변경)를 수용한 것이다.

---

7) A/CN.9/527, para. 106.

4.2.4 정의규정

(1) 협약의 내용(제4조)

(a) 의사표시(Communication)
(b) 전자적 의사표시(Electronic Communication)
(c) 데이터 메시지(Data Message)
(d) 송신자(Originator)
(e) 수신자(Addressee)
(f) 정보시스템(Information System)
(g) 자동화시스템(Automated Message System)
(h) 영업소(Place of Business)

(2) 내용검토

① "electronic communication"의 개념이 종래의 "data message"의 개념과 관련하여 본 협약에 새로 규정되었다.

"전자적 의사표시(통신)"라는 용어는 종래 "데이터 메시지"라는 용어를 대신하여 본 협약의 여러 규정에서 사용되고 있다. 입법례에 따라서는 "전자적 기록(Electronic Record)"이라는 용어를 사용하는 경우(미국, 일본 등)도 있다. 이와 같이 입법례에 따라서 용어의 사용이 달라지나 '전자적 의사표시'(electronic communication)라는 용어가 일반적으로 통용될 수 있는 적합한 용어라고 할 수 있다.

② data message라는 용어와 electronic communication이라는 용어 모두 'information'을 포함하는 개념이므로 그 차이가 분명하지 않다는 점이 지적될 수 있다. 우리나라는 전자거래기본법에서 UNCITRAL 전자상거래모델법 제2조 (a)를 수용하여 data message라는 용어를 '전자문서'로 정의규정을 두어 사용하고 있다(동법 제2조 제1호). 이는 전자상거래모델법을 수용한 여타 나라의 경우에도 마찬가지이다. 이들 용어는 양자 간의 관계를 명확히 하여야 할 필요성이 있다.

③ 데이터 메시지에 전통적 전자수단의 포함여부

본 호에 열거된 data message의 예시 가운데 전자적 수단의 하나로 "telegram,

telex"와 같은 전통적인 'magnetic medium'의 포함여부가 문제로 된다. 부정하는 견해에서는 본 호에 열거되어 있는 전자적 수단의 대상이 되는 것은 e-mail과 같은 것이 주된 것이므로, "telegram, telex"같은 것은 본 호에서 삭제되어야 한다는 것이다.

반면에 telegram은 전통적인 전자수단으로 사용되어 온 것이므로 이를 포함시켜야 한다는 긍정적 견해가 있다. 생각건대 전통적인 telegram이나 telex 등은 전자적 수단으로 오랫동안 사용되어 온 것이고 전자적 수단은 기술발달을 고려하여 포괄적으로 넓게 규정하는 것이 타당하다고 본다.

④ 정보시스템, 자동화시스템의 정의 관련

(f)호의 정보시스템(information system), (g)호의 자동화시스템(automated information system)과 관련하여 본 협약은 자동화정보시스템에 의한 계약도 유효한 것으로 규정하고 있으므로(제12조), 본 조항에서 이에 관한 정의규정을 두고 있다.

Information system에 대하여는 그 개념이 너무 넓고, information system은 대부분 자동화정보시스템에 해당하므로 개념규정을 분명히 하여야 할 필요가 있다. 특히 제10조 제2항(전자문서의 수신시기)과 관련하여 검토하여야 한다. 우리나라 전자거래기본법은 전자상거래모델법을 수용하여 "정보처리시스템"을 전자문서의 작성, 송신·수신 또는 저장을 위하여 이용되는 정보처리능력을 가진 전자적 장치 또는 체계를 말한다(동법 제2조 제2호)고 규정하고 있다.

양자의 용어정의 관계를 고려하여 (g)호에서 information을 삭제한 "automated system"이라는 용어가 검토되었으나, 최종안에서는 "information system"과 구별하기 위하여 "automated message system"이라는 용어로 수정되었다.

Automated message system[자동화시스템]이라는 용어는 소위 "전자적 대리인(Electronic agent)"[8]의 개념에 해당한다. 이러한 개념은 미국 통일전자거래법(UETA) 제2조 제6항, 캐나다 통일전자상거래법(UECA) 제19조에서 사용되는 용어이나, 우리나라의 경우 이에 관하여 실정법상의 규정이 없기 때문에 그 개념의 인정여부에 관하여 논의가 제기되고 있다.

⑤ 영업소(place of business) 관련

영업소는 당사자가 특정장소 밖에서 재화 또는 서비스의 임시적인 제공을 하

---

8) 미국 통일컴퓨터정보거래법(UCITA)에서는 전자대리인(electronic agent)이라 함은 전자메시지나 전자적 이행에 대해 동작 또는 반응하는 시점에 자연인에 의한 검토나 행위가 없이도 그 자연인을 위하여 전자메시지나 전자적 이행에 독립적으로 반응하거나 동작을 개시하는데 사용되는 컴퓨터프로그램이나 전자적 또는 기타 자동화된 수단을 말한다고 규정하고 있다(제102조 (a) 27).

는 곳이 아니라 경제활동을 하기 위한 상설적인 설비를 가지고 있는 장소를 말한다(제2조 h호). 영업소의 개념은 다른 국제거래관련 협약에서 사용되는 개념과 같은 의미를 갖는 것이라기보다는 이 협약에서는 협약의 장소적 적용범위를 결정하는 중요한 의미를 갖는 것으로 이해하여야 한다. 참고로 CISG에서는 영업소의 의미에 대하여 개념정의를 두고 있지 않으나, 본점뿐만 아니라 지점도 영업소가 될 수 있다고 보며 이러한 해석은 이 협약에도 타당하다고 본다. 당사자가 여러 개의 영업소를 가지고 있는 경우에는 관련 계약 및 이행과 가장 밀접한 장소가 협약상의 영업소가 된다(제7조 참조).[9] 영업소가 없는 자연인의 경우에는 상거소(habitual residence)[10]가 기준이 된다.

4.2.5 해석원칙

(1) 협약의 내용

협약의 해석에 관하여는 협약의 국제적 특성 및 국제거래의 통일적 적용의 촉진, 신뢰의 준수를 고려하여야 한다(제5조 제1항). 협약에 명시적으로 규정되지 않은 문제에 관하여서는 적용 법률과 조화를 도모하는 차원에서 그에 기초한 일반원칙과 조화롭게 해결되어야 한다(제5조 제2항).

(2) 내용검토

본 조의 협약 해석원칙은 협약 제2조가 적용제외 사항을 규정하고 있는데, 그 결과 흠결이 생기는 부분을 보충할 수 있도록 규정한 조항으로써, CISG 제7조를 반영한 조항이다.

협약의 해석에 관하여 협약의 국제적 특성, 협약 적용에 의한 국제거래의 통일성의 촉진 및 국제거래의 신뢰성의 확보라는 요소를 고려하여 협약을 해석, 적용하여야 함을 밝히고 있다. 또한 협약에 명시적인 규정이 없는 법률문제에 대하여는 계약에 적용될 법률 및 그에 따른 일반원칙과 조화롭게 해결되어야 한다는 것이다.

---

9) CISG 제10조 a.

10) 상거소(常居所)란 이정기간 사실상 체류하는 곳을 말한다; 최흥섭, 전게서, 16면.

4.2.6 당사자의 위치

(1) 협약의 내용

이 협약의 목적을 위하여, 당사자의 영업소는 당사자가 표시한 장소에 있는 것으로 추정된다. 다만, 상대방이 그 영업소표시를 한 당사자가 그 장소에 영업소를 갖고 있지 않다는 것을 입증한 때에는 그렇지 않다(제6조 제1항).

만약 당사자가 영업소를 표시하지 않았으며 하나 이상의 영업소를 갖고 있는 경우에는 제1항에 따라서, 이 협약의 목적을 위하여, 알려진 상황을 고려하거나 또는 계약체결 시 전후로 당사자가 고려한 상황을 참조하여, 영업소는 관련 계약과 가장 밀접한 관계를 갖는 곳이 된다(동조 제2항).

만약 자연인이 영업소를 갖고 있지 않은 경우에는 그의 상거소를 영업소로 한다(동조 제3항).

단순히 (a) 당사자가 계약체결을 위하여 사용한 설비 및 기술 장치가 존재하는 곳 또는 (b) 당사자가 접속할 수 있는 정보시스템이 존재하는 곳은 영업소가 아니다(동조 제4항).

당사자가 단지 도메인 이름을 사용하거나 또는 특정국가와 연결된 전자우편주소를 사용한다는 사실은 영업소가 그 나라에 있다는 추정력을 발생시키지 않는다(동조 제5항).

(2) 내용검토

① 전자거래의 안전성과 신뢰성을 높이기 위하여서는 전자계약의 당사자가 영업소의 위치를 명확히 표시하는 것이 필요하다. 종래 협약초안 제11조 제1항 (b)호는 당사자가 영업소를 가지고 있는 지리적 위치를 표시하여야 할 의무를 정하고 있었다. 이 조항은 온라인에서 별도의 영업소의 개념을 신설하려는 것은 아니다.

② 거래당사자는 협약에 따라서 지리적 장소가 표시된 곳에 당사자의 영업소를 갖는 것으로 추정된다(제6조 제1항). 이는 당사자의 영업소의 위치표시가 있는 경우에 그곳에 영업소를 가지고 있는 것으로 추정된다는 법적 효과를 규정한 것이다. 본조의 적용에 의하여 전자계약이 체결되는 때에 전자상거래의 당사자를 쉽

게 확인할 수 있도록 함으로써 전자상거래의 법적 확실성을 높일 수 있게 된다. 아울러 그 전자계약이 국제적인 계약인지 여부, 어느 법률이 적용될 것인지 여부 및 그 전자계약에 이 협약이 적용될 것인지의 여부에 대하여서도 쉽게 결정할 수 있게 된다. 다만, 당사자가 영업소의 지리적 위치를 표시하는 것이 단순히 본 국제협약의 적용을 회피하거나 의도적으로 적용을 유도하기 위하여 하는 경우가 있을 수 있는데, 수정된 협약에서는 이 부분이 삭제되었다.

③ 당사자가 한 개 이상의 영업소를 가지고 있는 경우에, 그 영업소는 당사자들에게 알려진 상황을 고려하여 관련된 계약 및 그 계약의 이행과 가장 밀접한 관계를 갖는 곳이 당사자의 영업소로 된다(동조 제2항). 만약 자연인이 영업소를 가지고 있지 않은 경우에는 그 사람의 상거소(habitual residence)로 한다(동조 제3항).

④ 계약체결을 위하여 사용되는 정보시스템을 지원하는 설비와 기술 장치의 위치 또는 다른 사람들 스스로 접근할 수 있는 정보시스템이 있는 장소는 영업소가 아니다(동조 제4항). 종래 초안은 제4항 단서로 법인의 경우에는 예외적으로 정보시스템 혹은 기술 장치의 위치만으로 영업소가 될 수 있도록 하기 위하여 "다만, 법인이 영업소를 가지고 있지 않은 경우에는 그러하지 아니하다"(동조 제4항 단서)는 내용을 담고 있었다. 이러한 단서 규정은 소위 "가상기업(virtual companies)"을 예정하여 적용하기 위한 규정이다. 즉, 가상기업의 경우에는 전통적인 기업과 똑 같은 기준에 의하여 영업소를 결정할 수 없기 때문에 별도의 기준이 필요한 것이다. 가상기업은 정보시스템을 지원하는 설비의 위치나 그러한 시스템의 위치가 가상기업의 영업소로 고려될 수 있는 것이다. 이러한 단서의 규정은 유럽연합 전자상거래지침(Directive 2000/31/EC of the European Union) 전문 제19항의 내용을 반영한 것이다. 그런데 위에서 언급한 바와 같이 최종 협약에서는 이러한 단서 규정이 삭제되었고, 판례법의 해석에 맡겨두게 되었다.

⑤ 한 개인이 어떤 특정 국가에 연결된 도메인 이름이나 전자우편주소를 사용한다는 단순한 사실만으로 영업소가 그 국가에 있다고 추정하지 않는다(동조 제5항). 인터넷 도메인 이름과 어느 기업의 영업소는 물리적으로 반드시 연결되어 있다고 볼 수 없기 때문이다. 즉, 도메인 이름이 당사자의 영업소 소재지의 물리적 위치와 기능상 동일한 것으로 자동적으로 추정될 수는 없는 것이다.

⑥ 우리나라 전자거래기본법은 전자상거래모델법을 수용하여 전자거래기본법 제6조 제3항에서 전자문서의 송·수신시기 및 장소와 관련하여 영업소 소재지에서

송신 또는 수신된 것으로 본다는 규정을 두고 있고, 둘 이상의 영업소가 있는 경우 전자문서의 주된 관리가 이루어지는 영업소 소재지를 기준으로 삼고 있다. 또한 동법 제17조는 전자거래사업자의 준수사항으로써 상호 및 사업자 자신에 관한 정보를 제공하도록 의무규정을 두고 있다.

4.2.7 정보요건

(1) 협약의 내용

이 협약의 어떠한 내용도 당사자가 그들의 신원, 영업소 또는 다른 정보를 공개하거나 또는 부정확하거나, 불완전하며 거짓된 정보를 게시함으로써 생기는 법적 효과를 정한 법원칙의 적용에 영향을 미치지 않는다(제7조).

(2) 내용검토

종래의 초안과 같은 협약내용은 전자거래가 비대면 거래이기 때문에 거래당사자에게 전자거래상업자에 대한 신뢰를 갖게 함으로써 전자거래의 사기 방지와 안전성확보에 도움이 될 수 있다고 본다.

협약은 당사자의 신원정보, 영업소 또는 다른 정보의 공개를 정한 국내법에 영향을 미치지 않는다. 따라서 계약당사자가 제공해야할 일반정보요건은 순전히 각국의 국내법원칙에 맡겨지게 되었다.

참고로 우리나라 전자상거래소비자보호법은 통신판매업자(전자상거래사업자)가 재화 등의 거래를 하는 경우 ① 상호 및 대표자 성명, ② 주소·전자번호·전자우편주소 ③ 통신판매업 신고번호 등의 정보를 제공하도록 하고 있다(동법 제13조 제1항).

4.2.8 전자적 의사표시의 법적 승인

(1) 협약의 내용

의사표시 또는 계약은 그것이 전자적 의사표시의 형태로 되어있다는 이유만으로 유효성 및 집행력이 부인되어서는 안 된다(제8조 제1항).

이 협약의 어떠한 규정도 당사자에게 전자적 의사표시를 사용하게 하거나 또는 수용하도록 요구하지 않는다. 그러나 당사자의 행위로부터 그렇게 하기로 하는 당사자의 합의가 인정될 수 있다(동 제2항).

(2) 내용검토

본 조항은 전자상거래모델법 제5조와 제11조를 수용한 것으로 작업부에서 논의된 합의사항과 차별금지의 원칙(non-discrimination)을 반영한 것이다. 또한 본조는 캐나다 통일전자거래법(Uniform Electronic Commerce Act) 제20조[11]의 내용을 반영한 것이다. 우리나라 전자거래기본법은 전자문서가 다른 법률에 특별한 규정이 있는 경우를 제외하고는 전자적 형태로 되어 있다는 이유로 문서로서의 효력이 부인되지 않는다고 규정하고 있다(동법 제4조).

계약이 전자적 의사표시(통신)의 형식으로 되었다는 이유만으로 그 유효성 또는 집행력이 부인되어서는 안 된다. 그리고 이 협약의 어떠한 규정도 당사자에게 전자적 의사표시의 사용 또는 승인을 요구하지 않으나, 당사자의 행위로부터 당사자의 그러한 사용에 대한 합의를 유추할 수 있다.

4.2.9 형식요건(제9조)

(1) 협약의 내용

① 이 협약의 어떠한 규정도 전자적 의사표시 또는 계약이 어떠한 특별한 형식으로 체결되어야 한다는 것을 요구하지 않는다.

② 법률상 전자적 의사표시 또는 계약이 서면으로(in writing) 되어야 할 것을 요건으로 정한 경우, 또는 서면이 흠결된 결과를 규정한 경우에는, 그러한 요건은 만약 전자적 의사표시에 포함된 정보가 차후의 참조를 위하여 사용할 수 있도록 접근할 수 있다면 전자적 의사표시에 의하여서도 충족된다.[12]

---

11) 캐나다 통일전자거래법 제20조는 (1) 당사자간의 반대의 약정이 없는 한, 계약의 청약이나 승낙은 (a) 전자적 문서(electronic document) 또는 (b) 컴퓨터 화면에 대한 터치 기타 전자적은 통신 행위에 의하여 표시할 수 있다. (2) 계약은 전자적 문서형태가 사용되었다는 이유만으로 그 법적 효력 또는 집행력이 부인되지 않는다고 규정하고 있다.

12) 이러한 규정은 데이터 메시지와 종이서면 사이의 기능적 등가의 원칙(functional equivalence)의 기준을 정한 조항이다(전자상거래모델법 제6조와 동일한 취지임).

③ 법률이 전자적 의사표시 또는 계약이 당사자에 의하여 서명되거나 또는 서명흠결의 효과를 규정한 경우에는, 그러한 요건은 다음과 같은 경우에 전자적 의사표시와 관련하여서 충족된다.

(a) 당사자의 신원을 확인하고 당사자가 전자적 의사표시에 포함된 정보를 승인하였다는 것을 표시하기 위한 방법이 사용된 경우

(b) 사용된 방법은 다음의 하나가 된다;

(i) 어떠한 관련된 합의를 포함하여 모든 상황을 고려하여, 전자적 의사표시가 생성되거나 통신된 목적에 적합하도록 신뢰할 수 있을 것; 또는

(ii) 그 자체에 의하여 또는 다른 증거와 결합하여 실제로 위의 (a)호에서 규정하고 있는 기능을 수행하여온 것이 증명될 것.

④ 법률이 전자적 의사표시 또는 계약이 다른 전자통신이 원본(original form)의 형태로 제출되거나 보존되어야 할 것을 정한 경우에, 또는 원본흠결의 결과를 규정한 경우에, 그러한 요건은 다음과 같은 경우에 전자적 의사표시와 관련하여 충족된다.

(a) 정보가 전자적 의사표시 또는 다른 것으로, 그것이 최종적인 형태로 처음 생성된 때부터 포함하고 있는 그(정보의) 무결성에 관하여 신뢰할 수 있는 담보(확신)가 존재하는 경우; 및

(b) 전자적 의사표시가 포함하고 있는 정보가 이용될 수 있고, 그러한 정보가 이용되어야 할 사람에게 현출될 수 있을 것이 요구되는 경우

⑤ 제4항 (a)호의 목적을 위하여:

(a) 무결성 판단 기준은 통상적인 의사표시, 저장 및 현출절차에서 발생하는 어떠한 승인 및 변경의 추가와는 별개로 그 정보가 완전하고 변조되지 않은 상태로 남아 있는지 여부이다.

(b) 표준적인 신뢰성 요건은 그 정보가 생성된 목적 및 관련 상황에 비추어서 평가되어야 한다.

(2) 내용검토

본조는 CISG 제11조의 형식요건규정과 전자상거래모델법 제6조와 제7조의 내용을 수용한 것이다. 제1항은 CISG 제11조에 규정된 형식(방식)자유의 일반원칙을 표현한 것이다. 이는 계약체결에 관한 일반적인 형식요건을 정하는 것은 국내법에 맡겨져 있다는 원칙을 확인한 규정이다.

제2항은 전자상거래모델법 제6조에서 규정한 바와 같이 데이터 메시지(전자적 의사표시)와 종이문서와의 기능적 등가의 원칙을 정한 것이다.

제3항은 전자상거래모델법 제7조에 규정된 수기서명과 전자적 동일성(신원확인)방법(electronic identification methods)간의 일반적인 기능적 등가의 기준을 정한 것이다. 즉, 이는 전자서명의 사용에 관하여 법적 확실성을 제공하기 위한 규정이다. 본조는 각국의 전자서명법제의 적용에 따른 위험을 줄이기 위하여 최소한의 요건을 정한 것이다.

38차 회의에서 제3항의 신뢰성요건에 관하여 (b)호에 (ii)의 내용이 추가되어 전자서명의 신뢰성 요건이 다른 증거와 결합되어 증명될 수 있는 경우에도 인정되도록 하였다.

제4항은 원본성 요건에 관하여 규정한 조문으로써 38차 회의에서 (b)호의 내용에서 "제시(presented)"라는 용어가 너무 광의이고 다의적이라는 이유로 "이용가능한(made available)"이라는 용어로 수정되었다.

제5항은 제4항 (a)호의 무결성 요건을 구체화한 조항이다

4.2.10 전자적 의사표시의 송신·수신시기 및 장소

(1) 협약의 내용(제10조)

전자적 의사표시의 송신 시기는 그 전자적 의사표시가 송신자의 지배하에 있는 정보시스템을 떠난 때 혹은 송신자를 대리하여 데이터 메시지를 송신하는 자의 지배하에 있는 정보시스템을 떠난 때이다. 또는 만약 전자적 의사표시가 송신자나 송신자를 대리하는 자의 지배하에 있는 정보시스템을 떠나지 않았다면, 전자적 의사표시가 수령된 때이다(제1항).

전자적 의사표시의 수신시기는 전자적 의사표시가 수신자가 지정한 전자적 주소에서 수신자에 의하여 수령할 수 있게 된 때이다.

수신자의 다른 주소로 송신된 전자적 의사표시의 수신시기는 전자적 의사표시가 그 주소에서 수신자에 의하여 수신될 수 있고, 수신자가 전자적 의사표시가 그 주소로 송신되었다는 것을 인식한 때이다.

전자적 의사표시가 수신자의 전자적 주소에 도달한 때 전자적 의사표시는 수신자에 의하여 수신될 수 있는 것으로 추정된다(제2항).

전자적 의사표시는 제6조에 따라 결정된 송신자가 영업소를 가지고 있는 장소에서 송신된 것으로 간주되며, 수신자가 영업소를 가지고 있는 장소에서 수신된 것으로 간주된다(제3항).

본조 제2항은 전자적 주소가 운용되는 정보시스템이 소재한 장소가 전자적의사표시가 본조 제3항에 의하여 수신된 것으로 간주되는 장소와 다른 경우에도 적용된다(제4항).

(2) 내용검토

본조는 이 협약에서 가장 논란이 많았으며, 중요하게 다루어지고 있는 조항이다. 전자문서의 송·수신시기에 관한 종래의 협약초안 규정은 전자상거래모델법 제15조를 기초로 하여 비엔나협약의 형식에 맞게 수정한 내용이다.

비엔나협약은 청약, 승낙 기타의 의사표시는 상대방에게 구두로 통고한 때 또는 그 외의 방법으로 상대방 자신, 상대방의 영업소 또는 우편주소, 상대방의 영업소와 우편주소가 없는 경우에는 그의 일상거소에 전달된 때에 상대방에게 "도달(reaches)"한 것으로 규정하고 있다(동 협약 제24조). 전자적 환경에서 이 조문이 어떻게 적용될 수 있는가에 대하여 의문이 제기될 수 있는 바, 전자문서의 "수령(receipt)"을 어떻게 정의하는가의 문제가 있다. 전자상거래모델법 제15조는 전자문서의 송신과 수신 및 장소에 관한 규정을 두고 있는데 이 규정은 전통적인 우편의 교환을 전자문서의 교환에 의하여 반영할 수 있고, 또한 전자적 의사표시(통신)가 동시에 일어나는 것을 반영하는데 충분할 정도로 융통성이 있는 조항이기 때문에 이를 협약초안에서 수용한 것이다. 우리나라 전자거래기본법(제6조)에서도 전자상거래모델법의 이 조항을 그대로 수용하고 있다.

그런데 협약의 논의과정에서 모델법이 나온 지 상당한 세월이 경과함에 따라서 전자거래의 환경이 변하였고, 모델법상의 전자문서의 송, 수신시기에 관한 규정이 너무 복잡하여 현재의 전자상거래 환경을 제대로 반영하기 어렵다는 지적이 제기되었다. 이에 따라서 특히 전자문서의 수신시기에 관한 제2항에 대하여 현재의 규정과 같이 이를 추정규정으로 전환하는 근본적인 변화가 있었다.

제1항은 전자적 의사표시의 송신시기를 전자적 의사표시가 송신자의 지배하에 있는 정보시스템을 떠난 때로 정하고 있다. 만약 전자적 의사표시가 정보시스템을 떠난 때가 분명하지 않은 경우에는 전자적 의사표시가 상대방 수신자에 의하여 수신된 때를 송신시기로 정하고 있다. 이는 전자적 의사표시의 송신시기를

명확하게 다음 위한 것이다.

제2항은 전자적 의사표시의 수신시기를 정하고 있다. 실제 전자거래에서는 전자적 의사표시의 도달주의와 관련하여 전자적 의사표시의 송신시기 보다는 수신시기를 명확하게 하는 것이 더욱 중요한 의미를 갖는다.

전자적 의사표시의 수신시기는 수신자가 전자적 주소를 지정한 경우와 그렇지 않은 경우의 두 가지로 규정하고 있다.

첫째, 수신자가 전자적 주소를 지정한 경우에는 그 지정한 전자적 주소에서 수신자가 전자적 의사표시를 수령할 수 있게 된 때이다(제2항 (a)호). 그리고 전자적 의사표시가 수신자의 전자적 주소에 도달한 때 전자적 의사표시는 수신자에 의하여 수령될 수 있는 것으로 추정된다(제2항 (c)호). 따라서 전자적 의사표시의 수신시기는 전자적 주소에의 도달시기를 수령한 것으로 추정하는 형태로 규정되었다. 따라서 실제로 수신자가 전자적 의사표시가 지정한 전자적 주소에 도달하지 않았다는 것을 입증한 때에는 그러한 수령의 추정이 깨지게 되어 송신자는 전자적 의사표시의 수신자에 의한 수신사실을 주장할 수 없게 된다.

둘째, 수신자의 다른 주소로 송신된 전자적 의사표시의 수신시기는 전자적의사표시가 그 주소에서 수신자에 의하여 수령될 수 있고, 수신자가 전자적의사표시가 그 주소로 송신되었다는 것을 인식한 때이다(제2항 (b)호). 이 경우는 전자적 의사표시의 수신시기를 결정하기 위하여 전자적의사표시의 수령가능성과 인식이라는 요소가 필요하다.

제3항과 제4항은 종래의 협약초안의 내용과 거의 동일하다.

4.2.11 청약의 유인

(1) 협약의 내용

주문신청을 대비하기 위하여 상호작용시스템(interactive application)을 사용한 제안을 포함하여, 한 사람 또는 특정 당사자가 아니라 정보시스템을 사용하는 당사자들이 일반적으로 접속할 수 있는 하나 이상의 전자적의사표시를 통하여 이루어진 계약을 체결하기 위한 제안은, 만약 당사자의 의도가 그 제안을 승낙에 구속시키고자 하는 의사가 표시된 것이 아니라면, 청약의 유인으로서 간주된다(제11조).

(2) 내용검토

인터넷 웹 사이트를 통하여 상품 또는 서비스의 청약을 하는 것과 같이 한 사람 이상의 특정인에게 제안이 이루어지는 청약의 형태가 아니라, 정보시스템에 접속하여 이를 사용하는 사람들이 일반적으로 접근할 수 있는 형태의 계약체결을 위한 제안은 만약 승낙에 구속된다는 청약자의 의사가 표시되지 않는 한, 단순한 청약의 유인으로 간주된다.

이는 상호작용시스템을 사용하여 이루어지는 제안의 경우에도 같다. 종래의 초안에서는 청약자에 의하여 달리 표시되지 않는 한, 인간의 개입 없이 계약이 자동적으로 체결될 수 있도록 하는 자동화된 컴퓨터 시스템을 통하여 재화 또는 서비스의 청약을 하는 것은 승낙에 구속된다는 청약자의 의사를 표시한 것으로 추정된다(제9조 제2항)고 규정하고 있었다. 즉, 이 경우 전자거래사업자가 자동화시스템을 이용하여 상품 또는 서비스를 쇼핑몰에 게시하는 것은 특별한 반대의 표시가 없는 한 청약의 의사표시를 한 것으로 추정된다는 것이다. 그런데, 위에서 살펴본 바와 같이 웹 시스템을 외부에서 접속하여 이용하는 자는 그 웹 시스템이 자동화시스템인지 여부를 알기 어렵기 때문에 자동화시스템을 포함하여 웹의 게시는 청약의 유인으로 보는 것이 타당하다는 것이 대다수의 견해이다. 이에 따라서 자동화시스템이라는 용어도 상호작용시스템으로 변경하고, 이를 포함한 일반적인 웹의 게시는 청약의 유인으로 본다는 규정을 둔 것이다.

이 규정은 CISG 제14조 제1항[13]과 제2항[14]의 영향을 받은 조항이다. 종이서면을 사용하는 환경에서는, 신문, 라디오, 텔레비전, 카탈로그, 브로슈어, 가격표시 리스트 등을 이용한 광고는 일반적으로 상대방에 대하여 구속되려는 의사가 부족하기 때문에 청약의 유인으로 간주된다. 마찬가지로 전자적 환경에서 전자거래사업자가 쇼핑몰 웹 사이트를 통하여 승낙이 있는 경우에 거기에 구속된다는 확정적인 의사표시를 한 경우에는 웹 사이트에 재화 또는 용역을 게시한 것이 청약에 해당할 것이나, 그렇지 않은 경우에는 쇼핑몰에 상품을 게시하여 놓은 것은 종이

13) CISG 제14조 제1항 "한 사람 또는 그 이상의 특정인에 대한 계약체결의 제안은, 그 내용이 충분히 확정적이고 또한 승낙이 있는 경우에 구속된다는 청약자의 의사가 표시되어 있는 때에는 청약이 된다. 어느 제안이 목적물을 표시하고, 명시적 또는 묵시적으로 그 수량과 대금을 정하거나 또는 정하는 조항이 있는 경우에는 충분히 확정적인 것으로 한다."

14) CISG 제14조 제2항 "불특정 다수인에 대한 제안은 단지 청약의 유인으로 본다. 그러나 제안을 한 자가 반대의 의사표시를 명확히 한 때에는 그렇지 않다."

서류 환경의 경우처럼 대부분 전자거래사업자의 청약의 유인에 해당한다.[15)]

4.2.12 계약체결 시 자동화된 메시지 시스템의 사용

(1) 협약의 내용

자동화시스템과 사람의 상호작용 또는 자동화시스템간의 상호작용으로 인하여 성립된 계약은 사람이 그로 인한 개별 행위를 검토하지 않았다는 이유만으로 그 효력 및 집행력이 부인되지 않는다(제12조).

(2) 내용검토

본조는 전자상거래모델법 제13조 제2항(b)호의 영향을 받은 것이다. 모델법 제13조는 데이터메시지의 귀속에 관한 규정이며, 제2항(b)호는 송신자가 프로그램한 정보시스템에 의하여 송신되거나 혹은 송신자를 대신하여 자동으로 송신된 데이터메시지는 송신자의 것으로 간주된다는 내용이다. 본조는 모델법의 내용에 영향을 받은 것이지만 양 조문이 동일한 것은 아니고, 모델법은 자동화시스템에 의하여 송신된 데이터 메시지의 귀속을 규정하고 있으나, 협약은 전자적의사표시의 차별금지원칙(non discrimination rule)을 반영한 것이라는 점에서 차이가 있다. 본 조는 자동화시스템의 상호작용에 의하여 체결된 계약의 유효성에 관하여 가능한 의문을 제거하고, 많은 재판관할에서 전자거래에 관한 국내법제에서 유사한 규정을 법제화하는데 유용하게 이용될 수 있다.[16)]

4.2.13 계약조건의 이용가능성

(1) 협약의 내용

이 협약의 어떠한 규정도 전자적 의사표시의 교환을 통하여 계약조건의 전부

15) 협약의 이 조항은 인터넷의 등장과 함께 그 동안 많은 논의가 있었던 청약과 청약의 유인에 관한 규정으로써, 전자적 수단에 의한 청약과 전통적인 수단에 의한 청약과의 유사성으로부터 추출된 개념을 규정한 것이다.

16) A/CN.9/546 para.124.

또는 일부를 협상하는 당사자에게 다른 상대방 당사자가 특정한 방식으로 계약조건을 포함하고 있는 그러한 전자적 의사표시를 이용할 수 있도록 요구하는 법원칙의 적용에 영향을 미치지 않으며, 또는 당사자에게 그렇게 이용하도록 하지 못한데 대한 법적 결과로부터 구제하는 법원칙의 적용에 영향을 미치지 않는다(제13조).

(2) 내용검토

본조는 협약이 특정한 계약조건을 포함한 전자적 의사표시를 사용할 것을 요건으로 하는 법원칙의 적용에 영향을 주지 않는다는 소극적 형식의 규정이다. 즉, 이 문제에 관하여 협약에서 직접적인 규정을 두지 않고 각 적용법에 맡겨놓는 형식으로 규정한 것이다.

따라서 당사자는 당해 계약에 적용되는 국내법이 계약조건을 포함하는 전자적 의사표시가 일정 기간 동안 저장과 복원을 허용하는 방식으로, 즉 보존을 조건으로 하여 다른 당사자가 이용할 수 있도록 하여야 한다고 규정하고 있는 경우에는 그 거래 당사자는 이러한 규정을 준수하여야 하고, 이에 관하여는 협약상의 어떠한 규정도 적용되지 않는 것이다. 또한 당사자가 이러한 의무를 이행하지 못한데 대한 책임(결과)에 관한 국내법규정이 있으면 그 결과에 대하여는 이 국내법규정이 적용되고, 협약의 적용되지 않는다는 의미로 해석된다. 그러므로 이 규정에 의하여 거래 당사자간의 계약조건의 이용에 관하여서는 국내법상의 적용 원칙규정과 협약상의 규정이 충돌되지 않는 것이다.

4.2.14 전자적 의사표시의 오류

(1) 협약의 내용(제14조)

당사자가 다른 당사자의 자동화정보시스템과 교환되는 전자적 의사표시와 관련하여 입력실수를 하였고, 그 자동화정보시스템이 오류를 정정할 수 있는 기회를 그 당사자에게 부여하지 않은 경우에는 그 당사자(자연인) 또는 그를 대리하는 자는 다음과 같은 조건으로 오류를 범한 전자적 의사표시의 부분을 철회할 권리가 있다.

(a) 당사자(자연인) 또는 그 대리인이 오류사실을 안 직후에 상대방에 대하여 통지하거, 그가 전자적 의사표시상의 오류를 범한 사실을 표시한 경우;

(b) 당사자(자연인) 또는 그 대리인이 오류를 범한 결과로써 수령한 재화 또는

용역을 반환이나 재화 또는 용역의 폐기를 하기 위하여 상대방의 지시에 부응하는 절차를 포함하여 합리적인 조치를 취하였을 것; 및

(c) 당사자(자연인) 또는 그 대리인이 상대방으로부터 수령한 재화 또는 용역으로부터 어떤 물질적 이익 또는 가치를 얻지 않았을 것(제1항).

본조의 어떠한 규정도 제1항에서 규정된 상황과 관련하여 생긴 오류가 아닌 계약의 체결 또는 이행과정에서 생긴 오류의 결과를 규정하는 법 원칙의 적용에 영향을 미치지 않는다(제2항).

(2) 내용검토

본조는 자동화시스템을 사용한 전자거래에서 오류(실수)의 문제를 다루고 있다. 전자상거래모델법에서는 에러의 직접적인 결과에 대하여서는 규정을 두고 있지 않다.

본조는 캐나다 통일전자거래법 제22조[17]와 미국 통일전자거래법 제10조[18]를 수용하여 자동화시스템과 거래하는 자연인의 입력실수(input error) 혹은 실질적 실수(material error)에 대하여 규정한 것이다. 상기 입법례에서는 실질적 실수를 한 경우 일정한 조건하에서 실수를 한 자연인은 계약에 구속되지 않는 것으로 규정하고 있다.

자동화시스템과 자연인간의 거래에서 발생하는 오류에 관한 규정형식이 과연 기업대기업간(B2B) 거래구조에서도 적합한지 여부에 대하여 고려가 필요하다. 상기 입법례에서는 자연인과 자동화컴퓨터시스템간의 거래에서 발생되는 인간적 실수(human errors)의 위험이 높다는 것에 근거를 두고 규정을 하고 있다.[19] 자동화시스템과 거래하는 자연인이 한번 실수를 하면, 즉, 일단 승낙의 의사표시를 발송하면 다시 취소할 수 없게 되기 때문이다.

참고로 UNIDROIT 국제상사계약원칙(Principles of International Commercial Contracts)에서는 오류의 결과를 계약의 효력문제로 다루고 있다(제3.5조 및 제3.6조). 그러나 이러한 오류의 효력에 관한 규정은 잘 형성되어 있는 계약법원칙에 개입하는 결과가 되기 때문에 협약에서는 적합하지 않다고 본다.[20]

---

17) Uniform Electronic Commerce Act of Canada Section 22.

18) United States Uniform Electronic Transactions Act Section 10.

19) A/CN.9/WG.Ⅳ/WP.95, para. 76.

20) A/CN.9/WG.Ⅳ/WP.95, para. 76.
종래의 협약초안 제12조 제2항에서는 유럽연합 전자거래지침 제11조 제2항의 규정을 수용

또 다른 이슈로는 자동화시스템 그 자체가 만들어 낸 오류에 대하여 협약에서 규정을 둘 것인지의 문제이다. 자동화시스템이 만든 오류는 이를 운용하는 자에게 궁극적으로 귀속되어야 한다고 본다. 이 경우 자동화시스템에 의한 오류는 그 시스템을 작동하는 인간이 합리적으로 기대할 수 없는 방법으로 생긴 오류라면 그 책임제한을 고려할 필요가 있다는 제안이 있었다. 이 문제에 관하여는 입법례를 찾기 어렵기 때문에 협약안에서는 구체적인 규정을 두지 않았다.

자동화시스템을 통하여 계약을 체결하는 경우 발생된 실수에 대하여 어느 정도, 어느 범위에서 그 실수를 정정할 수 있는 기회를 당사자에게 부여하였는지의 문제도 고려되어야 할 것이다.[21] 제38차 회의에서는 오류가 있는 전자적 의사표시의 해당부분(the portion of)만을 철회할 수 있도록 내용을 수정하였다.

4.2.15 유보 및 선언

(1) 적용범위의 선언(제19조)

한 국가는 제21조에 따라서 이 협약이 다음과 같은 경우에만 적용된다는 것을 선언할 수 있다:

(a) 제1조 제1항에 언급된 국가가 이 협약의 체약국인 때;

(b) 당사자가 협약을 적용하기로 합의 한 때(제1항).

한 국가는 제21조에 따라서 행한 선언에서 명시한 사항을 이 협약의 적용범위에서 배제할 수 있다(제2항).

하여 오류의 결과를 계약의 효력문제로 규정하지 않고 약간 다른 형태로 규정하고 있었다. 즉, 자동화시스템을 통하여 재화 또는 용역을 제공하는 자는 에러를 시정할 수 있는 수단을 제공하여야 할 의무가 있다는 형식으로 규정하였다.

(Article 12. Automated transactions

2. Unless otherwise [expressly] agreed by the parties, a party offering goods or services through an automated computer system shall make available to the parties that use the system technical means allowing the parties to identify and correct errors prior to the conclusion of a contract. The technical means to be made available pursuant to this paragraph shall be appropriate, effective and accessible.); A/CN.9/WG.Ⅳ/WP.95, Annex Ⅰ Preliminary draft convention on [international]contracts concluded or evidenced by data messages.

21) A/CN.9/484, paras. 107, 108.

(2) 내용검토

협약 제18조는 협약의 적용에 관련된 선언조항이다. 본조는 협약의 유보절차 및 선언의 효력을 규정하고 있다. 협약 제1조에 의하면 협약은 당사자의 영업소가 서로 다른 국가에 소재하는 경우 당해 전자계약에 적용되는데, 각국은 이 경우 영업소가 소재한 국가가 협약의 체약국인 때만 이 협약이 적용된다는 것을 선언할 수 있다. 또한 당사자 간에 협약을 적용하기로 하는 합의가 있는 경우에 협약이 적용된다는 것을 선언할 수 있다(제18조 제1항). 그리고 각국은 제21조에 따른 선언으로 특정한 사항을 협약의 적용범위에서 배제할 수 있는 것이다(제19조 제2항).

4.2.16 국제협약상의 의사표시

(1) 다른 국제협약상의 의사표시(제20조)

이 협약의 체약국이 다음의 국제협약의 체약국인 경우 그 국제협약상의 계약 또는 합의의 성립이나 이행과 관련하여 전자적 의사표시가 사용되는 경우에 이 협약의 규정이 적용된다.

- ◇ 중재판정의 승인에 관한 뉴욕협약(1958년)
- ◇ 국제동산물품에 관한 책임제한 기간 협약 및 개정의정서(1980)
- ◇ 국제동산물품매매협약(1980)
- ◇ 국제거래 터미널 운송업자의 책임에 관한 유엔협약(1991)
- ◇ 독립 보증장 및 스탠드 바이 신용장에 관한 유엔협약(1995)
- ◇ 국제거래에서 수취계정(외상)채무의 양도에 관한 유엔협약(2001)(제1항)

위에서 열거된 협약 이외의 협약에 대하여서도, 그 협약이 체약국에 의하여 제20조에 따라 본 조가 적용되지 않는다(구속되지 않는다)는 선언이 없는 한, 이 협약의 규정은 제1항에서 규정하고 있는 협약 이외의 협약과 관련한 계약의 체결 또는 이행에 관하여 사용된 전자적 의사표시에 적용된다(제2항).

본조의 제2항에 따른 선언을 한 국가는 그럼에도 불구하고 그 국가가 체약국인 국제협약상의 계약에 관련되고, 특정 국제협약이 적용되는 전자적 의사표시의 사용에 이 협약의 규정이 적용된다는 것을 선언할 수 있다(제3항).

한 국가는 비록, 그 국가가 제20조에 따라서 행한 선언으로 본조 제2항의 적용을 배제하지 않았다 하더라도, 그 국가가 선언으로 명시한 어느 국제협약으로서, 본조의 제1항에 열거된 국제협약을 포함하여 그 국가가 체약국인 국제협약상의 계약의 체결 또는 이행에 관련된 전자적의사표시의 사용에 이 협약이 적용되지 않는다는 것을 선언할 수 있다(제4항).

(2) 내용검토

본조는 전자거래를 위하여 국제협약 상에 존재하는 법적 장애를 제거하려는 공통적인 해결방안으로서 규정된 것이다.[22] 다수의 국제거래 관련 협약 가운데서도 제1항에 열거된 6개의 국제협약의 경우에 전자거래환경에서 많은 문제가 야기된다는 것이 공통적인 견해이므로, 이를 제1항에서 열거한 것이다. 본조는 협약상의 규정된 원칙들과 다른 국제협약 상에 포함된 원칙들 간에 전자거래와 관련된 의문점을 제거할 목적으로 규정된 것이다. 주의할 것은 본조가 다른 국제협약을 개정할 목적을 갖는 것은 아니라는 점이다. 본조는 각 체약국들이 국제거래 관련 협약의 해석으로부터 발생될 전자거래와 관련된 가능한 법적 장애를 제거하기 위하여 본조의 규정을 사용할 수 있도록 하는 효과를 갖는 것이다. 아울러 당사자들이 전자적 수단을 통하여 거래를 하는 경우에 이들 협약을 쉽게 할 수 있도록 하는 데 목적이 있는 것이다.[23]

전자계약협약의 기타 내용은 절차규정이므로 생략한다.

4.3 전자계약협약의 영향

(1) UNCITRAL 전자상거래작업부는 2001년부터 '전자계약에 관한 국제협약 예비초안'을 마련하여 2004년까지 약 3년여 동안 검토 작업을 진행하여 왔다. 2004년 11월에 개최된 제44차 전자상거래작업반 회의에서는 전자계약에 관한 국제협약초

22) A/CN.9/WG.Ⅳ/WP.94.

23) A/CN.9/WG.Ⅳ/WP. 110, footnote 55) 참조.

안의 기본방향이라고 할 수 있는 실질적인 내용을 타결지었다. 이 협약초안은 2005년 7월에 열린 UNCITRAL 위원회(Commission)에서 협약안으로 채택되어 2005년 9월 제60차 유엔총회에 상정하여 정식협약으로 채택되었다.

(2) 전자계약 국제협약이 미치게 될 국·내외 영향을 고찰하면 다음과 같다.

첫째, 전자계약국제협약은 통일적인 전자거래규범으로서의 역할이 예상된다. 현재 세계 각국은 대부분 전자거래관련 법제를 마련하고 있다. 그런데 나라에 따라서는 UNCITRAL 전자상거래모델법(1996)을 수용한 국가가 있는 반면, 이 모델법을 수용하지 않고 독자적인 전자거래입법을 한 나라가 있다. 전자계약 국제협약이 단순한 모델법의 차원을 넘어서 구속력이 있는 국제협약으로 성립하게 되면 국제적으로 이루어지는 전자계약에 관한 전자거래규범의 국제적 통일을 촉진할 것이라고 본다.

둘째, 국제 전자거래에 대한 법적 구속력을 가진 국제규범에 따른 전자거래환경이 마련됨으로써 전자거래의 활성화가 이루어질 것이다. 예컨대, 국제거래에서 체결되는 전자계약은 우선적으로 동 협약이 적용되며, 만약 동 협약에 규정이 없는 사항에 대하여서는 CISG가 적용될 것이다. 그리고 국내에서 이루어지는 전자거래에 대하여서는 전자거래관련 국내법규와 민·상사법이 적용되게 된다. 그 이유는 전자계약 국제협약이 국제적인 전자거래에 한하여 적용되기 때문이다.

셋째, 전자거래의 신뢰성이 높아질 것이다.

전자계약 국제협약이 채택되면 기존의 국제거래 관련 협약이 전자적 환경에서도 적용될 수 있는 기반이 마련됨으로써 국제적으로 전자거래의 신뢰성확보가 예상된다.

넷째, 각국의 전자거래관련 법제에 영향이 미칠 것이다.

전자계약 국제협약의 채택으로 우리나라를 포함한 세계 주요국의 전자거래관련 법제에 영향을 미치게 되고, 전자거래관련 법제의 제·개정이 진행될 것으로 전망된다.

부 록

전자상거래 관련 법규

◈ 전자문서 및 전자거래기본법

◈ 전자서명법

◈ 전자상거래 등에서의 소비자보호에 관한 법률

전자문서 및 전자거래기본법

[법률 제13768호 일부개정 2016.01.19.]

제1장 총 칙

제1조(목적)

이 법은 전자문서 및 전자거래의 법률관계를 명확히 하고 전자문서 및 전자거래의 안전성과 신뢰성을 확보하며 그 이용을 촉진할 수 있는 기반을 조성함으로써 국민경제의 발전에 이바지함을 목적으로 한다.

[전문개정 2012.6.1] [[시행일 2012.9.2]]

제2조(정의)

이 법에서 사용하는 용어의 뜻은 다음과 같다.

1. "전자문서"란 정보처리시스템에 의하여 전자적 형태로 작성, 송신·수신 또는 저장된 정보를 말한다.
2. "정보처리시스템"이란 전자문서의 작성·변환, 송신·수신 또는 저장을 위하여 이용되는 정보처리능력을 가진 전자적 장치 또는 체계를 말한다.
3. "작성자"란 전자문서를 작성하여 송신하는 자를 말한다.
4. "수신자"란 작성자가 전자문서를 송신하는 상대방을 말한다.
5. "전자거래"란 재화나 용역을 거래할 때 그 전부 또는 일부가 전자문서에 의하여 처리되는 거래를 말한다.
6. "전자거래사업자"란 전자거래를 업(業)으로 하는 자를 말한다.
7. "전자거래이용자"란 전자거래를 이용하는 자로서 전자거래사업자 외의 자를 말한다.
8. "공인전자주소"란 전자문서를 송신하거나 수신하는 자를 식별하기 위하여 문자·숫자 등으로 구성되는 정보로서 제18조의4에 따라 등록된 주소를 말한다.
9. "공인전자문서센터"란 타인을 위하여 다음 각 목의 업무(이하 "전자문서보관등"이라 한다)를 하는 자로서 제31조의2제1항에 따라 지정받은 자를 말한다.
   가. 전자문서의 보관 또는 증명
   나. 그 밖에 전자문서 관련 업무
10. "공인전자문서중계자"란 타인을 위하여 전자문서의 송신·수신 또는 중계(이하 "전자문서유통"이라 한다)를 하는 자로서 제31조의18에 따라 지정받은 자를 말한다.

[전문개정 2012.6.1] [[시행일 2012.9.2]]

제3조(적용범위)

이 법은 다른 법률에 특별한 규정이 있는 경우를 제외하고 모든 전자문서 및 전자거래에 적용한다.

[전문개정 2012.6.1] [[시행일 2012.9.2]]

제 2 장 전자문서

제4조(전자문서의 효력)

① 전자문서는 다른 법률에 특별한 규정이 있는 경우를 제외하고는 전자적 형태로 되어 있다는 이유로 문서로서의 효력이 부인되지 아니한다.

② 보증인이 자기의 영업 또는 사업으로 작성한 보증의 의사가 표시된 전자문서는 「민법」 제428조의2제1항 단서에도 불구하고 같은 항 본문에 따른 서면으로 본다. [신설 2016. 1.19] [[시행일 2016.2.4]]

③ 별표에서 정하고 있는 법률에 따른 기록·보고·보관·비치 또는 작성 등의 행위가 전자문서로 행하여진 경우 해당 법률에 따른 행위가 이루어진 것으로 본다. [개정 2016.1.19] [[시행일 2016.2.4]]

[전문개정 2012.6.1] [[시행일 2012.9.2]]

제5조(전자문서의 보관)

① 전자문서가 다음 각 호의 요건을 모두 갖춘 경우에는 그 전자문서를 보관함으로써 관계 법령에서 정하는 문서의 보관을 갈음할 수 있다.

1. 전자문서의 내용을 열람할 수 있을 것
2. 전자문서가 작성 및 송신·수신된 때의 형태 또는 그와 같이 재현될 수 있는 형태로 보존되어 있을 것
3. 전자문서의 작성자, 수신자 및 송신·수신 일시에 관한 사항이 포함되어 있는 경우에는 그 부분이 보존되어 있을 것

② 종이문서나 그 밖에 전자적 형태로 작성되지 아니한 문서(이하 "전자화대상문서"라 한다)를 정보처리시스템이 처리할 수 있는 형태로 변환한 문서(이하 "전자화문서"라 한다)가 다음 각 호의 요건을 모두 갖춘 경우에는 그 전자화문서를 보관함으로써 관계 법령에서 정하는 문서의 보관을 갈음할 수 있다. 다만, 다른 법령에 특별한 규정이 있는 경우에는 그러하지 아니하다.

1. 전자화문서가 전자화대상문서와 그 내용 및 형태가 동일할 것
2. 제1항 각 호의 요건을 모두 갖출 것

③ 전자화대상문서와 전자화문서의 내용 및 형태의 동일성에 관한 요건, 전자화문서의 작성 방법 및 절차, 그 밖에 필요한 사항은 미래창조과학부장관이 정하여 고시한다. [개정 2013.3.23 제11690호(정부조직법)]

④ 제1항과 제2항을 적용할 때 송신 또는 수신만을 위하여 필요한 부분은 전자문서 또는 전자화문서로 보지 아니할 수 있다.

[전문개정 2012.6.1] [[시행일 2012.9.2]]

제6조(송신·수신의 시기 및 장소)

① 전자문서(전자화문서를 포함한다. 이하 같다)는 수신자 또는 그 대리인이 해당 전자문서를 수신할 수 있는 정보처리시스템에 입력한 때에 송신된 것으로 본다.

② 전자문서는 다음 각 호의 어느 하나에 해당하는 때에 수신된 것으로 본다.

1. 수신자가 전자문서를 수신할 정보처리시스템을 지정한 경우: 지정된 정보처리시스템에 입력된 때. 다만, 전자문서가 지정된 정보처리시스템이 아닌 정보처리시스템에 입력된 경우에는 수신자가 이를 출력한 때를 말한다.
2. 수신자가 전자문서를 수신할 정보처리시스템을 지정하지 아니한 경우: 수신자가 관리하는 정보처리시스템에 입력된 때

③ 전자문서는 작성자 또는 수신자의 영업소 소재지에서 각각 송신 또는 수신된 것으로 보며, 영업소가 둘 이상일 때에는 해당 전자문서를 주로 관리하는 영업소 소재지에서 송신·수신된 것으로 본다. 다만, 작성자 또는 수신자가 영업소를 가지고 있지 아니한 경우에는 그의 상거소(常居所)에서 송신·수신된 것으로 본다.

[전문개정 2012.6.1] [[시행일 2012.9.2]]

제7조(작성자가 송신한 것으로 보는 경우)

① 다음 각 호의 어느 하나에 해당하는 전자문서에 포함된 의사표시는 작성자가 송신한 것으로 본다.

1. 작성자의 대리인에 의하여 송신된 전자문서
2. 자동으로 전자문서를 송신·수신하도록 구성된 컴퓨터프로그램이나 그 밖의 전자적 수단에 의하여 송신된 전자문서

② 전자문서의 수신자는 다음 각 호의 어느 하나에 해당하는 경우에는 전자문서에 포함된 의사표시를 작성자의 것으로 보아 행위할 수 있다.

1. 전자문서가 작성자의 것이었는지를 확인하기 위하여 수신자가 미리 작성자와 합의한 절차를 따른 경우
2. 수신된 전자문서가 작성자 또는 그 대리인과의 관계에 의하여 수신자가 그것이 작성자 또는 그 대리인의 의사에 기한 것이라고 믿을 만한 정당한 이유가 있는 자에 의하여 송신된 경우

③ 다음 각 호의 어느 하나에 해당하는 경우에는 제2항을 적용하지 아니한다.

1. 수신자가 작성자로부터 전자문서가 작성자의 것이 아님을 통지받고 그에 따라 필요한 조치를 할 상당한 시간이 있었던 경우
2. 제2항제2호의 경우에 전자문서가 작성자의 것이 아님을 수신자가 알았던 경우 또는 상당한 주의를 하였거나 작성자와 합의된 절차를 따랐으면 알 수 있었을 경우

[전문개정 2012.6.1] [[시행일 2012.9.2]]

제8조(수신한 전자문서의 독립성)

수신한 전자문서는 문서마다 독립된 것으로 본다. 다만, 수신자가 작성자와 합의된 확인절차를 따르거나 상당한 주의를 하였더라면 동일한 전자문서가 반복되어 송신된 것임을 알 수 있었을 경우에는 그러하지 아니하다.

제9조(수신 확인)

① 작성자가 수신 확인을 조건으로 전자문서를 송신한 경우 작성자가 수신 확인 통지를 받기 전까지는 그 전자문서는 송신되지 아니한 것으로 본다. 이 경우 「민법」 제534조는 적용하지 아니한다.

② 작성자가 수신 확인을 조건으로 명시하지 아니하고 수신 확인 통지를 요구한 경우에 상당한 기간(작성자가 지정한 기간 또는 작성자와 수신자 간에 약정한 기간이 있는 경우에는 그 기간을 말한다) 내에 작성자가 수신 확인 통지를 받지 못하였을 때에는 작성자는 그 전자문서의 송신을 철회할 수 있다.

[전문개정 2012.6.1] [[시행일 2012.9.2]]

제10조(작성자와 수신자 간의 약정에 의한 변경)

작성자와 수신자는 다른 법령에 특별한 규정이 있는 경우를 제외하고는 제6조 부터 제9조까지의 규정과 다른 약정을 할 수 있다.

[전문개정 2012.6.1] [[시행일 2012.9.2]]

제11조(전자서명에 관한 사항)

전자거래 중에서 전자서명에 관한 사항은 「전자서명법」에서 정하는 바에 따른다.

[전문개정 2012.6.1] [[시행일 2012.9.2]]

제 3 장 전자거래의 안전성 확보 및 소비자 보호

[개정 2012.6.1] [[시행일 2012.9.2]]

제12조(개인정보 보호)

① 정부는 전자거래의 안전성과 신뢰성을 확보하기 위하여 전자거래이용자의 개인정보를 보호하기 위한 시책을 수립·시행하여야 한다.

② 전자거래사업자는 전자거래이용자의 개인정보를 수집·이용 또는 제공하거나 관리할 때 「정보통신망 이용촉진 및 정보보호 등에 관한 법률」 등 관계 규정을 준수하여야 한다.

[전문개정 2012.6.1] [[시행일 2012.9.2]]

제13조(영업비밀 보호)

① 정부는 전자거래의 안전성과 신뢰성을 확보하기 위하여 전자거래이용자의 영업비밀을 보호하기 위한 시책을 수립·시행하여야 한다.

② 전자거래사업자(정보처리시스템의 운영을 위탁받은 자를 포함한다. 이하 이 조에서 같다)는 전자거래이용자의 영업비밀을 보호하기 위한 조치를 마련하여야 한다.

③ 전자거래사업자는 전자거래이용자의 동의를 받지 아니하고는 해당 이용자의 영업비밀을 타인에게 제공하거나 누설하여서는 아니 된다.

④ 제1항부터 제3항까지의 규정에 따른 영업비밀의 범위, 보호조치 등에 관하여 필요한 사항은 대통령령으로 정한다.

[전문개정 2012.6.1] [[시행일 2012.9.2]]

제14조(암호제품의 사용)

① 전자거래사업자는 전자거래의 안전성과 신뢰성을 확보하기 위하여 암호제품을 사용할 수 있다.

② 정부는 국가안전보장을 위하여 필요하다고 인정하면 암호제품의 사용을 제한하고, 암호화된 정보의 원문 또는 암호기술에의 접근에 필요한 조치를 할 수 있다.

[전문개정 2012.6.1] [[시행일 2012.9.2]]

제15조(소비자보호시책의 수립·시행 등)

① 정부는 「소비자기본법」·「전자상거래 등에서의 소비자보호에 관한 법률」 등 관계 법령에 따라 전자거래와 관련되는 소비자의 기본권익을 보호하고 전자거래에 관한 소비자의 신뢰성을 확보하기 위한 시책을 수립·시행하여야 한다.

② 정부는 전자거래와 관련된 부당행위가 발생하지 아니하도록 전자거래사업자 및 사업자단체가 자율적으로 행동규범을 제정할 것을 권장할 수 있다.

[전문개정 2012.6.1] [[시행일 2012.9.2]]

제16조(소비자 피해의 예방과 구제)

① 정부는 전자거래와 관련되는 소비자 피해의 발생을 예방하기 위하여 소비자에 대한 정보의 제공, 교육의 확대 등에 관한 시책을 수립·시행하여야 한다.

② 정부는 전자거래와 관련되는 소비자의 불만과 피해를 신속하고 공정하게 처리할 수 있도록 필요한 조치를 수립·시행하여야 한다.

[전문개정 2012.6.1] [[시행일 2012.9.2]]

제17조(전자거래사업자의 일반적 준수사항)

전자거래사업자는 전자거래와 관련되는 소비자를 보호하고 전자거래의 안전성과 신뢰성을 확보하기 위하여 다음 각 호의 사항을 준수하여야 한다.

1. 상호(법인인 경우에는 대표자의 성명을 포함한다)와 그 밖에 자신에 관한 정보와 재화, 용역, 계약 조건 등에 관한 정확한 정보의 제공
2. 소비자가 쉽게 접근·인지할 수 있도록 약관의 제공 및 보존
3. 소비자가 자신의 주문을 취소 또는 변경할 수 있는 절차의 마련
4. 청약의 철회, 계약의 해제 또는 해지, 교환, 반품 및 대금환급 등을 쉽게 할 수 있는 절차의 마련
5. 소비자의 불만과 요구사항을 신속하고 공정하게 처리하기 위한 절차의 마련
6. 거래의 증명 등에 필요한 거래기록의 일정기간 보존

[전문개정 2012.6.1] [[시행일 2012.9.2]]

제18조(전자거래사업자에 대한 인증)

① 미래창조과학부장관은 전자거래 촉진 및 전자거래이용자 보호를 위하여 우수한 전자거래사업자에 대하여 인증을 할 수 있다. [개정 2013.3.23 제11690호(정부조직법)]

② 미래창조과학부장관은 제1항에 따른 인증을 신청한 자로부터 수수료를 받을 수 있다. [개정 2013.3.23 제11690호(정부조직법)]

③ 제1항에 따른 인증의 기준·절차와 제2항에 따른 수수료 등에 관하여 필요한 사항은

대통령령으로 정한다.

[전문개정 2012.6.1] [[시행일 2012.9.2]]

제18조의2(인증의 표시)

① 제18조제1항에 따른 인증을 받은 전자거래사업자(이하 "우수전자거래사업자"라 한다)는 대통령령으로 정하는 바에 따라 우수전자거래사업자임을 표시(인터넷 등 전자적 방식에 의한 표시를 포함한다. 이하 같다)할 수 있다.

② 우수전자거래사업자가 아닌 자는 제1항의 표시 또는 이와 유사한 표시를 하거나 홍보를 하여서는 아니 된다.

[본조신설 2012.6.1] [[시행일 2012.9.2]]

제18조의3(인증의 취소)

미래창조과학부장관은 전자거래사업자가 다음 각 호의 어느 하나에 해당하면 제18조제1항에 따른 인증을 취소할 수 있다. 다만, 제1호에 해당하는 경우에는 인증을 취소하여야 한다. [개정 2013.3.23 제11690호(정부조직법)]

1. 거짓이나 그 밖의 부정한 방법으로 인증을 받은 경우
2. 제17조에 따른 전자거래사업자의 일반적 준수사항을 위반한 경우
3. 제18조제3항에 따른 인증의 기준을 갖추지 못하게 된 경우

[본조신설 2012.6.1] [[시행일 2012.9.2]]

제18조의4(공인전자주소의 등록)

① 공인전자주소를 이용하여 전자문서를 송신하거나 수신하려는 자는 제22조제1항에 따른 전담기관에 공인전자주소를 등록하여야 한다.

② 제22조제1항에 따른 전담기관은 제1항에 따라 등록의 신청을 받은 경우에는 신청된 공인전자주소가 국제표준방식 등에 맞는지를 확인하고, 그 내용을 정보처리시스템에 입력하고 보관하여야 한다.

③ 제22조제1항에 따른 전담기관은 제1항에 따라 등록을 신청한 자로부터 수수료를 받을 수 있다.

④ 제1항부터 제3항까지의 규정에 따른 공인전자주소의 등록, 보관 및 수수료에 관하여 필요한 사항은 미래창조과학부령으로 정한다. [개정 2013.3.23 제11690호(정부조직법)]

[본조신설 2012.6.1] [[시행일 2012.9.2]]

제18조의5(유통증명서의 생성 및 발급 등)

① 제22조제1항에 따른 전담기관은 공인전자주소를 통하여 전자문서가 송신 또는 수신되거나 열람된 경우 다음 각 호의 사항이 포함된 정보(이하 "유통정보"라 한다)를 생성·보관한다.

1. 전자문서의 송신 및 수신 일시
2. 전자문서의 송신자 및 수신자
3. 그 밖에 전자문서의 송신 및 수신에 관한 사항으로서 대통령령으로 정하는 사항

② 작성자 및 송신자는 유통정보를 보관하고 있는 제22조제1항에 따른 전담기관으로부터 유통증명서를 발급받을 수 있다.

③ 제22조제1항에 따른 전담기관이 유통증명서를 대통령령으로 정하는 방법과 절차에 따라 발급한 경우에 그 유통증명서는 진정한 것으로 추정한다.
④ 제1항과 제2항에 따른 유통증명서의 생성·보관 및 발급에 필요한 사항은 대통령령으로 정한다.
[본조신설 2012.6.1] [[시행일 2012.9.2]]

제18조의6(자동프로그램 등을 이용한 공인전자주소의 수집 등 금지)
① 누구든지 자동으로 공인전자주소를 수집하는 프로그램이나 기술적 장치를 이용하여 공인전자주소를 수집하여서는 아니 된다.
② 누구든지 제1항을 위반하여 수집된 공인전자주소를 판매하거나 제공하여서는 아니 된다.
[본조신설 2012.6.1] [[시행일 2012.9.2]]

제18조의7(광고 송신의 금지)
누구든지 수신자의 공인전자주소에 영리 또는 홍보를 목적으로 광고를 송신할 수 없다.
[본조신설 2012.6.1] [[시행일 2012.9.2]]

제 4 장 전자문서·전자거래기본정책의 수립 및 추진체계

[개정 2012.6.1] [[시행일 2012.9.2]]

제19조(전자문서·전자거래기본정책의 원칙과 정부의 책무)
정부는 전자문서 이용 및 전자거래를 촉진하기 위하여 다음 각 호의 원칙에 따라 전자문서 및 전자거래에 관한 기본정책을 수립·시행하여야 한다.
1. 민간 주도에 의한 추진
2. 규제의 최소화
3. 전자문서 및 전자거래의 안전성과 신뢰성 확보
4. 국제협력의 강화
[전문개정 2012.6.1] [[시행일 2012.9.2]]

제20조(전자문서·전자거래촉진계획의 수립·시행)
① 정부는 제19조에 따른 전자문서·전자거래기본정책의 원칙에 따라 다음 각 호의 사항이 포함된 계획(이하 "전자문서·전자거래촉진계획"이라 한다)을 수립·시행하여야 한다.
1. 전자문서·전자거래촉진계획의 기본 방향
2. 전자문서 및 전자거래와 관련된 국제규범에 관한 사항
3. 전자결제제도에 관한 사항
4. 지식재산권의 보호에 관한 사항
5. 전자문서 및 전자거래 당사자의 권익 보호에 관한 사항
6. 전자문서 및 전자거래의 안전성과 신뢰성 확보에 관한 사항
7. 전자문서 및 전자거래에 관한 기술의 개발 및 표준화에 관한 사항
8. 전자문서 이용 및 전자거래의 촉진에 필요한 환경조성 및 수요창출에 관한 사항

9. 전자문서 및 전자거래와 관련된 국제협력에 관한 사항
10. 전자문서 이용 및 전자거래의 촉진에 필요한 기반조성의 지원에 관한 사항
11. 초고속정보통신망의 구축 및 이용활성화에 관한 사항
12. 그 밖에 전자문서 이용 및 전자거래를 촉진하기 위하여 필요한 사항

② 전자문서·전자거래촉진계획과 관련된 중앙행정기관(이하 "관계중앙행정기관"이라 한다)의 장은 제1항 각 호의 사항에 관한 소관별 부문계획을 수립하고 주요 정책을 수립·집행할 때 이를 고려하여야 한다.

③ 전자문서·전자거래촉진계획은 미래창조과학부장관이 관계중앙행정기관별 부문계획을 종합하여 수립한다. [개정 2013.3.23 제11688호(국가정보화 기본법), 2013.3.23 제11690호(정부조직법)]

[전문개정 2012.6.1] [[시행일 2012.9.2]]

제21조

삭제 [2009.3.18]

제22조(전자문서·전자거래 진흥 전담기관)

① 미래창조과학부장관은 전자문서 이용 및 전자거래의 촉진을 위한 다음 각 호의 사업을 효율적·체계적으로 추진하기 위하여 전담기관을 지정할 수 있다. [개정 2015.6.22] [[시행일 2015.12.23]]

1. 제23조제3항에 따른 전자화문서 작성 시설 또는 장비의 인증에 대한 지원
2. 제24조에 따른 전자문서 및 전자거래와 관련된 표준의 연구개발·보급사업 및 국제표준화 활동
3. 제25조에 따른 기술개발의 지원
4. 제28조에 따른 전자문서 및 전자거래 통계의 실태조사의 지원
5. 제31조의2에 따른 공인전자문서센터의 지정업무의 지원
6. 제31조의8에 따른 전자문서보관등 업무준칙의 신고업무에 대한 지원
7. 제31조의9제3항에 따른 공인전자문서센터의 전자문서 보호를 위한 조치에 대한 기술 등의 지원
8. 제31조의15제3항에 따른 보관문서등의 인수
9. 제31조의18에 따른 공인전자문서중계자 지정업무의 지원
10. 제32조에 따른 전자문서·전자거래분쟁조정위원회의 운영

② 전담기관은 제1항제1호에 따른 인증을 신청한 자로부터 미래창조과학부령으로 정하는 바에 따라 수수료를 받을 수 있다. [개정 2013.3.23 제11690호(정부조직법)]

③ 정부는 예산 또는 「정보통신산업 진흥법」 제41조에 따른 정보통신진흥기금의 범위에서 전담기관이 전자거래의 촉진과 전자문서의 이용활성화를 위한 사업에 필요한 경비의 전부 또는 일부를 출연할 수 있다.

[전문개정 2012.6.1] [[시행일 2012.9.2]]

제 5 장 전자문서 이용 및 전자거래의 촉진과 그 기반 조성

[개정 2012.6.1] [[시행일 2012.9.2]]

제23조(전자문서 이용의 촉진 등)

① 정부는 전자문서의 이용을 촉진하기 위하여 각종 법령의 정비 등 필요한 시책을 수립·시행하여야 한다.

② 미래창조과학부장관은 전자문서의 이용을 촉진하기 위하여 전자문서의 작성·송신·수신·보관에 필요한 요건·방법·절차에 관한 표준지침을 정하여 고시할 수 있다. [개정 2013.3.23 제11690호(정부조직법)]

③ 미래창조과학부장관은 전자화문서의 신뢰성을 확보하기 위하여 전자화문서의 작성에 사용되는 시설 또는 장비에 대하여 인증을 부여할 수 있다. [개정 2013.3.23 제11690호(정부조직법)]

④ 제3항에 따른 시설 또는 장비에 대한 인증과 관련하여 인증 대상·기준·절차 및 관리방법과 그 밖에 필요한 사항은 미래창조과학부령으로 정한다. [개정 2013.3.23 제11690호(정부조직법)]

⑤ 미래창조과학부장관은 제3항에 따라 인증을 부여한 시설 또는 장비에 대하여 그 운영 실태와 사후관리 상태를 조사하여야 하며, 조사 결과 인증기준에 적합하지 아니하다고 인정할 때에는 시정을 요구할 수 있다. [개정 2013.3.23 제11690호(정부조직법)]

⑥ 미래창조과학부장관은 제3항에 따라 인증을 부여한 시설 또는 장비가 다음 각 호의 어느 하나에 해당하면 인증을 취소할 수 있다. 다만, 제1호에 해당하면 인증을 취소하여야 한다. [개정 2013.3.23 제11690호(정부조직법)]

1. 거짓이나 그 밖의 부정한 방법으로 인증을 받은 경우
2. 시설 또는 장비가 인증기준에 현저히 미달하여 전자화문서의 신뢰성을 훼손할 우려가 있는 경우
3. 제5항에 따른 시정 요구를 이행하지 아니한 경우

[전문개정 2012.6.1] [[시행일 2012.9.2]]

제24조(전자문서 및 전자거래의 표준화)

① 정부는 전자문서 및 전자거래의 효율적 운용과 관련 기술의 호환성(互換性) 확보를 위하여 다음 각 호의 사업을 추진하여야 한다.

1. 전자문서 및 전자거래와 관련된 표준의 제정·개정 및 폐지와 그 보급
2. 전자문서 및 전자거래와 관련된 국내외 표준의 조사·연구·개발
3. 그 밖에 전자문서 및 전자거래와 관련된 표준화에 관하여 필요한 사업

② 정부는 제1항 각 호의 사업을 효율적으로 추진하기 위하여 필요한 경우에는 관련 기관 및 민간단체로 하여금 이를 대행하게 할 수 있다. 이 경우 대통령령으로 정하는 바에 따라 대행에 드는 비용을 지원할 수 있다. [개정 2015.6.22] [[시행일 2015.12.23]]

[전문개정 2012.6.1] [[시행일 2012.9.2]]

제25조(전자문서 및 전자거래 기술개발의 추진)

정부는 전자문서 이용 및 전자거래의 촉진에 필요한 기술의 개발과 기술수준의 향상을 위하여 다음 각 호의 사항을 추진하여야 한다.

1. 전자문서 및 전자거래에 관한 기술수준의 조사, 기술의 연구개발, 개발된 기술의 활용에 관한 사항
2. 전자문서 및 전자거래에 관한 기술협력·기술지도 및 기술이전에 관한 사항
3. 전자문서 및 전자거래에 관한 기술정보의 원활한 유통 및 산학연(産學硏) 협력에 관한 사항
4. 그 밖에 전자문서 및 전자거래에 관한 기술개발과 관련하여 필요한 사항

[전문개정 2012.6.1] [[시행일 2012.9.2]]

제26조(전자문서 및 전자거래 전문인력의 양성)

① 정부는 전자문서 이용 및 전자거래를 촉진하기 위하여 필요한 전문인력을 양성하는데 노력하여야 한다.

② 정부는 제1항에 따라 전문인력을 양성하기 위하여 「정부출연연구기관 등의 설립·운영 및 육성에 관한 법률」에 따른 정부출연연구기관 등 연구소, 「고등교육법」에 따른 학교, 민간교육기관, 그 밖의 관련 기관에 대하여 그 사업 수행에 필요한 경비의 전부 또는 일부를 지원할 수 있다.

③ 제2항에 따른 전문인력 양성기관에 대한 경비 지원 등에 필요한 사항은 대통령령으로 정한다.

[전문개정 2012.6.1] [[시행일 2012.9.2]]

제27조(공공부문의 전자거래 추진)

국가기관, 지방자치단체, 「공공기관의 운영에 관한 법률」 제4조에 따른 공공기관 및 공공단체 등(이하 "국가기관등"이라 한다)은 그 기관의 운영에 필요한 재화 또는 용역의 조달이나 기관의 사업을 전자거래로 수행하기 위한 계획을 수립하여 추진하여야 한다.

[전문개정 2012.6.1] [[시행일 2012.9.2]]

제28조(전자문서 및 전자거래 통계의 실태조사)

① 미래창조과학부장관은 전자문서·전자거래촉진정책의 효과적인 수립·시행을 위하여 전자문서 및 전자거래 통계의 실태조사를 실시할 수 있다. 이 경우 전자문서 및 전자거래 통계의 작성에 관하여는 「통계법」을 준용한다. [개정 2013.3.23 제11690호(정부조직법)]

② 미래창조과학부장관은 제1항에 따른 전자문서 및 전자거래 통계의 실태조사를 위하여 필요한 경우에는 다음 각 호의 어느 하나에 해당하는 자에 대하여 자료의 제출이나 의견의 진술 등을 요구할 수 있다. [개정 2013.3.23 제11690호(정부조직법)]

1. 국가기관등
2. 전자거래사업자
3. 전자문서 또는 전자거래 관련 법인·단체

③ 제2항에 따라 자료의 제출 등을 요구받은 자는 이에 협조하여야 한다.

④ 전자문서 및 전자거래 통계의 실태조사에 필요한 사항은 대통령령으로 정한다.

[전문개정 2012.6.1] [[시행일 2012.9.2]]

제29조(전자문서 및 전자거래의 국제화)

① 정부는 전자문서 및 전자거래에 관한 국제협력을 촉진하기 위하여 전자문서 및 전자거래에 관한 정보·기술·인력의 교류, 공동조사·연구 및 기술협력, 국제표준화 등의 사업을 지원할 수 있다.

② 정부는 국제기구에서의 전자문서 및 전자거래에 관련된 논의에 적극적으로 참여하여 대응하고, 전자거래사업자 및 전자문서 관련 사업자의 국외시장 진출을 활성화하기 위하여 노력하여야 한다.

[전문개정 2012.6.1] [[시행일 2012.9.2]]

제30조(전자상거래지원센터)

① 정부는 중소기업의 전자거래를 촉진하기 위하여 필요한 시책을 마련하여 추진하여야 한다.

② 미래창조과학부장관은 중소기업의 전자거래를 촉진하기 위하여 전자거래와 관련한 교육훈련, 기술지도, 경영자문, 정보제공 등을 지원하는 기관을 전자상거래지원센터(이하 "지원센터"라 한다)로 지정할 수 있다. [개정 2013.3.23 제11690호(정부조직법)]

③ 지원센터의 지정기준, 사업추진실적 보고 및 경비지원 등에 필요한 사항은 대통령령으로 정한다.

[전문개정 2012.6.1] [[시행일 2012.9.2]]

제30조의2(지원센터의 지정취소)

미래창조과학부장관은 지원센터가 다음 각 호의 어느 하나에 해당하면 그 지정을 취소할 수 있다. 다만, 제1호에 해당하면 지정을 취소하여야 한다. [개정 2013.3.23 제11690호(정부조직법)]

1. 거짓이나 그 밖의 부정한 방법으로 지원센터 지정을 받은 경우
2. 정당한 사유 없이 계속하여 2년 이상 사업추진실적이 없는 경우
3. 제30조제3항에 따른 지정기준에 적합하지 아니하게 된 경우

[전문개정 2012.6.1] [[시행일 2012.9.2]]

제31조(전자문서 이용 및 전자거래의 촉진을 위한 지원)

① 국가 또는 지방자치단체는 전자문서 이용 및 전자거래를 촉진하기 위하여 「조세특례제한법」·「지방세특례제한법」 등 조세 관계 법률에서 정하는 바에 따라 조세 감면 등 세제상의 지원과 금융상의 지원, 그 밖에 필요한 행정상의 지원을 할 수 있다.

② 정부는 전자문서 및 전자거래와 관련된 법인 또는 단체가 전자문서·전자거래촉진계획에서 정하는 사업을 실시하는 경우 예산의 범위에서 해당 사업비의 전부 또는 일부를 지원할 수 있다.

[전문개정 2012.6.1] [[시행일 2012.9.2]]

제5장의2 공인전자문서센터와 공인전자문서중계자

[개정 2012.6.1] [[시행일 2012.9.2]]

제 1 절 공인전자문서센터 [신설 2012.6.1] [[시행일 2012.9.2]]

제31조의2(공인전자문서센터의 지정)

① 미래창조과학부장관은 전자문서보관등의 안전성과 정확성을 확보하기 위하여 전자문서보관등에 관하여 전문성이 있는 자를 공인전자문서센터로 지정하여 전자문서보관등을 하게 할 수 있다. [개정 2013.3.23 제11690호(정부조직법)]

② 공인전자문서센터로 지정받을 수 있는 자는 법인 또는 대통령령으로 정하는 국가기관등으로 한정한다.

③ 공인전자문서센터로 지정을 받으려는 자는 전자문서보관등에 필요한 인력·기술능력·재정능력과 제31조의9제6항에 따른 인적·물적 측면에서 독립성 및 그 밖의 시설·장비 등을 갖추어 미래창조과학부장관에게 지정을 신청하여야 한다. [개정 2013.3.23 제11690호(정부조직법)]

④ 제1항과 제3항에 따른 공인전자문서센터의 인력·기술능력·재정능력과 그 밖의 시설·장비 등의 지정기준, 지정방법 및 지정절차에 관하여 필요한 사항은 대통령령으로 정한다.

[전문개정 2012.6.1] [[시행일 2012.9.2]]

제31조의3(공인전자문서센터의 결격사유)

다음 각 호의 어느 하나에 해당하는 자는 공인전자문서센터로 지정을 받을 수 없다. [개정 2014.12.30, 2015.12.22]

1. 임원 및 전자문서보관등을 직접 수행하는 직원으로서 대통령령으로 정하는 직원(이하 "임원등"이라 한다) 중 다음 각 목의 어느 하나에 해당하는 사람이 있는 자
   가. 피성년후견인 또는 피한정후견인
   나. 파산선고를 받고 복권되지 아니한 사람
   다. 금고 이상의 실형을 선고받고 그 집행이 끝나거나(집행이 끝난 것으로 보는 경우를 포함한다) 집행이 면제된 날부터 2년이 지나지 아니한 사람
   라. 금고 이상의 형의 집행유예를 선고받고 그 유예기간 중에 있는 사람
   마. 법원의 판결 또는 다른 법률에 따라 자격이 상실되거나 정지된 사람
   바. 제31조의5제1항 및 제31조의22에 따라 지정이 취소된 자의 임원등이었던 사람(그 취소사유의 발생에 관하여 직접 또는 이에 상응하는 책임이 있는 사람으로서 대통령령으로 정하는 사람으로 한정한다)으로서 해당 공인전자문서센터 또는 공인전자문서중계자 지정이 취소(제1호가목 또는 나목에 해당하여 제31조의22제3호에 따라 지정이 취소된 경우는 제외한다)된 날부터 2년이 지나지 아니한 사람
2. 제31조의5제1항 및 제31조의22에 따라 지정이 취소(제1호가목 또는 나목에 해당하여 제31조의22제3호에 따라 지정이 취소된 경우는 제외한다)된 후 2년이 지나지 아니한 자

[전문개정 2012.6.1] [[시행일 2012.9.2]]

제31조의4(시정명령)

미래창조과학부장관은 공인전자문서센터가 다음 각 호의 어느 하나에 해당하면 6개월 이내의 기간을 정하여 그 시정을 명할 수 있다. [개정 2013.3.23 제11690호(정부조직법)]

1. 제31조의2제4항에 따른 공인전자문서센터의 지정기준에 적합하지 아니하게 된 경우
2. 임원등이 제31조의3제1호각 목의 어느 하나에 해당하게 된 경우
3. 제31조의8제1항을 위반하여 전자문서보관등 업무준칙의 신고를 하지 아니한 경우
4. 제31조의8제2항을 위반하여 전자문서보관등 업무준칙의 변경신고를 하지 아니한 경우
5. 제31조의9제1항을 위반하여 전자문서보관등의 서비스의 제공을 거부한 경우
6. 제31조의9제2항을 위반하여 이용자를 부당하게 차별한 경우
7. 제31조의9제3항을 위반하여 보관된 전자문서의 내용이 훼손되거나 변경되지 아니하도록 필요한 조치를 하지 아니한 경우
8. 공인전자문서센터의 업무수행의 방법 또는 절차가 부적절하여 전자문서의 보관·송신 또는 수신의 안전성이나 전자문서에 관한 증명의 정확성을 저해할 우려가 있는 경우
9. 제31조의16제2항을 위반하여 보험에 가입하지 아니한 경우

[전문개정 2012.6.1] [[시행일 2012.9.2]]

제31조의5(지정취소 및 과징금)

① 미래창조과학부장관은 제31조의2에 따라 공인전자문서센터로 지정을 받은 자가 다음 각 호의 어느 하나에 해당하면 미래창조과학부령으로 정하는 바에 따라 그 지정을 취소하거나 1년 이내의 기간을 정하여 그 업무의 전부 또는 일부의 정지를 명할 수 있다. 다만, 제1호나 제2호에 해당하는 경우에는 그 지정을 취소하여야 한다. [개정 2013.3.23 제11690호(정부조직법)]

1. 거짓이나 그 밖의 부정한 방법으로 제31조의2제1항에 따른 지정을 받은 경우
2. 업무정지기간에 업무를 계속하여 수행한 경우
3. 제31조의2제1항에 따른 지정을 받은 날부터 1년 이상 업무를 시작하지 아니하거나 업무 시작 후 1년 이상 계속하여 전자문서보관등의 업무를 하지 아니한 경우
4. 제31조의4에 따른 시정명령을 그 정하여진 기간 이내에 이행하지 아니한 경우

② 미래창조과학부장관은 제1항제3호 또는 제4호에 해당하여 업무정지처분을 하여야 하는 경우로서 그 업무정지가 공인전자문서센터를 이용하는 자에게 심한 불편을 주거나 공익을 해칠 우려가 있다고 인정하는 경우에는 업무정지를 갈음하여 1억원 이하의 과징금을 부과할 수 있다. [개정 2013.3.23 제11690호(정부조직법)]

③ 제2항에 따라 과징금을 부과하는 위반행위의 종류와 위반 정도 등에 따른 과징금의 금액 및 과징금의 산정방법과 그 밖에 필요한 사항은 대통령령으로 정한다.

④ 미래창조과학부장관은 제2항에 따른 과징금을 내야 할 자가 납부기한까지 이를 내지 아니하면 국세 체납처분의 예에 따라 징수한다. [개정 2013.3.23 제11690호(정부조직법)]

[전문개정 2012.6.1] [[시행일 2012.9.2]]

제31조의6(공인전자문서센터를 통한 보관의 효력)

공인전자문서센터가 전자문서를 보관하는 경우에는 제5조제1항 또는 제2항에 따른 전자문서의 보관이 행하여진 것으로 본다.

[전문개정 2012.6.1] [[시행일 2012.9.2]]

제31조의7(전자문서 내용의 추정 등)

① 공인전자문서센터에 보관된 전자문서는 보관기간에는 그 내용이 변경되지 아니한 것으로 추정한다.

② 공인전자문서센터가 해당 공인전자문서센터에 보관된 전자문서의 보관 사실, 작성자, 수신자 및 송신·수신 일시 등에 관한 사항에 대한 증명서를 대통령령으로 정하는 방법 및 절차에 따라 발급한 경우에 그 증명서에 적힌 사항은 진정한 것으로 추정한다.

[전문개정 2012.6.1] [[시행일 2012.9.2]]

제31조의8(전자문서보관등 업무준칙의 신고 등)

① 공인전자문서센터는 업무를 시작하기 전에 전자문서보관등에 관한 업무준칙(이하 "전자문서보관등 업무준칙"이라 한다)을 미래창조과학부령으로 정하는 바에 따라 작성하여 미래창조과학부장관에게 신고하여야 한다. 이 경우 전자문서보관등 업무준칙에는 다음 각 호의 사항이 포함되어야 한다. [개정 2013.3.23 제11690호(정부조직법)]

1. 업무의 종류
2. 업무의 수행방법 및 수행절차
3. 전자문서보관등의 서비스의 이용조건 및 이용요금
4. 그 밖에 업무수행에 필요한 것으로서 미래창조과학부령으로 정하는 사항

② 공인전자문서센터는 제1항에 따라 신고한 사항을 변경하려는 경우에는 미래창조과학부령으로 정하는 바에 따라 미래창조과학부장관에게 신고하여야 한다. [개정 2013.3.23 제11690호(정부조직법)]

③ 미래창조과학부장관은 제1항에 따라 신고된 전자문서보관등 업무준칙의 내용이 전자문서보관등의 업무의 안전성과 정확성을 확보하는 데 지장을 주거나 전자문서보관등의 서비스를 이용하는 자(이하 "이용자"라 한다)의 이익을 저해할 우려가 있다고 인정하는 경우에는 상당한 기간을 정하여 해당 공인전자문서센터에 전자문서보관등 업무준칙의 변경을 명할 수 있다. [개정 2013.3.23 제11690호(정부조직법)]

④ 공인전자문서센터는 전자문서보관등에 사용되는 시설 또는 장비를 변경하였을 때에는 미래창조과학부령으로 정하는 바에 따라 미래창조과학부장관에게 신고하여야 한다. [개정 2013.3.23 제11690호(정부조직법)]

[전문개정 2012.6.1] [[시행일 2012.9.2]]

제31조의9(준수사항)

① 공인전자문서센터는 정당한 사유 없이 전자문서보관등의 서비스의 제공을 거부하여서는 아니 된다.

② 공인전자문서센터는 이용자를 부당하게 차별하여서는 아니 된다.

③ 공인전자문서센터는 보관된 전자문서의 내용이 훼손되거나 변경되지 아니하도록 대통령령으로 정하는 바에 따라 필요한 조치를 하여야 한다.

④ 공인전자문서센터는 해당 정보처리시스템에 보관된 전자문서나 그 밖의 관련 정보를 적법한 절차에 의하지 아니하거나 전자문서의 작성자, 수신자 및 해당 이용자의 동의 없이 타인에게 제공·공개 등을 하여서는 아니 된다.

⑤ 공인전자문서센터는 전자문서보관등을 신뢰성있게 수행하기 위하여 이용자와의 관계에서 인적·물적 측면에서 독립성을 유지하여야 하며, 그 구체적인 기준은 대통령령으로 정한다.
[전문개정 2012.6.1] [[시행일 2012.9.2]]

제31조의10(정기점검 등)
① 공인전자문서센터는 보유한 시설 및 장비의 안전성에 대하여 미래창조과학부장관으로부터 정기적으로 점검을 받아야 한다. [개정 2013.3.23 제11690호(정부조직법)]
② 공인전자문서센터는 제31조의8제4항에 따른 변경신고를 하거나 제31조의14제3항에 따른 승계신고를 한 경우에는 미래창조과학부장관으로부터 해당 시설 또는 장비의 안전성에 대하여 점검을 받아야 한다. [개정 2013.3.23 제11690호(정부조직법)]
③ 제1항과 제2항에 따른 점검의 기준·시기·대상·절차와 그 밖에 필요한 사항은 미래창조과학부령으로 정한다. [개정 2013.3.23 제11690호(정부조직법)]
[전문개정 2012.6.1] [[시행일 2012.9.2]]

제31조의11(보고 및 검사 등)
① 미래창조과학부장관은 필요하다고 인정하면 공인전자문서센터로 하여금 대통령령으로 정하는 바에 따라 관계 자료를 제출하게 하거나 서면 또는 전자문서로 보고하게 할 수 있으며, 관계 공무원으로 하여금 공인전자문서센터의 사무실·사업장과 그 밖의 관련 장소에 출입하여 전자문서보관등에 관한 시설·장비·서류 또는 그 밖의 관련 물건을 검사하게 할 수 있다. [개정 2013.3.23 제11690호(정부조직법)]
② 제1항에 따라 검사를 하는 공무원은 그 권한을 나타내는 증표를 지니고 이를 관계인에게 보여주어야 한다.
[전문개정 2012.6.1] [[시행일 2012.9.2]]

제31조의12(전자문서 등 관련 정보의 보안)
① 누구든지 공인전자문서센터에 보관된 전자문서나 그 밖의 관련 정보를 위조 또는 변조하거나 위조 또는 변조된 정보를 행사하여서는 아니 된다.
② 누구든지 공인전자문서센터의 정보처리시스템에 거짓 정보나 부정한 명령을 입력하는 등의 방법으로 제31조의7제2항에 따른 증명서가 거짓으로 발급되게 하여서는 아니 된다.
③ 누구든지 공인전자문서센터에 보관된 전자문서나 그 밖의 관련 정보를 멸실 또는 훼손하거나 그 비밀을 침해하여서는 아니 된다.
④ 공인전자문서센터의 임원 또는 직원이거나 임원 또는 직원이었던 사람은 직무상 알게 된 전자문서의 내용이나 그 밖의 관련 정보의 내용을 누설하거나 자신이 이용하거나 제3자로 하여금 이용하게 하여서는 아니 된다.
[전문개정 2012.6.1] [[시행일 2012.9.2]]

제31조의13(이용자의 정보 보호)
공인전자문서센터 및 공인전자문서중계자는 전자문서보관등 및 전자문서유통과 관련하여 관계 법령에서 정하는 바에 따라 이용자의 개인정보를 보호하여야 한다.
[전문개정 2012.6.1] [[시행일 2012.9.2]]

제31조의14(공인전자문서센터 영업의 양도·양수 등)

① 공인전자문서센터는 다른 공인전자문서센터에 영업의 전부 또는 일부를 양도하거나 다른 공인전자문서센터와 합병할 수 있다. 이 경우 양도 또는 합병하려는 날의 60일 전까지 미래창조과학부령으로 정하는 바에 따라 이용자에게 통지하여야 한다. [개정 2013.3.23 제11690호(정부조직법)]

② 제1항에 따라 영업을 양수한 공인전자문서센터 또는 합병 후에 존속하거나 설립되는 공인전자문서센터는 종전의 공인전자문서센터의 지위를 승계한다.

③ 제2항에 따라 종전의 공인전자문서센터의 지위를 승계한 자는 1개월 이내에 미래창조과학부령으로 정하는 바에 따라 미래창조과학부장관에게 신고하여야 한다. [개정 2013.3.23 제11690호(정부조직법)]

[전문개정 2012.6.1] [[시행일 2012.9.2]]

제31조의15(전자문서보관등 영업의 폐지)

① 공인전자문서센터가 전자문서보관등의 영업을 폐지하려는 경우에는 폐지하려는 날의 60일 전까지 미래창조과학부령으로 정하는 바에 따라 이용자에게 통지하고 그 사실을 미래창조과학부장관에게 신고하여야 한다. [개정 2013.3.23 제11690호(정부조직법)]

② 제1항에 따라 신고한 공인전자문서센터는 보관하고 있는 전자문서와 그 밖에 전자문서보관등에 관한 기록(이하 "보관문서등"이라 한다)을 다른 공인전자문서센터에 인계하여야 한다. 다만, 다른 공인전자문서센터가 인수를 거부하는 등 부득이한 사유로 인계할 수 없는 경우에는 그 사실을 미래창조과학부장관에게 지체 없이 신고하여야 한다. [개정 2013.3.23 제11690호(정부조직법)]

③ 미래창조과학부장관은 다음 각 호의 어느 하나에 해당하는 경우로서 전자문서보관등 업무의 계속성과 안전성을 보장하기 위하여 긴급한 조치가 필요하다고 인정할 때에는 전담기관으로 하여금 해당 보관문서등을 인수하게 하거나 그 밖에 필요한 조치를 명할 수 있다. [개정 2013.3.23 제11690호(정부조직법)]

1. 제2항 단서에 따른 신고를 받은 경우
2. 제31조의5에 따라 공인전자문서센터의 지정을 취소한 경우
3. 그 밖에 공인전자문서센터가 전자문서보관등의 업무를 수행하지 못할 부득이한 사유가 발생한 경우

④ 제1항부터 제3항까지의 규정에 따른 영업의 폐지신고 및 보관문서등의 인계·인수 등에 필요한 사항은 미래창조과학부령으로 정한다. [개정 2013.3.23 제11690호(정부조직법)]

[전문개정 2012.6.1] [[시행일 2012.9.2]]

제31조의16(배상책임 및 보험 가입)

① 공인전자문서센터는 전자문서보관등과 관련하여 이용자에게 손해를 입혔을 때에는 그 손해를 배상하여야 한다. 다만, 공인전자문서센터가 고의 또는 과실이 없음을 증명한 경우에는 그러하지 아니하다.

② 공인전자문서센터는 제1항에 따른 손해를 배상하기 위하여 대통령령으로 정하는 바에 따라 보험에 가입하여야 한다.

[전문개정 2012.6.1] [[시행일 2012.9.2]]

제31조의17(수수료 등)

공인전자문서센터는 증명서의 발급을 신청하는 자 또는 이용자에게 수수료 등 필요한 요금을 부과할 수 있다.

[전문개정 2012.6.1] [[시행일 2012.9.2]]

제 2 절 공인전자문서중계자 [신설 2012.6.1] [[시행일 2012.9.2]]

제31조의18(공인전자문서중계자의 지정 등)

① 미래창조과학부장관은 전자문서유통의 안정성과 신뢰성을 확보하기 위하여 전자문서유통에 관하여 전문성이 있는 자를 공인전자문서중계자로 지정하여 전자문서유통을 하게 할 수 있다. 이 경우 개인정보 또는 영업비밀 보호를 위하여 필요한 경우에는 금융·의료·국방 등 분야별로 대표성이 있는 자를 우선하여 지정할 수 있다. [개정 2013.3.23 제11690호(정부조직법)]

② 공인전자문서중계자로 지정을 받을 수 있는 자는 법인 또는 대통령령으로 정하는 국가기관등으로 한정한다.

③ 공인전자문서중계자로 지정을 받으려는 자는 전자문서유통에 필요한 인력·시설·장비와 재정능력 및 기술능력(이하 "공인전자문서중계자요건"이라 한다. 이하 이 조에서 같다)을 갖추어 미래창조과학부장관에게 지정을 신청하여야 한다. 다만, 제31조의2에 따라 공인전자문서센터로 지정받은 자는 공인전자문서중계자요건 중 인력·재정능력을 갖춘 것으로 본다. [개정 2013.3.23 제11690호(정부조직법)]

④ 미래창조과학부장관은 전자문서유통의 안정성과 신뢰성 확보를 위하여 공인전자문서중계자 업무준칙을 고시할 수 있다. [개정 2013.3.23 제11690호(정부조직법)]

⑤ 미래창조과학부장관은 제1항 후단에 따라 공인전자문서중계자를 지정하는 경우에는 전자문서유통의 안정성과 신뢰성 확보에 필요한 조건을 붙일 수 있다. [개정 2013.3.23 제11690호(정부조직법)]

⑥ 제1항과 제3항에 따른 공인전자문서중계자요건 및 지정절차 등에 관하여 필요한 사항은 대통령령으로 정한다.

[본조신설 2012.6.1] [[시행일 2012.9.2]]

제31조의19(공인전자문서중계자의 결격사유)

다음 각 호의 어느 하나에 해당하는 자는 공인전자문서중계자로 지정을 받을 수 없다. [개정 2015.12.22]

1. 임원 중 제31조의3제1호각 목의 어느 하나에 해당하는 사람이 있는 자
2. 제31조의5제1항이나 제31조의22에 따라 지정이 취소(제31조의3제1호가목 또는 나목에 해당하여 제31조의22제3호에 따라 지정이 취소된 경우는 제외한다)된 후 2년이 지나지 아니한 자

[본조신설 2012.6.1] [[시행일 2012.9.2]]

제31조의20(공인전자문서중계자의 변경신고)

공인전자문서중계자는 전자문서유통에 사용되는 시설 또는 장비를 변경하였을 때에는

미래창조과학부령으로 정하는 바에 따라 미래창조과학부장관에게 신고하여야 한다. [개정 2013.3.23 제11690호(정부조직법)]
[본조신설 2012.6.1] [[시행일 2012.9.2]]

제31조의21(정기점검 등)
① 공인전자문서중계자는 보유한 시설 및 장비의 안전성에 대하여 미래창조과학부장관으로부터 정기적으로 점검을 받아야 한다. [개정 2013.3.23 제11690호(정부조직법)]
② 공인전자문서중계자는 제31조의20에 따른 변경신고를 하였을 때에는 미래창조과학부장관으로부터 해당 시설 또는 장비의 안전성에 대하여 점검을 받아야 한다. [개정 2013.3.23 제11690호(정부조직법)]
③ 제1항과 제2항에 따른 점검의 기준·시기·대상 및 절차에 관하여 필요한 사항은 미래창조과학부령으로 정한다. [개정 2013.3.23 제11690호(정부조직법)]
[본조신설 2012.6.1] [[시행일 2012.9.2]]

제31조의22(공인전자문서중계자의 지정취소)
미래창조과학부장관은 공인전자문서중계자가 다음 각 호의 어느 하나에 해당하면 미래창조과학부령으로 정하는 바에 따라 그 지정을 취소할 수 있다. 다만, 제1호에 해당하는 경우에는 지정을 취소하여야 한다. [개정 2013.3.23 제11690호(정부조직법)]
1. 거짓이나 그 밖의 부정한 방법으로 제31조의18에 따른 지정을 받은 경우
2. 제31조의18제3항에 따른 공인전자문서중계자요건을 갖추지 못하게 된 경우
3. 임원이 제31조의19제1호에 해당하게 된 경우. 다만, 3개월 이내에 그 임원을 바꾸어 임명한 경우에는 그러하지 아니하다.
4. 제31조의23에 따른 시정명령을 정하여진 기간 이내에 이행하지 아니한 경우
[본조신설 2012.6.1] [[시행일 2012.9.2]]

제31조의23(시정명령)
미래창조과학부장관은 공인전자문서중계자가 다음 각 호의 어느 하나에 해당하면 6개월 이내의 기간을 정하여 그 시정을 명할 수 있다. [개정 2013.3.23 제11690호(정부조직법)]
1. 제31조의18제4항에 따른 업무준칙을 위반한 경우
2. 제31조의18제5항에 따라 붙인 조건을 이행하지 아니한 경우
3. 공인전자문서중계자의 업무수행의 방법 또는 절차가 부적절하여 전자문서유통의 안정성과 신뢰성을 현저하게 해칠 우려가 있는 경우
[본조신설 2012.6.1] [[시행일 2012.9.2]]

제 6 장 전자문서·전자거래분쟁조정위원회

[개정 2012.6.1] [[시행일 2012.9.2]]

제32조(전자문서·전자거래분쟁조정위원회의 설치 및 구성 등)
① 전자문서 및 전자거래에 관한 분쟁을 조정하기 위하여 전자문서·전자거래분쟁조정위원회(이하 이 장에서 "위원회"라 한다)를 둔다.

② 위원회는 위원장 1명을 포함하여 15명 이상 50명 이하의 위원으로 구성한다.

③ 위원은 다음 각 호의 어느 하나에 해당하는 사람 중에서 미래창조과학부장관이 임명하거나 위촉하며, 위원장은 위원 중에서 호선(互選)한다. [개정 2013.3.23 제11690호(정부조직법)]

1. 대학이나 공인된 연구기관에서 부교수급 이상 또는 이에 상당하는 직(職)에 있거나 있었던 사람으로서 전자문서 또는 전자거래 관련 분야를 전공한 사람
2. 4급 이상 공무원(고위공무원단에 속하는 일반직공무원을 포함한다) 또는 이에 상당하는 공공기관의 직에 있거나 있었던 사람으로서 전자문서 또는 전자거래 업무에 관한 경험이 있는 사람
3. 판사·검사 또는 변호사의 자격이 있는 사람
4. 「비영리민간단체 지원법」 제2조에 따른 비영리민간단체에서 추천한 사람
5. 그 밖에 전자문서 또는 전자거래와 분쟁조정에 관한 학식과 경험이 있는 사람

④ 위원은 비상임으로 하고, 위원의 임기는 3년으로 하며, 한차례만 연임할 수 있다.

⑤ 위원은 자격정지 이상의 형을 선고받거나 심신상의 장애로 직무를 수행할 수 없는 경우를 제외하고는 그의 의사에 반하여 면직 또는 해촉되지 아니한다.

⑥ 위원회의 업무를 지원하기 위하여 전담기관에 사무국을 둔다.

⑦ 제1항부터 제6항까지에서 규정한 사항 외에 위원회의 운영 등에 필요한 사항은 대통령령으로 정한다.

[전문개정 2012.6.1] [[시행일 2012.9.2]]

제32조의2(위원의 제척·기피·회피)

① 위원회의 위원은 다음 각 호의 어느 하나에 해당하는 경우에는 해당 조정사건의 조정에서 제척(除斥)된다.

1. 위원이나 그 배우자 또는 배우자였던 사람이 사건의 당사자가 되거나 사건의 당사자와 공동권리자·공동의무자의 관계에 있는 경우
2. 위원이 사건의 당사자와 친족이거나 친족이었던 경우
3. 위원이 해당 사건에 관하여 증언이나 감정(鑑定)을 한 경우
4. 위원이 해당 사건에 관하여 당사자의 대리인으로서 관여하거나 관여하였던 경우

② 당사자는 위원에게 공정한 조정을 기대하기 어려운 사정이 있는 경우에는 위원회에 기피신청을 할 수 있다. 이 경우 위원장은 기피신청이 타당하다고 인정하면 기피의 결정을 한다.

③ 위원이 제1항이나 제2항의 사유에 해당하는 경우에는 위원장의 허가를 받아 스스로 해당 사건의 조정을 회피할 수 있다.

[본조신설 2012.6.1] [[시행일 2012.9.2]]

제33조(분쟁의 조정)

① 전자문서 및 전자거래와 관련한 피해의 구제와 분쟁의 조정을 받으려는 자는 위원회에 분쟁의 조정을 신청할 수 있다. 다만, 다른 법률에 따라 분쟁조정이 완료된 경우는 제외한다.

② 조정은 3명 이내의 위원으로 구성된 조정부(이하 “조정부”라 한다)에서 행한다. 다만,

위원회에서 조정하기로 의결한 사건의 경우에는 위원회에서 행한다.

③ 조정부의 위원은 사건마다 각각 위원회의 위원 중에서 위원장이 지명하되, 제32조제3항제3호에 해당하는 사람이 1명 이상 포함되어야 한다.

④ 위원회 또는 조정부는 제1항에 따른 분쟁조정 신청을 받은 날부터 45일 이내에 조정안을 작성하여 분쟁당사자(이하 "당사자"라 한다)에게 권고하여야 한다. 다만, 부득이한 사정으로 그 기한을 연장하려는 경우에는 그 사유와 기한을 명시하여 당사자에게 통지하여야 한다.

⑤ 제4항에 따른 조정안에는 신청취지에 반하지 아니하는 범위에서 원상회복, 손해배상 및 그 밖에 피해의 구제를 위하여 필요한 조치사항을 포함할 수 있다. [신설 2015.6.22] [[시행일 2015.12.23]]

⑥ 제4항 본문에 따른 권고를 받은 당사자는 권고를 받은 날부터 15일 이내에 조정안에 대한 동의 여부를 위원회 또는 조정부에 알려야 한다. 이 경우 15일 이내에 의사표시가 없는 때에는 수락한 것으로 본다. [개정 2015.6.22] [[시행일 2015.12.23]]

⑦ 제1항부터 제6항까지에서 규정한 사항 외에 조정절차에 관하여 필요한 사항은 대통령령으로 정한다. [개정 2015.6.22] [[시행일 2015.12.23]]

[전문개정 2012.6.1] [[시행일 2012.9.2]]

제33조의2(위법사실의 통보 등)

위원회는 분쟁조정을 함에 있어서 당사자 또는 관계인이 법령을 위반한 것으로 판단되는 때에는 관계 기관에 위반 사실을 통보하고 적절한 조치를 의뢰하여야 한다. 다만, 다음 각 호의 경우에는 그러하지 아니하다.

1. 분쟁의 당사자가 피해보상에 관한 합의를 하고 법령위반행위를 시정한 경우
2. 관계 기관에서 위법사실을 이미 인지하여 조사하고 있는 경우

[본조신설 2015.6.22] [[시행일 2015.12.23]]

제34조(자료 요청 등)

① 위원회는 분쟁조정을 위하여 필요한 자료의 제공을 당사자 또는 참고인에게 요청할 수 있다. 이 경우 해당 당사자는 정당한 사유가 없으면 요청에 따라야 한다.

② 위원회는 필요하다고 인정하는 경우에는 당사자 또는 참고인으로 하여금 위원회에 출석하게 하여 그 의견을 들을 수 있다.

[전문개정 2012.6.1] [[시행일 2012.9.2]]

제34조의2(조정의 거부와 중지)

① 위원회는 다음 각 호의 어느 하나에 해당하는 경우에는 조정을 거부할 수 있다.

1. 다른 법률에 따라 분쟁조정이 완료된 경우
2. 사건의 성질상 위원회에서 조정하는 것이 적합하지 아니하다고 인정되는 경우
3. 부정한 목적으로 분쟁의 조정을 신청한 것으로 인정되는 경우

② 위원회는 분쟁의 조정이 끝나기 전에 당사자가 소(訴)를 제기한 경우에는 조정을 중지할 수 있다.

③ 위원회는 제1항과 제2항에 따라 조정을 거부하거나 중지하는 경우에는 그 사실과 사유를 당사자에게 통지하여야 한다.

[본조신설 2012.6.1] [[시행일 2012.9.2]]

제35조(조정의 성립)

① 조정은 다음 각 호의 어느 하나의 경우에 성립한다.

1. 제33조제4항에 따른 조정안에 대하여 당사자가 동의한 경우
2. 당사자가 위원회에 조정합의서를 제출한 경우

② 위원회는 제1항에 따라 조정이 성립한 경우에는 위원회의 위원장과 각 당사자가 기명·날인한 조정조서를 당사자에게 보내야 한다.

③ 제2항에 따른 조정조서는 「민사소송법」에 따른 재판상 화해와 동일한 효력을 갖는다.

[전문개정 2012.6.1] [[시행일 2012.9.2]]

제36조(조정의 불성립)

위원회는 다음 각 호의 어느 하나에 해당하는 경우에는 조정이 성립하지 아니하였음을 당사자에게 통지하여야 한다.

1. 분쟁조정의 신청이 취하되거나 당사자 어느 한 쪽이 분쟁의 조정에 응하지 아니하는 경우
2. 당사자가 위원회의 조정안을 거부한 경우

[전문개정 2012.6.1] [[시행일 2012.9.2]]

제36조의2(소멸시효의 중단)

제33조제1항에 따른 분쟁조정의 신청은 소멸시효 중단의 효력이 있다. 다만, 분쟁조정의 신청을 취하하는 경우에는 그러하지 아니하다.

[본조신설 2014.10.15]

제37조(조정비용 등)

① 위원회는 분쟁의 조정을 신청한 자에게 대통령령으로 정하는 바에 따라 조정비용을 부담하게 할 수 있다.

② 정부는 예산의 범위에서 위원회의 운영에 필요한 경비를 출연할 수 있다.

[전문개정 2012.6.1] [[시행일 2012.9.2]]

제37조의2(비밀 유지)

위원회의 분쟁조정 업무에 종사하는 자 또는 종사하였던 자는 그 직무상 알게 된 비밀을 타인에게 누설하거나 직무상 목적 외의 용도로 사용하여서는 아니 된다. 다만, 다른 법률에 특별한 규정이 있는 경우에는 그러하지 아니하다.

[본조신설 2012.6.1] [[시행일 2012.9.2]]

제7장 보 칙 [개정 2012.6.1] [[시행일 2012.9.2]]

제38조(유사명칭의 사용금지)

① 공인전자문서센터로 지정을 받지 아니한 자는 공인전자문서센터 또는 이와 유사한 명칭을 사용하여서는 아니 된다.

② 공인전자문서중계자로 지정을 받지 아니한 자는 공인전자문서중계자 또는 이와 유사한 명칭을 사용하여서는 아니 된다.

③ 누구든지 공인전자주소가 아닌 것에 공인전자주소 또는 이와 유사한 명칭을 사용하여서는 아니 된다.

[전문개정 2012.6.1] [[시행일 2012.9.2]]

제39조(권한의 위임·위탁)

이 법에 따른 미래창조과학부장관의 권한은 대통령령으로 정하는 바에 따라 그 일부를 소속 기관의 장 또는 지방자치단체의 장에게 위임하거나 관계 중앙행정기관의 장 또는 전문기관에 위탁할 수 있다. [개정 2013.3.23 제11690호(정부조직법)]

[전문개정 2012.6.1] [[시행일 2012.9.2]]

제40조(상호주의)

외국인 및 외국 법인에 대하여도 이 법을 적용한다. 다만, 대한민국 국민 또는 대한민국 법인에 대하여 이 법에 준하는 보호를 하지 아니하는 국가의 외국인 또는 외국 법인에 대하여는 그에 상응하게 이 법 또는 대한민국이 가입 또는 체결한 조약에 따른 보호를 제한할 수 있다.

[전문개정 2012.6.1] [[시행일 2012.9.2]]

제41조(청문)

미래창조과학부장관은 다음 각 호의 어느 하나에 해당하는 경우에는 청문을 하여야 한다. [개정 2013.3.23 제11690호(정부조직법)]

1. 제30조의2에 따라 지원센터의 지정을 취소하려는 경우
2. 제31조의5제1항에 따라 공인전자문서센터의 지정을 취소하려는 경우
3. 제31조의22에 따라 공인전자문서중계자의 지정을 취소하려는 경우

[전문개정 2012.6.1] [[시행일 2012.9.2]]

제42조(벌칙 적용 시의 공무원 의제)

다음 각 호의 어느 하나에 해당하는 사람은 그 업무에 관하여 「형법」 제129조 부터 제132조까지의 규정을 적용할 때에는 공무원으로 본다.

1. 공인전자문서센터의 임원 또는 직원
2. 공인전자문서중계자의 임원
3. 위원회의 위원 중 공무원이 아닌 위원

[전문개정 2012.6.1] [[시행일 2012.9.2]]

제8장 벌 칙 [개정 2012.6.1] [[시행일 2012.9.2]]

제43조(벌칙)

① 다음 각 호의 어느 하나에 해당하는 자는 10년 이하의 징역 또는 1억원 이하의 벌금에 처한다.

1. 제31조의12제1항을 위반하여 공인전자문서센터에 보관된 전자문서나 그 밖의 관련

정보를 위조 또는 변조하거나 위조 또는 변조된 정보를 행사한 자

2. 제31조의12제2항을 위반하여 공인전자문서센터의 정보처리시스템에 거짓 정보나 부정한 명령을 입력하는 등의 방법으로 제31조의7제2항에 따른 증명서가 거짓으로 발급되게 한 자

② 제1항의 미수범은 처벌한다.

[전문개정 2012.6.1] [[시행일 2012.9.2]]

제44조(벌칙)

다음 각 호의 어느 하나에 해당하는 자는 5년 이하의 징역 또는 5천만원 이하의 벌금에 처한다.

1. 제31조의12제3항을 위반하여 공인전자문서센터에 보관된 전자문서나 그 밖의 관련 정보를 멸실 또는 훼손하거나 그 비밀을 침해한 자
2. 제31조의12제4항을 위반하여 직무상 알게 된 전자문서의 내용이나 그 밖의 관련 정보의 내용을 누설하거나 자신이 이용하거나 제3자로 하여금 이용하게 한 공인전자문서센터의 임원 또는 직원이거나 임원 또는 직원이었던 자
3. 제37조의2를 위반하여 직무상 알게 된 비밀을 타인에게 누설하거나 직무상 목적 외의 용도로 사용한 자

[전문개정 2012.6.1] [[시행일 2012.9.2]]

제45조(양벌규정)

법인의 대표자나 법인 또는 개인의 대리인, 사용인, 그 밖의 종업원이 그 법인 또는 개인의 업무에 관하여 제43조 또는 제44조의 위반행위를 하면 그 행위자를 벌하는 외에 그 법인 또는 개인에게도 해당 조문의 벌금형을 과(科)한다. 다만, 법인 또는 개인이 그 위반행위를 방지하기 위하여 해당 업무에 관하여 상당한 주의와 감독을 게을리하지 아니한 경우에는 그러하지 아니하다.

[전문개정 2008.12.26]

제46조(과태료)

① 다음 각 호의 어느 하나에 해당하는 자에게는 3천만원 이하의 과태료를 부과한다.

1. 제18조의6을 위반하여 공인전자주소를 수집·판매하거나 제공한 자
2. 제18조의7을 위반하여 수신자의 공인전자주소에 영리 또는 홍보를 목적으로 광고를 송신한 자
3. 제31조의9제4항을 위반하여 전자문서나 그 밖의 관련 정보를 제공·공개 등을 한 공인전자문서센터

② 다음 각 호의 어느 하나에 해당하는 자에게는 1천만원 이하의 과태료를 부과한다.
[개정 2013.3.23 제11690호(정부조직법)]

1. 제18조의2제2항을 위반하여 우수전자거래사업자의 표시 또는 이와 유사한 표시를 하거나 홍보를 한 자
2. 제31조의8제1항을 위반하여 전자문서보관등 업무준칙의 신고를 하지 아니한 자

3 제31조의8제2항을 위반하여 전자문서보관등 업무준칙의 변경신고를 하지 아니한 자

4. 제31조의8제3항에 따른 전자문서보관등 업무준칙의 변경에 관한 명령을 이행하지 아니한 자
5. 제31조의8제4항을 위반하여 시설 또는 장비의 변경신고를 하지 아니한 자
6. 제31조의9제1항을 위반하여 정당한 사유 없이 전자문서보관등의 서비스의 제공을 거부한 자
7. 제31조의9제2항을 위반하여 이용자를 부당하게 차별한 자
8. 제31조의9제3항을 위반하여 공인전자문서센터에 보관된 전자문서의 내용이 훼손되거나 변경되지 아니하도록 필요한 조치를 하지 아니한 자
9. 제31조의10제1항 또는 제2항을 위반하여 점검을 받지 아니한 자
10. 제31조의11제1항에 따른 자료제출이나 보고를 하지 아니한 자, 거짓 자료를 제출하거나 거짓 보고를 한 자 또는 관계 공무원의 출입이나 검사를 거부·방해 또는 기피한 자
11. 제31조의14제1항 후단을 위반하여 전자문서보관등 영업의 양도 또는 합병을 이용자에게 통지하지 아니한 자
12. 제31조의14제3항을 위반하여 공인전자문서센터의 지위승계 사실을 신고하지 아니한 자
13. 제31조의15제1항을 위반하여 전자문서보관등 영업의 폐지를 이용자에게 통지하지 아니하거나 그 사실을 미래창조과학부장관에게 신고하지 아니한 자
14. 제31조의15제2항을 위반하여 보관문서등을 인계하지 아니하거나 신고하지 아니한 자
15. 제31조의16제2항을 위반하여 보험에 가입하지 아니한 자
16. 제31조의20을 위반하여 시설 또는 장비의 변경신고를 하지 아니한 자
17. 제31조의21을 위반하여 점검을 받지 아니한 자
18. 제38조제1항을 위반하여 공인전자문서센터 또는 이와 유사한 명칭을 사용한 자
19. 제38조제2항을 위반하여 공인전자문서중계자 또는 이와 유사한 명칭을 사용한 자
20. 제38조제3항을 위반하여 공인전자주소 또는 이와 유사한 명칭을 사용한 자

③ 제1항과 제2항에 따른 과태료는 대통령령으로 정하는 바에 따라 미래창조과학부장관이 부과·징수한다. [개정 2013.3.23 제11690호(정부조직법)]

[전문개정 2012.6.1] [[시행일 2012.9.2]]

부 칙 [2002.1.19 제6614호]

①(시행일) 이 법은 2002년 7월 1일부터 시행한다.

②(전자상거래지원센터의 지정에 관한 경과조치) 이 법 시행 당시 종전의 규정에 의하여 지정받은 전자상거래지원센터는 제30조의 규정에 의한 전자상거래지원센터로 본다.

③(다른 법령과의 관계) 이 법 시행 당시 다른 법령에서 종전의 전자거래기본법 또는 그 규정을 인용하고 있는 경우 이 법에 그에 해당하는 규정이 있는 때에는 이 법 또는 이 법의 해당규정을 인용한 것으로 본다.

부 칙 [2005.3.31 제7440호]

①(시행일) 이 법은 공포 후 6월이 경과한 날부터 시행한다.
②(전자거래정책협의회에 관한 경과조치) 이 법 시행당시 종전의 규정에 의하여 설치·구성된 전자거래정책협의회는 제21조의 개정규정에 의하여 설치·구성된 전자거래정책위원회로 본다.
③(한국전자문서교환위원회에 관한 경과조치) 이 법 시행당시 종전의 규정에 의하여 설치·구성된 한국전자문서교환위원회는 제21조제5항의 개정규정에 의하여 설치·구성되는 전자문서의 표준에 관한 전자거래정책위원회의 분과위원회로 본다.

부 칙 [2005.12.29 제7796호(국가공무원법)]

제1조 (시행일) 이 법은 2006년 7월 1일부터 시행한다.
제2조 내지 제5조 생략
제6조 (다른 법률의 개정) ① 내지 <51> 생략
<52>전자거래기본법 일부를 다음과 같이 개정한다.
제21조제4항중 "3급 또는 3급 상당 이상의 공무원"을 "3급 또는 3급 상당 공무원, 고위공무원단에 속하는 공무원"으로 한다.
제32조제3항제2호중 "4급 이상 공무원"을 "4급 이상 공무원(고위공무원단에 속하는 일반직공무원을 포함한다)"으로 한다.
<53> 내지 <68> 생략

부 칙 [2006.9.27 제7988호(소비자보호법)]

제1조(시행일) 이 법은 공포 후 6개월이 경과한 날부터 시행한다. 다만, 제70조 내지 제76조의 개정규정은 2008년 1월 1일부터 시행한다.
제2조 내지 제11조 생략
제12조(다른 법률의 개정) ① 내지 ⑥ 생략
⑦ 전자거래기본법 일부를 다음과 같이 개정한다.
제15조제1항 중 "소비자보호법"을 "「소비자기본법」"으로 한다.
⑧ 내지 ⑫ 생략
제13조 생략

부 칙 [2007.4.11 제8362호(중소기업창업 지원법)]

제1조(시행일) 이 법은 공포한 날부터 시행한다. [단서생략]
제2조 내지 제8조 생략
제9조(다른 법률의 개정) ① 내지 ⑩ 생략

⑪ 전자거래기본법 일부를 다음과 같이 개정한다.
별표 제47호 중 "제17조"를 "제29조"로 한다.
⑫ 내지 ⑬ 생략
제10조 생략

부 칙 [2007.4.11 제8371호(폐기물관리법)]

제1조(시행일) 이 법은 공포한 날부터 시행한다. 단서 생략
제2조 내지 제8조 생략
제9조(다른 법률의 개정) ① 내지 <29> 생략
<30>전자거래기본법 일부를 다음과 같이 개정한다.
별표 제48호 중 "제41조제1항"을 "제36조제1항"으로 하고, 같은 표 제49호 중 "제41조제2항"을 "제36조제2항"으로 한다.
<31> 내지 <46> 생략
제10조 생략

부 칙 [2007.4.27 제8387호(통계법)]

제1조(시행일) 이 법은 공포 후 6개월이 경과한 날부터 시행한다.
제2조 내지 제7조 생략
제8조(다른 법률의 개정) ① 내지 ⑧ 생략
⑨ 전자거래기본법 일부를 다음과 같이 개정한다.
제28조제1항 후단 중 "통계법"을 "「통계법」"으로 한다.
⑩ 내지 ⑭ 생략
제9조 생략

부 칙 [2007.5.17 제8461호]

이 법은 공포 후 6개월이 경과한 날부터 시행한다. 다만, 제5조제2항부터 제4항까지의 개정규정은 공포한 날부터 시행한다.

부 칙 [2007.5.17 제8466호(수질 및 수생태계 보전에 관한 법률)]

제1조(시행일) 이 법은 공포 후 6개월이 경과한 날부터 시행한다.
제2조 내지 제3조 생략
제4조(다른 법률의 개정) ① 내지 <33> 생략
<34>전자거래기본법 일부를 다음과 같이 개정한다.
별표 제28호 중 "「수질환경보전법」 제15조제3항의 규정에 의한"을 "「수질 및 수생태계 보전에 관한 법률」 제38조제3항에 따른"으로 한다.

<35> 내지 <55> 생략
제5조 생략

부 칙 [2007.12.27 제8802호(염업조합법)]

제1조(시행일) 이 법은 공포 후 6개월이 경과한 날부터 시행한다.
제2조 내지 제5조 생략
제6조(다른 법률의 개정) 전자거래기본법 일부를 다음과 같이 개정한다.
별표 제39호 중 “제21조제1항의 규정에 의한 사업보고서 및 결산보고서”를 “제42조제1항에 따른 결산보고서(사업보고서, 대차대조표, 손익계산서, 잉여금처분안 또는 손실금처리안 등을 말한다)”로 한다.
제7조 생략

부 칙 [2008.2.29 제8852호(정부조직법)]

제1조(시행일) 이 법은 공포한 날부터 시행한다. 단서 생략
제2조부터 제5조까지 생략
제6조 (다른 법률의 개정) ①부터 <397>까지 생략
<398> 전자거래기본법 일부를 다음과 같이 개정한다.
제5조제3항, 제20조제3항, 제21조제4항, 제22조제3항제13호, 제23조제2항·제3항·제5항·제6항, 제28조제1항·제2항, 제30조제2항, 제31조의2제1항·제3항, 제31조의4, 제31조의5제1항·제2항·제4항, 제31조의8제1항부터 제4항까지, 제31조의10제1항·제2항, 제31조의11제1항, 제31조의14제3항, 제31조의15제1항·제2항 단서·제3항, 제32조제3항, 제39조, 제41조, 제46조제2항제10호·제3항·제4항·제5항 중 “산업자원부장관”을 각각 “지식경제부장관”으로 한다.
제21조제1항 중 “산업자원부”를 “지식경제부”로 하고, 같은 조 제4항 중 “산업자원부차관”을 “지식경제부차관”으로 한다.
제23조제4항, 제31조의5제1항, 제31조의8제1항 및 같은 항 제4호·제2항·제4항, 제31조의10제3항, 제31조의14제1항·제3항, 제31조의15제1항·제4항 중 “산업자원부령”을 각각 “지식경제부령”으로 한다.
제31조의13제2항 중 ““정보통신부령”은 “산업자원부령””을 ““행정안전부령”은 “지식경제부령””으로, ““정보통신부장관”은 “산업자원부장관””을 ““행정안전부장관”은 “지식경제부장관””으로 한다.
<399>부터 <760>까지 생략
제7조 생략

부 칙 [2008.3.21 제8932호(전자거래기본법)]

이 법은 공포한 날부터 시행한다.

부 칙 [2008.3.21 제8979호(화물자동차 운수사업법)]

제1조 (시행일) 이 법은 공포한 날부터 시행한다.
제2조부터 제4조까지 생략
제5조 (다른 법률의 개정) ①부터 ⑨까지 생략
⑩ 전자거래기본법 일부를 다음과 같이 개정한다.
별표 제53호 중 "제9조의3제1항"을 "제10조제1항"으로 한다.
⑪ 생략
제6조 생략

부 칙 [2008.12.26 제9246호]

이 법은 공포한 날부터 시행한다.

부 칙 [2009.2.6 제9429호]

이 법은 공포 후 6개월이 경과한 날부터 시행한다.

부 칙 [2009.3.18 제9504호]

이 법은 공포한 날부터 시행한다.

부 칙 [2009.5.22 제9705호(국가정보화 기본법)]

제1조(시행일) 이 법은 공포 후 3개월이 경과한 날부터 시행한다. <단서 생략>
제2조부터 제5조까지 생략
제6조(다른 법률의 개정) ①부터 ⑧까지 생략
⑨ 전자거래기본법 일부를 다음과 같이 개정한다.
제20조제3항 중 "「정보화촉진기본법」 제8조에 따른 정보화추진위원회"를 "「국가정보화 기본법」 제9조에 따른 국가정보화전략위원회"로 한다.
⑩부터 ⑫까지 생략
제7조 생략

부 칙 [2009.5.22 제9708호(정보통신산업 진흥법)]

제1조(시행일) 이 법은 공포 후 3개월이 경과한 날부터 시행한다. <단서 생략>
제2조부터 제9조까지 생략
제10조(다른 법률의 개정) ①부터 ⑩까지 생략

⑪ 전자거래기본법 일부를 다음과 같이 개정한다.

제22조를 다음과 같이 한다.

제22조(전자거래 진흥 전담기관) 정부는 「정보통신산업 진흥법」 제26조에 따른 정보통신산업진흥원(이하 "진흥원"이라 한다)으로 하여금 전자거래의 촉진을 위한 사업을 효율적·체계적으로 추진하고 전자거래와 관련된 정책의 개발을 지원하기 위한 사업을 하게 할 수 있다.

⑫부터 ⑮까지 생략

제11조 및 제12조 생략

부 칙 [2010.3.31 제10220호(지방세특례제한법)]

제1조(시행일) 이 법은 2011년 1월 1일부터 시행한다.

제2조 및 제3조 생략

제4조(다른 법률의 개정) ①부터 <32>까지 생략

<33> 전자거래기본법 일부를 다음과 같이 개정한다.

제31조제1항 중 "「지방세법」"을 "「지방세특례제한법」"으로 한다.

<34>부터 <45>까지 생략

제5조 생략

부 칙 [2010.4.12 제10250호(엔지니어링산업 진흥법)]

제1조(시행일) 이 법은 공포 후 6개월이 경과한 날부터 시행한다.

제2조부터 제7조까지 생략

제8조(다른 법률의 개정) ①부터 ⑧까지 생략

⑨ 전자거래기본법 일부를 다음과 같이 개정한다.

별표 제35호 중 "「엔지니어링기술 진흥법」 제5조제1항의 규정에 의한"을 "「엔지니어링산업 진흥법」 제28조제1항에 따른"으로 한다.

⑩부터 ⑭까지 생략

제9조 생략

부 칙 [2011.5.19 제10629호(지식재산 기본법)]

제1조(시행일) 이 법은 공포 후 2개월이 경과한 날부터 시행한다. <단서 생략>

제2조(다른 법률의 개정) ①부터 <19>까지 생략

<20> 전자거래기본법 일부를 다음과 같이 개정한다.

제20조제1항제4호 중 "지적재산권"을 "지식재산권"으로 한다.

<21> 및 <22> 생략

부 칙 [2011.7.14 제10854호(금융실명거래 및 비밀보장에 관한 법률)]

제1조(시행일) 이 법은 공포한 날부터 시행한다. <단서 생략>

제2조 생략

제3조(다른 법률의 개정) ①부터 ⑬까지 생략

⑭ 전자거래기본법 일부를 다음과 같이 개정한다.

별표 제61호 중 "「금융실명거래 및 비밀보장에 관한 법률」 제4조의2제2항 및 제3항에 따른 거래정보 등의 요구자에 의한 금융기관"을 "「금융실명거래 및 비밀보장에 관한 법률」 제4조의2제2항 및 제3항에 따른 거래정보등의 요구자에 의한 금융회사등"으로 한다.

⑮ 및 <16> 생략

부 칙 [2012.6.1 제11461호]

제1조(시행일) 이 법은 공포 후 3개월이 경과한 날부터 시행한다.

제2조(전자문서·전자거래분쟁조정위원회 위원의 임기에 관한 적용례) 제32조제4항의 개정규정은 이 법 시행 후 최초로 임명되거나 위촉되는 위원부터 적용한다.

제3조(전자문서·전자거래 분쟁조정에 관한 적용례) 제33조, 제34조의2, 제35조 및 제36조의 개정규정은 이 법 시행 후 최초로 신청되는 것부터 적용한다.

제4조(우수한 전자거래사업자의 인증에 관한 경과조치) 이 법 시행 당시 종전의 규정에 따라 받은 우수한 전자거래사업자의 인증은 제18조의 개정규정에 따라 받은 우수한 전자거래사업자의 인증으로 본다.

제5조(전자거래기본정책에 관한 경과조치) 이 법 시행 당시 종전의 규정에 따라 수립된 전자거래기본정책은 제19조의 개정규정에 따라 수립된 전자문서·전자거래기본정책으로 본다.

제6조(전자거래촉진계획에 관한 경과조치) 이 법 시행 당시 종전의 규정에 따라 수립된 전자거래촉진계획은 제20조의 개정규정에 따라 수립된 전자문서·전자거래촉진계획으로 본다.

제7조(공인전자문서보관소에 관한 경과조치) 이 법 시행 전에 종전의 규정에 따라 공인전자문서보관소로 지정받은 법인은 제31조의2의 개정규정에 따라 지정받은 공인전자문서센터로 본다.

제8조(결격사유에 관한 경과조치) 이 법 시행 당시 공인전자문서센터의 임원인 자가 이 법 시행 전에 발생한 사유로 제31조의3제1호마목의 개정규정에 따라 새로이 결격사유에 해당하게 된 경우에는 같은 개정규정에도 불구하고 종전의 규정에 따른다.

제9조(전자거래분쟁조정위원회에 관한 경과조치) 이 법 시행 당시 종전의 규정에 따른 전자거래분쟁조정위원회는 제32조의 개정규정에 따른 전자문서·전자거래분쟁조정위원회로 본다.

제10조(다른 법률의 개정) ① 법률 제11283호 결혼중개업의 관리에 관한 법률 일부개정법률 일부를 다음과 같이 개정한다.

제10조제1항제1호 중 “「전자거래기본법」”을 “「전자문서 및 전자거래 기본법」”으로 한다.
제14조 후단 중 “「전자거래기본법」”을 “「전자문서 및 전자거래 기본법」”으로 한다.
② 공증인법 일부를 다음과 같이 개정한다.
제1조의2제2호 중 “「전자거래기본법」”을 “「전자문서 및 전자거래 기본법」”으로 한다.
③ 국세기본법 일부를 다음과 같이 개정한다.
제85조의3제4항 본문 중 “「전자거래기본법」”을 “「전자문서 및 전자거래 기본법」”으로, “공인전자문서보관소”를 “공인전자문서센터”로 한다.
④ 근로복지기본법 일부를 다음과 같이 개정한다.
제35조제7항 각 호 외의 부분 후단 중 “「전자거래기본법」”을 “「전자문서 및 전자거래 기본법」”으로 한다.
⑤ 근로자직업능력 개발법 일부를 다음과 같이 개정한다.
제23조의2제2항 중 “「전자거래기본법」”을 “「전자문서 및 전자거래 기본법」”으로 한다.
⑥ 남녀고용평등과 일ㆍ가정 양립 지원에 관한 법률 일부를 다음과 같이 개정한다.
제33조 후단 중 “「전자거래기본법」”을 “「전자문서 및 전자거래 기본법」”으로 한다.
⑦ 법률 제11349호 농수산물 유통 및 가격안정에 관한 법률 일부개정법률 일부를 다음과 같이 개정한다.
제2조제14호 및 제35조제2항제1호 중 “「전자거래기본법」”을 각각 “「전자문서 및 전자거래 기본법」”으로 한다.
⑧ 담배사업법 일부를 다음과 같이 개정한다.
제12조제4항 중 “전자거래기본법 제2조제5호의 규정에 의한”을 “「전자문서 및 전자거래 기본법」 제2조제5호에 따른”으로 한다.
⑨ 법률 제10786호 마약류 관리에 관한 법률 일부개정법률 일부를 다음과 같이 개정한다.
제28조제3항 중 “「전자거래기본법」”을 “「전자문서 및 전자거래 기본법」”으로 한다.
⑩ 물류정책기본법 일부를 다음과 같이 개정한다.
제32조제1항 중 “「전자거래기본법」”을 “「전자문서 및 전자거래 기본법」”으로 한다.
⑪ 법률 제11324호 방문판매 등에 관한 법률 전부개정법률 일부를 다음과 같이 개정한다.
제7조제4항 전단 중 “「전자거래기본법」”을 “「전자문서 및 전자거래 기본법」”으로 한다.
⑫ 여신전문금융업법 일부를 다음과 같이 개정한다.
제14조제5항 단서 및 제39조 각 호 외의 부분 단서 중 “「전자거래기본법」”을 각각 “「전자문서 및 전자거래 기본법」”으로 한다.
⑬ 유통산업발전법 일부를 다음과 같이 개정한다.
제2조제10호 중 “「전자거래기본법」 제2조제1호의 규정에 의한”을 “「전자문서 및 전자거래 기본법」 제2조제1호에 따른”으로 한다.
⑭ 인지세법 일부를 다음과 같이 개정한다.
제3조제3항 중 “「전자거래기본법」”을 “「전자문서 및 전자거래 기본법」”으로 한다.
⑮ 전자금융거래법 일부를 다음과 같이 개정한다.
제2조제9호 중 “「전자거래기본법」 제2조제1호의 규정”을 “「전자문서 및 전자거래 기본법」 제2조제1호”로 한다.

제2조제16호마목 중 "「전자거래기본법」 제6조제1항의 규정"을 "「전자문서 및 전자거래 기본법」 제6조제1항"으로 한다.

제5조제1항 중 "「전자거래기본법」 제4조 내지 제7조, 제9조 및 제10조의 규정을"을 "「전자문서 및 전자거래 기본법」 제4조부터 제7조까지, 제9조 및 제10조를"로 한다.

<16> 전자무역 촉진에 관한 법률 일부를 다음과 같이 개정한다.

제2조제4호 및 제16조제1항 중 "「전자거래기본법」"을 각각 "「전자문서 및 전자거래 기본법」"으로 한다.

<17> 법률 제11326호 전자상거래 등에서의 소비자보호에 관한 법률 일부개정법률 일부를 다음과 같이 개정한다.

제2조제1호 중 "「전자거래기본법」"을 "「전자문서 및 전자거래 기본법」"으로 한다.

제5조제1항 본문 중 "「전자거래기본법」"을 각각 "「전자문서 및 전자거래 기본법」"으로 한다.

<18> 전자어음의 발행 및 유통에 관한 법률 일부를 다음과 같이 개정한다.

제2조제1호, 제6조제4항, 제7조제3항 및 제9조제2항 중 "「전자거래기본법」"을 각각 "「전자문서 및 전자거래 기본법」"으로 한다.

<19> 전자정부법 일부를 다음과 같이 개정한다.

제29조제1항 단서 중 "「전자거래기본법」"을 "「전자문서 및 전자거래 기본법」"으로 한다.

<20> 정보통신산업 진흥법 일부를 다음과 같이 개정한다.

제2조제2호다목 중 "「전자거래기본법」 제2조제5호"를 "「전자문서 및 전자거래 기본법」 제2조제1호 및 제5호"로, "전자거래"를 "전자문서 및 전자거래"로 한다.

제27조제11호를 다음과 같이 한다.

11. 「전자문서 및 전자거래 기본법」 제22조제1항에 따른 전자문서 및 전자거래에 관한 사업

제28조제3항 중 "「전자거래기본법」"을 「전자문서 및 전자거래 기본법」으로 한다.

<21> 조달사업에 관한 법률 일부를 다음과 같이 개정한다.

제8조제1항 중 "「전자거래기본법」"을 "「전자문서 및 전자거래 기본법」"으로 한다.

<22> 채권의 공정한 추심에 관한 법률 일부를 다음과 같이 개정한다.

제6조제1항 각 호 외의 부분 본문 및 제17조제2항제1호 중 "「전자거래기본법」"을 각각 "「전자문서 및 전자거래 기본법」"으로 한다.

<23> 토양환경보전법 일부를 다음과 같이 개정한다.

제13조제4항 후단 중 "「전자거래기본법」"을 "「전자문서 및 전자거래 기본법」"으로 한다.

<24> 하도급거래 공정화에 관한 법률 일부를 다음과 같이 개정한다.

제3조제1항 각 호 외의 부분 중 "「전자거래기본법」"을 "「전자문서 및 전자거래 기본법」"으로 한다.

<25> 할부거래에 관한 법률 일부를 다음과 같이 개정한다.

제6조제1항 각 호 외의 부분 본문 및 제2항 단서 중 "「전자거래기본법」"을 각각 "「전자문서 및 전자거래 기본법」"으로 한다.

부 칙 [2013.3.23 제11688호(국가정보화 기본법)]

제1조(시행일) 이 법은 공포한 날부터 시행한다.
제2조(다른 법률의 개정) ①부터 ④까지 생략
⑤ 전자문서 및 전자거래 기본법 일부를 다음과 같이 개정한다.
제20조제3항 중 "수립하며, 「국가정보화 기본법」 제9조에 따른 국가정보화전략위원회의 심의를 거쳐 이를 확정한다"를 "수립한다"로 한다.
⑥ 생략

부 칙 [2013.3.23 제11690호(정부조직법)]

제1조(시행일) ① 이 법은 공포한 날부터 시행한다.
② 생략
제2조부터 제5조까지 생략
제6조(다른 법률의 개정) ①부터 <423>까지 생략
<424> 전자문서 및 전자거래 기본법 일부를 다음과 같이 개정한다.
제5조제3항, 제18조제1항·제2항, 제18조의3 각 호 외의 부분 본문, 제20조제3항, 제23조제2항·제3항·제5항, 같은 조 제6항 각 호 외의 부분 본문, 제28조제1항 전단, 같은 조 제2항 각 호 외의 부분, 제30조제2항, 제30조의2 각 호 외의 부분 본문, 제31조의2제1항·제3항, 제31조의4 각 호 외의 부분, 제31조의5제1항 각 호 외의 부분 본문, 같은 조 제2항·제4항, 제31조의8제1항 각 호 외의 부분 전단, 같은 조 제2항부터 제4항까지, 제31조의10제1항·제2항, 제31조의11제1항, 제31조의14제3항, 제31조의15제1항, 같은 조 제2항 단서, 같은 조 제3항 각 호 외의 부분, 제31조의18제1항 전단, 같은 조 제3항 본문, 같은 조 제4항·제5항, 제31조의20, 제31조의21제1항·제2항, 제31조의22 각 호 외의 부분 본문, 제31조의23 각 호 외의 부분, 제32조제3항 각 호 외의 부분, 제39조, 제41조 각 호 외의 부분, 제46조제2항제13호 및 같은 조 제3항 중 "지식경제부장관"을 각각 "미래창조과학부장관"으로 한다.
제18조의4제4항, 제22조제2항, 제23조제4항, 제31조의5제1항 각 호 외의 부분 본문, 제31조의8제1항 각 호 외의 부분 전단, 같은 항 제4호, 같은 조 제2항·제4항, 제31조의10제3항, 제31조의14제1항 후단, 같은 조 제3항, 제31조의15제1항·제4항, 제31조의20, 제31조의21제3항 및 제31조의22 각 호 외의 부분 본문 중 "지식경제부령"을 각각 "미래창조과학부령"으로 한다.
<425>부터 <710>까지 생략
제7조 생략

부 칙 [2014.10.15 제12781호]

제1조(시행일) 이 법은 공포한 날부터 시행한다.

제2조(적용례) 제36조의2의 개정규정은 이 법 시행 후 최초로 분쟁조정을 신청한 사건부터 적용한다.

부 칙 [2014.12.30 제12875호]

제1조(시행일) 이 법은 공포한 날부터 시행한다.

제2조(금치산자 등의 결격사유에 관한 경과조치) 제31조의3제1호가목의 개정규정에도 불구하고 같은 개정규정 시행 당시 이미 금치산 또는 한정치산의 선고를 받고 법률 제10429호 민법 일부개정법률 부칙 제2조에 따라 금치산 또는 한정치산 선고의 효력이 유지되는 사람에 대하여는 종전의 규정에 따른다.

부 칙 [2015.6.22 제13347호]

제1조(시행일) 이 법은 공포 후 6개월이 경과한 날부터 시행한다.

제2조(위법사실의 통보 등에 관한 적용례) 제33조의2의 개정규정은 이 법 시행 후 최초로 제33조에 따라 신청된 분쟁조정부터 적용한다.

제3조(업무 이관에 관한 경과조치) 이 법 시행 전에 정보통신산업진흥원이 행한 행위와 정보통신산업진흥원에 대한 행위 중 그 업무가 제22조제1항의 개정규정에 따라 미래창조과학부장관이 지정한 전담기관으로 이관되는 경우에는 해당 전담기관의 행위 또는 해당 전담기관에 대한 행위로 본다.

부 칙 [2015.12.22 제13587호]

이 법은 공포한 날부터 시행한다.

부 칙 [2016.1.19 제13768호]

이 법은 2016년 2월 4일부터 시행한다.

별표 전자문서로 할 수 있는 사인(私人)의 문서행위(제4조제3항 관련)

전자서명법

[법률 제12762호 일부개정 2014.10.15.]

제1장 총 칙

제1조(목적)

이 법은 전자문서의 안전성과 신뢰성을 확보하고 그 이용을 활성화하기 위하여 전자서명에 관한 기본적인 사항을 정함으로써 국가사회의 정보화를 촉진하고 국민생활의 편익을 증진함을 목적으로 한다.

[[시행일 99·7·1]]

제2조(정의)

이 법에서 사용하는 용어의 정의는 다음과 같다.

1. "전자문서"라 함은 정보처리시스템에 의하여 전자적 형태로 작성되어 송신 또는 수신되거나 저장된 정보를 말한다.
2. "전자서명"이라 함은 서명자를 확인하고 서명자가 당해 전자문서에 서명을 하였음을 나타내는데 이용하기 위하여 당해 전자문서에 첨부되거나 논리적으로 결합된 전자적 형태의 정보를 말한다.
3. "공인전자서명"이라 함은 다음 각목의 요건을 갖추고 공인인증서에 기초한 전자서명을 말한다.
   가. 전자서명생성정보가 가입자에게 유일하게 속할 것
   나. 서명 당시 가입자가 전자서명생성정보를 지배·관리하고 있을 것
   다. 전자서명이 있은 후에 당해 전자서명에 대한 변경여부를 확인할 수 있을 것
   라. 전자서명이 있은 후에 당해 전자문서의 변경여부를 확인할 수 있을 것
4. "전자서명생성정보"라 함은 전자서명을 생성하기 위하여 이용하는 전자적 정보를 말한다.
5. "전자서명검증정보"라 함은 전자서명을 검증하기 위하여 이용하는 전자적 정보를 말한다.
6. "인증"이라 함은 전자서명생성정보가 가입자에게 유일하게 속한다는 사실을 확인하고 이를 증명하는 행위를 말한다.
7. "인증서"라 함은 전자서명생성정보가 가입자에게 유일하게 속한다는 사실 등을 확인하고 이를 증명하는 전자적 정보를 말한다.
8. "공인인증서"라 함은 제15조의 규정에 따라 공인인증기관이 발급하는 인증서를 말한다.

9. "공인인증업무"라 함은 공인인증서의 발급, 인증관련 기록의 관리등 공인인증역무를 제공하는 업무를 말한다.
10. "공인인증기관"이라 함은 공인인증역무를 제공하기 위하여 제4조의 규정에 의하여 지정된 자를 말한다.
11. "가입자"라 함은 공인인증기관으로부터 전자서명생성정보를 인증받은 자를 말한다.
12. "서명자"라 함은 전자서명생성정보를 보유하고 자신이 직접 또는 타인을 대리하여 서명을 하는 자를 말한다.
13. "개인정보"라 함은 생존하고 있는 개인에 관한 정보로서 성명·주민등록번호 등에 의하여 당해 개인을 알아볼 수 있는 부호·문자·음성·음향·영상 및 생체특성 등에 관한 정보(당해 정보만으로는 특정 개인을 알아볼 수 없는 경우에도 다른 정보와 용이하게 결합하여 알아볼 수 있는 것을 포함한다)를 말한다.

[전문개정 2001.12.31.] [[시행일 2002.4.1.]

제3조(전자서명의 효력 등)

① 다른 법령에서 문서 또는 서면에 서명, 서명날인 또는 기명날인을 요하는 경우 전자문서에 공인전자서명이 있는 때에는 이를 충족한 것으로 본다. [개정 2001.12.31.] [[시행일 2002.4.1.]]

② 공인전자서명이 있는 경우에는 당해 전자서명이 서명자의 서명, 서명날인 또는 기명날인이고, 당해 전자문서가 전자서명된 후 그 내용이 변경되지 아니하였다고 추정한다. [개정 2001.12.31.]

③ 공인전자서명외의 전자서명은 당사자간의 약정에 따른 서명, 서명날인 또는 기명날인으로서의 효력을 가진다. [신설 2001.12.31.] [[시행일 2002.4.1.]]

[본조제목개정 2001.12.31]

제 2 장 공인인증기관

제4조(공인인증기관의 지정)

① 미래창조과학부장관은 공인인증업무(이하 "인증업무"라 한다)를 안전하고 신뢰성있게 수행할 능력이 있다고 인정되는 자를 공인인증기관으로 지정할 수 있다. [개정 2001.12. 31, 2008.2.29 제8852호(정부조직법), 2013.3.23 제11690호(정부조직법)]

② 공인인증기관으로 지정받을 수 있는 자는 국가기관·지방자치단체 또는 법인에 한한다.

③ 공인인증기관으로 지정받고자 하는 자는 대통령령이 정하는 기술능력·재정능력·시설 및 장비 기타 필요한 사항을 갖추어야 한다.

④ 미래창조과학부장관은 제1항에 따라 공인인증기관을 지정하는 경우 공인인증시장의 건전한 발전 등을 위하여 국가기관, 지방자치단체 또는 비영리법인과 특별법에 의하여 설립된 법인에 대하여는 설립목적에 따라 인증업무의 영역을 구분하여 지정할 수 있다. [신설 2005.12.30, 2008.2.29 제8852호(정부조직법), 2013.3.23 제11690호(정부조직법)]

⑤ 공인인증기관의 지정절차 기타 필요한 사항은 대통령령으로 정한다. [개정 2005.12.30.]

제5조(결격사유)

다음 각호의 1에 해당하는 자는 공인인증기관으로 지정받을 수 없다. [개정 2005.3.31 제

7428호(채무자 회생 및 파산에 관한 법률), 2014.10.15]

1. 임원중 다음 각목의 1에 해당하는 자가 있는 법인
   가. 피성년후견인 또는 피한정후견인 또는 파산선고를 받은 자로서 복권되지 아니한 자
   나. 금고 이상의 실형의 선고를 받고 그 집행이 종료(집행이 종료된 것으로 보는 경우를 포함한다)되거나 집행이 면제된 날부터 2년이 경과되지 아니한 자
   다. 금고 이상의 형의 집행유예의 선고를 받고 그 집행유예기간중에 있는 자
   라. 법원의 판결 또는 다른 법률에 의하여 자격이 상실 또는 정지된 자
   마. 제12조의 규정에 의하여 지정이 취소된 법인의 취소당시의 임원이었던 자(취소된 날부터 2년이 경과되지 아니한 자에 한한다)
2. 제12조의 규정에 의하여 지정이 취소된 후 2년이 경과되지 아니한 법인 [[시행일 99·7·1]]

제6조(공인인증업무준칙 등)

① 공인인증기관은 인증업무를 개시하기 전에 다음 각 호의 사항이 포함된 공인인증업무준칙(이하 "인증업무준칙"이라 한다)을 작성하여 미래창조과학부장관에게 신고하여야 한다. [개정 2001.12.31, 2005.12.30, 2008.2.29 제8852호(정부조직법), 2013.3.23 제11690호(정부조직법)]

1. 인증업무의 종류
2. 인증업무의 수행방법 및 절차
3. 공인인증역무(이하 "인증역무"라 한다)의 이용조건
4. 기타 인증업무의 수행에 관하여 필요한 사항

② 공인인증기관은 인증업무준칙을 미래창조과학부장관이 정하여 고시하는 공인인증업무준칙 작성표준과 제8조의 규정에 의한 전자서명인증업무지침에 따라 작성하여야 한다. [신설 2005.12.30, 2008.2.29 제8852호(정부조직법), 2013.3.23 제11690호(정부조직법)]

③ 공인인증기관은 제1항의 규정에 의하여 신고한 사항을 변경하는 경우 미래창조과학부령이 정하는 기간내에 이를 미래창조과학부장관에게 신고하여야 한다. [신설 2001.12.31, 2005.12.30, 2008.2.29 제8852호(정부조직법), 2013.3.23 제11690호(정부조직법)]

④ 미래창조과학부장관은 인증업무의 안전성과 신뢰성 확보 및 가입자의 이익 보호를 위하여 제1항의 규정에 따라 신고한 인증업무준칙의 내용이 미래창조과학부장관이 정하여 고시하는 공인인증업무준칙 작성표준과 제8조제1항의 규정에 따른 전자서명인증업무지침에 위반되는 경우 상당한 기간을 정하여 당해공인인증기관에게 인증업무준칙의 변경을 명할 수 있다. [개정 2001.12.31, 2005.12.30, 2008.2.29 제8852호(정부조직법), 2013.3.23 제11690호(정부조직법)]

⑤ 공인인증기관은 인증업무준칙이 정한 사항을 성실히 준수하여야 한다. [신설 2001.12.31, 2005.12.30]

[본조제목개정 2001.12.31.]

제7조(인증역무의 제공등)

① 공인인증기관은 정당한 사유없이 인증역무의 제공을 거부하여서는 아니된다.

② 공인인증기관은 가입자 또는 인증역무 이용자를 부당하게 차별하여서는 아니된다.

[[시행일 99·7·1]]

제8조(공인인증기관의 업무수행)

① 미래창조과학부장관은 인증업무의 안전성과 신뢰성 확보를 위하여 공인인증기관이 인증업무수행에 있어 지키어야 할 구체적 사항을 전자서명인증업무지침으로 정하여 고시할 수 있다. [개정 2008.2.29 제8852호(정부조직법), 2013.3.23 제11690호(정부조직법)]

② 제1항의 규정에 의한 전자서명인증업무지침에는 다음 각 호의 사항이 포함되어야 한다. [신설 2005.12.30]

1. 공인인증서의 관리에 관한 사항
2. 전자서명생성정보의 관리에 관한 사항
3. 공인인증기관 시설의 보호에 관한 사항
4. 그 밖에 인증업무 및 운영관리에 관한 사항

[전문개정 2001.12.31]

제9조(인증업무의 양수등)

① 공인인증기관은 다른 공인인증기관의 인증업무를 양수하거나 다른 공인인증기관인 법인을 합병하고자 하는 경우에는 미래창조과학부령이 정하는 바에 따라 미래창조과학부장관에게 신고하여야 한다. [개정 2008.2.29 제8852호(정부조직법), 2013.3.23 제11690호(정부조직법)]

② 제1항의 규정에 의하여 인증업무를 양수한 공인인증기관 또는 합병한 경우의 합병후 존속하는 법인이나 합병으로 설립된 법인은 종전의 공인인증기관의 지위를 승계한다.

제10조(인증업무의 휴지·폐지등)

① 공인인증기관이 인증업무의 전부 또는 일부를 휴지하고자 하는 때에는 휴지기간을 정하여 휴지하고자 하는 날의 30일전까지 이를 가입자에게 통보하고 미래창조과학부장관에게 신고하여야 한다. 이 경우 휴지기간은 6월을 초과할 수 없다. [개정 2008.2.29 제8852호(정부조직법), 2013.3.23 제11690호(정부조직법)]

② 공인인증기관이 인증업무를 폐지하고자 하는 때에는 폐지하고자 하는 날의 60일전까지 이를 가입자에게 통보하고 미래창조과학부장관에게 신고하여야 한다. [개정 2008.2.29 제8852호(정부조직법), 2013.3.23 제11690호(정부조직법)]

③ 제2항의 규정에 의하여 신고한 공인인증기관은 가입자의 공인인증서와 그 효력정지 및 폐지에 관한 기록(이하 "가입자인증서등"이라 한다)을 다른 공인인증기관에게 인계하여야 한다. 다만, 부득이한 사유로 인하여 가입자인증서등을 인계할 수 없는 경우에는 그 사실을 미래창조과학부장관에게 지체없이 신고하여야 한다. [개정 2001.12.31, 2008.2.29 제8852호(정부조직법), 2013.3.23 제11690호(정부조직법)]

④ 미래창조과학부장관은 제3항 단서의 규정에 의하여 신고를 받은 때에는 「정보통신망 이용촉진 및 정보보호 등에 관한 법률」 제52조의 규정에 의한 한국인터넷진흥원(이하 "인터넷진흥원"이라 한다)에 대하여 당해 공인인증기관의 가입자인증서등을 인수하도록 명할 수 있다. [개정 2001.1.16, 2001.12.31, 2005.12.30, 2008.2.29 제8852호(정부조직법), 2013.3.23 제11690호(정부조직법)]

⑤ 제1항 내지 제4항의 규정에 의한 인증업무의 휴지 또는 폐지의 신고 및 가입자인증서등의 인계·인수 등에 관하여 필요한 사항은 미래창조과학부령으로 정한다. [개정 2001.12.31, 2008.2.29 제8852호(정부조직법), 2013.3.23 제11690호(정부조직법)]

제11조(시정명령)

미래창조과학부장관은 공인인증기관이 다음 각 호의 어느 하나에 해당하는 경우에는 기간을 정하여 시정조치를 명할 수 있다. [개정 2001.12.31, 2005.12.30, 2008.2.29 제8852호(정부조직법), 2013.3.23 제11690호(정부조직법)]

1. 삭제 [2005.12.30]
2. 공인인증기관으로 지정을 받은 후 제4조제3항의 규정에 의하여 공인인증기관이 갖추어야 할 사항을 갖추지 아니한 경우
3. 임원이 제5조제1호 각목에 해당하게 된 경우
4. 제6조의 규정에 의한 신고 또는 변경신고를 하지 아니하거나 신고한 인증업무준칙을 준수하지 아니한 경우
5. 제7조의 규정에 위반하여 인증역무의 제공을 거부하거나 가입자 또는 인증역무 이용자를 부당하게 차별한 경우

5의2. 제8조의 규정에 위반하여 전자서명인증업무지침에서 정한 사항을 준수하지 아니한 경우

6. 제9조제1항의 규정에 위반하여 인증업무의 양수나 공인인증기관 합병의 신고를 하지 아니한 경우
7. 제10조의 규정에 위반하여 인증업무휴지 또는 폐지의 통보나 신고를 하지 아니하거나 인증업무폐지시 가입자인증서등을 인계하지 아니한 경우
8. 제12조제2항의 규정에 위반하여 지정이 취소된 공인인증기관이 가입자인증서등을 인계하지 아니하거나 신고하지 아니한 경우
9. 제14조제1항의 규정에 의한 자료를 제출하지 아니한 경우

9의2. 제15조제1항 후단의 규정에 따른 신원확인을 하지 아니한 경우

10. 제17조의 규정에 위반하여 공인인증서의 효력을 정지 또는 회복하지 아니하거나 그 사실을 확인할 수 있는 조치를 취하지 아니한 경우
11. 제18조의 규정에 위반하여 공인인증서를 폐지하지 아니하거나 그 사실을 확인할 수 있는 조치를 취하지 아니한 경우

11의2. 제18조의3의 규정에 위반하여 인증업무와 관련된 시설의 안전성 확보를 위한 보호조치를 취하지 아니한 경우

12. 제22조의3제1항의 규정에 따른 인증업무를 제공하는 정보처리시스템의 장애발생 신고를 하지 아니한 경우
13. 제26조제2항의 규정에 따른 보험에 가입하지 아니한 경우

제12조(인증업무의 정지 및 지정취소등)

① 미래창조과학부장관은 공인인증기관이 다음 각호의 1에 해당하는 경우에는 6월 이내의 기간을 정하여 인증업무의 전부 또는 일부의 정지를 명하거나 지정을 취소할 수 있다. 다만, 제1호 및 제2호의 경우에는 지정을 취소하여야 한다. [개정 2001.12.31, 2005.12.30,

2008.2.29 제8852호(정부조직법), 2013.3.23 제11690호(정부조직법)]
1. 사위 기타 부정한 방법으로 제4조의 규정에 의한 지정을 받은 경우
2. 인증업무의 정지명령을 받은 자가 그 명령에 위반하여 인증업무를 정지하지 아니한 경우
3. 제4조의 규정에 의한 지정을 받은 날부터 6월 이내에 인증업무를 개시하지 아니하거나 6월 이상 계속하여 인증업무를 휴지한 경우
4. 제6조제4항의 규정에 의한 인증업무준칙 변경명령에 위반한 경우
5. 제11조의 규정에 의한 시정명령을 정당한 사유없이 이행하지 아니한 경우

② 제1항의 규정에 의하여 지정이 취소된 공인인증기관은 가입자인증서등을 다른 공인인증기관에게 인계하여야 한다. 다만, 부득이한 사유로 인하여 가입자인증서등을 인계할 수 없는 때에는 그 사실을 미래창조과학부장관에게 지체없이 신고하여야 한다. [개정 2008.2.29 제8852호(정부조직법), 2013.3.23 제11690호(정부조직법)]

③ 제10조제4항의 규정은 지정이 취소된 공인인증기관에 관하여 이를 준용한다.

④ 제1항의 규정에 의한 처분의 기준 및 절차와 제2항 및 제3항의 규정에 의한 인계·인수 등에 관하여 필요한 사항은 미래창조과학부령으로 정한다. [개정 2008.2.29 제8852호(정부조직법), 2013.3.23 제11690호(정부조직법)]

제13조(과징금의 부과)

① 미래창조과학부장관은 제12조제1항 각호의 1에 해당하는 경우로서 그 업무정지가 가입자등에게 심한 불편을 주거나 기타 공익을 해할 우려가 있는 때에는 그 업무정지처분에 갈음하여 2천만원 이하의 과징금을 부과할 수 있다. [개정 2008.2.29 제8852호(정부조직법), 2013.3.23 제11690호(정부조직법)]

② 제1항의 규정에 의한 과징금을 부과하는 위반행위의 종별과 그 정도에 따른 과징금의 금액 기타 필요한 사항은 대통령령으로 정한다. [개정 2005.12.30]

③ 미래창조과학부장관은 제1항의 규정에 의한 과징금을 납부하여야 할 자가 납부기한까지 이를 납부하지 아니하는 때에는 국세체납처분의 예에 의하여 이를 징수한다. [개정 2008.2.29 제8852호(정부조직법), 2013.3.23 제11690호(정부조직법)]

제14조(검사등)

① 미래창조과학부장관은 인증업무의 안전성과 신뢰성 확보 및 가입자의 보호 등을 위한 다음 각 호의 사항을 확인하기 위하여 공인인증기관에 대하여 자료를 제출하게 할 수 있으며, 관계공무원으로 하여금 공인인증기관의 사무실·사업장 기타 필요한 장소에 출입하여 인증업무에 관한 시설 및 장비·장부·서류 기타 물건을 검사하게 할 수 있다. [개정 2001.12.31, 2005.12.30, 2008.2.29 제8852호(정부조직법), 2013.3.23 제11690호(정부조직법)]
1. 제15조의 규정에 따른 공인인증기관의 신원확인 절차 및 방법의 적정 여부
2. 제18조의3, 제19조 내지 제22조, 제22조의2, 제23조 및 제24조의 규정에서 정하는 인증업무의 안전성 및 신뢰성 확보 여부

② 미래창조과학부장관은 제1항의 규정에 따라 관계 공무원으로 하여금 검사하게 하는 경우에는 검사 개시 7일 전까지 검사의 일시·이유 및 내용 등에 관한 검사계획을 해당

공인인증기관에 통지하여야 한다. [신설 2005.12.30, 2008.2.29 제8852호(정부조직법), 2013.3.23 제11690호(정부조직법)]

③ 제1항의 규정에 의하여 출입·검사를 하는 공무원은 그 권한을 나타내는 증표를 관계인에게 내보여야 하며, 출입시 성명·출입시간·출입목적 등이 표시된 문서를 관계인에게 교부하여야 한다. [개정 2005.12.30]

제 3 장 공인인증서 [개정 2001.12.31]

제15조(공인인증서의 발급)

① 공인인증기관은 공인인증서를 발급받고자 하는 자에게 공인인증서를 발급한다. 이 경우 공인인증기관은 공인인증서를 발급받고자 하는 자의 신원을 확인하여야 한다. [개정 2001.12.31]

② 공인인증기관이 발급하는 공인인증서에는 다음 각호의 사항이 포함되어야 한다. [개정 2001.12.31]

1. 가입자의 이름(법인의 경우에는 명칭을 말한다)
2. 가입자의 전자서명검증정보
3. 가입자와 공인인증기관이 이용하는 전자서명 방식
4. 공인인증서의 일련번호
5. 공인인증서의 유효기간
6. 공인인증기관의 명칭 등 공인인증기관임을 확인할 수 있는 정보
7. 공인인증서의 이용범위 또는 용도를 제한하는 경우 이에 관한 사항
8. 가입자가 제3자를 위한 대리권 등을 갖는 경우 또는 직업상 자격등의 표시를 요청한 경우 이에 관한 사항
9. 공인인증서임을 나타내는 표시

③ 삭제 [2001.12.31]

④ 공인인증기관은 공인인증서를 발급받고자 하는 자의 신청이 있는 경우에는 공인인증서의 이용범위 또는 용도를 제한하는 공인인증서를 발급할 수 있다. [개정 2001.12.31]

⑤ 공인인증기관은 공인인증서의 이용범위 및 용도, 이용된 기술의 안전성과 신뢰성 등을 고려하여 공인인증서의 유효기간을 적정하게 정하여야 한다. [개정 2001.12.31]

⑥ 공인인증서 발급에 따른 신원확인 절차 및 방법 등에 관하여 필요한 사항은 미래창조과학부령으로 정한다. [신설 2001.12.31, 2008.2.29 제8852호(정부조직법), 2013.3.23 제11690호(정부조직법)]

[본조제목개정 2001.12.31]

제16조(공인인증서의 효력의 소멸 등)

① 공인인증기관이 발급한 공인인증서는 다음 각호의 1에 해당하는 사유가 발생한 경우에는 그 사유가 발생한 때에 그 효력이 소멸된다. [개정 2001.1.16, 2001.12.31]

1. 공인인증서의 유효기간이 경과한 경우
2. 제12조제1항의 규정에 의하여 공인인증기관의 지정이 취소된 경우

3. 제17조의 규정에 의하여 공인인증서의 효력이 정지된 경우
4. 제18조의 규정에 의하여 공인인증서가 폐지된 경우
5. 삭제 [2001.12.31]

② 미래창조과학부장관은 제10조의 규정에 따라 인증업무를 휴지 또는 폐지하였거나 제12조의 규정에 따라 인증업무가 정지된 공인인증기관의 전자서명생성정보가 분실·훼손 또는 도난·유출되는 등의 경우에는 인증업무의 안전성과 신뢰성 확보를 위하여 해당 공인인증기관이 발급한 모든 공인인증서의 효력을 정지할 수 있다. [개정 2005.12.30., 2008.2.29 제8852호(정부조직법), 2013.3.23 제11690호(정부조직법)]

③ 미래창조과학부장관은 제2항의 규정에 의하여 공인인증서의 효력을 정지한 때에는 그 사실을 항상 확인할 수 있도록 지체없이 인터넷진흥원으로 하여금 필요한 조치를 하게 하여야 한다. 제1항제2호의 규정에 의하여 공인인증서의 효력이 소멸된 경우에도 또한 같다. [개정 2001.12.31, 2008.2.29 제8852호(정부조직법), 2013.3.23 제11690호(정부조직법)]

[본조제목개정 2001.12.31]

제17조(공인인증서의 효력정지 등)

① 공인인증기관은 가입자 또는 그 대리인의 신청이 있는 경우에는 공인인증서의 효력을 정지하거나 정지된 공인인증서의 효력을 회복하여야 한다. 이 경우 공인인증서 효력회복의 신청은 공인인증서의 효력이 정지된 날부터 6월 이내에 하여야 한다. [개정 2001.12.31.] [[시행일 2002.4.1.]]

② 공인인증기관이 제1항의 규정에 의하여 공인인증서의 효력을 정지하거나 회복한 경우에는 그 사실을 항상 확인할 수 있도록 지체없이 필요한 조치를 취하여야 한다. [개정 2001.12.31.] [[시행일 2002.4.1.]]

[본조제목개정 2001.12.31]

제18조(공인인증서의 폐지)

① 공인인증기관은 공인인증서에 관하여 다음 각호의 1에 해당하는 사유가 발생한 경우에는 당해 공인인증서를 폐지하여야 한다. [개정 2001.12.31.][[시행일 2002.4.1.]]

1. 가입자 또는 그 대리인이 공인인증서의 폐지를 신청한 경우
2. 가입자가 사위 기타 부정한 방법으로 공인인증서를 발급받은 사실을 인지한 경우
3. 가입자의 사망·실종선고 또는 해산 사실을 인지한 경우
4. 가입자의 전자서명생성정보가 분실·훼손 또는 도난·유출된 사실을 인지한 경우

② 공인인증기관은 제1항의 규정에 의하여 공인인증서를 폐지한 경우에는 그 사실을 항상 확인할 수 있도록 지체없이 필요한 조치를 취하여야 한다.[개정 2001.12.31.] [[시행일 2002.4.1.]]

[본조제목개정 2001.12.31]

제18조의2(공인인증서를 이용한 본인확인)

다른 법률에서 공인인증서를 이용하여 본인임을 확인하는 것을 제한 또는 배제하고 있지 아니한 경우에는 이 법의 규정에 따라 공인인증기관이 발급한 공인인증서에 의하여 본인임을 확인할 수 있다.

[본조신설 2001.12.31.] [[시행일 2002.4.1.]]

제 4 장 인증업무의 안전성 및 신뢰성 확보

제18조의3(공인인증기관의 안전성 확보)

공인인증기관은 인증업무에 관한 시설의 안전성 확보를 위하여 미래창조과학부령이 정하는 보호조치를 취하여야 한다. [개정 2008.2.29 제8852호(정부조직법), 2013.3.23 제11690호(정부조직법)]

[본조신설 2001.12.31.] [[시행일 2002.4.1.]]

제19조(인증업무에 관한 설비의 운영)

① 공인인증기관은 자신이 발급한 공인인증서가 유효한지의 여부를 누구든지 항상 확인할 수 있도록 하는 설비 등 인증업무에 관한 시설 및 장비를 안전하게 운영하여야 한다.

② 공인인증기관은 제1항의 시설 및 장비의 안전운영 여부를 인터넷진흥원으로부터 정기적으로 점검받아야 한다. [개정 2013.3.23 제11690호(정부조직법)]

③ 공인인증기관은 공인인증기관으로 지정된 후 제1항의 규정에 의한 시설 및 장비를 변경하는 경우 지체없이 미래창조과학부장관에게 이를 신고하여야 한다. 이 경우 미래창조과학부장관은 인터넷진흥원으로 하여금 당해 시설 및 장비의 안전성 여부를 점검하게 할 수 있다. [개정 2008.2.29 제8852호(정부조직법), 2013.3.23 제11690호(정부조직법)]

[전문개정 2001.12.31]

제20조(전자문서의 시점확인)

공인인증기관은 가입자 또는 공인인증서를 이용하는 자(이하 "이용자"라 한다)의 신청이 있는 경우에는 전자문서가 당해 공인인증기관에 제시된 시점을 공인전자서명하여 확인할 수 있다. [개정 2001.12.31, 2005.12.30] [[시행일 2006.7.1]]

제21조(전자서명생성정보의 관리)

① 가입자는 자신의 전자서명생성정보를 안전하게 보관·관리하고, 이를 분실·훼손 또는 도난·유출되거나 훼손될 수 있는 위험을 인지한 때에는 그 사실을 공인인증기관에 통보하여야 한다. 이 경우 가입자는 지체없이 이용자에게 공인인증기관에 통보한 내용을 고지하여야 한다.

② 공인인증기관은 제1항의 규정에 의한 사실을 통보하거나 고지할 수 있는 수단을 제공하여야 한다.

③ 공인인증기관은 가입자의 신청이 있는 경우외에는 가입자의 전자서명생성정보를 보관하여서는 아니되며, 가입자의 신청에 의하여 그의 전자서명생성정보를 보관하는 경우 당해 가입자의 동의없이 이를 이용하거나 유출하여서는 아니된다.

④ 공인인증기관은 자신이 이용하는 전자서명생성정보를 안전하게 보관·관리하여야 한다. 이 경우 당해 전자서명생성정보가 분실·훼손 또는 도난·유출되거나 훼손될 수 있는 위험을 인지한 때에는 지체없이 그 사실을 인터넷진흥원에 통보하고 인증업무의 안전성과 신뢰성을 확보할 수 있는 대책을 마련하여야 한다. [개정 2013.3.23 제11690호(정부조직법)]

[전문개정 2001.12.31.][[시행일 2002.4.1.]]

제22조(인증업무에 관한 기록의 관리)

① 공인인증기관은 가입자의 공인인증서와 인증업무에 관한 기록을 안전하게 보관·관리하여야 한다. [개정 2001.12.31.] [[시행일 2002.4.1.]]

② 공인인증기관은 가입자인증서등을 당해 공인인증서의 효력이 소멸된 날부터 10년동안 보관하여야 한다. [개정 2001.12.31.] [[시행일 2002.4.1.]]

[[시행일 99·7·1]]

제22조의2(공인인증서의 관리 등)

① 공인인증기관 및 가입자는 공인인증서의 유효기간 이내에 당해 공인인증서의 기재사항 또는 공인인증서와 결부된 정보가 정확하고 완전하게 유지되도록 상당한 주의를 기울여야 한다.

② 공인인증기관은 이용자가 공인인증서에 의하여 다음 각호의 사항을 확인할 수 있도록 쉬운 수단을 제공하여야 한다.

1. 공인인증기관의 명칭 등 공인인증기관임을 확인할 수 있는 정보
2. 가입자가 당해 공인인증서가 발행된 당시에 전자서명생성정보를 지배·관리하고 있는 사실
3. 공인인증서의 발행 전에 전자서명생성정보가 유효한 사실

③ 공인인증기관은 이용자가 다음 각호의 사실을 확인할 수 있도록 쉬운 수단을 제공하여야 한다.

1. 서명자의 신원을 확인할 수 있는 방법
2. 전자서명생성정보 또는 공인인증서의 사용목적이나 사용금액에 대한 제한
3. 공인인증기관이 부담하는 책임의 범위 또는 정도

[본조신설 2001.12.31.] [시행일 2002.4.1]]

제22조의3(인증업무의 장애발생 신고)

① 공인인증기관은 인증업무를 제공하는 정보처리시스템에 장애가 발생한 경우에는 지체 없이 그 사실을 미래창조과학부장관 또는 한국인터넷진흥원장에게 신고하고 신속히 장애를 복구할 수 있는 대책을 마련하여야 한다. [개정 2008.2.29 제8852호(정부조직법), 2013.3.23 제11690호(정부조직법)]

② 미래창조과학부장관 또는 한국인터넷진흥원장은 제1항의 규정에 의하여 인증업무의 장애를 신고받은 때에는 다음 각 호의 조치를 취하여야 한다. [개정 2008.2.29 제8852호(정부조직법), 2013.3.23 제11690호(정부조직법)]

1. 장애에 관한 정보 수집과 전파
2. 장애복구에 관한 기술지원과 협력

[본조신설 2005.12.30]

제23조(전자서명생성정보의 보호 등)

① 누구든지 타인의 전자서명생성정보를 도용 또는 누설하여서는 아니된다. [개정 2001.12.31] [[시행일 2002.4.1]]

② 누구든지 타인의 명의로 공인인증서를 발급받거나 발급받을 수 있도록 하여서는 아

니된다. [개정 2001.12.31] [[시행일 2002.4.1]]

③ 누구든지 공인인증서가 아닌 인증서 등을 공인인증서로 혼동하게 하거나 혼동할 우려가 있는 유사한 표시를 사용하거나 허위로 공인인증서의 사용을 표시하여서는 아니된다. [신설 2001.12.31] [[시행일 2002.4.1]]

④ 누구든지 공인인증서를 이용범위 또는 용도에서 벗어나 부정하게 사용하여서는 아니된다. [신설 2005.12.30] [[시행일 2006.7.1]]

⑤ 누구든지 행사하게 할 목적으로 다른 사람에게 공인인증서를 양도 또는 대여하거나 행사할 목적으로 다른 사람의 공인인증서를 양도 또는 대여 받아서는 아니된다. [신설 2005.12.30] [[시행일 2006.7.1]]

[본조제목개정 2001.12.31]

제24조(개인정보의 보호)

① 공인인증기관은 인증업무 수행과 관련하여 개인정보를 보호하여야 한다.

② 삭제[2011.3.29 제10465호(개인정보 보호법)][[시행일 2011.9.30]]

[전문개정 2001.12.31] [[시행일 2002.4.1]]

제25조(전자서명인증관리업무)

① 인터넷진흥원은 전자서명을 안전하고 신뢰성있게 이용할 수 있는 환경을 조성하고 공인인증기관을 효율적으로 관리하기 위하여 다음 각호의 업무를 수행한다. [개정 2013.3.23 제11690호(정부조직법)]

1. 제4조의 규정에 의하여 공인인증기관을 지정하는 경우 공인인증기관으로 지정받고자 하는 자가 갖추어야 할 시설 및 장비에 대한 심사 지원
2. 제14조제1항의 규정에 의한 공인인증기관에 대한 검사 지원
3. 제18조의3의 규정에 의한 보호조치에 대한 심사 및 기술 지원
4. 제19조제2항의 규정에 의한 시설 및 장비의 안전운영 여부에 관한 점검
5. 공인인증기관에 대한 공인인증서 발급·관리 등 인증업무
6. 전자서명인증 관련 기술개발·보급 및 표준화 연구
7. 전자서명인증 관련 제도 연구 및 상호인정 등 국제협력 지원
8. 그 밖에 전자서명인증관리업무와 관련하여 필요한 사항

② 제6조, 제7조, 제15조 내지 제18조, 제18조의2, 제18조의3, 제19조제1항 및 제22조의 규정은 인터넷진흥원의 전자서명인증관리업무에 관하여 이를 준용한다. 이 경우 "공인인증기관"은 "인터넷진흥원"으로, "가입자"는 "공인인증기관"으로 본다. [개정 2005.12.30, 2013.3.23 제11690호(정부조직법)]

③ 인터넷진흥원은 제1항의 규정에 의한 심사·기술지원·점검 및 공인인증서 발급 등 전자서명인증관리업무와 관련하여 수수료 등을 부과할 수 있다. [개정 2013.3.23 제11690호(정부조직법)]

[전문개정 2001.12.31] [[시행일 2002.4.1]]

제25조의2(이용자의 준수사항)

이용자는 제15조제2항제1호 내지 제6호의 공인인증서 기재사항 등에 의하여 공인전자서

명의 진위여부를 확인하기 위하여 다음 각목의 조치를 취하여야 한다.
가. 공인인증서의 유효 여부의 확인
나. 공인인증서의 정지 또는 폐지 여부의 확인
다. 제15조제2항제7호 및 제8호 사항의 확인
[본조신설 2001.12.31.] [[시행일 2002.4.1.]]

제25조의3(특정 공인인증서 요구 금지)
누구든지 공인인증서를 이용하여 전자서명을 확인하는 경우 정당한 이유없이 특정 공인인증기관의 공인인증서만을 요구하여서는 아니된다.
[본조신설 2001.12.31.] [[시행일 2002.4.1.]]

제26조(배상책임)
① 공인인증기관은 인증업무 수행과 관련하여 가입자 또는 공인인증서를 신뢰한 이용자에게 손해를 입힌 때에는 그 손해를 배상하여야 한다. 다만, 공인인증기관이 과실 없음을 입증하면 그 배상책임이 면제된다.
② 공인인증기관은 제1항의 규정에 따른 손해를 배상하기 위한 보험에 가입하여야 한다.
[전문개정 2005.12.30] [[시행일 2006.7.1]]

제 5 장 전자서명인증정책의 추진 등 [신설 2001.12.31]

제26조의2(전자서명인증제도의 발전을 위한 시책의 수립 등)
정부는 전자서명의 안전성과 신뢰성을 확보하고 그 이용을 활성화하는 등 전자서명 및 인증업무의 발전을 위하여 다음 각호의 시책을 수립·시행한다.
1. 전자서명의 안전성과 신뢰성 확보 및 이용활성화를 위한 기본정책에 관한 사항
2. 전자서명의 원활한 상호연동을 위한 정책 및 기술표준화에 관한 사항
3. 전자서명 관련 기술개발
4. 전자서명의 이용활성화를 위한 교육 및 홍보에 관한 사항
5. 전자서명의 이용확산을 위한 제도의 개선 및 관계 법령의 정비에 관한 사항
6. 전자서명 관련 단체의 지원 및 관련 정보의 제공에 관한 사항
7. 인증업무와 관련된 가입자와 이용자의 권익보호에 관한 사항
8. 외국의 전자서명 및 인증서에 대한 상호인정 및 국제협력에 관한 사항
9. 전자서명관련 산업육성 및 인력양성에 관한 사항
10. 공인인증기관의 안전성 확보를 위한 보호조치에 관한 사항
11. 전자서명 이용활성화를 위한 시범사업의 추진 및 통계·실태조사에 관한 사항
12. 전자문서의 안전성과 신뢰성 확보를 위한 암호사용에 관한 사항
13. 그 밖에 전자서명의 안전성과 신뢰성 확보 및 이용촉진을 위해 필요한 사항
[본조신설 2001.12.31.][[시행일 2002.4.1.]]

제26조의3(전자서명의 상호연동)
① 미래창조과학부장관은 전자서명의 원활한 상호연동을 위하여 다음 각호의 사항을 추

진한다. [개정 2008.2.29 제8852호(정부조직법), 2013.3.23 제11690호(정부조직법)]

1. 전자서명의 상호연동을 위한 국내외 표준의 조사연구 및 개발
2. 전자서명의 상호연동과 관련한 표준의 제정 및 보급
3. 전자서명의 상호연동을 위한 전자서명 및 인증정책의 조정
4. 그 밖에 전자서명의 상호연동과 관련한 사항

② 미래창조과학부장관은 제1항 각호의 사항을 추진하기 위하여 필요한 경우 관련기관 및 단체로 하여금 이를 대행하게 할 수 있다. 이 경우 미래창조과학부령이 정하는 바에 의하여 이에 소요되는 비용을 지원할 수 있다. [개정 2008.2.29 제8852호(정부조직법), 2013.3.23 제11690호(정부조직법)]

[본조신설 2001.12.31]

제26조의4(전자서명 기술개발 및 인력양성)

미래창조과학부장관은 전자서명의 이용촉진에 필요한 기술개발 및 전문인력양성을 위하여 다음 각호의 사항을 추진한다. [개정 2008.2.29 제8852호(정부조직법), 2013.3.23 제11690호(정부조직법)]

1. 전자서명 관련 기술수준의 조사, 기술의 연구·개발 및 활용에 관한 사항
2. 전자서명 관련 기술협력 및 기술이전에 관한 사항
3. 전자서명에 관한 기술정보의 제공 및 관련 기관·단체와의 협력에 관한 사항
4. 전자서명 관련 전문인력의 수급실태조사 및 전문인력양성을 위한 지원사항
5. 그 밖에 전자서명에 관한 기술개발 및 인력양성에 필요한 사항

[본조신설 2001.12.31]

제26조의5(전자서명 시범사업의 추진)

① 미래창조과학부장관은 전자서명의 이용확산을 위하여 미래창조과학부령이 정하는 바에 따라 시범사업을 실시할 수 있다. [개정 2008.2.29 제8852호(정부조직법), 2013.3.23 제11690호(정부조직법)]

② 정부는 제1항의 규정에 의한 시범사업에 대하여 행정적·재정적·기술적 지원을 할 수 있다.

[본조신설 2001.12.31]

제26조의6(전자서명이용촉진을 위한 지원)

① 국가 또는 지방자치단체는 전자서명의 이용촉진을 위하여 금융지원을 할 수 있다.

② 정부는 전자거래의 안전성과 신뢰성 확보를 위하여 공인전자서명을 사용하는 경우 전자거래에 수반하는 수수료 등을 감면하는 시책을 수립·시행할 수 있다.

③ 정부는 전자서명과 관련된 법인 또는 단체가 전자서명 이용촉진을 위한 사업을 실시하는 경우 예산의 범위안에서 당해 사업비의 전부 또는 일부를 지원할 수 있다.

[본조신설 2001.12.31.][[시행일 2002.4.1.]]

제26조의7

삭제 [2010.2.4]

제6장 보 칙 [개정 2001.12.31]

제27조(가입자 및 이용자의 보호)

① 정부는 가입자 및 이용자의 불만 및 피해를 신속하고 공정하게 처리할 수 있도록 필요한 조치를 마련하여야 한다.

② 제1항의 조치에 관한 구체적 사항은 미래창조과학부령으로 정한다. [개정 2008.2.29 제8852호(정부조직법), 2013.3.23 제11690호(정부조직법)]

[본조신설 2001.12.31]

제27조의2(상호인정)

① 정부는 전자서명의 상호인정을 위하여 외국정부와 협정을 체결할 수 있다.

② 제1항의 규정에 의하여 협정을 체결하는 경우에는 외국의 인증기관 또는 외국의 인증기관이 발급한 인증서에 대하여 이 법에 의한 공인인증기관 또는 공인인증서와 동일한 법적 지위 또는 법적 효력을 부여하는 것을 그 협정의 내용으로 할 수 있다. [개정 2001.12.31]

③ 미래창조과학부장관은 제1항의 규정에 의하여 외국정부와 전자서명의 상호인정에 관한 협정을 체결한 경우에는 그 내용을 고시하여야 한다. [개정 2008.2.29 제8852호(정부조직법), 2013.3.23 제11690호(정부조직법)]

④ 제1항의 규정에 따라 외국정부와 협정이 체결된 경우 외국의 전자서명 또는 인증서는 공인전자서명 또는 공인인증서와 동등한 효력을 가진 것으로 본다. [신설 2001.12.31]

제28조(요금 부과)

공인인증기관은 공인인증서의 발급을 신청하는 자 또는 인증역무를 제공받는 자에게 수수료 등 필요한 요금을 부과할 수 있다. [개정 2001.12.31.] [[시행일 2002.4.1.]]

제29조(청문)

미래창조과학부장관은 제12조제1항의 규정에 의하여 지정취소를 하고자 하는 경우에는 청문을 실시하여야 한다. [개정 2008.2.29 제8852호(정부조직법), 2013.3.23 제11690호(정부조직법)]

제30조(권한의 위임)

이 법에 의한 미래창조과학부장관의 권한은 대통령령이 정하는 바에 의하여 그 일부를 소속기관의 장 또는 체신청장에게 위임·위탁할 수 있다. [개정 2008.2.29 제8852호(정부조직법), 2013.3.23 제11690호(정부조직법)]

제7장 벌 칙 [개정 2001.12.31]

제31조(벌칙)

다음 각호의 1에 해당하는 자는 3년 이하의 징역 또는 3천만원 이하의 벌금에 처한다. [개정 2001.12.31.][[시행일 2002.4.1.]]

1. 제21조제3항의 규정에 위반하여 가입자의 신청없이 가입자의 전자서명생성정보를 보관하거나 전자서명생성정보의 보관을 신청한 가입자의 승낙없이 이를 이용하거나 유출한 자
2. 제23조제1항의 규정에 위반하여 타인의 전자서명생성정보를 도용 또는 누설한 자
3. 제23조제2항의 규정에 위반하여 타인의 명의로 공인인증서를 발급받거나 발급받을 수 있도록 한 자

제32조(벌칙)

다음 각 호의 어느 하나에 해당하는 자는 1년 이하의 징역 또는 1천만원 이하의 벌금에 처한다. [개정 2005.12.30] [[시행일 2006.7.1]]

1. 제22조제2항의 규정에 위반하여 가입자인증서등을 보관하지 아니한 자
2. 삭제 [2005.12.30] [[시행일 2006.7.1]]
3. 제23조제4항의 규정을 위반하여 공인인증서를 이용범위 또는 용도에서 벗어나 부정하게 사용한 자 [[시행일 2006.7.1]]
4. 제23조제5항의 규정을 위반하여 행사하게 할 목적으로 다른 사람에게 공인인증서를 양도 또는 대여하거나 행사할 목적으로 다른 사람의 공인인증서를 양도 또는 대여받은 자 [[시행일 2006.7.1]]

[전문개정 2001.12.31] [[시행일 2002.4.1]]

제33조(양벌규정)

법인의 대표자나 법인 또는 개인의 대리인, 사용인, 그 밖의 종업원이 그 법인 또는 개인의 업무에 관하여 제31조 또는 제32조의 위반행위를 하면 그 행위자를 벌하는 외에 그 법인 또는 개인에게도 해당 조문의 벌금형을 과(科)한다. 다만, 법인 또는 개인이 그 위반행위를 방지하기 위하여 해당 업무에 관하여 상당한 주의와 감독을 게을리하지 아니한 경우에는 그러하지 아니하다.

[전문개정 2008.12.26]

제34조(과태료)

① 다음 각 호의 어느 하나에 해당하는 자는 500만원 이하의 과태료에 처한다. [개정 2001.12.31, 2005.12.30, 2008.2.29 제8852호(정부조직법), 2013.3.23 제11690호(정부조직법)]

1. 제6조제1항 또는 제3항(제25조제2항에 의하여 준용되는 경우를 포함한다)의 규정에 위반하여 인증업무준칙의 신고 또는 변경신고를 하지 아니하거나 동조제4항(제25조제2항에 의하여 준용되는 경우를 포함한다)의 규정에 의한 인증업무준칙의 변경에 관한 명령을 이행하지 아니한 자
2. 제7조(제25조제2항에 의하여 준용되는 경우를 포함한다)의 규정에 위반하여 정당한 사유없이 인증역무의 제공을 거부하거나 가입자 또는 이용자를 부당하게 차별한 자
3. 제9조제1항의 규정에 의한 신고를 하지 아니한 자
4. 제10조제1항의 규정에 의한 인증업무의 휴지 또는 동조제2항의 규정에 의한 인증업무의 폐지 사실을 가입자에게 통보하지 아니하거나 미래창조과학부장관에게 신고하지 아니한 자

5. 제10조제3항 또는 제12조제2항의 규정에 위반하여 정당한 사유없이 다른 공인인증기관에게 가입자인증서 등을 인계하지 아니하거나 신고하지 아니한 자
6. 제14조제1항의 규정에 의한 자료를 제출하지 아니하거나 허위의 자료를 제출한 자 또는 관계 공무원의 출입·검사를 거부·방해 또는 기피한 자
7. 제21조제4항의 규정에 의한 통보를 하지 아니한 자

7의2. 제22조의3제1항의 규정에 의한 인증업무를 제공하는 정보처리시스템의 장애발생 신고를 하지 아니한 자

8. 제23조제3항의 규정에 위반하여 공인인증서가 아닌 인증서 등을 공인인증서로 혼동하게 하거나 혼동할 우려가 있는 유사한 표시를 사용하거나 허위로 공인인증서의 사용을 표시한 자
9. 제25조의3의 규정을 위반하여 특정 공인인증기관의 공인인증서만을 요구한 자
10. 제26조제2항의 규정을 위반하여 보험에 가입하지 아니한 자

② 제1항의 규정에 의한 과태료는 대통령령이 정하는 바에 의하여 미래창조과학부장관이 부과·징수한다. [개정 2008.2.29 제8852호(정부조직법), 2013.3.23 제11690호(정부조직법)]

③ 제2항의 규정에 의한 과태료처분에 불복이 있는 자는 그 처분의 고지를 받은 날부터 30일 이내에 미래창조과학부장관에게 이의를 제기할 수 있다. [개정 2008.2.29 제8852호(정부조직법), 2013.3.23 제11690호(정부조직법)]

④ 제2항의 규정에 의한 과태료처분을 받은 자가 제3항의 규정에 의하여 이의를 제기한 때에는 미래창조과학부장관은 지체없이 관할법원에 그 사실을 통보하여야 하며, 그 통보를 받은 관할법원은 「비송사건절차법」에 의한 과태료의 재판을 한다. [개정 2005.12.30, 2008.2.29 제8852호(정부조직법), 2013.3.23 제11690호(정부조직법)]

⑤ 제3항의 규정에 의한 기간내에 이의를 제기하지 아니하고 과태료를 납부하지 아니한 때에는 국세체납처분의 예에 의하여 이를 징수한다.

부 칙 [1999.2.5 제5792호]

이 법은 1999년 7월 1일부터 시행한다.

부 칙 [2001.1.16 제6360호(정보통신망이용촉진및정보보호등에관한법률)]

제1조 (시행일) 이 법은 2001년 7월 1일부터 시행한다.

제2조 내지 제4조 생략

제5조 (다른 법률의 개정) ①내지 ③생략

④ 전자서명법중 다음과 같이 개정한다.

제8조제1항중 "정보화촉진기본법 제14조의2의 규정에 의한 한국정보보호센터(이하 "보호센터"라 한다)로부터"를 "정보통신망이용촉진및정보보호등에관한법률 제52조의 규정에 의한한국정보보호진흥원(이하 "보호진흥원"이라 한다)으로부터"로 한다.

제10조제4항 및 제21조제3항중 "보호센터"를 각각 "보호진흥원"으로 한다.

제16조제1항제5호중 "보호센터가"를 "보호진흥원이"로 한다.

제16조제3항중 “보호센터로”를 “보호진흥원으로”로 한다.

제21조제4항 및 제21조제5항중 “보호센터는”을 각각 “보호진흥원은”으로 한다.

제25조제1항중 “보호센터는”을 “보호진흥원은”으로 하고, 동조제2항중 ““보호센터”로”를 ““보호진흥원”으로”로 한다.

⑤ 생략

제6조 생략

부 칙 [2001.12.31 제6585호]

제1조 (시행일) 이 법은 2002년 4월 1일부터 시행한다.

제2조 (배상책임에 관한 경과조치) 이 법 시행전에 공인인증기관의 인증업무 수행과 관련하여 발생한 손해에 대한 배상책임은 종전의 규정에 의한다.

제3조 (벌칙의 적용에 관한 경과조치) 이 법 시행전의 행위에 관한 벌칙의 적용에 있어서는 종전의 규정에 의한다.

제4조 (다른 법률의 개정) ①정보통신망이용촉진및정보보호등에관한법률중 다음과 같이 개정한다.

제18조제2항의 “전자서명(작성자를 알아볼 수 있고 문서의 변경여부를 확인할 수 있는 것을 말한다)”을 “전자서명법 제2조제3호의 규정에 의한 공인전자서명”으로 한다.

② 전자정부구현을위한행정업무등의전자화촉진에관한법률중 다음과 같이 개정한다.

제18조제1항, 제20조제1항 및 제3항중 “전자서명법 제2조제2호의 규정에 의한 전자서명”을 각각 “전자서명법 제2조제3호의 규정에 의한 공인전자서명”으로 한다.

부 칙 [2005.3.31 제7428호(채무자 회생 및 파산에 관한 법률)]

제1조 (시행일) 이 법은 공포 후 1년이 경과한 날부터 시행한다.

제2조 내지 제4조 생략

제5조 (다른 법률의 개정) ① 내지 <98> 생략

<99>전자서명법 일부를 다음과 같이 개정한다.

제5조제1호 가목중 “파산자”를 “파산선고를 받은 자”로 한다.

<100> 내지 <145> 생략

제6조 생략

부 칙 [2005.12.30 제7813호]

①(시행일) 이 법은 공포 후 6개월이 경과한 날부터 시행한다. 다만, 법 제4조제4항의 개정규정은 공포한 날부터 시행한다.

②(벌칙의 적용에 관한 경과조치) 이 법 시행 전의 행위에 대한 벌칙의 적용에 있어서는 종전의 규정에 의한다.

부 칙 [2008.2.29 제8852호(정부조직법)]

제1조(시행일) 이 법은 공포한 날부터 시행한다. 단서 생략
제2조부터 제5조까지 생략
제6조(다른 법률의 개정) ①부터 <426>까지 생략

<427> 전자서명법 일부를 다음과 같이 개정한다.

제26조의7제1항 각 호 외의 부분 중 "정보통신부"를 "행정안전부"로 한다.

제4조제1항, 제6조제1항 각 호 외의 부분, 제9조제1항, 제10조제1항 전단·제2항·제3항 단서·제4항, 제11조 각 호 외의 부분, 제12조제1항 각 호 외의 부분 본문·제2항 단서, 제13조제1항·제3항, 제14조제1항 각 호 외의 부분, 제27조의2제3항, 제29조, 제30조 및 제34조제2항부터 제4항까지 중 "정보통신부장관"을 각각 "행정안전부장관"으로 한다.

제4조제4항, 제6조제2항부터 제4항까지, 제8조제1항, 제14조제2항, 제16조제2항·제3항 전단, 제19조제3항 전단·후단, 제22조의3제1항·제2항 각 호 외의 부분, 제26조의3제1항 각 호 외의 부분·제2항 전단, 제26조의4 각 호 외의 부분, 제26조의5제1항, 제26조의7제1항제5호·제3항 및 제34조제1항제4호 중 "정보통신부장관"을 각각 "행정안전부장관"으로 한다.

제6조제3항, 제15조제6항, 제18조의3, 제26조의3제2항 후단, 제26조의5제1항 및 제27조제2항 중 "정보통신부령"을 각각 "행정안전부령"으로 한다.

제9조제1항, 제10조제5항 및 제12조제4항 중 "정보통신부령"을 각각 "행정안전부령"으로 한다.

제30조 본문 중 "소속기관의 장에게 위임"을 "소속기관의 장 또는 체신청장에게 위임·위탁"으로 한다.

<428> 부터 <760> 까지 생략

제7조 생략

부 칙 [2008.12.26 제9208호]

이 법은 공포한 날부터 시행한다.

부 칙 [2010.2.4 제10008호]

이 법은 공포한 날부터 시행한다.

부 칙 [2011.3.29 제10465호(개인정보 보호법)]

제1조(시행일) 이 법은 공포 후 6개월이 경과한 날부터 시행한다. <단서 생략>
제2조부터 제5조까지 생략
제6조(다른 법률의 개정) ①부터 ⑧까지 생략

⑨ 전자서명법 일부를 다음과 같이 개정한다.

제24조제2항을 삭제한다.
⑩부터 ⑭까지 생략
제7조 생략

부 칙 [2013.3.23 제11690호(정부조직법)]

제1조(시행일) ① 이 법은 공포한 날부터 시행한다.
② 생략
제2조부터 제5조까지 생략
제6조(다른 법률의 개정) ①부터 <188>까지 생략
<189> 전자서명법 일부를 다음과 같이 개정한다.
제4조제1항·제4항, 제6조제1항 각 호 외의 부분, 같은 조 제2항부터 제4항까지, 제8조제1항, 제9조제1항, 제10조제1항 전단, 같은 조 제2항, 같은 조 제3항 단서, 같은 조 제4항, 제11조 각 호 외의 부분, 제12조제1항 각 호 외의 부분 본문, 같은 조 제2항 단서, 제13조제1항·제3항, 제14조제1항 각 호 외의 부분, 같은 조 제2항, 제16조제2항, 같은 조 제3항 전단, 제19조제3항 전단·후단, 제22조의3제1항, 같은 조 제2항 각 호 외의 부분, 제26조의3제1항 각 호 외의 부분, 같은 조 제2항 전단, 제26조의4 각 호 외의 부분, 제26조의5제1항, 제27조의2제3항, 제29조, 제30조, 제34조제1항제4호 및 같은 조 제2항부터 제4항까지 중 "행정안전부장관"을 각각 "미래창조과학부장관"으로 한다.
제6조제3항, 제9조제1항, 제10조제5항, 제12조제4항, 제15조제6항, 제18조의3, 제26조의3제2항 후단, 제26조의5제1항 및 제27조제2항 중 "행정안전부령"을 각각 "미래창조과학부령"으로 한다.
제10조제4항 중 "한국정보보호진흥원(이하 "보호진흥원"이라 한다)"을 "한국인터넷진흥원(이하 "인터넷진흥원"이라 한다)"으로 한다.
제16조제3항 전단, 제19조제2항, 같은 조 제3항 후단, 제21조제4항 후단, 제25조제1항 각 호 외의 부분, 같은 조 제2항 전단·후단 및 같은 조 제3항 중 "보호진흥원"을 각각 "인터넷진흥원"으로 한다.
제22조의3제1항 및 같은 조 제2항 각 호 외의 부분 중 "보호진흥원장"을 각각 "한국인터넷진흥원장"으로 한다.
<190>부터 <710>까지 생략
제7조 생략

부 칙 [2014.10.15 제12762호]

제1조(시행일) 이 법은 공포한 날부터 시행한다.
제2조(금치산자 등의 결격사유에 관한 경과조치) 제5조제1호가목의 개정규정에도 불구하고 같은 개정규정 시행 당시 이미 금치산 또는 한정치산의 선고를 받고 법률 제10429호 민법 일부개정법률 부칙 제2조에 따라 금치산 또는 한정치산 선고의 효력이 유지되는 사람에 대하여는 종전의 규정에 따른다.

전자상거래 등에서의 소비자보호에 관한 법률

[법률 제14142호 일부개정 2016.03.29.]

제1장 총 칙 [개정 2012.2.17] [[시행일 2012.8.18]]

제1조(목적)

이 법은 전자상거래 및 통신판매 등에 의한 재화 또는 용역의 공정한 거래에 관한 사항을 규정함으로써 소비자의 권익을 보호하고 시장의 신뢰도를 높여 국민경제의 건전한 발전에 이바지함을 목적으로 한다.

[전문개정 2012.2.17] [[시행일 2012.8.18]]

제2조(정의)

이 법에서 사용하는 용어의 뜻은 다음과 같다. [개정 2012.6.1 제11461호(전자문서 및 전자거래 기본법)] [[시행일 2012.9.2]]

1. "전자상거래"란 전자거래(「전자문서 및 전자거래 기본법」 제2조제5호에 따른 전자거래를 말한다. 이하 같다)의 방법으로 상행위(商行爲)를 하는 것을 말한다.
2. "통신판매"란 우편·전기통신, 그 밖에 총리령으로 정하는 방법으로 재화 또는 용역(일정한 시설을 이용하거나 용역을 제공받을 수 있는 권리를 포함한다. 이하 같다)의 판매에 관한 정보를 제공하고 소비자의 청약을 받아 재화 또는 용역(이하 "재화등"이라 한다)을 판매하는 것을 말한다. 다만, 「방문판매 등에 관한 법률」 제2조제3호에 따른 전화권유판매는 통신판매의 범위에서 제외한다.
3. "통신판매업자"란 통신판매를 업(業)으로 하는 자 또는 그와의 약정에 따라 통신판매 업무를 수행하는 자를 말한다.
4. "통신판매중개"란 사이버몰(컴퓨터 등과 정보통신설비를 이용하여 재화등을 거래할 수 있도록 설정된 가상의 영업장을 말한다. 이하 같다)의 이용을 허락하거나 그 밖에 총리령으로 정하는 방법으로 거래 당사자 간의 통신판매를 알선하는 행위를 말한다.
5. "소비자"란 다음 각 목의 어느 하나에 해당하는 자를 말한다.
   가. 사업자가 제공하는 재화등을 소비생활을 위하여 사용(이용을 포함한다. 이하 같다)하는 자
   나. 가목 외의 자로서 사실상 가목의 자와 같은 지위 및 거래조건으로 거래하는 자 등 대통령령으로 정하는 자
6. "사업자"란 물품을 제조(가공 또는 포장을 포함한다. 이하 같다)·수입·판매하거나 용역을 제공하는 자를 말한다.

[전문개정 2012.2.17] [[시행일 2012.8.18]]

제3조(적용 제외)

① 이 법의 규정은 사업자(「방문판매 등에 관한 법률」 제2조제6호의 다단계판매원은 제외한다. 이하 이 항에서 같다)가 상행위를 목적으로 구입하는 거래에는 적용하지 아니한다. 다만, 사업자라 하더라도 사실상 소비자와 같은 지위에서 다른 소비자와 같은 거래조건으로 거래하는 경우에는 그러하지 아니하다.

② 제13조제2항에 따른 계약내용에 관한 서면(전자문서를 포함한다. 이하 같다)의 교부의무에 관한 규정은 다음 각 호의 거래에는 적용하지 아니한다. 다만, 제1호의 경우에는 총리령으로 정하는 바에 따라 계약내용에 관한 서면의 내용이나 교부의 방법을 다르게 할 수 있다.

1. 소비자가 이미 잘 알고 있는 약관 또는 정형화된 거래방법에 따라 수시로 거래하는 경우로서 총리령으로 정하는 거래
2. 다른 법률(「민법」및 「방문판매 등에 관한 법률」은 제외한다)에 이 법의 규정과 다른 방법으로 하는 계약서 교부의무 등이 규정되어 있는 거래

③ 통신판매업자가 아닌 자 사이의 통신판매중개를 하는 통신판매업자에 대하여는 제13조부터 제15조까지, 제17조 부터 제19조까지의 규정을 적용하지 아니한다.

④ 「자본시장과 금융투자업에 관한 법률」의 투자매매업자·투자중개업자가 하는 증권거래, 대통령령으로 정하는 금융회사 등이 하는 금융상품거래 및 일상 생활용품, 음식료 등을 인접지역에 판매하기 위한 거래에 대하여는 제12조 부터 제15조까지, 제17조 부터 제20조까지 및 제20조의2를 적용하지 아니한다.

[전문개정 2012.2.17] [[시행일 2012.8.18]]

제4조(다른 법률과의 관계)

전자상거래 또는 통신판매에서의 소비자보호에 관하여 이 법과 다른 법률이 경합하는 경우에는 이 법을 우선 적용한다. 다만, 다른 법률을 적용하는 것이 소비자에게 유리한 경우에는 그 법을 적용한다.

[전문개정 2012.2.17] [[시행일 2012.8.18]]

제 2 장 전자상거래 및 통신판매

제5조(전자문서의 활용)

① 「전자문서 및 전자거래 기본법」 제6조제2항제2호에도 불구하고 사업자가 소비자와 미리 전자문서로 거래할 것을 약정하여 지정한 주소(「전자문서 및 전자거래 기본법」 제2조제2호의 정보처리시스템을 말한다)로 전자문서(「전자문서 및 전자거래 기본법」 제2조제1호에 따른 전자문서를 말한다. 이하 같다)를 송신하지 아니한 경우에는 그 사업자는 해당 전자문서에 의한 권리를 주장할 수 없다. 다만, 긴급한 경우, 소비자도 이미 전자문서로 거래할 것을 예정하고 있는 경우, 소비자가 전자문서를 출력한 경우 등 대통령령으로 정하는 경우에는 그러하지 아니하다. [개정 2012.6.1 제11461호(전자문서 및 전자거래

기본법)] [[시행일 2012.9.2]]

② 사업자는 전자서명(「전자서명법」 제2조제2호에 따른 전자서명을 말한다. 이하 같다)을 한 전자문서를 사용하려면 대통령령으로 정하는 바에 따라 그 전자문서의 효력, 수령 절차 및 방법 등을 소비자에게 고지하여야 한다.

③ 사업자는 전자문서를 사용할 때 소비자에게 특정한 전자서명 방법을 이용하도록 강요(특수한 표준 등을 이용함으로써 사실상 특정한 전자서명 방법의 이용이 강제되는 경우를 포함한다)하여서는 아니 되고, 소비자가 선택한 전자서명 방법의 사용을 부당하게 제한하여서는 아니 된다.

④ 전자상거래를 하는 사업자는 소비자의 회원 가입, 계약의 청약, 소비자 관련 정보의 제공 등을 전자문서를 통하여 할 수 있도록 하는 경우에는 회원탈퇴, 청약의 철회, 계약의 해지·해제·변경, 정보의 제공 및 이용에 관한 동의의 철회 등도 전자문서를 통하여 할 수 있도록 하여야 한다.

⑤ 전자상거래를 하는 사업자는 소비자가 재화등의 거래와 관련한 확인·증명을 전자문서로 제공하여 줄 것을 요청한 경우 이에 따라야 한다.

⑥ 전자상거래를 하는 사업자가 전자문서로 제공하기 어려운 기술적 이유나 보안상 이유가 명백하여 이를 소비자에게 미리 고지한 경우에는 제4항과 제5항을 적용하지 아니한다.

⑦ 전자상거래를 하는 사업자가 제4항과 제5항에 따른 의무를 이행할 때 해당 사이버몰의 구축 및 운영과 관련된 사업자들은 그 의무 이행에 필요한 조치를 하는 등 협력하여야 한다.

[전문개정 2012.2.17] [[시행일 2012.8.18]]

제6조(거래기록의 보존 등)

① 사업자는 전자상거래 및 통신판매에서의 표시·광고, 계약내용 및 그 이행 등 거래에 관한 기록을 상당한 기간 보존하여야 한다. 이 경우 소비자가 쉽게 거래기록을 열람·보존할 수 있는 방법을 제공하여야 한다.

② 제1항에 따라 사업자가 보존하여야 할 거래기록 및 그와 관련된 개인정보(성명·주소·주민등록번호 등 거래의 주체를 식별할 수 있는 정보로 한정한다)는 소비자가 개인정보의 이용에 관한 동의를 철회하는 경우에도 「정보통신망 이용촉진 및 정보보호 등에 관한 법률」등 대통령령으로 정하는 개인정보보호와 관련된 법률의 규정에도 불구하고 이를 보존할 수 있다.

③ 제1항에 따라 사업자가 보존하는 거래기록의 대상·범위·기간 및 소비자에게 제공하는 열람·보존의 방법 등에 관하여 필요한 사항은 대통령령으로 정한다.

[전문개정 2012.2.17] [[시행일 2012.8.18]]

제7조(조작 실수 등의 방지)

사업자는 전자상거래에서 소비자의 조작 실수 등으로 인한 의사표시의 착오 등으로 발생하는 피해를 예방할 수 있도록 거래 대금이 부과되는 시점이나 청약 전에 그 내용을 확인하거나 바로잡는 데에 필요한 절차를 마련하여야 한다.

[전문개정 2012.2.17] [[시행일 2012.8.18]]

제8조(전자적 대금지급의 신뢰 확보)

① 사업자가 대통령령으로 정하는 전자적 수단에 의한 거래대금의 지급(이하 “전자적 대금지급”이라 한다)방법을 이용하는 경우 사업자와 전자결제수단 발행자, 전자결제서비스 제공자 등 대통령령으로 정하는 전자적 대금지급 관련자(이하 “전자결제업자등”이라 한다)는 관련 정보의 보안 유지에 필요한 조치를 하여야 한다.

② 사업자와 전자결제업자등은 전자적 대금지급이 이루어지는 경우 소비자의 청약의사가 진정한 의사 표시에 의한 것인지를 확인하기 위하여 다음 각 호의 사항에 대하여 명확히 고지하고, 고지한 사항에 대한 소비자의 확인절차를 대통령령으로 정하는 바에 따라 마련하여야 한다.

1. 재화등의 내용 및 종류
2. 재화등의 가격
3. 용역의 제공기간

③ 사업자와 전자결제업자등은 전자적 대금지급이 이루어진 경우에는 전자문서의 송신 등 총리령으로 정하는 방법으로 소비자에게 그 사실을 알리고, 언제든지 소비자가 전자적 대금지급과 관련한 자료를 열람할 수 있게 하여야 한다.

④ 사이버몰에서 사용되는 전자적 대금지급 방법으로서 재화등을 구입·이용하기 위하여 미리 대가를 지불하는 방식의 결제수단의 발행자는 총리령으로 정하는 바에 따라 그 결제수단의 신뢰도 확인과 관련된 사항, 사용상의 제한이나 그 밖의 주의 사항 등을 표시하거나 고지하여야 한다.

⑤ 사업자와 소비자 사이에 전자적 대금지급과 관련하여 다툼이 있는 경우 전자결제업자등은 대금지급 관련 정보의 열람을 허용하는 등 대통령령으로 정하는 바에 따라 그 분쟁의 해결에 협조하여야 한다.

[전문개정 2012.2.17] [[시행일 2012.8.18]]

제9조(배송사업자 등의 협력)

① 전자상거래나 통신판매에 따라 재화등을 배송[「정보통신망 이용촉진 및 정보보호 등에 관한 법률」 제2조제1항제1호의 정보통신망(이하 “정보통신망”이라 한다)을 통한 전송을 포함한다]하는 사업자는 배송 사고나 배송 장애 등으로 분쟁이 발생하는 경우에는 대통령령으로 정하는 바에 따라 그 분쟁의 해결에 협조하여야 한다.

② 호스팅서비스(사업자가 전자상거래를 할 수 있도록 사이버몰 구축 및 서버 관리 등을 하여주는 서비스를 말한다. 이하 이 조에서 같다)를 제공하는 자는 사업자와 호스팅서비스에 관한 이용계약을 체결하는 경우 사업자의 신원을 확인하기 위한 조치를 취하여야 한다.

③ 사업자와 소비자 사이에 분쟁이 발생하는 경우 호스팅서비스를 제공하는 자는 다음 각 호의 어느 하나에 해당하는 자의 요청에 따라 사업자의 신원정보 등 대통령령으로 정하는 자료를 제공함으로써 그 분쟁의 해결에 협조하여야 한다. [개정 2016.3.29]

1. 분쟁의 당사자인 소비자(소비자가 소송을 제기하는 경우에 한정한다)
2. 공정거래위원회
3. 특별시장·광역시장·특별자치시장·도지사·특별자치도지사(이하 “시·도지사”라 한다) 또는 시장·군수·구청장(자치구의 구청장을 말한다. 이하 같다)

4. 수사기관
5. 그 밖에 분쟁해결을 위하여 필요하다고 인정되어 대통령령으로 정한 자

[전문개정 2012.2.17] [[시행일 2012.8.18]]

제10조(사이버몰의 운영)

① 전자상거래를 하는 사이버몰의 운영자는 소비자가 사업자의 신원 등을 쉽게 알 수 있도록 다음 각 호의 사항을 총리령으로 정하는 바에 따라 표시하여야 한다.

1. 상호 및 대표자 성명
2. 영업소가 있는 곳의 주소(소비자의 불만을 처리할 수 있는 곳의 주소를 포함한다)
3. 전화번호·전자우편주소
4. 사업자등록번호
5. 사이버몰의 이용약관
6. 그 밖에 소비자보호를 위하여 필요한 사항으로서 대통령령으로 정하는 사항

② 제1항에 따른 사이버몰의 운영자는 그 사이버몰에서 이 법을 위반한 행위가 이루어지는 경우 운영자가 조치하여야 할 부분이 있으면 시정에 필요한 조치에 협력하여야 한다.

[전문개정 2012.2.17] [[시행일 2012.8.18]]

제11조(소비자에 관한 정보의 이용 등)

① 사업자는 전자상거래 또는 통신판매를 위하여 소비자에 관한 정보를 수집하거나 이용(제3자에게 제공하는 경우를 포함한다. 이하 같다)할 때는 「정보통신망 이용촉진 및 정보보호 등에 관한 법률」등 관계 규정에 따라 이를 공정하게 수집하거나 이용하여야 한다.

② 사업자는 재화등을 거래함에 있어서 소비자에 관한 정보가 도용되어 해당 소비자에게 재산상의 손해가 발생하였거나 발생할 우려가 있는 특별한 사유가 있는 경우에는 본인 확인이나 피해의 회복 등 대통령령으로 정하는 필요한 조치를 취하여야 한다.

[전문개정 2012.2.17] [[시행일 2012.8.18]]

제12조(통신판매업자의 신고 등)

① 통신판매업자는 대통령령으로 정하는 바에 따라 다음 각 호의 사항을 공정거래위원회 또는 특별자치시장·특별자치도지사·시장·군수·구청장에게 신고하여야 한다. 다만, 통신판매의 거래횟수, 거래규모 등이 공정거래위원회가 고시로 정하는 기준 이하인 경우에는 그러하지 아니하다. [개정 2016.3.29]

1. 상호(법인인 경우에는 대표자의 성명 및 주민등록번호를 포함한다), 주소, 전화번호
2. 전자우편주소, 인터넷도메인 이름, 호스트서버의 소재지
3. 그 밖에 사업자의 신원 확인을 위하여 필요한 사항으로서 대통령령으로 정하는 사항

② 통신판매업자가 제1항에 따라 신고한 사항을 변경하려면 대통령령으로 정하는 바에 따라 신고하여야 한다.

③ 제1항에 따라 신고한 통신판매업자는 그 영업을 휴업 또는 폐업하거나 휴업한 후 영업을 다시 시작할 때에는 대통령령으로 정하는 바에 따라 신고하여야 한다.

④ 공정거래위원회는 제1항에 따라 신고한 통신판매업자의 정보를 대통령령으로 정하는 바에 따라 공개할 수 있다.

[전문개정 2012.2.17] [[시행일 2012.8.18]]

제13조(신원 및 거래조건에 대한 정보의 제공)

① 통신판매업자가 재화등의 거래에 관한 청약을 받을 목적으로 표시·광고를 할 때에는 그 표시·광고에 다음 각 호의 사항을 포함하여야 한다. [개정 2016.3.29]

1. 상호 및 대표자 성명
2. 주소·전화번호·전자우편주소
3. 제12조에 따라 공정거래위원회 또는 특별자치시장·특별자치도지사·시장·군수·구청장에게 한 신고의 신고번호와 그 신고를 받은 기관의 이름 등 신고를 확인할 수 있는 사항

② 통신판매업자는 소비자가 계약체결 전에 재화등에 대한 거래조건을 정확하게 이해하고 실수나 착오 없이 거래할 수 있도록 다음 각 호의 사항을 적절한 방법으로 표시·광고하거나 고지하여야 하며, 계약이 체결되면 계약자에게 다음 각 호의 사항이 기재된 계약내용에 관한 서면을 재화등을 공급할 때까지 교부하여야 한다. 다만, 계약자의 권리를 침해하지 아니하는 범위에서 대통령령으로 정하는 사유가 있는 경우에는 계약자를 갈음하여 재화등을 공급받는 자에게 계약내용에 관한 서면을 교부할 수 있다.

1. 재화등의 공급자 및 판매자의 상호, 대표자의 성명·주소 및 전화번호 등
2. 재화등의 명칭·종류 및 내용

2의2. 재화등의 정보에 관한 사항. 이 경우 제품에 표시된 기재로 계약내용에 관한 서면에의 기재를 갈음할 수 있다.

3. 재화등의 가격(가격이 결정되어 있지 아니한 경우에는 가격을 결정하는 구체적인 방법)과 그 지급방법 및 지급시기
4. 재화등의 공급방법 및 공급시기
5. 청약의 철회 및 계약의 해제(이하 "청약철회등"이라 한다)의 기한·행사방법 및 효과에 관한 사항(청약철회등의 권리를 행사하는 데에 필요한 서식을 포함한다)
6. 재화등의 교환·반품·보증과 그 대금 환불 및 환불의 지연에 따른 배상금 지급의 조건·절차
7. 전자매체로 공급할 수 있는 재화등의 전송·설치 등을 할 때 필요한 기술적 사항
8. 소비자피해보상의 처리, 재화등에 대한 불만 처리 및 소비자와 사업자 사이의 분쟁처리에 관한 사항
9. 거래에 관한 약관(그 약관의 내용을 확인할 수 있는 방법을 포함한다)
10. 소비자가 구매의 안전을 위하여 원하는 경우에는 재화등을 공급받을 때까지 대통령령으로 정하는 제3자에게 그 재화등의 결제대금을 예치하는 것(이하 "결제대금예치"라 한다)의 이용을 선택할 수 있다는 사항 또는 통신판매업자의 제24조제1항에 따른 소비자피해보상보험계약등의 체결을 선택할 수 있다는 사항(제15조제1항에 따른 선지급식 통신판매의 경우에만 해당하며, 제24조제3항에 각 호의 어느 하나에 해당하는 거래를 하는 경우는 제외한다)
11. 그 밖에 소비자의 구매 여부 판단에 영향을 주는 거래조건 또는 소비자피해의 구제에 필요한 사항으로서 대통령령으로 정하는 사항

③ 통신판매업자는 미성년자와 재화등의 거래에 관한 계약을 체결할 때에는 법정대리인

이 그 계약에 동의하지 아니하면 미성년자 본인 또는 법정대리인이 그 계약을 취소할 수 있다는 내용을 미성년자에게 고지하여야 한다.

④ 공정거래위원회는 제1항 및 제2항에 따른 통신판매업자의 상호 등에 관한 사항, 재화등의 정보에 관한 사항과 거래조건에 대한 표시·광고 및 고지의 내용과 방법을 정하여 고시할 수 있다. 이 경우 거래방법이나 재화등의 특성을 고려하여 그 표시·광고 및 고지의 내용과 방법을 다르게 정할 수 있다.

⑤ 통신판매업자는 제2항에 따라 소비자에게 표시·광고하거나 고지한 거래조건을 신의를 지켜 성실하게 이행하여야 한다.

[전문개정 2012.2.17] [[시행일 2012.8.18]]

제14조(청약확인 등)

① 통신판매업자는 소비자로부터 재화등의 거래에 관한 청약을 받으면 청약 의사표시의 수신 확인 및 판매 가능 여부에 관한 정보를 소비자에게 신속하게 알려야 한다.

② 통신판매업자는 계약체결 전에 소비자가 청약내용을 확인하고, 정정하거나 취소할 수 있도록 적절한 절차를 갖추어야 한다.

[전문개정 2012.2.17] [[시행일 2012.8.18]]

제15조(재화등의 공급 등)

① 통신판매업자는 소비자가 청약을 한 날부터 7일 이내에 재화등의 공급에 필요한 조치를 하여야 하고, 소비자가 재화등을 공급받기 전에 미리 재화등의 대금을 전부 또는 일부 지급하는 통신판매(이하 "선지급식 통신판매"라 한다)의 경우에는 소비자가 그 대금을 전부 또는 일부 지급한 날부터 3영업일 이내에 재화등의 공급을 위하여 필요한 조치를 하여야 한다. 다만, 소비자와 통신판매업자 간에 재화등의 공급시기에 관하여 따로 약정한 것이 있는 경우에는 그러하지 아니하다.

② 통신판매업자는 청약을 받은 재화등을 공급하기 곤란하다는 것을 알았을 때에는 지체 없이 그 사유를 소비자에게 알려야 하고, 선지급식 통신판매의 경우에는 소비자가 그 대금의 전부 또는 일부를 지급한 날부터 3영업일 이내에 환급하거나 환급에 필요한 조치를 하여야 한다.

③ 통신판매업자는 소비자가 재화등의 공급 절차 및 진행 상황을 확인할 수 있도록 적절한 조치를 하여야 한다. 이 경우 공정거래위원회는 그 조치에 필요한 사항을 정하여 고시할 수 있다.

④ 제2항에 따라 선지급식 통신판매에서 재화등의 대금을 환급하거나 환급에 필요한 조치를 하여야 하는 경우에는 제18조제1항부터 제5항까지의 규정을 준용한다.

[전문개정 2012.2.17] [[시행일 2012.8.18]]

제16조

삭제 [2005.3.31]

제17조(청약철회등)

① 통신판매업자와 재화등의 구매에 관한 계약을 체결한 소비자는 다음 각 호의 기간(거래당사자가 다음 각 호의 기간보다 긴 기간으로 약정한 경우에는 그 기간을 말한다) 이

내에 해당 계약에 관한 청약철회등을 할 수 있다.

1. 제13조제2항에 따른 계약내용에 관한 서면을 받은 날부터 7일. 다만, 그 서면을 받은 때보다 재화등의 공급이 늦게 이루어진 경우에는 재화등을 공급받거나 재화등의 공급이 시작된 날부터 7일
2. 제13조제2항에 따른 계약내용에 관한 서면을 받지 아니한 경우, 통신판매업자의 주소 등이 적혀 있지 아니한 서면을 받은 경우 또는 통신판매업자의 주소 변경 등의 사유로 제1호의 기간에 청약철회등을 할 수 없는 경우에는 통신판매업자의 주소를 안 날 또는 알 수 있었던 날부터 7일

② 소비자는 다음 각 호의 어느 하나에 해당하는 경우에는 통신판매업자의 의사에 반하여 제1항에 따른 청약철회등을 할 수 없다. 다만, 통신판매업자가 제6항에 따른 조치를 하지 아니하는 경우에는 제2호부터 제4호까지의 규정에 해당하는 경우에도 청약철회등을 할 수 있다.

1. 소비자에게 책임이 있는 사유로 재화등이 멸실되거나 훼손된 경우. 다만, 재화등의 내용을 확인하기 위하여 포장 등을 훼손한 경우는 제외한다.
2. 소비자의 사용 또는 일부 소비로 재화등의 가치가 현저히 감소한 경우
3. 시간이 지나 다시 판매하기 곤란할 정도로 재화등의 가치가 현저히 감소한 경우
4. 복제가 가능한 재화등의 포장을 훼손한 경우
5. 그 밖에 거래의 안전을 위하여 대통령령으로 정하는 경우

③ 소비자는 제1항 및 제2항에도 불구하고 재화등의 내용이 표시·광고의 내용과 다르거나 계약내용과 다르게 이행된 경우에는 그 재화등을 공급받은 날부터 3개월 이내, 그 사실을 안 날 또는 알 수 있었던 날부터 30일 이내에 청약철회등을 할 수 있다.

④ 제1항 또는 제3항에 따른 청약철회등을 서면으로 하는 경우에는 그 의사표시가 적힌 서면을 발송한 날에 그 효력이 발생한다.

⑤ 제1항부터 제3항까지의 규정을 적용할 때 재화등의 훼손에 대하여 소비자의 책임이 있는지 여부, 재화등의 구매에 관한 계약이 체결된 사실 및 그 시기, 재화등의 공급사실 및 그 시기 등에 관하여 다툼이 있는 경우에는 통신판매업자가 이를 증명하여야 한다.

⑥ 통신판매업자는 제2항제2호부터 제4호까지의 규정에 따라 청약철회등이 불가능한 재화등의 경우에는 그 사실을 재화등의 포장이나 그 밖에 소비자가 쉽게 알 수 있는 곳에 명확하게 적거나 시험 사용 상품을 제공하는 등의 방법으로 청약철회등의 권리 행사가 방해받지 아니하도록 조치하여야 한다.

[전문개정 2012.2.17] [[시행일 2012.8.18]]

제18조(청약철회등의 효과)

① 소비자는 제17조제1항 또는 제3항에 따라 청약철회등을 한 경우에는 이미 공급받은 재화등을 반환하여야 한다.

② 통신판매업자(소비자로부터 재화등의 대금을 받은 자 또는 소비자와 통신판매에 관한 계약을 체결한 자를 포함한다. 이하 제2항부터 제10항까지의 규정에서 같다)는 재화등을 반환받은 날부터 3영업일 이내에 이미 지급받은 재화등의 대금을 환급하여야 한다. 이 경우 통신판매업자가 소비자에게 재화등의 대금 환급을 지연한 때에는 그 지연기간에

대하여 연 100분의 40 이내의 범위에서 「은행법」에 따른 은행이 적용하는 연체금리 등 경제사정을 고려하여 대통령령으로 정하는 이율을 곱하여 산정한 지연이자(이하 "지연배상금"이라 한다)를 지급하여야 한다.

③ 통신판매업자는 제1항 및 제2항에 따라 재화등의 대금을 환급할 때 소비자가 「여신전문금융업법」 제2조제3호에 따른 신용카드나 그 밖에 대통령령으로 정하는 결제수단으로 재화등의 대금을 지급한 경우에는 지체 없이 해당 결제수단을 제공한 사업자(이하 "결제업자"라 한다)에게 재화등의 대금 청구를 정지하거나 취소하도록 요청하여야 한다. 다만, 통신판매업자가 결제업자로부터 해당 재화등의 대금을 이미 받은 때에는 지체 없이 그 대금을 결제업자에게 환급하고, 그 사실을 소비자에게 알려야 한다.

④ 제3항 단서에 따라 통신판매업자로부터 재화등의 대금을 환급받은 결제업자는 그 환급받은 금액을 지체 없이 소비자에게 환급하거나 환급에 필요한 조치를 하여야 한다.

⑤ 제3항 단서에 해당하는 통신판매업자 중 환급을 지연하여 소비자가 대금을 결제하게 한 통신판매업자는 그 지연기간에 대한 지연배상금을 소비자에게 지급하여야 한다.

⑥ 소비자는 통신판매업자가 제3항 단서에도 불구하고 정당한 사유 없이 결제업자에게 대금을 환급하지 아니하는 경우에는 결제업자에게 그 통신판매업자에 대한 다른 채무와 통신판매업자로부터 환급받을 금액을 상계(相計)할 것을 요청할 수 있다. 이 경우 결제업자는 대통령령으로 정하는 바에 따라 그 통신판매업자에 대한 다른 채무와 상계할 수 있다.

⑦ 소비자는 결제업자가 제6항에 따른 상계를 정당한 사유 없이 게을리한 경우에는 결제업자에 대하여 대금의 결제를 거부할 수 있다. 이 경우 통신판매업자와 결제업자는 그 결제 거부를 이유로 그 소비자를 약정한 기일까지 채무를 변제하지 아니한 자로 처리하는 등 소비자에게 불이익을 주는 행위를 하여서는 아니 된다.

⑧ 제1항의 경우 통신판매업자는 이미 재화등이 일부 사용되거나 일부 소비된 경우에는 그 재화등의 일부 사용 또는 일부 소비에 의하여 소비자가 얻은 이익 또는 그 재화등의 공급에 든 비용에 상당하는 금액으로서 대통령령으로 정하는 범위의 금액을 소비자에게 청구할 수 있다.

⑨ 제17조제1항에 따른 청약철회등의 경우 공급받은 재화등의 반환에 필요한 비용은 소비자가 부담하며, 통신판매업자는 소비자에게 청약철회등을 이유로 위약금이나 손해배상을 청구할 수 없다.

⑩ 제17조제3항에 따른 청약철회등의 경우 재화등의 반환에 필요한 비용은 통신판매업자가 부담한다.

⑪ 통신판매업자, 재화등의 대금을 받은 자 또는 소비자와 통신판매에 관한 계약을 체결한 자가 동일인이 아닌 경우에 이들은 제17조제1항 및 제3항에 따른 청약철회등에 의한 제1항부터 제7항까지의 규정에 따른 재화등의 대금 환급과 관련한 의무의 이행에 대하여 연대하여 책임을 진다.

[전문개정 2012.2.17] [[시행일 2012.8.18]]

제19조(손해배상청구금액의 제한 등)

① 소비자에게 책임이 있는 사유로 재화등의 판매에 관한 계약이 해제된 경우 통신판매업자가 소비자에게 청구하는 손해배상액은 다음 각 호의 구분에 따라 정한 금액에 대금

미납에 따른 지연배상금을 더한 금액을 초과할 수 없다.

1. 공급한 재화등이 반환된 경우: 다음 각 목의 금액 중 큰 금액
   가. 반환된 재화등의 통상 사용료 또는 그 사용으로 통상 얻을 수 있는 이익에 해당하는 금액
   나. 반환된 재화등의 판매가액(販賣價額)에서 그 재화등이 반환된 당시의 가액을 뺀 금액
2. 공급한 재화등이 반환되지 아니한 경우: 그 재화등의 판매가액에 해당하는 금액

② 공정거래위원회는 통신판매업자와 소비자 간의 손해배상청구에 따른 분쟁의 원활한 해결을 위하여 필요하면 제1항에 따른 손해배상액을 산정하기 위한 기준을 정하여 고시할 수 있다.

[전문개정 2012.2.17] [[시행일 2012.8.18]]

제20조(통신판매중개자의 고지 및 정보제공 등)

① 통신판매중개자는 자신이 통신판매의 당사자가 아니라는 사실을 소비자가 쉽게 알 수 있도록 총리령으로 정하는 방법으로 미리 고지하여야 한다.

② 통신판매업자인 통신판매중개자는 통신판매중개를 의뢰한 자(이하 "통신판매중개의뢰자"라 한다)가 사업자인 경우에는 그 성명(사업자가 법인인 경우에는 그 명칭과 대표자의 성명)·주소·전화번호 등 대통령령으로 정하는 사항을 확인하여 청약이 이루어지기 전까지 소비자에게 제공하여야 하고, 통신판매중개의뢰자가 사업자가 아닌 경우에는 그 성명·전화번호 등 대통령령으로 정하는 사항을 확인하여 거래의 당사자들에게 상대방에 관한 정보를 열람할 수 있는 방법을 제공하여야 한다.

③ 통신판매중개자는 사이버몰 등을 이용함으로써 발생하는 불만이나 분쟁의 해결을 위하여 그 원인 및 피해의 파악 등 필요한 조치를 신속히 시행하여야 한다. 이 경우 필요한 조치의 구체적인 내용과 방법 등은 대통령령으로 정한다.

[전문개정 2012.2.17] [[시행일 2012.8.18]]

제20조의2(통신판매중개자 및 통신판매중개의뢰자의 책임)

① 통신판매중개자는 제20조제1항의 고지를 하지 아니한 경우 통신판매중개의뢰자의 고의 또는 과실로 소비자에게 발생한 재산상 손해에 대하여 통신판매중개의뢰자와 연대하여 배상할 책임을 진다.

② 통신판매중개자는 제20조제2항에 따라 소비자에게 정보 또는 정보를 열람할 수 있는 방법을 제공하지 아니하거나 제공한 정보가 사실과 달라 소비자에게 발생한 재산상 손해에 대하여 통신판매중개의뢰자와 연대하여 배상할 책임을 진다. 다만, 소비자에게 피해가 가지 아니하도록 상당한 주의를 기울인 경우에는 그러하지 아니하다.

③ 제20조제1항에 따른 고지에도 불구하고 통신판매업자인 통신판매중개자는 제12조 부터 제15조까지, 제17조 및 제18조에 따른 통신판매업자의 책임을 면하지 못한다. 다만, 통신판매업자의 의뢰를 받아 통신판매를 중개하는 경우 통신판매중개의뢰자가 책임을 지는 것으로 약정하여 소비자에게 고지한 부분에 대하여는 통신판매중개의뢰자가 책임을 진다.

④ 통신판매중개의뢰자(사업자의 경우에 한정한다)는 통신판매중개자의 고의 또는 과실로 소비자에게 발생한 재산상 손해에 대하여 통신판매중개자의 행위라는 이유로 면책되

지 아니한다. 다만, 소비자에게 피해가 가지 아니하도록 상당한 주의를 기울인 경우에는 그러하지 아니하다.
[본조신설 2012.2.17] [[시행일 2012.8.18]]

제21조(금지행위)
① 전자상거래를 하는 사업자 또는 통신판매업자는 다음 각 호의 어느 하나에 해당하는 행위를 하여서는 아니 된다.
1. 거짓 또는 과장된 사실을 알리거나 기만적 방법을 사용하여 소비자를 유인 또는 소비자와 거래하거나 청약철회등 또는 계약의 해지를 방해하는 행위
2. 청약철회등을 방해할 목적으로 주소, 전화번호, 인터넷도메인 이름 등을 변경하거나 폐지하는 행위
3. 분쟁이나 불만처리에 필요한 인력 또는 설비의 부족을 상당기간 방치하여 소비자에게 피해를 주는 행위
4. 소비자의 청약이 없음에도 불구하고 일방적으로 재화등을 공급하고 그 대금을 청구하거나 재화등의 공급 없이 대금을 청구하는 행위
5. 소비자가 재화를 구매하거나 용역을 제공받을 의사가 없음을 밝혔음에도 불구하고 전화, 팩스, 컴퓨터통신 또는 전자우편 등을 통하여 재화를 구매하거나 용역을 제공받도록 강요하는 행위
6. 본인의 허락을 받지 아니하거나 허락받은 범위를 넘어 소비자에 관한 정보를 이용하는 행위. 다만, 다음 각 목의 어느 하나에 해당하는 경우는 제외한다.
   가. 재화등의 배송 등 소비자와의 계약을 이행하기 위하여 불가피한 경우로서 대통령령으로 정하는 경우
   나. 재화등의 거래에 따른 대금정산을 위하여 필요한 경우
   다. 도용방지를 위하여 본인 확인에 필요한 경우로서 대통령령으로 정하는 경우
   라. 법률의 규정 또는 법률에 따라 필요한 불가피한 사유가 있는 경우
7. 소비자의 동의를 받지 아니하거나 총리령으로 정하는 방법에 따라 쉽고 명확하게 소비자에게 설명·고지하지 아니하고 컴퓨터프로그램 등이 설치되게 하는 행위

② 공정거래위원회는 이 법 위반행위를 방지하고 소비자피해를 예방하기 위하여 전자상거래를 하는 사업자 또는 통신판매업자가 준수하여야 할 기준을 정하여 고시할 수 있다.
[전문개정 2012.2.17] [[시행일 2012.8.18]]

제22조(휴업기간 등에서의 청약철회등의 업무처리 등)
① 통신판매업자는 휴업기간이나 영업정지기간에도 제17조제1항 및 제3항에 따른 청약철회등의 업무와 제18조제1항부터 제5항까지의 규정에 따른 청약철회등에 따른 대금 환급과 관련된 업무를 계속하여야 한다.
② 통신판매업자가 폐업신고를 하지 아니한 상태에서 파산선고를 받는 등 실질적으로 영업을 할 수 없는 것으로 판단되는 경우에는 제12조제1항에 따른 신고를 받은 공정거래위원회 또는 특별자치시장·특별자치도지사·시장·군수·구청장은 직권으로 신고사항을 말소할 수 있다. [개정 2016.3.29]
[전문개정 2012.2.17] [[시행일 2012.8.18]]

제 3 장 소비자 권익의 보호

제23조(전자상거래 등에서의 소비자보호지침의 제정 등)

① 공정거래위원회는 전자상거래 또는 통신판매에서의 건전한 거래질서의 확립 및 소비자보호를 위하여 사업자의 자율적 준수를 유도하기 위한 지침(이하 "소비자보호지침"이라 한다)을 관련 분야의 거래당사자, 기관 및 단체의 의견을 들어 정할 수 있다.

② 사업자는 그가 사용하는 약관이 소비자보호지침의 내용보다 소비자에게 불리한 경우에는 소비자보호지침과 다르게 정한 약관의 내용을 소비자가 알기 쉽게 표시하거나 고지하여야 한다.

[전문개정 2012.2.17] [[시행일 2012.8.18]]

제24조(소비자피해보상보험계약등)

① 공정거래위원회는 전자상거래 또는 통신판매에서 소비자를 보호하기 위하여 관련 사업자에게 다음 각 호의 어느 하나에 해당하는 계약(이하 "소비자피해보상보험계약등"이라 한다)을 체결하도록 권장할 수 있다. 다만, 제8조제4항에 따른 결제수단의 발행자는 소비자피해보상보험계약등을 체결하여야 한다.

1. 「보험업법」에 따른 보험계약
2. 소비자피해보상금의 지급을 확보하기 위한 「금융위원회의 설치 등에 관한 법률」 제38조에 따른 기관과의 채무지급보증계약
3. 제10항에 따라 설립된 공제조합과의 공제계약

② 통신판매업자는 제1항에도 불구하고 선지급식 통신판매를 할 때 소비자가 제13조제2항제10호에 따른 결제대금예치의 이용 또는 통신판매업자의 소비자피해보상보험계약등의 체결을 선택한 경우에는 소비자가 결제대금예치를 이용하도록 하거나 소비자피해보상보험계약등을 체결하여야 한다.

③ 제2항은 소비자가 다음 각 호의 어느 하나에 해당하는 거래를 하는 경우에는 적용하지 아니한다. [개정 2013.5.28] [[시행일 2013.11.29]]

1. 삭제 [2013.5.28] [[시행일 2013.11.29]]
2. 「여신전문금융업법」 제2조제3호에 따른 신용카드로 재화등의 대금을 지급하는 거래. 이 경우 소비자가 재화등을 배송받지 못한 때에는 「여신전문금융업법」 제2조제2호의2에 따른 신용카드업자는 구매대금 결제 취소 등 소비자피해의 예방 및 회복을 위하여 협력하여야 한다.
3. 정보통신망으로 전송되거나 제13조제2항제10호에 따른 제3자가 배송을 확인할 수 없는 재화등을 구매하는 거래
4. 일정기간에 걸쳐 분할되어 공급되는 재화등을 구매하는 거래
5. 다른 법률에 따라 소비자의 구매안전이 충분히 갖추어진 경우 또는 제1호부터 제4호까지의 규정과 유사한 사유로 결제대금예치 또는 소비자피해보상보험계약등의 체결이 필요하지 아니하거나 곤란하다고 공정거래위원회가 정하여 고시하는 거래

④ 제2항에 따른 결제대금예치의 이용 또는 소비자피해보상보험계약등의 체결에 필요한

사항은 대통령령으로 정한다.

⑤ 소비자피해보상보험계약등은 이 법 위반행위로 인한 소비자피해를 보상하거나 제8조제4항에 따른 결제수단 발행자의 신뢰성을 확보하기에 적절한 수준이어야 하며, 그 구체적인 기준은 대통령령으로 정한다.

⑥ 소비자피해보상보험계약등에 따라 소비자피해보상금을 지급할 의무가 있는 자는 그 지급 사유가 발생하면 지체 없이 소비자피해보상금을 지급하여야 하고, 이를 지연한 경우에는 지연배상금을 지급하여야 한다.

⑦ 소비자피해보상보험계약등을 체결하려는 사업자는 소비자피해보상보험계약등을 체결하기 위하여 매출액 등의 자료를 제출할 때 거짓 자료를 제출하여서는 아니 된다.

⑧ 소비자피해보상보험계약등을 체결한 사업자는 그 사실을 나타내는 표지를 사용할 수 있으나, 소비자피해보상보험계약등을 체결하지 아니한 사업자는 그 표지를 사용하거나 이와 유사한 표지를 제작 또는 사용하여서는 아니 된다.

⑨ 제2항에 따른 결제대금예치의 이용에 관하여는 제8항을 준용한다.

⑩ 전자상거래를 하는 사업자 또는 통신판매업자는 제1항에 따른 소비자보호를 위하여 공제조합을 설립할 수 있다. 이 경우 공제조합의 설립 및 운영에 관하여는 「방문판매 등에 관한 법률」 제38조를 준용하되, 같은 조 제1항 중 "제5조제1항에 따라 신고하거나 제13조제1항 또는 제29조제3항에 따라 등록한 사업자"는 "전자상거래를 하는 사업자 또는 통신판매업자"로, "제37조제1항제3호"는 "「전자상거래 등에서의 소비자보호에 관한 법률」 제24조제1항제3호"로 보고, 같은 조 제9항 및 제10항 중 "이 법"은 각각 "「전자상거래 등에서의 소비자보호에 관한 법률」"로 본다.

[전문개정 2012.2.17] [[시행일 2012.8.18]]

제24조의2(구매권유광고 시 준수사항 등)

① 전자상거래를 하는 사업자 또는 통신판매업자가 전화, 팩스, 컴퓨터통신 또는 전자우편 등을 이용하여 재화를 구매하거나 용역을 제공받도록 권유하는 행위(이하 "구매권유광고"라 한다)를 할 때에는 이 법과 「정보통신망 이용촉진 및 정보보호 등에 관한 법률」 등 관계 법률의 규정을 준수하여야 한다.

② 공정거래위원회는 제1항을 위반하여 구매권유광고를 한 전자상거래를 하는 사업자 또는 통신판매업자에 대한 시정조치를 하기 위하여 방송통신위원회 등 관련 기관에 위반자의 신원정보를 요청할 수 있다. 이 경우 신원정보의 요청은 공정거래위원회가 위반자의 신원정보를 확보하기 곤란한 경우로 한정하며, 방송통신위원회 등 관련 기관은 「정보통신망 이용촉진 및 정보보호 등에 관한 법률」 제64조의2제1항에도 불구하고 공정거래위원회에 위반자의 신원정보를 제공할 수 있다.

[전문개정 2012.2.17] [[시행일 2012.8.18]]

제25조(전자상거래소비자단체 등의 지원)

공정거래위원회는 전자상거래 및 통신판매에서 공정거래질서를 확립하고 소비자의 권익을 보호하기 위한 사업을 시행하는 기관 또는 단체에 예산의 범위에서 필요한 지원 등을 할 수 있다.

[전문개정 2012.2.17] [[시행일 2012.8.18]]

제4장 조사 및 감독

제26조(위반행위의 조사 등)

① 공정거래위원회, 시·도지사 또는 시장·군수·구청장은 이 법을 위반한 사실이 있다고 인정할 때에는 직권으로 필요한 조사를 할 수 있다.

② 시·도지사 또는 시장·군수·구청장이 제1항에 따른 조사를 하려면 미리 시·도지사는 공정거래위원회에, 시장·군수·구청장은 공정거래위원회 및 시·도지사에게 통보하여야 하며, 공정거래위원회는 조사 등이 중복될 우려가 있는 경우에는 시·도지사 또는 시장·군수·구청장에게 조사의 중지를 요청할 수 있다. 이 경우 중지 요청을 받은 시·도지사 또는 시장·군수·구청장은 상당한 이유가 없으면 그 조사를 중지하여야 한다.

③ 공정거래위원회, 시·도지사 또는 시장·군수·구청장은 제1항 또는 제2항에 따라 조사를 한 경우에는 그 결과(조사 결과 시정조치명령 등의 처분을 하려는 경우에는 그 처분의 내용을 포함한다)를 해당 사건의 당사자에게 서면으로 알려야 한다.

④ 누구든지 이 법의 규정에 위반되는 사실이 있다고 인정할 때에는 그 사실을 공정거래위원회, 시·도지사 또는 시장·군수·구청장에게 신고할 수 있다.

⑤ 공정거래위원회는 이 법을 위반하는 행위가 끝난 날부터 5년이 지난 경우에는 그 위반행위에 대하여 제32조에 따른 시정조치를 명하지 아니하거나 제34조에 따른 과징금을 부과하지 아니한다. 다만, 제33조제1항에 따른 소비자피해 분쟁조정기구의 권고안이나 조정안을 당사자가 수락하고도 이를 이행하지 아니하는 경우에는 그러하지 아니하다.

⑥ 공정거래위원회는 제1항의 조사를 위하여 「소비자기본법」 제33조에 따른 한국소비자원과 합동으로 조사반을 구성할 수 있다. 이 경우 조사반의 구성과 조사에 관한 구체적인 방법과 절차, 그 밖에 필요한 사항은 대통령령으로 정한다.

⑦ 공정거래위원회는 제6항의 조사활동에 참여하는 한국소비자원의 임직원에게 예산의 범위에서 수당이나 여비를 지급할 수 있다.

[전문개정 2012.2.17] [[시행일 2012.8.18]]

제27조(공개정보 검색 등)

① 공정거래위원회는 전자상거래 및 통신판매의 공정거래질서를 확립하고 소비자피해를 예방하기 위하여 필요하면 전자적인 방법 등을 이용하여 사업자나 전자상거래 또는 통신판매에서의 소비자보호 관련 단체가 정보통신망에 공개한 공개정보를 검색할 수 있다.

② 사업자 또는 관련 단체는 제1항에 따른 공정거래위원회의 정보검색을 정당한 사유 없이 거부하거나 방해하여서는 아니 된다.

③ 공정거래위원회는 소비자피해에 관한 정보를 효율적으로 수집하고 이용하기 위하여 필요하면 대통령령으로 정하는 바에 따라 전자상거래나 통신판매에서의 소비자보호 관련 업무를 수행하는 기관이나 단체에 관련 자료를 제출하거나 공유하도록 요구할 수 있다.

④ 제3항에 따라 공정거래위원회로부터 자료 요구를 받은 기관이나 단체는 정당한 사유가 없으면 자료 제출이나 자료 공유를 거부하여서는 아니 된다.

[전문개정 2012.2.17] [[시행일 2012.8.18]]

제28조(위법행위 등에 대한 정보공개)

공정거래위원회는 전자상거래 및 통신판매의 공정거래질서를 확립하고 소비자피해를 예방하기 위하여 제27조제1항에 따라 검색된 정보 중 사업자가 이 법을 위반한 행위나 그 밖에 소비자피해의 예방을 위하여 필요한 관련 정보를 대통령령으로 정하는 바에 따라 공개할 수 있다.

[전문개정 2012.2.17] [[시행일 2012.8.18]]

제29조(평가·인증 사업의 공정화)

① 전자상거래 및 통신판매의 공정화와 소비자보호를 위하여 관련 사업자의 평가·인증 등의 업무를 수행하는 자(이하 "평가·인증 사업자"라 한다)는 그 명칭에 관계없이 대통령령으로 정하는 바에 따라 그 평가·인증에 관한 기준, 방법 등을 공시하고, 그에 따라 공정하게 평가·인증하여야 한다.

② 제1항에 따른 평가·인증의 기준 및 방법은 사업자가 거래의 공정화와 소비자보호를 위하여 한 노력과 그 성과에 관한 정보를 전달하는 데에 적절한 것이어야 한다.

③ 공정거래위원회는 평가·인증 사업자에게 운용 상황 등에 관한 자료를 제출하게 할 수 있다.

[전문개정 2012.2.17] [[시행일 2012.8.18]]

제30조(보고 및 감독)

① 제31조에 따라 시정권고를 하는 경우에는 시·도지사는 공정거래위원회에, 시장·군수·구청장은 공정거래위원회 및 시·도지사에게 대통령령으로 정하는 바에 따라 그 결과를 보고하여야 한다.

② 공정거래위원회는 이 법을 효율적으로 시행하기 위하여 필요하다고 인정할 때에는 그 소관 사항에 관하여 시·도지사 또는 시장·군수·구청장에게 조사·확인 또는 자료 제출을 요구하거나 그 밖에 시정에 필요한 조치를 할 것을 요구할 수 있다. 이 경우 해당 시·도지사 또는 시장·군수·구청장은 특별한 사유가 없으면 그 요구에 따라야 한다.

[전문개정 2012.2.17] [[시행일 2012.8.18]]

제 5 장 시정조치 및 과징금 부과

제31조(위반행위의 시정권고)

① 공정거래위원회, 시·도지사 또는 시장·군수·구청장은 사업자가 이 법을 위반하는 행위를 하거나 이 법에 따른 의무를 이행하지 아니한 경우에는 제32조의 시정조치를 명하기 전에 그 사업자가 그 위반행위를 중지하거나 이 법에 규정된 의무 또는 제32조에 따른 시정을 위하여 필요한 조치를 이행하도록 시정방안을 정하여 해당 사업자에게 이에 따를 것을 권고할 수 있다. 이 경우 그 사업자가 권고를 수락하면 제3항에 따라 시정조치를 명한 것으로 본다는 뜻을 함께 알려야 한다.

② 제1항에 따라 시정권고를 받은 사업자는 그 통지를 받은 날부터 10일 이내에 그 권고의 수락 여부를 그 권고를 한 행정청에 알려야 한다.

③ 제1항에 따라 시정권고를 받은 자가 그 권고를 수락하면 제32조에 따른 시정조치를 명한 것으로 본다.

[전문개정 2012.2.17] [[시행일 2012.8.18]]

제32조(시정조치 등)

① 공정거래위원회는 사업자가 다음 각 호의 어느 하나에 해당하는 행위를 하거나 이 법에 따른 의무를 이행하지 아니하는 경우에는 해당 사업자에게 그 시정조치를 명할 수 있다.

1. 제5조제2항부터 제5항까지, 제6조제1항, 제7조, 제8조, 제9조 부터 제11조까지, 제12조제1항부터 제3항까지, 제13조제1항부터 제3항까지 및 제5항, 제14조, 제15조, 제17조제1항부터 제3항까지 및 제5항, 제18조, 제19조제1항, 제20조, 제20조의2, 제22조제1항, 제23조제2항, 제24조제1항·제2항 및 제5항부터 제9항까지, 제27조제2항 및 제4항, 제29조제1항 및 제2항을 위반하는 행위
2. 제21조제1항 각 호의 금지행위 중 어느 하나에 해당하는 행위

② 제1항에 따른 시정조치는 다음 각 호의 어느 하나에 해당하는 조치를 말한다.

1. 해당 위반행위의 중지
2. 이 법에 규정된 의무의 이행
3. 시정조치를 받은 사실의 공표
4. 소비자피해 예방 및 구제에 필요한 조치
5. 그 밖에 위반행위의 시정을 위하여 필요한 조치

③ 제2항제3호에 따른 시정조치를 받은 사실의 공표에 필요한 사항과 같은 항 제4호에 따른 소비자피해 예방 및 구제에 필요한 조치의 구체적인 내용은 대통령령으로 정한다.

④ 공정거래위원회는 다음 각 호의 어느 하나에 해당하는 경우에는 대통령령으로 정하는 바에 따라 1년 이내의 기간을 정하여 그 영업의 전부 또는 일부의 정지를 명할 수 있다.

1. 제1항에 따른 시정조치명령에도 불구하고 위반행위가 반복되는 경우
2. 시정조치명령에 따른 이행을 하지 아니한 경우
3. 시정조치만으로는 소비자피해의 방지가 현저히 곤란하다고 판단되는 경우

[전문개정 2012.2.17] [[시행일 2012.8.18]]

제33조(소비자피해 분쟁조정의 요청)

① 공정거래위원회, 시·도지사 또는 시장·군수·구청장은 전자상거래 또는 통신판매에서의 이 법 위반행위와 관련하여 소비자의 피해구제신청이 있는 경우에는 제31조에 따른 시정권고 또는 제32조에 따른 시정조치 등을 하기 전에 전자상거래 또는 통신판매에서의 소비자보호 관련 업무를 수행하는 기관이나 단체 등 대통령령으로 정하는 소비자피해 분쟁조정기구(이하 "소비자피해 분쟁조정기구"라 한다)에 조정을 의뢰할 수 있다.

② 공정거래위원회, 시·도지사 또는 시장·군수·구청장은 소비자피해 분쟁조정기구의 권고안 또는 조정안을 당사자가 수락하고 이행한 경우에는 제32조에 따른 시정조치를 하지 아니한다는 뜻을 당사자에게 알려야 한다.

③ 소비자피해 분쟁조정기구의 권고안 또는 조정안을 당사자가 수락하고 이행한 경우에

는 대통령령으로 정하는 바에 따라 제32조에 따른 시정조치를 하지 아니한다.

④ 공정거래위원회는 제1항에 따라 분쟁조정을 의뢰하는 경우에는 예산의 범위에서 그 분쟁조정에 필요한 예산을 지원할 수 있다.

⑤ 소비자피해 분쟁조정기구는 분쟁의 조정이 이루어진 경우에는 그 결과를, 조정이 이루어지지 아니한 경우에는 그 경위를 지체 없이 조정을 의뢰한 공정거래위원회, 시·도지사 또는 시장·군수·구청장에게 보고하여야 한다.

[전문개정 2012.2.17] [[시행일 2012.8.18]]

제34조(과징금)

① 공정거래위원회는 제32조제4항에 따른 영업정지가 소비자 등에게 심한 불편을 줄 우려가 있다고 인정하는 경우에는 그 영업의 전부 또는 일부의 정지를 갈음하여 해당 사업자에게 대통령령으로 정하는 위반행위 관련 매출액을 초과하지 아니하는 범위에서 과징금을 부과할 수 있다. 이 경우 관련 매출액이 없거나 그 매출액을 산정할 수 없는 경우 등에는 5천만원을 초과하지 아니하는 범위에서 과징금을 부과할 수 있다.

② 공정거래위원회는 제1항에 따라 그 영업의 전부 또는 일부의 정지를 갈음하여 과징금을 부과할 수 있는 판단 기준을 정하여 고시할 수 있다.

③ 공정거래위원회는 제1항에 따른 과징금을 부과할 때 다음 각 호의 사항을 고려하여야 한다.

1. 위반행위로 인한 소비자피해의 정도
2. 소비자피해에 대한 사업자의 보상노력 정도
3. 위반행위로 취득한 이익의 규모
4. 위반행위의 내용·기간 및 횟수 등

④ 공정거래위원회는 이 법을 위반한 사업자인 회사가 합병한 경우에는 그 회사가 한 위반행위를 합병 후 존속하거나 합병으로 설립된 회사가 한 행위로 보아 과징금을 부과·징수할 수 있다.

⑤ 제1항에 따른 과징금의 납부기한 연장, 분할납부, 과징금의 징수 및 체납·환급 처분에 관하여는 「독점규제 및 공정거래에 관한 법률」 제55조의4 부터 제55조의6까지의 규정을 준용한다.

[전문개정 2012.2.17] [[시행일 2012.8.18]]

제6장 보 칙 [개정 2012.2.17] [[시행일 2012.8.18]]

제35조(소비자에게 불리한 계약의 금지)

제17조 부터 제19조까지의 규정을 위반한 약정으로서 소비자에게 불리한 것은 효력이 없다.

[전문개정 2012.2.17] [[시행일 2012.8.18]]

제36조(전속관할)

통신판매업자와의 거래에 관련된 소(訴)는 소 제기 당시 소비자의 주소를 관할하는 지방법원의 전속관할로 하고, 주소가 없는 경우에는 거소(居所)를 관할하는 지방법원의 전속관할로 한다. 다만, 소 제기 당시 소비자의 주소 또는 거소가 분명하지 아니한 경우에는 그러하지 아니하다.

[전문개정 2012.2.17] [[시행일 2012.8.18]]

第37조(사업자단체의 등록)

① 전자상거래와 통신판매업의 건전한 발전과 소비자에 대한 신뢰도의 제고, 그 밖에 공동 이익의 증진을 위하여 설립된 사업자단체는 대통령령으로 정하는 바에 따라 공정거래위원회에 등록할 수 있다.

② 제1항에 따른 등록의 요건·방법 및 절차 등에 관하여 필요한 사항은 대통령령으로 정한다.

[전문개정 2012.2.17] [[시행일 2012.8.18]]

第38조(권한의 위임·위탁)

① 이 법에 따른 공정거래위원회의 권한은 대통령령으로 정하는 바에 따라 그 일부를 소속 기관의 장 또는 시·도지사에게 위임하거나 다른 행정기관의 장에게 위탁할 수 있다.

② 이 법에 따른 시·도지사의 권한은 대통령령으로 정하는 바에 따라 그 일부를 시장·군수·구청장에게 위임할 수 있다.

③ 공정거래위원회는 이 법을 효율적으로 집행하기 위하여 필요한 경우에는 사무의 일부를 제37조제1항에 따라 등록된 사업자단체에 위탁할 수 있다.

④ 공정거래위원회는 제3항에 따라 사무의 일부를 사업자단체에 위탁하는 경우에는 예산의 범위에서 그 위탁사무의 수행에 필요한 비용의 전부 또는 일부를 지원할 수 있다.

⑤ 제26조제6항 및 이 조 제3항에 따라 사무를 위탁받아 해당 업무를 수행하거나 수행하였던 자에 대하여는 「형법」 제127조, 제129조 부터 제132조까지의 규정에 따른 벌칙을 적용할 때에는 공무원으로 본다.

[전문개정 2012.2.17] [[시행일 2012.8.18]]

第39조(「독점규제 및 공정거래에 관한 법률」의 준용)

① 이 법에 따른 공정거래위원회의 심의·의결에 관하여는 「독점규제 및 공정거래에 관한 법률」 제42조, 제43조, 제43조의2, 제44조, 제45조 및 제52조를 준용한다.

② 이 법 위반행위에 대한 공정거래위원회, 시·도지사 또는 시장·군수·구청장의 조사 등에 관하여는 「독점규제 및 공정거래에 관한 법률」 제50조제1항부터 제4항까지의 규정을 준용한다.

③ 이 법에 따른 공정거래위원회의 처분 및 제38조에 따라 위임된 시·도지사의 처분에 대한 이의신청, 시정조치명령의 집행정지, 소의 제기 및 불복의 소의 전속관할에 관하여는 「독점규제 및 공정거래에 관한 법률」 제53조, 제53조의2, 제54조, 제55조 및 제55조의2를 준용한다.

④ 이 법에 따른 직무에 종사하거나 종사하였던 공정거래위원회의 위원 또는 공무원에 대하여는 「독점규제 및 공정거래에 관한 법률」 제62조를 준용한다.

[전문개정 2012.2.17] [[시행일 2012.8.18]]

제7장 벌 칙 [개정 2012.2.17] [[시행일 2012.8.18]]

제40조(벌칙)

제32조제1항에 따른 시정조치명령에 따르지 아니한 자는 3년 이하의 징역 또는 1억원 이하의 벌금에 처한다.

[전문개정 2012.2.17] [[시행일 2012.8.18]]

제41조(벌칙)

제32조제4항에 따른 영업정지명령을 위반하여 영업을 한 자는 2년 이하의 징역 또는 5천만원 이하의 벌금에 처한다.

[전문개정 2012.2.17] [[시행일 2012.8.18]]

제42조(벌칙)

다음 각 호의 어느 하나에 해당하는 자는 3천만원 이하의 벌금에 처한다.

1. 제12조제1항에 따른 신고를 하지 아니하거나 거짓으로 신고한 자
2. 제24조제8항 및 제9항을 위반하여 소비자피해보상보험계약등을 체결하는 사실 또는 결제대금예치를 이용하도록 하는 사실을 나타내는 표지를 사용하거나 이와 유사한 표지를 제작하거나 사용한 자

[전문개정 2012.2.17] [[시행일 2012.8.18]]

제43조(벌칙)

다음 각 호의 어느 하나에 해당하는 자는 1천만원 이하의 벌금에 처한다.

1. 제13조제1항에 따른 사업자의 신원정보에 관하여 거짓 정보를 제공한 자
2. 제13조제2항에 따른 거래조건에 관하여 거짓 정보를 제공한 자

[전문개정 2012.2.17] [[시행일 2012.8.18]]

제44조(양벌규정)

법인의 대표자나 법인 또는 개인의 대리인, 사용인, 그 밖의 종업원이 그 법인 또는 개인의 업무에 관하여 제40조부터 제43조까지의 어느 하나에 해당하는 위반행위를 하면 그 행위자를 벌하는 외에 그 법인 또는 개인에게도 해당 조문의 벌금형을 과(科)한다. 다만, 법인 또는 개인이 그 위반행위를 방지하기 위하여 해당 업무에 관하여 상당한 주의와 감독을 게을리하지 아니한 경우에는 그러하지 아니하다.

[전문개정 2010.3.22]

제45조(과태료)

① 다음 각 호의 어느 하나에 해당하는 자에게는 1천만원 이하의 과태료를 부과한다.

1. 제21조제1항제1호부터 제5호까지의 금지행위 중 어느 하나에 해당하는 행위를 한 자
2. 제8조제4항에 따른 결제수단의 발행자로서 제24조제1항 각 호 외의 부분 단서를 위반하여 소비자피해보상보험계약등을 체결하지 아니한 자
3. 제15조제1항에 따른 선지급식 통신판매업자로서 제24조제2항을 위반한 자

4. 제8조제4항에 따른 결제수단의 발행자로서 제24조제7항을 위반하여 거짓 자료를 제출하고 소비자피해보상보험계약등을 체결한 자
5. 제15조제1항에 따른 선지급식 통신판매업자로서 제24조제7항을 위반하여 거짓 자료를 제출하고 소비자피해보상보험계약등을 체결한 자
6. 제39조제2항에 따라 준용되는「독점규제 및 공정거래에 관한 법률」제50조제1항제1호에 따른 출석처분을 받은 당사자 중 정당한 사유 없이 두 번 이상 출석하지 아니한 자로서 이 법을 위반한 자
7. 제39조제2항에 따라 준용되는「독점규제 및 공정거래에 관한 법률」제50조제1항제3호 또는 제3항에 따른 보고를 하지 아니하거나 필요한 자료나 물건을 제출하지 아니하거나 거짓으로 보고하거나 거짓으로 자료나 물건을 제출한 자
8. 제39조제2항에 따라 준용되는「독점규제 및 공정거래에 관한 법률」제50조제2항에 따른 조사를 거부·방해 또는 기피한 자

② 다음 각 호의 어느 하나에 해당하는 자에게는 500만원 이하의 과태료를 부과한다.
1. 제6조를 위반하여 거래기록을 보존하지 아니하거나 소비자에게 거래기록을 열람·보존할 수 있는 방법을 제공하지 아니한 자
2. 제10조제1항 또는 제13조제1항에 따른 사업자의 신원정보를 표시하지 아니한 자
3. 제12조제2항 및 제3항에 따른 신고를 하지 아니한 자
4. 제13조제2항을 위반하여 표시·광고하거나 고지를 하지 아니하거나 계약내용에 관한 서면을 계약자에게 교부하지 아니한 자
5. 제13조제3항을 위반하여 재화등의 거래에 관한 계약을 취소할 수 있다는 내용을 거래 상대방인 미성년자에게 고지하지 아니한 자

③ 제1항 및 제2항에 따른 과태료는 대통령령으로 정하는 기준에 따라 공정거래위원회, 시·도지사 또는 시장·군수·구청장이 부과·징수한다.

[전문개정 2012.2.17] [[시행일 2012.8.18]]

부 칙 [2002.3.30 제6687호]

제1조 (시행일) 이 법은 2002년 7월 1일부터 시행한다.

제2조 (통신판매업자의 신고 등에 관한 경과조치) ①이 법 시행 당시 종전의 방문판매등에 관한법률 제17조의 규정에 의하여 통신판매업의 신고를 한 자는 제12조의 규정에 의하여 시·도지사에게 신고를 한 것으로 본다. 다만, 이 법 시행후 2월 이내에 제12조의 규정에 의한 신고사항을 보완하여야 한다.

② 이 법 시행 당시 종전의 방문판매등에관한법률 제24조의 규정에 의하여 영업의 휴지·폐지 또는 휴업후의 영업재개 등에 관하여 신고한 통신판매업자는 이 법에 의한 신고를 한 것으로 보며, 휴업후 다시 영업을 재개하고자 하는 경우에는 이 법의 규정에 의하여 신고하여야 한다.

제3조 (청약철회에 관한 경과조치) 이 법 시행 당시 종전의 방문판매등에관한법률의 규정에 의하여 이루어진 청약의 철회 및 그 효과 등에 관하여는 종전의 규정에 의한다.

제4조 (영업의 정지에 관한 경과조치) 이 법 시행전의 행위에 대한 영업정지처분에 관하여는 종전의 방문판매등에관한법률의 규정에 의한다.

제5조 (벌칙 및 과태료에 관한 경과조치) 이 법 시행전의 행위에 대한 벌칙 및 과태료의 적용에 있어서는 종전의 방문판매등에관한법률의 규정에 의한다.

제6조 (다른 법령과의 관계) 이 법 시행 당시 다른 법령에서 종전의 방문판매등에관한법률 또는 그 규정을 인용하고 있는 경우, 이 법중 그에 해당하는 규정이 있는 때에는 종전의 규정에 갈음하여 이 법 또는 이 법의 해당 규정을 인용한 것으로 본다.

부 칙 [2004.12.31 제7315호(독점규제및공정거래에관한법률)]

제1조 (시행일) 이 법은 2005년 4월 1일부터 시행한다. <단서 생략>

제2조 내지 제9조 생략

제10조 (다른 법률의 개정) ①내지 ④생략

⑤ 전자상거래등에서의소비자보호에관한법률중 다음과 같이 개정한다.

제34조제4항중 "제55조의5"를 "제55조의6"으로 한다.

부 칙 [2005.1.27 제7344호(신용정보의이용및보호에관한법률)]

제1조 (시행일) 이 법은 공포 후 3월이 경과한 날부터 시행한다.

제2조 (다른 법률의 개정) ① 및 ② 생략

③ 전자상거래등에서의소비자보호에관한법률중 다음과 같이 개정한다.

제18조제7항중 "신용정보의이용및보호에관한법률 제2조제7호의 규정에 의한 신용불량자"를 "약정한 기일 이내에 채무를 변제하지 아니한 자"로 한다.

④ 및 ⑤ 생략

부 칙 [2005.3.31 제7487호]

제1조 (시행일) 이 법은 공포한 날부터 시행한다. 다만, 제13조제2항제10호, 제24조제2항 내지 제4항 및 제24조의2제2항의 개정규정은 공포 후 1년이 경과한 날부터, 제13조제3항, 제17조제2항, 제17조제6항 및 제32조제1항의 개정규정은 공포 후 3월이 경과한 날부터 각각 시행한다.

제2조 (통신판매업자의 신원 및 거래조건에 대한 정보의 제공에 관한 적용례) 제13조제1항제3호, 동조제2항 및 제32조제1항의 개정규정은 이 법 시행 후 통신판매업자가 최초로 재화등의 거래에 관한 청약을 받을 목적으로 표시·광고를 행하거나, 소비자와의 계약체결 전에 제13조제2항의 규정에 따른 거래조건에 관한 사항을 표시·광고 또는 고지하고 그 거래조건에 관한 사항이 기재된 계약내용에 관한 서면을 교부하는 것부터 적용한다.

제3조 (통신판매업자의 미성년자에 대한 고지의무에 관한 적용례) 제13조제3항 및 제32조제1항의 개정규정은 이 법 시행 후 통신판매업자가 최초로 미성년자와 체결하고자 하는 재화등의 거래에 관하여 계약하는 것부터 적용한다.

제4조 (통신판매업자의 재화등의 공급 및 환급을 위한 조치에 관한 적용례) 제15조제1항 및 제2항의 개정규정은 이 법 시행 후 소비자가 최초로 재화등을 공급받기 전에 미리 재화등의 대금의 전부 또는 일부를 통신판매사업자에게 지급한 재화등의 거래에 관한 계약분부터 적용한다.

제5조 (통신판매업자의 공급서의 송부 등에 관한 적용례) 제16조의 개정규정은 이 법 시행 후 통신판매업자가 소비자의 청약에 따라 재화등을 최초로 공급하는 것부터 적용한다.

제6조 (소비자가 통신판매업자와 체결한 계약의 청약철회등에 관한 적용례) 제17조제2항 및 제6항의 개정규정은 이 법 시행 후 소비자가 통신판매업자와 최초로 체결한 재화등의 구매에 관한 계약의 청약철회등을 하는 것부터 적용한다.

제7조 (전자상거래 또는 통신판매에서의 관련사업자가 체결하는 소비자피해보상보험계약등에 관한 적용례) 제24조제1항 및 제10항의 개정규정은 이 법 시행 후 최초로 공정거래위원회가 전자상거래 또는 통신판매의 관련사업자에게 소비자피해보상보험계약등을 체결하도록 권장하거나 제8조제4항의 규정에 따른 결제수단의 발행자가 소비자피해보상보험계약등을 체결하는 것부터 적용한다.

제8조 (선불식 통신판매에 있어서 소비자의 결제대금예치의 이용 또는 통신판매업자의 소비자피해보상보험계약등의 체결에 관한 적용례) 제24조제2항 내지 제4항의 개정규정은 이 법 시행 후 소비자가 최초로 재화등에 대한 거래조건 가운데 결제대금예치의 이용 또는 통신판매업자의 소비자피해보상보험계약등의 체결을 선택한 재화등의 거래에 관한 계약분부터 적용한다.

제9조 (통신판매업자의 결제대금예치의 이용을 나타내는 표지사용 등에 관한 적용례) 제24조제9항의 개정규정은 이 법 시행 후 통신판매업자가 최초로 결제대금예치의 이용을 나타내는 표지사용을 하는 것부터 적용한다.

제10조 (구매권유광고 송신에 관한 적용례) 제24조의2제2항 및 제32조제1항의 개정규정은 이 법 시행 후 통신판매업자가 최초로 소비자에게 구매권유광고를 송신한 것부터 적용한다.

제11조 (위반행위의 시정권고에 관한 적용례) 제31조제1항의 개정규정은 이 법 시행 후 사업자가 최초로 이 법의 규정을 위반하는 행위를 하거나 이 법의 규정에 따른 의무를 이행하지 아니하는 경우부터 적용한다.

제12조 (과징금의 환급가산금에 관한 적용례) 제34조제4항의 개정규정은 이 법 시행 후 최초로 환급되는 과징금부터 적용한다.

부 칙 [2007.7.19 제8538호]

이 법은 공포 후 3개월이 경과한 날부터 시행한다.

부 칙 [2007.8.3 제8635호(자본시장과 금융투자업에 관한 법률)]

제1조 (시행일) 이 법은 공포 후 1년 6개월이 경과한 날부터 시행한다. [단서생략]

제2조 내지 41조 생략

제42조 (다른 법률의 개정) ① 내지 <45> 생략

<46>전자상거래 등에서의 소비자보호에 관한 법률 일부를 다음과 같이 개정한다.

제3조제4항 중 "증권거래법 제2조제9항의 증권회사에 의한 유가증권"을 "「자본시장과 금융투자업에 관한 법률」의 투자매매업자·투자중개업자에 의한 증권"으로 한다.

<47> 내지 <67> 생략

제43조 내지 제44조 생략

부 칙 [2010.3.22 제10172호]

이 법은 공포한 날부터 시행한다.

부 칙 [2010.5.17 제10303호(은행법)]

제1조(시행일) 이 법은 공포 후 6개월이 경과한 날부터 시행한다. <단서 생략>

제2조부터 제8조까지 생략

제9조(다른 법률의 개정) ①부터 <59>까지 생략

<60> 전자상거래 등에서의 소비자보호에 관한 법률 일부를 다음과 같이 개정한다.

제18조제2항 후단 중 "금융기관"을 "은행"으로 한다.

<61>부터 <86>까지 생략

제10조 생략

부 칙 [2012.2.17 제11326호]

제1조(시행일) 이 법은 공포 후 6개월이 경과한 날부터 시행한다.

제2조(통신판매중개자의 연대책임에 관한 적용례) 제20조의2제1항 및 제2항의 개정규정은 이 법 시행 후 최초로 이루어지는 통신판매중개부터 적용한다.

제3조(공무원 의제에 관한 적용례) 제38조제5항의 개정규정은 이 법 시행 후 최초로 사무를 위탁받아 해당 업무를 수행한 자부터 적용한다.

제4조(소규모 통신판매업자의 신고 의무에 관한 경과조치) 제12조제1항의 개정규정에 따라 새로 신고하여야 하는 통신판매업자는 이 법 시행일부터 1년 이내에 신고하여야 한다.

부 칙 [2012.6.1 제11461호(전자문서 및 전자거래 기본법)]

제1조(시행일) 이 법은 공포 후 3개월이 경과한 날부터 시행한다.

제2조부터 제9조까지 생략

제10조(다른 법률의 개정) ①부터 <16>까지 생략

<17> 법률 제11326호 전자상거래 등에서의 소비자보호에 관한 법률 일부개정법률 일부를 다음과 같이 개정한다.

제2조제1호 중 "「전자거래기본법」"을 "「전자문서 및 전자거래 기본법」"으로 한다.

제5조제1항 본문 중 “「전자거래기본법」”을 각각 “「전자문서 및 전자거래 기본법」”으로 한다.

<18>부터 <25>까지 생략

부 칙 [2013.5.28 제11841호]

이 법은 공포 후 6개월이 경과한 날부터 시행한다.

부 칙 [2016.3.29 제14142호]

제1조(시행일) 이 법은 공포 후 6개월이 경과한 날부터 시행한다. 다만, 제9조제3항, 제12조제1항, 제13조제1항 및 제22조제2항의 개정규정은 공포한 날부터 시행한다.

제2조(사업자가 보존하고 있는 주민등록번호에 관한 경과조치) 이 법 시행 당시 종전의 제6조제2항에 따라 주민등록번호를 보존하고 있는 사업자는 이 법 시행일부터 3개월 이내에 보존하고 있는 주민등록번호를 파기하여야 한다.

제3조(벌칙에 관한 경과조치) 이 법 시행 전의 행위에 대한 벌칙을 적용할 때에는 종전의 규정에 따른다.

찾 아 보 기

[한 글 편]

[ㄱ]

[ㄴ]

[ㄷ]

[ㅈ]

[영 문 편]

[M]

[N]

[O]

[P]

[R]

[S]

[T]

[U]

[V]

[W]

[저자 약력]

경희대학교 법과대학 법학과 졸업
경희대학교 대학원 법학과 수료, 법학석사
경희대학교 대학원 법학박사
프랑스 Paris Ⅱ 대학교 및 영국 Southampton 대학교에서 연구(Visiting Scholar)
원광대학교 법과대학 조교수
경희대학교 입학관리처장, 법과대학장, 국제법무대학원장 겸
　법학전문대학원장, 감사행정원장
유엔국제상거래법위원회(UNCITRAL) 전자상거래실무그룹 한국정부대표
국제해법회(CMI) 한국대표, 법무부 법무자문위원회 상법개정위원
한국해법학회 회장, 한국기업법학회 회장
사법시험, 입법고시, 공인회계사, 변호사 시험위원, 대한상사중재원 중재인

현재, 경희대학교 법학전문대학원 교수

■ 저 서

상법강의(상)(하), 법문사(공저)
전자상거래원론, 법영사(공저)
선박담보법연구, 경희대학교 출판문화원
개정 전자서명법해설, 정보통신부(공저)
주석 상법(해상편), 한국사법행정학회(공저)

[제 4 판] 전자상거래법

2002년 3월 10일 초 판 발행
2005년 9월 15일 개정판 발행
2009년 3월 20일 제 3 판 발행
2016년 9월 15일 제 4 판 발행

저　　자 정 완 용
발 행 인 고 호 균
발 행 처 **법 영 사**

저자와의 협의하에 인지첩부를 생략함

06302 서울시 강남구 논현로 130
전화 (501)8898(대) Fax (501)8895
등록 1987. 5. 11. 제3-125호(윤)
Homepage : www.bubyoungsa.co.kr
E-mail : bypuco@chol.com

※ 파본은 교환해 드립니다. **정가 30,000원**

ISBN 978-89-7032-314-5